全本全注全译丛书

中华经典名著

陈桥驿 叶光庭 叶扬◎译 陈桥驿 王东◎注

水经注 二

中華書局

第二册目录

卷八

济水二

【题解】

此卷《经》文开头说："又东至乘氏县西，分为二。"《注》文紧接《经》文："济水自是东北流，出钜泽。"按乘氏县是西汉所置的一个属于济阴郡的县邑，县治在今山东巨野西南。这实际上与卷七的济水毫无关系，是黄河的另一条支流。由于《经》《注》都必须崇奉经书，所以出现了以后人们所说的"北济"与"南济"的说法。又因《尔雅》以江、淮、河、济为"四渎"，因此《经》《注》都要把这条已经在黄河多次改道中混淆的洹流，写成一条大河。但其间也不免出现一些矛盾，卷五《河水》的最后一条《经》文是："又东北过利县北，又东北过甲下邑，济水从西来注之，又东北入于海。"说明济水已与黄河汇合而入海了。《注》文并无异议。但此卷的最后一句《经》文是："又东至下邳睢陵县南，入于淮。"《注》文无非是修正了一些流程中的地名，对它的"入淮"，也无异议。其实在卷五《河水》中，已经有"北播为九河"的话，写出了黄河三角洲河湖错杂的景象。该卷写的济水入黄，实际上是河口三角洲的一种自然地理景观。济水已经名存实亡，与黄河的支流混在一起了。

济水二

又东至乘氏县西①,分为二:

《春秋左传·僖公三十一年》②,分曹地③,东傅于济④。济水自是东北流,出钜泽⑤。

【注释】

①乘氏县:西汉置,属济阴郡。治所在今山东巨野西南五十里。

②僖公三十一年:前629年。

③分曹地:晋国讨伐曹国,分其国土。

④傅:附,靠近。济:即济水。一名沛(jǐ)水。古四渎之一。包括黄河南、北两部分。河北部分源出今河南济源西王屋山,下游屡经变迁。《禹贡》时,济水在今武陟南入河。《水经》时在今河南温县入河。黄河以南部分本为从黄河分出的一条支流,因分流处与河北济口隔岸相对,古人遂目为济水的下游。至《水经注》时期,自今荥阳东北以下至于钜野泽,有南济、北济二派,北济经今封丘北、菏泽南,南济经今封丘南、菏泽定陶区北。自出钜野泽会汶水以下,又兼称清水。今上游发源处尚存,而下游为黄河及大、小清河所夺。

⑤钜泽:《水经注疏》杨守敬按:"钜泽本作菏泽。"菏泽在今山东菏泽定陶区东北。

【译文】

济水二

济水又往东流到乘氏县西,分为两条:

《春秋左传·僖公三十一年》记载,分割了曹国的土地,东边直到济水。济水从这里往东北流,从钜泽流出去。

其一水东南流,其一水从县东北流,入钜野泽①。

南为菏水②。北为济渎③，迳乘氏县与济渠、濮渠合④。北济自济阳县北⑤，东北迳煮枣城南⑥。《郡国志》曰：冤朐县有煮枣城ⓒ。即此也。汉高祖十二年⑧，封革朱为侯国⑨。

【注释】

①钜野泽：即大野泽。在今山东巨野北。

②菏水：即济水分流。《禹贡》："浮于淮、泗，达于菏。"根据《水经注·泗水》：菏水自菏泽分流，东南经今山东巨野、金乡等入于泗水。其水今湮没。

③齐渎：《水经注疏》熊会贞按："此济渎指南济。"

④济渠：《水经注疏》杨守敬按："济渠指北济，济与濮同流，故济、濮并称。"濮渠：一名濮渠水。流经春秋时卫地。上游一支首受济水于今河南封丘西，东北流；一支首受黄河于今原阳北，东流经延津南。二支合流于今长垣西。东流经长垣北至滑县东南，北下又分为二：一支经山东东明北，东北至鄄城南注于瓠子河；一支经东明南，又东经菏泽北注入钜野泽。

⑤济阳县：战国秦置，属砀郡。治所在今河南兰考东北堌阳镇。汉属陈留郡。因在济水之北而得名。北魏属阳夏郡。

⑥煮枣城：战国时魏地。在今山东东明南。

⑦冤朐县：亦作宛朐县或冤句县。秦置，属东郡。治所在今山东曹县西北。西汉属济阴郡。

⑧汉高祖十二年：前195年。

⑨革朱：西汉诸侯。

【译文】

一条往东南流，一条从乘氏县往东北流，注入钜野泽。

南边的一条是菏水。北边的一条是济渎，流经乘氏县，与济渠、濮渠相汇合。北济水从济阳县北面往东北流经煮枣城南面。《郡国志》说：冤胊县有煮枣城。就是此城。汉高祖十二年,把这地方封给革朱,立为侯国。

北济又东北①,迳冤胊县故城北。又东北,迳吕都县故城南②,王莽更名之曰祁都也。

【注释】

①北济又东北:《水经注疏》:"戴(震)云:今考前卷《注》内,叙北济至济阳止,此复补叙济阳以下北济所迳。"

②吕都县:西汉置,属济阴郡。治所在今山东菏泽西吕陵镇。吕后置吕国,都于此,故名吕都。东汉废。

【译文】

北济水又往东北流经冤胊县老城北面。又往东北流经吕都县老城南面,王莽时改名为祁都。

又东北迳定陶县故城北①。汉景帝中六年②,以济水出其北,东注,分梁③,于定陶置济阴国④,指北济而定名也。又东北与濮水合。水上承济水于封丘县⑤,即《地理志》所谓濮渠水首受济者也。阚骃曰:首受别济,即北济也。其故渎自济东北流,左迆为高梁陂⑥,方三里。

【注释】

①定陶县:战国秦置,属东郡。治所在今山东菏泽定陶区西北。西汉彭越为梁王,都定陶。后为济阴郡治。

②汉景帝中六年:即西汉景帝刘启中元六年,前144年。

③分梁:事见《汉书·景帝纪》:"六年夏四月,梁王薨,分梁为五国,立孝王子五人皆为王。"

④济阴国:西汉景帝中元六年(前144)分梁国置。治所在定陶县(今山东菏泽定陶区西北)。封孝王子不识为济阴王。建元二年(前139)改为济阴郡。甘露二年(前52)改置定陶国。建平二年(前5)复改济阴郡。东汉永平十五年(72)复改为国。后又改为郡。

⑤封丘县:西汉置,属陈留郡。治所即今河南封丘。北魏太平真君九年(448)废。景明二年(501)复置。

⑥高梁陂(bēi):当在今河南长垣西南。

【译文】

　　又往东北流经定陶县老城北面。汉景帝中元六年,因济水经城北东流,于是分割梁国土地,在定陶设置济阴国,这个王国是按北济水命名的。又往东北流,与濮水汇合。濮水上游在封丘县承接济水,就是《地理志》所说的濮渠上口接纳济水。阚骃说:上口接纳别济水,就是北济水。旧河道从济水注东北流,向左分流,积成高梁陂,方圆三里。

　　濮水又东迳匡城北①。孔子去卫适陈②,遇难于匡者也③。又东北,左会别濮水,受河于酸枣县④。故杜预云:濮水出酸枣县,首受河⑤。《竹书纪年》曰:魏襄王十年十月⑥,大霖雨疾风⑦,河水溢酸枣郛⑧。汉世塞之,故班固云⑨:文堙枣野⑩。今无水。其故渎东北迳南、北二棣城间⑪。《左传·襄公五年》⑫,楚子囊伐陈,公会于城棣以救之者也⑬。濮渠又东北迳酸枣县故城南,韩国矣。圈称曰⑭:昔天子建国名都,或以令名,或以山林,故豫章以树氏郡,酸枣以棘名邦,故曰酸枣也。《汉官仪》曰⑮:旧河堤谒者居之城西⑯,有韩王望气台⑰。孙子荆《故台赋叙》曰⑱:酸枣寺门外⑲,夹道左右有两故台,访之故老云:韩王听讼观台⑳,高十五仞,虽楼榭泯灭,然广基似于山岳。召公大贤,犹舍甘棠㉑,区区小国,而台观隆崇,骄盈于世,以鉴来今。故作赋曰^㉒:蒐丘陵之逦迤^㉓,亚五岳之嵯峨^㉔。言壮观也。城北,韩之市地也。聂政为濮阳严仲子刺韩相侠累^㉕,遂皮面而死^㉖,其姊哭之于此。城内有后汉酸枣令刘孟阳碑^㉗。濮水北积成陂,陂方五里,号曰同池陂。又东迳胙亭东注^㉘,故胙国也^㉙。富辰所谓邢、茅、胙、祭^㉚,周公之胤也^㉛。

【注释】

①匡城:春秋卫邑。在今河南长垣西南。

②适:前往。

③遇难于匡:在匡这个地方遇到灾难。事见《史记·孔子世家》:"孔子恐获罪焉,居十月,去卫。将适陈,过匡……匡人闻之,以为鲁之阳虎。阳虎尝暴匡人,匡人于是遂止孔子。孔子状类阳虎,拘焉五日。"

④酸枣县:战国魏置。后入秦,属东郡。治所在今河南延津县西南十五里。汉属陈留郡。北魏太和十八年(494)属东郡,移治今延津县北十五里。

⑤濮水出酸枣县,首受河:此为杜预《左传·哀公二十七年》注文的抄变:"濮水自陈留酸枣县傍河东北经济阴至高平入济。"

⑥魏襄王十年:前309年。

⑦霖(lín)雨:接连下了几天的大雨。

⑧郭(fú):泛指城郭。

⑨班固:字孟坚。扶风安陵(今陕西咸阳)人。继父业编纂《汉书》,未成而死,所余"八表"由班昭完成,《天文志》由班昭和同郡马续共同完成。

⑩文堙(yīn)枣野:孝文帝时填补酸枣溃堤。文,指西汉文帝刘恒。

　堙,堵塞,填塞。

⑪南、北二隶城:在今河南原阳北。

⑫襄公五年:前568年。

⑬楚子囊伐陈,公会于城棣以救之:事见《左传·襄公五年》:"冬,
　诸侯戍陈。子囊伐陈。十一月甲午,会于城棣以救之。"楚子囊,
　芈姓,名贞,字子囊。春秋时楚国令尹。

⑭圈称:字幼举。东汉末陈留(今河南开封)人。自称为楚鬻熊之后。
　撰《陈留风俗传》。

⑮《汉官仪》:书名。东汉应劭撰。记载汉官名称、职掌、俸秩及玺
　绶制度等。

⑯河堤谒者:西汉时置都水使者,以掌河堤水利的事务,亦称河堤谒
　者,东汉等沿置。

⑰韩王望气台:在今河南延津县。

⑱孙子荆:即孙楚,字子荆。太原中都(今山西平遥)人。西晋文学家。

⑲酸枣寺:酸枣县衙署。寺,衙署,官舍。

⑳听讼:听取诉讼,审案。

㉑犹舍甘棠:仍然栖止在甘棠树下。舍,止,栖息。甘棠,树木名。
　古代常植于村社前,称为社木。相传召伯曾在甘棠树下听讼决狱,
　公正无私。

㉒赋:一种综合韵文和散文特征的文体。讲究词藻、对偶、用韵。

㉓蔑:细小,微不足道。

㉔嵯峨(cuó é):山势高峻。

㉕聂政:战国时韩国轵(今河南济源)人。杀人避仇至齐国,以屠为
　业。后替韩国严仲子刺杀韩相侠累,未果,自杀。濮阳:即濮阳县。
　战国秦置,为东郡治。治所在今河南濮阳东南高城村。濮水经其
　南,故曰濮阳。严仲子:即严遂,字仲子。为韩烈侯的大臣,与韩
　相侠累有仇隙。求聂政刺杀侠累。侠累:名傀。战国时韩国国相。

㉖皮面：用刀割裂脸皮。

㉗刘孟阳：具体不详。

㉘胙（zuò）亭：在今河南延津县北。

㉙胙国：西周封国。

㉚富辰：春秋时周襄王的大臣。邢：周公之子所封之国。在今河北邢台。茅：周公之子所封之国。在今山东金乡西北。祭（zhài）：周公之子所封之国。在今河南荥阳东北。

㉛胤（yìn）：后嗣，后代。

【译文】

　　濮水又往东流经匡城北面。孔子离开卫国去陈国，在匡遭到被扣之难。又往东北流，左边汇合了别濮水，在酸枣县承接河水。所以杜预说：濮水出自酸枣县，上口承接河水。《竹书纪年》说：魏襄王十年十月，狂风暴雨，河水泛滥冲进酸枣城墙。汉时堵住决口，所以班固说：文帝填补酸枣溃堤。濮水现在已经无水了。旧河道往东北通过南棣城与北棣城之间。《春秋左传·襄公五年》记载，楚子囊攻陈，襄公会师于棣城，前来援救。濮渠又往东北流经酸枣老城南面，这属于韩国。圈称说：从前天子建国，给国都命名时，有的选择美好的名字，有的按照山林来命名，所以豫章以樟树作郡名，酸枣以多刺的枣树为名号。《汉官仪》说：过去河堤谒者就驻在城西，有韩王望气台。孙子荆《故台赋叙》说：酸枣县衙署门外，道路两边有两座古台，访问老人们，说是韩王听讼观台，高十五仞，虽然楼榭都已荡然无存了，但宏伟的台基还像山岳一样高大。召公是大贤，还在甘棠树下栖止，而小小的韩国，却造了这么宏伟的台观，韩王的骄奢举世瞩目，可以作为后人的鉴戒。所以作赋说：迤逦的丘陵微不足道，嵯峨的五岳也低了一截。极言其壮观。城北是韩国市场的所在地。聂政为濮阳严仲子刺杀韩国国相侠累，接着就用刀割裂自己的面皮自杀了，他姐姐就在这里为他哀哭。城内有后汉酸枣令刘孟阳碑。濮水北流，积潴成陂塘，陂塘方圆五里，叫同池陂。又东经胙亭往东流奔，这里原是从前的胙国。

富辰所说的邢、茅、胙、祭，都是周公的后裔——胙就指的是这里。

濮渠又东北迳燕城南①，故南燕姞姓之国也②。有北燕③，故以南氏县④。东为阳清湖⑤，陂南北五里，东西三十里，亦曰燕城湖。迳桃城南⑥，即《战国策》所谓酸枣、虚、桃者也⑦，汉高帝十二年⑧，封刘襄为侯国⑨。而东注于濮，俗谓之朝平沟⑩。

【注释】

①燕(yān)城：在今河南延津县东北三十五里。

②南燕：西周封国。在今河南延津县东北三十五里。姞(jí)姓之国：相传黄帝二十五子十二姓之一。司马贞《史记索隐》："今案：《国语》胥臣云：'黄帝之子二十五宗，其得姓者十四人，为十二姓：姬、酉、祁、己、滕、箴(zhēn)、任、荀、僖、姞、儇(xuān)、衣是也。'"

③北燕：西周初，封召公奭于燕。又称北燕。都城在今北京房山区琉璃河附近，后迁于蓟(今北京西南隅)。

④氏：取名，命名。

⑤阳清湖：一名燕城湖。当在今河南延津、长垣二地之间。

⑥桃城：战国魏邑，后属秦。在今河南延津县东北。

⑦《战国策》：书名。撰者不详。西汉刘向整理改编。分为西周、东周、秦、齐、楚、赵、魏、韩、燕、宋、卫、中山十二策，共三十三篇。记春秋末至秦间史事。虚：春秋宋邑。在今河南延津县东。战国时属魏。

⑧汉高帝十二年：前195年。

⑨刘襄：原为项羽宗族。汉王二年(前205)加入刘邦军。汉灭楚，赐姓刘氏。高祖十二年(前195)封桃侯。

⑩朝平沟：当在今河南滑县一带。

【译文】

濮渠又往东北流经燕城南面，这是旧时南燕姞姓的封国。因为有个北燕，所以这里以南燕作县名。东边是阳清湖，此湖南北五里，东西三十里，又叫燕城湖。湖水流经桃城以南，就是《战国策》中说的酸枣、虚、桃的桃城。汉高帝十二年，把这地方封给刘襄，立为侯国。湖水东流注入濮渠，俗称朝平沟。

　　濮渠又东北，又与酸水故渎会①。酸渎首受河于酸枣县，东迳酸枣城北、延津南②，谓之酸水。《竹书纪年》曰：秦苏胡率师伐郑，韩襄败秦苏胡于酸水者也③。酸渎水又东北迳燕城北，又东迳滑台城南④，又东南迳瓦亭南⑤。《春秋·定公八年》⑥，公会晋师于瓦，鲁尚执羔，自是会始也⑦。又东南会于濮，世谓之百尺沟⑧。

【注释】

①酸水：在今河南延津县北。

②延津：津渡名。亦称灵昌津。宋代以前黄河流经今河南延津县西北至滑县一段为重要渡口，总称延津。

③秦苏胡率师伐郑，韩襄败秦苏胡于酸水：《水经注疏》杨守敬按："今本《竹书》记此事有二。一在周烈王二年，苏胡作胡苏，伐郑作伐韩，韩襄作韩将韩襄。一在显王三十一年与此同。"

④滑台城：在今河南滑县东南八里城关镇。

⑤瓦亭：即春秋卫之瓦邑。在今河南滑县南瓦冈。

⑥定公八年：前502年。定公，即鲁定公。名宋。春秋时鲁国国君。

⑦"公会晋师于瓦"几句：事见《左传·定公八年》："夏，齐国夏、高张伐我西鄙。晋士鞅、赵鞅、荀寅救我。公会晋师于瓦。范献子

执羔,赵简子、中行文子皆执雁。鲁于是始尚羔。"鲁尚执羔,鲁国崇尚执羔羊。《后汉书·礼仪志》:"及赞,公、侯璧,中二千石、二千石羔,千石、六百石雁,四百石以下雉。"刘昭注:"《决疑要注》曰:'古者朝会皆执贽,侯、伯执圭,子、男执璧,孤执皮帛,卿执羔,大夫执雁,士执雉。'"

⑧百尺沟:当在今河南滑县、长垣一带。

【译文】

　　濮渠又往东北流,又与酸水旧河道汇合。酸渎水上口在酸枣县承接河水,往东流经酸枣城以北、延津以南,称为酸水。《竹书纪年》说:秦国苏胡率兵攻打郑国,韩襄在酸水打败秦国苏胡。酸渎水又往东北流经燕城北,又往东流经滑台城南,又往东南流经瓦亭南。《春秋左传·定公八年》记载,定公在瓦与晋国军队相会,鲁国崇尚在会见时手执羔羊,就是从这次会见开始的。酸渎水又往东南流与濮渠汇合,世人称之为百尺沟。

　　濮渠之侧有漆城①。《竹书纪年》:梁惠成王十六年②,邯郸伐卫③,取漆富丘,城之者也。或亦谓之宛濮亭。《春秋》:甯武子与卫人盟于宛濮④。杜预曰:长垣西南近濮水也⑤。京相璠曰⑥:卫地也。似非关究,而不知其所。《竹书纪年》:梁惠成王五年⑦,公子景贾率师伐郑⑧,韩明战于阳⑨,我师败逋⑩。泽北有坛陵亭⑪,亦或谓之大陵城,非所究也。又有垝城⑫。《竹书纪年》:梁惠成王十七年⑬,齐田期伐我东鄙⑭,战于桂阳,我师败逋。亦曰桂陵。案《史记》,齐威王使田忌击魏⑮,败之桂陵,齐于是强,自称为王,以令天下。

【注释】

①漆城:亦称宛濮亭。春秋魏邑。在今河南长垣西南。

②梁惠成王十六年:前354年。梁惠成王,即魏惠王。名罃。战国
时魏国国君。在位期间迁都梁,故魏又称梁,他本人亦称梁惠王。

③邯郸:战国赵都城。在今河北邯郸。这里借指赵国。

④宁武子与卫人盟于宛濮:事见《左传·僖公二十八年》。宁武子,
名俞,字武子。春秋卫大夫。

⑤长垣西南近濮水:杜预注原文为:"陈留长垣县西南有宛亭,近
濮水。"

⑥京相璠(fán):晋人。撰有《春秋土地名》。

⑦梁惠成王五年:前365年。

⑧景贾:魏国公子。其余不详。

⑨韩明:当为韩朋之讹。为韩宣王及襄王时人。译文用韩朋。阳:
当为濮阳之脱文。译文用濮阳。

⑩我师:此指魏国军队。败逋(bū):失败逃亡。逋,逃亡。

⑪坛陵亭:亦称大陵城。在今河南长垣西。

⑫桂城:亦称桂陵、桂阳。战国魏地。在今河南长垣西南。

⑬梁惠成王十七年:前353年。

⑭齐田期:盖即战国时齐国的田忌。鄙:边陲城邑。

⑮齐威王:田氏,名因齐,一作婴齐。战国时期齐国国君。在位期间
任用邹忌为相,田忌为将,孙膑为军师,国势日强,先后在桂陵、马
陵大败魏军,并称雄诸侯。

【译文】

濮渠旁有漆城。《竹书纪年》记载:梁惠成王十六年,赵国进攻卫国,
夺取了漆国的富丘,在那里筑城。也有人叫它宛濮亭。《春秋左传》记载:
宁武子与卫人在宛濮会盟。杜预说:宛濮在长垣西南,邻近濮水。京相
璠说:宛濮是卫国的地方。看来似乎不合,但不知道究竟在哪里。《竹书
纪年》记载:梁惠成王五年,公子景贾率兵攻打郑国,韩朋在濮阳打了一
仗,我军败逃。泽北有坛陵亭,也有人叫大陵城,这也弄不清楚。又有桂

城。《竹书纪年》记载：梁惠成王十七年，齐国田期进攻我国东部边境，在桂阳打了一仗，我军败逃。那地方也叫桂陵。据《史记》，齐威王派田忌去打魏国，在桂陵打败魏军，齐国于是强大起来，自称为王，号令天下。

濮渠又东迳蒲城北①，故卫之蒲邑。孔子将之卫，子路出于蒲者也②。《韩子》曰③：鲁以仲夏起长沟，子路为蒲宰，以私粟馈众·孔子使子贡毁其器焉④。余案《家语》言⑤，仲由为郈宰⑥，修沟渎，与之箪食瓢饮⑦，夫子令赐止之⑧，无鲁字。又入其境，三称其善⑨。身为大夫，终死卫难⑩。

【注释】

①蒲城：春秋卫蒲邑。在今河南长垣。

②子路出于蒲者：衍子字。

③《韩子》：即《韩非子》。战国末期的法家思想集大成者韩非的著作。主张以法为中心的法、术、势三者合一的君主统治术，为中央集权的封建制度提供了理论依据。

④"鲁以仲夏起长沟"几句：事见《韩非子·外储说右上》："季孙相鲁，子路为郈令。鲁以五月起众为长沟，当此之为，子路以其私秩粟为浆饭，要作沟者于五父之衢而餐之。孔子闻之，使子贡往覆其饭，击毁其器。"蒲宰，蒲地的行政长官。子贡，姓端木，名赐。孔子的弟子。毁其器，毁坏他（子路）的炊具和食器。

⑤《家语》：即《孔子家语》。原本题"周孔丘门人撰"，已佚。今本为三国魏王肃为驳难郑玄杂抄诸书所载孔子逸事纂辑而成。

⑥郈（hòu）：春秋时鲁叔孙氏邑。在今山东东平东南后亭。

⑦箪（dān）食瓢饮：语见《论语·雍也》："子曰：'贤哉，回也！一箪食，一瓢饮，在陋巷，人不堪其忧，回也不改其乐，贤哉，回也！'"

　　笥，古代盛饭的圆形竹器，类似筐。

⑧赐：即子贡。

⑨三称其善：称赞他（子路）善政三次。事见《孔子家语·辨政》：“子
　　路治蒲三年，孔子过之，入其境曰：‘善哉，由也！恭敬以信矣！’
　　入其邑曰：‘善哉，由也！忠信以宽矣！’至其庭曰：‘善哉由也！
　　明察以断矣！’”

⑩终死卫难：指子路在卫国贵族内讧中被杀死。

【译文】

　　濮渠又往东流经蒲城北面，就是旧时卫国的蒲邑。孔子将要去卫国，
路过蒲邑。《韩子》说：鲁国在夏天造长沟，子路在蒲当长官，拿他个人的
米分给民工们，孔子派子贡去砸了他的器皿。我查考《家语》里说，仲由
在邱当长官，修建沟渠。他拿着茶饭给民工们吃，夫子叫赐去阻止他，文
中并未提到是鲁国。又进入他的辖境，三次称颂他的政绩。子路身为大
夫，最后死于卫国的内乱。

　　濮渠又东迳韦城南①，即白马县之韦乡也②。《史迁记》
曰：夏伯豕韦之故国矣③。城西出而不方，城中有六大井，皆
隧道下，俗谓之江井也。有驰道④，自城属于长垣⑤。

【注释】

①韦城：韦是夏、商的方国。在今河南滑县东南。

②白马县：秦置，属东郡。治所在今河南滑县东，取白马山为名。北
　　魏移治滑台城（今河南滑县东南八里城关镇）。

③伯：古代五等爵位的第三等。豕（shǐ）韦在夏朝属伯爵，故称夏伯
　　豕韦。豕韦：古部落名。彭姓，为商汤所灭，故地在今河南滑县以东。

④驰道：古代供君王行驶车马的道路。亦泛指供车马驰行的大道。

⑤属（zhǔ）：连缀，连结。

【译文】

濮渠又往东流经韦城南面,韦城就是白马县的韦乡。《史记》说:韦城是夏伯豕韦的故国。韦城向西突出,不成方形,城中有六口大井,都有隧道通到下面,俗称江井。有驰道,从韦城通到长垣。

濮渠东绝驰道①,东迳长垣县故城北,卫地也,故首垣矣②。秦更从今名,王莽改为长固县。《陈留风俗传》曰③:县有防垣④,故县氏之。孝安帝以建光元年⑤,封元舅宋俊为侯国⑥。县有祭城⑦,濮渠迳其北,郑大夫祭仲之邑也⑧。杜预曰:陈留长垣县东北有祭城者也⑨。圈称又言,长垣县有罗亭⑩,故长罗县也,汉封后将军常惠为侯国⑪。《地理志》曰:王莽更长罗为惠泽,后汉省并。长垣有长罗泽⑫,即吴季英牧猪处也⑬。又有长罗冈、蘧伯玉冈⑭。《陈留风俗传》曰:长垣县有蘧伯乡⑮,一名新乡,有蘧亭、伯玉祠、伯玉冢。曹大家《东征赋》曰⑯:到长垣之境界兮,察农野之居民;睹蒲城之丘墟兮,生荆棘之榛榛⑰;蘧氏在城之东南兮,民亦向其丘坟⑱;惟令德之不朽兮,身既没而名存。昔吴季札聘上国⑲,至卫,观典府,宾亭父畴,以卫多君子也⑳。濮渠又东分为二渎,北濮出焉㉑。

【注释】

①绝:横穿,直渡。

②首垣:战国时魏邑。在今河南长垣东北十四里。

③《陈留风俗传》:书名。东汉圈称撰。叙述陈留(今河南开封)一带风俗民情。今存清王仁俊辑本一卷。

④防垣(yuán):防御的城墙。垣,墙。

⑤孝安帝：东汉安帝刘祜（hù）。建光元年：121年。建光，东汉安帝
　刘祜的年号（121—122）。

⑥元舅：本指大舅，长舅。这里指舅爷。宋俊：孝安帝父亲刘庆之舅。

⑦祭（zhài）城：在今河南长垣东北。

⑧祭（zhài）仲：郑大夫。

⑨陈留：即陈留国。三国魏黄初三年（222）改陈留郡置。治所在陈
　留县（今河南开封东南陈留镇）。五年复为郡。太和六年（232）
　又为国。西晋移治小黄县（今河南开封东北）。西晋末复为陈留郡。
　长垣县：战国秦改首垣县置，属东郡。治所在今河南长垣东北八
　里陈墙村。西汉属陈留郡。西晋属陈留国。

⑩罗亭：在今河南长垣东北。

⑪常惠：太原（今山西太原）人。少时随苏武出使匈奴，并被扣留十
　余年。汉昭帝时才回汉朝。因有功，官拜光禄大夫。以校尉光禄
　大夫持节将乌孙兵击匈奴，有功，汉宣帝封之为长罗侯。

⑫长罗泽：当在今河南长垣一带。

⑬吴季英：即吴祐，字季英。陈留长垣（今河南长垣）人。及年二十，
　丧父，居无担石，而不受赡遗，常牧豕于长垣泽中，行吟经书。以
　光禄四行迁胶东侯相。后为齐相。因得罪大将军梁冀，而自免归
　家，不复仕宦，躬灌园蔬，以经书教授。年九十八卒。

⑭蘧（qú）伯玉：名瑗。卫国大夫。孔子在卫国时，曾寄居其家。

⑮蘧伯乡：在今河南长垣东南八里。

⑯曹大家（gū）：即班昭。一名姬，字惠班。扶风安陵（今陕西咸阳东）
　人。东汉女史。《东征赋》：此赋为班昭于和帝永初七年（113），
　随儿子至陈留为官所作。赋中叙述自洛阳出发至陈留之经历。

⑰蓁蓁（zhēn）：非常茂盛的样子。

⑱向：向慕。

⑲季札：姬姓，名札。春秋时吴王寿梦之子。季札贤，寿梦欲立之，

札辞让,于是立长子诸樊。后封于延陵,号延陵季子。历聘二国,
遍交当世贤士大夫。尝聘鲁观周乐。聘:聘问。专指天子与诸侯
或诸侯与诸侯间的遣使通问。上国:春秋时称中原各诸侯国为上
国,与吴楚诸国相对而言。

⑳"至卫"几句:《左传·襄公二十九年》记载为:"适卫,说蘧瑗、史
狗、史鰌、公子荆、公叔发、公子朝,曰:'卫多君子,未有患也。'"
《水经注疏》:"朱(谋㙔)《笺》曰:《左传》云,延陵季子去郑,适卫,
说蘧伯玉、史狗、史鰌、公子荆、公子发、公子朝,曰,卫多君子,未
有患也。此云观典府宾亭父畴,未详。会贞按:观与说形近,父畴
与史鰌形近,则观典府宾亭父畴,即说蘧伯玉、史狗、史鰌之脱误,
无公子荆、公子发、公子朝,盖亦脱。"

㉑北濮:濮水支流。

【译文】

濮渠东流穿过驰道,往东流经长垣县老城北面,这里是卫国的地方,
旧时叫首垣。秦时改为今名,王莽时又改为长固县。《陈留风俗传》说:
县里有防垣,所以就作为县名。孝安帝于建光元年把这地方封给他的舅
爷宋俊,立为侯国。县里有祭城,濮渠流经城北。这是郑大夫祭仲的采邑。
杜预说:陈留长垣县东北有祭城。就指这里。圈称又说长垣县有罗亭,
是旧时的长罗县,汉时把这地方封给后将军常惠,立为侯国。《地理志》
说:王莽时把长罗改名为惠泽,后汉时撤县,把它并入长垣县。县里有长
罗泽,就是吴季英牧猪的地方。又有长罗冈、蘧伯玉冈。《陈留风俗传》说:
长垣县有蘧伯乡,又名新乡,有蘧亭、伯玉祠、伯玉墓。曹大家《东征赋》
说:到了长垣县境以内,察看乡野农村的居民;眺望蒲城的丘冈,荆棘长
得正茂盛;蘧氏葬在城的东南,人民也都向慕他的坟茔;美德万世永垂不
朽,其人虽逝而令名永存。从前吴季札出访中原各诸侯国,到了卫国,观
典府,宾亭父畴,以为卫国有很多才德出众的人士。濮渠又东流,分为两
条,北濮于是分出。

濮渠又东迳须城北①。《卫诗》云②:思须与曹也③。毛云④:须,卫邑矣。郑云⑤:自卫而东迳邑,故思。

【注释】

①须城:春秋卫邑。在今河南滑县东南。

②《卫诗》:指《卫风》。《诗经》十五国风之一。记录的是当时朝歌以东、淇水以北(今河南北部和河北南部)一带的民间歌谣。

③思须与曹:语见《诗经·邶风·泉水》:"思须与漕,我心悠悠。"曹,春秋卫邑。在今河南滑县东南白马城。严粲《诗缉》:"《邶》《墉》《卫》,皆《卫风》也。"《泉水》本为《邶风》中的民歌,因为邶地后属卫,故郦道元说是《卫诗》)。

④毛:一本作《毛传》。即《毛诗诂训传》。为汉人训释《诗经》之作。《汉书·艺文志》著录三十卷,但言毛公作,未著其名。东汉郑玄《诗谱》称"鲁人大毛公为《诂训传》于其家,河间献王得而献之,以小毛公为博士。"至三国吴陆玑《毛诗草木鸟兽虫鱼疏》始言大毛公为汉鲁国人毛亨,小毛公为赵国人毛苌。后世因以《诂训传》为毛亨作,亦有以为乃毛苌作或毛亨作而苌有所增益。

⑤郑:即郑玄,字康成。北海高密(今山东高密)人。东汉著名经学家。遍注群经。

【译文】

濮渠又往东流经须城北面。《卫诗》说:思念着须和曹。毛公说:须是卫国的城邑。郑玄说:自卫东行,要经过此城,所以思念它。

濮渠又北迳襄丘亭南①。《竹书纪年》曰:襄王七年②,韩明率师伐襄丘③;九年④,楚庶章率师来会我⑤,次于襄丘者也。

【注释】

①襄丘亭:战国魏邑。在今山东东明西。

②襄王七年:前 312 年。

③韩明:当为韩朋之讹。译文用韩朋。

④九年:前 310 年。

⑤楚庶章:未详。

【译文】

濮水又往北流经襄丘亭南面。《竹书纪年》说:襄王七年,韩朋领兵去攻打襄丘;九年,楚国庶章领兵来与我军会师,驻扎在襄丘。

濮水又东迳濮阳县故城南。昔师延为纣作靡靡之乐,武王伐纣,师延东走,自投濮水而死矣。后卫灵公将之晋,而设舍于濮水之上,夜闻新声,召师涓受之于是水也①。

【注释】

①"昔师延为纣作靡靡之乐"几句:事见《史记·乐书》:"而卫灵公之时,将之晋,至于濮水之舍。……即去之晋,见晋平公。……酒酣,灵公曰:'今者来,闻新声,请奏之。'师旷曰:'师延所作也。与纣为靡靡之乐,武王伐纣,师延东走,自投濮水之中,故闻此声必于濮水之上,先闻此声者国削。'"师延,商纣王的乐师。靡靡之乐,萎靡颓废的亡国之音。卫灵公,名元。春秋时卫国国君。昏庸无道,夫人南子秉权,政治昏乱。孔子曾言"卫灵公之无道也"。之,到,往。师涓,卫灵公的乐师。

【译文】

濮水又往东流经濮阳县老城南面。从前师延为纣王作淫靡的音乐,武王讨伐纣王时,师延逃往东方,最后投入濮水而死。以后卫灵公将去晋国,下榻于濮水上,夜里听到新奇的音乐,就把师涓叫来,在这条水上学会这支乐曲。

濮水又东迳济阴离狐县故城南①。王莽之所谓瑞狐也。《郡国志》曰:故属东郡②。

【注释】

①济阴:即济阴郡。西汉建元二年(前139)改济阴国置。治所在定陶县(今山东菏泽定陶区西北)。北魏属西兖州,后移治左城(今山东曹县西北)。离狐县:西汉置,属东郡。治所在今河南濮阳东南。东汉属济阴郡。

②东郡:战国秦王嬴政五年(前242)置。治所在濮阳县(今河南濮阳东南)。北魏移治滑台城(今河南滑县东南城关镇)。

【译文】

濮水又东流,经过济阴离狐县老城南面。这就是王莽时所谓的瑞狐。《郡国志》说:离狐县,原属东郡。

濮水又东迳葭密县故城北①。《竹书纪年》:元公三年②,鲁季孙会晋幽公于楚丘③,取葭密,遂城之。

【注释】

①葭密县:西汉置,属济阴郡。治所在今山东菏泽西北葭密寨。东汉废。

②元公三年:一本作幽公三年。

③鲁季孙:鲁国三权臣之一(仲孙、叔孙、季孙)。三家同出鲁桓公,又称三桓。晋幽公:名柳。战国时晋国国君。楚丘:春秋曹地。在今山东曹县东南楚天镇。

【译文】

濮水又往东流经葭密县老城北面。《竹书纪年》记载：元公三年，鲁季孙在楚丘会见晋幽公，取得葭密，于是就去那里筑城。

濮水又东北迳鹿城南①。《郡国志》曰：济阴乘氏县有鹿城乡②。《春秋·僖公二十一年》③：盟于鹿上④。京、杜并谓此亭也⑤。

【注释】

①鹿城：在今山东曹县东东北。

②鹿城乡：即鹿城。

③僖公二十一年：前639年。

④盟于鹿上：事见《春秋·僖公二十一年》："宋人、齐人、楚人盟于鹿上。"

⑤京：即京相璠（fán）。西晋人。撰有《春秋土地名》。杜：指杜预。西晋学者。

【译文】

濮水又往东北流经鹿城南面。《郡国志》说：济阴乘氏县有鹿城乡。《春秋·僖公二十一年》记载：在鹿上会盟。京相璠、杜预都说就是此亭。

濮水又东与句渎合①。渎首受濮水枝渠于句阳县东南②，迳句阳县故城南，《春秋》之穀丘也，《左传》以为句渎之丘矣。县处其阳，故县氏焉。又东入乘氏县，左会濮水，与济同入钜野。故《地理志》曰：濮水自濮阳南入钜野，亦《经》所谓济水自乘氏县两分，东北入于钜野也。

【注释】

①句渎：在今河南虞城西南谷熟集。

②句阳县：西汉置，属济阴郡。治所在今山东菏泽北小留镇。东晋废。

【译文】

濮水又东流，与句渎汇合。句渎上口在句阳县东南承接濮水支渠，流经句阳县老城南面，就是《春秋》中的穀丘，《春秋左传》则以为是句渎之丘。句阳县在水北，所以就以渎取名。又往东流入乘氏县境，左边汇合了濮水，与济水一同流入钜野泽。所以《地理志》说：濮水从濮阳往南流入钜野泽。《水经》也说：济水从乘氏县分为两条，往东北流入钜野泽。

济水故渎又北，右合洪水。水上承钜野薛训渚①，历泽西北，又北迳阚乡城西②。《春秋·桓公十有一年》③，经书公会宋公于阚④。《郡国志》曰：东平陆有阚亭⑤。《皇览》曰⑥：蚩尤冢在东郡寿张县阚乡城中⑦，冢高七尺，常十月祠之。有赤气出如绛，民名为蚩尤旗。《十三州志》曰：寿张有蚩尤祠。又北与济渎合。自渚迄于北口百二十里，名曰洪水。桓温以太和四年率众北入⑧，掘渠通济。至义熙十三年⑨，刘武帝西入长安⑩，又广其功。自洪口已上⑪，又谓之桓公渎，济自是北注也。《春秋·庄公十八年》⑫，经书：夏，公追戎于济西⑬。京相璠曰：济水自钜野至济北是也。

【注释】

①薛训渚：在今山东巨野。

②阚（kàn）乡城：亦称阚、阚亭。春秋鲁邑。在今山东梁山县东南开河村西南一里。

③桓公十有一年：前701年。桓公，名允，一作轨。春秋时鲁国国君。

④宋公：即宋庄公。名冯。春秋时宋国国君。

⑤东平陆：即东平陆县。西汉置，属东平国。治所在今山东汶上北。南朝宋改为平陆县。

⑥《皇览》：书名。三国魏文帝时，王象、刘劭、桓范等奉敕所编纂的一部类书，供皇帝阅览。为后世诸多类书的编纂产生了较大的影响。

⑦蚩（chī）尤冢：在今山东梁山县东南开河村西南一里。蚩尤，神话传说中东方九黎族首领。后与黄帝战于涿鹿，失败被杀。寿张县：东汉改寿良县置，属东平国。治所在今山东东平西南。

⑧桓温：字元子。谯国龙亢（今安徽怀远西北）人。东晋名臣。太和四年：369年。太和，东晋废帝司马奕的年号（366—371）。

⑨义熙十三年：417年。义熙，东晋安帝司马德宗的年号（405—418）。

⑩刘武帝匡入长安：事见《宋书·武帝本纪》："二月，冠军将军檀道济等次潼关。三月庚辰，大军入河。索虏步骑十万营据河津。公命诸军济河击破之。公至洛阳。七月至陕城。龙骧将军王镇恶伐木为舟，自河浮渭。八月，扶风太守沈田子大破姚泓于蓝田。王镇恶克长安，生擒泓。九月，公至长安。"刘武帝，即南朝宋的建立者刘裕。字德舆，小名寄奴。彭城（今江苏徐州）人。汉高帝楚元王刘交的后人。晋元熙初代晋称帝。国号宋。

⑪洪口：又称桓公渎。《水经注疏》杨守敬按："洪口在今汶上（今山东汶上）西，此水自嘉祥（今山东嘉祥）北，至汶上西入济，已湮。"

⑫庄公十八年：前676年。

⑬公：指鲁庄公。名同。春秋时鲁国国君。戎：己氏之戎。居住在今山东曹县。济西：济水之西。

【译文】

济水旧渠又往北流，在右边汇合了洪水。洪水上游承接钜野的薛训渚，经沼泽往西北流，又往北流经阚乡城西面。《春秋·桓公十一年》，经文记载：桓公在阚会见宋公。《郡国志》说：东平陆有阚亭。《皇览》说：

蚩尤墓在东郡寿张县阚乡城中,墓高七尺,常在十月间祭祀。墓上有深赤色雾气冉冉升起,人们称之为蚩尤旗。《十三州志》说:寿张有蚩尤祠。又北流与济渎汇合。从薛训渚到北口共一百二十里,名叫洪水。桓温于太和四年率领大军北上,开了一条渠道与济水相通。到了义熙十三年,刘武帝西入长安,又拓宽了渠道。从洪口起的上游一段,又叫桓公渎,济水就是从这里往北流的。《春秋·庄公十八年》,经文载,夏天,庄公在济水西追击戎人。京相璠说:济水从钜野流到济北。

又东北过寿张县西界安民亭南①,汶水从东北来注之②。

济水又北,汶水注之。戴延之所谓清口也③。郭缘生《述征记》曰④:清河首受洪水,北注济。或谓清即济也。《禹贡》⑤,济东北会于汶。今枯渠注钜泽,钜泽北则清口,清水与汶会也。李钦曰⑥:汶水出太山莱芜县⑦,西南入济是也。

【注释】

①安民亭:在今山东梁山县东北安民山(小安山)南。

②汶水:即今大汶河。源出山东莱芜东北,西南流经古嬴南,古称嬴汶,又西南汇牟汶、北汶、石汶、柴汶,至今山东东平戴村坝。自此以下,古汶水西流经东平南,至梁山县东南入济水。

③戴延之:即戴祚,字延之。官西戎主簿。曾从刘裕西征姚秦。著有《西征记》《甄异传》等。清口:古汶水入济之口。在今山东梁山县东南。以下济水即通称清水。

④郭缘生:晋末宋初人。《述征记》:记述郭缘生跟随刘裕北伐慕容燕、西征姚秦的沿途所见。

⑤《禹贡》:即《尚书·禹贡》。详细记载了古代九州的划分、山川的

方位、物产分布以及土壤性质等。

⑥李钦：当为桑钦之讹。桑钦：字君长。西汉成帝时洛阳（今河南洛
阳）人。撰有《水经》三卷。

⑦太山：即泰山郡。楚汉之际刘邦改博阳郡置。治所在博县（今山
东泰安东南三十里旧县），因境内泰山得名。后移治奉高县（今山
东泰安东北）。北魏移治博平县（今山东泰安东南旧县）。莱芜县：
西汉置，属泰山郡。治所在今山东淄博南博山区东淄河镇城子村。

【译文】

济水又往东北流过寿张县西界安民亭以南，汶水从东北流
来注入。

济水又北流，汶水注入。汇流处就是戴延之所谓的清口。郭缘生《述
征记》说：清河上口接纳洪水，北流注入济水。也有人说清河就是济水。
《禹贡》：济水往东北流，与汶水汇合。现在枯渠注入钜泽，钜泽以北是清
口，就是清水与汶水汇合的地方。桑钦说：汶水发源于太山莱芜县，往西
南流入济水。

济水又北迳梁山东①。袁宏《北征赋》曰②：背梁山，截
汶波③。即此处也。刘澄之引是山以证梁父④，为不近情矣。
山之西南有吕仲悌墓⑤。河东岸有石桥，桥本当河，河移，故
厕岸也⑥。古老言⑦：此桥东海吕母起兵所造也⑧。山北三
里有吕母垞⑨，垞东三里即济水。

【注释】

①梁山：本名良山。在今山东梁山县南。

②袁宏：字彦伯。陈郡阳夏（今河南太康）人。晋代著名的文学家和
史学家。《北征赋》：袁宏从桓温北征，作《北征赋》。

③截：直渡，横过。

④刘澄之：南朝宋宗室。著有《永初山川古今记》《司州山川古今记》
　等。梁父：亦作梁甫山。在今山东泰安东南，西连徂徕山。

⑤吕仲悌：即吕安，字仲悌。东平（今山东东平）人。与嵇康友善。

⑥厕岸：岸边。厕，通"侧"。边沿，旁边。

⑦古老：即故老、老人。

⑧东海吕母起兵：事见《汉书·王莽传下》："琅邪女子吕母亦起。初，
　吕母子为县吏，为宰所冤杀。母散家财，以酤酒买兵弩，阴厚贫穷
　少年，得百余人，遂攻海曲县，杀其宰以祭子墓。引兵入海，其众
　浸多，后皆万数。"

⑨吕母垞（chá）：《水经注疏》杨守敬按："考《元和志》，吕母垞在寿
　张县（今山东东平西南）东南三十五里。"垞，原本是城邑，后来荒
　废，成为泥土填实的土丘叫垞。

【译文】

　　济水又往北流经梁山东面。袁宏《北征赋》说：背靠梁山，横截汶水
波涛。就是这地方。刘澄之引梁山来论证梁父山，这是不近情理的。山
的西南边有吕仲悌墓。河水东岸有一座石桥，本来在河上，以后河道移
徙，于是桥就在岸边了。据老人们说，这座桥是东海吕母起兵时所造。
山北三里有吕母垞，东边三里就是济水。

　　济水又北迳须朐城西①。城临侧济水，故须朐国也②。
《春秋·僖公二十一年》③，子鱼曰：任、宿、须朐、颛臾，风姓
也，寔司太皞与有济之祀④。杜预曰：须朐在须昌县西北⑤。
非也。《地理志》曰：寿张西北有朐城者是也⑥。

【注释】

①须朐城：在今山东东平西北。

②须朐国：周诸侯国名。春秋时为邾所灭。

③僖公二一一年：前639年。

④"子鱼曰"几句：《春秋左传·僖公二十一年》记载为："秋，诸侯会宋公于盂。子鱼曰：'祸其在此乎！君欲已甚，其何以堪之？'于是楚执宋公以伐宋。冬，会于薄以释之。子鱼曰：'祸犹未也，未足以惩君。'任、宿、须句、颛臾，风姓也，实司大皞与有济之祀。"子鱼，即公子目夷，字子鱼。宋桓公之子、宋襄公之弟。襄公即位，使子鱼为司马。任（rén），诸侯国名。在今山东微山县西北仲浅。宿，诸侯国名。在今山东东平西南。颛臾（zhuān yú），鲁之附庸国。在今山东平邑东南。风姓，传说因风而生，故风姓。司，掌管。太皞（hào），即伏羲。古代传说中的东夷族部落酋长。风姓之祖。

⑤须昌县：秦置，属薛郡。治所在今山东东平州城镇西北古济水东岸埠子坡西。汉高帝十一年（前196）封赵衍为侯国，后仍为县，属东郡。东汉属东平。西晋属东平国治。

⑥寿张西北有朐城：《汉书·地理志》"东郡寿良"注："蚩尤祠在西北沛上。有朐城。"故知寿张当为寿良之讹。译文用寿良。寿良，西汉置。属东郡。治所在今山东东平西南。东汉改为寿张县。

【译文】

济水又北流，经过须朐城西面。城在济水旁边，就是旧时的须朐国。《春秋左传·僖公二十一年》记载，子鱼说：任、宿、须朐、颛臾，都姓风，所祭祀的是太皞和济水。杜预说：须朐在须昌县西北。不对。《地理志》说：寿良西北有朐城。指的就是须朐。

济水西有安民亭，亭北对安民山①，东临济水，水东即无盐县界也②。山西有冀州刺史王纷碑③，汉中平四年立④。

【注释】

①安民山：《水经注疏》熊会贞按："《一统志》，山在东平州（今山东

东平州城镇)西南三十五里。"

②无盐县:战国秦置,属薛郡。治所在今山东东平东南无盐村。西
　汉为东平国治。西晋属东平国。南朝宋为东平郡治。

③王纷:具体不详。

④中平四年:187年。中平,东汉灵帝刘宏的年号(184—189)。

【译文】

济水西岸有安民亭,北与安民山相望,东濒济水,东岸就是无盐县边
界。山的西边有冀州刺史王纷碑,立于汉中平四年。

　　济水又北迳微乡东①。《春秋·庄公二十八年》②,经书
冬筑郿。京相璠曰:《公羊传》谓之微③。东平寿张县西北
三十里④,有故微乡,鲁邑也。杜预曰:有微子冢⑤。

【注释】

①微乡:亦称郿。春秋时鲁邑。在今山东东平北戴庙。

②庄公二十八年:前666年。

③《公羊传》:书名。即《春秋公羊传》。旧题战国齐人公羊高撰。
　以问答体释解《春秋》,阐发微言大义。与《左氏传》《穀梁传》合
　称《春秋》三传。

④东平:即东平国。西汉故梁国。景帝中元六年(前114)别为济东
　国。武帝元鼎元年(前116)为大河郡,宣帝甘露二年(前52)改
　为东平国。治所在无盐县(今山东东平东南)。以《禹贡》"东原
　底平"之义取名。东汉属兖州。西晋移治须昌县(今山东东平西
　北)。南朝宋改为东平郡。

⑤微子:名启,因避汉景帝刘启的讳,史书上也作"开"。殷帝乙之
　子、帝纣之庶兄。纣即位后,淫乱于政,微子屡谏,不听。微子知
　纣终不得治,故逃亡。周公旦辅佐成王时,知微子能仁贤,乃命微

子代殷后，奉其先祖，作《微子之命》以申之，国于宋（今河南商丘一带）。微子为宋国的始祖。

【译文】

济水又往北流经微乡东边。《春秋·庄公二十八年》，经文记载，冬天，在郿筑城。京相璠说：郿，《春秋公羊传》称为微。东平国寿张县西北三十里，有旧微乡，是鲁国的城邑。杜预说：微乡有微子墓。

济水又北分为二水，其枝津西北出，谓之马颊水者乜[1]。

【注释】

[1]马颊水：济水支流。在今山东东平西。

【译文】

济水又北沅，分为两条，支流往西北流出，称为马颊水。

又北过须昌县西，

京相璠曰：须朐，一国二城两名。盖迁都须昌，朐是其本。秦以为县，汉高帝十一年[1]，封赵衍为侯国[2]。济水于县，赵沟水注之[3]。

【注释】

[1]汉高帝十一年：前196年。

[2]赵衍：汉王元年（前206）以谒者投奔刘邦，曾献计还定三秦。高祖十一年（前196）封须昌侯。谥贞。

[3]赵沟水：当在今山东东阿西南，已湮。

【译文】

济水又往北流过须昌县西面，

京相璠说：须朐，一国两城而有两个名字。这是因为该国迁都于须昌，而朐城则是本来的都城。秦时设置为县，汉高帝十一年把它封给赵衍，立为侯国。济水到了须昌县，有赵沟水注入。

济水又北迳鱼山东[1]，左合马颊水。水首受济，西北流，历安民山北，又西流，赵沟出焉，东北注于济。马颊水又迳桃城东[2]。《春秋·桓公十年》[3]，经书公会卫侯于桃丘，卫地也。杜预曰：济北东阿县东南有桃城[4]，即桃丘矣。马颊水又东北流迳鱼山南。山，即吾山也。汉武帝《瓠子歌》所谓吾山平者也[5]。山上有柳舒城[6]，魏东阿王曹子建每登之[7]，有终焉之志。及其终也，葬山西，西去东阿城四十里[8]。其水又东注于济，谓之马颊口也[9]。

【注释】

[1] 鱼山：一名吾山。在今山东东阿西南。

[2] 桃城：亦叫古桃丘。在今山东东阿西南桃城铺。

[3] 桓公十年：前702年。桓公，即鲁桓公，姓姬，名轨，一作允。春秋时鲁国国君。

[4] 济北：即济北国。西汉高帝元年（前206）项羽封田安置。都博阳（今山东泰安东南）。五年国除。西汉文帝二年（178）。以齐之济北郡封东牟侯兴居为济北王，都卢（今山东济南长清区西南）。三年国除。十六年复以齐悼惠王子安都侯志为济北王，辖境缩小。后元二年（前162）国除。东汉永元二年（90）分泰山郡置济北国，都卢县（今山东济南长清区西南）。西晋移治卢子城（今山东平阴旧东阿东北）。东阿（ē）县：秦置，属东郡。治所在今山东阳谷东北五十里阿城镇。三国魏属济北国。

⑤《瓠子歌》:乐府歌辞名。汉武帝亲临黄河决口现场瓠子即兴而作。

⑥柳舒城:在今山东东阿西南。

⑦魏:此指三国魏。东阿王曹子建:即曹植,字子建。曹操子。善属文。

⑧东阿城:东阿县的县治。

⑨马颊口:亦称马家口,为马颊水与济水的交汇处。在今山东东平西北。

【译文】

济水又往北流经鱼山东,左边汇合了马颊水。马颊水上口接纳了济水,往西北流经安民山北,又西流,有赵沟分出,往东北注入济水。马颊水又流经桃城东面。《春秋·桓公十年》,经文记载:桓公在桃丘会见卫侯,桃丘是卫国地方。杜预说:济北国东阿县东南有桃城,就是桃丘。马颊水又往东北流经鱼山南。鱼山就是吾山。汉武帝《瓠子歌》中说的吾山被掘平,就是这座山。山上有柳舒城,魏东阿王曹子建每次登山,心头就会浮起在这旦长眠的念头。待其死后,就葬在山的西麓,西距东阿城四十里。马颊水又东流,注入济水,汇流处叫马颊口。

济水自鱼山北迳清亭东①。《春秋·隐公四年》②,公及宋公遇于清。京相璠曰:今济北东阿东北四十里,有故清亭,即《春秋》所谓清者也。是下济水通得清水之目焉。亦水色清深,用兼厥称矣③。是故燕王曰:吾闻齐有清济、浊河以为固④。即此水也。

【注释】

①清亭:春秋时卫地。在今山东东阿西南。

②隐公四年:前719年。隐公,即鲁隐公。姓姬,名息姑。春秋时鲁国国君。

③用:以,因此。厥:其。这里指代清水。

④吾闻齐有清济、浊河以为固：语见《战国策·燕策》："王曰：'吾闻齐有清济、浊河，可以为固。'"浊河，黄河的别称。

【译文】

济水从鱼山往北流经清亭东面。《春秋·隐公四年》记载，隐公与宋公在清相遇。京相璠说：现在济北郡东阿县东北四十里，有旧清亭，就是《春秋》中所说的清。从这里起，济水下游也通称清水了。水色确实很清深，这也是兼有此名的原因。所以燕王说：我听说齐国有清济、浊河可以坚守。说的就是这条水。

又北过穀城县西①，

济水侧岸有尹卯垒②，南去鱼山四十余里，是穀城县界，故《春秋》之小穀城也。齐桓公以鲁庄公二十三年城之③，邑管仲焉④。城内有夷吾井⑤。《魏土地记》曰⑥：县有穀城山⑦，山出文石⑧。阳穀之地⑨，《春秋》，齐侯、宋公会于阳穀者也⑩。县有黄山台⑪，黄石公与张子房期处也⑫。

【注释】

①穀城县：秦置，属济北郡。治所在今山东平阴西南东阿镇。西汉废。东汉复治，属东郡。

②尹卯垒：在今山东东阿东南。

③齐桓公：姜姓，名小白。春秋时期齐国国君。任用管仲实行改革，以"尊王攘夷"为号召，多次大会诸侯订立盟约。是春秋第一个霸主。鲁庄公二十三年：前671年。

④邑管仲：给管仲作采邑。采邑是古代君主赐予臣下作为世禄的封地。管仲，亦称管子，名夷吾。本为公子纠的臣子。公子纠死后，由于鲍叔牙的推荐，相齐桓公，助齐桓公九合诸侯，称霸天下。

⑤夷吾井:《水经注疏》杨守敬按:"《寰宇记》榖城(今山东平阴西南
　东阿镇)南山有管仲井。"

⑥《魏土地记》:书名。具体不详。

⑦榖城山:一名黄山。在今山东平阴西南东阿镇东北五里。

⑧文石:有纹理的石头。

⑨阳榖:春秋时齐邑。在今山东东平西北。

⑩齐侯、宋公会于阳榖:事见《春秋·僖公三年》:"秋,齐侯、宋公、
　江人、黄人会于阳榖。"齐侯,即齐桓公。

⑪黄山台:《水经注疏》熊会贞按:"黄山台即在榖城山。"在今山东
　平阴西南。

⑫黄石公与张子房期处:事见《史记·留侯世家》:"出一编书,曰:
　'读此则为王者师矣。后十年兴。十三年孺子见我济北,榖城山
　下黄石即我矣。'"黄石公,秦汉时隐士,别称圯上老人、下邳神人。
　受张良《太公兵法》。张子房,即留侯张良。韩人,因在博浪沙刺
　杀秦始皇,而被大索天下。改名亡匿下邳。在下邳为黄石公取履,
　黄石公授其《太公兵法》。刘邦起事,辅佐刘邦。能运筹帷幄之中,
　决胜千里之外。西汉建立,封为留侯。

【译文】

济水又往北流过榖城县西面,

济水岸边有尹卯垒,南离鱼山四十余里,是榖城县县界,就是从前
《春秋》中的小榖城。齐桓公于鲁庄公二十三年在这里筑城,作为管仲的
采邑。城内有夷吾井。《魏土地记》说:县里有榖城山,山上出产文石。
阳榖这地方就是《春秋》中说的齐侯、宋公会晤处的阳榖。县里有黄山台,
是黄石公与张子房约见的地方。

又有狼水①,出东南大槛山狼溪②,西北迳榖城西。又
北有西流泉,出城东近山,西北迳榖城北,西注狼水。以其

流西，故即名焉。又西北入济水。城西北三里，有项王羽之
冢③，半许毁坏，石碣尚存④，题云：项王之墓。《皇览》云：冢
去县十五里。谬也。今彭城榖阳城西南⑤，又有项羽冢，非
也。余按《史迁记》，鲁为楚守，汉王示羽首，鲁乃降，遂以
鲁公礼葬羽于榖城⑥，宁得言彼也。

【注释】

①狼水：《水经注疏》："赵（一清）云：赵秉文《滏水集·双溪记》，东
　平黄山之下曰浪溪。郦道元《水经注》所谓狼溪者是也。狼、浪
　同声，因以名之。"

②大槛山：在今山东东阿东南。

③项王羽之冢：《水经注疏》杨守敬按："《兖州府志》，在东阿县城（今
　山东阿铜城镇）北。"

④石碣：圆顶石碑。

⑤彭城榖阳城：《水经注疏》熊会贞按："榖阳县见《淮水注》，汉榖阳
　县，魏废，故《注》称榖阳城但两汉县并属沛郡。据《寰宇记》，榖
　阳城在蕲县东七十里。后魏蕲（武定六年改名蕲城）属谯郡，《注》
　不得称彭城榖阳城。又考《隋志》，彭城郡有榖阳县。此彭城二字
　当后人所改。"榖阳城，即榖阳县县城。榖阳县，西汉置，属沛郡。
　治所在今安徽固镇。东汉属沛国。西晋废。

⑥"鲁为楚守"几句：事见《史记·项羽本纪》："项王已死，楚地皆
　降汉，独鲁不下。汉乃引天下兵欲屠之，为其守礼义，为主死节，
　乃持项王头视鲁，鲁父兄乃降。始，楚怀王初封项籍为鲁公，及其
　死，鲁最后下，故以鲁公礼葬项王榖城。"鲁为楚守，鲁地的百姓
　为西楚霸王项羽守礼义，愿意为主死节。

【译文】

又有狼水，发源于东南大槛山的狼溪，往西北流经榖城西面。又北

有西流泉,发源于城东邻近的山间,往西北流经穀城北面,西流注入狼水。因为它往西流,所以叫西流泉。又往西北流,注入济水。城的西北三里,有项羽墓,一半已经毁坏,但石碣还在,上面写着:项王之墓。《皇览》说:文墓离城十五里。不对。现在彭城穀阳城西南又有项羽墓,其实不是。我查考《史记》,鲁人为楚而守城,汉王拿了项羽的头颅让他们看,鲁人才投降了,于是把项羽以鲁公的身份葬在穀城,怎么能说是在穀阳城呢?

济水又北迳周首亭西①。《春秋·文公十有一年》②,左丘明云③:襄公二年,王子成父获长狄侨如弟荣如,埋其首于周首之北门④。即是邑也。今世谓之卢子城⑤,济北郡治也。京相璠曰:今济北所治卢子城,故齐周首邑也。

【注释】

①周首亭:春秋时齐邑。在今山东平阴西南。

②文公十有一年:前616年。文公,指鲁文公,名兴。春秋鲁国国君。

③左丘明:春秋鲁太史。相传作《左氏春秋传》《国语》。

④"襄公二年"几句:《左传·文公十一年》记载为:"齐襄公之二年,鄋瞒伐齐。齐王子成父获其弟荣如,埋其首于周首之北门。"襄公二年:据《史记·齐太公世家》,王子成父杀长狄在齐惠公二年,亦即鲁宣公二年(前607)。此云"襄公二年",盖后人传写所误。译文用惠公二年。王子成父,齐大夫。长狄,春秋时狄族的一支,传说其人身体长大。侨如,长狄首领。

⑤卢子城:在今山东平阴西南。

【译文】

济水又往北流经周首亭西。《春秋左传·文公十一年》,左丘明说:惠公二年,王子成父俘获长狄侨如的弟弟荣如,把他的头埋在周首的北门。说的就是此城。现在人们叫卢子城,是济北郡的治所。京相璠说:现在济北郡治所在卢子城,就是旧时齐国的周首城。

又北过临邑县东[①],

《地理志》曰:县有济水祠。王莽之谷城亭也。水有石门,以石为之,故济水之门也。《春秋·隐公五年》[②],齐、郑会于石门,郑车偾济[③]。即于此也。京相璠曰:石门,齐地。今济北卢县故城西南六十里[④],有故石门,去水三百步,盖水渎流移,故侧岸也。

【注释】

①临邑县:西汉置,属东郡。治所即今山东东阿(铜城镇)。

②隐公五年:当为隐公三年(前720)。译文用三年。

③齐、郑会于石门,郑车偾(fèn)济:事见《左传·隐公三年》:"冬,齐、郑盟于石门,寻卢之盟也。庚戌,郑伯之车偾于济。"偾,倾覆,倾倒。

④卢县:北魏置,属济北郡。治所在今山东聊城茌(chí)平区西南。

【译文】

济水又往北流过临邑县东面,

《地理志》说:临邑县有济水祠。临邑就是王莽时的谷城亭。济水上有石门,用石块筑成,原是济水的门户。《春秋左传·隐公三年》记载,齐、郑在石门会盟,郑伯在济水边翻车。就是这里。京相璠说:石门是齐国地方。现在济北卢县老城西南六十里有古时的石门,离水三百步,这是因为水道移徙,所以石门也在岸边了。

济水又北迳平阴城西[①]。《春秋·襄公十八年》[②],晋侯

沉玉济河,会于鲁济,寻溴梁之盟,同伐齐,齐侯御诸平阴者也③。杜预曰:城在卢县故城东北。非也。京相璠曰:平阴,齐地也,在济北卢县故城西南十里。平阴城南有长城④,东至海,西至济。河道所由,名防门⑤,去平阴三里。齐侯堑防门,即此也。其水引济,故渎尚存。今防门北有光里⑥,齐人言广,音与光同,即《春秋》所谓守之广里者也⑦。又云:巫山在平阴东北⑧,昔齐侯登望晋军,畏众而归。师旷、邢伯闻鸟乌之声,知齐师潜遁⑨。人物咸沦,地理昭著,贤于杜氏东北之证矣。今巫山之上有石室,世谓之孝子堂。

【注释】

①平阴城:春秋时齐邑。在今山东济南长清区西南孝里镇广里。

②襄公十八年:前555年。

③"晋侯沉玉济河"几句:事见《左传·襄公十八年》:"晋侯伐齐,将济河,献子以朱丝系玉二瑴(jué)而祷曰:'……唯尔有神裁之!'沉玉而济。冬十月,会于鲁济,寻溴梁之言,同伐齐。齐侯御诸平阴……"溴(jú)梁之盟,春秋后期晋国争霸之会盟。鲁国自三公分室后国力日衰,领土不断被邻近小国侵占,于是向晋国求救。晋平公邀宋、鲁、卫、郑、曹等会于溴梁,命与会各国互相归还侵占土地。诸侯间订立盟约后回国。溴梁,溴水的大堤,当在今河南济源北。溴水源出济源西,东流经孟州入黄河。

④长城:在今山东平阴东,东至海。

⑤防门:在今山东济南长清区西南。

⑥光里:即广里。在防门之北。

⑦守之广里:事见《左传·襄公十八年》:"齐侯御诸平阴,堑防门,而守之广里。"

⑧巫山：山名。在今山东济南长清区西南。

⑨师旷、邢伯闻乌乌之声，知齐师潜遁：事见《左传·襄公十八年》：
　　"师旷告晋侯曰：'鸟乌之声乐，齐师其遁。'邢伯告中行伯曰：'有
　　班马之声，齐师其遁。'"师旷，春秋晋国的乐师，善知音。又称瞽
　　旷。邢伯，即邢侯，晋大夫。

【译文】

济水又往北流经平阴城西面。《春秋左传·襄公十八年》记载，晋侯沉玉祭河后渡水，与各国在鲁济汇合，想照渥梁的盟约，和鲁一同攻打齐国，齐侯在平阴拒守。杜预说：城在卢县老城东北。不对。京相璠说：平阴是齐国地方，在济北卢县老城西南十里。平阴城南有长城，东到大海，西到济水。河道从长城通过处，名叫防门，离平阴三里。齐侯在防门掘濠，就是这地方。濠水是由济水引过来的，旧河道还存在。现在防门北边有个光里，齐语广字与光字读音相同，《春秋左传》说的在广里防守，广里就是光里。又说：巫山在平阴东北，从前齐侯登山观望晋军，看到晋军这么多，心中害怕起来，就回去了。师旷、邢伯听到乌鸦叫，知道齐军已偷偷逃走了。当时的人物早已逝去了，但地理情况还是清清楚楚，这些都比杜预认为城在卢县老城东北的说法要有力得多。现在巫山上有个石室，人们称之为孝子堂。

济水右迤，遏为湄湖①，方四十余里。

【注释】

①湄湖：在今山东济南长清区西南五里。

【译文】

济水从右岸分流，截流蓄水形成湄湖，方圆四十余里。

济水又东北迳垣苗城西①，故洛当城也。伏韬《北征记》曰②：济水又与清河合流，至洛当者也。宋武帝西征长安，令

垣苗镇此③，故俗又有垣苗城之称。河水自四渎口东北流而为济④。《魏土地记》曰：盟津河别流十里与清水合⑤，乱流而东，迳洛当城北，黑白异流，泾渭殊别，而东南流注也。

【注释】

①垣苗城：亦称洛当城。在今山东济南长清区西南五十里。

②伏韬：当作伏滔，字玄度。东晋平昌安丘（今山东安丘）人。有才学。

③垣苗：南朝宋官吏。初仕慕容超任京兆太守。刘裕围广固，苗与兄垣遵逾城归降，以为太尉行参军。

④四渎口：在今山东聊城茌平区南古黄河上。

⑤盟津：一作孟津，又名富平津。在今河南孟州西南黄河上。

【译文】

济水又往东北流经垣苗城西面，就是旧时的洛当城。伏滔《北征记》说：济水又与清河合流，到洛当。宋武帝西征长安，命令垣苗镇守此城，所以民间又有垣苗城一名。河水从四渎口往东北流，就是济水。《魏土地记》说：盟津河分流十里与清水汇合，乱流而东，从洛当城北面流过，黑白异流，泾渭分明，往东南奔去。

又东北过卢县北，

济水东北与湄沟合①。水上承湄湖，北流注济。《尔雅》曰②：水草交曰湄③，通谷者微④。犍为舍人曰⑤：水中有草木交合也。郭景纯曰：微，水边通谷也。《释名》曰⑥：湄，眉也，临水如眉临目也。

【注释】

①湄沟：亦称靡沟、麋沟。《魏书·地形志》："太原，司马德宗置，魏

因之。治升城。有靡沟、垣城。”此太原县为东晋侨置,其治所
在升城(今山东济南长清区)。故知湄沟当在今山东济南长清区
一带。

②《尔雅》:书名。是我国现存最早的一部解释词义的词典。全书按
　词条义类分篇,共有《释诂》《释言》《释训》《释鸟》《释兽》等十九篇。

③水草交曰湄:水和草相交接处叫湄。

④通谷者微:水与山谷相通连叫溦。微,通“溦”。

⑤犍(qián)为舍人:最早给《尔雅》作注释者。唐陆德明《经典释文
　叙录》称汉武帝时曾任犍为文学卒史,后内迁舍人。故又称犍为
　文学。其他不详。

⑥《释名》:书名。东汉刘熙撰。是中国第一部词源词典,全面运用声
　训的方式,以音同、音近的字解释意义,从而探讨事物得名的由来。

【译文】

济水又往东北流过卢县北面,

济水往东北与湄沟汇合。湄沟上游承接湄湖,北流注入济水。《尔雅》
说:水与草相交叫湄,水边与山谷相通叫微。犍为舍人说:湄就是水中有
草木相交会。郭景纯说:微就是水边与山谷相通。《释名》说:湄就是眉,
靠近水边,有如眉毛靠近眼睛。

济水又迳卢县故城北,济北郡治也。汉和帝永元二年①,
分泰山置,盖以济水在北故也。

【注释】

①永元二年:90 年。永元,东汉和帝刘肇的年号(89—105)。

【译文】

济水又流经卢县老城北面,这是济北郡的治所。汉和帝永元二年,
从泰山郡划地另置该郡,因在济水以北,所以叫济北。

　　济水又迳什城北①，城际水湄，故邸阁也②。祝阿人孙什③，将家居之，以避时难，因谓之什城焉。

【注释】

①什城：当作升城。在今山东济南长清区东北。

②邸阁：古代官府所设储存粮食等物资的仓库。

③祝阿：在今山东济南西南丰齐集北五里古城。孙什：当作孙升。具体不详。

【译文】

　　济水又流经升城北，此城靠近水边，是旧时的仓库。祝阿人孙升，带了一家人住在这里避难，所以叫升城。

　　济水又东北与中川水合①。水东南出山茌县之分水岭②。溪一源两分，泉流半解，亦谓之分流交③。半水南出太山④，入汶⑤；半水出山茌县，西北流迳东太原郡南⑥，郡治山炉⑦，固北与宾溪水合⑧。水出南格马山宾溪谷⑨，北迳卢县故城北，陈敦戍南⑩，西北流与中川水合，谓之格马口。其水又北迳卢县故城东，而北流入济，俗谓之为沙沟水。

【注释】

①中川水：又名沙沟。即今山东济南长清区沙河。

②山茌（chí）县：东汉末改茌县置。治所在今山东济南长清区东南张夏镇。魏、晋属泰山郡。

③分流交：分流之处称为分流交。

④半水：亦称北汶水。即今山东泰安西大汶河支流泮河。太山：即泰山。

⑤汶：即今大汶河。

⑥东太原郡：北魏改太原郡置。治太原县（今山东济南长清区东北）。

⑦山炉：当作山荘。

⑧固：当作西。宾溪水：即在今山东济南长清区南的南沙河。《水经
　注疏》熊会贞按："《方舆纪要》，隔马山在长清县（今山东济南长
　清区）东南六十里。南沙河在县南二十里，源出隔马山。即此《注》
　之水也。"

⑨格马山：亦作隔马山。即今山东济南长清区南马山。

⑩陈敦戍：《水经注疏》熊会贞按："陈敦戍无考，当在今长清县西
　南。"

【译文】

济水又往东北流，与中川水汇合。中川水发源于东南方山荘县的分
水岭。溪流的源头一分为二，分水处称分流交。一条南流出太山后注入
汶水；另一条出了山荘县，向西北流经东太原郡南——郡治在山荘，西北
流与宾溪水汇合。宾溪水发源于南格马山宾溪谷，往北流经卢县老城以
北、陈敦戍以南，往西北流，与中川水汇合，汇流处叫格马口。水又往北
流经卢县老城东面，北流注入济水，俗称沙沟水。

济水又东北，右会玉水①。水导源太山朗公谷，旧名琨瑞
溪。有沙门竺僧朗②，少事佛图澄③，硕学渊通，尤明气纬④，
隐于此谷，因谓之朗公谷。故车频《秦书》云⑤：苻坚时⑥，沙
门竺僧朗尝从隐士张巨和游⑦，巨和常穴居，而朗居琨瑞山⑧，
大起殿舍，连楼累阁，虽素饰不同⑨，并以静外致称。即此谷
也，水亦谓之琨瑞水也。其水西北流迳玉符山⑩，又曰玉水。
又西北迳猎山东⑪，又西北枕祝阿县故城东、野井亭西⑫。
《春秋·昭公二十五年》⑬，经书齐侯唁公于野井是也。《春

秋·襄公十九年》[14]，诸侯盟于祝柯[15]，《左传》所谓督阳者也。汉兴，改之曰阿矣。汉高帝十一年[16]，封高邑为侯国[17]，王莽之安成者也。故俗谓是水为祝阿涧水，北流注于济。建武五年[18]，耿弇东击张步[19]，从朝阳桥济渡兵[20]，即是处也。

【注释】

①玉水：亦称琨瑞溪。在今山东济南。

②竺僧朗：佛教高僧。

③弗图澄：本姓帛氏，西域人。少出家，清真务学，诵经数百万言。西晋怀帝永嘉四年（310）东来洛阳。被石勒尊为"大和尚"。六江南北，以至天竺、康居等地僧侣多来受学。弟子中以道安、法雅、法汰、法和等最为有名。

④气纬：指占卜云气星象之术。

⑤车频《秦书》：《水经注疏》杨守敬按："车频《秦书》三卷，《隋志》不著录，《史通·外篇》，先是，秦秘书郎赵整参撰国史，值秦灭，隐于商各山，著书不辍。有冯翊车频助其经费。整卒，频纂成其书，定为三卷。"

⑥苻坚：字永固。氐族人。十六国时期前秦皇帝。

⑦张巨和：名忠。中山（治所在今河北定州）人。永嘉之乱，隐于泰山。

⑧琨瑞山：泰山之琨瑞谷。

⑨素饰：质朴和装饰。素指张巨和凿地穴居，饰指僧朗连楼累阁。

⑩玉符山：又名灵岩山、方山。在今山东济南长清区东南。

⑪猎山：今讹作腊山。在今山东济南长清区东北。

⑫枕：靠近，毗邻。野井亭：春秋时齐地。在今山东齐河县东南黄河东岸。

⑬昭公二十五年：前517年。

⑭襄公十九年：前554年。

⑮祝柯：即祝阿。又称督阳。春秋时齐地。在今山东济南西南。

⑯汉高帝十一年：前 196 年。

⑰高邑：以门客随刘邦起兵。高祖十一年（前 196）以功封祝阿侯。

⑱建武五年：29 年。建武，东汉光武帝刘秀的年号（25—56）。

⑲耿弇（yǎn）：字伯昭。扶风茂陵（今陕西兴平）人。东汉初将领。

⑳朝阳：即朝阳县。西汉置，属济南郡。治所在今山东邹平西北码
　　头镇北。桥：架桥。济：济水。

【译文】

济水又往东北流，右边与玉水汇合。玉水发源于太山朗公谷，旧名琨瑞溪。有个僧人叫竺僧朗，少年时拜佛图澄为师，学问渊博精深，对气纬之学尤其有研究，曾隐居于此山谷，因此叫朗公谷。所以车频《秦书》说：苻坚时，和尚竺僧朗曾与隐士张巨和同游，张巨和时常住在山洞里，但竺僧朗却住在琨瑞山，大规模兴建殿宇房舍，山间建起连片楼阁，他们两人虽然一个尚素朴，一个重华饰，生活作风迥然不同，但都以能与外界隔绝、闭门静修而受人称道。他们同游处就是此谷，水也叫琨瑞水。水往西北流经玉符山，又叫玉水。又往西北流经猎山以东，又往西北流经祝阿县旧城以东、野井亭以西。《春秋·昭公二十五年》，经文记载：齐侯在野井慰问昭公。《春秋·襄公十九年》记载，诸侯会盟于祝柯，也就是《春秋左传》所说的督阳。汉朝建立后，改名为阿。汉高帝十一年，把这地方封给高邑，立为侯国，也就是王莽时的安成。所以民间把这条水叫祝阿涧水，北流注入济水。建武五年，耿弇向东攻击张步，从朝阳架桥以供军队过河，就是这地方。

济水又东北，泺水入焉①。水出历城县故城西南②，泉源上奋，水涌若轮。《春秋·桓公十八年》③，公会齐侯于泺是也④。俗谓之为娥姜水，以泉源有舜妃娥英庙故也。城南对山，山上有舜祠，山下有大穴，谓之舜井，抑亦茅山禹井之

比矣⑤。《书》⑥：舜耕历山⑦，亦云在此，所未详也。其水北为大明湖，西即大明寺，寺东北两面侧湖⑧，此水便成净池也。池上有客亭，左右楸桐负日⑨，俯仰，目对鱼鸟，水木明瑟⑩，可谓濠梁之性⑪，物我无违矣。湖水引渎，东入西郭，东至历城西而侧城北注陂。水上承东城历祀下泉，泉源竞发。其水北流迳历城东，又北，引水为流杯池⑫，州僚宾燕⑬，公私多萃其上。分为二水，右水北出，左水西迳历城北。西北为陂，谓之历水⑭，与泺水会。又北，历水枝津首受历水于历城东，东北迳东城西而北出郭。又北注泺水。又北，听水出焉⑮。泺水又北流注于济，谓之泺口也⑯。

【注释】

①泺（luò）水：源出今山东济南西南趵突泉，北流至泺口入古济水（此段古济水即今黄河）。今天泺水已不注入黄河，而是小清河的上源。

②历城县：秦置，属济北郡。治所在今山东济南。因城南历山（今名千佛山）而得名。西汉属济南郡。东汉属济南国。西晋属济南郡。

③桓公十八年：前694年。

④公：指鲁桓公。齐侯：指齐襄公。名诸儿。春秋时齐国国君。

⑤茅山：亦称会稽山、防山、栋山。在浙江绍兴南。比：类。

⑥《书》：即《尚书》。是我国现存最早的一部史书。其所涉及时代，上自唐、虞，下迄春秋前期，是研究这一时期历史文化不可缺少的文献材料。主要记录古代帝王的言论。

⑦舜耕历山：事见《尚书·大禹谟》："帝初于历山，往于田。"

⑧侧：靠近，毗邻。

⑨楸（qiū）：楸树，落叶乔木。木材可供建筑用。负日：遮蔽太阳。负，本义为承载。这里指遮蔽、遮盖。

⑩明瑟：明净鲜亮的样子。瑟，洁净鲜明貌。

⑪濠梁之性：语见《庄子·秋水》："庄子与惠子游于濠梁之上。庄子曰：'鲦鱼出游从容，是鱼乐也。'惠子曰：'子非鱼，安知鱼之乐？'庄子曰：'子非我，安知我不知鱼之乐？'惠子曰：'我非子，固不知子矣；子固非鱼也，子之不知鱼之乐，全矣！'庄子曰：'请循其本。子曰"汝安知鱼乐"云者，既已知吾知之而问我，我知之濠上也。'"后多用"濠梁""濠上"比喻别有会心、自得其乐之地。

⑫流杯池：用以流觞的池水。流杯，亦称流觞。古人在环曲的水流边游宴，在水的上流放置酒杯，任其顺流而下，杯停在谁的面前，谁就取饮，称为"流觞曲水"。

⑬宾燕：宴请宾客。燕，通"宴"。

⑭历水：在今山东济南城东。

⑮听水：在今山东济南东北二十里。

⑯泺口：为泺水入古济水（此段古济水即今黄河）之口。在今山东济南北洛口。

【译文】

济水又往东北流，泺水注入。泺水发源于历城县老城西南面，源泉上涌，水头滚滚有如车轮。《春秋·桓公十八年》记载，桓公在泺会见齐侯。就指此水。俗称娥姜水，因为泉源有舜的妃子娥皇、女英庙的缘故。此城南面向山，山上有舜祠，山下有个大石洞，叫舜井，或许也是茅山禹井之类。据《尚书》舜在历山耕种，也说是在这里，不大清楚。水往北流就是大明湖，西边接近大明寺，寺院东北两面临湖，这一泓湖水就成了净池了。池上有客亭，两边楸桐茂密，繁荫遮住阳光，仰视树上的小鸟，俯视水底的游鱼，湖水与岸树相照映，明净极了，秀丽极了。身临此境，真有如庄子在濠梁上那样，与整个自然环境和谐地融成一片了。湖水循着渠道支流，东流进入西边的城郭，往东到历城西面，沿城边往北注入陂塘。陂水上游承接东城历祠下的泉水，源泉从地下汩汩涌出，流势强劲。

此水往北流经囱城东面，又往北流，引水蓄成流杯池，州郡官吏设宴款待宾客，无论公私，常常都在这里会聚。水分为两条：右边一条往北，左边一条往西流经历城北面。西北有一片陂塘，称为历水，与泺水汇合。又北流，这里有一条历水的支流，上口在历城东边承接历水，往东北流经东城西面，然后北流出城。又北流注入泺水。又北流，分出听水。泺水又北流，注入济水，汇流处称为泺口。

　　济水又东北，华不注山单椒秀泽[①]，不连丘陵以自高，虎牙桀立[②]，孤峰特拔以刺天[③]，青崖翠发，望同点黛。山下有华泉[④]。故京相璠《春秋土地名》曰：华泉，华不注山下泉水也。《春秋左传·成公二年》[⑤]，齐顷公与晋郤克战于鞌[⑥]，齐师败绩，逐之，三周华不注[⑦]，逢丑父与公易位[⑧]。将及华泉，骖絓于木而止[⑨]。丑父使公下，如华泉取饮，齐侯以免。韩厥献丑父[⑩]，郤子将戮之，呼曰：自今无有代其君任患者，有一于此，将为戮矣。郤子曰：人不难以死免其君，我戮之不祥，赦之以劝事君者，乃免之。即华水也。北绝听渎二十里，注于济。

【注释】

①华不注山：一名金舆山。即今山东济南东北华山。单椒：孤峰。

②虎牙：这里指像虎牙一样尖锐。桀立：高耸挺立。

③特拔：高耸，挺拔。

④华泉：华不注山下的泉水，流入济水。

⑤成公二年：前589年。

⑥齐顷公：名无野。春秋时齐国国君。郤（xì）克：又称郤献子，晋大夫。在鞌之战中为晋军主帅。鞌：齐地名。在今山东济南附近。

⑦三周华不注：围绕华不注山跑了许多圈。三，虚指，表多数。周，圈。

⑧逢（páng）丑父：齐大夫，为齐顷公的车右。

⑨骖（cān）：古代用马驾车，辕马两旁的马叫骖。絓（guà）：绊住。

⑩韩厥：亦称韩献子。晋大夫。在鞍之战中任司马（掌管祭祀、赏罚等军政）。

【译文】

济水又往东北流，华不注山孤零零地耸立在水泽中，不与丘陵相连而独自高起，孤峰峭峻耸峙，有如虎牙矗立，刺向天空。青苍的石崖翠色郁然怒发，远望就像点上青黛似的。山下有华泉。所以京相璠《春秋土地名》说：华泉是华不注山下的泉水。《春秋左传·成公二年》记载，齐顷公与晋国郤克在鞍打仗，齐军败走，郤克随后追击，他们绕着华不注山接连兜了好多圈，逢丑父与顷公交换位置。快到华泉时，驾车的马被树绊住，停了下来。丑父叫顷公下车，去华泉打水，齐侯因此得以逃脱。韩厥抓了逢丑父献给郤克，郤克想要杀他，逢丑父高叫道：从今以后，不会再有人替他的君主受难了。这里有一个，就要被杀了。郤克说：别人为君主免祸而毅然赴死，我把他杀了也是不好，不如饶了他，以勉励忠于君主的人吧，于是就放了他。这里说到的华泉，就是华水。华水北流，穿过听渎二十里，注入济水。

又东北过台县北①，

巨合水南出鸡山西北②，北迳巨合故城西③。耿弇之讨张步也，守巨里，即此城也。三面有城，西有深坑④，坑西即弇所营也，与费邑战⑤，斩邑于此。巨合水又北合关卢水⑥。水导源马耳山⑦。北迳博亭城西⑧，西北流至平陵城⑨，与武原水合⑩。水出谭城南平泽中⑪，世谓之武原渊。北迳谭城东，俗谓之布城也。又北迳东平陵县故城西⑫，故陵城也，后乃加平,谭国也⑬。齐桓之出过谭,谭不礼焉;鲁庄公九年即位,又不朝。十年,灭之⑭。城东门外有乐安任照先碑⑮,济南郡治也⑯。汉文帝十六年⑰,置为王国,景帝二年为郡⑱;王莽更名乐安。其水又北迳巨合城东,汉武帝以封城阳顷王子刘发为侯国⑲。其水合关卢水,西出注巨合水。巨合水西北迳台县故城南,汉高帝六年⑳,封东郡尉戴野为侯国㉑;王莽之台治也。其水西北流,白野泉水注之。水出台城西南白野泉㉒,北迳留山,西北流,而右注巨合水。巨合水又北,听水注之。水上承泺水,东流北屈,又东北流,注于巨合水,乱流又北入于济。

【注释】

①台县:西汉以台邑为侯国,属博阳郡。治所在今山东济南东北历城区。高帝六年(前201)封东郡尉戴野为台侯。后属济南郡。景帝时改为台县。东汉属济南国。

②巨合水:在今山东济南章丘区境。鸡山:在今山东济南章丘区西南。

③巨合城:一名巨里城。在今山东济南章丘区西龙山镇。

④坈:陈桥驿按,"坈"实为"坑"字的异体字。

⑤费邑:张步手下的大将军,被封为济南王。

⑥关卢水:《水经注疏》杨守敬按:"《一统志》,关卢水在历城县(今山东济南历城区)东,旧志一名盘水,又名全节河。"

⑦马耳山:即原山。在今山东莱芜东北七十里。

⑧博亭城:《水经注疏》熊会贞按:"《地形志》,平陵县(今山东济南章丘区西北)有洛盘城……则博亭城盖即洛盘城。"

⑨平陵城:平陵县治所。在今山东济南章丘区西北平陵城。

⑩武原水:《水经注疏》杨守敬按:"《齐乘》以武原水为巨合水之东源。"

⑪谭城：当在今山东济南历城区。

⑫东平陵县：战国秦改平陵县置，属济北郡。治所在今山东济南章丘区西平陵城。西汉为济南郡治。在此置铁官。东汉为济南国治。西晋改为平陵县。

⑬谭国：周诸侯国名。

⑭"齐桓之出过谭"几句：事见《左传·庄公十年》："齐侯之出也，过谭，谭不礼焉。及其入也，诸侯皆贺，谭又不至。冬，齐师灭谭，谭无礼也。谭子奔莒，同盟故也。"鲁庄公九年，前685年。十年，即鲁庄公十年，前684年。

⑮乐安：即乐安县。战国秦置，属临淄郡。治所在今山东博兴东北。西汉元朔五年（前124）封李蔡为乐安侯。后改为县，属千乘郡。东汉属乐安国。任照先：名嘏。三国魏时乐安博昌（今山东博兴）人。

⑯济南郡：西汉初分齐郡置。治所在东平陵县（今山东济南章丘区西）。

⑰汉文帝十六年：前164年。

⑱景帝二年：前155年。

⑲城阳顷王：即刘延，城阳共王喜之子。

⑳汉高帝六年：前201年。

㉑戴野：秦末农民起义时，以舍人从起于砀。入汉，任都尉，击败项籍等，以功封台侯。

㉒白野泉：当在今山东济南西南。

【译文】

济水又往东北流过台县北面，

巨合水发源于南边的鸡山西北，往北流经巨合老城西面。耿弇讨伐张步，驻守在巨里，就是此城。巨合三面都有城墙，西边是深坑，坑西面就是耿弇扎营的地方。他与费邑打仗，就在这地方杀了费邑。巨合水又北流，汇合了关卢水。关卢水发源于马耳山。往北流经博亭城西面，往西北流到平陵戎，与武原水汇合。武原水发源于谭城南面的平泽中，世人称之为武原渊。往北流经谭城东面，俗称此城为布城。又往北流经东平陵老城西面，这里就是旧时的陵城，后来才加上平字，称为平陵。是谭国地方。齐桓公流亡时，经过谭国，谭国对他怠慢无礼；鲁庄公九年，桓公即位，谭又不去朝见他。到了十年，桓公就把谭灭了。老城东门外有乐安任照先碑。东平陵是济南郡的治所。汉文帝十六年在这里设置王国，景帝二年设郡，王莽时改名乐安。武原水又往北流经巨合城东面，汉武帝把这地方封给城阳顷王的儿子刘发，立为侯国。此水与关卢水汇合后，西流注入巨合水。巨合水往西北流经台县老城南面，汉高帝六年把这地方封给束郡尉戴野，立为侯国，就是王莽时的台治。水往西北流，白野泉水注入。白野泉水发源于台城西南的白野泉，往北流经留山，往西北流，然后往右注入巨合水。巨合水又北流，听水注入。听水上游承接泺水，往东流，折向北方，又往东北流，注入巨合水，然后乱流往北注入济水。

　　济水又东北，合芹沟水①。水出台县故城东南，西北流迳台城东，又西北，入于济水。

【注释】

①芹沟水：《水经注疏》杨守敬按："《一统志》，芹沟水在章丘县（今山东济南章丘区）南。"

【译文】

　　济水又往东北流，汇合了芹沟水。芹沟水发源于台县老城东南，往西北流迳台城东面，又往西北流，注入济水。

又东北过菅县南①，

　　济水东迳县故城南。汉文帝四年②，封齐悼惠王子罢军为侯国③。右纳百脉水④。水出土鼓县故城西⑤，水源方百步，百泉俱出,故谓之百脉水。其水西北流,迳阳丘县故城中^⑥。汉孝文帝四年,以封齐悼惠王子刘安为阳丘侯^⑦。世谓之章丘城,非也。城南有女郎山,山上有神祠,俗谓之女郎祠,左右民祀焉。其水西北出城,北迳黄巾固^⑧,盖贼所屯,故固得名焉。百脉水又东北流注于济。

【注释】

①菅(guān)县:西汉置,属济南郡。治所在今山东济南章丘区西北。

②汉文帝四年:前176年。

③齐悼惠王:刘肥。汉高祖刘邦之子。

④百脉水:在今山东济南章丘区(明水镇),即绣江之源。水源方百步,百泉俱出,故谓之百脉水。

⑤土鼓县:西汉置,属济南郡。治所在今山东济南章丘区(明水镇)东。

⑥阳丘县:西汉置,属济南郡。治所在今山东济南章丘区北绣惠镇北之回村。

⑦刘安:齐悼惠王刘肥之子。

⑧黄巾固:在今山东济南章丘区西北水寨镇。黄巾,即黄巾军。东汉末年张角领导的大规模农民起义军。头裹黄巾为标志,所以叫黄巾军。

【译文】

济水又往东北流过菅县南面,

济水往东流经菅县老城南面。汉文帝四年,把这地方封给齐悼惠王的儿子罢军,立为侯国。济水右岸接纳了百脉水。此水发源于土鼓县老城西面,水源方圆百步,百道泉流一起滚滚涌出,所以叫百脉水。水往西北流经阳丘县老城内。汉孝文帝四年,把这地方封给齐悼惠王的儿子刘安,称为阳丘侯。世人称之为章丘城是不对的。城南有女郎山,山上有神祠，俗称女郎祠，邻近一带人都去那里祭祀。百脉水往西北流出减外，北经黄巾固，区为黄巾贼曾在这里驻扎过，所以得名。百脉水又往东北流，注入济水。

　　济水又东，有杨渚沟水①，出逢陵故城西南二十里②，西北迳土鼓城东，又西北迳章丘城东，又北迳宁戚城西③，而北流，注于济水也。

【注释】

①杨渚沟：一作杨绪沟。即今山东济南章丘区东獭河，为小清河旧渠之上源。

②逢陵：南朝宋置逢陵县，属济南郡。治所在今山东淄博周村区西南王村镇之东南。

③宁戚城：在今山东济南章丘区东北。

【译文】

　　济水又东流，有杨渚沟水发源于逢陵老城西南二十里，往西北流经土鼓城东面，又往西北流经章丘城东面，又往北流经宁戚城西面，然后北流，注入济水。

　　又东过梁邹县北①，

　　陇水南出长城中②，北流至般阳县故城西南③，与般水会④。水出县东南龙山⑤，俗亦谓之为左阜水。西北迳其城南，王莽之济南亭也。应劭曰⑥：县在般水之阳，故资名焉。其水又南屈·西入陇水。陇水北迳其县，西北流至萌水口⑦。水出西南甲山⑧，东北迳萌山西⑨，东北入于陇水。陇水又西北至梁邹东南与鱼子沟水合⑩。水南出长白山东柳泉口⑪。

山,即陈仲子夫妻之所隐也⑫。《孟子》曰:仲子,齐国之世家,兄戴禄万钟,仲子非而不食,避兄离母,家于於陵⑬。即此处也。其水又迳於陵县故城西,王莽之於陆也。世祖建武十五年⑭,更封则乡侯侯霸之子昱为侯国⑮。其水北流注于陇水,陇水,即古袁水也。故京相璠曰:济南梁邹县有袁水者也。陇水又西北迳梁邹县故城南,又北屈迳其城西。汉高祖六年⑯,封武虎为侯国⑰。其水北注济。城之东北,又有时水西北注焉⑱。

【注释】

①梁邹县:战国秦置,属济北郡。治所在今山东邹平东北旧口。西汉高帝六年(前201)封武虎为梁邹侯。元鼎五年(前112)改为梁邹县,属济南郡。

②陇水:即今山东淄博境内之孝妇河。

③般阳县:战国秦置,属济北郡。治所在今山东淄博西南淄川城。在般水之阳,故得称。西汉属济南郡。东汉属齐国。西晋废。

④般水:亦称左阜水。在今山东淄博淄川区东南。

⑤龙山:《水经注疏》熊会贞按:"《一统志》,苍峡龙在淄川县(今山东淄博淄川区)东南三十里,即般水所出之龙山也。"

⑥应劭:字仲远,一作仲瑗。汝南南顿(今河南项城)人。东汉末学者。撰有《风俗通义》《汉官仪》《地理风俗记》等。

⑦萌水口:萌水与陇水的交汇处。萌水,即今山东淄博境内之明水。

⑧甲山:一名祝其山、夹谷山。在今山东淄博淄川区西南。

⑨萌山:《水经注疏》:"《济南府志》云,甲山在淄川县西南四十里,萌山在县西北二十五里。"

⑩鱼子沟水:在今山东邹平东南。

⑪长白山：即今山东邹平西南会仙山。以山中云气长白，故名。

⑫陈仲子：名子仲。齐国人。听其妻言，不受楚王聘为三公之请，夫妻相与逃而为人灌园。居于於陵，亦称於陵子仲。

⑬"仲子"几句：事见《孟子·滕文公下》："仲子，齐之世家也。兄戴，盖禄万钟，以兄之禄为不义之禄，而不食也；以兄之室为不义之室，而不居也。避兄离母，处于於陵。"兄戴，陈仲子的兄长名戴。禄，古代官吏的俸给。或田邑或粟米或钱物，历代差等不一。万钟，极其丰厚的俸给。钟，古容量单位。非而不食，陈仲子认为兄长"事非其君，行非其道"，收取的是不义之禄，故不食。於（wū）陵，战国时齐邑。在今山东邹平南临池镇东北。

⑭建武十五年：39年。

⑮侯霸：字君房。河南密（今河南新密）人。

⑯汉高祖六年：前201年。

⑰武虎：秦末随刘邦起兵于沛，从破秦，入汉中，定三秦等，以功讨侯。

⑱时水：在今山东境内。亦名耏水、如水。上游即今发源于山东淄博临淄西南的乌河。自临淄西北以下，古分二支：一支西流经今桓台境西北入济水，旱时干涸，故又称干时；一支北流折东略循今小清河合淄水入海，即《水经注》时水干流。

【译文】

济水又往东流过梁邹县北面，

陇水从南边长城中流出，往北流到般阳县老城西南，与般水汇合。般水发源于般阳县东南的龙山，民间也叫左阜水。往西流经城南，就是王莽时的济南亭。应劭说：县城在般水的北边，所以取名般阳。水又向南转弯，西流汇入陇水。陇水往北流经县城，往西北流到萌水口。萌水发源于西南的甲山，往东北流经萌山西面，往东北注入陇水。陇水又往西北流，到了梁邹县东南，与鱼子沟水汇合。鱼子沟水发源于南方长白山东的柳泉口。此山就是陈仲子夫妻隐居的地方。《孟子》说：陈仲子出身于齐国的仕宦之家,他的哥哥名戴,俸禄万钟,陈仲子以为不正当不肯吃他的饭,于是离开了母亲和哥哥,在於陵安下了家。就是这地方。水又流经於陵县老城西面,就是王莽时的於陆。世祖建武十五年,把这地方改封给则乡侯侯霸的儿子侯昱,立为侯国。水往北流,注入陇水——也就是古时的袁水。所以京相璠说:济南梁邹县有袁水。陇水又往西北流经梁邹县老城南面,又北转流经城西。汉高祖六年把这地方封给武虎,立为侯国。陇水往北注入济水。县城东北又有时水往西北流去。

又东北过临济县南①,

县,故狄邑也②,王莽更名利居。《汉记》③:安帝永初二年④,改从今名,以临济故⑤。《地理风俗记》云⑥:乐安太守治⑦。晏谟《齐记》曰⑧:有南北二城隔济水,南城即被阳县之故城也⑨,北枕济水。《地理志》曰:侯国也。如淳曰⑩:一作疲,音罢军之罢也。《史记·建元以来王子侯者年表》曰⑪:汉武帝元朔四年⑫,封齐孝王子敬侯刘燕之国也⑬。今渤海侨郡治⑭。

【注释】

①临济县:东汉永初二年(108)改狄县置,为乐安国治。治所在今山东高青东南高城镇西北二里。

②狄邑:战国齐地。秦置县。

③《汉记》:书名。即《东观汉记》。东汉官修的纪传体当朝史书。

④永初二年:108年。永初,东汉安帝刘祜(hù)的年号(107—113)。

⑤以临济故:因为临近济水的缘故。

⑥《地理风俗记》:书名。东汉应劭撰。今仅存辑本。

⑦乐安:即乐安郡。东汉本初元年(146)改乐安国置。治所在高苑

县（今山东邹平东北苑城）。

⑧晏谟《齐记》：十六国时前燕青州（今山东莱州）人。为慕容德嘉许，迁尚书郎。所撰《齐记》，亦称《齐地记》，为记载当时齐地历史地理的一部重要文献。

⑨被阳县故城：在今山东高青东南高城镇。

⑩如淳：三国魏冯翊（今陕西大荔）人。郡丞。注《汉书》。

⑪《史记·建元以来王子侯者年表》：《史记·太史公自序》："诸侯既强，七国为从，子弟众多，无爵封邑，推恩行义，其势销骎，德归京师，作《王子侯者年表》。"建元，西汉武帝刘彻的年号（前140—前135）。

⑫元朔四年：前125年。元朔，西汉武帝刘彻的年号（前128—前123）。

⑬齐孝王：齐悼惠王刘肥之子刘将闾。

⑭渤海侨郡：南朝宋武帝侨置。治临济城（今山东高青东南高苑）。其后治所在重合县（今山东淄博临淄区）。

【译文】

济水又往东北流过临济县南面，

临济县，就是旧时的狄邑，王莽时改名为利居。据《汉记》，安帝永初二年改为今名，这是因为此城濒临济水的缘故。《地理风俗记》说：临济是乐安太守的治所。晏谟《齐记》说：济水南北两岸有两城隔水相望，南城就是被阳县旧城，北边靠近济水。《地理志》说：这是个侯国。如淳说：被字也有写作疲字的，读作疲兵的疲。《史记·建元以来王子侯者年表》说：汉武帝元朔四年，这里是封给齐孝王的儿子敬侯刘燕的封国。现在是渤海侨郡治所。

济水又东北，迤为渊渚，谓之平州①。漯沃县侧有平安故城②，俗谓之会城，非也。案《地理志》：千乘郡有平安县③，侯国也，王莽曰鸿睦也。应劭曰：博昌县西南三十里有平安亭④,故县也。世尚存平州之名矣。

【注释】

①平州：一本作平州坻。《水经注疏》杨守敬按：“《禹贡锥指》,今高
　　苑县（今山东高青）东南十里有麻大泊,一名鱼龙湾,周五六十里,
　　盖即古济水所汇之平州也。”

②漯沃县：即湿沃县。西汉置,属千乘郡。治所在今山东滨州。平
　　安故城：即平安侯国故城。平安侯国,西汉置,属千乘郡。治所在
　　今山东桓台西北。东汉省。

③千乘郡：汉高帝置。治所在今山东高青东南高城镇北二十五里。

④博昌县：战国秦置,属临淄郡。治所即今山东博兴东南二十里寨
　　郝镇南。西汉属千乘郡。东汉属乐安国。

【译文】

济水又往东北流,分支流出,积成一片深潭,叫平州。漯沃县旁有座
平安老城,俗称会城,这不对。据《地理志》,千乘郡有平安县,是个侯国,
王莽时叫鸿睦。应劭说：博昌县西南三十里有平安亭,是个旧县城。世
间还留有平州之名。

济水又东北迳高昌县故城西①。案《地理志》：千乘郡
有高昌县,汉宣帝地节四年②,封董忠为侯国。世谓之马昌
城,非也。

【注释】

①高昌县：西汉置,属千乘郡。治所在今山东博兴西南五里。东汉省。

②地节四年：前66年。地节,西汉宣帝刘询的年号（前69—前66）。

【译文】

济水又往东北流经高昌县旧城西面。据《地理志》：千乘郡有高昌县,

汉宣帝地节四年，把这里封给董忠，立为侯国。世人称之为马昌城是不对的。

济水又东北迳乐安县故城南。伏琛《齐记》曰：博昌城西北五十里有南、北二城，相去三十里，隔时、济二水。指此为博昌北城，非也。乐安与博昌、薄姑分水①，俱同西北，薄姑去齐城六十里②，乐安越水差远③，验非尤明④。班固曰：千乘郡有乐安县。应劭曰：取休令之名矣。汉武帝元朔五年，封李蔡为侯国⑤。城西三里有任光冢⑥。光是宛县人⑦，不得为博昌明矣。

【注释】

①薄姑：古国名。在今山东博兴东南。在周成王即位时，薄姑氏随同武庚和东方夷族反抗周朝，被周公所灭，此地成为吕尚的封地。

②齐城：今山东淄博东北临淄故城。西周及春秋、战国时齐国建都于此。

③越：距离。

④验非尤明：实地考察来验证这个错误（伏琛以乐安县城为博昌北城）是非常明晰的。

⑤李蔡：西汉陇西成纪（今甘肃静宁）人。飞将军李广从弟。从卫青击匈奴右贤王部，有功，封乐安侯。

⑥任光：字伯卿。南阳宛（今河南南阳）人。从光武帝刘秀征战。后拜为左大将军，以功封侯。

⑦宛县：战国楚改申县置。后入秦，为南阳郡治。治所即今河南南阳。

【译文】

济水又往东北流经乐安县老城南。伏琛《齐记》说：博昌城西北五十里，有南、北两城，相距三十里，中间隔着时水和济水。把乐安当作博昌北城却弄错了。乐安与博昌、薄姑中间有水分隔，都在西北，薄姑则离齐城六十里，乐安距离两条水稍远些，由实地来验证，尤其清楚地看出这不是博昌。班固说：千乘郡有乐安县。应劭说：取了个美好的县名。汉武帝元朔五年，把这里封给李蔡，立为侯国。城西三里有任光等墓。任光是宛县人，那么乐安不是博昌也就十分清楚了。

　　济水又经薄姑城北。《后汉·郡国志》曰[①]：博昌县有薄姑城。《地理书》曰[②]：吕尚封于齐郡薄姑。薄姑故城在临淄县西北五十里[③]，近济水。史迁曰：献公徙薄姑[④]。城内有高台。《春秋·昭公二十年》[⑤]，齐景公饮于台上，曰：古而不死，何乐如之。晏平仲对曰：昔爽鸠氏始居之，季萴因之，有逢伯陵又因之，薄姑氏又因之，而后太公因之。臣以为古若不死，爽鸠氏之乐，非君之乐[⑥]。即于是台也。济水又东北迳狼牙固西而东北流也。

【注释】

①《后汉·郡国志》：即《续汉书·郡国志》。《续汉书》为晋司马彪撰，记载东汉一代史实。唯存八志，为后人补入范晔《后汉书》中流传至今。

②《地理书》：南朝齐陆澄撰。合《山海经》已来一百六十家以为此书。

③临淄县：战国秦置，为临淄郡治。治所在今山东淄博临淄区东北齐都镇。

④献公徙薄姑：事见《史记·齐太公世家》："胡公徙都薄姑，而当周夷王之时……献公元年，尽逐胡公子，因徙薄姑都，治临淄。"献公，西周时齐国国君。薄姑，东夷远古时期部落，至夏、商时期形

庅方国。

⑤昭公二十年：前522年。

⑥“齐景公饮于台上”几句：事见《左传·昭公二十年》：“齐侯至自
曰，晏子侍于遄台……公曰：‘古而无死，其乐若何？’晏子对曰：
‘古而无死，则古之乐也，君何得焉？昔爽鸠氏始居此地，季荝因
之，有逢伯陵因之，蒲姑氏因之，而后太公因之。古若无死，爽鸠
氏之乐，非君所愿也。’”齐景公，名杵臼。春秋齐庄公异母弟，
崔杼弑庄公，立杵臼，是为景公。台，即遄台，亦名歇马台。在今
山东淄博临淄故城宫城西南一里余。古而不死，何乐如之，人
若老而不死去，什么快乐能比得上这样呢？晏平仲，即晏婴，字
仲。春秋齐国莱之夷维（今山东高密）人。事齐灵公、庄公、景公。
爽鸠氏，少皞帝之司寇，主管捉拿盗贼之事。季荝(cè)，虞夏诸
侯。因，继承，承袭。逢伯陵，殷诸侯，姜姓。

【译文】

济水又流经薄姑城北面。《后汉·郡国志》说：博昌县有薄姑城。《地
理书》说：吕尚封于齐郡的薄姑。薄姑旧城在临淄县西北五十里，邻近济
水。司马迁说：献公将都城从薄姑迁徙到临淄。城内有高台。《春秋左
传·昭公二十年》记载，齐景公在台上饮酒，说：老了假如能不死，多么快
乐啊。晏平仲道：从前爽鸠氏最早住在这里，季荝接着住，有逢伯陵又接
着住在这里，薄姑氏又接着住在这里，以后又传到了太公。我想，人老了
假如不死，那享受快乐的该是爽鸠氏，不会是您了。他们这些话就是在
这台上谈的。济水又往东北流经狼牙固西，然后向东北流去。

又东北过利县西①，

《地理志》：齐郡有利县②，王莽之利治也。晏谟曰：县
在齐城北五十里也。

【注释】

①利县:西汉置,属齐郡。治所在今山东博兴东利城。

②齐郡:西汉改临淄郡置(旧说秦即称齐郡)。治所在临淄县(今山东淄博东北临淄北)。旋改为齐国。元封元年(前110)复为郡。东汉改为国。

【译文】

济水又往东北流过利县西面,

据《地理志》,齐郡有利县,就是王莽时的利治。晏谟说:利县在齐城以北五十里。

又东北过甲下邑①,入于河。

济水东北至甲下邑南,东历琅槐县故城北①。《地理风俗记》曰:博昌东北八十里有琅槐乡,故县也。《山海经》曰:济水绝钜野注渤海③,入齐琅槐东北者也。

【注释】

①甲下邑:亦称仓子城。《水经注疏》熊会贞按:"当在今利津县(今山东利津)东南。"

②琅槐县:西汉置,属千乘郡。治所在今山东广饶东北丁庄镇北王署埠。东汉省。

③渤海:位于今辽东半岛与山东半岛间。

【译文】

济水又往东北流过甲下邑,注入河水。

济水往东北流,到甲下邑南面,往东流经琅槐县老城北面。《地理风俗记》说:博昌东北八十里有琅槐乡,是个旧县址。《山海经》说:济水穿过钜野,注入渤海。在这一段流程中,进入齐境,流过琅槐东北。

又东北,河水枝津注之。《水经》以为入河,非也。斯乃河水注济,非济入河。又东北入海。郭景纯曰:济自荥阳至乐安博昌入海①。今河竭,济水仍流不绝。《经》言入河,二说并失。然河水于济、漯之北②,别流注海。今所辍流者,惟漯水耳。郭或以为济注之,即实非也。寻经脉水,不如《山经》之为密矣③。

【注释】

①荥阳:即荥阳县。秦置,属三川郡。治所在今河南郑州西北古荥镇。西汉属河南郡。三国魏正始三年(242)为荥阳郡治。

②漯(tà):一作漯川。古代黄河下游主要支津之一,故道在今山东。

③《山经》:《山海经》的组成部分之一。

【译文】

济水又往东北流,河水支流注入。《水经》以为济水流入大河,其实不是。事实上是河水注入济水,而不是济水流进河水。又往东北就流进大海了。郭景纯说:济水从荥阳到乐安博昌入海。现在河水已枯竭,而济水仍长流不断。而《水经》却说济水入河,与郭景纯一样都搞错了。但河水另有一支在济水、漯水以北注入大海。现在断流的只有漯水罢了。郭景纯也许以为济水注入河水,但从实地验证并非如此。考察水脉的具体情况,都不如《山经》说得贴切。

其一水东南流者,过乘氏县南,

菏水分济于定陶东北,东南右合黄沟枝流①,俗谓之界沟也。北迳己氏县故城西②,又北迳景山东③,《卫诗》所谓景山与京者也④。毛公曰⑤:景山,大山也。又北迳楚丘城西⑥。《郡国志》曰:成武县有楚丘亭⑦。杜预云:楚丘在成武县西南。卫懿公为狄所灭[8]，卫文公东徙渡河[9]，野处曹邑[10]，齐桓公城楚丘以迁之[11]。故《春秋》称邢迁如归，卫国忘亡[12]。即《诗》所谓升彼虚矣[13]，以望楚矣[14]，望楚与堂[15]，景山与京。故郑玄言，观其旁邑及山川也。又东北迳成武城西，又东北迳郜城东[16]，疑郜徙也，所未详矣。又东北迳梁丘城西[17]。《地理志》曰：昌邑县有梁丘乡[18]。《春秋·庄公三十二年》[19]，宋人、齐人会于梁丘者也。杜预曰：高平昌邑县西南有梁丘乡[20]。又东北于乘氏县西而北注菏水。

【注释】

①黄沟：春秋吴王夫差为北上称霸中原而开凿。东自今江苏沛县，经山东单县、曹县及河南兰考、封丘等地，西达济水。

②己氏县：西汉置，属梁国。治所在今山东曹县东南楚天镇。东汉属济阴郡。北魏属沛郡。

③景山：在今山东曹县东南四十里。

④景山与京：语见《诗经·鄘风·定之方中》："升彼虚矣，以望楚矣。望楚与堂，景山与京。"京，高丘。

⑤毛公：指西汉传授《诗经》的学者大毛公、小毛公。

⑥楚丘：春秋卫邑。在今河南滑县东北。

⑦《郡国志》曰：成武县有楚丘亭：《水经注疏》杨守敬按："《郡国志》无此文。《地理志》，成武县有楚亭。"译文用《地理志》。成武县，秦置，属东郡。治所即今山东成武。西汉属山阳郡。东汉属济阴郡。南朝宋改为城武县。

⑧卫懿公为狄所灭：事见《史记·卫康叔世家》："懿公即位，好鹤，淫乐奢侈。九年，翟伐卫，卫懿公欲发兵，兵或畔。大臣言曰：'君好鹤，仙可令击翟。'翟于是遂入，杀懿公。"卫懿公，名赤。春秋

时卫国国君。卫惠公之子。

⑨卫文公：名燬。春秋时卫国国君。

⑩曹邑：一作漕邑。春秋卫邑。在今河南滑县东二十八里。

⑪城楚丘以迁之：事见《史记·齐太公世家》："二十八年，卫文公有狄乱，告急于齐。齐率诸侯城楚邱，而立卫君。"

⑫邢迁如归，卫国忘亡：事见《左传·闵公二年》："僖之元年，齐桓公迁邢于夷仪。二年，封卫于楚丘。邢迁如归，卫国忘亡。"邢，周朝诸矣国名，姬姓。地在今河北邢台境。春秋时为卫国所灭。

⑬升：登上。虚：山丘。

⑭楚：此指楚丘。卫国被狄人灭亡，卫文公徙居于此，营建城市宫殿。

⑮堂：春秋时卫国邑名。在今河南滑县附近。

⑯郈（hòu）城：春秋时为鲁叔孙氏邑。在今山东东平东南后亭。

⑰梁丘城：春秋鲁地。在今山东成武东北三十里。

⑱昌邑县：秦置，属砀郡。治所在今山东巨野南昌邑故城。西汉先后为山阳国、昌邑国、山阳郡治。东汉又为兖州治。

⑲庄公三十二年：前662年。

⑳高平：即高平国。西晋泰始元年（265）改山阳郡置，属兖州。治所在昌邑县（今山东巨野南六十里）。

【译文】

那条往东南流的，经过乘氏县南面，

菏水在定陶东北从济水分出，往东南流，右边汇合了黄沟支流——俗称界沟。往北流经己氏县老城西面，又往北流经景山东面，《卫诗》里说的景山和高冈，就指的是这地方。毛公说：景山是大山。又往北流经楚丘城西面。《地理志》说：成武县有个楚丘亭。杜预说：楚丘在成武县西南。卫懿公被狄所灭，卫文公东迁渡过大河，住在曹邑村野里，齐桓公在楚丘筑城，把他迁到那里去。所以《春秋左传》说：邢人离乡背井他迁，就像回家一样；卫人有了安身之地，忘了亡国之痛。《诗经》说：爬到那边的高丘上,向着楚丘眺望,眺望那楚丘和堂地,眺望那景山和高冈。所以郑玄说:观望旁近的城邑和山川。又往东北流经成武城西面,又往东北流经郕城东面,推想起来是邿邑所迁的地方,但不大清楚。又往东北流经梁丘城西面。《地理志》说:昌邑县有梁丘乡。《春秋·庄公三十二年》记载,宋人、齐人在梁丘会盟。杜预说:高平昌邑县西南有梁丘乡。又往东北流,在乘氏县西面往北注入菏水。

　　菏水又东南迳乘氏县故城南,县,即《春秋》之乘丘也。故《地理风俗记》曰:济阴乘氏县,故宋乘丘邑也。汉孝景中五年[①],封梁孝王子买为侯国也[②]。《地理志》曰:乘氏县,泗水东南至睢陵入淮[③]。《郡国志》曰:乘氏有泗水。此乃菏泽也。《尚书》有导菏泽之说,自陶丘北[④],东至于菏,无泗水之文。又曰:导菏泽,被孟猪[⑤]。孟猪在睢阳县之东北[⑥]。阚骃《十三州记》曰:不言入而言被者,明不常入也。水盛,方乃覆被矣。泽水森漫,俱钟淮、泗[⑦]。故《志》有睢陵入淮之言,以通苞泗名矣[⑧]。然诸水注泗者多不止此,可以终归泗水,便得擅通称也。或更有泗水,亦可,是水之兼其目,所未详也。

【注释】

①孝景中五年:前145年。

②梁孝王:即刘武。汉文帝次子,景帝同母弟。

③泗水:亦称清泗,别名清水。源出今山东泗水县东五十里陪尾山。四源并发,故名。睢陵:西汉置,属临淮郡。治所在今江苏泗洪东南洪泽湖中。淮:即淮水。今淮河。

④陶丘:一名釜丘。在今山东菏泽定陶区西南。

⑤被：(水沉溢而)覆盖、覆被。孟猪：亦称孟诸、望诸。在今河南商
　　丘东北及虞城西北。

⑥睢阳县：战国秦置，属砀郡。治所在今河南商丘南一里。西汉初
　　属梁国，文帝时为梁国国都。北魏为梁郡治。

⑦钟：聚集，汇集。

⑧苞：通"包"。包括，包含。

【译文】

　　菏水又往东南流经乘氏县老城南面，就是《春秋》的乘丘。所以《地理风俗记》说：济阴乘氏县，就是旧时宋国的乘丘邑。汉孝景帝中元五年，把这里封给梁孝王的儿子买，立为侯国。《地理志》说：乘氏县有泗水往东南流到睢陵，注入淮水。《郡国志》说：乘氏县有泗水。就是菏泽。《尚书》有疏导菏泽的说法，从陶丘以北，东到菏泽，但没有说到泗水。又说疏导菏泽淹没孟猪。孟猪在睢阳县东北。阚骃《十三州记》说：不说流入，而说淹没，这表示不是经常有水流入。水大时方才能淹没。泽中的水浩浩茫茫，都注入淮水和泗水。《地理志》有从睢陵注入淮水的话，而把泗水也包括在内了。但注入泗水的水很多，并不止这一条，不能因为最后流入泗水，就可以滥用通称的。或者另外还有一条泗水，那还可说，但此水为何兼有泗水之名，却弄不清楚了。

又东过昌邑县北，

　　菏水又东迳昌邑县故城北。《地理志》曰：县，故梁也。汉景帝中六年①，分梁为山阳国。武帝天汉四年②，更为昌邑国，以封昌邑王髆③。贺废国除④，以为山阳郡⑤，王莽之钜野郡也。后更为高平郡，后汉兖州治⑥。县令王密，怀金谒东莱太守杨震⑦，震不受，是其慎四知处也⑧。大城东北有金城⑨，城内有兖州刺史河东薛季像碑。以郎中拜剡令⑩，甘

露降园⑪。熹平四年迁州⑫,明年甘露复降殿前树。从事冯巡、主簿华操等相与褒树⑬,表勒棠政⑭。次西有沇州刺史茂陵杨叔恭碑,从事孙光等以建宁四年立⑮。西北有东太山成人班孟坚碑⑯。建和十年⑰,尚书右丞拜沇州刺史。从事秦闰等,刊石颂德政。碑咸列焉。

【注释】

①景帝中六年:即西汉景帝刘启中元六年,前144年。

②天汉四年:前97年。天汉,西汉武帝刘彻的年号(前100—前97)。

③昌邑王髆:汉武帝之子。

④贺:昌邑哀王刘髆之子,汉武帝之孙。继承帝位二十七日,因行淫乱被废。

⑤山阳郡:西汉景帝中元六年(前144)分梁国置山阳国,立梁孝王子定为山阳王。武帝建元五年(前136)改为山阳郡。治所在昌邑县(今山东巨野南六十里)。

⑥沇州:即兖州。西汉武帝置,属十三刺史部之一。东汉时治所在昌邑县(今山东巨野东南)。

⑦东莱:即东莱郡。汉高帝分齐郡置。治所在掖县(今山东莱州)。东汉徙治黄县(今山东龙口东南)。杨震:字伯起。东汉弘农华阴(今陕西华阴)人。一代名臣。

⑧慎四知:杨震告诫故人王密的话"天知,神知,我知,子知"。《后汉书·杨震传》:"(杨震)当之郡,道经昌邑,故所举荆州茂才王密为昌邑令,谒见,至夜怀金十斤以遗震。震曰:'故人知君,君不知故人,何也?'密曰:'暮夜无知者。'震曰:'天知,神知,我知,子知。何谓无知!'密愧而出。"

⑨金城:城内牙城(军中主帅或主将所居的城,以例当建牙旗,故称)、城中之城。

⑩剡(shàn）：即剡县。西汉置，属会稽郡。治所在今浙江嵊（shèng）
　　州西南一二里。东汉末徙治今嵊州。

⑪甘露：甘甜的露水。古人认为天降甘露是地方官或国君善政的
　　瑞应。

⑫熹平四年：175年。熹平，东汉灵帝刘宏的年号（172—178）。

⑬襄树：树立石碑，加以褒奖。

⑭表勒：刻石记录。棠政：指善政、惠政。

⑮建宁四年：171年。建宁，东汉灵帝刘宏的年号（168—172）。

⑯班孟坚：非撰写《汉书》之班固（字孟坚）。而此班孟坚为同姓同
　　名者。其余不详。

⑰建和十年：此处有误。建和，东汉桓帝刘志的年号（147—149）。

【译文】

济水又往东流过昌邑县北面，

菏水又往东流经昌邑县老城北面。《地理志》说：昌邑县就是旧时的
梁国。汉景帝中元六年，分梁地立山阳国。武帝天汉四年，改为昌邑国，
封给昌邑王刘髆。他的儿子贺被废后，封国也就撤销了，设为山阳郡，就
是王莽时的钜野郡。后来改为高平郡，后汉时是沇州的治所。县令王密，
怀里藏着金子去拜望东莱太守杨震，杨震不受，这就是他告诫四知的地
方。大城东北有金城，城内有沇州刺史河东薛季像碑。薛季以郎中的身
份被任命为剡县县令，甘露降于他的园内。熹平四年调到州里，次年，甘
露又落在殿前树上。从事冯巡、主簿华操等一同立碑颂扬他的德政。稍
往西，有沇州刺史茂陵杨叔恭碑，是建宁四年从事孙光等所立。西北有
东太山成人班孟坚碑。班孟坚于建和十年，以尚书右丞出任沇州刺史。
从事秦闰等刻碑颂扬他的德政。这些碑都还存在。

又东过金乡县南①，

《郡国志》曰：山阳有金乡县。菏水迳其故城南，世谓

之故县，城北有金乡山也。

【注释】

①金乡县：东汉析东缗县置，属山阳郡。治所在今山东嘉祥南阿城埠。以县西北金乡山得名。

【译文】

济水又往东流过金乡县南面，

《郡国志》说：山阳有金乡县。菏水流经旧城南面，世人称之为老县城，城北有金乡山。

又东过东缗县北①，

菏水又东迳汉平狄将军扶沟侯淮阳朱鲔冢②。墓北有石庙。

【注释】

①东缗（mín）县：秦置，属砀郡。治所即今山东金乡。西汉属山阳郡。东汉改为侯国，建武十三年（37）封冯异长子璋为东缗侯。

②朱鲔（wěi）：淮阳（今河南周口淮阳区）人。更始帝刘玄时为大司马、胶东王。与赤眉军战。后归降光武帝刘秀。刘秀拜为平狄将军，封扶沟侯。后为少府。

【译文】

济水又往东流过东缗县北面，

菏水又往东流经汉平狄将军扶沟侯淮阳朱鲔墓。墓北有石庙。

菏水又东迳东缗县故城北，故宋地。《春秋·僖公二十三年》①，齐侯伐宋围缗②。《十三州记》曰：山阳有东缗县。

邹衍曰③：余登缯城以望宋都者也。后汉世祖建武十一年，封冯异长子璋为侯国④。

【注释】

①僖公二十三年：前637年。

②齐侯：指齐孝公。齐桓公子。

③邹衍：战国时齐国人。著名阴阳家，始倡五德之运。

④后汉世祖建武十一年，封冯异长子璋为侯国：按《后汉书·冯异传》，冯异死后，长子璋嗣。十三年，封东缯侯。译文据改。建武十三年，37年。建武，东汉武帝刘秀的年号（25—56）。冯异，字公孙。东汉初颍川父城（今河南宝丰）人。好读书，通《左氏春秋》《孙子兵法》。为人谦退不伐。后属光武为主簿，累官偏将军、征西大将军、孟津将军，封阳夏侯。每所止舍，诸将并坐论功，异常独屏树下，军中号大树将军。

【译文】

菏水又往东流经东缯县旧城北面，从前原是宋国地方。《春秋·僖公二十三年》记载，齐侯攻宋，包围了缯。《十三州记》说：山阳有东缯县。邹衍说：我登上缯城，遥望着宋都。后汉世祖建武十三年，把这里封给冯异的长子冯璋，立为侯国。

又东过方与县北①，为菏水。

菏水东迳重乡城南②，《左传》所谓臧文仲宿于重馆者也③。

【注释】

①方与县：战国魏置。后入秦，属薛郡。治所在今山东鱼台北古城集。西汉属山阳郡。

②重乡城：在今山东鱼台西。

③臧文仲：姓臧孙，名辰。鲁国大夫。

【译文】

济水又往东流过方与县北面，就是菏水。

菏水往东流经重乡城南，《春秋左传》说的臧文仲宿于重馆，就指的是这地方。

菏水又东迳武棠亭北①，《公羊》以为济上邑也。城有台，高二丈许，其下临水。昔鲁侯观鱼于棠②，谓此也，在方与县故城北十里。《经》所谓菏水也。

【注释】

①武棠亭：即唐。又作棠。春秋鲁地。在今山东鱼台西北。

②鲁侯：指鲁隐公，姓姬，名息姑。惠公之子。

【译文】

菏水又往东流经武棠亭北面，《春秋公羊传》称为济上邑。城中有台，高二丈左右，台下临水。从前鲁侯在棠观鱼，就指的是这地方，在方与县老城以北十里。这就是《水经》所说的菏水。

菏水又东迳泥母亭北①。《春秋左传·僖公七年》②，秋，盟于宁母，谋伐郑也。

【注释】

①泥母亭：春秋时鲁地。在今山东鱼台（谷亭镇）。

②僖公七年：前653年。

【译文】

菏水又往东流经泥母亭北面。《春秋左传·僖公七年》记载，秋天，在宁母会盟，是为了策划攻打郑国。

　　菏水又东与钜野黄水合^①，菏泽别名也。黄水上承钜泽诸陂，泽有濛淀、盲陂、黄湖。水东流，谓之黄水。又有薛训渚水，自渚厉薛村前，分为二流，一水东注黄水，一水西北入泽，即洪水也。黄水东南流，水南有汉荆州刺史李刚墓。刚字叔毅，山阳高平人^②，熹平元年卒^③。见其碑。有石阙、祠堂、石室三间^④，椽架高丈余^⑤，镂石作椽瓦，屋施平天，造方井^⑥，侧荷梁柱，四壁隐起雕刻，为君臣、官属、龟龙、麟凤之文，飞禽走兽之像。作制工丽，不甚伤毁。黄水又东迳钜野县北。何承天曰^⑦：钜野湖泽广大，南通洙、泗^⑧，北连清、济，旧县故城，正在泽中，故欲置戍于此城。城之所在，则钜野泽也。衍东北出为大野矣^⑨。昔西狩获麟于是处也^⑩。《皇览》曰：山阳钜野县有肩髀冢^⑪，重聚大小^⑫，与阚冢等^⑬。传言蚩尤与黄帝战，克之于涿鹿之野^⑭，身体异处，故别葬焉。

【注释】

①钜野：即钜野县。西汉置，属山阳郡。治所在今山东巨野东北。西晋属高平国。南朝宋属高平郡，移治今山东巨野南。

②高平：即高平县。三国魏改高平侯国置，属山阳郡。治所在今山东微山县西北两城乡。

③熹平元年：172年。熹平，东汉灵帝刘宏的年号（172—178）。

④石阙：古代神庙、坟墓前竖立的石雕，作铭记官爵、功绩或装饰用。

⑤椽（chuán）：放在檩上加着屋面板和瓦的条木。

⑥方井：亦称藻井。宫殿、厅堂的天花板上的装饰，为方形、圆形或多边形，向上凹进呈井形，有彩色雕刻或图案。

⑦何承天：东海郯县（今山东郯城北）人。南朝宋天文学家。

⑧洙：即洙水。源出今山东新泰东北，西流至泰安东南，折西南至泗

水县北与泗水合流,西至曲阜城东北又与泗水分流,西经兖州至济宁合洸水,折南注入泗水。自兖州以下,现今的府河和济宁、鲁桥间的运河大致即其故道。

⑨衍:指水流延伸,广布漫流。大野:亦称钜野泽。在今山东巨野北。

⑩西狩获麟:事见《左传·哀公十四年》:"十四年春,西狩于大野,叔孙氏之车子钼商获麟,以为不祥,以赐虞人。仲尼观之,曰:'麟也。'然后取之。"

⑪肩髀(bì)冢:即蚩尤冢。在今山东巨野东北九里。

⑫重聚:这里指(建坟冢)累的土堆。

⑬阚(kàn)冢:即在东郡寿张县阚乡城中的蚩尤冢。在今山东梁山县东南开河村西南一里。

⑭涿鹿:在今河北涿鹿东南四十里矾山镇附近古城。

【译文】

菏水又东流,与钜野黄水汇合,这是菏泽的别名。黄水上游承接钜野泽的那些陂塘,其中有潢淀、盲陵、黄湖。水往东流,称为黄水。又有薛训渚水,自此渚流经薛村前,分为两条:一条往东注入黄水,一条往西北流入沼泽,这就是洪水。黄水往东南流,南岸有汉朝荆州刺史李刚墓。李刚字叔毅,山阳高平人,死于熹平元年。事迹见碑上所载。还有石阙、祠堂、石屋三间,椽架高丈余,用石材雕成椽瓦,屋内顶上衬以平整的天花板,建成藻井,两侧的石柱支承着梁栋,四壁的雕刻突起,镂成君臣、官属、龟龙、麟凤、飞禽走兽等像。工艺十分精致优美,没有受到多少破坏。黄水又往东流经钜野县北面。何承天说:钜野泽湖面广阔,南通洙水、泗水,北连清水、济水,从前的老县城正在湖中,所以想在这座城中设防驻军。城所在处是钜野泽。向东北延伸就是大野了。从前往西方狩猎,捕捉到一头麒麟,就在这地方。《皇览》说:山阳钜野县有肩髀墓,堆土的大小与阚乡城蚩尤墓一样。传说蚩尤与黄帝打仗,在涿鹿之野战败被杀,肢体被割裂,抛散在各处,所以就地分别埋葬。

黄水又东迳咸亭北①。《春秋·桓公七年》②，经书焚咸丘者也。水南有金乡山，县之东界也。金乡数山，皆空中，穴口谓之隧也。戴延之《西征记》曰：焦氏山北数里③，汉司隶校尉鲁峻④，穿山得白蛇、白兔，不葬，更葬山南，凿而得金，故曰金乡山。山形峻峭，冢前有石祠、石庙，四壁皆青石隐起，自书契以来，忠臣、孝子、贞妇、孔子及弟子七十二人形像，像边皆刻石记之，文字分明。又有石床，长八尺，磨莹鲜明⑤，叩之声闻远近。时太尉从事中郎傅珍之、咨议参军周安穆拆败石床⑥，各取去，为鲁氏之后所讼，二人并免官。焦氏山东即金乡山也，有冢，谓之秦王陵。山上二百步得冢口，堑深十丈，两壁峻峭，广二丈，入行七十步，得埏门⑦。门外左右皆有空，可容五六十人，谓之白马空埏。门内二丈，得外堂，外堂之后，又得内堂。观者皆执烛而行，虽无他雕镂，然治石甚精。或云是汉昌邑哀王冢，所未详也。东南有范巨卿冢⑧，名件犹存。巨卿名式，山阳之金乡人，汉荆州刺史，与汝南张劭、长沙陈平子石交⑨，号为死友矣。

【注释】

①咸亭：在今山东巨野南。

②桓公七年：前705年。

③焦氏山：在今山东巨野、金乡一带。

④鲁峻：字仲严。

⑤磨莹：打磨光亮。

⑥傅珍之：具体不详。周安穆：东晋陈留（今河南开封）人。咨议参军，随刘裕征战。其余不详。拆败：拆除败坏。

⑦埏(yán)门：墓道门。埏，墓道。

⑧范巨卿：即范式。东汉山阳金乡（今山东金乡）人。四迁荆州刺史。后迁庐江太守。重然诺，为信士，受时人重托。

⑨汝南：即汝南郡。西汉高帝四年（前203）置。治所在上蔡（今河南上蔡西南）。东汉徙至平舆县（今河南平舆北）。张劭：字元伯。长沙：即长沙郡。战国秦置。治所在临湘县（今湖南长沙）。西汉高帝五年（前202）改为长沙国。东汉复为郡。陈平子石：东汉太学生。

【译文】

黄水又往东流经咸亭北面。《春秋·桓公七年》，经文记载，纵火焚烧咸丘。南岸有金乡山，在金乡县东部边界。金乡的几座山，里面都是空的，外面有洞口，称为隧洞。戴延之《西征记》说：焦氏山以北数里，有汉朝司隶校尉鲁峻墓。在山上掘墓穴时，掘出了白蛇、白兔，因而不在这里安葬，而改葬山南，掘山时却掘出了金子，所以就把山叫金乡山。山势很峻峭，墓前有石祠、石庙，四壁都是青石，石上隐约有浮雕，记载从契以来的忠臣、孝子、贞妇，还有孔子及七十二弟子像，像边都刻有题记，字迹清楚。又有石床，长八尺，磨得晶莹光洁，敲击时会发出清越的声音，远近都可听到。当时太尉从事中郎傅珍之、咨议参军周安穆，拆毁石床，各人都拿去一部分，鲁氏后代控告了他们，两人都被革职。焦氏山东面就是金乡山，山上有墓，叫秦王陵。山上二百步有个通到墓内的洞口，掘了一道深达十丈的深沟，两壁峻峭，宽二丈，进洞走七十步，就到墓道的门口。门外左右两侧都有挖空的洞厅，可以容纳五六十人，称为白马空埏。墓道门内二丈有外堂，外堂后面又有内堂。参观的人都拿着蜡烛进去，虽然没有什么雕刻，但石工极其精致。有人说这是汉朝昌邑哀王墓，不知是否属实。东南方有范巨卿墓，还留有遗物。范巨卿，名式，山阳金乡人，是汉时荆州刺史。他和汝南张劭、长河陈平子石，交谊很深，号称死友。

黄水又东南迳任城郡之亢父县故城西^①，夏后氏之任国也^②。汉章帝元和元年^③，别为任城在北，王莽之延就亭也。县有诗亭，《春秋》之诗国也，王莽更之曰顺父矣。《地理志》：东平属县也。世祖建武二年，封刘隆为侯国^④。其水谓之桓公沟，南至方与县，入于菏水。

【注释】

①任城郡：北魏神龟元年（518）分高平郡置。治所在任城县（今山东济宁南）。亢父县：秦置，属薛郡。治所在今山东济宁南四十余里喻屯镇东南八里。北魏属任城郡。

②夏后氏：指禹受舜禅而建立的夏王朝。任国：太暤之后，风姓。在今山东微山县西北仲浅。

③元和元年：84 年。元和，东汉章帝刘炟的年号（84—87）。

④刘隆：字元伯。东汉中兴名将。

【译文】

黄水又往东南流经任城郡亢父县旧城西面，原是夏后氏的任国。汉章帝元和元年分置为任城，在北边，王莽时叫延就亭。县里有诗亭，就是《春秋》的诗国，王莽时改名为顺父。据《地理志》，是东平郡的属县。世祖建武二年，把这里封给刘隆，立为侯国。这里的水称为桓公沟，南流到方与县，注入菏水。

菏水又东迳秦梁。夹岸积石一里，高二丈，言秦始皇东巡所造，因以名焉。

【译文】

菏水又往东流经秦梁。两岸堆积了二丈高的石堆，长达一里，据说是秦始皇东巡时所造，因此名秦梁。

菏水又东过湖陆县南^①，东入于泗水。

泽水所钟也。《尚书》曰：浮于淮、泗，达于菏是也。《东观汉记》曰：苏茂杀淮阳太守^②，得其郡，营广乐^③。大司马吴汉围茂^④，茂将其精兵突至湖陵^⑤，与刘永相会济阴、山阳^⑥，济兵于此处也。

【注释】

① 湖陆县：西汉末王莽时改湖陵县置，属山阳郡。治所在今山东鱼台东南。

② 苏茂：陈留（今河南开封）人。更始帝刘玄时为讨难将军。归降光武帝刘秀。后臣于更始梁王刘永。被张步斩杀。

③ 广乐：城名。在今河南虞城西北。

④ 大司马：职官名。西汉常以授掌权的外戚，多与大将军、骠骑将军、车骑将军等联称，也有不兼将军号的。吴汉：字子颜。南阳宛（今河南南阳）人。东汉开国名将。

⑤ 湖陵：即湖陵县。秦置，属薛郡。治所在今山东鱼台东南。西汉属山阳郡。王莽改为湖陆县。东汉初复名湖陵县。

⑥ 刘永：梁国睢阳（今河南商丘）人。汉宗室，梁孝王刘武八世孙。更始政权建立后，恢复了梁王爵位，建都睢阳。此后据梁国，成为较强的割据势力。更始政权灭亡后，自立为天子，与刘秀争夺汉朝正统，在与刘秀的对抗中连战连败，最终被部将庆吾所杀。

【译文】

菏水又往东流过湖陆县南面，东流注入泗水。

菏水是从钜野泽中流出来的。《尚书》说：在淮水、泗水航行，到达菏水。《东观汉记》说：苏茂杀了淮阳太守，取得了他所辖的郡，兴建起广乐城。大司马吴汉包围了苏茂，苏茂带领精兵冲出包围圈来到湖陵，与刘永在济阴、山阳相汇合，兵士就在此处渡水。

又东南过沛县东北①，

济与泗乱②，故济纳互称矣③。《东观汉记·安平侯盖延传》曰④：延为虎牙大将军⑤，与永等战⑥，永军反走，溺水者半，复与战，连破之，遂平沛、楚⑦，临淮悉降⑧。延令沛修高祖庙，置啬夫、祝宰、乐人⑨，因斋戒祠高庙也。

【注释】

①沛县：战国秦置，属泗水郡。治所即今江苏沛县。西汉属沛郡，东汉属沛国。

②乱：交汇。

③济纳互称：济水与泗水互相称名。

④盖延：字巨卿。渔阳要阳（今河北丰宁）人。东汉开国将领。

⑤虎牙大将军：东汉杂号将军。虎牙，形容其勇敢杀敌之状。

⑥永：即刘永。

⑦楚：《后汉书》注："楚即今彭城县（今江苏徐州）也。"

⑧临淮：即临淮郡。西汉置。治所在徐县（今江苏泗洪南大徐台）。

⑨啬夫：《后汉书》注："啬夫，主知庙事。"祝宰：古代祭祀时司赞词祈祷之官。

【译文】

菏水又往东南流过沛县东北，

济水与泗水交汇，所以济水也就与泗水互可通称了。《东观汉记·安平侯盖延传》说：盖延当了虎牙大将军，与刘永等打仗，刘永的军队回头逃跑，半数在水中溺死，又打了一仗，接连把他打败，于是就平定了沛、楚，临淮也都投降了。盖延命令沛县修建高祖庙，设置啬夫、祝宰、乐人，斋戒后，祭祀了高祖庙。

又东南过留县北①，

留县故城，翼佩泗、济，宋邑也。《春秋左传》所谓侵宋吕、留也②。故繁休伯《避地赋》曰③：朝余发乎泗洲④，夕余宿于留乡者也。张良委身汉祖，始自此矣。终亦取封焉⑤，城内有张良庙也。

【注释】

①留县：秦置，属泗水郡。治所在今江苏沛县东南约五十里。西汉属楚国。东汉属彭城国。

②侵宋吕、留：事见《左传·襄公元年》："秋，楚子辛救郑，侵宋吕、留。"杜预注："吕、留，二县，今属彭城郡。"

③繁（pó）休伯：即繁钦，字休伯。东汉颖川（今河南禹州）人。有诗、赋、文章知名于世。

④泗洲：具体不详。

⑤终亦取封焉：指张良封侯事，见《史记·留侯世家》："汉六年正月，封功臣。良未尝有战斗功，高帝曰：'运筹策帷帐中，决胜千里外，子房功也。自择齐三万户。'良曰：'始臣起下邳，与上会留，此天以臣授陛下。陛下用臣计，幸而时中，臣愿封留足矣，不敢当三万户。'乃封张良为留侯，与萧何等俱封。"

【译文】

菏水又往东南流过留县北面，

留县老城靠近泗、济，是宋国的城邑。《春秋左传》说侵入宋国的吕、留两地，留，就是留县。所以繁休伯《避地赋》说：早上我从泗洲动身，傍晚我住宿在留乡。张良就是从这里开始投奔汉高祖的。最后也被封在这里，城内有张良庙。

又东迳彭城县北^①，获水从西来注之^②。

济水又南迳彭城县故城东北隅，不东过也。获水自西注之，城北枕水湄。

【注释】

①彭城县：战国秦置，属泗水郡。治所即今江苏徐州。西汉为楚国治。东汉为彭城国治。

②获水：故道上接汳水于今河南商丘北，东流经虞城、安徽砀山和萧县北，至江苏徐州北入泗水。晋以后被认为是汴水的下游，故通称汴水。

【译文】

菏水又往东流过彭城县北面，获水从西方流来注入。

济水又往南流经彭城县老城东北角，不从东边流过。获水从西边流来，注入济水，县城北临水滨。

济水又南迳彭城县故城东，不迳其北也。盖《经》误证。

【译文】

济水又往南流经彭城县老城东面，不从城北流过。《水经》却弄错了。

又东南过徐县北^①，

《地理志》曰：临淮郡，汉武帝元狩五年置^②，治徐县，王莽更之曰淮平，县曰徐调，故徐国也③。《春秋·昭公三十年》④，吴子执锺吾子，遂伐徐，防山以水之，遂灭徐。徐子奔楚，楚救徐弗及，遂城夷以处之⑤。张华《博物志》录著作令史茅温所为送⑥。刘成国《徐州地理志》云徐偃王之异⑦，言：徐君宫人娠而生卵，以为不祥，弃之于水滨。孤独母有犬⑧，名曰鹄仓，猎于水侧，得弃卵，衔以来归。孤独母以为异，覆暖之，遂成儿，生时偃，故以为名。徐君宫中闻之，乃更录取。长而仁智，袭君徐国。后鹄仓临死，生角而九尾，寔黄龙也。偃王葬之徐中，今见有狗垄焉⑨。偃王治国，仁义著闻，欲舟行上国，乃通沟陈、蔡之间。得朱弓矢，以得天瑞，遂因名为号，自称徐偃王，江淮诸侯服从者三十六国。周王闻之，遣使至楚，令伐之。偃王爱民不斗，遂为楚败，北走彭城武原县东山下⑩，百姓随者万数，因名其山为徐山⑪，山上立石室庙，有神灵，民人请祷焉。依文即事，似有符验，但世代绵远，难以详矣。今徐城外有徐君墓。昔延陵季子解剑于此，所谓不违心许也⑫。

【注释】

①徐县：战国秦置，属泗水郡。治所即今江苏泗洪南大徐台。西汉为临淮郡治。

②元狩五年：前118年。元狩，西汉武帝刘彻的年号（前122—前117）。

③故徐国：西周时国。后为吴所灭。

④昭公三十年：前512年。

⑤"吴子执锺吾子"几句：事见《左传·昭公三十年》："吴子怒。冬十二月，吴子执锺吾子。遂伐徐，防山以水之。己卯，灭徐。徐子

章禹断其发,携其夫人,以逆吴子。吴子喑而送之,使其迩臣从之,遂奔楚。楚沈尹戌帅师救徐,弗及。遂城夷,使徐子处之。"吴子,吴公子光,吴王寿梦之孙、吴王诸樊之子。派刺客专诸刺杀吴王僚。后代立为王,是为吴王阖庐。锺吾子,锺吾国的国君。在当时为子爵。锺吾,春秋时小国。在今江苏新沂南五十里峒唔村。西汉于此置司吾县。防山以水之,杜预注:"防壅山水以灌徐。"徐子,徐国的国君章禹。奔,出奔,逃亡。夷,古邑名。又名城父。在今安徽亳州东南七十里城父镇。

⑥张华:字茂先。范阳方城(今河北固安)人。西晋文学家。《博物志》:志怪小说集。分类记载异境奇物、古代琐闻杂事,多神仙方术故事。录著作令史茅温所为送:此句当有脱误。未详。

⑦刘成国《徐州地理志》:未详。徐偃王:传说是西周时徐国国君。

⑧孤独母:传说中的人物。

⑨垄:坟冢。

⑩彭城:即彭城郡。西汉地节元年(前69)改楚国置。治所在彭城县(今江苏徐州)。武原县:西汉置,属楚国。治所在今江苏邳州西北泇口。

⑪徐山:在今江苏邳州北。

⑫延陵季子解剑于此,所谓不违心许:事见《史记·吴太伯世家》:"季札之初使,北过徐君。徐君好季札剑,口弗敢言。季札心知之,为使上国,未献。还至徐,徐君已死,于是乃解其宝剑,系之徐君冢树而去。从者曰:'徐君已死,尚谁予乎?'季子曰:'不然。始吾心已许之,岂以死倍吾心哉?'"

【译文】

菏水又往东南流过徐县北面,

《地理志》说:临淮郡是汉武帝元狩五年所置,治所在徐县,王莽改郡名为淮平,县叫徐调,原是旧时徐国地方。《春秋左传·昭公三十年》记载,吴子抓住了锺吾子,就去攻打徐国,拦截山水来淹城,于是就灭了徐国。徐子逃到楚国,楚国赶去救援徐国,但已来不及了,只得在夷筑城,来安顿徐子。张华《博物志》记载著作令史茅温……。刘成国《徐州地理志》谈到徐偃王的奇事,说:徐君的宫人怀孕生了个肉蛋,以为不祥,就把它丢在水边。孤独母有一条狗,名叫鹄仓,在水边寻找猎物,看到那个肉蛋,就把它衔回家来。孤独母觉得这东西很稀奇,把它盖起来保暖,于是就生出一个婴儿,生时偃卧,所以名叫偃。徐君在宫中听到这消息,于是又把他收留了。孩子长大后又聪明又仁厚,继承徐国国君之位。后来鹄仓临死时,头上长角,并有九条尾巴,原来是条黄龙。偃王把它葬在徐中,现在还可以看到这座狗坟。偃王治理国家,以仁义闻名,他想乘船到上国,于是在陈、蔡之间开通了一条渠道。开渠时掘得红色的弓箭,以为是上天的祥瑞之征,于是就以自己名字取号,自称徐偃王,江淮诸侯三十六国都依附他。周王听到这消息,就派使者到楚国去,命令楚国出兵讨伐。偃王爱惜百姓,不肯叫他们去拼死打仗,于是就被楚打败,败走彭城武原县东山下,百姓跟着他走的数以万计,因此后来把那座山叫徐山。在山上建了石室庙,很灵验,人们都去那里祈祷。按照文字记载,与实事相印证,似乎有相符之处,但时代久远,已很难考了。现在徐城外面有徐君墓。从前延陵季子在坟前解下佩剑,所谓心里已经答应的事决不违背。

又东至下邳睢陵县南,入于淮。

济水与泗水,浑涛东南流①,至角城②,同入淮。《经》书睢陵,误耳。

【注释】

①浑涛:又称浑流,二水合流。浑,大水涌流声。

②角城:在今江苏淮安淮阴区西南古淮水与泗水交会处。

【译文】

菏水又往东流到下邳睢陵县南面，注入淮水。

济水与泗水汇流后，波涛滚滚向东南流，到了角城，一同注入淮水。《水经》却说到达睢陵，是搞错了。

卷九

清水　沁水　淇水　荡水　洹水

【题解】

卷九所记载的五条河流，在汉魏以前，清水、沁水和淇水都是黄河支流，荡水和洹水则是漳水支流。后汉建安九年（204），曹操为了进攻北方的袁尚，在淇水入黄处以大枋木筑堰，遏淇水东入白沟，以资军运。从此，清水和淇水均称白沟，成为海河水系的卫河（即南运河）的一段。在《清水》篇中，《水经》的最后一句说："又东入于河"，这就是曹操开白沟以前的情况。郦道元在《注》文中说明："曹公开白沟，遏水北注，方复故渎矣。"因为在郦道元的时代，清水已不入黄河了，所以《注》文作了修正。

沁水今名沁河，现在是上列五河中唯一一条注入黄河的河流。清水如上所述，已经不存在这条河名。淇水今称淇河。荡水也是白沟的支流，因为其水甚小，今地图上已经不标出此河。洹水今称安阳河，现在都是卫河的支流，北流注入海河。

关于洹水的河源，《水经》说："洹水出上党泫氏县。"《水经注》说："水出洹山，山在长子县也。"河南安阳近年来曾组织力量，对洹水上源做了实地考察，并进行论证，结果认为《水经》与《水经注》的说法都是错误的。孙晓奎的《洹河考述》（收入安阳市地方史志办公室安阳古都学会合编

《安阳古都研究》）一文有较详细的说明：

　　为了弄清洹河的源头所在，安阳市地名办公室于1986年10月21日和11月5日，组织安阳县、林县、安阳市郊区地名办公室的同志，在安阳市水利局的配合下，两次赴山西、林县进行了实地考察。之后，又于同年12月9日，邀请河南地质一队工程师刘振江、安阳市水利局总工程师丘培佳、万金渠管理处工程师白雪村、林县水利局工程师林广栓等同志，就洹河发源地问题专门进行了学术讨论。经过充分论证，得出结论：洹河发源于林县林虑山。

清水
清水出河内脩武县之北黑山①，

　　黑山在县北白鹿山东②，清水所出也。上承诸陂散泉③，积以成川，东流西南屈。瀑布乘岩，悬河注壑二十余丈，雷赴之声，震动山谷。左右石壁层深④，兽迹不交，隍中散水雾合⑤，视不见底。南峰北岭，多结禅栖之士⑥；东岩西谷，又是刹灵之图⑦。竹柏之怀，与神心妙远；仁智之性，共山水效深，更为胜处也。其水历涧飞流，清泠洞观⑧，谓之清水矣。溪曰瑶溪，又曰瑶涧。清水又南，与小瑶水合⑨。水近出西北穷溪，东南流注清水。

【注释】

①清水：上游即今河南卫辉以上的卫河。汉、魏前在今河南淇县（朝歌镇）南入黄河。西晋后改道东会淇水入白沟。隋后自今新乡以下成了永济渠的一部分，清水之名渐废。河内：即河内郡。秦置。治所在怀县（今河南武陟西南）。脩武县：战国秦置，属河内郡。治所即今河南获嘉。黑山：一名黑麓山。在今河南辉县市北。

②白鹿山:在今河南辉县市西五十里。《太平寰宇记·卫州·共城县》:"在县西北五十三里。西与太行连接,上有天门谷、百家岩。卢思道《西征记》云:'孤岩秀出,上有石自然为鹿形,远视皎然独立,厥状明净,有类人工。故此山以白鹿为称。'"

③陂(bēi):池塘湖泊。

④层深:高深,渊深。

⑤隍(huáng):沟壑。

⑥禅栖之士:此指佛教徒。

⑦刹灵之图:即寺院和佛塔。

⑧清泠(líng):清凉。

⑨小瑶水:《水经注疏》熊会贞按:"水当在今辉县(今河南辉县市)西。"

【译文】

清水

清水发源于河内郡脩武县北面的黑山,

黑山在脩武县北面白鹿山的东头,是清水的发源地。清水上游承接陂塘散流的水,汇集成为河流南流,转向西南。水流成为瀑布,乘岩而下,从二十余丈的高处直泻入深壑中,轰雷般的响声震动了整个山谷。两边的石壁层层叠叠极其幽深,连野兽的足迹也到不了那里,深涧中水流冲激飞溅,升腾起一层雾气,俯视深不见底。这一带远近各处的峰岭上,居住着不少修道幽居的人;岩谷间也散布着些寺院佛塔。清高绝俗的情怀,与神灵之心一样幽远;仁人智士们的至性,得山水之美而愈益深厚,这真是极其佳胜的地方。山水穿过幽涧飞流,澄澈见底,因而称为清水。溪名瑶溪,又叫瑶涧。清水又南流,与小瑶水汇合。小瑶水发源于西北近处深山里的溪涧,往东南流,注入清水。

清水又东南流,吴泽陂水注之①。水上承吴陂于脩武县故城西北②。脩武，故宁也③，亦曰南阳矣。马季长曰④：晋地自朝歌以北至中山为东阳⑤，朝歌以南至轵为南阳⑥。故应劭《地理风俗记》云⑦：河内⑧，殷国也⑨，周名之为南阳。又曰：晋始启南阳。今南阳城是也。秦始皇改曰脩武。徐广、王隐并言始皇改⑩。瓒注《汉书》云⑪：案《韩非书》⑫，秦昭王越赵长平⑬，西伐脩武。时秦未兼天下，脩武之名久矣。余案《韩诗外传》言⑭，武王伐纣，勒兵于宁⑮，更名宁曰脩武矣。魏献子田大陆还⑯，卒于宁是也。汉高帝八年⑰，封都尉魏遬为侯国⑱。亦曰大脩武⑲，有小，故称大。小脩武在东⑳，汉祖与滕公济自玉门津，而宿小脩武者也㉑。大陆即吴泽矣。

【注释】

①吴泽陂水：当在今河南修武一带。

②吴陂：即吴泽、大陆泽。在今河南获嘉、辉县市、修武交接处。

③宁：商、周地名。春秋为晋邑。即今河南获嘉。秦置脩武县于此。

④马季长：即马融，字季长。扶风茂陵（今陕西兴平东北）人。东汉经学家、辞赋家。

⑤朝歌：商代帝乙、帝辛（商纣）的别都。即今河南淇县。西周为卫国都。春秋属晋。战国为魏邑。中山：春秋狄人所建，又称鲜虞国。治所在今河北正定东北。东阳：古地区名。春秋晋地，战国时先后属卫、赵，相当于今太行山以东的河北南部、河南北部地区。

⑥轵（zhǐ）：战国魏邑。在今河南济源东南十二里轵城镇。

⑦应劭《地理风俗记》：应劭，字仲远，一作仲瑗。汝南南顿（今河南项城）人。东汉末学者。其《地理风俗记》今仅存辑本。

⑧河内：即河内郡。西汉高帝二年（前205）年置。治所在怀县（今

河南武陟西南）。

⑨ 殷国：此指朝歌为殷商故都。

⑩ 徐广：字野民。东莞姑幕（今山东诸城北）人。晋、宋间史学家、辞赋家。著作有《史记音义》《晋纪》等。王隐：字处叔。陈郡陈（今河南周口淮阳区）人。东晋史学家。撰《晋书》，今佚。

⑪ 瓒注《汉书》：《汉书》颜师古注中收录有"臣瓒"注《汉书》。但臣瓒姓氏，历来众说纷纭。郦注屡作薛瓒，未知何据。

⑫《韩非书》：书名。即《韩非子》。战国末期的法家思想集大成者韩非的著作。主张以法为中心的法、术、势三者合一的君主统治术，为中央集权的封建制度提供了理论依据。

⑬ 秦昭王：即秦昭襄王嬴稷，一名则。战国时秦国国君。长平：战国赵地。在今山西高平西北四十里王报村。

⑭《韩诗外传》：书名。汉初燕人韩婴撰。因杂引古事古语，证以《诗》句，与经义不相比附，所述多与周秦诸子相出入。

⑮ 勒兵：犹陈兵、布兵。

⑯ 魏献子：即魏舒。春秋时魏国魏嬴之子，魏绛之孙（《左传》《世本》等称魏绛之子）。魏献子事晋昭公。晋顷公十二年（前514），韩宣子老，魏献子为国政。后与赵简子、中行文子、范献子并为晋卿。田：田猎，狩猎。大陆：即大陆泽。

⑰ 汉高帝八年：前199年。

⑱ 魏邀（chì）：据《汉书·高惠高后文功臣表》，以都尉击臧荼，因功封为宁严侯。

⑲ 大脩武：即脩武。战国秦置，属河内郡。治所即今河南获嘉。

⑳ 小脩武：在今河南获嘉东。

㉑ 汉祖与滕公济自玉门津，而宿小脩武者也：事见《汉书·高帝纪上》："汉王跳，独与滕公共车出成皋玉门，北渡河，宿小脩武。"滕公，即夏侯婴。西汉沛（今江苏沛县）人。刘邦旧友。随刘邦反秦，

常为其驾车。刘邦登基后，为太仆，封汝阴侯。后与大臣共立文帝，
复为太仆。以其曾为滕令，故号滕公。

【译文】

　　清水又往东南流，有吴泽陂水注入。陂水上游在脩武县老城西北承
接吴陂。脩武县就是旧时的宁，又叫南阳。马季长说：晋国地域从朝歌
以北到中山是东阳，朝歌到轵是南阳。所以应劭《地理风俗记》说：河内
是殷商故都，周人称为南阳。又说：晋国开始开发南阳。指的就是现在
的南阳城。秦始皇改名为脩武。徐广、王隐也都说是秦始皇改的。臣瓒
注《汉书》说：查考《韩非子》，秦昭王越过赵国的长平，从西面进攻脩武，
当时秦国还没有统一天下，脩武这地名早就有了。我查考《韩诗外传》说：
武王讨伐纣王，在宁练兵，把宁改名为脩武。魏献子在大陆泽打猎回来，
死于宁。汉高帝八年，把这里封给都尉魏遫，立为侯国。也叫大脩武，因
为有个小脩武，所以这里叫大脩武。小脩武在东，汉高祖与滕公从玉门
津渡水，夜宿小脩武，就是这地方。大陆泽就是吴泽。

　　《魏土地记》曰[①]：脩武城西北二十里有吴泽水。陂南
北二十许里，东西三十里，西则长明沟入焉[②]。水有二源，北
水上承河内野王县东北界沟[③]，分枝津为长明沟。东迳雍城
南[④]，寒泉水注之[⑤]。水出雍城西北，泉流南注，迳雍城西。
《春秋·僖公二十四年》[⑥]，王将以狄伐郑，富辰谏曰：雍，文
之昭也[⑦]。京相璠曰[⑧]：今河内山阳西有故雍城。又东南注
长明沟，沟水又东迳射犬城北[⑨]。汉大司马张扬为将杨丑
所害[⑩]，眭固杀丑屯此[⑪]，欲北合袁绍。《典略》曰[⑫]：眭固字
白菟，或戒固曰：将军字菟，而此邑名犬，菟见犬，其势必惊，
宜急去。固不从。汉建安四年[⑬]，魏太祖斩之于此[⑭]，以魏种
为河内太守[⑮]，守之。沇州叛[⑯]，太祖曰：惟种不弃孤。及走[⑰]，

太祖怒曰：种不南走越，北走胡，不汝置也⑱！射犬平，禽之⑲。公曰：惟其才也，释而用之⑳。

【注释】

①《魏土地记》：书名。具体不详。

②长明沟：即长明沟水。在今河南沁阳东北。

③野王县：战国韩置，后入秦，属河内郡。治所在今河南沁阳。西晋为河内郡治。

④雍城：在今河南焦作西南十五里府城村。《水经注疏》熊会贞按："《地形志》，州县有雍城。在今河内县（今河南沁阳）东北。"

⑤寒泉水：《水经注疏》熊会贞按："水在今河内县东北。"

⑥僖公二十四年：前636年。

⑦"王将以狄伐郑"几句：事见《左传·僖公二十四年》："王使伯服、游孙伯如郑请盟。郑伯怨惠王之入而不与厉公爵也，又怨襄王之与卫、滑也，故不听王命而执二子。王怒，将以狄伐郑。"王，指周襄王姬郑。富辰，周襄王的大臣。谏王伐郑，王不听，以狄师伐之。又谏王纳狄女为后以报狄，王又不听。后王废狄后，狄人来伐，富辰率其属为王战，败死。雍，文之昭也，是说雍国的始封君是周文王姬昌的儿子。昭，宗庙在左的位次。古代宗法制度，宗庙或宗庙中神主的排列次序，始祖居中，以下父子递为昭穆，左昭右穆。

⑧京相璠（fán）：西晋地理学者裴秀的门客。撰有《春秋土地名》三卷。

⑨射犬城：在今河南博爱东东金城。

⑩张扬：一作张杨，字稚叔。云中（今内蒙古托克托东北古城）人。性情仁和，无威刑。东汉献帝时为太守、大司马。素与吕布善，曹操围吕布，张扬出兵东市，遥为之势，为其将杨丑所杀。杨丑：张

扬部将。为内应曹操，杀张扬。亦为张扬部将睢固所杀。

⑪睢（suī）固：字白菟。张扬部将，后被曹操所杀。屯：驻扎，屯兵。

⑫《典略》：书名。三国魏郎中鱼豢撰。记述汉魏之交史事。

⑬建安四年：199 年。建安，东汉献帝刘协的年号（196—220）。

⑭魏太祖斩之于此：事见《三国志·魏书·张杨传》："杨将睢固杀
丑，将其众，欲北合袁绍。太祖遣史涣邀击，破之于犬城，斩丑，尽
收其众也。"

⑮魏种：东汉末官吏。曹操曾举其为孝廉。后叛离曹操归袁绍。曹
操擒之后，因其有才能，释放并重用之。

⑯沇（yǎn）州：即兖州。西汉武帝置，为十三刺史部之一。东汉时治
所在昌邑县（今山东巨野东南）。魏晋时移治廪丘（今山东郓城西）。

⑰走：逃跑。

⑱不汝置：不放过你。置，本指放置，搁置。这里指原谅，不追究。

⑲禽：同"擒"。捉拿。

⑳释而用之：按，以上事见《三国志·魏书·武帝纪》。

【译文】

《魏土地记》说：脩武城西北二十里有吴泽水。陂塘南北约二十里，
东西三十里，西边有长明沟流入。此水有两个源头，北边一条上游承接
河内野王县东北的界沟，分出支流就是长明沟。往东流经雍城南面，有
寒泉水注入。寒泉水发源于雍城西北面，泉水往南流经雍城西面。《春
秋左传·僖公二十四年》，周王打算调狄人去攻郑国，富辰劝阻道：雍是
文王子孙的封国。京相璠说：现在河内山阳西面有旧雍城。寒泉水又往
东南注入长明沟，沟水又往东流经射犬城北面。汉朝大司马张扬被将军
杨丑所害，睢固杀了杨丑驻扎在这里，想北进与袁绍会合。《典略》说：睢
固字白菟，有人提醒睢固说：将军字菟，而这座城名叫犬，兔子见了狗势
必惊吓，你还是赶快离开为好。但睢固不听。汉建安四年，魏太祖就在
这里杀了他，派魏种去当河内太守，驻守在这里。沇州反叛时，太祖说：

只有魏种不会背弃我。但他却逃走了，太祖生气地说：魏种不往南逃到南越，却往北逃向胡人，我都不会放过他！平定射犬后，就把他抓住了。曹操说：我只是看中他的才能。于是赦免了他的罪加以使用。

　　长明沟水东入石涧，东流，蔡沟水入焉①。水上承州县北白马沟②，东分，谓之蔡沟，东会长明沟水，又东迳脩武县之吴亭北③，东入吴陂。次北有苟泉水入焉④。水出山阳县故脩武城西南，同源分派，裂为二水。南为苟泉⑤，北则吴渎，二渎双导，俱东入陂。山阳县东北二十五里有陆真阜⑥，南有皇母、马鸣二泉⑦，东南合注于吴陂也。次陆真阜之东北，得覆釜堆⑧，堆南有三泉，相去四五里，参差次合⑨，南注于陂。泉在浊鹿城西⑩。建安二十五年⑪，魏封汉献帝为山阳公⑫，浊鹿城，即是公所居也。

【注释】

①蔡沟水：即今河南博爱南蒋沟，东流经获嘉、修武二县入沙河。

②州县：春秋时晋置。治所即今河南温县东北二十六里武德镇。西汉属河内郡。白马沟：在今河南博爱南。

③吴亭：即吴城。在今河南获嘉西。

④苟泉水：在今河南获嘉一带。

⑤苟泉：《水经注疏》熊会贞按："今有灵泉出脩武县（今河南获嘉）西，东流入小丹河，盖即苟泉，而吴渎则湮矣。"

⑥陆真阜：《水经注疏》熊会贞按："《方舆纪要》，六真山在脩武县北二十里。《县志》，陆真阜，以六真人修道之所。"

⑦皇母、马鸣二泉：《水经注疏》熊会贞按："《地形志》，北脩武有马鸣泉……《方舆纪要》，黄母泉在脩武县西北十五里黄母村。"

⑧覆釜堆：即覆釜山。即今河南修武东北云台山。

⑨次合：根据郦道元的辞例，当为"合次"，表示汇合、汇止义。《水经注疏》杨守敬按："《注》每言几源合舍，合次即合舍也。"

⑩浊鹿城　一名清阳城。在今河南修武东北。

⑪建安二十五年：220年。建安，东汉献帝刘协的年号（196—220）。

⑫魏封汉献帝为山阳公：《三国志·魏书·文帝纪》："黄初元年（220）十一月癸酉，以河内之山阳邑万户奉汉献帝为山阳公。"汉献帝，东汉灵帝中子刘协。220年禅位于曹丕，改元黄初。

【译文】

长明沟水东流注入石涧，东流，有蔡沟水注入。蔡沟水上游承接州县北面的白马沟，向东分支流出，称为蔡沟，往东与长明沟水汇合，又往东流经脩武县吴亭北面，往东注入吴陂。稍北有苟泉水注入。苟泉水出自山阳县脩武城西南，同一个源头分成两条水。南边是苟泉，北边是吴渎，两条水都注东流入陂塘中。山阳县东北二十五里有陆真阜，南面有皇母、马鸣两条水泉，往东南合流注入吴陂。靠近陆真阜的东北面，有覆釜堆，覆釜堆南有三支泉水，相距各有四五里，先后汇合，往南注入陂塘。泉在浊鹿城西边。建安二十五年，魏封汉献帝为山阳公，浊鹿城就是他所居的地方。

　　陂水之北，际泽侧有隤城①。《春秋·隐公十一年》②，王以司寇苏忿生之田③，攒茅、隤十二邑与郑者也④。京相璠曰：河内脩武县北有故隤城，实中。今世俗谓之皮垣⑤，方四百步⑥，实中，高八丈。际陂北，隔水十五里，俗所谓兰丘也，方二百步。西十里又有一丘际山，世谓之敕丘，方五百步，形状相类，疑即古攒茅也。杜预曰⑦：二邑在脩武县北，所未详也。又东，长泉水注之⑧。源出白鹿山东南⑨，伏流迳十三里，重源浚发于邓城西北⑩，世亦谓之重泉水也⑪。又迳七贤祠东⑫，左右筠篁列植⑬，冬夏不变贞萋。魏步兵校尉陈留阮籍、中散大夫谯国嵇康、晋司徒河内山涛、司徒琅邪王戎、黄门郎河内向秀、建威参军沛国刘伶、始平太守阮咸等⑭，同居山阳，结自得之游，时人号之为竹林七贤⑮。向子期所谓山阳旧居也⑯。后人立庙于其处，庙南又有一泉，东南流注于长泉水。郭缘生《述征记》所云⑰，白鹿山东南二十五里有嵇公故居，以居时有遗竹焉⑱。盖谓此也。其水又南迳邓城东，名之为邓淓，又谓之为白屋水也⑲。昔司马懿征公孙渊⑳，还达白屋㉑，即于此也。其水又东南流迳隤城北，又东南历泽注于陂。

【注释】

①际：靠近，毗邻。隤（tuí）城：春秋周邑。后属郑。在今河南获嘉西北。

②隐公十一年：前712年。

③王：此指周桓王。苏忿生：西周武王时司寇。武王克商，封他于苏，建都温（今河南温县西）。为周代苏国的始祖。

④攒（cuán）茅：又作欑矛。春秋周邑。在今河南修武西北二十里。
十二邑：指温、原、缔、樊、隰郱、攒茅、向、盟、州、陉、隤、怀等十二个县邑。

⑤皮垣（yuán）：在今河南辉县市西南。

⑥步：古代长度单位。历来定制不一。

⑦杜预：字元凯。京兆杜陵（今陕西西安）人。西晋经学家、将领。撰《春秋左氏经传集解》传世。

⑧长泉水：又名重泉水。《水经注疏》熊会贞按："今五峪水出陵川县

（今山西陵川）东南马武山，疑即长泉也。”

⑨白鹿山：在今河南辉县市西五十里。《太平寰宇记·卫州·共城县》：“卢思道《西征记》云：‘孤岩秀出，上有石自然为鹿形，远观皎然独立，趺状明净，有类人工。故此山以白鹿为称。’”

⑩浚：深。邓城：《水经注疏》熊会贞按：“《卫辉府志》，邓城在辉县西南六十里，周九里，四门遗址尚存。”

⑪重泉水：《水经注疏》熊会贞按：“《地形志》，北脩武有重泉。《辉县志》，重泉在县西南六十里山阳镇。”

⑫七贤祠：在今河南辉县市西南吴村乡东北山阳村。

⑬筠篁（yún huáng）：泛指竹子。

⑭“魏步兵校尉陈留阮籍”句：阮籍，字嗣宗。陈留尉氏（今河南尉氏）人。“建安七子”中阮瑀之子。嵇康，字叔夜。谯（qiáo）国铚（今安徽宿州）人。山涛，字巨源。河内怀（今河南武陟）人。王戎，字濬冲。琅邪临沂（今山东临沂）人。向秀，字子期。河内怀人。刘伶，字伯伦。沛国（今安徽淮北）人。阮咸，字仲容。陈留尉氏人。阮籍之侄。

⑮竹林七贤：指阮籍、嵇康、山涛、王戎、向秀、刘伶、阮咸等七人相与友善，游于竹林，故号竹林七贤。七人皆任诞，崇尚老、庄，常清谈畅饮。

⑯山阳旧居：语见向秀《思旧赋》：“济黄河以泛舟兮，经山阳之旧居，”

⑰郭缘生《述征记》：郭缘生，晋末宋初人。所撰《述征记》，记述了他跟随刘裕北伐慕容燕、西征姚秦的沿途所见。

⑱白鹿山东南二十五里有嵇公故居，以居时有遗竹焉：《水经注疏》杨守敬按：“《类聚》六十四、《御览》一百八十并引《述征记》：山阳县城东北二十里，魏中散大夫嵇康园宅，今悉为丘墟，而父老犹谓嵇公竹林地，以时有遗竹也。”

⑲白屋水：在今河南辉县市西南。

⑳司马懿（yì）：字仲达。河内温县（今河南温县）人。三国魏权臣。

其孙司马炎代魏称帝，建立晋朝，追尊他为宣帝。公孙渊：三国魏
辽东襄平（今辽宁辽阳）人。

㉑白屋：在今河南辉县市西南。

【译文】

陂水北面，靠近沼泽，旁边有隤城。《春秋·隐公十一年》，周王把司
寇苏忿生的田地——攒茅、隤等十二个城邑给了郑人。京相璠说：河内
脩武县北面有老隤城，城塌如丘。现在俗称皮垣，四百步见方，城塌如丘，
高八丈。靠近陂水北岸，隔水十五里，就是民间所说的兰丘，方圆二百步。
往西十里又有一座小丘，靠近山边，人们称之为敕丘，方圆五百步，形状
相似，想来可能就是古时的攒茅。杜预说：两座城都在脩武县北边，不知
是否如此。陂水又东流，有长泉水注入。长泉水源出白鹿山东南，潜流
地下十三里，又在邓城西北重新流出地面，世人也叫它重泉水。长泉水又
流经七贤祠东面，祠庙左右两边遍植翠竹，无论冬夏都是秀色葱茏。魏步
兵校尉陈留阮籍、中散大夫谯国嵇康、晋司徒河内山涛、司徒琅邪王戎、
黄门郎河内向秀、建威参军沛国刘伶、始平太守阮咸等，都一同住在山阳，
常结伴同游，逍遥自得，当时人称他们为竹林七贤。这就是向子期所谓的
山阳旧居。后人在那地方立庙，庙南有一条泉水，往东南流，注入长泉水。
郭缘生《述征记》说，白鹿山东南二十五里有嵇公故居，因为当时还留有
竹林才知道的。他指的就是这地方。长泉水又往南流经邓城东边，名为
邓渎，又称白屋水。从前司马懿攻打公孙渊，归来时到达白屋，就指的是
这地方。长泉水又往东南流经隤城北面，又往东南流过沼泽，注入陂水中。

陂水东流，谓之八光沟①，而东流注于清水，谓之长清
河②。而东周永丰坞③，有丁公泉发于焦泉之右④。次东得
焦泉，泉发于天门之左、天井固右⑤。天门山石自空，状若门
焉，广三丈，高两匹⑥，深丈余，更无所出，世谓之天门也。东
五百余步，中有石穴西向，裁得容人⑦，东南入，径至天井。

直上三匹有余,扳蹑而升⑧,至上平,东西二百步,南北七百步,四面险绝,无由升陟矣。上有比丘释僧训精舍⑨,寺有十余僧,给养难周,多出下平,有志者居之。寺左右杂树疏颁。有一石泉,方丈余,清水湛然⑩,常无增减,山居者资以给饮。北有石室二口,旧是隐者念一之所⑪,今无人矣。泉发于北阜,南流成溪,世谓之焦泉也。次东得鱼鲍泉⑫,次东得张波泉,次东得三渊泉,梗河参连⑬,女宿相属⑭,是四川在重门城西并单川南注也⑮。重门城,昔齐王芳为司马师废之⑯,宫于此。即《魏志》所谓送齐王于河内重门者也⑰。

【注释】

①八光沟:当在今河南辉县市一带。

②长清河:当在今河南辉县市一带。

③周:环绕。永丰坞:当在今河南辉县市西南。

④丁公泉:《水经注疏》杨守敬按:"《辉县志》,丁公泉在县西五十里,东过兰桥,入卫河。"焦泉:《水经注疏》杨守敬按:"《辉县志》,焦泉在县西六十里,灌田数十顷。《注》明云焦泉在丁公泉东,《县志》既称丁公泉在县西五十里,若焦泉在县西六十里,是在丁公泉之西矣。"

⑤天门、天井固:当在今河南辉县市一带。

⑥匹:古代四丈为一匹。

⑦裁:仅仅。

⑧扳蹑(pān niè):攀登。扳,同"攀"。蹑,攀登。

⑨比丘:佛教指和尚,已受具足戒的男性。释僧训:具体不详。精舍:修炼或专精讲习之所。

⑩湛然:清澈的样子。

⑪念一：即修道。一，指道。

⑫鱼鲍泉：及下文"张波泉""三渊泉"，当在今河南辉县市一带。

⑬梗河：中国古代星座名。在牧夫座。《晋书·天文志》："北三星曰梗河，天矛也。一名天锋，主胡兵。又为丧，故其变动应以兵丧也。"参（sān）连：三颗星相连接。梗河有三颗星相连接。

⑭女宿：星宿名。也称须女、婺女。为二十八宿之一。北方玄武七星之第三宿，有四星，属宝瓶座。属：联缀。

⑮四川：指鱼鲍泉、张波泉、三渊泉以及焦泉。重门城：在今河南辉县市西北二十里。

⑯齐王芳为司马师废之：事见《三国志·魏书·三少帝纪》。齐王芳，字兰卿。沛国谯（今安徽亳州）人。魏明帝曹叡的养子。明帝青龙三年（235）立为齐王。景初三年（239）正月即皇帝位。以曹爽、司马懿辅政。嘉平六年（254），司马师奏皇太后废为齐王。入晋，封为邵陵县公。司马师，字子元。河内温县（今河南温县）人。司马懿子。继其父为魏大将军，属国政。后其侄司马炎代魏称帝，建立晋朝，追尊其为景帝。

⑰送齐王于河内重门：语见《三国志·魏书·三少帝纪》："使者持节送卫，营齐王宫于河内之重门，制度皆如藩国之礼。"

【译文】

陂水东流，称为八光沟，东流注入清水，又叫长清河。向东围绕永丰坞，有丁公泉从焦泉右边流出。稍东又有焦泉，此泉是从天门左边、天井固右边流出的。天门山的岩石天然形成空缺，形状像是门户，宽三丈，高八丈，深约一丈余，此外没有别的出口，因此世人称之为天门。往东五百余步，内有石洞，洞口朝西，只容得下一个人，从东南方进入，可直达天井。从这里一直往上爬了大约十二丈，手扳脚踏，直爬到上面，却是一片平坦的山顶，东西二百步，南北七百步，四面险峻陡峭极了，根本没有可攀登的地方。顶上有持戒僧人修行的精舍，寺内有僧徒十余人，衣食等生活必需品都要从下面的平原搬运上来，很难供应周全，所以只有修炼意志十分坚定的人才会来这里居住。寺院旁边杂树稀疏挺拔。有一洼石井泉，约莫丈余见方，一泓清泉平静无波，从来不增加也不减少，住在山上的人都靠这泉水饮用。北边有两个石室，从前是隐居的人静心修炼的地方，现在已经无人居住了。泉水从北阜涌出，南流成为溪涧，人们称之为焦泉。稍东有鱼鲍泉，稍东有张波泉，稍东有三渊泉，这四条泉水正像梗河三星结合在一起，并与女宿遥相联系一样，在重门城西面汇合成为一条往南流注。重门城是从前齐王芳被司马师废黜后，在这里的居住之处。《三国志·魏书》说的遣送齐王到河内重门，就是这地方。

　　城在共县故城西北二十里[①]，城南有安阳陂[②]，次东又得卓水陂[③]，次东有百门陂[④]，陂方五百步，在共县故城西。汉高帝八年[⑤]，封卢罢师为共侯[⑥]，即共和之故国也。共伯既归帝政[⑦]，逍遥于共山之上[⑧]。山在国北，所谓共北山也。仙者孙登之所处[⑨]，袁彦伯《竹林七贤传》[⑩]：嵇叔夜尝采药山泽，遇之于山，冬以被发自覆，夏则编草为裳，弹一弦琴[⑪]，而五声和[⑫]。其水三川南合，谓之清川[⑬]。又南迳凡城东[⑭]。司马彪、袁山松《郡国志》曰[⑮]：共县有凡亭，周凡伯国[⑯]。《春秋·隐公七年》[⑰]，经书王使凡伯来聘是也[⑱]。杜预曰：汲郡共县东南有凡城[⑲]。今在西南。其水又西南与前四水总为一渎，又谓之陶水[⑳]，南流注于清水。清水又东周新丰坞[㉑]，又东迳也。

【注释】

①共县：武国秦置，属河内郡。治所即今河南辉县市。三国魏属朝歌郡。西晋属汲郡。

②安阳陂:《水经注疏》熊会贞按:"安阳陂近共县(今河南辉县市),当是孝昌中分南脩武置北脩武县,并割共城西境隶之。"

③卓水陂:《水经注疏》熊会贞按:"《地形志》,共县有卓水陂。《辉县志》,卓水泉在县西八里,平地涌出,潆纡数亩,亦名筠溪。"

④百门陂:在今河南辉县市西北五里。

⑤汉高帝八年:前199年。

⑥卢罢师:又作旅罢师。高祖四年(前203)韩信占领齐地,他以故齐将投奔韩信。西汉建立,又参与平定韩王信叛乱。因功封共侯。

⑦共伯:名和。西周时共国国君。周厉王被逐,共伯和代行王政,号共和元年。十四年后,厉王死,奉王子靖为宣王,共伯和归国。

⑧共山:在今河南辉县市北。

⑨孙登:字公和。西晋汲郡共(今河南辉县市)人。无家属,隐于郡北土山窟。夏则编草为裳,冬则披发自覆。

⑩袁彦伯《竹林七贤传》:袁宏,字彦伯,陈郡阳夏(今河南太康)人。其《竹林七贤传》,亦称《竹林名士传》《名士传》,共三卷。

⑪一弦琴:古琴的一种。只有一根琴弦。

⑫五声:指宫、商、角、徵、羽五音,中国古代五声音阶中的五个音级。和:和谐,和畅。

⑬清川:《水经注疏》杨守敬按:"《地形志》,柏门水南流,名太清水。"

⑭凡城:在今河南辉县市西南。

⑮司马彪《郡国志》:司马彪《续汉书》中的内容。《水经注》中多引。司马彪,字绍统。河内温县(今河南温县)人。魏晋时期史学家。袁山松《郡国志》:袁山松,即袁崧,字山松。陈郡阳夏(今河南太康)人。东晋史学家。撰《后汉书》,今存辑本。郑德坤《水经注引书考》:"《晋书》本传称山松著《后汉书》百篇与《隋志注》合。《水经注》所引多《郡国志》文。"

⑯凡伯国:西周初封国。即凡亭。在今河南辉县市西南。

⑰隐公七年：前716年。

⑱凡伯：西周卿士。聘：访问，问候。

⑲汲郡：西晋泰始二年（266）置，属司州。治所在汲县（今河南卫辉
　　西南二十里）。

⑳陶水：《水经注疏》熊会贞按："《地形志》，北修武（今河南修武）有
　　陶河。"

㉑新丰坞：《水经注疏》杨守敬按："坞当在今获嘉、辉二县之间。"

【译文】

重门城在共县老城西北二十里，城南有安阳陂，稍东又有卓水陂，稍东又有百门陂，百门陂方圆五百步，在共县老城西面。汉高帝八年，封卢罢师为共侯，就是共和的故都。共伯还政于周宣王，在共山上逍遥自在地过着隐居生活。山在都城北面，就是所谓的共北山。仙人孙登就住在那里，袁彦伯《竹林七贤传》载，嵇叔夜曾在山林泽地采药，在山上遇到他，冬天散着头发来遮蔽自己的身体，夏天编草做衣裳，他用独弦琴弹奏，却能奏出和谐的五音。山上有三条水南流汇合成一条，称为清川。又往南流经凡城东。司马彪、袁山松《郡国志》说：共县有凡亭，是周时凡伯的封国。《春秋·隐公七年》，经文记载，周王派遣凡伯前来访问。杜预说：汲郡共县东南有凡城。现在却在西南面。水又往西南流，与前面那四条水汇为一条，又叫陶水，南流注入清水。清水又东流，环绕新丰坞，然后又往东奔去。

东北过获嘉县北①，

《汉书》称越相吕嘉反②，武帝元鼎六年③，巡行于汲郡中乡④，得吕嘉首，因以为获嘉县。后汉封侍中冯石为侯国⑤。县故城西有汉桂阳太守赵越墓⑥，冢北有碑。越字彦善，县人也。累迁桂阳郡、五官将、尚书仆射⑦，遭忧服阕⑧，守河南尹，建宁中卒⑨。碑东又有一碑，碑北有石柱、石牛、

羊、虎俱碎，沦毁莫记。

【注释】

①获嘉县：西汉元鼎六年（前 111）置，属河内郡。治所在新中乡（今河南新乡西南）。

②吕嘉：西汉南越王相，历相三王，权势日大。武帝元鼎五年（前 112），南越王及太后欲附汉，吕嘉不从，因欲诛吕嘉。吕嘉遂攻杀南越王、太后及汉使者。六年（前 111），为汉伏波将军路博德等击败，逃亡海岛被擒，南越遂亡。

③元鼎六年：前 111 年。

④中乡：当为"新中乡"之脱文。新中乡，在今河南新乡西南。

⑤冯石：字次初。南阳湖阳（今河南唐河西南）人。袭母获嘉长公主刘姬封为获嘉侯。为安帝所宠。

⑥桂阳：即桂阳郡。汉高帝置。治所在郴县（今湖南郴州）。赵越：字彦善。东汉获嘉县（今河南新乡）人。

⑦累迁：一步步迁升。五官将：官名。五官中郎将的简称。宿卫郎官之长。尚书仆射（yè）：官名。汉置，为尚书令之副。

⑧遭忧：遭父母之丧。服阕（què）：守丧期满除服。阕，终了。

⑨建宁：东汉灵帝刘宏的年号（168—172）。

【译文】

清水往东北流过获嘉县北边，

《汉书》说南越国丞相吕嘉谋反，武帝元鼎六年，巡察汲郡新中乡，获得吕嘉的头颅，因此改叫获嘉县。后汉时把这里封给侍中冯石，立为侯国。获嘉县老城西有汉时桂阳太守赵越墓，坟墓北面有石碑。赵越字彦善，本县人。历任桂阳郡太守、五官将、尚书仆射，因为父母丧亡，守孝三年期满后，任命为河南尹，建宁年间亡故。石碑东面又有一块碑，碑北有石柱、石牛、石羊、石虎，都破碎毁坏了，无可记述。

　　清水又东周新乐城^①。城在获嘉县故城东北，即汲之新中乡也。

【注释】

①周：围绕。新乐城：一名新洛城。即今河南新乡。

【译文】

清水又往东绕过新乐城。城在获嘉县老城东北，就是汲县的新中乡。

又东过汲县北^①，

　　县，故汲郡治，晋太康中立^②。城西北有石夹水，飞湍浚急，人亦谓之磻溪^③，言太公尝钓于此也^④。城东门北侧有太公庙，庙前有碑，碑云：太公望者，河内汲人也。县民故会稽太守杜宣白令崔瑗曰^⑤：太公本生于汲，旧居犹存。君与高、国同宗太公^⑥，载在经传，今临此国，宜正其位，以明尊祖之义。于是国老王喜、廷掾郑笃、功曹邠勤等咸曰^⑦：宜之。遂立坛祀，为之位主^⑧。城北三十里，有太公泉^⑨，泉上又有太公庙，庙侧高林秀木，翘楚竞茂^⑩，相传云：太公之故居也。晋太康中，范阳卢无忌为汲令^⑪，立碑于其上。太公避纣之乱，屠隐市朝^⑫，遁钓鱼水^⑬，何必渭滨^⑭，然后磻溪？苟惬神心，曲渚则可^⑮。磻溪之名，斯无嫌矣！

【注释】

①汲县：西汉置，属河内郡。治所在今河南卫辉西南二十里汲城。三国魏属朝歌郡。

②太康：西晋武帝司马炎的年号（280—289）。

③磻（pán）溪：《水经注疏》杨守敬按："磻溪本在宝鸡县（今陕西宝鸡），详《渭水注》。此沿俗称叙录，故以'亦谓之磻溪'别之。"

④太公：亦称吕望、姜太公、姜子牙、太公望、吕尚，周文王得之于渭水之滨，后辅佐周武王灭商。

⑤会稽：即会稽郡。秦始皇二十五年（前222）置。治所在吴县（今江苏苏州）。杜宣：东汉汲县（今河南卫辉）人。崔瑗（yuàn）：字子玉。东汉涿郡安平（今河北安平）人。崔骃子。早孤，锐志好学，师从贾逵，明天官历数、《京房易传》。顺帝时举茂才，迁汲令，开稻田数百顷，百姓歌之。

⑥与高、国同宗太公：段熙仲点校、陈桥驿复校《水经注疏》："按：《广韵》六豪高下《注》：'姓，齐太公之后，食采于高，因氏焉。'又二十五德国下《注》云：'姓，太公之后。《左传》：齐有国氏，代为上卿。'故曰：君与高、国同宗太公。"同宗，同属一个家族。

⑦国老：官名。掌教化的官员。廷掾：官名。县佐吏。功曹：官名。汉代郡守有功曹史，简称功曹，除掌人事外，亦得以参与一郡的政务。王喜、郑笃、邠勤：具体不详。

⑧位主：古代祭祀时所设立的牌位。

⑨太公泉：《水经注疏》熊会贞按："《卫辉府志》，太公泉在汲县（今河南卫辉）西北二十五里，流十余里，伏流入地。"

⑩翘楚：本指高出杂树丛的荆树。这里指高耸挺立。

⑪卢无忌：范阳（今河北涿州）人。具体不详。

⑫屠隐市朝：从事屠牛而大隐隐于集市之中。《水经注·河水》："司马迁云：吕望，东海上人也，老而无遇，以钓干周文王。又云：吕望行年五十，卖食棘津；七十，则屠牛朝歌；行年九十，身为帝师。"

⑬遁钓鱼水：指吕望在渭水之滨垂钓以候君王知遇。《水经注·渭水》："渭水之右，磻溪水注之。水出南山兹谷，乘高激流，注于溪中。溪中有泉，谓之兹泉。泉水潭积，自成渊渚，即《吕氏春秋》

所谓太公钓兹泉也。今人谓之凡谷，石壁深高，幽隍窈密，林障秀阻，人迹罕交。东南隅有一石室，盖太公所居也。水次平石钓处，即太公垂钓之所也。其投竿跽饵，两膝遗迹犹存，是有磻溪之称也。"

⑭渭滨：在今陕西宝鸡东南。

⑮渚：水中的小块陆地。

【译文】

清水又往东流过汲县北边，

汲县是旧时汲郡的治所，晋太康年间设置。城西北有石夹水，河水奔流湍急，水花飞溅，人们也称之为磻溪，说太公曾在这里垂钓过。城中东门北侧，有太公庙，庙前有碑，碑文上说：太公望是河内汲县人。汲县人前会稽太守杜宣告诉县令崔瑗说：太公本来生于汲，故居现在还保留着。您和高氏、国氏都是太公的后代，经传中都有记载，现在您来到这里，应当确立太公尊位，以弘扬尊祖的传统。于是国老王喜、廷掾郑笃、功曹邠勤等都说：确实理当如此。于是就立坛建祠，安置神位。城北三十里有太公泉，泉上又有太公庙，庙旁高耸的丛林和树木，郁郁葱葱非常茂盛，据当地相传，这里就是太公的故居。晋太康年间，范阳卢无忌在汲县当县令，曾在那里立碑。太公为避纣王乱国，隐于市上从事屠宰，躲到水边去钓鱼，何必非要渭水之滨，然后又是磻溪呢？只要有舒畅高远的情怀，一弯曲水也就够了。磻溪是指这里，那是无可置疑的了。

清水又东迳故石梁下。梁跨水上，桥石崩褫①，余基尚存。清水又东与仓水合②。水出西北方山，山西有仓谷，谷有仓玉、珉石③，故名焉。其水东南流，潜行地下，又东南复出，俗谓之雹水，东南历坶野④。自朝歌以南⑤，南暨清水，土地平衍⑥，据皋跨泽，悉坶野矣。《郡国志》曰：朝歌县南有牧野。《竹书纪年》曰⑦：周武王率西夷诸侯伐殷⑧，败之于坶野。《诗》所谓坶野洋洋、檀车煌煌者也⑨。有殷大夫比干冢⑩，前有石铭，题隶云：殷大夫比干之墓。所记惟此，今已中折，不知谁所志也⑪。太和中⑫，高祖孝文皇帝南巡⑬，亲幸其坟，而加吊焉，刊石树碑，列于墓隧矣。雹水又东南入于清水。

【注释】

①崩褫（chǐ）：崩塌毁坏。褫，脱落，毁坏。

②仓水：又称雹水。即今河南淇县之沧河。

③仓玉：青玉。仓，通"苍"。珉（mín）石：像玉的石头。

④坶（mǔ）野：即牧野。在今河南淇县西南。

⑤朝（zhāo）歌：商代帝乙、帝辛（商纣）的别都。即今河南淇县。西周为卫国都，春秋属晋，战国为魏邑。

⑥平衍：平坦辽阔。衍，广大，辽阔。

⑦《竹书纪年》：书名。因原本写于西晋时汲郡出土的竹简之上，故名。是一部编年体史书，记述夏商周及春秋晋国、战国魏国的史事，至魏襄王时止。今存辑本。

⑧周武王：周文王姬昌之子姬发。西夷：古代指我国西部地区的部族。

⑨坶野洋洋、檀车煌煌：语见《诗经·大雅·大明》。洋洋，宽广的样子。檀车，古代车轮多以檀木制成，故泛指兵车或役车为檀车。

⑩比干冢：在今河南卫辉城北。比干，商纣的叔父，一说为纣庶兄。直言谏纣，被剖心而死。

⑪志：记录，记载。

⑫太和：北魏孝文帝元宏的年号（477—499）。

⑬高祖孝文皇帝：指北魏孝文帝元宏。献文帝拓跋弘之长子。

【译文】

　　清水又往东从一座老石桥下流过。石桥原来横跨于水面上,后来桥石崩塌,只留下一个遗址了。清水又东流,与仓水汇合。仓水发源于西北的方山,山的西边有仓谷,山谷里有仓玉、珉石,因而得名。水往东南流,潜入地下,又往东南重新冒出,俗称霝水,往东南流过坶野。从朝歌以南,南到清水,地势平坦,包括大片的水田和沼泽,全都是坶野地区。《郡国志》说:朝歌以南有牧野。《竹书纪年》说:周武王率领西方夷族诸侯讨伐殷纣,在坶野打败了他。《诗经》里说:坶野宽广坦荡,檀木兮呀多堂皇!那里有殷朝大夫比干墓,坟前刻石用隶书题着:殷大夫比干之墓。所载就只有这么几个字,现在碑也断了,也不知是谁立的。太和年间,高祖孝文皇帝到南方巡察,亲临比干墓,举行祭扫,并刻石立碑,放置在墓道上。霝水又往东南注入清水。

　　清水又东南迳合城南①,故三会亭也②,以淇、清合河③,故受名焉。清水又屈而南迳凤皇台东北南注也④。

【注释】

　　①合城:《水经注疏》杨守敬按:"城当在今淇县(今河南淇县)南。"

　　②三会亭:即合城。以淇水、清水和黄河三水交汇而得名。

　　③淇:淇水。古黄河支流。即今河南淇河,南流至今卫辉东北淇门镇南入河。

　　④凤皇台:《水经注疏》杨守敬按:"《卫辉府志》谓凤皇台在府城北五十里,稍误,当在府东北数十里。"

【译文】

　　清水又往东南流经合城南面,这就是旧时的三会亭,因为淇水、清水在这里与河水汇合,所以得名。清水又转弯往南流过凤皇台东北,往南流去。

又东入于河。

谓之清口^①，即淇河口也^②，盖互受其名耳。《地理志》曰：清河水出内黄县南^③。无清水可来，所有者惟钟是水耳。盖河徙南注，清水渎移^④，汇流迳绝，余目尚存。故东川有清河之称，相嗣不断。曹公开白沟^⑤，遏水北注，方复故渎矣。

【注释】

①清口：清水流注黄河的入口处。

②淇河口：亦称淇水口。王先谦《汉书补注》："《沟洫志》曰：'遮害亭西十八里至淇水口'是也。"

③清河水：见于《禹贡》的先秦河水（黄河）自宿胥口（今河南浚县西南）东行，宿胥口以北河水故道内黄以南一段，受黎阳诸山泉流汇注，由原来的浊流变成清流，因称之为清河。战国时期清河在内黄受洹水后折东北流经今河北馆陶、清河县一带至山东平原县东注河水，成为齐、赵间一巨川。汉武帝元封后，唯有上游内黄境内一段仍称清河。内黄县：西汉置，属魏郡。治所在今河南汤阴东北故城村。

④渎移：水道迁移。渎，水道，沟渠。

⑤曹公开白沟：《水经注·淇水》："汉建安九年，魏武王于水口下大枋木以成堰，遏淇水东入白沟以通漕运，故时人号其处为枋头。"曹公，即曹操。白沟，原为一小水。在今河南浚县西南，东北流至黎山西北，与宿胥故渎合。此后，上起枋堰，下至今河北威县之古清河，皆被称为白沟。

【译文】

清水又往东流注入河水。

清水入河处叫清口，也就是淇河口，这是因为两水互相通称的缘故。

《地理志》说：清河水发源于内黄县南边。清河并没有水流到内黄来，流过来的实际上是有这条淇水。因为河水改道南流，清水的河道也移挑了，汇流的水路断了，但名称却留了下来，所以东川有清河的名称，相承不绝。曹操开凿白沟，阻挡水道使之向北流，方才恢复了旧水道。

沁水

沁水出上党涅县谒戾山①，

沁水即涅水也。或言出榖远县羊头山世靡谷②，三源奇注③，迳泻一隍④。又南会三水，历落出左右近溪，参差翼注之也⑤。

【注释】

①沁水：一名少水。即今山西东南部之沁河。源出山西沁源北绵山二郎神沟，南流经安泽、沁水、阳城诸县，入河南济源市境，东流至武陟南入黄河。上党：即上党郡。战国韩、赵各置郡。因上党地区而得名。后入秦，合为一郡，治所在壶关县（今山西长治上党区北故驿村）。西汉移治长子县（今山西长子）。东汉末又移治壶关县。涅县：东汉改涅氏县置，属上党郡。治所在今山西武乡西北四十二里故城镇。谒戾（yè lì）山：说法不一。一说即麓台山，在今山西平遥东南。一说又名羊头山，在今山西沁源东北。

②榖远县：西汉置，属上党郡。治所在今山西沁源。世靡谷：《汉书·地理志》"上党郡"："榖远，羊头山世靡谷，沁水所出，东南至荥阳入河，过郡三，行九百七十里。"

③奇注：从不同地方发源而流注。

④隍：沟壑。

⑤翼注：从左右两侧汇注。

【译文】

沁水

沁水发源于上党涅县谒戾山，

沁水就是涅水。也有人说是发源于毂远县羊头山世靡谷，有三个水源掎角相对，一同泻入深涧中。又南流，汇合了三条水，这些泉水淙淙地从左右近旁的山溪中流出，参差错落地从两边注入沁水。

南过毂远县东，又南过陭氏县东[①]，

毂远县，王莽之毂近也。沁水又南迳陭氏县故城东。刘聪以詹事鲁繇为冀州[②]，治此也。

【注释】

①陭（yì）氏县：西汉置，属上党郡。治所在今山西安泽东南。

②刘聪：字玄明，一名载。十六国时期汉国国君。匈奴族。刘渊之子。

　詹事：官名。职掌皇后、太子家事。鲁繇：西晋怀王时南阳王司马模的长史。随司马模降汉后，刘聪任其为冀州刺史。

【译文】

沁水往南流过毂远县东边，又往南流过陭氏县东边，

毂远县就是王莽的毂近。沁水又往南流经陭氏县老城东边。刘聪任命詹事鲁繇为冀州太守，治所就在这里。

　沁水又南历陭氏关[①]，又南与骡骡水合[②]。水出东北巨骏山[③]，乘高泻浪，触石流响，世人因声以纳称。西南流注于沁。

【注释】

①陭氏关：在今山西安泽东南。

②藨藨（biāo）水：光绪时《山西通志·山川考》：“林村河，县东八十
　　里，水出羆耳山，案山东连巨骏山，当是《水经注》之藨藨水。”
③巨骏山：又名雕黄岭、刁黄山。位于山西沁水县东北。

【译文】

沁水又往西流过陌氏关，又往南与藨藨水汇合。这条水发源于东北
的巨骏山，从高处滚滚地奔泻而下，冲着岩石发出轰响，人们就是以水声
取名的。水往西南流，注入沁水。

　　沁水又南与秦川水合①。水出巨骏山东，带引众溪，积
以成川。又西南迳端氏县故城东②。昔韩、赵、魏分晋，迁晋
君于端氏县③，即此是也。其水南流，入于沁水。

【注释】

①秦川水：源出今山西长子县西方山，西南流经沁水县入沁水。
②端氏县：战国韩置。后入秦，属上党郡。西汉属河东郡。治所在
　　今山西沁水县东北固县。
③昔韩、赵、魏分晋，迁晋君于端氏县：春秋晚期，晋国各世卿为夺取
　　晋国政权相互兼并，至前453年，赵、韩、魏三家三分晋地，晋君成
　　为附庸，史称三家分晋。

【译文】

沁水又南流，与秦川水汇合。秦川水发源于巨骏山东麓，带引了许
多山溪，积聚成一条川流。又往西南流经端氏县旧城东边。从前韩、赵、
魏分割了晋国，把晋国的国君贬迁到端氏县，就是此县。水往南流，注入
沁水。

　　又南过阳阿县东①，
　　沁水南迳阳阿县故城西。《魏土地记》曰：建兴郡治阳

阿县^②。郡西四十里有沁水南流。沁水又南与濩泽水合^③。水出濩泽城西白涧岭下^④，东迳濩泽。《墨子》曰^⑤：舜渔濩泽。应劭曰^⑥：泽在县西北。又东迳濩泽县故城南，盖以泽氏县也^⑦。《竹书纪年》：梁惠成王十九年^⑧，晋取玄武、濩泽者也。其水际城东注^⑨，又东合清渊水^⑩。水出其县北，东南迳濩泽城东，又南入于泽水。

【注释】

①阳阿县：西汉置，属上党郡。治所在今山西阳城西北三十五里阳陵村。

②建兴郡：十六国时期西燕慕容永置。治所在阳阿县（今山西晋城北大阳镇）。

③濩（huò）泽水：即今山西阳城西南菏泽水。

④濩泽城：战国魏邑。即今山西阳城西北泽城。白涧岭：又称白涧山。在今山西阳城西北，为阳城中部高山。

⑤《墨子》：书名。春秋战国之际鲁国人墨翟（dí）所作，为墨家学派的代表著作。内容驳杂，提倡"兼爱""非攻""尚贤""非命"等。

⑥应劭：字仲远，一作仲瑗。汝南南顿（今河南项城）人。东汉末学者。撰有《风俗通义》《汉官仪》《地理风俗记》等。

⑦以泽氏县：依照泽名来给县邑命名。氏，取名，命名。

⑧梁惠成王十九年：前351年。梁惠成王，即魏惠王。魏是国名，姓魏名罃，因魏都大梁，故又称梁惠王。

⑨际：靠近，临近。

⑩清渊水：在今山西阳城。《泽州府志》阳城县："台底村北清池村有池水，当因唐讳渊为池。"

【译文】

沁水又往南流过阳阿县东边，

沁水往南流经阳阿县老城西边。《魏土地记》说：建兴郡的治所在阳阿县。郡治西边四十里有沁水往南流。沁水又南流，与濩泽水汇合。濩泽水发源于濩泽城西的白涧岭下，往东流经濩泽。《墨子》说：舜在濩泽捕鱼。应劭说：濩泽在县城西北。又东流经濩泽县老城南面，县名就是因濩泽而来的。《竹书纪年》：梁惠成王十九年，晋夺取玄武和濩泽。水傍城边往东奔流，又东流与清渊水汇合。清渊水发源于县北，往东南流经濩泽城东面，又往南流入濩泽水。

泽水又东得阳泉口[1]。水出鹿台山[2]。山上有水，渊而不流[3]。其水东迳阳陵城南[4]，即阳阿县之故城也。汉高帝七年[5]，封卞䜣为侯国[6]。水历嶕峣山东[7]，下与黑岭水合[8]。水出西北黑岭下[9]，即开隥也。其水东南流迳北乡亭下[10]，又东南迳阳陵城东，南注阳泉水。阳泉水又南注濩泽水。泽水又东南，有上涧水注之[11]。水导源西北辅山[12]，东迳铜于崖南[13]，历析城山北[14]。山在濩泽南，《禹贡》所谓砥柱、析城[15]，至于王屋也[16]。山甚高峻，上平坦，下有二泉，东浊西清，左右不生草木，数十步外多细竹。其水自山阴东入濩泽水。濩泽水又东南注于沁水。

【注释】

①阳泉口：亦称芦河。即今山西阳城北芦苇河。

②鹿台山：《水经注疏》杨守敬按："《寰宇记》：鹿台山在沁水县（今山西沁水县）南三十里。"

③渊：深。

④阳陵城：即阳阿县故城。在今山西阳城西北阳陵村附近。

⑤汉高帝七年：前200年。

⑥卞䜣：据《史记·高祖功臣侯者年表》，以中谒者从，入汉，以郎中骑从高祖平定诸侯，封阳河侯。

⑦嶕峣（jiāo yáo）山：在今山西阳城东三十里。

⑧黑岭水：《水经注疏》杨守敬按："今水曰梅河，出沁水县西北岭，盖自宇文周讳黑，已改为乌岭矣。"

⑨黑岭：《水经注疏》杨守敬按："《寰宇记》黑岭山在沁水县西五十里，即《春秋》晋黑壤。"

⑩北乡亭：当在今山西沁水县东南。

⑪上涧水：当在今山西阳城一带。

⑫辅山：《水经注疏》杨守敬按："《隋志》，沁水县有辅山。《寰宇记》，东辅山在沁水县西南九十二里，其山及西辅山与析城山相连，若有相辅之势。"

⑬铜于崖：《水经注疏》杨守敬按："崖当在今阳城县（今山西阳城）西。"

⑭析城山：即今山西阳城西南析城山。

⑮《禹贡》：即《尚书·禹贡》。详细记载了古代九州的划分、山川的方位、物产分布以及土壤性质等。砥柱：即砥柱山。又名底柱山、三门山。在今河南三门峡市陕州区东北黄河中。

⑯王屋：即王屋山。在今河南济源西北九十里与山西阳城交界处。

【译文】

濩泽水又东流，在阳泉口接纳了阳泉水。阳泉水出自鹿台山。山上有一泓泉水，渊深而不流动。阳泉水往东流经阳陵城南，也就是阳阿县的老城。汉高帝七年，把这地方封给卞䜣，立为侯国。阳泉水流过嶕峣山东边，在山下与黑岭水汇合。黑岭水发源于西北的黑岭脚下，就是开瞪。黑岭水往东南流经北乡亭下，又往东南流经阳陵城东面，往南注入阳泉水。阳泉水又南流，注入濩泽水。濩泽水又往东南流，有上涧水注入。上涧水发源于西北的辅山，东经铜于崖南边，流过析城山北边。析城山在濩泽南边，《禹贡》所谓砥柱、析城，直到王屋，就是指这座山。山极高峻，上面平坦，山下有两道泉水，东边那条浑浊，西边那条澄清，两岸草木不长，只在数十步外面才有许多细竹。水从山北往东注入濩泽水。濩泽水又往东南注入沁水。

沁水又东南，阳阿水左入焉[1]。水北出阳阿川[2]，南流迳建兴郡西[3]，又东南流迳午壁亭东[4]，而南入山。其水沿波漱石[5]，濒涧八丈[6]，环涛毂转[7]，西南流入于沁水。

【注释】

[1]阳阿水：当在今山西阳城一带。

[2]阳阿川：当在今山西晋城一带。

[3]建兴郡：十六国时期西燕慕容永置。治所在阳阿县（今山西晋城北四十里大阳镇）。

[4]午壁亭：《水经注疏》熊会贞按："在今凤台县（今山西晋城）西。"

[5]漱：冲荡，冲刷。

[6]濒（pēng）：水流猛烈激荡。

[7]毂（gǔ）转：像车轮一样转动。毂，车轮中心穿轴承轴的部分。代指车轮。

【译文】

沁水又往东南流，阳阿水从左边注入。阳阿水发源于北方的阳阿川，往南流经建兴郡西边，又往东南流经午壁亭东面，然后往南流入山中。河水卷起水波冲击着岩石，湍急的激流落差高达八丈，波涛滚滚卷起漩涡，往西南奔流，注入沁水。

沁水又南五十余里，沿流上下，步径裁通[1]。小竹细笋，被于山渚，蒙茏茂密[2]，奇为翳荟也[3]。

【注释】

①裁：通"才"。

②蒙茏：草木茂密的样子。

③翳荟：草木茂盛，可为障蔽。

【译文】

沁水又往南流了五十余里，沿着水流上下一带，只有一条小径相通。山间水滨，蓊蓊郁郁的全是小竹细笋，长得非常茂密，绿荫沉沉，可以障蔽。

又南出山，过沁水县北①，

沁水南迳石门②，谓之沁口。《魏土地记》曰：河内郡野王县西七十里有沁水，左迳沁水城西，附城东南流也。石门是晋安平献王司马孚之为魏野王典农中郎将之所造也③。按其表云④：臣孚言，臣被明诏，兴河内水利。臣既到，检行沁水。源出铜鞮山⑤，屈曲周回⑥，水道九百里，自太行以西⑦，王屋以东，层岩高峻，天时霖雨，众谷走水⑧，小石漂迸，木门朽败，稻田泛滥，岁功不成。臣辄按行，去堰五里以外，方石可得数万余枚。臣以为累方石为门，若天旸旱⑨，增堰进水⑩；若天霖雨，陂泽充溢⑪，则闭防断水。空渠衍涝⑫，足以成河。云雨由人，经国之谋，暂劳永逸，圣王所许。愿陛下特出臣表，敕大司农府给人工⑬，勿使稽延⑭，以赞时要⑮。臣孚言。诏书听许。于是夹岸累石，结以为门，用代木门枋⑯，故石门旧有枋口之称矣。溉田顷亩之数⑰，间二岁月之功⑱，事见门侧石铭矣。水西有孔山⑲，山上石穴洞开，穴内石上，有车辙、牛迹。《耆旧传》云⑳：自然成著，非人功所就也。其水南分为二水，一水南出为朱沟水㉑。

【注释】

①沁水县：西汉置，属河内郡。治所在今河南济源东北王寨。

②石门：亦称枋口堰。在今河南济源东北三十五里五龙口镇附近。秦时以枋木为门，以备蓄泄，故名枋口。三国魏典农中郎将司马孚重修．垒石结以为门，溉田甚广。

③安平献王司马孚：字叔达。河内温县（今河南温县）人。司马懿弟，仕三国魏至太傅。晋武帝立国，封安平王。谥献，故称安平献王。典农中郎将：官名。汉末，曹操于实行屯田的诸郡置屯田官，郡国大者置典农中郎将，掌管农业生产、民政与田租，职如太守。

④表：文体名。奏章的一种，用于陈请等。

⑤铜鞮（cī）山：一名紫金山。在今山西沁县西南四十里。

⑥周回：回转环绕。

⑦太行：即太行山。又名五行山、皇母山。在今河南、山西、河北交界处。东北—西南走向。

⑧走水：溪水奔流。走，奔。

⑨旸（yáng）旱：亢旱。旸，干旱。

⑩增堰进水：加高堰坝，蓄进水流。

⑪陂（bēi）泽：池湖沼泽。

⑫衍�：雨水满溢。衍，满溢。

⑬敕（chì）：皇帝下达的诏令。大司农：官名。掌管国家财政经济。

⑭稽（jī）延：拖延，延迟。

⑮以赞时要：以帮助完成这件当时急要之事。赞，帮助。

⑯枋（fāng）：筑堤堰用的大木桩。

⑰顷（qǐng）、亩：皆为地积单位。一百亩等于一顷，一市顷约合六万六千六百六十七平方米。

⑱ 间二：王应麟《玉海》引《水经注》此条作"间关"。武英殿本《水经注》："案'间二'讹舛，朱谋㙔云：当作'间関'。"全祖望《五校》《七校水经注》、赵一清《水经注释》、杨、熊《水经注疏》均作"间关"。间关，辗转。译文从之。

⑲ 孔山：在今河南济源东北二十五里沁河西岸。

⑳《耆旧传》：书名。一说为晋王嘉撰。

㉑ 朱沟水：《水经注疏》熊会贞按："今济源县（今河南济源）东北有利仁河，自五龙口乘沁水，即故朱沟也。"

【译文】

沁水又往南流出山间，流过沁水县北边，

沁水往南流经石门，人们也叫它沁口。《魏土地记》说：河内郡野王县以西七十里有沁水，左边流经沁水城西面，傍着城边往东南流。这道石门是晋朝安平献王司马孚在三国魏当野王县的典农中郎将时主持修建的。他呈递给朝廷的奏表中说：我秉承诏谕来兴修河内的水利。我一到了这里，就去沁水视察了一番。沁水源出铜鞮山，萦回曲折，水道长达九百里。太行、王屋二山岩峰层沓，极其高峻，从太行以西，王屋以东，每逢久雨季节，条条山谷就都山水横流，小石块纷纷被卷走，木制的水门年久朽坏，稻田泛滥淹水，一年的辛劳就得不到收成。我立即去巡察，发现离堰五里外，可以取得好几万块方石。我以为用方石砌成水门，如逢天时晴旱，可以增堰引水灌溉；如逢天时久雨，陂塘湖泽都已水满，就关闸断水。那时切断上源的空渠，单凭排涝也足以成河了。这样云雨都可以由人力加以控制，实在是治国大计，一劳永逸，圣明君主应会赞许的。请陛下把我的奏表特别颁发下去，下令大司农府派给人工，不要拖延，以助成目前这件要事。臣孚上书。朝廷下诏批准。于是在两岸砌筑成石门，以代替过去的木门枋，因有木枋，所以石门以前又有枋口之称。水门建成后灌溉田亩多少，在漫长的年月中历次重修的曲折经过，石门旁的碑刻上都有记载。水西有孔山，山上有石洞，洞口大开，洞内岩石上，有车辙印迹和牛的蹄痕。《耆旧传》说：这些都是天然形成，不是人工凿出的。水往南流，分成两条，一条往南分出，就是朱沟水。

沁水又迳沁水县故城北，盖藉水以名县矣。《春秋》之少水也①。京相璠曰：晋地矣。又云：少水，今沁水也。

【注释】

①《春秋》之少水：语见《左传·襄公二十三年》："齐侯遂伐晋，取
  朝歌……戍郫邵，封少水，以报平阴之役。"少水，即沁水。

【译文】

沁水又流经沁水县老城北面，该县就是以沁水来命名的。沁水就是《春秋》的少水。京相璠说：这里是晋国地方。又说：少水就是今天的沁水。

沁水又东迳沁水亭北，世谓之小沁城①。

【注释】

①小沁城：《水经注疏》杨守敬按："《怀庆府志》，期城在府城（今河
  南沁阳）西三十里，即小沁城也，今名覆背村。"

【译文】

沁水又东流，经沁水亭北，世人称之为小沁城。

沁水又东，右合小沁水①，水出北山台淳渊②，南流为台淳水，东南入沁水。

【注释】

①小沁水：《水经注疏》熊会贞按："沁水东流，小沁水出北山，东南
  入沁，则小沁在沁水之北。右合为左合之误，今订。"译文从之。

②台渟渊：《水经注疏》杨守敬按："今曰尧池水，出河内县（今河南
　沁阳）西北太行山麓尧池。"

【译文】

沁水又东流，在左边汇合了小沁水。小沁水发源于北山台渟渊，南
流就是台渟水，往东南注入沁水。

　　沁水又东，倍涧水注之①。水北出五行之山②，南流注
于沁水。

【注释】

①倍涧水：《水经注疏》杨守敬按："水在今河内县（今河南沁阳）西
　北。"
②五行之山：即五行山，又名太行山。

【译文】

沁水又东流，倍涧水注入。倍涧水发源于北方的五行之山，南流注
入沁水。

　　又东过野王县北①，

　　沁水又东，邘水注之②。水出太行之阜山③，即五行之
异名也。《淮南子》曰④：武王欲筑宫于五行之山。周公曰：
五行险固，德能覆也，内贡回矣⑤；使吾暴乱，则伐我难矣。
君子以为能持满⑥。高诱云⑦：今太行山也，在河内野王县西
北上党关⑧。诗所谓徂殆野王道⑨，倾盖上党关⑩。即此山矣。
其水南流迳邘城西⑪，故邘国也。城南有邘台。《春秋·僖
公二十四年》⑫，王将伐郑，富辰谏曰⑬：邘，武之穆也⑭。京
相璠曰：今野王西北三十里有故邘城、邘台是也。今故城当

太行南路，道出其中。汉武帝封李寿为侯国⑮。

【注释】

①野王县：战国韩置。后入秦，属河内郡。治所在今河南沁阳。

②邘（yú）水：《水经注疏》杨守敬按："今水出河内县（今河南沁阳）西北。《怀庆府志》谓涓涓几绝流矣。"

③天行之阜山：即太行山、五行山。

④《淮南子》：书名。也称《淮南鸿烈》。是西汉淮南王刘安和他的门客撰写的杂家著作。全书以道家思想为主，兼采先秦儒、法、阴阳等诸家学说。

⑤内（nà）贡回：交纳贡品就显得迂回困难。内，同"纳"。回，迂回曲折。

⑥寺满：犹持盈。意思是能够安全固守已经取得的基业。

⑦高诱：涿郡涿县（今河北涿州）人。汉末三国时儒家学者，为当时名儒卢植门人。曾注《战国策》《淮南子》《吕氏春秋》等。

⑧上党关：在今山西长治屯留区西。

⑨徒殆：步行疲惫。殆，疲惫，困乏。

⑩倾盖：行道相遇，停车交谈，车盖遂靠在一起。此指逢遇知交。

⑪邘城：在今河南沁阳西北二十六里邘邰村东。殷时鄂侯所居。周武王封子邘叔于此。

⑫僖公二十四年：前636年。

⑬富辰：周襄王的大臣。

⑭武之穆：指周武王子邘叔。穆，宗庙在右的位次。

⑮李寿：武帝末为新安令史，卫太子因被诬巫蛊而起兵，兵败逃匿，李寿捕得卫太子，封邘侯。

【译文】

沁水又往东流过野王县北边，

沁水又东流，邘水注入。邘水发源于太行的阜山——太行山是五行山的异名。《淮南子》说：武王想在五行之山建造宫室。周公说：五行形势险要而闭塞，如果我们修德可以保住它，那么天下人来纳贡的道路却很曲折难行；如果我们有暴虐悖乱的行为，那么天下人要来讨伐我们又很困难了。有识之士认为周公很能保持成业。高诱说：五行之山就是今天的太行山，在河内野王县西北的上党关。有诗说：在野王县的路上走得困倦不堪，到上党关喜逢知友畅叙衷肠。说的就是这座山。沁水往南流经邘城西面，就是旧时的邘国。城南有邘台。《春秋·僖公二十四年》载，周襄王打算讨伐郑国，富辰劝阻道：邘是武王的后代子孙。京相璠说：现在野王县西北三十里，有旧邘和邘台。现在老城坐落在太行南路上，道路就通过城中。汉武帝把这里封给李寿，立为侯国。

　　邘水又东南迳孔子庙东[①]。庙庭有碑。魏太和元年[②]，孔灵度等以旧宇毁落[③]，上求修复。野王令范众爱、河内太守元真、刺史咸阳公高允表闻[④]，立碑于庙。治中刘明、别驾吕次文、主簿向班虎、荀灵龟[⑤]，以宣尼大圣[⑥]，非碑颂所称，宜立记焉。云仲尼伤道不行，欲北从赵鞅[⑦]，闻杀鸣铎，遂旋车而反[⑧]。及其后也，晋人思之，于太行岭南为之立庙，盖往时回辕处也[⑨]。余按诸子书及史籍之文，并言仲尼临河而叹曰：丘之不济，命也！夫是非太行回辕之言也[⑩]。

【注释】

①孔子庙：《水经注疏》杨守敬按："《寰宇记》，河内县（今河南沁阳）下，今太行山上有孔子庙、石室。"

②太和元年：477年。太和，北魏孝文帝元宏的年号（477—499）。

③孔灵度：具体不详。

④范众爱、元真：具体不详。高允：字伯恭。北魏渤海蓨（今河北景县）

人。表闻：向国君上表。

⑤治中：官名。治中从事史的简称。为州刺史的重要佐官。主管官府文书档案。别驾：官名。别驾从事的简称。府、州的佐吏。刺史行部时，别乘传车侍从导引，主录众事，故名。吕次文：具体不详。主簿：官名。官署中重要僚属。主管文书簿籍等。向班虎：具体不详。荀灵龟：山阳（今山东巨野）人。其余不详。

⑥宣尼：汉平帝元始元年（1）追谥孔子为褒成宣尼公，后因称孔子为宣尼。大圣：谓道德最完善、智能最超绝、通晓万物之道的人。

⑦赵鞅：即赵简子、赵孟。春秋末晋国正卿。在内乱中灭范氏、中行氏，使私门势力日益强大，为赵国的建立奠定了基础。

⑧闻杀鸣铎，遂旋车而反：事见《史记·孔子世家》："孔子既不得用于卫，将西见赵简子。至于河而闻窦鸣犊、舜华之死也，临河而叹曰：'美哉水，洋洋乎！丘之不济此，命也夫！'子贡趋而进曰：'敢问何谓也？'孔子曰：'窦鸣犊、舜华，晋国之贤大夫也。赵简子未得志之时，须此两人而后从政；及其已得志，杀之乃从政。丘闻之也：刳胎杀夭则麒麟不至郊，竭泽涸渔则蛟龙不合阴阳，覆巢毁卵则凤皇不翔。何则？君子讳伤其类也。夫鸟兽之于不义也尚知辟之，而况乎丘哉！'乃还息乎陬乡，作为《陬操》以哀之。"鸣铎，亦称鸣犊。指春秋时期晋国的贤大夫窦鸣犊。

⑨回辕：即回车，调转车头。辕，本指车前驾牲口用的直木。这里借指车。

⑩夫是非太行回辕之言：《水经注疏》杨守敬按："明陈棐《孔子回车庙解》，孔子当时既临河而返，是未济河也，既未济河，是未诣太行之下也。其太行之巅有回车之辙者，妄矣。"

【译文】

邘水又往东南流经孔子庙东面。庙内庭院里有碑。魏太和元年，孔灵度等鉴于旧殿宇破败零落，向上级申请修复。野王县县令范众爱、河内太守元真、刺史咸阳公高允，向朝廷上表申请重修，在庙中立碑记载此事。治中刘明、别驾吕次文、主簿向班虎、荀灵龟，以为孔子是大圣人，碑颂之类形式是不相称的，应该立个碑记才对。说：仲尼因大道得不到推行而伤感，想北上去投赵鞅，可是却听到赵鞅杀了鸣铎，就掉过车头往回走。到后来，晋人追思他，就在太行岭南为他立庙，这大概就是从前孔子往回走的地方。我查考诸子书及史籍中都说仲尼临河叹息，说：我不能过河，大概也是命中注定的吧！并没有说在太行山掉转车头。

　　碑云：鲁国孔氏，官于洛阳①，因居庙下，以奉蒸尝②。斯言是矣。盖孔氏迁山下，追思圣祖③，故立庙存飨耳④。其犹刘累迁鲁⑤，立尧祠于山矣。非谓回辕于此也。邘水东南迳邘亭西⑥。京相璠曰：又有亭在台西南三十里。今是亭在邘城东南七八里，盖京氏之谬耳，或更有之，余所不详。其水又南流注于沁。

【注释】

①洛阳：古都名。以在洛水之北而得名。故址即今河南洛阳东北汉魏故城。

②奉：供奉，进贡。蒸尝：本指秋冬二祭。后泛指祭祀。

③圣祖：圣明的远祖。这里指孔子。

④存飨（xiǎng）：保留祭祀。飨，通“享”。祭祀。

⑤刘累迁鲁：刘累，相传为陶唐氏（尧为其领袖的远古部落）之后。学御龙（养龙）以事夏帝孔甲，夏帝褒奖之，赐氏曰御龙。后一雌龙死，刘累偷偷地把雌龙做成肉酱进献给夏帝，夏帝吃了还要再吃，刘累做不到，因惧怕而迁徙到鲁阳。

⑥邘亭：在今河南沁阳西北。

【译文】

　　碑文说：鲁国孔氏，在洛阳做官，居住在庙下，主持祭祀。这样说才对了。匜孔氏迁居到山下，追思起先世的圣人，所以立庙维持祭祀。这也正像刘累迁至鲁阳，就在山上建立尧祠一样，并不是说孔子在这里掉转车头。邢水往东南流经邢亭西边。京相璠说：又有亭在台的西南三十里，但现在此亭在邢城东南七八里，那是京相璠说得不对，或者还有别的亭，那就不清楚了。邢水又南流，注入沁水。

　　沁水东迳野王县故城北。秦昭王四十四年①，白起攻太行②，道绝而韩之野王降③。始皇拔魏东地，置东郡④。卫元君自濮阳徙野王⑤，即此县也。汉高帝元年为殷国⑥，二年为河内郡。王莽之后队，县曰平野矣。魏怀州刺史治⑦，皇都迁洛⑧，省州复郡⑨。水北有华岳庙⑩，庙侧有攒柏数百根⑪，对郭临川⑫，负冈荫渚⑬，青青弥望，奇可玩也。怀州刺史顿丘李洪之之所经构也⑭。庙有碑焉，是河内郡功曹山阳荀灵龟以和平四年造⑮，天安元年立⑯。沁水又东，朱沟枝津入焉。

【注释】

①秦昭王四十四年：前263年。秦昭王，即秦昭襄王嬴稷，一名则。战国时秦国国君。

②白起：郿（今陕西眉县）人。秦朝名将。善用兵，事秦昭王。以上将军击赵于长平，前后坑斩首虏四十五万。太行：此指南阳（今河南修武）一带的太行山。

③道绝：切断道路。按，以上事见《史记·白起列传》。

④东郡：战国秦王嬴政五年（前242）置。治所在濮阳县（今河南濮

阳东南二十里高城村）。

⑤卫元君自濮阳徙野王：事见《史记·卫康叔世家》："元君十四年，
　秦拔魏东地，秦初置东郡，更徙卫野王县，而并濮阳为东郡。"卫
　元君，战国时卫国国君。濮阳，即濮阳县。战国秦置，为东郡治。
　治所在今河南濮阳东南。濮水经其南，故曰濮阳。

⑥汉高帝元年：前206年。殷国：秦亡后，西楚霸王项羽封司马卬为
　殷王，都城在朝歌（今河南淇县）。辖河内郡，相当于今河南新乡、
　滑县以西，黄河以北地区。后为汉王刘邦所灭，仍改为河内郡。

⑦怀州：北魏天安二年（467）置。治所在野王县（今河南沁阳）。太
　和十八年（494）废。

⑧皇都迁洛：495年，北魏孝文帝元宏把平城（今山西大同东北）的
　文武百官和六宫后妃全部迁徙到洛阳。

⑨省州复郡：撤除怀州，恢复河内郡。

⑩华岳庙：《水经注疏》杨守敬按："《怀庆府志》，华岳庙在府城（今
　河南沁阳）北郭，沁水北，今废。"

⑪攒（cuán）柏：丛生的柏树。攒，簇聚在一起。

⑫对郭：面对着城郭。临川：毗邻川流。

⑬负冈：背依着山冈。荫渚：遮蔽着川渚。

⑭李洪之：本名文通。北魏官吏。少为沙门，后还俗。因与文成帝
　元皇后结为兄妹，遂以外戚身份任河内太守，后曾为怀州刺史。
　经构：营造，建造。

⑮功曹：官名。除掌人事外，亦得以参与一郡的政务。荀灵龟：北魏
　山阳（今山东巨野）人。和平四年：463年。和平，北魏文成帝拓
　跋濬的年号（460—465）。

⑯天安元年：466年。天安，北魏献文帝拓跋弘的年号（466—467）。

【译文】

沁水往东流经野王县老城北面。秦昭王四十四年，白起攻打太行，

切断了道路，于是韩国的野王投降了。秦始皇攻占魏国东部土地，设置了东郡。卫元君从濮阳迁到野王，指的就是此县。汉高帝元年，这里是殷国，二年是河内郡。王莽则称郡为后队，县叫平野。是魏怀州刺史的治所，皇都迁到洛阳后，又撤去了州，恢复河内郡。沁水北岸有华岳庙，庙旁柏树成丛，有数百株，面城临水，背依山冈，遮蔽着川渚，水岸上一片青葱，是很可玩赏的美景。华岳庙是怀州刺史顿丘李洪之主持修建的。庙前有碑，是和平四年河内郡功曹山阳荀灵龟所造，天安元年所立。沁水又东流，朱沱支流注入。

又东与丹水合①。水出上党高都县故城东北阜下②，俗谓之源源水。《山海经》曰：沁水之东有林焉，名曰丹林，丹水出焉③。即斯水矣。丹水自源东北流，又屈而东注，左会绝水④。《地理志》曰：高都县有莞谷，丹水所出，东南入绝水是也。绝水出泫氏县西北杨谷⑤，故《地理志》曰：杨谷，绝水所出。东南流，左会长平水⑥。水出长平县西北小山⑦，东南流迳其县故城，泫氏之长平亭也⑧。

【注释】

①丹水：发源于今山西长治，流经今河南博爱，为卫河的源流之一。

②高都县：战国魏置。后入秦，属上党郡。治所在今山西晋城。北魏移治今晋城东北三十里高都镇，永安中为高都郡治。

③"沁水之东有林焉"几句：语见《山海经·北次三经》："又北二百里，曰谒戾之山，其上多松、柏，有金、玉。沁水出焉，南流注于河。其东有林焉，名曰丹林。丹林之水出焉，南流注于河。"

④绝水：即今山西高平西北丹水上源。源出高平西北伞盖山，东南入泫水。

⑤泫（xuàn）氏县：战国赵置。后入秦，属上党郡。治所在今山西高平。
　　北魏永安中改玄氏县。

⑥长平水：在今山西高平西北。

⑦长平县：《水经注疏》杨守敬按："盖魏初因长平亭置县，至郦氏后，
　　改为高平县。"

⑧长平亭：即长平城。战国赵地。在今山西高平西北二十里王报村。
　　北魏高平县治此。

【译文】

　　沁水又东流与丹水汇合。丹水发源于上党高都县老城东北的山冈
下，俗称源源水。《山海经》说：沁水东边有一片树林，名叫丹林，丹水发
源于这里。说的就是这条水。丹水从源头往东北流，又转弯东流，左边
与绝水汇合。《地理志》说：高都县有莞谷，是丹水的发源地，往东南流入
绝水。绝水发源于泫氏县西北的杨谷，所以《地理志》说：杨谷，绝水发
源于那里。往东南流，左边汇合了长平水。长平水发源于长平县西北的
小山，往东南流经老县城，就是泫氏县的长平亭。

　　《史记》曰：秦使左庶长王龁攻韩①，取上党，上党民走
赵。赵军长平，使廉颇为将②，后遣马服君之子赵括代之③。
秦密使武安君白起攻之④，括四十万众降起，起坑之于此⑤。
《上党记》曰⑥：长平城在郡之南，秦垒在城西⑦，二军共食流
水，涧相去五里。秦坑赵众，收头颅筑台于垒中，因山为台，
崔嵬桀起⑧，今仍号之曰白起台⑨。城之左右沿山亘隰⑩，南
北五十许里，东西二十余里，悉秦、赵故垒，遗壁旧存焉。
汉武帝元朔二年⑪，以封将军卫青为侯国⑫。其水东南流，
注绝水。

【注释】

①左庶长：官爵名。秦商鞅变法制定二十等爵，以奖军功。第十级为左庶长，第十一级为右庶长。王龁（hé）：战国末秦将。秦昭王时任左庶长，率军攻韩、赵，拔韩上党，取赵皮牢。曾与白起在长平之战中大败赵军。

②廉颇：战国时赵国名将。赵惠文王时以功拜为上卿。以勇气闻名于诸侯。

③马服君：即赵奢。战国时赵国名将，善用兵。赵惠文王二十九年（前270），秦攻阏与，赵奢奉命往救，大破秦军，遂解阏与之围而归。赵惠文王赐赵奢号为马服君，与廉颇、蔺相如同位。赵括：赵奢之子。亦称马服子。自少时学兵法，言兵事，以天下莫能当，但未能灵活运用兵法。

④武安君白起：郿（今陕西眉县）人。战国时秦国名将。

⑤起坑之于此：按，以上事见《史记·白起列传》。

⑥《上党记》：书名。亦称《上党国记》《上党郡记》。石勒时期佐明楷、程机等人所撰。

⑦秦垒：在今山西高平西。垒，军壁，营舍。

⑧崔嵬（cuī wéi）：高峻的样子。桀（jié）起：耸立。桀，特立，高出。

⑨白起台：在今山西高平西。

⑩亘隒（xǐ）：横亘洼地。

⑪元朔二年：前127。元朔，西汉武帝刘彻的年号（前128—前123）。

⑫卫青：字仲卿。河东平阳（今山西临汾）人。西汉名将。武帝卫皇后弟。七次出击匈奴，战功显赫。官至大将军，封长平侯。

【译文】

《史记》说：秦国派左庶长王龁去攻打韩国，夺取了上党，上党的百姓逃到赵国去。赵国驻军于长平，任廉颇为大将，后来又派马服君的儿子赵括去替换他。秦国暗里派了武安君白起去进攻赵括，赵括的四十万军队都投降了白起，白起就在这里把他们统统活埋了。《上党记》说：长平城在郡的南边，秦的营地在西边，两国军队一起喝这条溪涧里的水，相距不过五里。秦军活埋了赵国兵众以后，又把他们的头颅收集起来在营地中筑起高台，高台利用山势而建，高高地拔地而起，现在还叫它白起台。城的左右两边，沿着山边，横过低地，南北五十多里，东西二十多里的一带地方，全是秦赵的旧营垒，壁垒的遗址还在。汉武帝元朔二年，把这里封给将军卫青，立为侯国。长平水往东南流，注入绝水。

　　绝水又东南流迳泫氏县故城北。《竹书纪年》曰：晋烈公元年[1]，赵献子城泫氏[2]。绝水东南与泫水会[3]。水导源县西北泫谷，东流迳一故城南，俗谓之都乡城[4]。又东南迳泫氏县故城南。世祖建武六年[5]，封万普为侯国[6]。而东会绝水，乱流东南入高都县，右入丹水。《上党记》曰：长平城在郡南山中。

【注释】

①晋烈公元年：前 415 年。晋烈公，名止。战国时晋国国君。

②赵献子：即战国时赵国的国君赵献侯。名浣。代成君赵周之子，赵襄子毋卹长兄赵伯鲁之孙。

③泫水：在今山西高平一带。

④都乡城：在今山西高平东南。

⑤建武六年：30 年。建武，东汉光武帝刘秀的年号（25—56）。

⑥万普：东汉扶风茂陵（今陕西兴平东北）人。万脩之子。据《后汉书·万脩传》，万脩卒于事，子万普嗣，徙封泫氏侯。

【译文】

绝水又往东南流经泫氏县老城北面。《竹书纪年》说：晋烈公元年，赵献子在泫氏筑城。绝水往东南流，与泫水汇合。泫水发源于泫氏县西北的泫谷，往东流经一座老城南面，俗称都乡城。又往东南流经泫氏县老城南面。世祖建武六年，把这里封给万普，立为侯国。泫水又东流汇合于绝水，往东南乱流进入高都县，在右边注入丹水。《上党记》说：长平城在郡治南边山中。

丹水出丈平北山，南流。秦坑赵众，流血丹川，由是俗名为丹水，斯为不经矣[1]。丹水又东南流注于丹谷[2]。即刘越石《扶风歌》所谓丹水者也[3]。《晋书地道记》曰：县有太行关[4]，丹溪为关之东谷，途自此去，不复由关矣。丹水又迳二石人北[5]，而各在一山，角倚相望[6]，南为河内，北曰上党，二郡以之分境。丹水又东南历西岩下，岩下有大泉涌发[7]，洪流巨输，渊深不测。蘋藻荇芹[8]，竟川含绿。虽严辰肃月，无变暄萋[9]。丹水又南，白水注之[10]。水出高都县故城西[11]，所谓长平白水也，东南流历天井关。《地理志》曰：高都县有天井关。蔡邕曰[12]：太行山上有天井关，在井北，遂因名焉。故刘歆《遂初赋》曰[13]：驰太行之险峻，入天井之高关。太元十五年[14]，晋征虏将军朱序破慕容永于太行[15]，遣军至白水，去长子百六十里[16]。白水又东，天井溪水会焉。水出天井关，北流注白水，世谓之北流泉。白水又东南流入丹水，谓之白水交[17]。

【注释】

①不经：没有根据，不合常理。

②丹谷：在今山西晋城东南。

③刘越石《扶风歌》：刘越石，即刘琨，字越石。晋中山魏昌（今河北定州）人。其《扶风歌》见《文选》卷二十八："朝发广莫门，莫宿丹水山。"

④太行关：即今山西晋城南四十五里太行山上天井关。

⑤二石人：即石人山，一名圣人岩。在今山西晋城东南。

⑥角倚：像牲畜的两角一样对峙。

⑦大泉：约在今山西泽州南。

⑧蘋藻：两种水草名。蘋，蕨类植物，生在浅水中，茎横生泥中，质柔软，有分枝，叶柄长，四片小叶生在叶柄顶端，像"田"字。也叫田字草。藻，水藻。也叫蕴藻或聚藻。古时供食用。茭：即茭白，一名菰。生于水中，可食。芹：即水芹。

⑨暄：温暖、暖和。姜：茂盛。

⑩白水：《水经注疏》杨守敬按："凤台县（今山西晋城）南之水有二源，东曰白河，西南流；西曰黄沙河，东南流，会于城南。此《注》称白水出高都故城西，又称东南流历天井关，则以今黄沙河为其源也。"

⑪高都县：战国魏置。后入秦，属上党郡。治所在今山西晋城东北高都村。北魏移治今晋城东北三十里高都镇，永安中为高都郡治。

⑫蔡邕（yōng）：字伯喈。陈留圉（今河南杞县南）人。东汉文学家、书法家。

⑬刘歆《遂初赋》：刘歆，字子骏。沛县（今江苏沛县）人。西汉经学家、目录学家。其《遂初赋》为纪行赋，是其遭外放、徙任五原太守期间所作。

⑭太元十五年：390年。太元，东晋孝武帝司马曜的年号（376—396）。

⑮征虏将军：官名。东汉所置杂号将军。始于光武帝刘秀拜祭遵为征虏将军。魏晋南北朝多沿置。朱序：字次伦。义阳平氏（今河南唐河东南）人。东晋名将。慕容永：字叔明。昌黎棘城（今辽宁

义县）人。鲜卑族。十六国时期西燕国君。

⑯长子：即长子县。春秋晋置。后入秦，为上党郡治。治所在今山
　　西长子县西南八里。东汉末属上党郡。北魏移治今山西长治上
　　党区东北十五里西故县。

⑰白水交：白水与丹水交汇处。交，水流汇合处的地名通名。《水经
　　注》中多有，如"浍交""担潭交""广香交"等。

【译文】

　　丹水发源于长平的北山，往南流。秦军活埋了赵国兵士，流的血把
水都染红了，因而俗名为丹水，这真是毫无根据。丹水又往东南流注入
丹谷。这就是刘越石《扶风歌》中所说的丹水。《晋书地道记》说：县里
有太行关，丹溪就是太行关的东谷，道路由这里通出去，就不再从关那边
走了。丹水又流经两个石人北边，石人各在一山，如牲畜的犄角一样对
望，南面是河内郡，北面是上党郡，两郡就以两山为分界。丹水又往东南
流过西岩下面，岩下有一股强劲的泉流，大如巨轮，汹涌而出，深不可测。
整条河中，蘋藻荇芹之类水草绿油油的一片。即使是严寒的冬天，也还
是生意欣欣，毫无改变。丹水又南流，白水注入。白水发源于高都县老
城西面，就是所谓的长平白水，经东南流过天井关。《地理志》说：高都县
有天井关。蔡邕说：太行山上有个天井关，关口就在天井北面，于是就以
天井为名了。所以刘歆《遂初赋》说：奔驰在险峻的太行山，进入那高高
的天井关。太元十五年，晋朝征虏将军朱序在太行山大败慕容永，派兵
到白水，离长子一百六十里。白水又东流与天井溪水相汇合。溪水发源
于天井关，北流注入白水，人们称之为北流泉。白水又往东南流，注入丹
水，汇流处称为白水交。

　　丹水又东南出山，迳郊城西①。城在山际，俗谓之期城，
非也。司马彪《郡国志》曰②：山阳有郊城。京相璠曰：河内
山阳西北六十里有郊城。《竹书纪年》曰：梁惠成王元年③，

赵成侯偃、韩懿侯若伐我葵④。即此城也。丹水又南屈而西转，光沟水出焉⑤。丹水又西迳苑乡城北⑥，南屈东转，迳其城南，东南流注于沁，谓之丹口。《竹书纪年》曰：晋出公五年⑦，丹水三日绝，不流；幽公九年⑧，丹水出，相反击⑨。即此水也。

【注释】

①郂（kuí）城：在今山西临汾境内。

②司马彪《郡国志》：司马彪，字绍统。河内温县（今河南温县）人。魏晋时期史学家。《郡国志》为其《续汉书》中的"八志"之一。记述东汉时期全国行政区划、人口以及《春秋》和"前三史"所载征伐、会盟所在的地名。

③梁惠成王元年：前369年。梁惠成王，即魏惠王䓨。

④赵成侯偃：《史记·赵世家》作"成侯种"，与《水经注》有异。韩懿侯若：名若，一名若山。韩哀侯之子。

⑤光沟水：《水经注疏》熊会贞按："今水曰小丹河，于河内县（今河南沁阳）东北，自大丹河分出。"

⑥苑乡城：在今河南沁阳北。

⑦晋出公五年：前470年。晋出公，名凿。晋定公之子。

⑧幽公九年：前425年。幽公，姬姓，名柳。晋哀公之子。

⑨相反击：此指水回旋倒流。

【译文】

丹水又往东南流出山，流过郂城西面。郂城在山边，俗称期城，其实不对。司马彪《郡国志》说：山阳有郂城。京相璠说：河内山阳西北六十里有郂城。《竹书纪年》说：梁惠成王元年，赵成侯偃、韩懿侯若，进攻我国的葵。说的就是此城。丹水又向南弯，向西转，分出一条光沟水。丹水又往西流经苑乡城北面，向南弯又转回东边，流经城南，往东南注入沁水，汇流处称为丹口。《竹书纪年》说：晋出公五年，丹水断流三日；幽公九年，丹水涌止，回旋倒流。说的就是这条水。

　　沁水又东，光沟水注之。水首受丹水，东南流，界沟水出焉①，又南入沁水。沁水又东南流迳成乡城北②，又东迳中都亭南③，左合界沟水。水上承光沟，东南流，长明沟水出焉④，又南迳中都亭西，而南流注于沁水也。

【注释】

①界沟水：《水经注疏》熊会贞按："水自今小丹河分出，据下称南迳中都亭西，其分处在今河内县（今河南沁阳）东北。"

②戎乡城：当今河南沁阳东北。

③中都亭：当今河南沁阳东北。

④长明沟水：在今河南沁阳东北。

【译文】

　　沁水又东流，光沟水注入。光沟水上口承接丹水，往东南流，界沟水分支流出；又南流汇入沁水。沁水又往东南流经成乡城北面，又往东流往中都亭南面，在左边汇合了界沟水。界沟水上口承接光沟，往东南流，长明沟水分支流出，又往南流经中都亭西面，然后南流注入沁水。

　　又东过州县北①，

　　县，故州也②。《春秋左传·隐公十有一年》③，周以赐郑公孙段④。六国时⑤，韩宣子徙居之⑥。有白马沟水注之⑦。水首受白马湖⑧。湖一名朱管陂，陂上承长明沟⑨，湖水东南流，迳金亭西⑩，分为二水：一水东出为蔡沟⑪，一水南注于沁也。

【注释】

①州县：春秋时晋置。治所在今河南温县东北二十六里武德镇。西汉属河内郡。东魏天平初为武德郡治。

②州：春秋周邑。即今河南温县东北武德镇。

③隐公十有一年：前712年。

④周以赐郑公孙段：陈桥驿按，武英殿本《水经注》："案'公孙段'三字上有脱文，当云昭公三年，晋以州田赐郑公孙段。"赵一清《水经注释》云："何氏云：此注多误文，公孙段事当在昭公三年，去隐公十一年甚远，韩起又不逮六国时，且亦未尝徙居之。"公孙段，字伯石。郑大夫。《左传·昭公三年》："夏四月，郑伯如晋，公孙段相，甚敬而卑，礼无违者。晋侯嘉焉，授之以策，曰：'子丰有劳于晋国，余闻而弗忘。赐女州田，以胙乃旧勋。'伯石再拜稽首，受策以出。"译文从之。

⑤六国时：武英殿本《水经注》认为，"六国时"三字，当作"其后"二字。译文从之。

⑥韩宣子：即韩起。春秋时晋国正卿。韩献子韩厥之子。谥号宣，史称韩宣子。

⑦白马沟水：在今河南博爱南。

⑧白马湖：一名朱管陂。在今河南博爱西南。

⑨长明沟：即长明沟水。在今河南沁阳东北。

⑩金亭：在今河南沁阳东。

⑪蔡沟：即今河南博爱南之蒋沟，东流经获嘉、修武二县入沙河。

【译文】

又往东流过州县北边，

州县就是旧时的州。《春秋左传·隐公十一年》，周王把州赐给郑国……昭公三年，晋以州田赐公孙段。后来韩宣子迁居到这里。有白马沟水注入。白马沟水上口承接白马湖。白马湖又名朱管陂，陂湖上口承接长明沟,湖水往东南流经金亭西边,分成两条:一条往东分出,叫蔡沟;一条往南注入沁水。

又东迳怀县之北①,

《韩诗外传》曰:武王伐纣到邢丘②,更名邢丘曰怀。春秋时,赤翟伐晋围怀是也③。王莽以为河内,故河内郡治也。旧三河之地矣。韦昭曰④:河南、河东、河内为三河也⑤。县北有沁阳城⑥,沁水迳其南而东注也。

【注释】

①怀县:战国魏置。后入秦,为河内郡治。治所在今河南武陟西二城村附近。

②武王:周文王姬昌之子姬发。嗣位西伯,兴师伐纣,遂革殷命。即天子位,都镐京,改国号曰周。邢丘:在今河南温县东二十里平皋村。

③赤翟(dí)伐晋围怀:事见《左传·宣公六年》:"秋,赤狄伐晋,围怀及邢丘。"赤翟,亦作赤狄。春秋时狄人的一支。大体分布于今山西长治一带,与晋人相杂居。或说因其俗尚赤衣而得名。

④韦昭:字弘嗣。吴郡云阳(今江苏丹阳)人。三国吴史学家。后因避司马昭之讳,改名韦曜。曾依刘向所作,校定群书。著有《国语注》《汉书音义》。

⑤河南:即河南郡。汉高祖二年(前205)改河南国置。治所在洛阳县(今河南洛阳东北汉魏故城)。河东:即河东郡。战国魏置,后属秦。治所在安邑县(今山西夏县西北十五里禹王城)。河内:即河内郡。秦置。治所在怀县(今河南武陟西南)。

⑥沁阳城:在今河南武陟西。

【译文】

又往东流过怀县北边,

《韩诗外传》说：武王讨伐纣王，到了邢丘，把邢丘改名为怀。春秋时，赤翟攻晋包围了怀。王莽改为河内，是旧河内郡的治所。从前属三河地方。韦昭说：河南、河东、河内合称三河。县北有沁阳城，沁水流经城南往东流去。

又东过武德县南①，又东南至荥阳县北②，东入于河。

沁水于县南，水积为陂③，通结数湖，有朱沟水注之④。其水上承沁水于沁水县西北，自枋口东南流⑤，奉沟水右出焉⑥。又东南流，右泄为沙沟水也⑦。其水又东南，于野王城西⑧，枝渠左出焉，以周城溉⑨。东迳野王城南，又屈迳其城东而北注沁水。朱沟自枝渠东南，迳州城南⑩，又东迳怀城南⑪，又东迳殷城北⑫。郭缘生《述征记》曰⑬：河之北岸，河内怀县有殷城。或谓楚、汉之际，殷王卬治之⑭，非也。余按《竹书纪年》云：秦师伐郑，次于怀，城殷。即是城也。然则殷之为名久矣，知非从卬始。昔刘曜以郭默为殷州刺史⑮，督缘河诸军事，治此。朱沟水又东南注于湖。

【注释】

①武德县：秦置，属河内郡。治所在今河南武陟东南十四里大城村。《汉书·地理志》注引孟康曰："始皇东巡置，自以武德定天下。"故名。

②荥（xíng）阳县：秦置，属三川郡。治所在今河南郑州西北古荥镇。西汉属河南郡。三国魏正始三年（242）为荥阳郡治。

③陂（bēi）：池塘，水池。

④朱沟水：《水经注疏》熊会贞按："今济源县（今河南济源）东北有利仁河，自五龙口承沁水，即故朱沟也。"

⑤枋口：在今河南济源东北五龙口镇附近。

⑥奉沟水：济水之故渎。《水经注疏》杨守敬按："当合于今河内县（今河南沁阳）南。"

⑦沙沟水：一称广济河。自今河南济源东北沁口筑堰断沁水入渠，东南流潜古朱沟、沙沟等水，至温县东入黄河。其在济源、河内者，即古朱沟水。其在温县入河者，即古沙沟水。故道在今河南济源、沁阳两县及温县境。

⑧野王城：即今河南沁阳。

⑨周：满足，充足。城溉：城邑的灌溉用水。

⑩州城：即今河南温县东北二十六里武德镇。

⑪怀城：在今河南武陟西土城村附近。

⑫殷城：在今河南武陟东南。

⑬郭缘生《述征记》：郭缘生，晋末宋初人。所撰《述征记》，记述了他跟随刘裕北伐慕容燕、西征姚秦的沿途所见。

⑭殷王卬（áng）：指殷王司马卬，项羽所封十八诸侯王之一。

⑮刘曜：字永明。新兴（今山西忻州）人。十六国时期前赵皇帝。郭默：河内怀县（今河南武陟西南）人。曾降附刘曜，复奔建康投晋。为人狡诈凶残，终为部将宋侯等斩杀。殷州刺史："殷州"疑不确。郭默未尝为殷州刺史。

【译文】

　　沁水又往东流过武德县南边，又往东南流到荥阳县北边，东流注入河水。

　　沁水在县南积聚成为陂塘，把好几个湖泊都连接在一起，有朱沟水注入。朱沟水上游在沁水县西北承接沁水，从枋口往东南流，从右岸分支流出的是垂沟水。又往东南流，从右岸分支流出的是沙沟水。水又往东南流，在野王城西面，有支渠从左岸分出，以灌溉城边一带土地。支渠东流经野王城南面，又转弯流经城东，然后北流注入沁水。朱沟水从支渠往东南流经州城南面，又往东流经怀城南面，又往东流经殷城北面。郭缘生《述征记》说：河水北岸，河内怀县有殷城。有人说楚、汉对峙的时候，殷王司马卬的治所就设在这里，其实不是。我查考《竹书纪年》说：秦军攻打郑国，驻扎于怀，在殷筑城。指的就是此城。那么殷这地名由来已久，可知不是从司马卬开始的。从前刘曜指派郭默为殷州刺史，负责督察沿河各部队的事务，治所就设在这里。朱沟水又往东南流，注入湖中。

　　湖水右纳沙沟水。水分朱沟南派①，东南迳安昌城西②。汉成帝河平四年③，封丞相张禹为侯国④。今城之东南有古冢，时人谓之张禹墓。余按《汉书》，禹，河内轵人⑤，徙家莲勺⑥。鸿嘉元年⑦，禹以老乞骸骨⑧。自治冢茔，起祠堂于平陵之肥牛亭⑨，近延陵⑩，奏请之，诏为徙亭⑪。哀帝建平二年薨⑫，遂葬于彼。此则非也。沙沟水又东迳隰城北⑬。《春秋·僖公二十五年》⑭，取大叔于温⑮，杀之于隰城是也。京相璠曰：在怀县西南。又迳殷城西，东南流入于陂。

【注释】

①派：水分道而流。

②安昌城：在今河南温县东北。

③河平四年：前25年。和平，西汉成帝刘骜（ào）的年号（前28—前25）。

④张禹：字子文。河内轵县（今河南济源东南）人。明习经学，汉元帝诏其为太子讲授《论语》。成帝即位后，张禹以曾为帝师而颇受尊崇，至拜相，封安昌侯。

⑤轵（zhǐ）：即轵县。战国秦置，属河内郡。治所在今河南济源东南十二里轵城镇。

⑥莲勺：即莲勺县，一作莲芍县。西汉置，属左冯翊。治所在今陕西渭南市东北来化镇村。

⑦鸿嘉元年：前20年。鸿嘉，西汉成帝刘骜的年号（前20—前17）。

⑧乞骸骨：指古代官吏自请退职，意谓使骸骨得归葬故乡。

⑨平陵：即平陵县。西汉昭帝置，属右扶风。治所在今陕西咸阳西北十五里。肥牛亭：在今陕西咸阳西北。

⑩延陵：西汉成帝刘骜的陵墓。在今陕西咸阳北马家窑附近。

⑪徙亭：把肥牛亭迁徙到别处。按，以上语见《汉书·张禹传》。

⑫建平二年：前5年。建平，西汉哀帝刘欣的年号（前6—前3）。

⑬隰（xí）城：一作隰郂。春秋周邑。在今河南武陟西南。

⑭僖公二十五年：前635年。

⑮大叔：即太叔带。一作王子带。叔带为周襄王之弟，惠王之子。有宠于惠王，襄王畏之。后叔带与戎、翟谋讨伐襄王。襄王欲诛叔带，叔带奔齐。后叔带立为王，取襄王所绌翟后与居温。襄王告急于晋，晋文公出兵助襄王归国而诛叔带。温：在今河南温县西南三十里。

【译文】

湖水在西边接纳了沙沟水。沙沟水分出朱沟南支，往东南流经安昌城西边。汉成帝河平四年，把安昌封给丞相张禹，立为侯国。现在城的东南有一座古墓，人们称之为张禹墓。我查考《汉书》，张禹是河内轵县人，一家人迁到莲勺。鸿嘉元年，张禹年老，申请退休回家养老。他亲自营建坟墓，想在平陵的肥牛亭修建祠堂，那地方与延陵相邻近，他向朝廷提出申请，皇帝下诏为他把亭移走。哀帝建平二年，张禹亡故，于是就葬在那里。那么这里的坟墓就不是他的了。沙沟水又往东流经隰城北面。《春秋·僖公二十五年》，在温逮捕了大叔，就在隰城杀了他。京相璠说：

隰城在怀县西南。沙沟水又流经殷城西面,往东南流入陂水。

　　陂水又值武德县,南至荥阳县北,东南流入于河。先儒亦咸谓是沟为济渠①。故班固及阚骃并言济水至武德入河②。盖济水枝渎条分,所在布称,亦兼丹水之目矣。

【注释】

①济渠:即济水,一名沛(zǐ)水。古四渎之一。发源于今河南,流经山东入渤海。包括黄河南、北两部分。

②班固:字孟坚。扶风安陵(今陕西咸阳)人。著有《汉书》《白虎通》《两都赋》等。继父业编纂《汉书》,未成而死,所余八表由班昭完成,《天文志》由班昭和同郡马续共同完成。阚骃(kàn yīn):字玄阴。敦煌(今甘肃敦煌)人。北凉至北魏学者。所撰《十三州志》为地理类著作。

【译文】

　　陂水又一直流过武德县,往南流到荥阳县北边,往东南流,注入河水。从前学者也都说这条沟就是济渠,所以班固和阚骃也都说济水到武德注入河水。因为济水分出一条条的支流,所到之处各有名称,也就兼有丹水的名目了。

淇水
淇水出河内隆虑县西大号山①,

　　《山海经》曰:淇水出沮洳山②。水出山侧,颓波漰注③,冲激横山。山上合下开,可减六七十步④,巨石礈砢⑤,交积隍涧⑥,倾澜漭荡⑦,势同雷转,激水散氛,暧若雾合⑧。又东北,沾水注之⑨。水出壶关县东沾台下⑩,石壁崇高,昂藏隐天⑪,泉流发于西北隅,与金谷水合,金谷即沾台之西溪也。东北会沾水,又东流注淇水。淇水又迳南罗川⑫,又历三罗城北⑬,东北与女台水合⑭。水发西北三女台下⑮,东北流注于淇。

【注释】

①淇水:即今淇河。本黄河支流。源出河南林州东南,曲折沇至今汲县东北淇门镇南入黄河。东汉建安时,曹操在淇水口筑枋堰,遏淇水使之东北流,注入白沟(今卫河),此后遂成为卫河支流。隆虑县:西汉高帝六年(前201),封周灶为隆虑侯。景帝中元元年(前149)改为县,属河内郡。治所即今河南林州。大号山:即沮洳(jù rù)山。在今河南辉县市西北。

②淇水出沮洳山:语见《山海经·北次三经》。

③颓波:从高处向下跌落的波浪。渊(pēng)注:渊然倾注。渊,水流从高处向下冲激时发出的轰鸣声。

④可:大约。减:将近。

⑤礌砢(lèi luǒ):众石磊积的样子。

⑥交积:交错堆积。隍:沟壑。

⑦漭(mǎng)荡:广大阔远的样子。

⑧暧:朦胧不清。

⑨沾水:源出今山西壶关县东南,东流经河南林州东南入淇河。

⑩壶关县:秦置,为上党郡治。治所在今山西长治上党区北故驿村。

⑪昂藏:高大挺拔的样子。

⑫南罗川:当在今河南辉县市西北。

⑬三罗城:当在今河南辉县市西北。

⑭女台水:在今河南林州西南。

⑮三女台:在今河南林州西南。

【译文】

淇水

淇水发源于河内郡隆虑县西边的大号山，

《山海经》说：淇水发源于沮洳山。水从山边流出，轰隆隆地奔泻直下，冲激着横山。这座山峰顶合拢，山下却分开，大约不到六七十步，深涧里错杂地堆满巨石，洪涛骇浪，猛冲过来，犹如雷电似的迅猛，激得水花飞迸，飘散成一片蒙蒙的水雾。又往东北流，沾水注入。沾水发源于壶关县东边的沾台下，高耸的石壁遮蔽了天空，泉流就发源于西北角，汇合了金谷水，就是沾台的西溪。往东北流，汇合于沾水，又东流注入淇水。淇水又流经南罗川，又流过三罗城北面，往东北与女台水汇合。女台水发源于西北方的三女台下，往东北流，注入淇水。

　　淇水又东北历淇阳川①，迳石城西北②。城在原上，带涧枕淇③。

【注释】

①淇阳川：在今河南林州南。

②石城：在今河南林州西南。

③带：环绕，缠绕。枕：靠近，毗邻。

【译文】

　　淇水又往东北流过淇阳川，流经石城西北。城在平原上，周边有涧水流过，同时也靠近淇水。

　　淇水又东北，西流水注之。水出东大岭下①，西流迳石楼南，在北陵石上，练垂栜立②，亭亭极峻。其水，西流水也。

【注释】

①大岭：《本经注疏》杨守敬按："今林县（今河南林州）南迤东，峰峦绵延，即《注》所称大岭也，《图》谓之六岭山。"

②桀立：高耸挺立。桀，高耸，耸立。

【译文】

淇水又往东北流，西流水注入。西流水发源于东大岭脚下，往西流经石楼南面，在北陵的岩石上直垂下来，有如从极高处挂下的白练。这条水就是西流水。

又东迳冯都垒南①，世谓之淇阳城②，在西北三十里。

【注释】

①冯都垒：在今河南林州南。

②淇阳城：即今河南林州南淇阳城。

【译文】

又往东流经冯都垒南边，人们称之为淇阳城，在西北三十里。

淇水又东出山，分为二水，水会立石堰，遏水以沃白沟①。左为菀水②；右则淇水，自元甫城东南迳朝歌县北③。《竹书纪年》：晋定公十八年④，淇绝于旧卫⑤，即此也。

【注释】

①沃：浇灌。白沟：原为一小水。在今河南浚县西南，东北流至黎山西北，与宿胥故渎合。故道南段约当今河南浚县西南淇门渡至今河北大名之间的卫河，今湮。

②菀水：一作宛水。在今河南浚县西南。

③元甫城：《水经注疏》杨守敬按："城当在今淇县（今河南淇县）北。"

朝歌县：秦置，属河内郡。治所即今河南淇县。

④晋定公十八年：前494年。晋定公，名午。春秋时晋国国君。晋
顷公之子。

⑤旧卫：疑指卫国旧都朝歌。卫建国初都朝歌，即今河南淇县；卫懿
公好鹤被狄人打败，卫迁都于楚丘（今河南滑县），又迁于帝丘（今
河南濮阳）。

【译文】

淇水又东流出山，分为两条，在两水相会处建了一道石堰，拦水引入
白沟。左边是菀水；右边是淇水，淇水从元甫城往东南流经朝歌县北面。
《竹书纪年》：晋定公十八年，淇水在卫国旧都断流，就指的是这地方。

淇水又东，右合泉源水①。水有二源，一水出朝歌城西
北，东南流。老人晨将渡水而沉吟难济②，纣问其故，左右
曰：老者髓不实③，故晨寒也。纣乃于此斫胫而视髓也④。其
水南流东屈，迳朝歌城南。《晋书地道记》曰⑤：本沬邑也⑥。
《诗》云⑦：爰采唐矣⑧，沬之乡矣。殷王武丁始迁居之⑨，为
殷都也。纣都在《禹贡》冀州大陆之野⑩。即此矣。有糟
丘、酒池之事焉⑪，有新声靡乐，号邑朝歌⑫。晋灼曰⑬：《史
记·乐书》⑭，纣作《朝歌》之音⑮，朝歌者，歌不时也⑯。故
墨子闻之，恶而回车⑰，不迳其邑。

【注释】

①泉源水：即今河南淇县南折胫河。

②沉吟：犹豫，徘徊。济：渡。

③髓不实：骨髓不充实。古人认为骨髓充实，能消生冷。

④斫胫（zhuó jìng）：砍断小腿。胫，小腿。

⑤《晋书地道记》：书名。又称《晋地道志》《晋地道记》。东晋王隐撰。今存清人辑本。

⑥沬邑：即妹邑。商朝邑名。今河南淇县城。西周初武庚及卫国相继都此。

⑦《诗》：这里指《诗经·鄘风·桑中》篇。

⑧爰唐：采摘菟丝草。唐，草名。菟丝草。为寄生蔓草，秋初开小花，子实入药。

⑨殷王武丁：即殷高宗。殷王盘庚弟小乙之子。

⑩《禹贡》：即《尚书·禹贡》。详细记载了古代九州的划分、山川的方位、物产分布以及土壤性质等。冀州：古九州之一。指今山西和陕西间黄河以东、河南和山西间黄河以北及山东西部、河北东南部地区。

⑪糟丘、酒池之事：事见《史记·殷本纪》："（帝纣）以酒为池，悬肉为林，使男女裸相逐其间，为长夜之饮。"张守节正义："《括地志》云：'酒池在卫州卫县西二十三里。《太公六韬》云纣为酒池，回船糟丘而牛饮者三千余人为辈。'"糟丘，积糟成丘。极言酿酒之多、沉湎之甚。

⑫朝歌：商代帝乙、帝辛（商纣）的别都。即今河南淇县。西周为卫国都。春秋属晋。战国为魏邑。

⑬晋灼：河南（治今河南洛阳东北）人。西晋学者，官尚书郎。撰《汉书集注》《汉书音义》。

⑭《史记·乐书》：《史记》八书之一。深入阐释了音乐自古以来的发展变化，以及它对于教化的重要作用。

⑮《朝歌》之音：《史记·乐书》："纣为朝歌北鄙之音，身死国亡……夫朝歌者不时也，北者败也，鄙者陋也，纣乐好之，与万国殊心，诸侯不附，百姓不亲，天下畔之，故身死国亡。"

⑯不时：不善无德，不合时宜。

⑰墨子闻之,恶而回车:语见《史记·邹阳列传》:"臣闻盛饰入朝者
　不以利污义,砥厉名号者不以欲伤行,故县名胜母,而曾子不入;
　邑号朝歌,而墨子回车。"墨子,春秋战国之际鲁国人墨翟(dí),为
　墨家学派的代表人物。

【译文】

　　淇水又东流,右边汇合了泉源水。泉源水有两个源头,其中一条出自
朝歌城西北,往东南流。有个老人一大清早想涉水过河,却踌躇着怕下水,
纣王询问随从他为什么踌躇,随从说:老人骨髓枯干了,所以早晨怕冷。
纣王于是就在这里砍断老人的腿,要看看他的骨髓。水往南流,折向东边,
流经朝歌城南。《晋书地道记》说:朝歌是旧时的沫邑。《诗经》说:往哪
儿采菀丝草?到沫的乡野。殷王武丁开始迁居到这里,这里就成为殷的
都城。纣王的都城在《禹贡·冀州》所说的大陆之野。就是这地方。纣
王作过糟丘、酒池,又有靡靡之音的新乐曲,把城邑称为朝歌。晋灼说:《史
记·乐书》载,纣王作《朝歌》的乐曲,所谓朝歌,就是唱歌不合时宜。所
以墨子听说邑名朝歌,就厌恶地掉转车头往回走,不肯打那座城里经过。

　　《论语比考谶》曰①:邑名朝歌,颜渊不舍②,七十弟子掩
目③,宰予独顾④,由蹙堕车⑤。宋均曰⑥:子路患宰予顾视凶
地,故以足蹙之使堕车也。今城内有殷鹿台⑦,纣昔自投于
火处也⑧。《竹书纪年》曰:武王亲禽帝受辛于南单之台⑨,
遂分天之明⑩。南单之台,盖鹿台之异名也。武王以殷之遗
民封纣子武庚于兹邑⑪,分其地为三:曰邶、鄘、卫⑫。使管
叔、蔡叔、霍叔辅之⑬,为三监⑭。叛,周讨平以封康叔为卫⑮。
箕子佯狂自悲,故《琴操》有《箕子操》⑯。迳其墟,父母之
邦也⑰,不胜悲,作《麦秀歌》⑱。后乃属晋,地居河、淇之间,
战国时皆属于赵。男女淫纵,有纣之余风。土险多寇,汉以

虞诩为令^⑲，朋友以难治致吊。诩曰：不遇盘根错节，何以别利器乎^⑳？

【注释】

① 《论语比考谶》：书名。或称《论语撰考谶》。汉代谶纬类著作。

② 颜渊：名回，字子渊。春秋时鲁国人。孔子弟子。以德行著称。舍：停歇，住宿。

③ 七十弟子：据《史记·仲尼弟子列传》："孔子曰：'受业身通者七十有七人'，皆异能之士也……学者多称七十子之徒……"

④ 宰予：字子我，亦称宰我。春秋时鲁国人。孔子弟子。以辞辩著称。顾：回头看。

⑤ 由：即仲由，字子路，又称季路。卞（今山东泗水县东）人。孔子弟子。性爽直勇敢，以政事著称。蹵（cù）：通"蹴"。踢，踏。堕车：从车上掉下来。

⑥ 宋均：三国魏博士。注有《孝经杂纬》《论语谶》等。

⑦ 鹿台：一名南单台。在今河南淇县。殷纣王筑。后纣王死于此。

⑧ 纣昔自没于火：事见《史记·殷本纪》："周武王于是遂率诸侯伐纣。纣亦发兵距之牧野。甲子日，纣兵败。纣走，入登鹿台，衣其宝玉衣，赴火而死。"

⑨ 武王亲禽帝受辛于南单之台：《史记·周本纪》："至纣死所。武王自射之，三发而后下车，以轻剑击之，以黄钺斩纣头，悬大白之旗。"与《竹书纪年》所记不同。帝受辛，即纣王，子姓，名受，一名辛。

⑩ 遂分天之明：接受上天圣明的命令。

⑪ 武王以殷之遗民封纣子武庚于兹邑：《史记·殷本纪》："封纣子武庚禄父，以续殷祀，令修行盘庚之政。殷民大悦。"武庚，名禄父，纣王之子。武王克商，封武庚以接续殷祀。武王崩，成王幼，周公摄政。武庚与管叔、蔡叔联合东夷部族为乱。周公讨平之，杀武庚。

⑫邶（bèi）：西周封国名。在今河南汤阴南。鄘（yōng）：西周封国名。在今河南新乡西南。卫：西周封国名。在今河北南部和河南北部一带。

⑬管叔：名鲜。文王第三子，武王弟。武王灭商，封叔鲜于管。后与蔡叔、武庚联合东夷作乱。周公东征，管叔与武庚同被诛。蔡叔：名度。文王第五子，武王弟。封于蔡。后与管叔、武庚联合东夷作乱，周公讨平之，蔡叔被放逐。霍叔：名处，一说名武。武王同母弟。武王灭纣，封于霍。与管叔、蔡叔同监纣子武庚。其国后为晋献公所灭。

⑭三监：管叔监卫，蔡叔监鄘，霍叔监邶，称三监。

⑮康叔：名封。成王少弟。初封于康，故称康叔。武王平定武庚叛乱后，把殷民士族及商故都周围地区封给他，国号卫。

⑯箕子佯狂自悲，故《琴操》有《箕子操》：事见《史记·宋微子世家》：“乃被发详狂而为奴。遂隐而鼓琴以自悲，故传之曰《箕子操》。”裴骃集解：“《风俗通义》曰：‘其道闭塞忧愁而作者，命其曲曰操。操者，言遇灾遭害，困厄穷迫，虽怨恨失意，犹守礼义，不惧不慑，乐道而不改其操也。’”箕子，名胥馀。纣之叔父，一说纣之庶兄。封子爵，国于箕。纣暴虐，箕子屡谏而不听。后见王子比干被杀，箕子惧，披发佯狂为奴，为纣所囚。周武王灭商，释放箕子。

⑰父母之邦：箕子是纣王叔父，被封于箕，故箕子称殷为父母之邦。

⑱《麦秀歌》：箕子感伤殷墟宫室毁坏，尽生禾黍，而作《麦秀》之诗以咏志抒怀。

⑲虞诩（xǔ）：字升卿。东汉陈国武平（治今河南鹿邑西北）人。数忤权贵，屡遭谴罚，终不屈。后官至尚书令。

⑳何以别利器乎：按，以上事见《后汉书·虞诩传》：“乃以诩为朝歌长。故旧皆吊诩曰：‘得朝歌何衰！’诩笑曰：‘志不求易，事不避难，臣之职也。不遇盘根错节，何以别利器乎？’”

【译文】

《论语比考谶》说：城名叫朝歌，颜渊不肯在那里停歇宿夜，七十弟子也把眼睛蒙起来，只有宰予一个人回头看，仲由踢了他一脚，使他跌下车来。宋均说：子路因宰予回顾这不吉之地而恼怒，所以用脚把他踢下车来。现在城里有殷时的鹿台，就是从前纣王自己投身于火窟的地方。《竹书纪年》说：武王亲自在南单之台俘获了帝受辛，接受了天之大命。南单之台就是鹿台的异名。武王把殷的遗民封给纣王的儿子武庚居于此城，把他的领地分成三区，即是邶、鄘、卫。又派管叔、蔡叔、霍叔去辅佐他，这就是所谓三监。管、蔡后来同武庚一起反叛，周镇压了他们，把那地方封给康叔，称为卫。箕子心中悲伤，假装疯狂，所以《琴操》中有一首《箕子操》。他经过故都废墟时——那是他的父母之邦啊，不禁悲从中来，因此作了《麦秀歌》。后来朝歌旧地归属晋国，位于河水、淇水之间，战国时都属于赵国。当地男女都很放荡，还有纣王时的遗风。那里地势多险阻，盗寇很多，汉时派虞诩去当县令，朋友们都因那地方难治而去慰问他。虞诩说：要是不碰到盘曲的树根、错杂的枝节，怎么识别得出快刀来呢？

又东与左水合，谓之马沟水[①]。水出朝歌城北，东流南屈，迳其城东。又东流与美沟合[②]。水出朝歌西北大岭下[③]，东流迳骆驼谷[④]，于中逶迤九十曲[⑤]，故俗有美沟之目矣。历十二嶝[⑥]，嶝流相承，泉响不断，返水捍注[⑦]，卷复深隍[⑧]，隍间积石千通[⑨]，水穴万变，观者若思不周赏，情乏图状矣。其水东迳朝歌城北，又东南流注马沟水，又东南注淇水，为肥泉也[⑩]。故卫诗曰：我思肥泉，兹之永叹[⑪]。毛《注》云：同出异归为肥泉[⑫]。《尔雅》曰：归异出同曰肥[⑬]。《释名》曰：本同出时，所浸润水少，所归枝散而多，似肥者也。犍为舍人曰[⑭]：水异出流行，合同曰肥。今是水异出同归矣。

【注释】

①马沟水：在今河南淇县。

②美沟：在今河南淇县。

③大岭：在今河南淇县西北。

④骆驼谷：在今河南淇县。

⑤逶迤（wēi yí）：形容道路、山脉、河流等曲折绵延的样子。曲：水流曲折之处，河湾。

⑥十二崿（è）：十二处向河中突出的山嘴。崿，山嘴，山体向河中突出的部位。

⑦返水：回水，打着漩涡的水流。捍注：汹涌地倾注。捍，通“悍”。猛烈，汹涌。

⑧隍：壕沟。

⑨通：块，枚。

⑩肥泉：春秋卫国水名。在今河南淇县境内。

⑪“故卫诗曰”几句：语见《诗经·邶风·泉水》。意思是：我一想到肥泉，就会为之长叹。卫诗，周武王以殷之遗民，封纣子武庚于殷地，分其地为三：邶、鄘、卫。故《邶风》《鄘风》《卫风》是同一个地区的诗。本为《邶风》中的民歌《泉水》，就是因为三地皆属卫，故郦道元说是“卫诗”。

⑫毛《注》云：同出异归为肥泉：语见《诗经》毛传：“所出同，所归异，为肥泉。”意思是说，源头相同，归向不同的水流叫肥泉。毛，即毛亨，鲁（今山东曲阜）人。西汉经学家。古文“毛诗学”开创者。作《毛诗诂训传》以授毛苌。今通行本《诗经》即以“毛诗”为基础。

⑬归异出同曰肥：语见《尔雅·释水》。

⑭犍为（qián wéi）舍人：最早给《尔雅》作注者。唐陆德明《经典释文叙录》称汉武帝时曾任犍为文学卒史，后内迁舍人。故又称犍为文学。

【译文】

淇水又东流，与左水汇合，称为马沟水。马沟水从朝歌城北流出，往东流，往南转弯，从城东流过。马沟水又东流与美沟汇合。美沟水发源于朝歌西北的大岭脚下，东流穿过骆驼谷，在谷中曲曲折折地转了九十个弯，所以民间有美沟的名目。美沟水流经十二处向河中突出的山嘴，流经这十二道山嘴的水流前后相承，哗哗的流水声接连不断，河水反转回流，在峡谷中形成漩涡。峡谷中堆积着成千上万个大石块，穿流在大石块中的水流形成变幻万千的漩涡，令游人目不暇接。美沟水往东流经朝歌城北边，又往东南流注入马沟水，马沟水又往东南注入淇水，就是肥泉。所以卫诗说：我怀想着那肥泉，徒然发出长叹。毛亨《注》说：同出一个源头却流往不同的地方叫肥泉。《尔雅》说：流向相异而发源相同叫肥。《释名》说：起初一同流出时，水还很少，但流向不同去处的支流却分散而多，就像肥起来似的。犍为舍人说：水的发源不同，奔流汇合在一起叫肥。现在这条水就是发源相异而汇合为一水的。

《博物志》谓之澳水①。《诗》云：瞻彼淇澳，菉竹猗猗②。毛云：菉，王刍也；竹，编竹也③。汉武帝塞决河，斩淇园之竹木以为用④。寇恂为河内⑤，伐竹淇川，治矢百余万，以输军资。今通望淇川，无复此物，惟王刍编草不异毛兴。又言：澳，隈也。郑亦不以为津源⑥，而张司空专以为水流入于淇⑦，非所究也。然斯水即《诗》所谓泉源之水也⑧。故卫诗云：泉源在左，淇水在右，卫女思归⑨。指以为喻。淇水左右，盖举水所入为左右也。

【注释】

①《博物志》：书名。西晋张华撰。多取材古籍，分类记载异物、奇境、琐闻等，多神仙方术故事，为笔记体志怪小说。

②瞻彼淇澳，菉（lù）竹猗猗（yī）：语见《诗经·卫风·淇奥》。澳，

水岸深曲之处。一说淇澳为二水名。菉，草名。也叫王刍、荩草。可以染绿。竹，草名。也叫编竹。一说为竹子。猗猗，美盛的样子。

③编竹：草名。一年生草本。多生郊野道旁。叶狭长似竹，初夏于节间开淡红色或白色小花，入秋结子，嫩叶可入药。

④汉武帝塞决河，斩淇园之竹木以为用：事见《史记·河渠书》："天子乃使汲仁、郭昌发卒数万人塞瓠子决。于是天子已用事万里沙，则还自临决河，沉白马玉璧于河，令群臣从官自将军已下皆负薪置决河。是时东郡烧草，以故薪柴少，而下淇园之竹以为楗。"楗，河中用以堵水的木桩。

⑤寇恂（xún）：字子翼。上谷昌平（今北京昌平区）人。东汉光武帝时拜为河内太守，负责转输军需。

⑥郑：即郑玄，字康成。北海高密（今山东高密）人。东汉著名经学家。津源：河流的源头。

⑦张司空：即撰《博物志》的张华，字茂先。范阳方城（今河北固安西南）人。官至司空。专以为水流入于淇：司马彪《续汉书·郡国志》"河内郡""共，本国。淇水出。"刘昭注："《前志》注曰水出北山。《博物记》曰：'有奥水，流入淇水，有绿竹草。'"

⑧泉源之水：即泉源水，今河南淇县南折胫河。

⑨"泉源在左"几句：语见《诗经·卫风·竹竿》。

【译文】

《博物志》称其为澳水。《诗经》说：眺望着淇水的小湾，那菉竹是多么婀娜秀美。毛亨说：菉就是荩草，竹就是编竹。汉武帝砍了淇园的竹木来堵塞河水的决口。寇恂在河内做太守，在淇川砍竹，造了百余万支箭，以供应军用物资。现在找遍了淇川，却不再有这些东西了，只有荩草和编竹与毛亨所注无异。毛亨又说：澳就是水湾的意思。郑玄也不认为是水流的源头，而张华《博物志》却独以为是注入淇水的水名，不知是否如此。然而这条水也就是《诗经》中所说的泉源之水。所以卫诗说：泉源在左边,淇水在右边,卫国的女子想回娘家。借水来表达自己的心情。说淇水的左右,是按水所注入的位置来定左右方位的。

淇水又南历枋堰①,旧淇水口。东流迳黎阳县界②,南入河。《地理志》曰:淇水出共③,东至黎阳入河。《沟洫志》曰④:遮害亭西十八里至淇水口是也⑤。汉建安九年⑥,魏武王于水口下大枋木以成堰⑦,遏淇水东入白沟以通漕运⑧,故时人号其处为枋头。是以卢谌《征艰赋》曰⑨:后背洪枋巨堰,深渠高堤者也。自后遂废,魏熙平中复通之⑩。故渠历枋城北⑪,东出今渎。破故堨⑫,其堰,悉铁柱木石参用。其故渎南迳枋城西,又南分为二水:一水南注清水⑬,水流上下更相通注,河清水盛,北入故渠自此始矣;一水东流,迳枋城南,东与菀口合⑭。菀水上承淇水于元甫城西北⑮,自石堰东、菀城西⑯,屈迳其城南,又东南流历土军东北⑰,得旧石逗⑱,故五水分流,世号五穴口。今惟通并为二水:一水西注淇水,谓之天井沟⑲;一水迳土军东分为蓼沟,东入白祀陂⑳。又南分东入同山陂㉑,溉田七十余顷。二陂所结,即台阴野矣㉒。菀水东南入淇水。

【注释】

①枋堰:又名枋头。在今河南浚县西南五十六里前枋城村。

②黎阳县:西汉置,属魏郡。治所在今河南浚县东。因古为九黎之地,故名。西晋末废。北魏孝昌中复置,为黎阳郡治。

③共:西周封国,后为卫邑。在今河南辉县市。

④《沟洫志》:即《汉书·沟洫志》。班固《汉书》十志之一,以司马

迁《河渠书》为基础。主要记载农田水利。

⑤遮害亭：在今河南浚县西南。淇水口：《水经注疏》熊会贞按："淇水合清水入河，谓之淇水口。"

⑥建安九年：204 年。建安，东汉献帝刘协的年号（196—220）。

⑦魏武王：即曹操。大枋（fāng）木：筑堤堰用的大木桩。

⑧白沟：原为一小水。在今河南浚县西南，东北流至黎山西北，与宿胥故渎合。此后，上起枋堰，下至今河北威县之古清河，皆被称为白沟。漕运：旧时指从水道运输粮食，供应京城或接济军需。

⑨卢谌（chén）《征艰赋》：卢谌，字子谅。范阳涿县（今河北涿州）人。西晋文学家。好老庄之学。所作《征艰赋》，今不传。

⑩熙平：北魏孝明帝元诩的年号（516—518）。

⑪枋城：在今河南浚县西南。

⑫堨（è）：堤坝，堰坝。

⑬清水：上游即今河南卫辉以上的卫河。汉魏前在今河南淇县南入黄河。西晋后改道东会淇水入白沟。隋后自今新乡以下成为永济渠的一部分，清水之名渐废。

⑭菀口：在今河南浚县西。

⑮菀水：又作宛水。在今河南浚县西南。元甫城：当在今河南淇县北。

⑯菀城：在今河南浚县。

⑰土军：当在今河南浚县境内。

⑱逗：洞穴，洞口。

⑲天井沟：在今河南淇县。

⑳白祀陂：在今河南浚县西。

㉑同山陂：在白祀陂东南。当在今河南浚县。

㉒台阴野：当在今河南浚县。

【译文】

淇水又往南流过枋堰，就是旧淇水口。东流经黎阳县境，往南注入河水。《汉书·地理志》说：淇水发源于共县，东流到黎阳入河。《汉书·沟洫志》说：从遮害亭西流十八里到淇水口。东汉建安九年，魏武王在水口放下大枋木筑成堰坝，拦截淇水往东流入白沟，以便通航运粮，所以当时人们把那地方称为枋头。所以卢谌《征艰赋》说：后面靠着大枋巨堰，深渠高堤。以后废毁了，到了魏熙平年间才重新使它通水。旧渠道通过枋城北面，注东流出。今天渠道中已拆去旧坝，改筑新堰全用铁柱打下，也夹着使压木石。旧渠往南流经枋城西面，又南流分为两条水：一条南流注入清水，水流向下向上都可流通，河清水大时，就从这里开始往北倒灌入旧渠；一条往东流经枋城南边，往东汇合于苑口。苑水上游在元甫城西北承接淇水，从石堰东边、苑城西边，转弯流过城南，又往东南流过土军东北，有石头砌的旧洞口，从前有五条水分流，世人称之为五穴口。现已合并，只有两条了：一条往西注入淇水，叫天井沟；一条流经土军以东分出蓼沟，东流注入白祀陂。又向南分支，东流注入同山陂，灌溉着七十余顷的田亩。这两片陂塘相接处，就是台阴野。苑水往东南流入淇水。

　　淇水右合宿胥故渎[1]，渎受河于顿丘县遮害亭东、黎山西[2]。北会淇水处立石堰，遏水令更东北注。魏武开白沟，因宿胥故渎而加其功也。故苏代曰[3]：决宿胥之口，魏无虚、顿丘[4]。即指是渎也。

【注释】

①宿胥故渎：即宿胥口，先秦黄河决口处。在今河南浚县西甸新镇附近。

②顿丘县：战国魏置。后入秦，属东郡。治所在今河南清三西南二十五里。黎山：又名黎阳山、大伾山。在今河南浚县东南二里。

③苏代：战国苏秦弟。亦习纵横家言。曾为燕昭王所重。

④虚：春秋宋邑。在今河南延津东。

【译文】

　　淇水右岸汇合了宿胥旧渠,旧渠在黎山西北顿丘县遮害亭东边、黎山西面,接纳了河水。在北面与淇水的汇合处,筑了一道石堰拦截渠水,使渠水转向东北流。魏武帝开凿白沟,就是循着宿胥旧渠加工开成的。所以苏代说:在宿胥决个口,魏的虚和顿丘就完蛋了。指的就是此渠。

　　淇水又东北流,谓之白沟,迳雍榆城南①。《春秋·襄公二十三年》②,叔孙豹救晋③,次于雍榆者也。淇水又北迳其城东,东北迳同山东④,又东北迳帝喾冢西⑤,世谓之顿丘台,非也。《皇览》曰⑥:帝喾冢在东郡濮阳顿丘城南⑦,台阴野中者也。又北迳白祀山东⑧,历广阳里⑨,迳颛顼冢西⑩,俗谓之殷王陵,非也。《帝王世纪》曰⑪:颛顼葬东郡顿丘城南,广阳里大冢者是也。

【注释】

①雍榆城:又名雍城。春秋晋邑。即今河南浚县西南瓮城。

②襄公二十三年:前550年。

③叔孙豹:又称叔孙穆子、穆叔。春秋时鲁国大夫。叔孙侨如之弟。事襄公,参国政。在奔齐时,与外妻生子竖牛。后为竖牛所困,饥渴三日而死。

④同山:一名童山。在今河南浚县西南。《方舆纪要》:"相传武王伐纣,诸侯会同于此,因名。"

⑤帝喾(kù):传说中的远古帝王。传为黄帝曾孙,号高辛氏。

⑥《皇览》:书名。三国魏文帝时,王象、刘劭、桓范等奉敕编纂的一部类书,供皇帝阅览。对后世诸多类书的编纂产生了较大的影响。

⑦东郡:秦王嬴政五年(前242)置。治所在濮阳县(今河南濮阳东南

二十里高城村）。濮阳：即濮阳县。秦置，为东郡治。治所在今河
南濮阳东南。

⑧白祀山：在今河南浚县西。

⑨广阳里：今名广阳山。在今河南内黄南。

⑩颛顼（zhuān xū）冢：在今河南滑县东北。颛顼，上古帝王名。"五
帝"之一，号高阳氏。相传为黄帝之孙、昌意之子，生于若水，居
于帝丘。

⑪《帝王世纪》：书名。晋皇甫谧撰。起自三皇，迄于汉魏，专记帝
王事迹。今存宋翔凤辑本。

【译文】

　　淇水又往东北流，称为白沟，流经雍榆城南面。《春秋·襄公二十三
年》，叔孙豹去援救晋国，屯兵在雍榆。就指的是这地方。淇水又往北流
经城东，往东北流经同山东边，又往东北流经帝喾墓西边，世人称之为顿
丘台，其实不是。《皇览》说：帝喾墓在东郡濮阳顿丘城南的台阴野。淇
水又往北流经白祀山东边，流过广阳里，流经颛顼墓西边，俗称殷王陵，其
实不是。《帝王世纪》说：颛顼葬于东郡顿丘城南面，广阳里的大墓就是。

　　淇水又北屈而西转，迳顿丘北①。故阚骃云：顿丘在淇
水南。《尔雅》曰：山一成谓之顿丘②。《释名》谓一顿而成丘，
无高下小大之杀也③。《诗》所谓送子涉淇，至于顿丘者也④。
魏徙九原、西河、土军诸胡⑤，置土军于丘侧，故其名亦曰土军
也。又屈迳顿丘县故城西。《古文尚书》以为观地矣⑥。盖太
康弟五君之号曰五观者也⑦。《竹书纪年》：晋定公三十一
年城顿丘⑧。《皇览》曰：顿丘者，城门名顿丘道，世谓之殷。
皆非也。盖因丘而为名，故曰顿丘矣。淇水东北迳枉人山
东、牵城西⑨，《春秋左传·定公十四年》⑩，公会齐侯、卫侯

于牵者也。杜预曰：黎阳东北有牵城。即此城矣。淇水又东北迳石柱冈^⑪，东北注矣。

【注释】

① 顿丘：即顿丘县。北魏太和十八年（494）置，属汲郡。治所在今河南浚县西北。

② 山一成谓之顿丘：语见《尔雅·释丘》。一重的土山叫顿丘。成，层。

③ 一顿而成丘，无高下小大之杀也：语见《释名·释丘》。杀，差别，等差。

④ 送子涉淇，至于顿丘：语见《诗经·卫风·氓》。顿丘，春秋卫邑。在今河南浚县西。

⑤ 九原：即九原郡。秦始皇三十三年（前214）取匈奴河南地后置。治所在九原县（今内蒙古乌拉特前旗东南先锋镇东三顶帐房村古城。一说在包头西）。西河：即西河郡。西汉元朔四年（前125）置。治所在平定县（今内蒙古伊金霍洛旗东南境）。三国魏黄初二年（221）移治兹氏县（今山西汾阳）。土军：即土军县。属西河郡。治所在今山西石楼。

⑥ 《古文尚书》：书名。汉武帝末年，鲁恭王坏孔子宅，发现一部用古代文字书写的《尚书》，即《古文尚书》。当时学者、孔子后裔孔安国将其依照古文字的形状写成隶书，所以又称隶古定本。该书在贾逵、马融、郑玄等人的提倡下盛行起来，到南北朝仍然盛行。观：夏代诸侯国。故址在今河南清丰东南。

⑦ 太康：夏后帝启的儿子。耽于游乐田猎，不恤民事，为羿所逐，不得反国。太康的五个兄弟与母待太康于洛水之北，怨其不反，故作《五子之歌》。五君，太康的五个兄弟。或以为仁人，或以为奸人，众说不一。

⑧ 晋定公三十一年：前481年。晋定公，名午。春秋时晋国国君。

晋顷公之子。

⑨柱人山：一名善化山。在今河南浚县西北二十五里。牵城：春秋
　卫邑。在今河南浚县北。

⑩定公十四年：前496年。

⑪石柱冈：在今河南浚县东北。

【译文】

淇水又向北弯，向西转，流经顿丘北边。所以阚骃说：顿丘在淇水以
南。《尔雅》说：山只有一层的叫顿丘。《释名》说：一重就成为丘，上下
没有大小的差别。《诗经》里说的：送你涉河过淇水，送到那顿丘的水边。
魏把九原、西河、土军各地的胡人迁移出去，把土军胡人安置在顿丘旁
边，所以地名也叫土军。又转弯流经顿丘县旧城西边。《古文尚书》以为
这就是观地。因为太康的弟弟五个兄弟号称五观。《竹书纪年》说：晋定
公三十一年，在顿丘筑城。《皇览》说：叫顿丘的来由，是因为城门名为顿
丘道，世人又把它称为殷。这都不对。顿丘是因小丘而取名的，所以叫
顿丘。淇水往东北流经柱人山以东、牵城以西。《春秋左传·定公十四
年》，定公在牵会见齐侯、卫侯。牵就指牵城。杜预说：黎阳东北有牵城。
就是此城。淇水又往东北流经石柱冈，往东北流去。

东过内黄县南①，为白沟②，

淇水又东北迳并阳城西③，世谓之辟阳城，非也。即《郡
国志》所谓内黄县有并阳聚者也④。白沟又北，左合荡水⑤。
又东北流迳内黄县故城南，县右对黄泽⑥。《郡国志》曰：县
有黄泽者也。《地理风俗记》曰：陈留有外黄⑦，故加内。《史
记》曰：赵廉颇伐魏取黄，即此县。

【注释】

①内黄县：西汉置，属魏郡。治所在今河南汤阴东北故城村。

②白沟:《水经注疏》熊会贞按:"白沟为魏武所开,有明征,据此,以
　《经》文为桑钦作者,真瞀说也。"因桑钦为西汉成帝时人,自然不
　可能写到后来曹操开白沟事。

③并阳城:在今河南汤阴。

④内黄县有并阳聚者:司马彪《续汉书·郡国志》"魏郡":"内黄,
　清河水出。有羑(xī)阳聚,有黄泽。"作"羑阳聚"。

⑤荡(tāng)水:白沟的支流。源出今河南鹤壁东,东流经汤阴至内
　黄西入白沟(卫河)。

⑥黄泽:在今河南内黄西。

⑦陈留:即陈留郡。汉武帝元狩元年(前122)置。治所在陈留县
　(今河南开封东南陈留镇)。外黄:即外黄县。秦置,属砀郡。治所
　在今河南民权西北三十八里内黄集。汉属陈留郡,为都尉治。《汉
　书·地理志》"陈留郡·外黄"注引臣瓒曰:"县有黄沟,故氏之也。"

【译文】

淇水往东流过内黄县南边,称为白沟,

淇水又往东北流经并阳城西面,世人称之为僻阳城,这是不对的。
其实这地方就是《郡国志》所说的内黄县的并阳聚。白沟又北流,左边
汇合了荡水。又往东北流经内黄县老城南面,县城右边朝向黄泽。《郡
国志》说:县里有黄泽。《地理风俗记》说:陈留有个外黄,所以这里叫内
黄。《史记》说:赵将廉颇攻魏,夺取了黄,指的就是此县。

屈从县东北,与洹水合①。

白沟自县北迳戏阳城东②,世谓之羑阳聚③。《春秋·昭
公十年》④,晋荀盈如齐逆女⑤,还,卒戏阳是也。白沟又北
迳高城亭东⑥,洹水从西南来注之。又北迳问亭东⑦,即魏界
也。魏县故城⑧。应劭曰:魏武侯之别都也⑨。城内有武侯
台⑩,王莽之魏城亭也。左与新河合⑪,洹水枝流也。

【注释】

①洹(huán)水：即今河南北部卫河支流安阳河。发源于林州林虑山，北流注入海河。

②戏阳城：春秋卫邑。在今河南内黄西北。

③蒱(xī)庲聚：在今河南内黄西南。

④昭公十年：前532年。

⑤荀盈：亦称知悼子、伯夙。春秋时晋国大夫。卒后，其子荀跞（知文子）继之佐下军。逆：迎。此指迎娶。

⑥高城亭：《水经注疏》杨守敬按："此亭当洹水入白沟处。在今内黄（今河南内黄）西北。"

⑦问亭：《水经注疏》熊会贞按："亭当在今大名县（今河北大名）西南。"

⑧魏县：西汉置，属魏郡。治所在今河北大名西南魏城。

⑨魏武侯：名击。魏文侯之子。曾在安邑、王垣等地筑城。与韩、赵三分晋地，灭其后。别都：犹陪都。旧时在首都以外另设的一个首都。

⑩武侯台：《水经注疏》杨守敬按："《一统志》，魏武侯城在元城县（今河北大名）南十里，相传魏武侯所置，旧有坛，亦曰武侯坛。"

⑪新河：洹水支流。约在今河北临漳、大名一带。

【译文】

白沟转弯从县城往东北流与洹水汇合。

白沟从县城往北流经戏阳城东面，那地方世人称之为蒱阳聚。《春秋·昭公十年》，晋国荀盈到齐国去迎娶一个女子，回来时死于戏阳。白沟又往北流经高城亭东面，洹水从西南流来注入。又往北流经问亭东面，就是魏县地界了。是魏县老城。据应劭说，这是魏武侯的陪都。就是王莽的魏城亭，域内有武侯台。左边与新河汇合，新河是洹水的支流。

白沟又东北迳铜马城西①,盖光武征铜马所筑也②,故城得其名矣。白沟又东北迳罗勒城东③,又东北,漳水注之④,谓之利漕口⑤。自下清漳、白沟、淇河⑥,咸得通称也。

【注释】

① 铜马城:《水经注疏》熊会贞按:"城当在今元城县(今河北大名)西北。"

② 光武:东汉光武帝刘秀。铜马:即铜马军,新莽末年的农民起义军。当时河北起义军有数百万人,以铜马军为最强大。后被刘秀陆续击破,关西遂号光武为"铜马帝"。

③ 罗勒城:《水经注疏》杨守敬按:"城当在今元城县(今河北大名)西北。"

④ 漳水:有清漳水、浊漳水二源,均发源于山西东南部,进入河北南部边境汇合后称漳河,其河道古今变迁很大。古漳河初为黄河中下游最大的支流。据《汉书·地理志》,清漳水发源于上党郡沾县(今山西昔阳西南)的大要谷,浊漳水发源于上党郡长子县(今山西长子西南)的鹿谷山。

⑤ 利漕口:漳水入白沟的交汇处。利漕,即利漕渠。运河名。东汉建安十八年(213),曹操建邺都(今河北临漳西南邺镇东),为魏公,"凿渠引漳水入白沟以通河"。此渠自今河北曲周南,东南至大名西北、馆陶西南注入白沟,以沟通邺都和四方漕运,故名。

⑥ 清漳:在今山西东南部。今天的清漳水东源出自昔阳西部,西源出自和顺西八赋岭,在左权的泽城附近汇合后,东南流到河北涉县合漳镇,与浊漳水汇合为漳河。

【译文】

白沟又往东北流经铜马城西面,光武帝征讨铜马军时筑了此城,城也因而得名了。白沟又往东北流经罗勒城东面,又往东北流,漳水注入,汇流处称为利漕口。自此以下,清漳、白沟、淇河都可以互相通称。

又东北过馆陶县北^①,又东北过清渊县西^②,

白沟水又东北迳赵城西^③,又北,阿难河出焉^④。盖魏将阿难所导^⑤,以利衡渎^⑥,遂有阿难之称矣。

【注释】

①馆陶县:西汉置,属魏郡。治所在今河北馆陶县南馆陶镇。《元和郡县志》:"陶丘在县西北七里。《尔雅》曰'再成为陶丘'。赵时置馆于其侧,因为县名。"

②清渊县:西汉置,属魏郡。治所在今河北馆陶西北清阳城。三国魏属阳平郡。

③赵城:《水经注疏》熊会贞按:"按当在今元城县(今河北大名)东北。"

④阿难河:又名衡漳故渎。在今河北曲周东南。

⑤魏将阿难所导:《水经注疏》杨守敬按:"《方舆纪要》,后魏时,广平郡守李阿难凿导漳水以溉田,因名。"

⑥衡渎:即衡漳,古漳水。旧说在今河南武陟、沁阳、温县一带。古黄河自南而北,流经今河北南部,漳水自西而来东流注之,即横流入河,改称衡漳。衡,横。

【译文】

白沟水又往东北流过馆陶县北边,又往东北流过清渊县西边:

白沟水又往东北流经赵城西面,又往北流,分出了阿难河。魏将阿难疏导此河,以便利衡渎的通航,于是有了阿难河的名称。

白沟又东北迳空陵城西①,又北迳乔亭城西②,东去馆陶县故城十五里。县,即《春秋》所谓冠氏也③,魏阳平郡治也④。其水又屈迳其县北。

【注释】

①空陵城:《水经注疏》熊会贞按:"《地形志》,贵乡县有空陵城。在今元城县(今河北大名)东北。"

②乔亭城:《水经注疏》熊会贞按:"城当在今广平县(今河北广平)东北。"

③冠氏:春秋时晋邑。在今河北馆陶。

④阳平郡:三国魏黄初二年(221)分魏郡治,属冀州。治所在馆陶县(今河北馆陶)。

【译文】

白沟又往东北流经空陵城西面,又往北流经乔亭城西面,乔亭城东距馆陶县老城十五里。馆陶县就是《春秋》所说的冠氏,是魏阳平郡的治所。白沟水又绕到县北。

又东北迳平恩县故城东①。《地理风俗记》曰:县,故馆陶之别乡也。汉宣帝地节三年置②,以封后父许伯为侯国③。《地理志》:王莽之延平县矣。

【注释】

①平恩县:东汉改平恩侯国置,属魏郡。治所在今河北曲周东南的西呈孟。

②地节三年:前67年。地节,西汉宣帝刘询的年号(前69—前66)。

③许伯:即孝宣许皇后父许广汉,汉元帝刘奭外公。昌邑(今山东金

乡西)人。封平恩侯。

【译文】

又往东北流经平恩县老城东面。《地理风俗记》说：平恩县就是从前馆陶的一个分乡。汉宣帝地节三年设县，把它封给皇后的父亲许伯，立为侯国。据《地理志》，这就是王莽的延平县。

其水又东过清渊县故城西①，又历县之西北为清渊②，故县有清渊之名矣。世谓之鱼池城，非也。

【注释】

①清渊县：西汉置，属魏郡。治所在今河北馆陶县南馆陶镇。

②清渊：亦称清河。在今河北馆陶西北。

【译文】

白沟水又往东流过清渊县老城西面，又流过县城西北，就是清渊，所以县名也就叫清渊县。世人称之为鱼池城，这是不对的。

其水又东北迳榆阳城北①。汉武帝封太常江德为侯国②。文颖曰③：邑在魏郡清渊④。世谓之清渊城，非也。

【注释】

①榆阳城：当作辚阳城。在今河北馆陶西北。《汉书·昭帝纪》颜师古注："文颖曰：'辚音料。德，江德也。辚阳在魏郡清渊。'"

②江德：西汉诸侯。武帝时为淮阳圉县（今河南杞县）厩啬夫，以捕反者公孙勇等有功，封辚阳侯（一作潦阳侯）。

③文颖：字叔良。南阳（今河南南阳）人。后汉末荆州从事，魏建安中为甘陵府丞。曾注《汉书》。

④魏郡：西汉高帝十二年（前195）置。治所在邺县（今河北临漳西
　　南邺镇）。

【译文】

　　白沟水又往东北流，经过赣阳城北面。汉武帝把这里封给太常江德，立为侯国。文颖说：城在魏郡清渊。世人称之为清渊城，是不对的。

又东北过广宗县东①，为清河②。

　　清河东北迳广宗县故城南。和帝永元五年③，封皇太子万年为王国④。田融言⑤，赵立建兴郡于城内⑥，置临清县于水东⑦，自赵石始也⑧。清河之右有李云墓⑨。云字行祖，甘陵人⑩，好学，善阴阳⑪。举孝廉⑫，迁白马令⑬。中常侍单超等⑭，立掖庭民女亳氏为后⑮，后家封者四人，赏赐巨万。云上书移副三府曰⑯：孔子云，帝者，谛也⑰。今尺一拜用⑱，不经御省，是帝欲不谛乎？帝怒，下狱杀之。后冀州刺史贾琮使行部⑲，过祠云墓，刻石表之⑳，今石柱尚存，俗犹谓之李氏石柱。

【注释】

①广宗县：西汉置广宗国。治所在今河北威县东南。东汉永元五年
　　（93）复置广宗国，后为县，属钜鹿郡。
②清河：东汉建安中，曹操在今河南浚县西南的淇门渡筑枋堰，遏淇水入清河的上游白沟以增加清河的流量，又凿平虏渠，使清、漳合口下流参户亭（今河北青县西南木门店）的滹沱河北入泒水，形成一条上起枋堰之侧的枋头，经由白沟、清河、北皮亭以下的漳水，参户亭以下的平虏渠，及平虏渠与泒水相汇合后的泒水直至海口的水运通道，在《水经注·淇水》中称自清渊县以下这条水道为

清河。

③永元五年：93年。永元，东汉和帝刘肇的年号（89—105）。

④封皇太子万年为王国：《后汉书·孝和帝纪》："〔永元五年春正月〕辛卯，封皇弟万岁为广宗王。"郦注作"皇太子"误，当作"皇弟"。译文从之。

⑤田融：十六国时前燕太傅长史。撰《赵书》，亦称《赵记》，述石勒、石虎事迹。

⑥建兴郡：据田融言，此为后赵时置郡。治所在广宗县（今河北威县东南）。

⑦临清县：据田融言，此为后赵时置县。治所在今河北临西县（童村）。

⑧赵石：亦称石赵、后赵。因是十六国时期羯族首领石勒建立的政权，故称。

⑨李云墓：《水经注疏》熊会贞按："《一统志》，云墓在清河县（今河北清河县）西十里。"

⑩甘陵：东汉安帝时改厝县置，为清河国治。治所在今山东临清东北。

⑪阴阳：古代指有关日、月、星辰等天体运转规律的学问以及占卜、相宅、桓墓等方术。

⑫孝廉：两者都为统治阶级选拔人才的科目，始于汉代，在东汉尤为求仕者必由之途，后往往合为一科。亦指被推选的士人。孝，指孝悌者。廉，指清廉之士。

⑬白马：即白马县。秦置，属东郡。治所在今河南滑县东二十八里，取白马山为名。

⑭中常侍：官名。东汉时由宦官专任。掌侍皇帝左右，出入内宫，赞导官内众事，备顾问应对。单超：河南（治今河南洛阳东北）人，东汉宦官。桓帝初为中常侍。梁冀专权，帝恒怀不平，与超等密谋，诏收冀及宗亲党羽，悉诛之。封超新丰侯。

⑮掖庭：宫中官署名。掌后宫贵人采女事，以宦官为令丞。秦代名

永巷，汉武帝太初元年（前104）改称掖廷。

⑯移副三府：把上书的副本呈递三公府。副，副本。三府，汉代太尉、司徒、司空三公皆可开府，因称三公为三府。

⑰帝者，谛也：帝王就是要审慎细察。谛，审慎。

⑱尺一：诏策，诏书。亦称尺一牍、尺一板。古时诏板长一尺一寸，故称天子的诏书为尺一。

⑲贾琮（cóng）：字孟坚。东郡聊城（今山东聊城西北）人。东汉官吏。迁京令。灵帝时安定交阯之乱，百姓尊称其为"贾父"。后为冀州刺史，令州界安然。行部：刺史（州牧）巡行所属郡国，省察政治教化，考核官员升降，审断冤案等。

⑳刻石表之：按，以上事见《后汉书·李云传》。

【译文】

白沟水又往东北流过广宗县东边，叫清河。

清河往东北流经广宗县老城南面。和帝永元五年把这里封给皇弟万年，立为王国。据田融说，赵在城内设置了建兴郡郡治，在水东设立临清县，这都是从石氏的赵国开始的。清河右岸有李云墓。李云，字行祖，甘陵人，喜欢读书，长于阴阳五行之学。他被推举为孝廉，派去当白马县县令。中常侍单超等人，把后宫偏室的普通民间女子亳氏立为皇后，她家里受封的多达四人，赏赐的财物数以万计。李云向朝廷上书，并把副本交到三府，书中说：孔子道，帝就是谛，即审慎的意思。现在发个诏书就封官用人，不经过御省的同意，这么做您这位皇帝是否就不想谛一下——不愿慎重行事了呢？皇帝大怒，把他关进牢狱，并杀了他。后来冀州刺史贾琮出来巡视下属，途中经过时祭扫了李云墓，并刻石表彰他，现在石柱还在，民间还称它为李氏石柱。

清河又东北迳界城亭东①。水上有大梁②，谓之界城桥。《英雄记》曰③：公孙瓒击青州黄巾贼④，大破之，还屯广宗。

袁本初自往征瓚，合战于界桥南二十里。绍将麴义破瓚于界城桥，斩瓚冀州刺史严纲，又破瓚殿兵于桥上，即此梁也⑤。世谓之羁城桥，盖传呼失实矣。

【注释】

①界城亭：即界桥。在今河北威县东。

②梁：桥，桥梁。

③《英雄记》：书名。又称《汉末英雄记》《英雄交争记》。三国魏王粲撰。述汉魏之际史事。

④公孙瓚（zàn）：字伯珪。东汉灵帝时辽西令支（今河北迁安）人，曾参与平定黄巾，讨伐董卓。后割据幽州（今河北北部）。建安四年（199）为袁绍所败，引火自焚而死。青州：西汉武帝置，为十三刺史部之一。黄巾：即黄巾军。东汉末年张角所领导的农民起义军，因头缠黄巾而得名。

⑤"袁本初自往征瓚"几句：事见《后汉书·袁绍列传》："绍乃令麴义领精兵八百，强弩千张，以为前登。瓚轻其兵少，纵骑腾之，义兵伏楯下，一时同发，瓚军大败，斩其所置冀州刺史严纲，获甲首千余级。麴义追至界桥。"袁本初，即东汉袁逢庶子袁绍，字本初。麴（qū）义，东汉末袁绍部将。久在凉州，晓习战斗，兵亦骁锐。袁绍与公孙瓚交恶，义屡败瓚军。后自恃有功，骄纵不轨，袁绍召杀之，而并其众。

【译文】

清河又往东北流经界城亭东面。水上有座大桥叫界城桥。《英雄记》说：公孙瓚攻打青州的黄巾贼，把贼兵打垮了，回来时屯在广宗。袁本初亲自去打公孙瓚，会战于界桥以南二十里。袁绍的大将麴义在界城桥打垮公孙瓚，杀了公孙瓚所设的冀州刺史严纲，又在桥上打垮了公孙瓚的殿后部队，就是在这座桥。世人称之为羁城桥，那是口传失实的结果。

清河又东北迳信乡西①。《地理风俗记》曰：甘陵西北十七里有信乡，故县也。清河又北迳信成县故城西②。应劭曰：甘陵西北五十里有信成亭，故县也。赵置水东县于此城③，故亦曰水东城。

【注释】

①信乡：即信乡县。西汉置，属清河郡。治所在今山东临清西北。

②信成县：西汉置，属清河郡。治所在今河北清河县城关乡西北。东汉废。

③赵：此指后赵。十六国时期羯族首领石勒建立的政权。水东县：后赵置。治所当在今河北清河县城关乡西北。

【译文】

清河又往东北流经信乡西面。《地理风俗记》说：甘陵西北十七里有信乡，原是个县。清河又往北流经信成县旧城西面。应劭说：甘陵西北五十里有信成亭，原是个县。赵在城中设立水东县，所以也叫水东城。

清河又东北迳清阳县故城西①，汉高祖置清河郡②，治此。景帝中三年③，封皇子乘为王国④，王莽之平河也。汉光武建武二年⑤，西河鲜于冀为清河太守⑥，作公廨未就而亡⑦，后守赵高计功用二百万⑧。五官黄秉、功曹刘适言⑨：四百万钱。于是冀乃鬼见，白日道从入府⑩，与高及秉等对共计校⑪，定为适、秉所割匿⑫。冀乃书表自理⑬，其略言：高贵不尚节，亩垄之夫⑭，而箕踞遗类⑮，研密失机，婢妾其性，媚世求显，偷窃很鄙⑯，有辱天官。《易》讥负乘⑰，诚高之谓。臣不胜鬼言，谨因千里驿闻，付高上之。便西北去三十里，车马皆灭不复见。秉等皆伏地物故⑱。高以状闻，诏下，还冀西河田宅妻子焉，兼为差代，以弭幽中之讼⑲。汉桓帝建和三年⑳，改清河为甘陵王国㉑，以王妖言㉒，徙，其年立甘陵郡，治此焉。

【注释】

①清阳县：西汉置，为清河郡治。治所在今河北清河县东南。东汉废。西晋复置，属清河国。

②清河郡：西汉高帝置。治所在清阳县（今河北清河县东南）。东汉桓帝时改为清河国，移治甘陵县（今山东临清东北）。北魏复为清河郡。

③景帝中三年：即西汉景帝刘启中元三年，前147年。

④皇子乘：即汉景帝之子刘乘。封清河王。在位十三年卒，谥哀。

⑤建武二年：26年。建武，东汉光武帝刘秀的年号（25—56）。

⑥鲜于冀：西河人。其他未详。

⑦公廨（xiè）：官吏办公之处。

⑧赵高：具体不详。

⑨五官：官名。似指五官掾。汉郡国属吏有五官掾，北魏因之，唯称五官。黄秉：具体不详。功曹：官名。汉代郡守有功曹史，简称功曹，除掌人事外，亦得以参与一郡的政务。刘适：具体不详。

⑩道从：古时帝王、贵族、官僚出行时，前驱者称导，后随者称从，因谓之导从。

⑪对共计校：比对着计算核校。

⑫割匿：夺取隐匿。割，剥夺，夺取。

⑬表：文体名。奏章的一种，用于陈请等。自理：自我申诉辩白。

⑭亩垄之夫：田野农夫。

⑮箕（jī）踞：本指轻慢、不拘礼节的坐姿，即随意张开两腿坐着，形似簸箕。比喻傲慢无理。

⑯很鄙:凶残鄙陋。

⑰《易》讥负乘:语见《易·解》:"六三:负且乘,致寇至,贞吝。《象》
曰:'负且乘,亦可丑也。自我致戎,又谁咎也?'"孔颖达疏:"乘
者,君子之器也。负者,小人之事也。施之于人,即在车骑之上而
负于物也,故寇盗知其非己所有,于是竞欲夺之。"意思是卑贱者
背着人家的财物,坐上大马车炫耀,就会招致强盗来抢。此指小
人居君子之位。

⑱物故:死亡。

⑲弭(mǐ):消止,止息。幽中:地府。

⑳建和三年:149年。一说在建和二年(148)。建和,东汉桓帝刘志
的年号(147—149)。

㉑甘陵王国:东汉建和二年(148)改清河国置。治所在甘陵县(今
山东临清东北)。北魏改为清河郡。

㉒妖言:邪说妄言。秦汉时罪名之一。《史记·孝文本纪》:"今法有
诽谤妖言之罪,是使众臣不敢尽情,而上无由闻过失也。"

【译文】

清河又往东北流过清阳县旧城西面,汉高帝设清河郡,治所就在这
里。景帝中元三年,把清阳这地方封给皇子乘,立为王国,就是王莽的平
河。汉光武帝建武二年,西河鲜于冀当清河太守,他营建官署屋宇,工程
尚未完竣就死了,后任太守赵高计算人工费用为二百万。而五官黄秉、
功曹刘适却说是四百多万钱。于是鲜于冀鬼魂出现,白日带领着随从走
进官府里,与赵高及黄秉等人核对账目,得出结论,认定是刘适、黄秉两
人隐瞒私分公款。鲜于冀于是写了奏表自己申述理由,大意说:赵高居
官显贵却不重节操,他本是个乡野村夫,却傲慢自大,他未能及时审察下
属的密谋,那些小人生来就是一副奴颜婢膝的样子,谄媚求荣,偷窃的手
段真是恶劣卑鄙,赵高失职,有辱朝廷命官的身份。《易经》讥刺那种居
于君子之位的小人,真是赵高的写照。我做鬼不能尽所欲言,谨凭邮驿

上书，交赵高呈上。于是他就往西北方驰去三十里后，车马都不见了。黄秉等人俯伏在地上，都死了。赵高把情况报告朝廷，于是皇帝下诏把鲜于冀在西河的田亩住宅都发还给他的妻子，还派人代为管理，以平息这场阴间的讼案。汉桓帝建和三年，把清河改为甘陵王国，后来清河王因为散步妖言被贬谪，当年立甘陵郡，而把治所设在这里。

又东北过东武城县西①，

清河又东北迳陵乡西②。应劭曰：东武城西南七十里有陵乡，故县也。后汉封太仆梁松为侯国③，故世谓之梁侯城，遂立侯城县治也④。

【注释】

①东武城县：西汉置，属清河郡。治所在今河北清河县东北。东汉属清河国。西晋太康中改为武城县。因定襄郡亦有武城，故此地称东武城县。

②陵乡：兰在今河北清河县。

③梁松：字伯孙。安定乌氏（今宁夏固原）人。东汉梁统之子。据《后汉书·梁统传》，梁统在郡有治迹，吏人畏爱之，卒于官。子梁松嗣封陵乡侯。

④侯城县：北魏太和十三年（489）置，属清河郡。治所在今河北清河县西南。

【译文】

清河又往东北流过东武城县西边，

清河又往东北流经陵乡西面。应劭说：东武城西南七十里有陵乡，原是个县。后汉时把陵乡封给太仆梁松，立为侯国，所以世人称之为梁侯城，于是就浸立了侯城县治所。

清河又东北迳东武城县故城西。《史记》：赵公子胜，号平原君，以解邯郸之功，受封于此①。定襄有武城②，故加东矣。

【注释】

①"赵公子胜"几句：事见《史记·平原君列传》。赵公子胜，即赵平原君赵胜。有贤德，为战国四公子之一。秦昭王十五年（前292），秦围邯郸。赵使平原君求救，合纵于楚。平原君得敢死之士三千人，与邯郸传舍吏子李同赴秦军，秦军为之后退三十里。亦会楚、魏救至，秦兵遂罢，邯郸复存。

②定襄：即定襄郡。西汉高帝十一年（前196）分云中郡所置。治所在成乐县（今内蒙古和林格尔县西北盛乐镇古城）。武城：即武城县。西汉置，属定襄郡。治所在今内蒙古清水河县北。一说即今和林格尔县东南新店子镇古城。

【译文】

清河又往东北流经东武城县老城西面。据《史记》：赵国公子胜，号为平原君，因为解除了邯郸之围有功，被封在这里。因为定襄郡有个武城，所以这里加上东字，叫东武城。

清河又东北迳复阳县故城西①。汉高祖七年②，封右司马陈胥为侯国③。王莽更名之曰乐岁。《地理风俗记》曰④：东武城西北三十里有复阳亭⑤，故县也。世名之曰槛城，非也。

【注释】

①復阳县：西汉置，属清河郡。治所在今河北故城西南。

②汉高祖七年：前 200 年。

③陈胥：西汉诸侯、高祖功臣。薛（今山东枣庄）人。据《史记·高祖功臣侯者年表》，前 200 年封复阳侯。

④《地理风俗记》：书名。东汉应劭撰。风俗志类著作。今仅存辑本。

⑤复阳亭：在今河北故城西南。

【译文】

清河又往北流经复阳县旧城西面。汉高祖七年，把复阳封给右司马陈胥，立为侯国。王莽改名为乐岁。《地理风俗记》说：东武城西北三十里有复阳亭，原是个县。人们叫他槛城，这是不对的。

清河又东北流，迳枣彊县故城西①。《史记·建元以来王子侯者年表》云：汉武帝元朔二年②，封广川惠王子晏为侯国也③。应劭《地理风俗记》曰：东武城县西北五十里，有枣彊城，故县也。

【注释】

①枣彊县：西汉置，属清河郡。治所在今河北枣强东南东故县村。《元和郡县志》："其地枣木彊（强）盛，故曰枣彊。"

②元朔二年：前 127。元朔，西汉武帝刘彻的年号（前 128—前 123）。

③广川惠王子晏：即广川惠王刘越之子刘晏。封枣彊侯。

【译文】

清河又往东北流，流经枣彊县老城西面。《史记·建元以来王子侯者年表》说：汉武帝元朔二年，把枣彊封给广川惠王的儿子刘晏，立为侯国。应劭《地理风俗记》说：东武城县西北五十里，有枣彊城，是个旧县城。

又北过广川县东①，

　　清河北迳广川县故城南。阚骃曰：县中有长河为流，故曰广川也。水侧有羌垒②，姚氏之故居也③，今广川县治。清河又东北迳历县故城南④。《地理志》：信都之属县也⑤，王莽更名曰历宁也。应劭曰：广川县西北三十里有历城亭⑥，故县也。今亭在县东如北⑦，水济尚谓之为历口渡也⑧。

【注释】

①广川县：西汉置，属信都国。治所在今河北景县西南广川镇。

②羌垒：故址在今河北枣强倘村西南黄河故道处。

③姚氏：指姚弋仲。十六国时期南安赤亭（今甘肃陇西县西）人。世为羌族首领。

④历县：西汉置，属信都国。治所在今河北景县西南。东汉废。

⑤信都：即信都国，西汉高帝置。汉景帝二年（前155）改为广川国，宣帝甘露三年（前51）复为信都国。治所在信都县（今河北衡水冀州区）。

⑥历城亭：《水经注疏》杨守敬按："在今故城县（今河北故城）西北。"

⑦东如北：东偏北。如，往，之。

⑧济：渡口。历口渡：在今河北景县西南。晋代为清河津渡处。

【译文】

清河又往北流过广川县东面，

清河往北流经广川县老城南面。阚骃说：县中有长河流水，所以叫广川。水边有羌垒，是姚氏的故居，现在是广川县的治所。清河又往东北流经历县老城南面。据《地理志》：这是信都国的属县，王莽改名为历宁。应劭说：广川县西北三十里有历城亭，是个旧县址。现在亭在县东偏北，渡口到今天还叫历口渡。

又东过脩县南^①，又东北过东光县西^②，

清河又东北，左与张甲屯、绛故渎合^③，阻深堤高障，无复有水矣。又迳脩县故城南，屈迳其城东。脩音條，王莽更名之曰脩治。《郡国志》曰：故属信都。

【注释】

①脩县：西汉置，属信都国。治所在今河北景县南十三里。东汉属勃海郡。西晋迁治于今景县东九里。

②东光县：西汉置，属勃海郡。治所在今河北东光东二十里。东汉为侯国。

③张甲屯：今名张甲河。在今河北清河县西。已湮。绛故渎：绛水旧河道。《水经注·浊漳水》："又有长芦淫水之名，绛水之称矣。今漳水既断，绛水非复缠络矣。又北，绛渎出焉，今无水。故渎东南迳九门城南，又东南迳南宫城北，又东南迳缭城县故城北。"

【译文】

清河又往东流过脩县南边，又往东北流过东光县西边，

清河又往东北流，左边与张甲屯、绛水旧河道汇合，因被高堤所阻，不再有水了。又流经脩县老城南边，又绕到城东。脩字读作條（条），王莽改名为脩治。《郡国志》说：脩县旧时属信都郡。

清河又东北，左与横漳枝津故渎合^①。又东北迳脩国故城东^②，汉文帝封周亚夫为侯国^③，故世谓之北脩城也。

【注释】

①横漳：即衡漳，古漳水。古黄河自南而北，流经今河北南部，漳水自西而来东流注之，横流入河，故称横漳。

②脩国：即脩市侯刘寅的封国。西汉置，属勃海郡。治所在今河北
　　景县西北。

③汉文帝：西汉皇帝刘恒。周亚夫：沛（今江苏沛县）人。绛侯周勃子。
　　西汉名将。汉文帝时封鯈（条）侯，继周勃后。

【译文】

清河又往东北流，左边与横漳支流旧水道汇合。又往东北流经脩国旧城东面，汉文帝把这地方封给周亚夫，立为侯国，所以世人称之为北脩城。

清河又东北迳邸阁城东①。城临侧清河，晋脩县治。城内有县长鲁国孔明碑②。

【注释】

①邸阁城：晋脩县县治。在今河北景县东。

②鲁国：故秦之薛郡，西汉高后元年（前187）改为鲁国，属豫州。治
　　所在鲁县（今山东曲阜东北古城村）。孔明：似为孔翊。《水经注疏》
　　杨守敬按："孔明无考，当孔翊之误……《后汉书·皇甫规传》及
　　《鲁国先贤传》并有孔翊。《孔氏谱》载，翊为孔子十九世孙。"

【译文】

清河又往东北流经邸阁城东面。邸阁城濒临清河边，晋时是脩县的治所。城内有县长鲁国孔明碑。

清河又东至东光县西，南迳胡苏亭①。《地理志》：东光有胡苏亭者也。世谓之羌城，非也。又东北，右会大河故渎②，又迳东光县故城西，后汉封耿纯为侯国③。初平二年，黄巾三十万人入渤海，公孙瓒破之于东光界，追奔是水，斩

首三万，流血丹水^④，即是水也。

【注释】

①胡苏亭：在今山东宁津西南二十二里保店镇。

②大河故渎：东汉以后对西汉时黄河自濮阳以下故道的俗称。因改徙于王莽时，亦名王莽河。故道自今河南濮阳西南折北流经南乐西，又东北经河北大名等地，折东经山东，又经河北，终至天津入海。

③耿纯：字伯山。钜鹿宋子（今河北赵县）人。东汉初将领。光武帝刘秀封其为东光侯。

④"初平二年"几句：事见《后汉书·公孙瓒传》。初平二年，191年。初平，东汉献帝刘协的年号（190—193）。渤海，即渤海郡，又作勃海郡。西汉文帝十五年（前165）析河间国置。在渤海之滨，因以为名。治所在浮阳县（今河北沧县东南四十里旧州镇）。丹，此指流血把河水染成红色。

【译文】

清河又东流，到了东光县西面，往南流过胡苏亭。查考《地理志》，东光县有胡苏亭。世人称之为羌城，不是这样的。又往东北流，右边与大河旧河道汇合，又流经东光县旧城西边，后汉时把这地方封给耿纯，立为侯国。初平二年，黄巾军三十万人侵入渤海，公孙瓒在东光境内打败了他们，追到这条水上，杀了三万人，流血把河水都染红了，说的就是这条水。

又东北过南皮县西^①，

清河又东北，无棣沟出焉^②。东迳南皮县故城南，又东迳乐亭北^③，《地理志》之临乐县故城也^④，王莽更名乐亭。《晋书地道志》《太康地记》^⑤：乐陵国有新乐县^⑥。即此城矣。

又东迳新乡城北⑦，即《地理志》高乐故城也，王莽更之曰为乡矣。无棣沟又东分为二渎。无棣沟又东迳乐陵郡北⑧。

【注释】

①南皮县：秦置，属钜鹿郡。治所在今河北南皮东北八里。西汉属勃海郡。文帝时封窦彭祖为南皮侯，即此。

②无棣沟：在今河北盐山县旧庆云县东。相传春秋时即有此沟，分大河支流，东注于海。

③乐亭：即西汉临乐县治所。在今河北南皮东南。

④临乐县：西汉置，属勃海郡。治所在今河北南皮东南。东汉废。

⑤《晋书地道志》：又名《晋地道记》等。东晋史学家王隐撰。今存清人辑本。《太康地记》：书名。又称《晋太康地记》等。撰者不详。成书于晋太康三年（282）。记载晋初州、郡、县建制沿革、地名取义、山水、物产等。

⑥乐（luò）陵国：西晋改乐陵郡为乐陵国。治所由乐陵县（今山东乐陵东南二十五里花园乡城子后）迁到厌次县（今山东惠民东）。新乐县：三国魏置，属乐陵国。治所在今河北南皮南。

⑦新乡城：又名西乡城、思乡城。在今河北南皮东南董村乡。

⑧乐陵郡：东汉建安中置。治所在乐陵县（今山东乐陵东南二十五里花园乡城子后）。

【译文】

清河又往东北流过南皮县西边，

清河又往东北流，无棣沟在这里分出。往东流经南皮县旧城南面，又往东流经乐亭北面，就是《地理志》的临乐旧城，王莽改名为乐亭。《晋书地道志》《太康地记》都说乐陵国有新乐县。就是这座城。又往东流经新乡城北面，就是《地理志》的高乐旧城，王莽改名叫为乡。无棣沟又东流，分为两条水流。无棣沟又往东流经乐陵郡北面。

又东屈而北出，又东转迳苑乡县故城南①。又东南迳高成县故城南②，与枝渎合。枝渎上承无棣沟，南迳乐陵郡西，又东南迳千童县故城东③。《史记·建元以来王子侯者年表》曰：故重也，一作千锺。汉武帝元朔四年④，封河间献王子刘阴为侯国⑤。应劭曰：汉灵帝改曰饶安也⑥，沧州治⑦。枝渎又南东屈，东北注无棣沟。无棣沟又东北迳一故城北，世谓之功城也。又东北迳盐山东北入海⑧。《春秋·僖公四年》⑨，齐、楚之盟于召陵也⑩，管仲曰⑪：昔召康公赐命先君太公履⑫，北至于无棣⑬，盖四履之所也⑭。京相璠曰：旧说无棣在辽西孤竹县⑮。二说参差，未知所定。然管仲以责楚，无棣在此，方之为近。既世传已久，且以闻见书之。

【注释】

① 苑乡县：十六国时期后赵置，属广平郡。治所在今河北任县东北十八里。北魏废。

② 高成县：西汉置，属勃海郡，为都尉治。治所在今河北盐山县东南二十里故城村。东汉改为高城县。

③ 千童县：西汉置，属勃海郡。治所在今河北盐山县西南千童镇。东汉灵帝时改名为饶安县。

④ 元朔四年：前125年。

⑤ 河间献王子刘阴：即河间献王刘德之子刘阴。封千锺侯。

⑥ 汉灵帝：东汉皇帝刘宏。饶安：即饶安县。东汉灵帝改千童县置，属勃海郡。治所在今河北盐山县西南千童镇。《元和郡县志》："以其地丰饶，可以安人"，因而得名。北魏属沧州。

⑦ 沧州：北魏熙平二年（517）置。治所在饶安县（今河北盐山县西南千童镇）。

⑧盐山：在今河北盐山县东南八十里。

⑨僖公四年：前656年。

⑩召（shào）陵：春秋楚邑。治所在今河南漯河召陵区东召陵镇。

⑪管仲：亦称管子、管敬仲。名夷吾，字仲。颍上（颍水之滨）人。春秋时齐国著名的政治家、思想家。本为公子纠的臣子。公子纠死后，由于鲍叔牙的推荐，相齐桓公（公子小白）九合诸侯，称霸天下。

⑫召康公：指召公奭（shì），姓姬名奭。周朝初年的贤人。太公：即姜太公。齐之始祖。

⑬无棣：邑名。春秋时属齐国，在北境。在今山东无棣附近。

⑭四履之所：谓所征伐四方的界限。

⑮辽西：即辽西郡。战国燕置。秦时治所在阳乐县（今辽宁义县西）。三国魏时与阳乐县同移治今河北卢龙东南。孤竹县：在今河北卢龙南。

【译文】

又向东，再折向北，又转而往东流经苑乡老城南面。又往东南流经高城县老城南面，与支渠相汇合。支渠上口承接无棣沟，往南流经乐陵郡西边，又往东南流经千童县旧城东边。《史记·建元以来王子侯者年表》说：千童就是旧时的重，又写作千锺。汉武帝元朔四年，把千锺封给河间献王的儿子刘阴，立为侯国。应劭说：汉灵帝改名为饶安，是沧州的治所。支渠又往南流，转向东边，往东北注入无棣沟。无棣沟又往东北流经一座老城北面，人们称之为功城。又往东北流经盐山，往东北注入大海。《春秋·僖公四年》，齐、楚二国在召陵会盟，管仲说：从前召康公给我们的先君太公划定征伐的范围，北边到无棣，是四方疆界所至的地方。京相璠说：旧的说法以为无棣在辽西孤竹县。两种说法互有出入，不知哪一个对。但管仲以周所定疆界责难楚国，无棣在这里，应更为贴近。既然世上相传已久，姑且把所见所闻都记录下来。

清河又东北迳南皮县故城西。《十三州志》曰：章武有北皮亭①，故此曰南皮也，王莽之迎河亭。《史记·惠景侯者年表》云：汉景帝后七年②，封孝文后兄子彭祖为侯国③。建安中④，魏武擒袁谭于此城也⑤。

【注释】

①章武：即章武郡。北魏改章武国置。治所在成平县（今河北沧州西），后迁治平舒县（今河北大城）。

②汉景帝后七年：当为汉文帝后七年。前157年。

③孝文后元：即汉文帝之窦皇后兄窦长君。彭祖：窦长君之子。清河观津（今河北武邑东）人。封南皮侯。

④建安：东汉献帝刘协的年号（196—220）。

⑤魏武：指魏武帝曹操。袁谭：字显思。汝南汝阳（今河南商水县西北）人。袁绍长子。绍信后妻言，偏爱少子袁尚，令谭出为青州刺史。绍卒，谭攻尚，败还南皮。尚复攻谭，谭请救于曹操。后谭背操，兵败被杀。

【译文】

清河又往东北流经南皮县老城西面。《十三州志》说：章武有北皮亭，所以这里叫南皮亭，也就是王莽的迎河亭。《史记·惠景侯者年表》说：汉文帝后元七年，把这里封给孝文帝皇后哥哥的儿子彭祖，立为侯国。建安年间，魏武帝就在这城中俘获了袁谭。

清河又北迳北皮城东①，左会滹沱别河故渎②，谓之合口，城谓之合城也。《地理风俗记》曰：南皮城北五十里有北皮城，即是城矣。

【注释】

①北皮城：在今河北南皮东北。

②滹沱（hū tuó）别河故渎：《水经注疏》熊会贞按："滹沱别渎，即《汉志》乐成（今河北献县）之滹沱别水，《浊漳水注》所云出乐成陵县北者，乃滹沱别水，分滹沱故渎之所缠络是也。"

【译文】

清河又往北流经北皮城东面，在左边汇合滹沱别河旧道，汇流处叫合口，该处的城叫合城。《地理风俗记》说：南皮城北五十里有北皮城，就是此城。

又东北过浮阳县西①，

清河东北流，浮水故渎出焉②。按《史记》，赵之南界有浮水焉③。浮水在南，而此有浮阳之称者④，盖浮水出入，津流同逆混并，清、漳二渎⑤，河之旧道，浮水故迹，又自斯别，是县有浮阳之名也。首受清河于县界⑥。东北迳高成县之苑乡城北，又东迳章武县之故城北⑦。汉景帝后七年⑧，封孝文后弟窦广国为侯国⑨。王莽更名桓章。晋太始中立章武郡⑩，治此。浮水故渎又东迳篋山北⑪。《魏土地记》曰：高成东北五十里有篋山，长七里。浮渎又东北迳柳县故城南⑫。汉武帝元朔四年⑬，封齐孝王子刘阳为侯国⑭。《地理风俗记》曰：高成县东北五十里有柳亭⑮，故县也。世谓之辟亭，非也。浮渎又东北迳汉武帝望海台⑯，又东注于海。应劭曰：浮阳县，浮水所出，入海，朝夕往来，日再⑰。今沟无复有水也。

【注释】

①浮阳县：战国秦置，属钜鹿郡。治所在今河北沧县东南四十里旧

州镇。西汉为勃海郡治。

②浮水：在今河北沧县东南，东入盐山县界。

③赵之南昇有浮水焉：又，《汉书·地理志》有："赵地，昂、毕之分野……南至浮水、繁阳、内黄、斥丘……"

④此有浮阳之称：浮水在南，则浮阳城在浮水之北。阳，山南水北为阳。

⑤洧、漳二渎：指清河和漳水。

⑥首受：上游连接。

⑦章武县：西汉元帝后元七年（前157）封窦广国为章武侯，元狩元年（前122）改为县，属勃海郡。治所在今河北黄骅西南故县村。

⑧汉景帝后七年：当为汉文帝后七年。前157年。

⑨窦广国：字少君。清河观津（今河北武邑东）人。窦皇后少弟。封章武侯。

⑩太始：即泰始。西晋武帝司马炎的年号（265—274）。章武郡：当为"章武国"之误。章武国，西晋泰始元年（265）置。治所在东平舒县（今河北大城）。

⑪箧（qiè）山：在今河北盐山县东南。

⑫柳县故城：在今河北盐山县东。

⑬元朔四年：前125年。

⑭刘阳：一作刘阳巳。齐孝王刘将闾之子。封柳侯。

⑮柳亭：一名柳亭城。在今河北盐山县东。

⑯望海台：又名武帝台。汉武帝时置。在今河北海兴东近海处。

⑰日再：每天两次。

【译文】

清河又往东北流过浮阳县西边，

清河往东北流，浮水旧河道在这里分出。查考《史记》，这是赵国的南部边界，有浮水流出。浮水在南，但这里却叫浮阳，大概是因为浮水出入的水流，同流与逆流的水互相混并，清河和漳水这两条水，又循河水的旧道而流，浮水的遗迹又是从这里分出的，所以该县也就有了浮阳之名了。浮水上口在浮阳县境内引入清河水。往东北流经高成县苑乡城北面，又往东流经章武县老城北面。汉文帝后元七年，把这里封给孝文帝皇后的弟弟窦广国，立为侯国。王莽改名为桓章。晋泰始年间设立章武郡，治所就在这里。浮水旧河又往东流经篋山北面。《魏土地记》说：高成东北五十里有篋山，长七里。浮水又往东北流经柳县老城南面。汉武帝元朔四年，把这里封给齐孝王的儿子刘阳，立为侯国。《地理风俗记》说：高成县东北五十里有柳亭，从前是县。世人称之为辟亭，这是不对的。浮水又往东北流经汉武帝望海台，又东流注入大海。应劭说：浮阳县，浮水发源于这里，流入大海，潮汐涨落每天两次。现在沟里不再有水了。

　　清河又北分为二渎，枝分东出，又谓之浮渎。清河又北迳浮阳县故城西①，王莽之浮城也。建武十五年②，更封骁骑将军平乡侯刘歆为侯国③，浮阳郡治④。又东北，滹沱别渎注焉，谓之合口也。

【注释】

①浮阳县：战国秦置，属钜鹿郡。治所在今河北沧县东南四十里旧州镇。西汉为勃海郡治。

②建武十五年：39 年。建武，东汉光武帝刘秀的年号（25—56）。

③刘歆：字细君。刘植从兄。据《后汉书·刘植传》，前 39 年，光武帝封刘歆为浮阳侯。

④浮阳郡：北魏太和十一年（487）置，属瀛州。治所在浮阳县（今河北沧县东南旧州镇）。

【译文】

清河又北流，分为两条，往东分出的支流，又称为浮渎。清河又往北流经浮阳县老城西面,这就是王莽的浮城。建武十五年,把这里改封给骁骑将军平乡侯刘歆,立为侯国,是浮阳郡的治所。又往东北流,滹沱别渎注入,汇流处称为合口。

又东北过漃邑北^①,
漃水出焉^②。

【注释】

①漃(huì)邑:即章武县故城。在今河北黄骅西南故县村。

②漃水:在今河北黄骅一带。

【译文】

清河又往东北流过漃邑北边,
漃水由此流出。

又东北过乡邑南^①,
清河又东,分为二水。枝津右出焉,东迳汉武帝故台北^②。《魏土地记》曰:章武县东百里有武帝台,南北有二台^③,相去六十里,基高六十丈。俗云:汉武帝东巡海上所筑^④。又东注于海。

【注释】

①乡邑:《水经注疏》杨守敬按:"乡邑无考。乡(鄉)与绐形近,疑即《注》之'绐(绉)姑邑'。"

②武帝故台:即望海台。在今河北海兴东近海处。

③南北有二台:《水经注疏》熊会贞按:"上浮水所迳之台,是南台。此清河枝津所迳之台,乃北台。"

④汉武帝东巡海上：据《汉书·武帝纪》记载，汉武帝多次巡行海上。

【译文】

清河又往东北流过乡邑南边，

清河又东流，分为两条。支流从右岸分出，往东流经汉武帝故台北面。《魏土地记》说：章武县东边一百里有武帝台，台有南北两座，相距六十里，台基高六十丈。民间相传：这是汉武帝在东方巡察海上时所筑。支流又东流注入大海。

清河又东北迳纻姑邑南①，俗谓之新城，非也。

【注释】

①纻（zhù）姑邑：又名麻姑城。在今河北黄骅西北麻沽村。

【译文】

清河又往东北流经纻姑邑南边，俗称新城，不对。

又东北过穷河邑南①，

清河又东北迳穷河邑南，俗谓之三女城，非也。东北至泉州县②，北入滹沱水③。《经》曰：笥沟东南至泉州县与清河合④，自下为派河尾也⑤。又东，泉州渠出焉⑥。

【注释】

①穷河邑：《水经注疏》杨守敬按："当在今静海县（今天津静海区）南。"

②泉州县：战国秦置，属渔阳郡。治所在今天津武清区（杨村镇）西南城上村。汉属渔阳郡。西晋属燕国。北魏太平真君七年（446）废。

③滹沱（hū tuó）水：在今河北西部。源出山西五台山东北泰戏山，

西南流至忻州北折向东流,至盂县北穿割太行山进入河北平原,
在献县与滏阳河汇合为子牙河,全长五百四十公里。

④笥沟:潞河的别名。即今北京通州区以下的北运河。河水又东南
至雍奴县(今天津武清区西北旧县村)西,为笥沟。

⑤派河尾:各派水流的下游。派,水分道而流。

⑥泉州渠:在今天津东北。三国时曹操为沟通潞河和沟(jū)河而凿。
渠因在泉州县(今天津武清区)而得名。

【译文】

清河又往东北流过穷河邑南边,

清河又往东北流过穷河邑南边,俗称三女城,这是不对的。往东北
到了泉州县,北流注入滹沱水。《水经》说:笥沟往东南流到泉州县,与清
河汇合,从这里起的下游是各派水流的下游。又东流,泉州渠在这里分出。

又东北过漂榆邑①,入于海。

清河又东迳漂榆邑故城南,俗谓之角飞城。《赵记》
云②:石勒使王述煮盐于角飞③。即城异名矣。《魏土地记》
曰:高城县东北百里,北尽漂榆,东临巨海,民咸煮海水,藉
盐为业④。即此城也。清河自是入于海。

【注释】

①漂榆邑:又名漂榆津、角飞城。在今天津东南海河北。

②《赵记》:书名。即十六国前燕太傅长史田融撰写的《赵书》。记
石勒、石勒事。

③石勒:字世龙。上党武乡(今山西榆社北)人。羯族。十六国时期
后赵政权的建立者。王述:字怀祖。太原晋阳(今山西太原)人。
东海太守王承之子。

④藉盐为业：依靠治盐为业。藉，依靠，依赖。

【译文】

清河又往东北流过漂榆邑，注入大海。

清河又往东流经漂榆邑老城南面，俗称角飞城。《赵记》说：石勒派王述在角飞煮盐，角飞就是漂榆城的别名。《魏土地记》说：高城县东北一百里，北边到漂榆邑，东临大海，老百姓都用海水煮盐，以制盐为业，说的就是此城。清河就在这里流入大海。

荡水

荡水出河内荡阴县西山东①，

荡水出县西石尚山②，泉流迳其县故城南，县因水以取名也。晋伐成都王颖③，败帝于是水之南。卢綝《四王起事》曰④：惠帝征成都王颖⑤，战败时，举辇司马八人⑥，辇犹在肩上，军人竞就杀举辇者。乘舆顿地⑦，帝伤三矢，百僚奔散，唯侍中嵇绍扶帝⑧。士将兵之⑨，帝曰：吾吏也，勿害之。众曰：受太弟命⑩，惟不犯陛下一人耳。遂斩之，血污帝袂。将洗之，帝曰：嵇侍中血，勿洗也。此则嵇延祖殒命之所。

【注释】

①荡（tāng）水：白沟的支流。源出今河南鹤壁东，东流经汤阴至内黄西入白沟（卫河）。荡阴县：战国秦置，属河内郡。治所在今河南汤阴。

②石尚山：一名牟山。在今河南鹤壁西。

③成都王颖：即司马颖，字章度。河内温县（今河南温县西）人。西晋武帝第十六子，封成都王。

④卢綝《四王起事》：卢綝，范阳涿县（今河北涿州）人。其《四王起

事》，载西晋末年各王生乱之史事。

⑤惠帝征戍都王颖：事又见《晋书·惠帝纪》："至安阳，众十会万，颖遣其将石超距战。已未，六军败绩于荡阴，矢及乘舆，百官分散，侍中嵇绍死之。"惠帝，即西晋皇帝司马衷，字正度。晋武帝司马炎次子。性痴呆，在位形同傀偏。

⑥舁辇：抬辇。辇，用手抬的小车。类似后世的轿子。

⑦乘舆：古代特指天子和诸侯所乘坐的车子。顿：顿扑，跌落。

⑧嵇绍：字延祖。谯郡铚县（今安徽宿州）人。魏中散大夫嵇康子。

⑨兵：施加兵器以伤害。

⑩太弟：指成都王司马颖。

【译文】

荡水

荡水发源于河内荡阴县西山东边，

荡水发源于县西的石尚山，泉水流经老县城南面，该县就是以水来取名的。晋朝讨伐成都王颖，惠帝就在此水南岸打了败仗。卢綝《四王起事》说：惠帝征讨成都王司马颖，打了败仗，当时抬轿子的司马有八人，轿子还抬在肩上，兵士就一拥而上，把抬轿的人杀了。轿子落地，惠帝也中了三箭，受了伤，百官都纷纷逃散了，只有侍中嵇绍扶着惠帝。士兵向嵇绍举起刀枪，惠帝说：这是我的官员，不要伤害他。士兵们说：我们接受了皇太弟的命令，只是不能冒犯陛下一人罢了。于是就把嵇绍杀了，他的血溅污了惠帝的衣袖。后来人们要给惠帝洗衣，惠帝说：这是嵇侍中的血，不要洗。这地方就是嵇延祖丧命的地方。

又东北至内黄县①，入于黄泽②。

羑水出荡阴西北韩大牛泉③。《地理志》曰：县之西山，羑水所出也。羑水又东迳韩附壁北④，又东流迳羑城北⑤，故羑里也。《史记音义》曰[6]：牖里在荡阴县。《广雅》：牖，狱，犴也[7]。夏曰夏台[8]，殷曰羑里，周曰囹圄[9]，皆圜土[10]。昔殷纣纳崇侯虎之言[11]，囚西伯于此。散宜生、南宫括见文王[12]，乃演《易》用明否泰始终之义焉[13]。羑城北，水积成渊，方十余步，深一丈余，东至内黄与防水会[14]。水出西山马头涧[15]，东迳防城北[16]，卢谌《征艰赋》所谓越防者也。其水东南流注于羑水，又东历黄泽入荡水。《地理志》曰：羑水至内黄入荡者也。

【注释】

① 内黄县：西汉置，属魏郡。治所在今河南汤阴东北故城村。

② 黄泽：在今河南内黄西。

③ 羑（yǒu）水：在今河南汤阴北，东流至内黄入荡河。

④ 韩附壁：在今河南汤阴。

⑤ 羑（yǒu）城：亦称羑里、牖里。在今河南汤阴北九里。纣囚西伯处。

⑥ 《史记音义》：书名。晋、宋之间徐广撰。裴骃《史记集解》采入，今存。随文释义、兼述训解，多有发明。

⑦ "《广雅》"几句：《广雅》：书名。三国魏张揖撰。为增广《尔雅》而作，篇目与《尔雅》相同。牖，衍文。狱、犴（àn），牢狱。

⑧ 夏台：夏代监狱名。

⑨ 囹圄（líng yǔ）：监狱。

⑩ 圜（huán）土：牢狱。《释名·释宫室》："狱……又谓之'圜土'，筑土表墙，其形圜也。又谓之'囹圄'。"圜，环绕。

⑪ 崇侯虎：商代方国崇国的国君。纣王残虐，无罪而醢九侯，脯鄂侯。西伯姬昌（周文王）闻而窃叹。崇侯虎知之而谗于纣。纣囚姬昌于羑里。西伯获释后数年，攻灭崇国。

⑫散宜生：商周之际重臣。与闳夭、太颠等同辅西伯姬昌。姬昌被纣囚禁，散宜生与吕尚、闳夭等求美女、奇物，献之于纣，赎出姬昌。后佐武王灭商。南宫括：商周之际重臣。武王灭纣后殷，命南宫括散鹿台之财，发钜桥之粟，以赈济贫弱。

⑬演《易》：指周文王困于羑里时推演《易》之八卦为六十四卦之事。否泰（pǐ tài）：《易》六十四卦中的两个卦名。天地交、万物通谓之"泰"，天地、万物闭塞谓之"否"。后常以指世事的盛衰、命运的顺逆。

⑭防水：《水经注疏》杨守敬按："《金·地理志》，安阳县（今河南安阳西南）有防水。"

⑮马头涧：《水经注疏》杨守敬按："今水在安阳县西南二十里。"

⑯防城：《水经注疏》杨守敬按："《（史记）正义》，城在相州安阳县南二十里，因防水为名。《寰宇记》称，《隋图经》云，汤阴县有防城，即纣囚文王于羑里，筑此城以防之，后因曰防城。《彰德府志》，在安阳县南愁思冈上。"

【译文】

荡水又往东北流到内黄县，注入黄泽。

羑水发源于荡阴西北的韩大牛泉。《地理志》说：内黄县的西山，是羑水的发源地。羑水又往东流经韩附壁北面，又往东流经羑城北面，这就是旧时的羑里。《史记音义》说：犴里在荡阴县。《广雅》：狱、犴，就是牢狱。夏叫夏台，殷叫羑里，周叫囹圄，都是监狱。从前殷纣听了崇侯虎的话，把西伯拘禁在这里。散宜生、南宫括去见文王，文王于是发展了《易》，借以卜知吉凶始终的道理。羑城北面，水流积聚成潭，方圆十余步，深一丈，东流到内黄，与防水汇合。防水发源于西山的马头涧，往东流经防城北面，卢谌《征艰赋》所说的越过了防，就是防城。荡水往东南流，注入羑水，又往东流过黄泽，注入荡水。《地理志》说：羑水到内黄注入荡水。

荡水又东与长沙沟水合①。其水导源黑山北谷②，东流迳晋鄙故垒北，谓之晋鄙城③，名之为魏将城。昔魏公子无忌矫夺晋鄙军于是处④。故班叔皮《游居赋》曰⑤：过荡阴而吊晋鄙，责公子之不臣者也⑥。其水又东，谓之宜师沟⑦，又东迳荡阴县南，又东迳枉人山⑧，东北至内黄县，右入荡水，亦谓之黄雀沟。是水，秋夏则泛，春冬则耗。

【注释】

①长沙沟水：当在今河南汤阴。

②黑山：《水经注疏》杨守敬按："《汤阴县志》，黑山在汤阴县（今河南汤阴）西南三十五里。"

③晋鄙城：在今河南汤阴南三十里。东魏置魏德县于此，故又名魏德城。晋鄙，人名。战国时魏国人。秦围邯郸，赵求救于魏。魏安釐王使晋鄙将兵救赵，晋鄙屯兵观望。魏信陵君用侯嬴计谋，通过如姬窃得虎符，使力士朱亥椎杀晋鄙，夺其兵权而救赵解围。

④魏公子无忌矫夺晋鄙军：事见《史记·魏世家》。无忌，即魏无忌。战国时魏安釐王异母弟。封于信陵，故称信陵君。为战国四公子之一。矫夺，假托君命以夺取。

⑤班叔皮《游居赋》：班叔皮，即班彪，字叔皮。扶风安陵（今陕西咸阳）人。东汉史学家。班超、班固、班昭父。作《史记后传》数十篇，为班固撰写《汉书》奠定了基础。《艺文类聚》卷二十八收其所作《游居赋》，不载下引二句。

⑥公子不臣：魏无忌本为魏国公子，因为解赵之围，击杀魏将晋鄙，窃取虎符，并夺取晋鄙兵权，实属不臣之事。

⑦宜师沟：《河南通志》："宜师沟，在汤阴县东南三十五里。深二丈，其水曾冷，俗呼冷泉。东流入汤水。昔魏文帝幸洛，至此得疾，有师巫令饮之即愈，故名。"

⑧枉人山：一名善化山。在今河南浚县西北二十五里。

【译文】

荡水又东流，与长沙沟水汇合。长沙沟水发源于黑山的北谷，往东流经晋鄙老城堡北面，称为晋鄙城，又叫魏将城。从前魏公子无忌就在这里矫托王命夺取了魏将晋鄙的军权。所以班叔皮《游居赋》说：途经荡阴而凭吊晋鄙，责难公子有失臣节。长沙沟水又往东流，称为宜师沟。又往东流过荡阴县南面，又往东流过枉人山，往东北流到内黄县，向右边注入荡水，又叫黄雀沟。这条水到了夏秋两季就会泛滥，冬春时又干涸。

荡水又迳内黄城南①。陈留有外黄②，故称内也。东注白沟。

【注释】

①内黄城：在今河南汤阴东北。

②外黄：即外黄县。秦置，属砀郡。治所在今河南民权西北三十八里内黄集。汉属陈留郡，为都尉治。

【译文】

荡水又往东流经内黄城南面，往东注入白沟。陈留有外黄，所以这里称内黄。

洹水
洹水出上党泫氏县①，
水出洹山，山在长子县也②。

【注释】

①洹（huán）水：即今河南北部的卫河支流安阳河。泫（xuàn）氏县：战国赵置。后入秦，属上党郡。治所即今山西高平。北魏永安中

改玄氏县。

②长（zhǎng）子县：秦置，为上党郡治。治所在今山西长子西南八里。东汉末属上党郡。北魏移治今山西长治东北十五里西故县。

【译文】

洹水

洹水发源于上党泫氏县，

洹水发源于洹山，洹山在长子县。

东过隆虑县北①，

县北有隆虑山②，昔帛仲理之所游神也③。县因山以取名。汉高帝六年④，封周灶为侯国⑤。应劭曰：殇帝曰隆，故改从林也⑥。县有黄华水⑦，出于神囷之山黄华谷北崖上。山高十七里，水出木门带，带即山之第三级也。去地七里，悬水东南注壑，直泻岩下，状若鸡翘⑧，故谓之鸡翘洪⑨，盖亦天台、赤城之流也⑩。其水东流至谷口，潜入地下，东北十里复出，名柳渚⑪。渚周四五里，是黄华水重源再发也。东流，苇泉水注之⑫。水出林虑山北泽中，东南流，与双泉合⑬。水出鲁般门东⑭，下流入苇泉水。苇泉水又东南，流注黄华水，谓之陵阳水⑮。又东，入于洹水也。

【注释】

①隆虑县：西汉高帝六年（前201），封周灶为隆虑侯。景帝中元元年（前149）改为县，属河内郡。治所在今河南林州。

②隆虑山：原名林虑山。东汉时避殇帝刘隆讳而改名。在今河南林州西北二十里。

③帛仲理：即帛和，字仲理。三国时益州巴郡人。一说辽东人。入

地肺山师事董奉学行气、服食之法。又诣西城山事王君,得大道
诀。视壁三年,得《太清神丹方》等。后在林虑山得道成仙。

④汉高帝六年:前201年。

⑤周灶:据《史记·高祖功臣侯者年表》,以卒从刘邦起于砀(今河南
　永城北),以连敖入汉,以长铍都尉击项羽有功,封隆虑侯。

⑥殇(shāng)帝曰隆,故改从林也:指因避讳东汉殇帝刘隆改隆字
　为林字。殇帝刘隆为和帝少子。生始百余日,立为帝,邓太后临
　朝执政。在位仅一年即病卒。

⑦黄华水:当在今河南林州西北。

⑧鸡翘:鸡尾巴。翘,尾部的长毛。

⑨鸡翘洪:《大清一统志》:"鸡翘洪,在黄华山(今河南林州西北)。
　悬水注壑。"

⑩天台:即今浙江天台县北天台山。陶弘景《真诰》:"山有八重,四
　面如一。当斗牛之分,上应台宿,故曰天台。"赤城:在今浙江天台
　县西北六里。《太平寰宇记·台州·天台县》:赤城山"在县北六
　里。孔灵符《会稽记》云:赤城山,土色皆赤,状如云霞,悬溜千仞"。

⑪柳渚:在今河南林州西北。

⑫苇泉水:《水经注疏》熊会贞按:"水在今林县(今河南林州)西北
　三十里。"

⑬双泉:《水经注疏》熊会贞按:"水在今林县西北二十里,一名灵岩
　水。"

⑭鲁般门:《水经注疏》熊会贞按:"鲁般门即隆虑山北第三峰。"

⑮陵阳水:《水经注疏》熊会贞按:"《地形志》,林虑有陵阳河,东流
　为洹。盖以黄水为洹水正源也。"

【译文】

洹水往东流过隆虑县北,

隆虑县北边有隆虑山,是从前帛仲理仙游的地方。该县因山而取名。

汉高帝六年,把它封给周灶,立为侯国。应劭说:殇帝名隆,因避讳改隆字为林字。县里有黄华水,发源于神囷之山黄华谷的北崖上。山高十七里,水从木门带流出,这是山的第三级。离地七里,悬崖上的水,往东南注入深壑,直泻到岩下,形状像鸡的长尾巴,所以叫鸡翘洪,这也正像天台、赤城之类的命名一样。水往东流到了谷口,潜入地下,在东北十里处重又冒出,名叫柳渚。柳渚周围四五里,是黄华水再次流出地表发源形成的。水往东流,苇泉水注入。苇泉水发源于林虑山北边的沼泽中,往东南流,与双泉汇合。双泉发源于鲁般门东,往下流,注入苇泉水。苇泉水又往东南流,注入黄华水,称为陵阳水。又东流,注入洹水。

又东北出山,过邺县南[①],

洹水出山,东迳殷墟北[②]。《竹书纪年》曰:盘庚即位[③],自奄迁于北蒙[④],曰殷。昔者,项羽与章邯盟于此地矣[⑤]。

【注释】

①邺(yè)县:战国魏置。后入秦,属邯郸郡。治所在今河北临漳西南邺镇。西汉为魏郡治。东汉末相继为冀州、相州治。

②殷墟:商代后期都城。在今河南安阳西北四里小屯村一带。

③盘庚:商朝国君。汤之九代孙。在位期间将国都迁到殷(今河南安阳西北小屯),商朝因此又称为殷朝。

④奄:古都邑名。在今山东曲阜旧城东二里。北蒙:在今河南安阳西北四里小屯村一带。

⑤章邯(hán):秦二世时少府。陈涉起兵,二世令章邯率骊山徒卒迎战。后从项羽入关,项羽立他为雍王。汉高祖还定三秦,章邯败走自杀。

【译文】

洹水又往东北出山,流过邺县南边,

洹水出山后，往东流经殷墟北面。《竹书纪年》说：盘庚即位，从奄迁都到北蒙，国号叫殷。从前项羽与章邯就是在这里会盟的。

洹水又东，枝津出焉，东北流迳邺城南，谓之新河①。又东，分为二水。一水北迳东明观下②。昔慕容儁梦石虎啮其臂③，寤而恶之④，购求其尸，而莫之知。后宫嬖妾言⑤，虎葬东明观下。于是掘焉，下度三泉⑥，得其棺，剖棺出尸，尸僵不腐。儁骂之曰：死胡安敢梦生天子也⑦！使御史中尉阳约数其罪而鞭之⑧。此盖虎始葬处也。又北迳建春门⑨，石梁不高大，治石工密，旧桥首夹建两石柱，螭矩跌勒甚佳⑩。乘舆南幸⑪，以其作制华妙，致之平城⑫。东侧西阙，北对射堂⑬，绿水平潭，碧林侧浦，可游憩矣。其水西迳魏武玄武故苑⑭，苑旧有玄武池以肆舟楫⑮，有鱼梁、钓台、竹木、灌丛，今池林绝灭，略无遗迹矣。其水西流注于漳⑯。

【注释】

①新河：洹水支流。当在今河北临漳一带。

②东明观：在今河北临漳西南古邺北城东南角。石赵时为王室游宴之处。

③慕容儁（jùn）：一名慕容㒞，字宣英。昌黎棘城（今辽宁义县）人。鲜卑族。十六国时期前燕国主。慕容皝（huàng）次子。石虎：字季龙。十六国时期后赵国主。穷兵黩武，四处征伐。啮：咬。

④寤：睡醒。恶（wù）：厌恶。

⑤嬖（bì）妾：宠妾，爱妾。

⑥三泉：三重泉，即地下深处。多指人死后的葬处。

⑦死胡：因石虎为羯族人，故称胡。梦：托梦。

⑧御史中尉：北魏改御史中丞为御史中尉。主掌御史台。纠弹百官，参治邢狱。阳约：具体不详。

⑨建春门：在今河北临漳古邺北城。

⑩螭（chī）矩：雕刻的螭龙。螭，传说中一种没有角的龙。古建筑或器物、工艺品上常用它的形状作装饰。矩，刻画以留标志。趺（fū）勒：雕刻的碑刻等的底座。

⑪乘舆：本指古代天子和诸侯所乘坐的车子。此处借指皇帝。

⑫平城：在今山西大同东北八里古城村。阙：古代皇宫大门前两边供瞭望的楼。

⑬射堂：古时习射的场所。

⑭玄武故苑：曹操时筑。在今河北临漳西南古邺城西。

⑮苑旧有玄武池以肄（yì）舟楫：《三国志·魏书·武帝纪》："（建安）十三年春正月，公还邺，作玄武池以肄舟师。"肄，学习，练习。舟楫，船和桨。泛指船只。

⑯漳：即漳水。有清漳水、浊漳水二源，均出山西东南部，到河北南部边境汇合，合称漳河。其河道古今变迁很大。

【译文】

　　洹水又东流，分出一条支流，往东北流经邺城南面，称为新河。又东流，分成两条。一条往北流过东明观下。从前慕容儁梦见石虎咬他的胳膊，醒后很恼恨，出赏榜征求石虎的尸体，但人们都不知道在哪里。后宫有个宠妾说：石虎葬于东明观下。于是掘地到深处，找到了他的棺材，开棺拖出尸体，已经成为僵尸，没有腐烂。慕容儁骂道：你这死胡，怎么敢托梦给在生的天子！他叫御史中尉阳约列举石虎的罪状，举鞭痛打。这里就是石虎初葬的地方。又往北流经建春门石桥下，桥并不高大，但石工却十分细致，老桥头两边竖了两根石柱，柱上的盘龙和柱座都雕得很精美。皇帝南巡时，看到石柱制作华丽精妙，就把它移到平城。石桥东边，就是西城楼，朝北面对射堂，这里有绿水平潭，水滨长着一片青葱的林木，是个游憩的好地方。新河水从西面流来，流过旧时魏武帝的玄武苑，苑内从前有玄武池，可以学习划船，有鱼梁、钓台、竹木、灌丛，现在水池和丛林都已湮灭，不留一点痕迹了。新河水从西面流来，注入漳水。

南水东北迳女亭城北①，又东北迳高陵城南②，东合坰沟③，又东迳鸤鹕陂④，北与台陂水合⑤。陂东西三十里⑥，南北注白沟河。沟上承洹水，北绝新河，北迳高陵城东，又北迳斥丘县故城西⑦。县南角有斥丘⑧，盖因丘以氏县，故乾侯矣⑨。《春秋经》书，昭公二十八年⑩，公如晋，次于乾侯也⑪。汉高帝六年⑫，封唐厉为侯国⑬，王莽之利丘矣。又屈迳其城北，东北流注于白沟。

【注释】

①女亭城：《水经注疏》杨守敬按："城当在今安阳（今河南安阳）东北。"

②高陵城：在今河北临漳东南三里岗陵城。

③坰（jiōng）沟：当在今河北临漳东南。

④鸤鹕陂：在今河北魏县西南。

⑤台陂水：当在今河北临漳西南。

⑥陂东西三十里：武英殿本《水经注》："案此下有脱文。下云'注白沟河，沟上承洹水'，亦讹脱不可考。"

⑦斥丘县：西汉置，属魏郡。治所在今河北成安东南三十里。

⑧斥丘：《汉书·地理志》"斥丘县"，颜师古注曰："阚骃云地多斥卤，故曰斥丘。"

⑨乾侯：春秋晋邑。在今河北成安东南。

⑩昭公二十八年：前514年。

⑪次：止，驻扎。

⑫汉高帝六年：前201年。

⑬唐厉：据《史记·高祖功臣侯者年表》，唐厉以舍人从高祖在丰地起兵，以左司马入汉，击项羽、黥布，因功封斥丘侯。

【译文】

南边那一条水往东北流过女亭城北面，又往东北流过高陵城南面，往东与峒沟汇合，又往东流经鸬鹚陂，往北与台陵水汇合。陂塘东西三十里……注入白沟。峒沟上游承接洹水，往北横穿过新河，往北流经高陵城东面，又往北流经斥丘县老城西面。斥丘县南角有斥丘，是以丘名来取县名的，就是旧时的乾侯。《春秋经》载，昭公二十八年，昭公到晋国去，在乾侯歇宿。汉高帝六年，把这里封给唐厉，立为侯国，这就是王莽的利丘。又转弯流过城北，往东北流，注入白沟。

　　洹水自邺东迳安阳县故城北①。徐广《晋纪》曰②：石遵自李城北入③，斩张豺于安阳是也④。《魏土地记》曰：邺城南四十里有安阳城，城北有洹水东流者也。

【注释】

①安阳县：战国秦置，属河内郡。治所在今河南安阳西南。西汉废入荡阴县。三国魏复置，属魏郡。

②徐广《晋纪》：徐广，字野民。东莞姑幕（今山东诸城西北）人。晋、宋间史学家。所撰《晋纪》四十五卷，是《晋书》参考史料之一。

③石遵：十六国时期后赵国主。石虎之子。石世即位，石遵杀石世而自立，终为部将石闵等人斩杀。李城：在今河南温县。

④斩张豺于安阳：事见《晋书·载记·石季龙》："遵至安阳亭，张豺惧而出迎，遵命执之……斩张豺于平乐市，夷其三族。"张豺，石世即位后的丞相。

【译文】

　　洹水从邺往东流经安阳县老城北面。徐广《晋纪》说：石遵从李城向北方进军，在安阳杀了张豺。《魏土地记》说：邺城以南四十里有安阳城，城北有洹水东流。

　　洹水又东至长乐县①，左则枝沟出焉。

【注释】

　　①长乐县：三国魏置，属魏郡。治所在今河南安阳东四十里。

【译文】

　　洹水又往东流到长乐县，左边分出一条支沟。

　　洹水又东迳长乐县故城南。按《晋书地理志》曰：魏郡有长乐县也。

【译文】

　　洹水又往东流过长乐县老城南面。查考《晋书·地理志》说：魏郡有长乐县。

　　又东迳内黄县北，东入于白沟①。

　　洹水迳内黄县北东流，注于白沟，世谓之洹口也。许慎《说文》、吕忱《字林》②，并云洹水出晋、鲁之间。昔声伯梦涉洹水，或与己琼瑰而食之，泣而又为琼瑰，盈其怀矣。从而歌曰：济洹之水，赠我以琼瑰。归乎，归乎，琼瑰盈吾怀乎！后言之，之暮而卒③。即是水也。

【注释】

①白沟：原为一小水。在今河南浚县西南，东北流至黎山西北，与宿胥故渎合。此后，上起枋堰、下至今河北威县之古清河，皆被称为白沟。

②许慎《说文》：即许慎《说文解字》。许慎，字叔重。东汉汝南召陵（今河南漯河市召陵区）人。其《说文解字》中国文字学的奠基之作，也是我国第一部以六书理论系统分析字形、解释字义的字典。吕忱《字林》：吕忱，字伯雍。任城（今山东济宁东南）人。晋武惠义阳王典祠令。所撰《字林》，是一部以《说文》为基础并补其阙、以隶书为主体而又不违篆文笔意的字书。

③"昔声伯梦涉洹水"几句：事见《左传·成公十七年》。声伯，即公孙婴齐。春秋时郑国人。琼瑰，次于玉的美石。这里泛指珠玉。盈其怀，装满其怀抱。

【译文】

洹水又往东流过内黄县北边，往东注入白沟。

洹水经过内黄县北面往东流，注入白沟，世人称汇流处为洹口。许慎《说文解字》、吕忱《字林》，都说洹水发源于晋、鲁之间。从前声伯梦见涉过洹水，有人送给他玉石，他把玉石吃了，流下的眼泪又变成了玉石，装了满怀。于是唱道：涉过洹水，送给我玉石。回家吧，回家吧，玉石装满我的怀抱了！后来把梦中的事说了又说，到傍晚才死去。说的就是这条水。

卷十

浊漳水　清漳水

【题解】

浊漳水今称浊漳河,清漳水今称清漳河。它们都发源于今山西境内,进入今河北境后汇合。在岳城以西现在拦坝蓄水,即岳城水库。此后就称漳河,最后注入卫河。

在《浊漳水》篇中提及此水的支流中,有滏水、隅(湡)水和泜水。在《浊漳水》佚文中,又记及洺水。清赵一清在他的《水经注释》中,卷十《浊漳水·清漳水》之下,又利用收辑的佚文,增补了《滏水》和《洺水》各一篇。滏水今名釜阳河,洺水今名沼河,东流与滹沱河汇合,称为子牙河,是海河的五大支流之一。滹沱河在《水经注》称为滹沱水,当《水经注》版本完整的时候,它可能是单独的一篇,但今本《水经注》中,这一篇已经亡佚。赵一清在卷十一《易水·滱水》之下,收辑佚文,增补了这一篇。

浊漳水
浊漳水出上党长子县西发鸠山①,

漳水出鹿谷山②,与发鸠连麓而在南。《淮南子》谓之发苞山③，故异名互见也。左则阳泉水注之④，右则伞盖水入焉⑤。三源同出一山，但以南北为别耳。

【注释】

①浊漳水：漳河上游。在今山西中部。有三源，南源出长子县西发鸠山，西源出沁县西北漳源镇，北源出榆社县北，至襄垣县东与黎城县交界处汇合，东南流至平顺县西北，折而东流入河北涉县境，合于清漳河。上党：即上党郡。战国韩、赵各置郡，秦、汉治所在长子县（今山西长子西南）。东汉末移治壶关县（今山西长治上党区北故驿村）。长子县：春秋晋置。战国时入秦，为上党郡治。治所在今山西长子西南八里。发鸠山：亦名发苞山、鹿谷山、廉山。在今山西长子西五十里。

②漳水：有清漳水、浊漳水二源，均发源于山西东南部，在河北南部边境汇合后称漳河，其河道古今变迁很大。今漳河仅是南运河一支流，而古漳河初为黄河中、下游最大的支流。

③《淮南子》：书名。也称《淮南鸿烈》。西汉淮南王刘安及其门客集体撰写的杂家著作，以道家思想为主体，兼采先秦儒、法、阴阳等诸家学说。

④阳泉水：又名芦河。即今山西阳城北芦苇河。

⑤伞盖水：《水经注疏》杨守敬按："《潞安府志》，伞盖水出长子县（今山西长子）西南五十里伞盖山，北流入漳水。"

【译文】

浊漳水

浊漳水发源于上党郡长子县西面的发鸠山，

漳水发源于鹿谷山，鹿谷山与发鸠山山麓相连而位置在南。《淮南子》称为发苞山，所以在诸书中常见互用异名。左边有阳泉水注入，右边有伞盖水流进来。这三个源头都出自同一座山，只不过南北方向不同罢了。

东过其县南，

又东，尧水自西山东北流①，迳尧庙北②，又东迳长子县故城南，周史辛甲所封邑也③。《春秋·襄公十八年》④，晋人执卫行人石买于长子⑤，即是县也。秦置上党郡，治此。其水东北流入漳水。漳水东会于梁水⑥，梁水出南梁山⑦，北流迳长子县故城南。《竹书纪年》曰：梁惠成王十二年⑧，郑取屯留、尚子、涅⑨。尚子，即长子之异名也。梁水又北入漳水。

【注释】

①尧水：在今山西长子西南十三里。

②尧庙：《水经注疏》杨守敬按："《地形志》，上党郡乐阳有尧庙。在今长子县（今山西长子）西南十五里潜山上。"

③辛甲：西周初史官。原为商臣，因多次劝谏纣王不被采纳，故离商奔周。召公将他举荐给文王，被封为公卿，食邑于长子（今山西长子西南）。

④襄公十八年：前555年。

⑤执：捕捉。行人：官名。掌宾客之礼及出使等事。石买：春秋卫人。鲁襄公一七年（前556）伐曹，取重丘，曹人诉于晋。十八年（前555）石买为行人使晋，晋人在长子执之。

⑥梁水：在今山西长子东。

⑦梁山：今山西长子东二十里。

⑧梁惠成王十二年：前358年。梁惠成王，即魏惠三。

⑨屯留：周代晋国都城。在今山西长治屯留区南十二里古城村。尚子：长子县之异名。在今山西长子西南。涅：战国魏邑。即今山西武乡西北古城镇。

【译文】

浊漳水往东流过县南，

漳水又往东，尧水从西山往东北流经尧庙北面，又往东流经长子县老城南面，这里是周时史官辛甲所封的食邑。《春秋·襄公十八年》，晋人在长子俘虏了卫国的行人石买，就是此县。秦时设置上党郡，治所就在这里。水往东北流，注入漳水。漳水往东流，汇合于梁水，梁水发源于南梁山，往北流经长子县老城南面。《竹书纪年》说：梁惠成王十二年，郑国夺取了屯留、尚子、涅。尚子就是长子的异名。梁水又往北注入漳水。

屈从县东北流，

陶水南出陶乡①，北流迳长子城东②，西转迳其城北，东注于漳水。

【注释】

①陶水：即今山西长治上党区南淘清河。陶乡：在今山西长子境内。

②长子城：春秋时晋邑。在今山西长子西南八里。

【译文】

浊漳水绕过县城向东北流，

陶水发源于南面的陶乡，往北流经长子城的东面，向西转弯流经城北，东流注入漳水。

又东过壶关县北①，又东北过屯留县南②，

漳水东迳屯留县南，又屈迳其城东，东北流，有绛水注之③。水西出縠远县东发鸠之谷④，谓之为滥水也。东迳屯留县故城南，故留吁国也⑤，潞氏之属⑥。《春秋·襄公十八年》⑦，晋人执孙蒯于纯留是也⑧。其水东北流入于漳。故

桑钦云^⑨：绛水出屯留西南,东入漳。

【注释】

①壶关县：秦置,为上党郡治。治所在今山西长治上党区北故驿村。

②屯留县：春秋晋置,战国时入秦,属上党郡。治所在今山西长治屯留区南十二里古城村。北魏移治今山西长治上党区西北四十里故县。

③绛水：又名滥水。在今山西长治屯留区西南。

④榖远县：西汉置,属上党郡。治所即今山西沁源。西晋废。

⑤留吁国：春秋时北方部族赤狄的一支,鲁宣公十六年（前593）,并于晋国。地在今山西长治屯留区南。

⑥潞氏：春秋赤狄国名。在今山西长治潞城区东北四十里。

⑦襄公十八年：前555年。

⑧孙蒯（kuǎi）：春秋时卫大夫孙林父之子。与石买一起伐曹,取重丘。曹人诉于晋。襄公十八年夏,晋人执卫行人石买于长子,执孙蒯于屯留。纯留：亦称屯留。本为赤狄留吁国,晋景公七年（前593）灭之,更名纯留。在今山西长治屯留区南十二里古城村。

⑨桑钦：字君长。西汉成帝时洛阳（今河南洛阳）人。撰有《水经》三卷。于地理沿革、山脉河流走向等有研究。

【译文】

浊漳水又往东流过壶关县北边,又往东北流过屯留县南边,

漳水往东流经屯留县南面,又绕到城东,往东北流,有绛水注入。绛水发源于西方榖远县东面的发鸠之谷,称为滥水。往东流经屯留县老城南面,就是旧时的留吁国,是潞氏的属国。《春秋·襄公十八年》,晋人在纯留俘虏了孙蒯,就是这地方。绛水往东北流,注入漳水。所以桑钦说：绛水发源于屯留西南,东流注入漳水。

漳水又东,涑水注之[①],水西出发鸠山,东迳余吾县故城南[②],汉光武建武六年[③],封景丹子尚为侯国[④]。涑水又东迳屯留县故城北,《竹书纪年》:梁惠成王元年[⑤],韩共侯、赵成侯迁晋桓公于屯留[⑥]。《史记》:赵肃侯夺晋君端氏而徙居之此矣[⑦]。其水又东流注于漳。故许慎曰:水出发鸠山入漳,从水,东声也[⑧]。

【注释】

①涑水:源出发鸠山(在今山西长子西五十里),注入黄河。

②余吾县:西汉置,属上党郡。治所即今山西长治屯留区西北余吾镇。

③汉光武建武六年:30 年。建武,东汉光武帝刘秀的年号(25—56)。

④景丹:字孙卿。冯翊栎阳(今陕西临潼东北)人。光武帝即位,拜丹为骠骑大将军。定封丹为栎阳侯。

⑤梁惠成王元年:前 369 年。

⑥韩共侯:又称韩懿侯、韩庄侯。名若,一名若山。韩哀侯子。战国时期韩国国君。赵成侯:名种,赵敬侯之子。战国时赵国国君,因赵都邯郸(今河北邯郸),故又称邯郸君。晋桓公:名颀,晋烈公之子。战国时晋国国君。

⑦赵肃侯:名语,赵成侯之子。战国时赵国国君。端氏:战国晋邑,西汉置端氏县。即今山西沁水县东北固县。徙居之此:《史记·赵世家》:"肃侯元年,夺晋君端氏,徙处屯留。"

⑧从水,东声:此指涑字偏旁从水,音东。

【译文】

漳水又东流,涑水注入,涑水发源于西方的发鸠山,往东流经余吾县老城南面,汉光武帝建武六年把余吾封给景丹的儿子景尚,立为侯国。涑水又往东流经屯留县老城北面,《竹书纪年》:梁惠成王元年,韩共侯、赵成侯把晋桓公迁到屯留。《史记》载：赵肃侯在端氏剥夺了晋君权力，把他迁到这里。涅水又东流，注入漳水。所以许慎说：涅水发源于发鸠山，注入漳水，涅字偏旁从水，音东。

　　漳水又东北，迳壶关县故城西，又屈迳其城北，故黎国也①。有黎亭②，县有壶口关③，故曰壶关矣。吕后元年④，立孝惠后宫子武为侯国⑤。汉有壶关三老公乘兴上书讼卫太子⑥，即邑人也。县在屯留东，不得先壶关而后屯留也。

【注释】

①黎国：商代侯国，为周文王灭。在今山西长治上党区西北四里。

②黎亭：在今山西长治上党区北三里黎岭村。

③壶口关：又称壶关。在今山西长治上党区东南壶口村。

④吕后元年：前187年。

⑤孝惠：即汉孝惠帝刘盈，刘邦之子，母为吕皇后。武：即刘武。西汉诸侯王。惠帝后宫子。高后元年（前187）封为壶关侯，六年（前182）立为淮阳王。文帝即位，以其为吕氏党羽，杀之。

⑥三老：秦汉时掌地方教化之官。乡、县、郡均曾先后设置。公乘兴：似为"令狐茂"之讹。司马彪《续汉志·郡国志》"上党郡·长子"条，刘昭注："《上党记》曰：'关城，都尉所治。令狐征君隐城东山中，去郡六十里，即壶关三老令狐茂上书讼戾太子者也，茂即葬其山。'"讼卫太子：向汉武帝陈述卫太子的冤情。卫太子，即戾太子刘据，汉武帝之子，母卫皇后。

【译文】

　　漳水又往东北流经壶关县老城西面，又转弯流经城北，就是旧时的黎国。有黎亭，县里有壶口关，所以县名叫壶关。吕后元年把这里封给孝惠帝后宫所生的儿子刘武，立为侯国。汉时有壶关三老公乘兴上书控告卫太子，他就是本县人。壶关县在屯留东边，不可能先流经壶关然后才到屯留。

　　漳水历鹿台山与铜鞮水合①，水出铜鞮县西北石隥山②，东流与专池水合③。水出八特山④，东北流入铜鞮水。铜鞮水又东南合女谏水⑤。水西北出好松山⑥，东南流，北则苇池水与公主水合而右注之⑦，南则榆交水与皇后水合而左入焉⑧，乱流东南，注于铜鞮水。铜鞮水又东迳李憙墓⑨，墓前有碑，碑石破碎，故李氏以太和元年立之⑩。其水又东迳故城北，城在山阜之上，下临岫壑⑪，东、西、北三面，阻衺二里⑫，世谓之断梁城⑬，即故县之上虒亭也。铜鞮水又东迳铜鞮县故城北⑭，城在水南山中，晋大夫羊舌赤铜鞮伯华之邑也⑮。汉高祖破韩王信于此县⑯。铜鞮水又东南流迳顷城西⑰，即县之下虒聚也。《地理志》曰：县有上虒亭、下虒聚者也。铜鞮水又南迳胡邑西⑱，又东屈迳其城南，又东迳襄垣县⑲，入于漳。

【注释】

①鹿台山：在山西襄垣南。铜鞮（dī）水：又名西漳河、小漳水。即今山西沁县西之西河。

②铜鞮县：春秋晋顷公十二年（前514）置。治所在今山西沁县南三十五里古城。秦属上党郡。北魏移治今沁县西南故县镇，属乡郡。石隥（dèng）山：亦称石梯山。在今山西沁县西南。

③专池水：在今山西沁县西南。

④八特山：在今山西沁县西南。

⑤女谏水：在铜鞮县（今山西沁县）北。也有作八谏水。

⑥好松山：《水经注疏》熊会贞按："今有小漳河，出沁州（今山西沁县）西北三十五里滑山……滑山或即好松山也。"

⑦苇池水、公主水：在今山西沁县西南。

⑧榆交水、皇后水：在今山西沁县西南。

⑨李憙（xǐ）：字季和。西晋上党铜鞮（今山西沁县南）人。少有高行，博学研精。

⑩太和元年：477年。太和，北魏孝文帝元宏的年号（477—499）。

⑪岫壑（xiù hè）：山谷。

⑫阻衺：险阻绵延。衺，长。

⑬断梁城：又名断道、上虒（sī）亭。在今山西沁县东南四十里虒亭岭村。

⑭铜鞮县故城：在今山西沁县南三十五里古城。

⑮羊舌赤铜鞮伯华：羊舌赤，复姓羊舌，名赤，字伯华。食采于铜鞮，亦称铜鞮伯华。春秋时晋国大夫，中军尉佐羊舌职长子。

⑯汉高祖破韩王信：《汉书·高帝纪下》："七年冬十月，上自将击韩王信于铜鞮，斩其将。"韩王信，故韩襄王之庶孙。先从刘邦为将，后降楚。后又归刘邦。刘邦复立为韩王。后投降匈奴，使刘邦陷白登之围。后复与匈奴骑兵入居参合，被汉将军柴武所杀。

⑰顷城：郦道元认为即下虒聚（今山西襄垣西北虒亭）。

⑱胡邑：在今山西襄垣西北。

⑲襄垣县：西汉置，属上党郡。治所在今山西襄垣北三十里东故县村。北魏移治今襄垣县北郊，属襄垣郡。

【译文】

漳水流过麋台山与铜鞮水汇合，铜鞮水发源于铜鞮县西北的石隆山，东流与专氾水汇合。专池水发源于八特山，往东北流，注入铜鞮水。铜鞮水又往东南流，与女谏水汇合。女谏水发源于西北的好松山，往东南流，北边有苇池水与公主水合流往西注入，南边有榆交水与皇后水合流左流汇入，往东南乱流，注入铜鞮水。铜鞮水又往东流经李憙墓，墓前有碑，现在已经破碎了，是太和元年李氏所立。铜鞮水又往东流经老城北面，城在山冈上面，底下临着深谷，东、西、北三面都有深涧隔断，宽广约二里，世人称之为断梁城，就是旧县的上虒亭。铜鞮水又往东流经铜鞮县老城北面，城在南岸山中，是晋时大夫羊舌赤，号铜鞮伯华的食邑。汉高祖就在这里打败韩王信。铜鞮水又往东南流过顷城西面，就是铜鞮县的下虒聚。《地理志》说：铜鞮县有上虒亭、下虒聚。铜鞮水又往南流经胡邑西面，又向东绕到该城城南，又往东流经襄垣县，注入漳水。

漳水又东北流迳襄垣县故城南，王莽之上党亭。

【译文】

漳水又往东北流经襄垣县老城南面，就是王莽的上党亭。

潞县北[①]，

县，故赤翟潞子国也[②]。其相丰舒有俊才[③]，而不以茂德。晋伯宗数其五罪[④]，使荀林父灭之[⑤]。阚骃曰[⑥]：有潞水[⑦]，为冀州浸[⑧]，即漳水也。余按《燕书》[⑨]，王猛与慕容评相遇于潞川也[⑩]。评障锢山泉，鬻水与军[⑪]，入绢匹，水二石[⑫]。无佗大川[⑬]，可以为浸，所有巨浪长湍，惟漳水耳。故世人亦谓浊漳为潞水矣。县北对故台壁[⑭]，漳水迳其南，本潞子所立也[⑮]，世名之为台壁。慕容垂伐慕容永于长子[⑯]，军次潞川[⑰]，永率精兵拒战，阻河自固，垂阵台壁，一战破之[⑱]，即是处也。漳水于是左合黄须水口[⑲]，水出台壁西张讳岩下[⑳]，世传岩赤则土罹兵害[㉑]，故恶其变化无常，恒以石粉污之令白，是以俗目之为张讳岩。其水南流，迳台壁西，又南入于漳。

【注释】

① 潞县：战国赵置，秦属上党郡。治所在今山西长治潞城区东北
四十里古城村。西晋为上党郡治。北魏太平真君十一年（450）
改为刈陵县。

② 赤翟：亦作赤狄。春秋时狄人的一支。大体分布于今山西长治一
带，与晋人相杂居。或说因其俗尚赤衣而得名。潞子国：本西周
潞国，春秋亦称潞子国。在今山西黎城南古城。西汉置潞县。

③ 丰舒：赤狄潞国之相。据说其才艺胜人者三，然德行不高。后被
晋人杀之。

④ 伯宗：晋贤大夫。五罪：五宗罪过。《左传·宣公十五年》："伯宗曰：
'必伐之！狄有五罪，俊才虽多，何补焉？不祀，一也。耆酒，二也。
弃仲章而夺黎氏地，三也。虐我伯姬，四也。伤其君目，五也。怙
其俊才，而不以茂德，兹益罪也。'"

⑤ 使荀林父灭之：《左传·宣公十五年》："晋荀林父败赤狄于曲梁。
辛亥，灭潞。丰舒奔卫。卫人归诸晋，晋人杀之。"荀林父，晋国
正卿。字伯，即中行桓子。晋作三行（步兵）以御狄，林父将中行，
故以官为氏。

⑥ 阚骃（kàn yīn）：字玄阴。敦煌（今甘肃敦煌）人。北凉至北魏学者。
所撰《十三州志》为地理类著作。

⑦ 潞水：一名潞川。即今山西东南部浊漳河。

⑧ 冀州：古九州之一。指今山西和陕西间黄河以东、河南和山西间
黄河以北及山东西部、河北东南部地区。浸：指蓄水可以灌溉的
川泽。后亦泛指水流、河流。

⑨ 《燕书》：书名。十六国时期前燕尚书范亨撰。二十卷，纪传体。
记前燕慕容儁时事。

⑩王猛：字景略。北海剧县（今山东寿光东南）人。博学好兵书，谨重严毅，气度雄远。为前秦苻坚重用。慕容评：十六国时期昌黎棘城（今辽宁义县）人。鲜卑族，慕容廆子，曾为前燕统帅。后被前秦王猛所败。潞川：一作潞水。即今山西之浊漳水。

⑪鬻（yù）：卖。

⑫石：古书中读 shí，今读 dàn。容量单位。十斗等于一石。

⑬佗：其他。

⑭台壁：在今山西黎城西南。

⑮潞子：名婴儿。春秋时赤狄族人，潞国国君。

⑯慕容垂：字道明。昌黎棘城（今辽宁义县西北）人。前燕慕容皝之子。后自称燕王，建元曰燕元，史称后燕。慕容永：十六国时期西燕国君。字叔明，昌黎棘城（今辽宁义县西北）人。鲜卑族。386年称帝于长子。后被慕容垂所败被杀。长子：春秋晋邑。在今山西长子西南。

⑰次：驻扎。

⑱一战破之：按，以上见《晋书·载记·慕容垂》。

⑲黄须水：即今山西黎城东南小东河。

⑳张讳岩：一名白岩山，今名白云山。在今山西黎城东北二十五里。

㉑罹（lí）：遭受。

【译文】

潞县北边，

潞县就是从前赤翟的潞子国。潞子国的丞相丰舒很有才能，但没有德行。晋国伯宗列举了他的五条罪状，派荀林父去灭了潞子国。阚骃说：潞县有潞水，是冀州的大河流，就是漳水。我查考《燕书》，王猛与慕容评在潞川相遇。慕容评堵截了山泉，卖水给军队，交上一匹绢就给二担水。这里没有别的大川可以灌溉，所有的长川大河，就只有漳水一条了。所以世人也把浊漳水称为潞水。潞县北边与旧时的台壁相望，漳水流经壁南,此壁原是潞子所建,世人称之为台壁。慕容垂在长子攻打慕容永,部队驻扎在潞水,慕容永率领精兵抵抗,凭河坚守,慕容垂在台壁摆好阵势,一仗就把慕容永打垮了,就是在这地方。漳水左岸在这里左边汇合黄须水,黄须水发源于台壁西边张讳岩下,世上相传岩石发红,就会遭遇战祸,人们讨厌这岩石的变化无常,常用石粉把它涂成白色,所以民间把它叫张讳岩。黄须水往南流经台壁西面,又南流注入漳水。

漳水又东北历望夫山①,山之南有石人伫于山上②,状有怀于云表,因以名焉。有涅水西出覆甑山③,而东流与西汤溪水合④。水出涅县西山汤谷⑤,五泉俱会,谓之五会之泉,交东南流,谓之西汤水⑥,又东南流注涅水。涅水又东迳涅县故城南,县氏涅水也⑦。东与白鸡水合⑧,水出县之西山,东迳其县北,东南流入涅水。涅水又东南,武乡水会焉⑨。水源出武山西南⑩,迳武乡县故城西⑪,而南得清谷口⑫。水源出东北长山清谷⑬,西南与鞞鞈、白璧二水合⑭,南入武乡水,又南得黄水口⑮,黄水三源⑯,同注一壑,东南流与隐室水合⑰。水源西北出隐室山⑱,东南注黄水。又东入武乡水。武乡水又东南注于涅水。涅水又东南流,注于漳水。

【注释】

①望夫山:在今山西黎城西北。

②伫(zhù):久立,等待。

③涅水:在今山西武乡西。源出护甲山,东南流经县南,注入浊漳水。

　　覆甑山:在今山西武乡西北。

④西汤溪水:在今山西武乡,源出武乡汤谷。

⑤涅县:东汉改涅氏县置,属上党郡。治所在今山西武乡西北

四十二里故城镇。北魏永安二年（529）改为阳城县。西山：即今山西武乡西部山区。汤谷：在今山西武乡。

⑥西汤水：即今西汤河，源出今山西武乡。

⑦氏：取名，命名。

⑧白鸡水：一名甲水，今名高寨寺河。发源于山西武乡西北三十公里东良乡境，东南流迳故城乡北，注入涅河。

⑨武乡水：即今山西东南部之浊漳河，为漳河上源之一。源出山西和顺西八赋岭，南流经榆社西，又南入武乡。

⑩武山：即今山西和顺八赋岭的南岭。

⑪武乡县：西晋置，属上党郡。治所在今山西榆社北三十里社城镇。

⑫清谷口：在今山西榆社。

⑬长山：在今山西榆社。

⑭鞞鞛（bǐng běng）水：在今山西榆社。白璧水：在今山西榆社。

⑮黄水口：当在今山西榆社。

⑯黄水：亦称西川河，今称云簇河。源出武乡北部，东流经榆社云簇镇，注入浊漳北源。

⑰隐室水：当在今山西榆社。

⑱隐室山：当在今山西榆社。

【译文】

　　漳水又往东北流过望夫山，山南有石人伫立在山上，姿态像是在盼望着云天外的远人，因而取名。有涅水发源于西边的覆甑山，东流与西汤溪水汇合。西汤溪水发源于涅县西山的汤谷，五条泉水汇合在一起，叫五会之泉，泉水汇合后又往东南流，称为西汤水，又往东南流注入涅水。涅水又往东流经涅县老城南面，涅县就是以涅水命名的。东流与白鸡水汇合，白鸡水发源于涅县的西山，往东流经县北，往东南流入涅水。涅水又往东南流，武乡水汇入。武乡水源出武山西南，流经武乡县老城西面，然后往南流到清谷口汇合清谷水。清谷水发源于东北方长山的清谷，往西南流与犨靬水和白璧水汇合，南流注入武乡水，又南流有黄水口，黄水有三个源头，同流注入一条深涧，往东南流，与隐室水汇合。隐室水源出西北方的隐室山，往东南注入黄水。黄水又往东注入武乡水。武乡水又往东南注入涅水。涅水又往东南流，注入漳水。

　　漳水又东迳磻阳城北①，仓谷水入焉②。水出林虑县之仓谷溪③，东北迳鲁班门西④，双阙昂藏⑤，石壁霞举⑥，左右结石修防，崇基仍存。北迳偏桥东，即林虑之峤岭抱犊固也⑦。石磴西陛⑧，陟踵修上五里余⑨，峥路中断四五丈⑩，中以木为偏桥⑪，劣得通行，亦言故有偏桥之名矣。自上犹须攀萝扪葛，方乃自津山顶，即庾衮眩坠处也⑫。仓谷溪水又北合白木溪⑬。溪水出壶关县东白木川⑭，东迳百晦城北⑮，盖同仇池百顷之称矣⑯。又东迳林虑县之石门谷⑰，又注于仓溪水。仓溪水又北迳磻阳城东而北流，注于漳水。

【注释】

①磻阳城：在今河南林州西北。

②仓谷水：在今河南林州西北。

③林虑县：东汉延平元年（106）改隆虑县置，属河内郡。治所即今河南林州。仓谷溪：在今河南林州西北。

④鲁班门：在今河南林州，传说是鲁班抢斧劈山而成。

⑤双阙：这里指像阙一样相对的山门。昂藏：高峻。

⑥霞举：高耸，耸立。

⑦抱犊固：在今山西壶关东南。

⑧石磴（dèng）：石台阶。陛：台阶。

⑨陟踵：攀登，登上。

⑩嵲（è）：高峻。

⑪偏桥：不正式、简易的桥梁。

⑫庾衮（yú gǔn）眩坠：《晋书·庾衮传》："惠帝迁于长安，衮乃相与登于大头山而田于其下。年谷未熟，食木实，饵石蕊，同保安之，有终焉之志。及将收获，命子怵与之下山，中涂目眩瞀，坠崖而卒。"庾衮，字叔褒。西晋颍川鄢陵（今河南鄢陵西北）人。少履勤俭，笃学好问，事亲以孝称。颍川太守召为功曹，不就。后携妻子适林虑山，事其新乡如其故乡，言忠信，行笃敬，林虑人皆归之，人皆名其"庾贤"。

⑬白木溪：在今山西长治上党区北。

⑭壶关县：秦置。为上党郡治。治所在今山西长治上党区北故驿村。白木川：在今山西长治上党区一带。

⑮百晦城：在磻阳城（今河南林州西北）西南。

⑯仇池百顷：因山得名，本名仇维，山上有池，故曰仇池山。又名河池、百顷、氐池、仇夷、瞿堆。在今甘肃西和南洛峪，为杨氏根据地。

⑰石门谷：在今河南林州境内。

【译文】

漳水又往东流经磻阳城北面，仓谷水注入。仓谷水发源于林虑县的仓谷溪，往东北流经鲁班门西面，这里两侧的山崖状如门户，石壁凌云高举，左右两岸用石块修筑成堤防，高高的基址至今还在。仓谷水往北流经偏桥东面，这就是林虑的峤岭抱犊固。循着石级向西往高处攀登，约五里余，到了崖边路就断了，中间一段约有四五丈，用木料架成偏桥，勉强可以通行，所以听说这里地名也叫偏桥。从这里上山，还要攀藤援葛，才能到达山顶，这就是庾衮眩晕坠崖的地方。仓谷溪水又北流，与白木溪汇合。白木溪水发源于壶关县东边的白木川，往东流经百晦城北面，这也和仇池百顷之类名称一样。又往东流经林虑县的石门谷，又注入仓溪水。仓溪水又往北流经磻阳城东面，往北流注入漳水。

漳水又东迳葛公亭北而东注矣①。

【注释】

①葛公亭:在今河南林州北。

【译文】

漳水又往东流经葛公亭北面,往东流去。

又东过武安县①,

漳水于县东,清漳水自涉县东南来注之②。世谓决入之所为交漳口也③。

【注释】

①武安县:秦置,属邯郸郡。治所在今河北武安西南五里店子古城。
②涉县:战国韩置。后入秦,属邯郸郡。西汉属魏郡。治所在今河北涉县西北二里。
③交漳口:即交津。在今河北磁县西清漳河与漳河合流处。

【译文】

浊漳水又往东流过武安县,

漳水在武安县东面,汇合了从涉县往东南流来的清漳水。世人把汇流处称为交漳口。

又东出山,过邺县西①,

漳水又东迳三户峡为三户津②。张晏曰③:三户④,地名也,在梁期西南⑤。孟康曰⑥:津,峡名也,在邺西四十里⑦。

【注释】

①邺县:战国魏置,秦属邯郸郡。治所在今河北临漳西南邺镇。

②三户峡：在今河北磁县西南。三户津：津渡名。在今河北磁县西
　　南漳水上。

③张晏：字子博。中山（今河北定州）人。有《汉书》注，多存于今《汉
　　书》颜师古注中。

④三户：即三户津。

⑤梁期：古县名。西汉置，属魏郡。治所在今河北磁县东北。三国
　　魏废。

⑥孟康：字公休。三国魏广宗（今河北威县）人。尝注《汉书》。

⑦邺：春秋齐邑。在今河北临漳西南邺镇。

【译文】

浊漳水又往东出山，流过邺县西面，

漳水又往东流经三户峡，称为三户津。张晏说：三户是地名，在梁期
西南。孟康说：三户津是一条山峡名，在邺县以西四十里。

　　又东，汙水注之①。水出武安县山，东南流迳汙城北②。
昔项羽与蒲将军、英布济自三户③，破章邯于是水④。汙水东
注于漳水。

【注释】

①汙（yú）水：在今河北临漳西南。

②汙城：在今河北临漳西南十五里。

③蒲将军：秦末人，名不详。秦二世元年（前209）腊月与英布同往
　　投奔项籍。英布：亦名黥布。六县（今安徽六安北）人。初从项
　　羽，以功封九江王。后背楚归汉，封淮南王。汉高祖十一年（前
　　196），韩信、彭越先后被杀，心大恐，起兵反。次年兵败被杀。

④章邯：秦二世时官少府。陈涉起兵，二世令章邯率骊山徒迎战，击
　　杀周章。与长史司马欣等灭陈涉，破项梁，平魏咎，楚地略定。后

从项羽入关,羽立章邯为雍王。汉高祖还定三秦,章邯败走自杀。

【译文】

漳水又东流,汙水注入。汙水发源于武安县山,往东南流经汙城北面。从前项羽与蒲将军、英布从三户渡水,就在这条水上打败了章邯。汙水往东注入漳水。

漳水又东迳武城南[1],世谓之梁期城[2]。梁期在邺北,俗亦谓之两期城,皆为非也。司马彪《郡国志》曰[3]:邺县有武城,武城即期城矣。

【注释】

①武城:战国赵地。在今河北磁县西南。

②梁期城:梁期县治所。在今河北磁县东北。

③司马彪《郡国志》:司马彪,字绍统。河内温县(今河南温县)人。魏晋时期史学家。《郡国志》为其《续汉书》中的“八志”之一。记述东汉时期全国行政区划、人口以及《春秋》和“前三史”所载征伐、会盟所在的地名。

【译文】

漳水又往东流经武城南面,世人称之为梁期城。梁期在邺城北面,民间又称为两期城,都是不正确的。司马彪《郡国志》说:邺县有武城,武城就是期城。

漳水又东北迳西门豹祠前[1],祠东侧有碑,隐起为字。祠堂东头石柱勒铭曰:赵建武中所修也[2]。魏文帝《述征赋》曰[3]:羡西门之嘉迹[4],忽遥睇其灵宇[5]。漳水右与枝水合。其水上承漳水于邺会西[6],而东别与邯水合[7]。水发源邯山东北,迳邯会县故城西,北注枝水,故曰邯会也。张晏曰:漳水之别,自城西南与邯山之水会,今城旁犹有沟渠存焉。汉武帝元朔二年[8],封赵敬肃王子刘仁为侯国[9]。其水又东北入于漳。昔魏文侯以西门豹为邺令也[10],引漳以溉邺,民赖其用。其后至魏襄王,以史起为邺令,又堰漳水以灌邺田,咸成沃壤,百姓歌之[11]。魏武王又竭漳水[12],回流东注,号天井堰[13]。二十里中,作十二墱[14],墱相去三百步,令互相灌注,一源分为十二流,皆悬水门。陆氏《邺中记》云[15]:水所溉之处,名曰堰陵泽[16]。故左思之赋魏都[17],谓墱流十二,同源异口者也。魏武之攻邺也,引漳水以围之。《献帝春秋》曰[18]:司空邺城围周四十里[19],初浅而狭,如或可越,审配不出争利[20],望而笑之。司空一夜增修,广深二丈,引漳水以注之,遂拔邺[21]。本齐桓公所置也[22],故《管子》曰:筑五鹿、中牟、邺,以卫诸夏也[23]。后属晋,魏文侯七年[24],始封此地,故曰魏也。汉高帝十二年[25],置魏郡[26],治邺县,王莽更名魏城。后分魏郡,置东、西部都尉[27],故曰三魏[28]。

【注释】

①西门豹祠:在今河南安阳北三十二里丰乐村东。东汉时为纪念战国魏文侯时邺令西门豹破除当地河伯娶妇的迷信,同时兴修水利、引漳灌田之功而建。

②建武:后赵石虎的年号(335—348)。

③魏文帝:指曹操次子曹丕。字子桓。沛国谯(今安徽亳州)人。《述征赋》:《艺文类聚》卷五十九引魏文帝《述征赋》,其中无此二句。

④西门：即西门豹。

⑤遥睎（tī）：远远地望到。

⑥邯会：古县名。西汉以故伯阳邑置。治所在今河北邯郸肥乡区西南。

⑦邯水：发源于邯山（在今河北邯郸）东北，经过邯会县（今河北邯郸肥乡区西南）故城西。

⑧元朔二年：前127年。

⑨赵敬肃王：即刘彭祖。西汉宗室诸侯王，景帝子。景帝前元二年（前155）立为广川王。四年后徙赵王。为人巧佞。刘仁：赵敬肃王刘彭祖之子，汉武帝元朔二年（前127）封邯会侯。

⑩魏文侯：名都。战国时魏国第一位国君。任用李悝为相，实行变法，使魏国成为强大的国家。

⑪"其后至魏襄王"几句：《汉书·沟洫志》："（魏襄王）于是以史起为邺令，遂引漳水溉邺，以富魏之河内。民歌之曰：'邺有贤令兮为史公，决漳水兮灌邺旁，终古舄卤兮生稻粱。'"魏襄王，战国魏惠王之子，魏文侯之曾孙。以张仪为相，秦屡败魏军，王予秦以汜百地。史起，战国魏襄王时任邺令。他在西门豹兴修水利的基础上，进一步加修水利工程，引漳水以灌邺田，以富魏之河内。百姓歌其贤。堰（yǎn），筑堰堵塞。

⑫魏武王：即曹操。竭（è）：修建堤坝。

⑬元井堰：在今河北临漳西南。

⑭墱（dèng）：这里指堤坝。

⑮陆氏《邺中记》：又名《石虎邺中记》。东晋国子助教陆翙（huì）撰。原本二卷。叙后赵石虎事迹。因其都邺（今河北临漳北）故名。已佚。

⑯堰陵泽：一作晏（安）陂泽。西门豹为邺令，凿十二渠，决漳水以溉民田，渠一名安泽陂。

⑰左思：字太冲。齐国临淄（今山东淄博东北）人。西晋文学家。官

秘书郎。他的《三都赋》名重一时,曾使"洛阳为之纸贵"。赋魏
都:即《魏都赋》,为《三都赋》之一。借假想人物魏国先生称颂三
国时魏都的形势、宫室等,对曹操的政治措施和功业也多所歌颂。

⑱《献帝春秋》:书名。又名《汉献帝春秋》。晋袁晔撰。十卷。记
东汉末年献帝时事,已佚。

⑲司空:这里指曹操。

⑳审配:字正南。东汉魏郡(今河北临漳)人。为袁绍部将,任冀州
治中别驾。绍领冀州,委配腹心之任。绍卒,奉绍子尚命守邺。
曹操攻之,城陷拒降被杀。

㉑遂拔邺:事见《后汉书·袁绍传》。

㉒齐桓公:姜姓,名小白。春秋时期齐国国君。任用管仲实行改革,
以"尊王攘夷"为号召,多次大会诸侯订立盟约。是春秋第一个
霸主。

㉓筑五鹿、中牟、邺,以卫诸夏也:按,以上语见《管子·小匡》。五
鹿,即五鹿墟,又名沙鹿。在今河北大名东。中牟,春秋晋邑。在
今河南鹤壁西。邺,春秋齐邑。在今河北临漳西南邺镇。卫,捍卫,
保卫。诸夏,周代分封的中原各个诸侯国。泛指中原地区。

㉔魏文侯七年:前 439 年。

㉕汉高帝十二年:前 195 年。

㉖魏郡:西汉高帝十二年(前 195)置。治所在邺县(今河北临漳西
南邺镇)。

㉗后分魏郡,置东、西部都尉:《三国志·魏书·武帝纪》:"(建安
十八年)冬十月,分魏郡为东、西部,置都尉。"都尉,汉景帝时改
秦之郡尉为都尉,辅佐郡守并掌全郡的军事。武帝又置关都尉、
农都尉、属国都尉于各要地。又中央官职中有水衡都尉,执行临
时职务的有搜粟都尉、协律都尉等,亦武帝所设。

㉘三魏:为广平、阳平、魏三郡的俗称。东汉末,曹操封为魏王,都邺,

魏郡领址广大，东汉建安十八年（213）曹操分魏郡置东、西部都尉。曹丕代汉，分魏郡为广平（治曲梁县，在今河北邯郸永年区东南城关镇）、阳平（治所在今馆陶县）、魏（治邺县，在今临漳西南邺镇）三郡，世称三魏。

【译文】

漳水又往东北流经西门豹祠前面，祠的东边有石碑，隐约可以看出凸起的字迹。祠堂东端的石柱上刻有这些字样：赵建武年间所建。魏文帝《述征赋》说：景慕西门豹感人的事迹，忽然远远望见他的祠庙。漳水右岸与支流汇合。支流上游在邯会西边承接漳水，向东分支与邯水汇合。邯水发源于邯山东北，流经邯会县老城西面，北流注入这条支流，所以称为邯会。张晏说：从漳水分出的支流，从城西南流与邯山之水汇合，现在城旁还有沟渠留着。汉武帝元朔二年，把这里封给赵敬肃王的儿子刘仁，立为侯邑。水又往东北流入漳水。从前魏文侯派西门豹去当邺令，引入漳水灌溉邺的田地，百姓都靠着这水用。以后到魏襄王时，派史起去当邺令，又在漳水上筑堰，来灌溉邺的田亩，田亩也都变成肥沃的良田，百姓都歌颂他。魏武王又在漳水拦河筑坝，称为天井堰，使水转向东流。在二十里的河段中，造了十二级堤坝，每级相距三百步，使各级的水互相灌注，一个源头分为十二道水流，每道都建有水门。陆氏《邺中记》说：水所灌注之处曰堰陵泽。所以左思为魏都作赋，说分级渠道共十二条，引水注入各水口。魏武帝攻邺，引漳水来围困此城。《献帝春秋》说：司空曹操包围了邺城，在周围掘壕长四十里，开头浅而狭，看来似乎还可以走过去，审配不出来争取有利时机，只是嘲笑地看着。但司空连夜赶修，就增至深宽达二丈的规模，引漳水注入，于是就攻下邺城。邺城原来是齐桓公所置，所以《管子》说：筑了五鹿、中牟和邺诸城来保卫诸夏。后来属晋国，魏文侯七年才开始封在这里，所以称魏。汉高帝十二年，设置魏郡，治所在邺县，王莽改名为魏城。后来把魏郡分开，设立东部都尉和西部都尉，所以称为三魏。

　　魏武又以郡国之旧,引漳流自城西东入,迳铜雀台下①,伏流入城东注,谓之长明沟也②。渠水又南迳止车门下③,魏武封于邺为北宫④,宫有文昌殿⑤。沟水南北夹道,枝流引灌,所在通溉,东出石窦堰下⑥,注之隍水⑦,故魏武《登台赋》曰⑧:引长明,灌街里。谓此渠也。石氏于文昌故殿处,造东、西太武二殿⑨,于济北穀城之山采文石为基⑩,一基下五百武直宿卫⑪。屈柱趺瓦⑫,悉铸铜为之,金漆图饰焉。又徙长安、洛阳铜人,置诸宫前,以华国也。城之西北有三台,皆因城为之基,巍然崇举,其高若山,建安十五年魏武所起⑬,平坦略尽。《春秋古地》云⑭:葵丘⑮,地名,今邺西三台是也。谓台已平,或更有见,意所未详。

【注释】

①铜雀台:在今河北临漳西南邺镇北古邺城北城西北隅。为三国时曹操所筑铜雀台、金虎台、冰井台三台之一。于楼顶作一大铜雀,舒翼若飞,故名铜雀台。

②长明沟:杨守敬认为即“白沟”之异名。后汉建安九年(204),曹操为了进攻北方的袁尚,在淇水入黄处以大枋木筑堰,遏淇水东入白沟,以资军运。从此,清水和淇水均称白沟,成为海河水系的卫河(即南运河)的一段。

③止车门:宫城门。魏晋及南朝宫城四围均有城墙,南、东、西面并设有止车门。入宫者至此,按礼制,须文臣下车,武臣下马,步行上朝进殿。

④魏武封于邺:《三国志·魏书·武帝纪》:“(建安十八年)今以冀州之河东、河内、魏郡、赵国、中山、常山、钜鹿、安平、甘陵、平原凡十郡,封君为魏公。”

⑤文昌殿：曹操邺都北城北部正中的大殿。在今河北临漳西南邺镇北。

⑥石窦堰：又名石渎堰。在今河北临漳西南古邺城东。

⑦隍水：一作洹水。《水经注疏》熊会贞按："作洹，是也。即《洹水注》所谓洹水枝津，北迳东明观（在今河北临漳西南古邺北城东南隅）建春门之水。"

⑧魏武《登台赋》：今亡佚。

⑨太武殿：后赵石虎于曹魏文昌殿旧址建，在邺北城北部，今河北临漳西南邺镇北。

⑩济北：即济北郡。秦置。治所在博阳县（今山东泰安东南旧县）。秦亡后，项羽封田安为济北王，改置济北国。西汉初复改为济北郡。穀城之山：一名黄山。在今山东平阴西南东阿镇东北。该山出文石，石文鲜明。

⑪武直宿工：禁卫宫殿的值班武士。

⑫屄柱：曲柱，短柱。趺（fū）瓦：今筒瓦，其形半圆。趺，同"跗"。胕背。因脚背是弯曲的，故称弯曲的瓦为趺瓦。正与上文"屄柱"柑对。

⑬建安十五年：210年。建安，东汉献帝刘协的年号（196—220）。

⑭《春秋古地》：书名。杨守敬认为，当是晋时人京相璠的《春秋土地名》，三卷。

⑮葵丘：在今河北临漳西南三台村，即下文的"三台"。

【译文】

魏武帝又利用郡国旧水道，引漳水从城西东流，经过铜雀台下，从下水道入城东流，称为长明沟。渠水又往南流经止车门下，魏武帝封于邺时，曾修建北宫，宫里有文昌殿。沟水南北两边都是道路，以支流引水灌溉，往东从石窦堰下流出，注入洹水，所以魏武帝《登台赋》说：引了长明沟，灌入街巷。指的就是这条渠水。石氏在文昌殿旧址上，建造了东太武殿和西太武殿,在济北谷城山上开采文石来砌筑殿基,一座殿基下,布置了五百名武士值班警卫。弯曲的柱子和筒瓦全都用铸铜制成,还贴金涂漆,描图装饰。又把长安、洛阳的铜人搬到宫前,把都城装点得堂皇瑰丽。城的西北面有三座高台,都利用城墙作台基,巍然耸峙,就像山一样高,这些高台是建安十五年魏武帝所筑,现在已差不多削平了。《春秋古地》说:葵丘是地名,现在邺城西面的三座台,就是葵丘的所在地。现在台已削平,但当时也许另有所见,不很清楚。

中曰铜雀台,高十丈,有屋百一间,台成,命诸子登之,并使为赋①。陈思王下笔成章②,美捷当时。亦魏武望奉常王叔治之处也③。昔严才与其属攻掖门④,脩闻变,车马未至,便将官属步至宫门,太祖在铜雀台望见之曰:彼来者必王叔治也。相国锺繇曰⑤:旧京城有变,九卿各居其府⑥,卿何来也? 脩曰:食其禄,焉避其难,居府虽旧,非赴难之义。时人以为美谈矣。石虎更增二丈,立一屋,连栋接榱⑦,弥覆其上,盘回隔之,名曰命子窟。又于屋上起五层楼,高十五丈,去地二十七丈,又作铜雀于楼巅,舒翼若飞。南则金虎台,高八丈,有屋百九间。北曰冰井台,亦高八丈,有屋百四十五间,上有冰室,室有数井,井深十五丈,藏冰及石墨焉⑧。石墨可书,又燃之难尽,亦谓之石炭。又有粟窖及盐窖⑨,以备不虞⑩。今窖上犹有石铭存焉。

【注释】

①赋:文体名。盛行于汉魏六朝,是韵文和散文的综合体,通常用来写景叙事,也有以较短的篇幅抒情说理的。

②陈思王:即曹植。字子建。谯(今安徽亳州)人。曹操子。因封陈

王,谥思,故世称陈思王。善属文。

③魏武:即曹操。奉常:官名。掌管宗庙礼乐及文化教育的官员。王叔治:即王脩,字叔治。三国魏北海营陵(今山东昌乐)人。初平中,北海孔融召以为主簿,迁高密令。曹操辟为司空掾,官至奉常。慎思笃行,以知人著称。

④严才:三国时魏国勇士。有史载曾率数十人攻打皇宫,使魏武帝曹操避登铜雀台。掖(yè)门:宫殿正门两旁的边门。

⑤锺繇(yóo):字元常。三国时颍川长社(今河南长葛)人。善书法。

⑥九卿:古弋中央政府的九个高级官职。历代多设九卿,名称、司职略有不同。汉以太常、光禄勋、卫尉、太仆、廷尉、大鸿胪、宗正、司农、少府为九寺大卿(即九卿)。各居其府:各自据守在自己的官署中。

⑦连栋接榱(cuī):栋梁和椽子彼此连接。栋,屋子的正梁。榱,椽子。亦称桷子。

⑧石墨:矿物,碳的同素异形体,灰黑色,有金属光泽,硬度很小,熔点高,导电性强,化学性质稳定。可用来制造坩埚、电极、铅笔芯、润滑剂、颜料、防锈涂料等。

⑨粟窖:储存粟等粮食的地窖。盐窖:储存食盐的地窖。

⑩以备不虞(yú):用以防备天灾人祸等意想不到的坏情况。不虞,意料不到的情况。

【译文】

中间的叫铜雀台,高十丈,有房屋一百零一间,台建成后,魏武帝叫他的儿子们去登台,还要他们作赋。陈思王落笔成篇,文辞的优美,才思的敏捷,当时无人可与他相比。铜雀台也是魏武帝望见奉常王叔治的地方。从前严才和他的部属攻打宫殿边门,王叔治听到发生事变,没等到车马到来,就带领部属步行赶到宫门,太祖在铜雀台上远远看到了,说道:那赶来的人一定是王叔治了。相国锺繇说:过去京城里发生事变,九卿都留守在他们的官署,你为什么赶来啊? 王叔治说:吃人家的俸禄,人家有危难时,怎能躲着呢?留守官署虽说是老规矩,但却不是奔赴急难的义举。当时人们把这件事传为美谈。石虎又把台加高了两丈,台上建了一座房屋,栋椽相连,把高台顶上全都盖住,在周围分隔开来,叫命子窟。又在屋上建五层楼,高十五丈,离地二十七丈,又在楼顶做了一只铜雀,张开翅膀,像在飞翔似的。南边是金虎台,高八丈,有屋一百零九间。北边有冰井台,也高八丈,有屋一百四十五间,上面有冰室,室中有几口井,每口深十五丈,井中贮存冰和石墨。石墨可以写字,点着了火也不易烧尽,也叫石炭。还有藏谷和藏盐的地窖,以防意外。现在地窖上还留有石刻铭文。

　　左思《魏都赋》曰:三台列峙而峥嵘者也①。城有七门:南曰凤阳门,中曰中阳门,次曰广阳门,东曰建春门,北曰广德门,次曰厩门,西曰金明门,一曰白门。凤阳门三台洞开,高三十五丈,石氏作层观架其上②,置铜凤,头高一丈六尺。东城上,石氏立东明观③,观上加金博山④,谓之"锵天"⑤。北城上有齐斗楼⑥,超出群树⑦,孤高特立。其城东西七里,南北五里,饰表以砖,百步一楼。凡诸宫殿、门台、隅雉⑧,皆加观榭。层甍反宇⑨,飞檐拂云⑩,图以丹青,色以轻素,当其全盛之时,去邺六七十里⑪,远望苕亭⑫,巍若仙居⑬。魏因汉祚⑭,复都洛阳⑮,以谯为先人本国⑯,许昌为汉之所居⑰,长安为西京之遗迹⑱,邺为王业之本基,故号五都也。今相州刺史及魏郡治⑲。

【注释】

①三台:即邺都铜雀台、金虎台和冰井台。列峙:并立对峙。峥嵘(zhēng róng):高峻貌。

②层观（guàn）：层楼。观，楼台。架：构建，架设。

③东明观：在今河北临漳西南古邺北城东南隅。石赵时为王室宴游之所。

④金博山：金色的博山香炉。

⑤锵（qiāng）：高貌。

⑥齐斗楼：在今河北临漳西南古邺北城上。

⑦榭：建筑在高台上的木屋。多为游观之所。

⑧隅雉（yú zhì）：墙角的边角。雉，雉堞，城墙上的矮墙。

⑨甍（méng）：屋脊。反宇：屋檐上仰起的瓦头。

⑩飞檐：我国传统建筑檐部形式之一。屋檐上翘，若飞举之势。常用于亭、台、楼、阁、庙宇、宫殿等建筑上。

⑪郲：春秋齐邑。在今河北临漳西南郲镇。

⑫苕（tiáo）亭：高峻貌。

⑬巍若仙居：像神仙居住的宫殿一样巍峨高耸。

⑭魏：此指三国魏。因：继承，承接。汉祚（zuò）：汉朝的帝位。祚，君位，国统。

⑮洛阳：本名成周，战国时改名洛阳，因在洛水之北而得名。故址即今河南洛阳东北汉魏故城。

⑯以谯（qiáo）为先人本国：曹操本沛国谯（今安徽亳州）人。故称谯为先人本国。谯，古县名。治所即今安徽亳州。本国，祖籍所在的都邑。

⑰许昌：即许昌县。秦置许县，三国魏黄初二年（221），文帝曹丕以“汉亡于许，魏基昌于许”，改许县为许昌。治所在今河南许昌东三十六里古城。

⑱长安：战国秦长安君的封邑。在今陕西西安西北。西汉于此置长安县。西京：西汉都长安，东汉改都洛阳，因称洛阳为东京，长安为西京。

⑲相州：北魏天兴四年（401）分冀州置。治所在邺县（今河北临漳
　　西南邺镇）。及：和。

【译文】

　　左思《魏都赋》说：三座高台罗列，高高地耸峙着。邺城有七座城门：
南边的叫凤阳门，中央的叫中阳门，近边的叫广阳门，东边的叫建春门，
北边的叫广德门，近边的叫厩门，西边的叫金明门，又叫白门。凤阳门上
有三座台，城门大开，高三十五丈，石虎在上面建起层楼，楼顶上安放了
一只铜凤，头高一丈六尺。他又在东城上建了东明观，观上装了一座金
博山为饰，称为"锵天"。北城上有齐斗楼，高出周围的亭榭之上，显得分
外突出。城东西七里，南北五里，用砖装饰表面，每百步有一座城楼。城
内所有的宫殿、门台、边墙上面都加建观榭。层沓的屋栋，反仰的檐瓦，
飞檐高接青云，描画上彩色和淡白色，在全盛时期，离邺城六七十里外，
远远就可望见楼台高耸，就像仙宫一样。魏承袭汉朝政权，也建都在洛
阳，因为谯是祖先的本国，许昌是汉朝所居，长安是西京遗迹，邺是建立
王朝大业的基地，所以合称五都。现在邺城是相州刺史及魏郡的治所。

　　漳水自西门豹祠北迳赵阅马台西①，基高五丈，列观其
上，石虎每讲武于其下②，升观以望之。虎自台上放鸣镝之
矢③，以为军骑出入之节矣④。

【注释】

①阅马台：又名凉马台、戏马台。在今河北临漳西。
②讲武：讲习武事。
③鸣镝（dí）之矢：响箭。矢发射时有声，故称。镝，箭头，箭。
④节：法度，法则。这里指号令。

【译文】

　　漳水从西门豹祠往北流经后赵阅马台西面，台基高五丈，上面建了

望楼,石虎每次在台下讲武,总要登楼眺望。他从台上放响箭,作为军队出入的号令。

　　漳水又北迳祭陌西①,战国之世,俗巫为河伯取妇②,祭于此陌。魏文侯时③,西门豹为邺令,约诸三老曰④:为河伯娶妇,幸来告知,吾欲送女。皆曰:诺⑤。至时,三老、廷掾赋敛百姓⑥,取钱百万,巫觋行里中⑦,有好女者,祝当为河伯妇,以钱三万聘女,沐浴脂粉如嫁状。豹往会之,三老、巫、掾与民咸集赴观。巫妪年七十,从十女弟子。豹呼妇视之,以为非妙,令巫妪入报河伯,投巫于河中。有顷曰:何久也?又令三弟子及三老入白,并投于河。豹磬折曰⑧:三老不来,奈何?复欲使廷掾、豪长趣之⑨,皆叩头流血,乞不为河伯取妇。淫祀虽断⑩,地留祭陌之称焉。又慕容儁投石虎尸处也⑪。田融以为紫陌也⑫。赵建武十一年⑬,造紫陌浮桥于水上,为佛图澄先造生墓于紫陌⑭。建武十五年卒,十二月葬焉,即此处也。

【注释】

①祭陌:又作紫陌桥、紫陌。在今河北临漳西南古邺城西北。

②河伯:传说中的黄河水神。一名冯夷、冰夷、冯迟。

③魏文侯:名都。战国时魏国第一位国君。任用李悝为相,实行变法,使魏国成为强大的国家。

④三老:古代掌教化之官。乡、县、郡均曾先后设置。年五十以上、有德行威信能率服民众者任之。

⑤诺:答应词。

⑥廷掾(yuàn):县令的属吏。赋敛:征收赋税。

⑦巫觋(xí)：古代称女巫为巫，男巫为觋，合称巫觋。

⑧磬(qìng)折：弯腰，表示恭敬谦卑的样子。

⑨趣：奔赴，前往。

⑩淫祀：不合礼制的祭祀，妄滥之祭。

⑪慕容儁(jùn)：字宣英。昌黎棘城（今辽宁义县西北）人。鲜卑族，前燕文明帝慕容皝第二子，十六国时期前燕皇帝。

⑫田融：十六国时期前燕史学家。官太傅长史。曾与郭仲产、王度合著《邺都集》《赵书》（一作《二石集》）。

⑬建武十一年：345年。建武，后赵石虎的年号（335—348）。

⑭佛图澄：本姓帛氏，西域人。少出家，清真务学，诵经数百万言。西晋怀帝永嘉四年（310）东来洛阳，被石勒尊为"大和尚"。大江南北，以至天竺、康居等地僧侣多来受学，北方佛教因之大盛。生墓：生前建造的坟墓。

【译文】

漳水又往北流经祭陌西面，战国时民间的巫婆为河伯娶新娘，都是在这条陌上祭祀的。魏文侯时，西门豹当邺令，和三老相约说：为河伯娶新娘时，请来通知我，我也来送送那位姑娘。三老都说：好的。到了那时候，三老、廷掾向百姓征税，征得百万钱，男巫女巫在乡里各处巡行，看到有漂亮的姑娘，说是应当给河伯做新娘，就用三万钱给她娘家做聘金，为她沐浴、涂脂抹粉，犹如出嫁的样子。西门豹去赴会，三老、巫婆、廷掾和民众人山人海，赶去看热闹。巫婆七十岁了，跟随她的女弟子有十人。西门豹叫了新娘来看，说不够好，叫巫婆去报告河伯，就把她投到河中。等了一会儿，他说：为什么这么久还不回来？又叫三个弟子及三老去禀告，也都投入河中。西门豹恭恭敬敬地弯着腰说：三老还不回来，怎么办呢？想再叫廷掾、豪长前去，他们都叩头求饶，直叩得头破血流，说不再给河伯娶新娘了。虽然这种荒唐的祭祀仪式取消了，但祭陌这个地名却留了下来。这里也是慕容儁把石虎尸体投入河水中的地方。田融把这地方叫紫陌。后赵建武十一年，在水上造紫陌浮桥，在紫陌为佛图澄建造寿坟。这位高僧死于建武十五年，十二月安葬，就是在这地方。

漳水又对赵氏临漳宫①，宫在桑梓苑②，多桑木，故苑有其名。三月三日及始蚕之月③，虎帅皇后及夫人采桑于此，今地有遗桑，墉无尺雉矣④。

【注释】

①赵氏：即后赵。临漳宫：十六国时期后赵建。在今河北临漳西南故邺县城西。

②桑梓苑：十六国时期后赵邺都御苑。在今河北临漳西南古邺城西。

③三月三日：即上巳节。汉以前为三月上旬的巳日，三国魏固定为三月三日。古代民俗人们于此日到水边嬉戏，以祓除不祥，称为修禊。始蚕之月：夏历三月。这是养蚕的月份，亦称蚕月。

④墉（yōng）：墙垣。尺雉：一尺高的雉堞。雉，雉堞，即城上短墙。

【译文】

漳水又面对赵氏的临漳宫，宫殿在桑梓苑，多桑树，这个皇家园囿就因而得名。三月三日及开始养蚕的月份，石虎带了皇后及夫人来到这里采桑，现在还留下一些桑树，但连断墙残壁也荡然无存了。

漳水又北，滏水入焉①。

【注释】

①漳水又北，滏水入焉：陈桥驿按，《太平御览》引《水经注》曰："滏水发源出石鼓山南岩下，泉奋涌，滚滚如汤，其水冬温夏冷，崖山有魏世所立铭，水上有祠，能兴云雨，滏水又东流，注于漳，又谓之合河。"文当在此句之下。原本及近刻并脱落。滏水，上游即今

河北磁县滏阳河，下游西汉时东北至今肥乡西入漳水，北魏前改
在古邺城（今临漳西南）东入漳。

【译文】

漳水又北流，滏水注入。

　　漳水又东迳梁期城南①，《地理风俗记》曰②：邺北五十
里有梁期城，故县也。汉武帝元鼎五年③，封任破胡为侯国④。
晋惠帝永兴元年⑤，骠骑王浚遣乌丸渴末迳至梁期，候骑到
邺，成都王颖遣将军石超讨末，为末所败于此也⑥。

【注释】

①梁期城：梁期县治所。在今河北磁县东北。

②《地理风俗记》：书名。东汉应劭撰。今仅存辑本。

③元鼎五年：前112年。元鼎，西汉武帝刘彻的年号（前116—前111）。

④任破胡：汉武帝时人。建元五年（前136）以属国都尉率兵出击匈
　奴而被封为梁期侯，后坐罪罢免。

⑤永兴元年：304年。永兴，西晋惠帝司马衷的年号（304—306）。

⑥“骠（piào）骑王浚遣乌丸渴末迳至梁期”几句：事见《晋书·成
　都王颖传》：“颖征浚，浚屯冀州不进，与腾及乌丸羯朱袭颖。候
　骑至邺，颖遣幽州刺史王斌及石超、李毅等距浚，为羯朱等所败。”
　骠骑王浚，字彭祖。西晋晋阳（今山西太原）人。王沈之子。后为
　石勒所杀。乌丸，亦作乌桓。古时北方少数民族名。原是东胡族
　的一支，秦末被匈奴击败，部分迁移到乌桓山，因以为名。汉建安
　十二年（207）曹操破乌桓，徙万余落至中原，其势遂衰。候，伺望，
　侦察。邺，即今河北临漳西南邺镇。成都王颖，即司马颖。字章度。
　西晋河内温县（今河南温县西）人。晋武帝第十六子。封成都王。

【译文】

漳水又往东流经梁期城南面，《地理风俗记》说：邺城以北五十里有梁期城，是个旧县城。汉武帝元鼎五年，把这里封给任破胡，立为侯国。晋惠帝永兴元年，骠骑将军王浚派遣乌丸渴末直达梁朝，等候骑兵到邺城，成都王司马颖派遣将军石超去镇压渴末，却在这里被渴末打败。

又迳平阳城北①，《竹书纪年》曰：梁惠成王元年②，邺师败邯郸师于平阳者也③。司马彪《郡国志》曰：邺有平阳城，即此地也。

【注释】

①平阳城：战国赵邑。在今河北临漳西。

②梁惠成三元年：前369年。

③邯郸：战国赵都城。在今河北邯郸。

【译文】

漳水又流经平阳城北面，《竹书纪年》说：梁惠成王元年邺城军队在平阳打败邯郸军队。司马彪《郡国志》说：邺县有平阳城，就是这座城。

又东过列人县南①，

漳水又东，右迳斥丘县北②，即裴县故城南③，王莽更名之曰即是也。《地理风俗记》曰：列人县西南六十里有即裴城，故县也。

【注释】

①列人县：西汉置，属广平国。治所在今河北邯郸肥乡区东北十五里。

②斥丘县：西汉置，属魏郡。治所在今河北成安东南三十里。

③即裴县：西汉征和元年（前92），武帝封赵敬肃王子刘道置，属魏
　　郡。治所在今河北邯郸肥乡区西。

【译文】

浊漳水又往东流过列人县南边，

漳水又东流，右边流经斥丘县北面，即裴县老城南面，王莽改即裴为
即是。《地理风俗记》说：列人县西南六十里有即裴城，是个旧县城。

漳水又东北迳列人县故城南，王莽更名之为列治也。《竹
书纪年》曰：梁惠成王八年①，惠成王伐邯郸取列人者也②。
于县右合白渠故渎③，白渠水出魏郡武安县钦口山④，东南流
迳邯郸县南，又东与拘涧水合⑤。水导源武始东山白渠⑥，北
俗犹谓是水为拘河也。拘涧水又东，又有牛首水入焉⑦。水
出邯郸县西堵山⑧，东流分为二水，洪湍双逝，澄映两川。汉
景帝时，七国悖逆，命曲周侯郦寄攻赵，围邯郸，相捍七月，
引牛首、拘水灌城，城坏，王自杀⑨。

【注释】

①梁惠成王八年：前362年。

②惠成王：即魏惠王。魏是国名，姓魏名罃，因魏都大梁，故又称梁
　　惠王。

③白渠：亦称白渠水。在今河北邯郸肥乡区西北。

④魏郡：西汉高帝十二年（前195）置。治所在邺县（今河北临漳西
　　南邺镇）。武安县：秦置，属邯郸郡。西汉属魏郡。治所在今河北
　　武安西南五里店子古城。

⑤拘涧水：即今渚河。在今河北邯郸南。

⑥武始：战国韩邑，后入秦。在今河北武安南。西汉置武始县。

⑦牛首水：即今河北邯郸南沁水。

⑧堵山：在今河北邯郸西。

⑨"汉景帝时"几句：事见《史记·郦商列传》："上以寄为将军，围赵城，一月不能下。得俞侯、栾布自平齐来，乃下赵城，灭赵，王自杀，除国。"汉景帝，西汉皇帝刘启。七国悖逆，指西汉景帝时，吴、胶西、楚、赵、济南、菑川、胶东七国同时作乱，也称七国之乱。曲周侯郦寄，字况。西汉陈留高阳（今河南杞县）人。郦商子。袭父郦商爵为曲周侯。孝景帝时，吴、楚、齐、赵等反叛，上以寄为将军，围赵城。孝景中二年（前148），郦寄欲娶景帝王皇后之母为夫人，景帝怒，免其爵。捍，对峙。王自杀，指赵王遂自杀。

【译文】

漳水又往东北流经列人县旧城南面，王莽改名为列治。《竹书纪年》说：梁惠成王八年，惠成王攻打邯郸，夺取了列人。漳水在县右汇合了白渠旧水道，白渠水发源于魏郡武安县钦口山，往东南流经邯郸县南，又东流与拘涧水汇合。拘涧水发源于武始县东山的白渠，北方民间仍把这条水称为拘河。拘涧水又东流，又有牛首水注入。牛首水发源于邯郸县西边的堵山，东流分为两条，急湍奔腾流过，两条澄澈的溪流照影如镜。汉景帝时，七国叛乱，命令曲周侯郦寄去打赵国，包围了邯郸，相持七月，引了牛首水和拘水去淹城，城被冲坏，赵王遂也自杀了。

其水东入邯郸城，迳温明殿南①，汉世祖擒王郎、幸邯郸昼卧处也②。其水又东迳丛台南③，六国时④，赵王之台也⑤。《郡国志》曰：邯郸有丛台。故刘劭《赵都赋》曰⑥：结云阁于南宇⑦，立丛台于少阳者也⑧。今遗基旧墉尚在。其水又东历邯郸阜⑨，张晏所谓邯山在东城下者也⑩。曰单，尽也，城郭从邑，故加邑，邯郸之名，盖指此以立称矣[11]，故赵郡治也[12]。《长沙耆旧传》称[13]，桓楷为赵郡太守[14]，尝有遗囊粟于路者[15]，行人挂囊粟于树，莫敢取之，即于是处也。

【注释】

①温明殿：西汉赵国宫城建筑之一。在今河北邯郸西南八里赵王城。

②汉世祖擒王郎：事见《后汉书·光武帝纪》："四月，进围邯郸，连战破之。五月甲辰，拔其城，诛王郎。"汉世祖，即光武帝刘秀。王郎，一名昌。赵国邯郸（今河北邯郸）人。本以卜相为业。自称是汉成帝之子刘子舆，被西汉赵缪王之子刘林拥立为天子，都邯郸。不久，刘秀攻破邯郸，王郎被杀。幸邯郸昼卧处：《后汉书·耿弇列传》："时光武居邯郸宫，昼卧温明殿。"李贤注："汉赵王如意之殿也，故基在今洺州邯郸县内。"

③丛台：在今河北邯郸内，相传为战国赵武灵王所筑。

④六国：指战国时齐、楚、燕、韩、赵、魏六个国家。

⑤赵王之台：赵国国君故台。

⑥刘劭《赵都赋》：与《许都赋》及《洛都赋》亦称三都赋。刘劭，一作刘邵。字孔才。三国魏广平邯郸（今河北邯郸）人。以人物品鉴著称后世。

⑦云阁：高耸入云的楼阁。南宇：国家的南部疆域。赵都邯郸地处赵国南部，故称。

⑧少阳：东极，东方。

⑨邯郸阜：即邯山。在今河北邯郸。阜，土山。

⑩张晏：字子博。中山（今河北定州）人。有《汉书》注，多存于今《汉书》颜师古注中。

⑪邯郸之名，盖指此以立称矣："邯郸"的意思是邯山到此成为尽头。

⑫赵郡：东汉建安十七年（212）改赵国置。治所在邯郸县（今河北邯郸）。

⑬《长沙耆旧传》：书名。晋刘彧撰，三卷。记晋以前长沙历史人物。已失。

⑭桓楷：当作桓阶。桓阶，字伯绪。三国吴长沙临湘（今湖南长沙）人。孙坚举其为孝廉，任尚书郎。曹操定荆州，辟为丞相掾主簿，迁赵郡太守。

⑮囊粟：一袋谷子。粟，谷子。脱壳后称小米。

【译文】

　　水往东流入邯郸城，流经温明殿南面，汉世祖俘获王郎、巡视邯郸时，曾在殿中午睡过。水又往东流经丛台南面，丛台是六国时期赵王的台。《郡国志》说：邯郸有丛台。所以刘劭《赵都赋》说：在南边造起云阁，在少阳山建立丛台。现在遗址上还有些老墙留下来。水又往东流经邯郸阜，就是张晏所说的东边城下的邯山。单，是尽头的意思，城郭从邑，所以偏旁加邑，邯郸这地名，大概就是依据此山命名的，是旧时赵郡的治所。《长沙耆旧传》说：桓楷当赵郡太守时，有人在路上丢了一袋谷子，过往行人把这袋谷子挂在树上，没有人敢拿，说的就是这地方。

　　其水又东流出城，又合成一川也。又东，澄而为渚①，渚水东南流，注拘涧水②，又东入白渠③，又东，故渎出焉。一水东为泽渚④，曲梁县之鸡泽也⑤。《国语》所谓鸡丘矣⑥。东北通澄湖⑦，白渠故渎南出所在，枝分右出，即邯沟也⑧。历邯沟县故城东⑨，盖因沟以氏县也。《地理风俗记》曰：即裴城，西北二十里有邯沟城，故县也。又东迳肥乡县故城北⑩。《竹书纪年》曰：梁惠成王八年⑪，伐邯郸取肥者也⑫。《晋书地道记》曰⑬：太康中立以隶广平也⑭。渠道交径，互相缠縻，与白渠同归,迳列人右会漳津,今无水。《地理志》曰:白渠东至列人入漳是也。

【注释】

①澄（chéng）:清澈而不流动。渚:即渚水。在今河北邯郸南。

②拘涧水:即今渚河。在今河北邯郸南。

③白渠:亦称白渠水。在今河北邯郸肥乡区西北。

④泽渚:即鸡泽,又名鸡丘。在今河北邯郸永年区东南。

⑤曲梁县:西晋改曲梁侯国置,属广平郡。治所在今河北邯郸永年区东南四十五里广府镇。

⑥《国语》:书名。撰者不详,相传为左丘明所作。大约成书于战国初年。是我国最早的国别体史书。

⑦澄湖:在今河北曲周境内。

⑧邯沟:邯水之沟。在今河北邯郸肥乡区境内。

⑨邯沟县:西汉置。在今河北邯郸肥乡区西北,因处邯水之沟,故名。

⑩肥乡县:三国魏黄初二年（221）置,属广平郡。治所在今河北邯郸肥乡区西二十二里。

⑪梁惠成王八年:前362年。

⑫肥:战国赵邑,后入魏。在今河北邯郸肥乡区西。

⑬《晋书地道记》:书名。又称《晋地道志》《晋地道记》《地道记》。东晋王隐撰。今存清人辑本。

⑭太康:晋武帝司马炎的年号（280—289）。广平:即广平郡。西汉武帝元朔、元狩间分钜鹿郡置。治所在广平县（今河北鸡泽东南）。后多次改易。

【译文】

水又东流出城,重新汇合成一条。又东流,形成一片澄澈的水湾,水往东南流,注入拘涧水;又东流,注入白渠;又东流,分出一条旧渠。一条往东流，积成沼泽，就是曲梁县的鸡泽。《国语》所谓鸡丘就是这地方。东北与澄湖相通，白渠旧道往南分出，所到之处分出许多支渠，向右边分出的就是邯沟。流过邯沟县旧城东边，县名就是因沟名而来的。《地理风俗记》说：即裴城西北二十里有邯沟城，是个旧县城。又往东流经肥乡县旧城北面。《竹书纪年》说：梁惠成王八年，攻打邯郸，夺取了肥。《晋书地道记》说：太康年间设置肥乡县，属广平郡。渠道纵横交错，相互纠缠在一起，与白渠流到同一处，经过列人县，在右边汇合漳水，今天已枯涸了。《地理志》说：白渠东流到列人县，注入漳水。

又东北过斥漳县南①，

应劭曰：其国斥卤②，故曰斥漳。汉献帝建安十八年③，魏太祖凿渠④，引漳水东入清、洹以通河漕⑤，名曰利漕渠⑥。漳津故渎水断，旧溪东北出，涓流濊注而已⑦。《尚书》所谓覃怀厎绩⑧，至于衡漳者也⑨。孔安国曰：衡，横也，言漳水横流也。又东北迳平恩县故城西⑩，应劭曰：县，故馆陶之别乡⑪，汉宣帝地节三年置⑫，以封后父许伯为侯国⑬，王莽更曰延平也。

【注释】

①斥漳县：西晋改斥章县置，属广平郡。治所在今河北曲周东南。

②斥卤：盐碱地。

③建安十八年：213年。建安，东汉献帝刘协的年号（196—220）。

④魏太祖：即曹操。魏国建立后，立庙号太祖。

⑤清：即清水。源出脩武县（今河南获嘉）北，上游即今河南卫辉以上的卫河。洹：洹水。即今河南北部卫河支流安阳河。源出林州隆虑山，流经安阳，至内黄县入卫河。

⑥利漕渠：曹魏时沟通邺城（今河北临漳西南）与白沟的运河。此渠自今河北曲周南，东南至大名西北、馆陶西南注入白沟，以沟通邺都和四方漕运，故名。此后邺都可由运河直通河北平原北端，此水北魏《水经注》时尚存。其后水道变迁，详情不明。

⑦瀎（mì）注：浅浅地注入。瀎，水浅貌。

⑧覃（tán）怀：在今河南武陟以西、孟州以东地区。厎（dǐ）绩：取得成绩。厎，致，获得。绩，功绩。

⑨衡漳：即古漳水。古大河（黄河）自南而北，流经今河北南部，漳水自西而来东流注之，即横流入河，故称衡漳。衡，横，横着。以上为《尚书·禹贡》的文字。

⑩平恩县：东汉改平恩侯国置，属魏郡。治所在今河北曲周东南西呈孟乡。

⑪馆陶：即馆陶县。西汉置，属魏郡。治所即今河北馆陶。

⑫地节三年：前67年。地节，西汉宣帝刘询的年号（前69—前66）。

⑬许伯：即许广汉。西汉宣帝时昌邑（今山东巨野）人。少时为昌邑王郎官。有女平君，为西汉皇帝刘询皇后。霍光以后父，封为昌成君。后封为平恩侯，位特进。

【译文】

浊漳水又往东北流过斥漳县南面，

应劭说：那个地区是盐碱地，所以叫斥漳。汉献帝建安十八年，魏太祖开了一条渠道，引漳水往东流入清水、洹水，以便通航运粮，名为利漕渠。漳水旧河道断流后，旧溪通往东北，只是一缕细水，在涓涓地流渗罢了。《尚书》说，覃怀一带直到衡漳，治水也已卓有成效。孔安国说：衡是横的意思，就是说漳水横流。漳水又往东北流经平恩县旧城西面，应劭说：平恩县原来是馆陶县的一个乡，汉宣帝地节三年设置，把这地方封给皇后的父亲许伯，立为侯国，王莽改名为延平。

又东北过曲周县东①，又东北过钜鹿县东②，

衡漳故渎东北迳南曲县故城西③。《地理志》：广平有南曲县。应劭曰：平恩县北四十里有南曲亭④，故县也。又迳曲周县故城东。《地理志》曰：汉武帝建元四年置⑤，王莽更名直周。余按《史记》⑥，大将军郦商以高祖六年封曲周县为侯国⑦。又考《汉书》同⑧。是知曲周旧县，非始孝武⑨。啸父⑩，冀州人，在县市补履数十年，人奇其不老，求其术而不能得也。衡漳又北迳巨桥邸阁西⑪，旧有大梁横水⑫，故有巨桥之称。昔武王伐纣，发巨桥之粟，以赈殷之饥民。服虔曰⑬：巨桥，仓名。许慎曰⑭：钜鹿水之大桥也⑮。今临侧水湄⑯，左右方一二里中，状若丘墟，盖遗囷故窖处也⑰。

【注释】

①曲周县：西汉高帝六年（前201）封郦商为曲周侯，汉武帝建元四年（前137）改为县，属广平国。治所在今河北曲周东北四十里。

②钜鹿县：秦置，为钜鹿郡治。治所在今河北平乡西南平乡镇。

③南曲县：西汉置，属广平国。治所在今河北邱县西北古城营。

④平恩县：东汉改平恩侯国置，属魏郡。治所在今河北曲周县东南呈孟乡。南曲亭：在今河北邱县北。

⑤建元四年：前137年。建元，西汉武帝刘彻的年号（前140—前135）。

⑥《史记》：此为《史记·高祖功臣侯者年表》。

⑦郦商：汉高祖刘邦时右丞相。陈留高阳（今河南杞县西）人。郦食其弟。秦末援刘邦，有功，封信成君。从刘邦平定汉中，定三秦，击项羽，累功封曲周侯。

⑧《汉书》：此为《汉书·高惠高后文功臣表》。

⑨孝武：即汉武帝刘彻。

⑩啸父：古代传说中仙人名。有不老之术。

⑪巨桥：商代粮仓所在地。故址在今河北曲周东北古衡漳水东岸。

　　邸阁：囤集粮食或其他物资的场所。

⑫梁：水桥。

⑬服虔：字子慎。初名重，又名祇。河南荥阳（今河南荥阳）人。东
　　汉经学家。

⑭许慎：字叔重。汝南召陵（今河南漯河市召陵区）人。东汉著名的
　　经学家、文字学家。所著《说文解字》，是中国文字学的奠基之作，
　　也是我国第一部以六书理论系统分析字形、解释字义的字典。

⑮钜鹿水：当在今河北曲周一带。

⑯水湄：水边。湄，水草交接处，岸边。

⑰遗囤故窖：以前窖藏粮食的地方。囤，粮仓。

【译文】

浊漳水又往东北流过曲周县东面，又往东北流过钜鹿县东面，
衡漳旧水道往东北流过南曲县旧城西面。《地理志》：广平有南曲县。
应劭说：平恩县以北四十里有南曲亭，是个旧县址。又流经曲周县旧城
东面。《地理志》说：汉武帝建元四年置曲周县，王莽时改名为直周。我
查考《史记》，大将军郦商在高祖六年封于曲周县，立为侯国。考《汉书》
记载也相同。因而知道曲周这个旧县，不是始于汉武帝。啸父是冀州人，
在县城市场上补了数十年鞋，人们都奇怪他不会老，想求他传授秘术却
求不到。衡漳又往北流经巨桥仓储西面，旧时有一座大桥横架于水上，
所以有巨桥之名。从前武王讨伐纣王，开巨桥仓，把粮食发给殷商的饥
民。服虔说：巨桥是粮仓名。许慎说：巨桥是钜鹿水上的大桥。现在靠
近水边处，左右方圆一二里范围，形态好像土丘，应是从前窖藏粮食的粮
仓所在的地方。

衡水又北迳钜鹿县故城东,应劭曰:鹿者,林之大者也。《尚书》曰:尧将禅舜①,纳之大麓之野②,烈风雷雨不迷,致之以昭华之玉③,而县取目焉。路温舒④,县之东里人,父为里监门⑤,使温舒牧羊泽中,取蒲牒用写书⑥,即此泽也。钜鹿郡治⑦。秦始皇二十五年灭赵以为钜鹿郡。汉景帝中元年⑧,为广平郡⑨。武帝征和二年⑩,以封赵敬肃王子为平干国⑪,世祖中兴⑫,更为钜鹿也。

【注释】

①禅(shàn):帝王把帝位让给别人。

②纳:入,使入。大麓:广阔的山林。麓,山脚。

③昭华之玉:宝玉名。事亦见《淮南子·泰族训》:"四岳举舜而荐之尧,尧乃妻以二女,以观其内;任以百官,以观其外;既入大麓,烈风雷雨而不迷,乃属以九子,赠以昭华之玉,而传天下焉。"

④路温舒:字长君。西汉钜鹿东里(今河北平乡西南)人。累迁临淮太守,有政绩。主张尚德缓刑,反对严刑峻法。

⑤里:古代地方行政组织。自周始,后代多因之,其制不一,如二十五家为一里、五十家为一里、七十二家为一里等。监门:战国时设置,掌守门的低级官吏。

⑥蒲牒:谓以蒲草作牒。牒,古代可供书写的简札。

⑦钜鹿郡:秦始皇二十五年(前222)置。治所在钜鹿县(今河北平乡西南平乡镇)。

⑧汉景帝中元年:即西汉景帝刘启中元元年,前149年。

⑨广平郡:西汉武帝元朔、元狩间分钜鹿郡置。治所在广平县(今河北鸡泽东南)。

⑩征和二年:前91年。征和,西汉武帝刘彻的年号(前92—前89)。

⑪赵敬肃王：即刘彭祖，西汉宗室诸侯王，景帝子。平干国：西汉征
　　和二年（前91）置。治所在广平县（今河北鸡泽东南）。

⑫世祖：即光武帝刘秀。

【译文】

　　衡水又往北流经钜鹿县旧城东面，应劭说：鹿就是面积广大的森林。《尚书》说：尧打算把帝位让给舜的时候，把舜放入广阔山林的郊野，当时有狂风暴雨，但舜却不迷失方向，于是拿昭华之玉赠给他，县也因此取名了。路温舒，钜鹿县东里人，父亲在乡里当监门小吏，叫他到泽地去放羊，采了菖蒲叶写字，就是这片泽地。旧县城就是钜鹿郡的治所。秦始皇二十五年，灭了赵国，设为钜鹿郡。汉景帝中元元年，这里是广平郡。武帝征和二年，把这里封给赵敬肃王的儿子，立为平干国，世祖中兴以后，改为钜鹿。

　　郑玄注《尚书》引《地说》云①：大河东北流，过绛水千里②，至大陆为地腹③，如《志》之言大陆在钜鹿。《地理志》曰：水在安平信都④。钜鹿与信都相去不容此数也。水土之名变易，世失其处，见降水则以为绛水，故依而废读⑤，或作绛字，非也。今河内共北山⑥，淇水出焉⑦，东至魏郡黎阳入河⑧，近所谓降水也。降读当如郕降于齐师之降⑨，盖周时国于此地者，恶言降，故改云共耳⑩。又今河所从去大陆远矣，馆陶北屯氏河⑪，其故道与？余按郑玄据《尚书》有东过洛汭⑫，至于大伾⑬；北过降水，至于大陆，推次言之，故以淇水为降水，共城为降城，所未详也。稽之群书⑭，共县本共和之故国⑮，是有共名，不因恶降而更称。禹著《山经》⑯：淇出沮洳⑰。《淇澳》卫诗⑱，列目又远，当非改绛，革为今号。但是水导源共北山，玄欲成降义⑲，故以淇水为降水耳。即如玄

引《地说》，黎阳、钜鹿，非千里之迳，直信都于大陆者也⑳。惟屯氏北出馆陶，事近之矣。

【注释】

① 郑玄：字康成。北海高密（今山东高密）人。东汉著名的经学家。遍注群经，以《毛诗笺》《三礼注》影响最大。著作有《六艺论》《毛诗谱》等凡百余万言。《地说》：书名。具体不详。

② 绛水：亦作降水、泽水。后世说法不一。根据《水经注·浊漳水》："东迳屯留县故城南，其水东北流入于漳"，知绛水乃浊漳水上游，源出今山西长治屯留区，东流入漳水以注入古黄河。

③ 大陆：古泽薮名。亦名钜鹿泽、广阿泽。在今河北任县、巨鹿、隆尧三县之间。

④ 安平：即安平国。东汉延光元年（122）改乐成国置。治所在信都县（今河北衡水市冀州区）。信都：即信都县。西汉置，为信都国治。历为西汉信都国、信都郡，东汉乐成国、安平国，三国魏冀州等治所。

⑤ 废读：《水经注疏》杨守敬按："何秋涛《禹贡郑氏略例》云，'废'当作'发'。古人字或数音，观义点发。故张守节《史记正义》有发字例，所云发读，指此。"

⑥ 河内：春秋战国时期以黄河以北为河内，黄河以南为河外。共北山：又名共山、九峰山。在今河南辉县市北。

⑦ 淇水：古黄河支流。即今河南淇河，南流至今卫辉东北淇门镇南入河。

⑧ 黎阳：即黎阳县。西汉置，属魏郡。治所在今河南浚县东。

⑨ 郕（chéng）降于齐师：事见《春秋·庄公八年》："夏，师及齐师围郕。郕降于齐师。"郕，诸侯国名，姬姓。在今山东巨野南昌邑故城。

⑩ 共：西周共伯封国，后为卫邑。在今河南辉县市。

⑪ 馆陶：即馆陶县。西汉置，属魏郡。治所即今河北馆陶南馆陶镇。

赵时置馆于陶丘侧，因为县名。屯氏河：黄河下游故道之一。西汉元封后，黄河北决于馆陶（今河北馆陶），分为屯氏河。

⑫洛汭（ruì）：洛水入黄河处。在今河南巩义东北。汭，河流汇合或弯曲处。

⑬大伾（pī）：今河南浚县城东黎阳东山。一说在今河南荥阳西北汜水镇西北一里。

⑭稽（jī）：考查，考寻。

⑮共和：西周共国国君，名和。周厉王被逐，共伯和代行王政，号共和元年。十四年后，厉王死，奉王子靖为宣王，共伯和归国。《史记·周本纪》说召公、周公二相共同执政，号曰"共和"。

⑯禹著《山经》：古籍多有记载大禹著《山经》，如刘知幾《史通·杂述》："神农尝药，厥有《本草》；夏禹敷土，实著《山经》。"

⑰沮洳（rù）：低湿之地。

⑱《淇澳》：《诗经·卫风》中的篇目。

⑲玄欲成降义：郑玄为使以降字来解释其意义的说法成立。

⑳"即如玄引《地说》"几句：武英殿本《水经注》注："案此语有舛误。"《水经注疏》熊会贞按："上句'迳'当作'遥'，此句'直'上脱'岂'字，盖谓黎阳于大陆，亦不及千里，不但信都于大陆不及千里也。"杨守敬按："'迳'字亦通，但无'岂'字，则皆意不明。"今《水经注疏》作"迳"加"岂"。

【译文】

郑玄给《尚书》作注，引了《地说》中的几句话：大河往东北流过了绛水后约一千里，到了大陆，这是大地的中央，如《志》所说大陆在钜鹿。《地理志》说：绛水在安平信都。按照《志》里的说法，钜鹿与信都中间的距离不应有这么长。水名地名随时代而改变了，世人弄不清它们的地点，看到降水，就以为即是绛水，于是就照着绛字来读，也有写作绛字的，这都不对。现在河内共北山，淇水就发源于那里，往东流到魏郡黎阳县入河,这条河倒与所谓降水比较切近。降字应当读作鄅向齐军投降的降字,因周时在这里建国的人不愿说投降,所以改成共字。此外,现在河水所经的地方,离大陆已很远了,馆陶北面的屯氏河,是否就是旧河道呢? 我查考以上郑玄这番话大概是因《尚书》里有往东流经洛汭到大伾,往北流经降水到大陆泽,就据此来推究所经次序,所以把淇水看作降水,共城看作降城的吧,不知是否这样。参考各种典籍,共县本来是共和时期的故都,那么原来的名字就叫共,不是因为不愿说投降才改名的。禹著《山经》说:淇水发源于沮洳之山。《诗经·卫风·淇澳》篇所指的水名又很远,应当不是改为降水又变为今天的绛水的。但这条水发源于共北山,郑玄为使以降字来解释其意义的说法成立,所以就把淇水当成降水了。即使如郑玄所引的《地说》,黎阳、钜鹿之间也并没有千里之遥,岂但信都与大陆没有呢! 只有屯氏河发源于北方的馆陶,看来还比较切近。

按《地理志》云:绛水发源屯留①,下乱漳津。是乃与漳俱得通称,故水流间关,所在著目,信都复见绛名,而东入于海。寻其川脉,无他殊渎,而衡漳旧道②,与屯氏相乱,乃《书》有过降之文③,与《地说》千里之志④,即之途致,与《书》相邻,河之过降,当应此矣。下至大陆,不异《经》说,自宁迄于钜鹿⑤,出于东北,皆为大陆。语之缠络,厥势眇矣。九河既播⑥,八枝代绝,遗迹故称,往往时存,故鬲、般列于东北⑦,徒骇渎联漳、绛⑧,同逆之状粗分,陂障之会犹在⑨。按《经》考渎,自安故目矣⑩。

【注释】

①屯留:周代晋国都城。在今山西长治屯留区南十二里古城村。

②衡漳:即古漳水。古大河(黄河)自南而北,流经今河北南部,漳

水自西而来东流注之，即横流入河，故称衡漳。衡，横，横着。

③《书》有过降之文：语见《尚书·禹贡》："北过降水，至于大陆。"

④志：记载。

⑤宁：商、周地名。春秋为晋邑。即今河南获嘉。

⑥九河：禹时黄河的九条支流。据《尔雅·释水》，指徒骇、太史、马颊（jiá）、覆釜、胡苏、简、絜、钩盘、鬲（gé）津。近人多以为是古代黄河下游许多支流的总称，不一定是指九条河。播：分道，分流。

⑦鬲：即鬲津。古九河之一。在今山东平原县西北，东流入海。般：即般河。西汉古黄河下游流经般县段称作般河。在今山东乐陵西南。

⑧徒骇渎联漳、绛：《水经注疏》杨守敬按："《汉志》成平下，虖池河，民曰徒骇河。此《经》谓浊漳东北至昌亭，与漳沱河会。《注》谓绛乱漳津与漳得通称，是'徒骇渎联漳、绛'也。"

⑨陂（bēi）障：堤岸。

⑩安：适合，妥帖。

【译文】

查考《地理志》说：绛水发源于屯留，往下流与漳水汇合。因而与漳水都可通称，所以水流屈曲流奔，所到之处各有水名，在信都又有了绛水之名，最后东流入海。考察水道的来龙去脉，并没有别的河渠，而衡漳的旧水道，与屯氏河汇合，于是《尚书》里才有经过降水直到大陆这样的说法，《地说》中也有相距千里的记载，与水道流程对照起来，与《尚书》的记载还相近，河水流过降水，应当与这种情况合得起来了。下游直到大陆，都与《水经》所说无异，从宁直到钜鹿，向东北伸展出去，都是大陆。说到水流屈曲的流势，确很远了。九河分道奔流，以后其中的八支都断流了，但遗迹和旧名却往往保留下来，所以鬲河、般河流布于东北，徒骇河的水道与漳水、绛水相连，汇合与背离的情况大致上可以区分得出来，陂塘堤岸相交接的遗迹还在。探寻《水经》，考察沟渠，以前的名称自然是适合妥帖的。

漳水又历经县故城西①，水有故津，谓之薄落津②。昔袁本初还自易京③，上已届此，率其宾从，禊饮于斯津矣④。衡漳又迳沙丘台东⑤，纣所成也，在钜鹿故城东北七十里⑥，赵武灵王与秦始皇并死于此矣⑦。

【注释】

①经县：西汉置，属钜鹿郡。治所在今河北广宗东北二十里。

②薄落津：在今河北广宗东北漳河上。

③袁本初：即袁绍。易京：古城名。故址在今河北雄县西北。本汉之易县，东汉末公孙瓒据幽州，在此修筑营垒，建楼数十重，号易京。后为袁绍所破。

④禊（xì）饮：古代民俗，农历三月上已日（三国魏以后就固定为三月三日），人们到水边嬉戏，以祓除不祥，称为修禊。该日的宴会欢饮称为禊饮。

⑤沙丘台：商代晚期宫室之一。在今河北广宗西北八里大平台。

⑥钜鹿故城：在今河北平乡西南平乡镇。

⑦赵武灵王：名雍，赵肃侯之子。赵国国君。

【译文】

漳水又流经经县旧城西边，水边有个老渡口，叫薄落津。从前袁本初从易京回来，皇帝已经到了这里，带领了随从人员，正是三月三日修禊的日子，就在这个渡口欢饮。衡漳又流经沙丘台东面，台在钜鹿老城东北七十里，是纣王所建，赵武灵王与秦始皇都死在这里。

又迳铜马祠东①，汉光武庙也。更始三年秋②，光武追铜马于馆陶③，大破之，遂降之。贼不自安，世祖令其归营，乃轻骑行其垒，贼乃相谓曰：萧王推赤心置人腹中④，安得不投死乎？遂将降人分配诸将，众数十万人，故关西号世祖曰铜马帝也⑤，祠取名焉。庙侧有碑，述河内脩武县张导⑥，字景明，以建和三年为钜鹿太守⑦，漳津泛滥，土不稼穑⑧，导披按地图，与丞彭参、掾马道嵩等⑨，原其逆顺，揆其表里⑩，修防排通，以正水路，功绩有成，民用嘉赖。题云：漳河神坛碑。而俗老耆儒⑪，犹揭斯庙为铜马刘神寺⑫。是碑顷因震裂，余半不可复识矣。又迳南宫县故城西⑬，汉惠帝元年，以封张越人子买为侯国⑭，王莽之序中也。其水与隅醴通为衡津⑮。

【注释】

①铜马祠：东汉光武帝刘秀祠。在今河北巨鹿北七里。刘秀被关西人称为铜马帝。

②更始三年：25 年。更始，汉更始帝刘玄的年号（23—25）。

③铜马：即铜马军，新莽末年的农民起义军。当时河北起义军有铜马、大肜、高湖等，共数百万人，以东山荒秃、上淮况等领导的铜马军最为强大。后被刘秀陆续击破，关西号光武为"铜马帝"。

④萧王：更始帝刘玄曾封刘秀为萧王。推赤心置人腹中：即推心置腹。意思是把自己的心放在对方的肚子里，形容待人真诚。

⑤关西：汉、唐时泛指函谷关或潼关以西的地区。

⑥河内：即河内郡。秦置。治所在怀县（今河南武陟西南）。脩武县：战国秦置，属河内郡。治所即今河南获嘉。张导：字景明。东汉末袁绍部将。官钜鹿太守。袁绍使其说韩馥，使让冀州。其余不详。

⑦建和三年：149 年。建和，东汉桓帝刘志的年号（147—149）。

⑧稼穑：种植和收割。泛指农业劳动。

⑨彭参：张导部属，钜鹿府丞。其余不详。掾（yuàn）：官府中佐助官吏的通称。马道嵩：张导部属，钜鹿府掾。

⑩揆（kuí）：推测，揣度。

⑪耆（qí）儒：德高的老儒。

⑫揭：本指举，此指言说。铜马刘神寺：刘秀被称为铜马帝。故有此称。

⑬南宫县：西汉置，属信都国。治所在今河北南宫西北三里旧城。

⑭汉惠帝元年，以封张越人子买为侯国：《史记·惠景间侯者年表》"南宫侯"："以父越人为高祖骑将，从军，以大中大夫侯。高后元年四月丙寅，侯张买元年。"汉惠帝元年，当为汉高后元年。张越人，汉高祖刘邦的骑将。

⑮隔醴：《水经注疏》杨守敬按："赵（一清）云，《寰宇记》邢州龙冈县（今河北邢台）下云：渭水一名澧水，俗谓之百泉水，源出县东平地，以其导源总纳众泉，合成一川故也。"

【译文】

　　又流经铜马祠东面，这是汉光武帝的祠庙。更始三年秋天，光武帝追击铜马军，在馆陶把它打得大败，迫使它投降。但贼兵心中却惶惶不安，世祖让他们回到自己营中去，他亲自轻装骑马到他们的营垒中巡行，贼兵于是自相谈论道：萧王对我们真是推心置腹，如此至诚待人，我们怎能不为他舍命效劳呢？于是就把归降的数十万人，分配给部下诸将，所以关西称世祖为铜马帝，祠也因此得名。庙旁有碑，记述河内修武县张导的治水事迹，张导，字景明，建和三年当钜鹿太守，那时漳水泛滥，土地不能种庄稼，张导展阅地图，与府丞彭参、属吏马道嵩等，追溯水道流向的变动，估测河流内外的形势，修筑堤防，疏通水流，调整了水路，治水的功绩卓有成效，百姓因而受益。碑额题为：漳河神坛碑。但民间老人和老学者还把这庄祠庙称为铜马刘神寺。这块碑近来因受震碎裂，只留下的一半也已看不清了。漳水又流经南宫县老城西，汉惠帝元年，把这地方封给张越人的儿子张买，立为侯国，这地就是王莽的序中。漳水与隔醴水相通，称为衡津。

又有长芦淫水之名①,绛水之称矣。今漳水既断,绛水非复缠络矣。又北,绛渎出焉,今无水。故渎东南迳九门城南②,又东南迳南宫城北③,又东南迳缭城县故城北④。《十三州志》曰:经县东五十里有缭城,故县也。左迳安城南⑤,故信都之安城乡也⑥。更始二年⑦,和戎卒正邳彤⑧,与上会信都南安城乡,上大悦,即此处也。故渎又东北迳辟阳亭⑨。汉高帝六年⑩,封审食其为侯国⑪,王莽之乐信也。《地理风俗记》曰:广川西南六十里有辟阳亭⑫,故县也。绛渎又北迳信都城东,散入泽渚,西至于信都城,东连于广川县之张甲故渎⑬,同归于海。故《地理志》曰:《禹贡》,绛水在信都东入于海也。

【注释】

①长芦淫水:即长芦水。自今河北新河县西承古漳水,东北经新河县南、冀州西、衡水西,复入古漳水。久堙。

②九门城:在今河北藁城西北。

③南宫城:在今河北南宫西北三里旧城。

④缭城县:西汉置,属清河郡。治所在今河北南宫东南二十六里。

⑤安城:在今河北衡水市冀州区南。

⑥信都:即信都县。西汉置,信都国治。治所即今河北衡水市冀州区。

⑦更始二年:24年。更始,西汉皇帝刘玄的年号(23—25)。

⑧和戎:系"和成"之误。《后汉书·邳彤传》:"彤初为王莽和成卒正。"卒正:王莽根据《周礼》改官制,典郡之侯称卒正,职务同太守。邳彤:字伟君。信都(今河北衡水市冀州区)人。初为王莽和成卒正,刘秀平定河北时,彤举城降,复以为太守。建武元年(25),更封灵寿侯。

⑨辟（bì）阳亭：在今河北衡水市冀州区东南。

⑩汉高帝六年：前201年。

⑪审食其（yǐ jī）：西汉沛县（今江苏沛县）人。高祖六年（前201）封辟阳侯。

⑫广川：西汉置。治所在今河北景县西南广川镇。

⑬张甲故渎：即张甲河。古河名。在今河北清河县西。今湮。

【译文】

又有长芦淫水和绛水等名。现在漳水已经断流，绛水也不再绕弯流了。又北流，绛水分流而出，现在已经无水了。旧河道通往东南，流过九门城南面，又往东南流过南宫城北面，又往东南流过缭城县老城北面。《十三州志》说：经县以东五十里有缭城，是个旧县城。左边流经安成南面，就是旧时信都的安城乡。更始二年，和成郡的卒正邳彤在信都南面的安城乡与光武帝会见，光武帝十分高兴，说的就是这地方。旧河道又往东北流经辟阳亭。汉高帝六年，把这地方封给审食其，立为侯国，也就是王莽的乐信。《地理风俗记》说：广川西南六十里，有辟阳亭，是个旧县城。绛水往北流过信都城东面，散流注入沼泽中，西边通到信都城，东边与广川县的张甲故渎相连，一同流入大海。所以《地理志》说：《禹贡》记载，绛水在信都往东流入大海。

又北过堂阳县西①，

衡水自县，分为二水，其一水北出，迳县故城西，世祖自信都以四千人先攻堂阳降水者也②。水上有梁，谓之旅津渡③，商旅所济故也。其右水东北注，出石门，门石崩褫④，余基殆在，谓之长芦水，盖变引葭之名也。长芦水东迳堂阳县故城南⑤，应劭曰：县在堂水之阳⑥。《穀梁传》曰：水北为阳也。今于县故城南，更无别水，惟是水东出，可以当之，斯水盖包堂水之兼称矣。长芦水又东迳九门城北⑦，故县也。又东迳扶柳县故城南⑧，世祖建武三十年⑨，封寇恂子损为侯国⑩。又东屈北迳信都县故城西，信都郡治也⑪，汉高帝六年置⑫。景帝中二年⑬，为广川惠王越国⑭，王莽更为新博，县曰新博亭，光武自蓟至信都是也⑮。明帝永平十五年⑯，更名乐成⑰，安帝延光中⑱，改曰安平。城内有汉冀州从事安平赵徵碑⑲，又有魏冀州刺史陈留丁绍碑⑳，青龙三年立㉑。城南有献文帝南巡碑㉒。其水侧城北注，又北迳安阳城东㉓，又北迳武阳城东㉔。《十三州志》曰：扶柳县东北武阳城，故县也。又北为博广池㉕，池多名蟹佳虾，岁贡王朝，以充膳府㉖。又北迳下博县故城东㉗，而北流注于衡水也。

【注释】

①堂阳县：西汉置。治所在今河北新河县西北滏阳河北。

②降水：在今河北衡水市冀州区一带。

③旅津渡：因商旅所济渡而得名。在今河北衡水市冀州区一带。

④崩褫（chǐ）：败坏，塌毁。

⑤长芦水：自今河北新河县西承古漳水，东北经新河县南、冀州西、衡水西，复入古漳水。久堙。引葭：当为"列葭"之讹。列葭水，在列人县（今河北邯郸肥乡区东北）境内。列人县以其水旁多芦苇而得名。译文从之。

⑥堂水：《水经注疏》熊会贞按："《元和志》，长芦水亦谓之堂水，在堂阳县（今河北新河县西北）南二百步。"

⑦九门城：在今河北藁城西北。

⑧扶柳县：西汉置，属信都国。治今河北衡水市冀州区西北扶柳城。

⑨建武三十年：54年。建武，东汉光武帝刘秀的年号（25—56）。

⑩寇恂（xún）：字子翼。东汉上谷昌平（今北京昌平区）人。世为地方豪强。刘秀占河内，任为太守，负责转输军需。历任颍川、汝南太守，封雍奴侯。

⑪信都郡：西汉景帝五年（前152）改广川国而置。治所在信都县（今河北衡水市冀州区）。

⑫汉高帝六年：前201年。

⑬景帝中二年：即西汉景帝刘启中元二年，前148年。

⑭广川惠王越：即刘越。汉景帝刘启之子。汉景帝中二年（前148）夏，立皇太子刘越为广川王。

⑮蓟（jì）：在今北京西南隅。自西周至战国，皆为燕国都城。秦置蓟县。

⑯明帝永平十五年：72年。永平，东汉明帝刘庄的年号（58—75）。

⑰乐成：即乐成国。东汉明帝永平十五年（72）改信都国置。治所在信都县（今河北衡水市冀州区）。

⑱延光：汉安帝刘祜（hù）的年号（122—125）。

⑲冀州：为汉武帝时置十三刺史部之一。从事：官名。西汉以后三公及州郡长官皆自辟僚属，多以从事为称。赵徵：具体不详。

⑳魏：此指三国魏。陈留：即陈留郡。汉武帝元狩元年（前122）置。治所在陈留县（今河南开封东南陈留镇）。丁绍：字叔伦。谯国（今安徽亳州）人。为人开朗公正。任广平太守，政平讼理，道化大行。以广平太守迁徐州刺史，转冀州刺史。永嘉三年（309）暴疾而卒。

㉑青龙三年：235年。青龙，魏明帝曹叡的年号（233—237）。

㉒献文帝：北魏献文帝拓跋弘。

㉓安阳城：无考。

㉔武阳城：《水经注疏》熊会贞按："武阳县不见两《汉志》。《地形志》，信都有武阳城，或是魏、晋之县。"

㉕博广池：具体不详。

㉖膳府：宫廷中贮藏食物的府库。

㉗下博县：西汉置，属信都国。治所在今河北深州东南三十里下博。
　　东汉属安平国。

【译文】

衡水又往北流过堂阳县西边，

　　衡水自堂阳县分为两条，一条往北流经旧县城西面，世祖从信都以
四千人先攻打堂阳降水，就指的是这条水。水上有桥，那地方叫旅津渡，
这是因为商旅都从这里过河的缘故。右边一条往东北流，通过石门流出，
现在石门的岩石已经崩塌，只留下残余的基址了，这条水称为长芦水，是
引葭水的变名。长芦水往东流经堂阳县老城南面，应劭说：县城在堂水
之阳。《穀梁传》说：水北称为阳。但现在旧县城的南面再也没有另外的
河流，只有这条东流的水与此相当，现在它又兼有堂水的名称了。长芦
水又往东流经九门城北面，是个旧县城。又往东流经扶柳县旧城南面，
世祖建武三十年，把扶柳封给寇恂的儿子寇损，立为侯国。又东流北转
流经信都县旧城西面，这是信都郡的治所，信都郡设于汉高帝六年。景
帝中元二年是广川惠王刘越的封国，王莽改为新博，县叫新博亭，光武帝
从蓟到信都，就是这地方。明帝永平十五年，改名为乐成，安帝延光年间
改为安平。城内有汉冀州从事安平赵微碑，又有魏冀州刺史陈留丁绍碑，
是青龙三年所立。城南有献文帝南巡碑。水沿城边往北流注，又往北流
经安阳城东面，又往北流经武阳城东面。《十三州志》说：扶柳县东北有
武阳城，是个旧县城。又北流，就是博广池，池中多产虾蟹，以鲜美驰名，
每年进贡朝廷，以充实府库的食品。又往北流经下博县老城东面，然后
北流注入衡水。

又东北过扶柳县北，又东北过信都县西。

　　扶柳县故城在信都城西，衡水迳其西。县有扶泽[①]，泽
中多柳，故曰扶柳也。

【注释】

①扶泽：泽名。故址在今河北衡水市冀州区境内。

【译文】

衡水又往东北流过扶柳县北面，又往东北流过信都县西面。

扶柳县旧城在信都城西面，衡水从城西流过。县里有个扶泽，泽中多生柳树，所以叫扶柳县。

衡水又北迳昌城县故城西①，《地理志》：信都有昌城县。汉武帝以封城阳顷王子刘差为侯国②。阚骃曰：昌城本名阜城矣③。应劭曰：堂阳县北三十里有昌城，故县也。世祖之下堂阳，昌城人刘植率宗亲子弟据邑以奉世祖是也④。又迳西梁县故城东⑤。《地理风俗记》曰：扶柳县西北五十里有西梁城，故县也。世以为五梁城，盖字状致谬耳。

【注释】

①昌城县：战国秦置。治所在今河北衡水市冀州区西北五十里。汉为昌城侯国。东汉改为阜城县。

②城阳顷王：即刘延，景帝后元元年（前143）嗣父爵为城阳王。城阳，西汉文帝二年（前178）改城阳郡为国。治所在莒县（今山东莒县）。刘差：城阳顷王刘延子。元鼎元年（前116）封昌侯。元鼎五年（前112）坐酎金免侯，国除。

③阜城：东汉永平初改昌成侯国置，属安平国。治所在今河北衡水市冀州区西北五十里。西晋废。

④刘植：字伯先。钜鹿昌城（今河北宁晋南）人。新莽末率宗族宾客起兵，归附刘秀后任为骁骑将军。劝说真定王刘扬叛王郎归降刘秀，使刘秀得拔邯郸，平定河北。建武二年（26），封昌城侯。旋

战死于密县。宗亲：宗族亲属。

⑤西梁县：西汉置，属信都国。治所在今河北辛集南三十里大车城。

【译文】

衡水又往北流经昌城县旧城西面，《地理志》：信都有昌城县。汉武帝把这地方封给城阳顷王的儿子刘差，立为侯国。阚骃说：昌城本叫阜城。应劭说：堂阳县北三十里有昌城，是个旧县城。世祖攻下堂阳，昌城人刘植率领宗族子弟据守城邑拥戴世祖。衡水又流经西梁县老城东面。《地理风俗记》说：扶柳县西北五十里有西梁城，是个旧县城。而世人却以为叫五梁城，大概是因为字形近似而造成的错误。

衡漳又东北迳桃县故城北①，汉高祖十二年②，封刘襄为侯国③，王莽改之曰桓分也。合斯洨故渎④，斯洨水首受大白渠⑤，大白渠首受绵蔓水⑥，绵蔓水上承桃水⑦，水出乐平郡之上艾县⑧，东流，世谓之曰桃水，东迳靖阳亭南⑨，故关城也⑩。又北流，迳井陉关下⑪，注泽发水⑫，乱流东北迳常山蒲吾县西⑬，而桃水出焉。南迳蒲吾县故城西，又东南流迳桑中县故城北⑭，世谓之石勒城⑮，盖赵氏增城之⑯，故擅其目，俗又谓之高功城。《地理志》曰：侯国也⑰。桃水又东南流，迳绵蔓县故城北⑱，王莽之绵延也。世祖建武二年⑲，封郭况为侯国⑳，自下通谓之绵蔓水。

【注释】

①桃县：西汉置，属信都国。治所在今河北深州西南前磨头镇。

②汉高祖十二年：前195年。

③刘襄：原为项羽宗族。汉王二年（前205）加入刘邦军。汉灭楚，
　　赐姓刘氏。从击英布叛乱，以功迁淮南太守。高祖十二年（前

195）封桃侯。

④斯洨女淠：即斯洨水。由今河北石家庄东流，经栾城北、辛集南，东流入故漳河。

⑤首受：源头接纳。大白渠：在今河北平山、鹿泉、石家庄一带，其下游即斯洨水。

⑥绵蔓水：即今桃河、绵河、冶河。源出山西寿阳，东径平定、河北井陉，北入滹沱河。

⑦桃水：亦名洮水。在今山西平定及阳泉境内。

⑧乐平郡：东汉末分上党郡置。治所在沾县（今山西昔阳西南）。上艾县：西汉置，属太原郡。治所在今山西平定南二十里新城村。

⑨靖阳亭：即下文"故关城"。

⑩故关城：亦作固关。即今山西平定东九十里旧关，为古井陉口。

⑪井陉关：亦名土门关。在今河北鹿泉西南东土门。为太行八陉之一，历代为兵家攻防要地。

⑫泽发水：即今河北井陉冶河之上源。源出山西平定东北妒女祠下，东北流入滹沱。

⑬常山：即常山郡。西汉文帝元年（前179），为了避文帝刘恒讳，改恒山郡为常山郡。治所在真定县（今河北石家庄东北）。蒲吾县：西汉置，属常山郡。治所在今河北平山县东南十五里的蒲吾村。

⑭桑中县：西汉宣帝封赵顷王于广汉为桑中侯，属常山郡。治所在今河北平山县东南。东汉废。

⑮石勒城：桑中县故城到后赵时期称为石勒城，亦称高功城。在今河北平山县东南。

⑯赵氏：石勒建立后赵，故称赵氏。

⑰侯国：据《汉书·王子侯表》，宣帝地节二年（前68），封赵顷王子广汉为桑中戴侯。

⑱绵蔓县:古县名。西汉置。治所在今河北鹿泉东北,属真定国。

⑲建武二年:26年。建武,东汉光武帝刘秀的年号(25—56)。

⑳郭况:光武帝刘秀郭皇后同胞弟。以皇后弟及任事小心谨慎,被刘秀赏识,年十六拜黄门侍郎。后封为绵蛮侯。迁城门校尉。徙封阳安侯。

【译文】

衡漳又往东北流经桃县旧城北面,汉高祖十二年,把这地方封给刘襄立为侯国,王莽改名叫桓分。衡漳在这里与斯洨旧河道汇合,斯洨水上口承接大白渠,大白渠上口承接绵蔓水,绵蔓水的上游又承接桃水,这条水发源于乐平郡的上艾县,往东流,世人称之为桃水,流经靖阳亭南面,就是旧关城。又往北流经井陉关下,注入泽发水,往东北乱流经常山蒲吾县西面,分出桃水。桃水往南流经蒲吾县老城西面,又往东南流过桑中县老城北面,世人称此城为石勒城,是因为后赵石勒增建了城墙而得名,但民间又称为高功城。《地理志》说:这是个侯国。桃水又往东南流经绵蔓县旧城北面,就是王莽的绵延。世祖建武二年,把这地方封给郭况,立为侯国,自此以下,就通称绵蔓水了。

绵蔓水又东流,迳乐阳县故城西①,右合井陉山水②。水出井陉山③,世谓之鹿泉水。东北流,屈迳陈馀垒西④,俗谓之故壁城。昔在楚、汉,韩信东入⑤,馀拒之于此,不纳左车之计⑥,悉众西战。信遣奇兵自间道出,立帜于其垒,师奔失据,遂死泜上⑦。其水又屈迳其垒南,又南迳城西,东注绵蔓水。

【注释】

①乐阳县:即乐阳侯国。西汉宣帝地节二年(前68),封赵顷王子说为乐阳缪侯,属常山郡。治所在今河北鹿泉东北。东汉废。

②井陉山水：亦谓之鹿泉水。在今河北鹿泉东北。

③井陉山：又名陉山。在今河北鹿泉西南。

④陈馀垒：谷谓之故壁城。在今河北鹿泉东北。陈馀，天下豪俊。秦末大梁（今河南开封）人。与张耳为刎颈之交。好儒术，数游赵苦陉。陈涉起义，与张耳同随陈涉。后据国争权，自立为代王。前204年，为韩信所杀。

⑤韩信：秦末淮阴（今江苏淮安淮阴区）人。初从项羽，后归刘邦，拜为大将军，帮助刘邦打败项羽，统一中国，战功卓著，与萧何、张良合称汉兴三杰。汉四年（前203）立为齐王，明年徙为楚王，汉六年降为淮阴侯，高祖十一年（前196）被吕后杀害。

⑥左车：即李左车，秦汉之际谋士。原为赵臣，封广武君。辅赵将陈馀拒韩信、张耳兵。他向陈馀建议，出奇兵断绝对方粮道，未被采纳，终为韩信所败。后归附韩信，用其各个击破之计，攻得燕、齐之地。

⑦泜（zhī）上：即泜水。在今河北元氏西南。源出封龙山，东南流经元氏西再六里纸屯村入槐河。

【译文】

绵蔓水又往东流经乐阳县旧城西面，右边汇合井陉山水。这条水发源于井陉山，世人称之为鹿泉水。往东北流，转弯流过陈馀垒西面，俗称故壁城。从前楚汉相峙时期，韩信往东进军，陈馀就在这里抗拒韩信，但他不采取李左车的战略，却把全部兵力集中到西线作战。韩信派奇兵从小路杀出，在他的营垒上插上旗帜，陈馀的队伍失却据点，慌乱奔逃，他本人也在泜水上被杀。水又绕到垒南，又往南流经城西，往东注入绵蔓水。

绵蔓水又屈从城南，俗名曰临清城①，非也。《地理志》曰：侯国矣②，王莽更之曰畅苗者也。《东观汉记》曰③：光武使邓禹发房子兵二千人④，以铫期为偏将军⑤，别攻真定、宋子余贼⑥，拔乐阳、禀、肥累者也⑦。绵蔓水又东迳乌子堰⑧，枝津出焉。又东，谓之大白渠，《地理志》所谓首受绵蔓水者也。

【注释】

①临清城：即乐阳县（乐阳侯国）。西汉宣帝地节二年（前68），封赵顷王子说为乐阳缪侯，属常山郡。治所在今河北鹿泉东北。东汉废。

②侯国：据《汉书·王子侯表》，宣帝地节二年（前68），封赵顷王子说为乐阳缪侯。

③《东观汉记》：书名。又名《东观记》。东汉班固、刘珍等人以纪传体撰写的一部记载东汉历史的史书。《隋书·经籍志》著录为一百四十三卷，记事起于光武帝，终于灵帝。

④邓禹：字仲华。南阳新野（今河南新野）人。少游学长安，与刘秀友善。光武平定天下之后，定封邓禹为高密侯。明帝即位，拜太傅。房子：即房子县。西汉置，属常山郡。治所在今河北高邑西南十五里仓房村。

⑤铫（tiáo）期：字次况。颍川郏县（今河南郏县）人。初从刘秀在河北击破王郎割据势力，拜虎牙大将军。又镇压铜马、青犊等起义军。刘秀即位后，封安成侯，任卫尉。偏将军：官名。西汉时置，为主将副将。东汉为杂号将军。三国时沿置。

⑥真定：西汉高祖十一年（前196）改东垣县置，属常山郡。治所在今河北石家庄东北。宋子：秦置，属钜鹿郡。治所在今河北赵县东北二十五里宋城村。

⑦禀：杨守敬认为，"禀"系"藁"之讹，"藁"即藁城。西汉置。治所在今河北藁城西南二十八里丘头镇。肥累：西汉置。治所在今河北藁城西南七里。东汉废。

⑧乌子堰:在今河北藁城。

【译文】

绵蔓水又转弯流过乐阳城南,民间名为临清城,是搞错了。《地理志》说:乐阳是个侯国。王莽改名为畅苗。《东观汉记》说:光武帝派邓禹去调派房子县的军队两千人,以铫期为偏将军,分攻真定、宋子的残余贼兵,攻下乐阳、藁、肥累。绵蔓水又往东流经乌子堰,在这里分出一条支流。又东流,称为大白渠,就是《地理志》所说的上口承接绵蔓水的那一条。

　　白渠水又东南迳关县故城北①,《地理志》:常山之属县也②。又东为成郎河③,水上有大梁,谓之成郎桥。又东迳耿乡南④,世祖封前将军耿纯为侯国⑤,世谓之宜安城⑥。又东迳宋子县故城北⑦,又谓之宋子河⑧。汉高帝八年⑨,封许瘛为侯国⑩,王莽更名宜子。昔高渐离击筑佣工⑪,自此入秦。又东迳敬武县故城北⑫,按《地理志》:钜鹿之属县也。汉元帝封女敬武公主为汤沐邑⑬。阚骃《十三州记》曰:杨氏县北四十里有敬武亭⑭,故县也。今其城实中⑮,小邑耳,故俗名之曰敬武垒,即古邑也。白渠水又东,谓之斯洨水⑯。《地理志》曰:大白渠东南至下曲阳入斯洨者也⑰。

【注释】

①关县:西汉置,属常山郡。治所在今河北石家庄栾城区北十里铺。

②常山:即常山郡。

③成郎河:当在今河北石家庄栾城区一带。

④耿乡:在今河北藁城西。

⑤耿纯:字伯山。东汉钜鹿宋子(今河北赵县东北)人。更始时,为骑都尉。后归附刘秀,转战河北。刘秀即位后封为东光侯。

⑥宜安城：战国赵邑。在今河北藁城西南宜安村。

⑦宋子县：秦置，属钜鹿郡。治所在今河北赵县东北二十五里宋
　城村。

⑧宋子河：当在今河北赵县一带。

⑨汉高帝八年：前199年。

⑩许瘛(chì)：初为赵王张耳部下，任羽林军。后从刘邦定天下。汉
　高祖八年(前199)刘邦封他为宋子侯。

⑪高渐离：战国末年燕国人。善击筑，与荆轲为友。燕亡后，变姓名，
　为秦始皇击筑。在筑中置铅，企图击杀秦始皇，不中而死。筑：古
　代弦乐器名。有五弦、十三弦、二十一弦三种说法。其形似筝，颈
　细而肩圆，弦下设柱。演奏时，左手按弦的一端，右手执竹尺击弦
　发音。

⑫敬武县：西汉置，属钜鹿郡。治所在今河北赵县东北。东汉废。

⑬汉元帝：即刘奭。汉宣帝子，母许皇后。女：此处当脱"弟"，作"女
　弟"，意即妹妹。敬武公主：为汉元帝之妹。汤沐邑：指国君、皇后、
　公主等收取赋税的私邑。

⑭杨氏县：西汉置，属钜鹿郡。治所即今河北宁晋。西晋废。敬武亭：
　在今河北宁晋。

⑮实中：原城颓废后，城内填满了泥土、石块，坍塌如丘。

⑯斯洨水：由今河北石家庄东流，经栾城北、辛集南，东流入故漳河。

⑰大白渠：在今河北平山、鹿泉、石家庄一带。其下游即斯洨水。下
　曲阳：战国燕邑。在今河北晋州西五里鼓城村。汉置下曲阳县。

【译文】

白渠水又往东南流经关县老城北面，查考《地理志》：这是常山郡的
属县。又往东流，就是成郎河，水上有大桥，称为成郎桥。又往东流经耿
乡南面，世祖把这里封给前将军耿纯，立为侯国，世人称之为宜安城。又
往东流经宋子县老城北面，这一段又称宋子河。汉高帝八年，把宋子封

给许瘛，立为侯巨，王莽改名为宜子。从前高渐离善于击筑，为人当仆役，就是从这里进入秦国的。水又往东流经敬武县旧城北面，查考《地理志》：敬武是钜鹿郡的属县。汉元帝把这地方封给他女儿敬武公主，作为汤沐邑。阚骃《十三州记》说：杨氏县北四十里有敬武亭，是个旧县城。现在此城坍塌如丘，只是个小城，所以俗名叫敬武垒，是个古城邑。白渠水又东流，叫斯洨水。《地理志》说：大白渠往东南流，到了下曲阳县注入斯洨水。

东分为二水，枝津右出焉，东南流，谓之百尺沟[1]，又东南迳和城北[2]，世谓之初丘城，非也。汉高帝十一年[3]，封郎中公孙昔为侯国[4]。又东南迳贳城西[5]。汉高帝六年[6]，封吕博为侯国[7]，百尺沟东南散流[8]，迳历乡东而南入泜湖[9]，东注衡水也。

【注释】

①百尺沟：在今河北宁晋东北。

②和城：在今河北宁晋东北。

③汉高帝十一年：前196年。

④公孙昔：汉王五年（前202）以步卒从刘邦，任郎中，击代相陈豨叛乱有功，于高祖十一年（前196）封禾成侯。

⑤贳（shì）城：西汉置，属钜鹿郡。治所在今河北辛集西南大车城。

⑥汉高帝六年：前201年。

⑦封吕博为侯国：《史记·高祖功臣侯者年表》"贳侯"："以越户将从破秦，入汉，定三秦，以都尉击项羽，千六百户，功比台侯。高祖六年三月庚子，齐侯吕元年。"司马贞索隐："齐侯吕博国。"

⑧散流：分散奔流。

⑨厉乡：即历乡侯国。西汉置，属钜鹿郡。治所在今河北宁晋东南

二十五里历城。东汉废。泜（zhī）湖：古泽名。在今河北宁晋东南。

【译文】

东流分为两条，支流从右边伸出，往东南流，称为百尺沟，又往东南流过和城北面，世人称之为初丘城，其实不对。汉高帝十一年，把这里封给郎中公孙昔，立为侯国。又往东南流过蒉城西面。汉高帝六年，把这里封给吕博，立为侯国。百尺沟往东南散流，经过历乡东面，往南流进泜湖，东流注入衡水。

斯洨水自枝津东迳蒉城北，又东积而为陂，谓之阳縻渊[①]。渊水左纳白渠枝水，俗谓之泜水[②]。水承白渠于藁城县之乌子堰[③]，又东迳肥累县之故城南，又东迳陈台南[④]。台甚宽广，今上阳台屯居之[⑤]。又东迳新丰城北[⑥]，按《地理志》云：钜鹿有新市县[⑦]，侯国也[⑧]。王莽更之曰乐市，而无新丰之目，所未详矣。其水又东迳昔阳城南[⑨]，世谓之曰直阳城，非也，本鼓聚矣[⑩]。《春秋左传·昭公十五年》[⑪]，晋荀吴帅师伐鲜虞[⑫]，围鼓三月，鼓人请降。穆子曰[⑬]：犹有食色[⑭]。不许。军吏曰：获城而弗取，勤民而顿兵[⑮]，何以事君？穆子曰：获一邑而教民怠，将焉用邑也。贾怠无卒[⑯]，弃旧不祥。鼓人能事其君，我亦能事吾君，率义不爽[⑰]，好恶不愆[⑱]，城可获也。有死义而无二心，不亦可乎？鼓人告食竭力尽，而后取之，克鼓而返，不戮一人，以鼓子鸢鞮归[⑲]，既献而返之。鼓子又叛[⑳]，荀吴略东阳[㉑]，使师伪粜，负甲息于门外，袭而灭之。以鼓子鸢鞮归，使涉佗守之者也[㉒]。《十三州志》曰：今其城，昔阳亭是矣。京相璠曰[㉓]：白狄之别也[㉔]。下曲阳有鼓聚，故鼓子国也。

【注释】

①阳縻渊：在今河北辛集一带。

②泜（zhī）水：在今河北元氏西南。源出封龙山，东南流经元氏西南六里纸屯村入槐河。

③藁城县：西汉置。治所在今河北藁城西南。

④陈台：当在今河北藁城一带。

⑤上阳台屯居之：具体未详。

⑥新丰城：《水经注疏》熊会贞按："今藁城县（今河北藁城）东南有新丰村。"

⑦钜鹿：即钜鹿郡。秦始皇二十五年（前222）置。治所在钜鹿县（今河北平乡西南平乡镇）。新市县：西汉置，属中山国。治所在今河北正定东北新城铺镇。

⑧侯国：《水经注疏》杨守敬按："（赵内史王）弃之子始昌，元光四年，为人所杀，国除。后封广川缪王子（康侯吉）。"

⑨昔阳城：春秋鼓国都。在今河北晋州西。

⑩鼓聚：鼓人的聚落，即昔阳城。在今河北晋州西。鼓，春秋时白狄的一支，亦称鼓氏。春秋初居今陕北，渐入晋西，居于秦、晋之间。

⑪昭公十五年：前527年。

⑫荀吴：姬姓，中行氏，名吴。因中行氏出自荀氏，故亦称荀吴，史称中行穆子。荀偃之子。春秋后期晋国名将，率军多与戎狄部落作战，扫平晋国周边的游牧部落。鲜虞：春秋白狄所建国。在今河北正定东北新城铺。

⑬穆子：即上文"荀吴"，史称中行穆子。

⑭食色：未挨饿的气色。这里指气色较好。

⑮顿兵：使兵器毁坏。顿，毁坏，败坏。

⑯贾怠：谓招致百姓怠惰。贾，招来，招致。

⑰率义：行义，即行仁义。不爽：没有差错。

⑱愆（qiān）：过失。

⑲以：带领，领着。鼓子：春秋时鼓国的国君。鸢鞮（yuān dī）：春秋时鼓国的国君。亦作苑支。

⑳鼓子又叛：鲁昭公二十二年（前520）年，鼓子国又反叛。

㉑略：巡行。东阳：古地区名。春秋晋地，战国时先后属卫、赵，相当于今太行山以东的河北南部、河南北部地区。

㉒涉佗：春秋时晋国大夫。曾镇守鼓地。其先食采于涉（故城在今河北涉县），后以邑为氏。

㉓京相璠（fán）：西晋地理学者裴秀的门客。撰有《春秋土地名》三卷。

㉔白狄：亦作白翟（dí）。我国古代少数民族狄族的一个分支。春秋战国时期居住在河西、洛阳一带。

【译文】

斯洨水从支流分出处往东流经贳城北面，又东流，积潴为陂塘，称为阳縻渊。渊水左边接纳了白渠支流，俗称泒水。泒水在藁城县乌子堰承接白渠，又往东流经肥累县老城南面，又往东流经陈台南面。这座台很宽广，今上阳台屯居之。又往东流经新丰城北面，查考《地理志》说：钜鹿有新市县，是个侯国。王莽改名为乐市，但却没有新丰这地名，那就不清楚了。水又往东流经昔阳城南面，世人称之为直阳城，这不对，这里本来是鼓聚。《春秋左传·昭公十五年》，晋国荀吴领兵攻打鲜虞，把鼓城围困了三个月，鼓人请求投降。穆子说：城里人看起来还吃得饱。他不肯答应。军吏说：这城分明就可以到手了，你却不去拿，反而苦了军民，损了兵器，怎么能为君主效劳呢？穆子道：虽攻取了一座城，却教百姓懈怠，怎么去治理它呢？城虽拿到但换来的却是懈怠，这不会有好结果，抛弃老传统也是不祥的。鼓人能够为他们的君主效劳，我们也能够为我们的君主效劳，按正义行事不出差错，赏善罚恶没有失误，才能真正取得这座城。能为大义而献身，这难道还不好吗？鼓人宣称粮食告罄并且精疲力竭了，于是才来取城，晋军攻下后得胜而回，没有杀一个人，只俘虏了鼓子鸢鞮而归，把他上献后又放他回去。鼓子又反叛了，荀吴打下东阳，把兵士化装成买粮的人，背穿铠甲在城门外歇息，发起突击，灭了鼓国。俘获鼓子鸢鞮而归，派涉佗去驻守。《十三州志》说：鼓城就是现在的昔阳亭。京相璠说：鼓人是白狄的一个分支。下曲阳有鼓聚，就是旧时的鼓子国。

白渠枝水又东迳下曲阳城北①，又迳安乡县故城南②，《地理志》曰：侯国也③。又东迳贳县，入斯洨水。

【注释】

①下曲阳城：在今河北晋州西五里鼓城村。

②安乡县：百汉置，属钜鹿郡。治所在今河北晋州东南。

③侯国：汉元帝竟宁元年（前33），封赵哀王子喜为安乡侯。

【译文】

白渠支流又往东流过下曲阳城北面，又流过安乡县老城南面，《地理志》说：这是个侯国。又往东流经贳县，注入斯洨水。

斯洨水又东迳西梁城南①，又东北迳乐信县故城南。《地理志》：钜鹿属县，侯国也②。又东入衡水。

【注释】

①西梁城：西梁侯国的治所。在今河北辛集南三十里大车城。

②侯国：汉宣帝神爵三年（前59），封广川缪王刘齐之子疆为乐信侯。

【译文】

斯洨水又往东流经西梁城南面，又往东北流经乐信县老城南面。《地理志》：这是钜鹿郡属县，是个侯国。又东流注入衡水。

衡水又北为袁谭渡^①，盖谭自邺往还所由^②，故济得厥名。

【注释】

①袁谭渡：在信都县（今河北衡水市冀州区）一带。

②谭：即袁谭。字显思。东汉汝南汝阳（今河南商水县西北）人。袁绍长子。绍信后妻言，偏爱少子袁尚，令谭出为青州刺史。绍卒，谭攻尚，败还南皮。尚复攻谭，谭请救于曹操。后谭背操，军败被杀。邺（yè）：即邺县。战国魏置，秦属邯郸郡。治所在今河北临漳西南邺镇。西汉为魏郡治。东汉末相继为冀州、相州治。

【译文】

衡水又北流，就到袁谭渡，袁谭从邺往来都要经过这里，渡口也就因而得名了。

又东北过下博县之西^①，

衡水又北迳邬县故城东^②，《竹书纪年》：梁惠成王三十年^③，秦封卫鞅于邬^④，改名曰商，即此是也。故王莽改曰秦聚也。《地理风俗记》曰：县北有邬阜，盖县氏之。又右迳下博县故城西，王莽改曰闰博。应劭曰：太山有博^⑤，故此加下。汉光武自滹沱南出^⑥，至此失道，不知所以，遇白衣老父曰：信都为长安守，去此八十里。世祖赴之，任光开门纳焉^⑦，汉氏中兴始基之矣。寻求老父不得，议者以为神。

【注释】

①下博县：西汉置，属信都国。治所在今河北深州东南三十里下博。

②邬县：亦作鄡（qiāo）县。西汉置，属钜鹿郡。治所在今河北辛集东南。

③梁惠成王三十年：前340年。

④卫鞅：即商鞅。郫：春秋晋邑。在今山西介休东北。

⑤太山：即泰山郡。楚汉之际刘邦改博阳郡置。治所在博县（今山东泰安东南三十里旧县）。因境内泰山得名。博：即博县。西汉改博阳县置，属泰山郡。治所在今山东泰安东南三十里旧县。

⑥滹沱（hū tuó）：即滹沱河。在今河北西部。源出山西五台山东北泰戏山，西南流至忻州北折向东流，至盂县北穿割太行山进入河北平原，在献县与滏阳河汇合为子牙河，全长五百四十公里。

⑦任光：字伯卿。南阳宛（今河南南阳）人。从光武帝刘秀征战。后拜为左大将军，封武成侯。建武二年（26），更封阿陵侯。

【译文】

衡水又往东北流过下博县西边，

衡水又往北流经郫县老城东面，《竹书纪年》：梁惠成王三十年，秦把卫鞅封于郫，改名为商，就是这地方。所以王莽把它改名秦聚。《地理风俗记》说：县北有郫阜，郫县大概就是依此阜命名的。又往右流经下博县旧城西面，王莽改名为闰博。应劭说：太山有博，所以这里叫下博。汉光武帝从滹沱河南行，到这里迷了路，不知道该往哪里走，碰到一位白衣老人，说：现在信都是为汉而守城的，离这里有八十里。世祖就到信都去，任光开了城门迎接他，汉室中兴的基业才自此奠定。以后去寻求这位老人，却找不到了，人们谈论这件事，以为他是神仙。

衡漳又东北历下博城西，逶迤东北注，谓之九絑①。西迳乐乡县故城南②，王莽更之曰乐丘也。又东，引葭水注之③。

【注释】

①九絑：具体不详。

②乐乡县：即乐乡侯国。西汉置，属信都国。治所在今河北深州东

南三十里。

③引蒉水：当为"列蒉"之讹。列蒉水，在列人县（今河北邯郸肥乡
区东北）境内。列人县以其水旁多芦苇而得名。

【译文】

衡漳又往东北流经下博城西面，弯弯曲曲地往东北奔流，称为九绦。
西流经过乐乡县老城南面，王莽改名为乐丘。又东流，列蒉水注入。

又东北过阜城县北①，又东北至昌亭②，与滹沱河会③。

《经》叙阜城于下博之下，昌亭之上。考地非比，于事
为同④。勃海阜城又在东昌之东⑤，故知非也。

【注释】

①阜城县：东汉永平初改昌成侯国置，属安平国。治所在今河北衡
水市冀州区西北五十里。

②昌亭：即昌城。战国赵邑。在今河北衡水市冀州区西北。

③滹沱河：是海河五大支流之一，在河北献县附近与滏阳河汇合后
称为子牙河。此河今本《水经注》已亡佚。赵一清辑录佚文，在
其《水经注释》中补成一篇。

④于事为同：就名称而言相同。这里指后汉安平国的阜城与渤海的
阜城在名称上一致。

⑤勃海：即渤海郡。汉文帝十五年（前165）析河间国置，以地滨勃
海而得名。治所在浮阳县（今河北沧县东南四十里旧州镇）。阜城：
属勃海郡。治所在今河北阜城东古城镇。东昌：即东昌侯国。西
汉置，属信都国。治所在今河北武邑东北二十八里。东汉废。

【译文】

漳水又往东北流过阜城县北边，又往东北到昌亭，与滹沱河

汇合。

　　《水经》把阜城放在下博的下游，昌亭的上游来叙述。可是查考地址的位置，次序虽不对，但的确又事出有因。勃海郡的阜城又在东昌的东边，所以知道并非这地方。

　　漳水又东北迳武邑郡南①，魏所置也②。

【注释】

①武邑郡：西晋太康十年（289）置，属冀州。治所在武邑县（今河北武邑）。北魏皇始三年（398）移治武强县（今河北武强西南旧城），仍属济州。

②魏：此指北魏。亦称后魏。鲜卑人拓跋珪所建，后来分裂为东魏和西魏。

【译文】

漳水又往东北流经武邑郡南面，那是魏时所置。

　　又东迳武强县北①。又东北迳武隧县故城南②，按《史记》，秦破赵将扈辄于武隧③，斩首十万，即于此处也。王莽更名桓隧矣。白马河注之④，水上承滹沱，东迳乐乡县北、饶阳县南⑤，又东南迳武邑郡北，而东入衡水，谓之交津口⑥。

【注释】

①武强县：西晋置，属武邑郡。治所在今河北武强（小范）西南旧城村。

②武隧县：西汉置，属河间国。治所在今河北武强（小范）西北田沙洼。东汉改名武遂县。

③扈辄（hù zhé）：战国末赵将。赵王迁二年（前234），秦攻赵平阳、武城，赵使扈辄前往相救，军败而战死。是役，秦军斩赵军首

十万。

④白马河:在今河北饶阳南,东南流入武强。

⑤乐乡县:即乐乡侯国。西汉置,属信都国。治所在今河北深州东南
　　三十里。饶阳县:西汉置,属涿郡。治所在今河北饶阳东南二十里。

⑥交津口:在今河北武强南。

【译文】

　　漳水又往东流经武强县北面。又往东北流经武隧县老城南面,查考
《史记》,秦军在武隧打败赵国将军扈辄,杀了十万人,就在这个地方。王
莽改名为桓隧。白马河在这里注入漳水,白马河上游承接滹沱河,往东
流经乐乡县北面、饶阳县南面,又往东南流经武邑郡北面,往东注入衡
水,汇流处称为交津口。

　　衡漳又东迳武邑县故城北①,王莽之顺桓也。晋武帝封
子于县以为王国②。后分武邑、武隧、观津为武邑郡③,治此。

【注释】

①武邑县:西汉置,属信都国。治所即今河北武邑。东汉属安平国。
　　西晋太康十年(289)为武邑郡治。

②晋武帝:即西晋司马炎。字安世。河内温县(今河南温县西南)人。
　　司马昭之子。封子于县以为王国:晋武帝太康十年(289),徙南宫
　　王司马承为武邑王。司马承非武帝子,而是安平献王之孙。

③观津:战国赵邑。治所在今河北武邑东二十五里观津村。

【译文】

　　衡漳又往东流经武邑县老城北面,就是王莽的顺桓。晋武帝把他的
儿子封在该县,立为王国。后来把武邑、武隧、观津都划归武邑郡,治所
就设在这里。

衡漳又东北，右合张平口故沟①，上承武强渊②，渊之西南，侧水有武强县故治，故渊得其名焉。《东观汉记》曰：光武拜王梁为大司空③，以为侯国。耆宿云④：邑人有行于途者，见一小蛇，疑其有灵，持而养之，名曰担生，长而吞噬人，里中患之，遂捕系狱。担生负而奔，邑沦为湖，县长及吏咸为鱼矣。今县治东北半里许落水。渊水又东南结而为湖，又谓之郎君渊⑤。耆宿又言：县沦之日，其子东奔，又陷于此，故渊得郎君之目矣。渊水北通，谓之石虎口⑥，又东北为张平泽⑦。泽水所泛，北决堤口，谓之张刀沟⑧，北注衡漳，谓之张平口，亦曰张平沟⑨。水溢则南注，水耗则辍流。

【注释】

①张平口：在河北武强境内。

②武强渊：在今河北武邑北。

③王梁：字君严。东汉初渔阳要阳（今河北丰宁东）人。初为郡吏，新莽败亡后，数从刘秀征战，平定河北。刘秀称帝后，擢拜其为大司空，封武强侯。战功甚多，官拜济南太守。改封阜成侯。大司空：官名。春秋晋有大司空，主司土木。汉成帝时，改御史大夫为大司空，哀帝时曾复旧称，后再改为大司空，与大司徒、大司马并称三公，成为共同负责最高国务的长官。东汉以后但称司空。

④耆宿：年高有德者之称。

⑤郎君渊：当在今河北武强境内。

⑥石虎口：当在今河北武强境内。

⑦张平泽：当在今河北武强境内。

⑧张刀沟：当在今河北武强境内。

⑨张平沟：当在今河北武强境内。

【译文】

衡漳又往东北流,右边汇合了张平口旧沟,上游承接武强渊,武强渊西南,水边留有旧时武强县的治所,渊就因而得名。《东观汉记》说:光武帝派王梁当大司空,把武强立为侯国封给他。据老人们说:县里有个人走路时看见一条小蛇,怀疑其灵异,于是就把它带回家饲养,取名担生,蛇长大后竟吃人,邻里中人都很发愁,就把养蛇者抓起来关进监牢。担生背着他逃走,县城沉陷成为湖泊,县长和官吏也都变成鱼鳖。现在县城东北大约半里的地方都没在水中。渊水往东南流,积聚成湖泊,又叫郎君渊。老人们又说:县城沉陷那天,那人的儿子向东奔逃,也在这里沉陷,所以这个深潭就叫郎君渊了。渊水通向北面,水口叫石虎口,又往东北流,就是张平泽。泽水泛滥,在北面冲垮堤口流出,叫张刀沟,往北注入衡漳,汇流处叫张平口,沟水也叫张平沟。泽水涨溢时就南流,水枯时就断流。

衡漳又迳东昌县故城北,《经》所谓昌亭也,王莽之田昌也。俗名之曰东相,盖相、昌声韵合,故致兹误矣。西有昌城,故目是城为东昌矣。

【译文】

衡漳又流经东昌县老城北面,这就是《水经》里说的昌亭,也就是王莽的田昌。俗名叫东相,这是因为相、昌两字音韵相合,因而致误。西边有昌城,所以称此城为东昌。

衡漳又东北,左会滹沱故渎,谓之合口。衡漳又东北,分为二川,当其水泆处①,名之曰李聪涣②。

【注释】

①泆(yì):通“溢”。水满而泛滥。

②李聪涣：无考。当在今河北武邑境内。

【译文】

衡漳又往东北流，在左边汇合了滹沱河的旧水道，汇流处叫合口。衡漳又往东北流，分为两条，水流溢出处，叫李聪涣。

又东北至乐成陵县北别出①，

衡漳于县无别出之渎，出县北者，乃滹沱别水②，分滹沱故渎之所缠络也。

【注释】

①乐戎陵县：即乐成县。西汉置，为河间国治。治所在今河北献县东南十六里。"陵"字是桓帝所加。

②滹沱别水：在乐成县（今河北献县）一带。

【译文】

衡漳又往东北流到乐成郡陵县北面，分支流出，

在陵县，衡漳并没有分支流出的水，往县北分出的，是滹沱的支水，是从滹沱旧河道分出的。

衡漳又东，分为二水，左出为向氏口①，渎水自此决入也②。

【注释】

①向氏口：当在今河北献县一带。

②决入：当为决出。水分流。

【译文】

衡漳又东流分为两支：向左边分出处是向氏口，分支流自此分出。

衡漳又东,迳弓高县故城北①,汉文帝封韩王信之子韩
隤当为侯国②,王莽之乐成亭也。

【注释】

①弓高县:西汉置,属河间国。治所在今河北阜城南二十七里。

②汉文帝:西汉皇帝刘恒。韩王信:故韩襄王之庶孙。先从刘邦为将,
　后降楚。后又归刘邦。刘邦复立为韩王。后投降匈奴,使刘邦陷
　白登之围。后复与匈奴骑兵入居参合,被汉将军柴武所杀。韩隤
　(tuí)当:亦作韩穨当。西汉初年人。韩王信之子。孝文帝时,他
　与其侄韩婴率众归汉,被封为弓高侯。

【译文】

衡漳又往东流经弓高县老城北面,汉文帝把这里封给韩王信的儿子
韩隤当,立为侯国,也就是王莽的乐成亭。

衡漳又东北,右合柏梁溠①,水上承李聪涣,东北为柏
梁溠,东迳蒲领县故城南②,汉武帝元朔三年③,封广川惠王
子刘嘉为侯国④。《地理风俗记》云:脩县西北八十里有蒲
领乡⑤,故县也。又东北会桑社枝津⑥,又东北迳弓高城北,
又东注衡漳,谓之柏梁口⑦。

【注释】

①柏梁溠(zhà):当在今河北阜城境内。

②蒲领县:西汉元朔三年(前126),武帝封广川惠王子嘉为蒲领侯,
　置蒲领侯国。治所在今河北阜城东北十里。后国除为县。

③元朔三年:前126年。

④广川惠王:即刘越。汉景帝刘启之子。汉景帝中二年(前148)夏,

立皇太子刘越为广川王。刘嘉：广川惠王刘越子。

⑤脩县：西汉置。治所在今河北景县南。蒲领乡：在今河北阜城东北。

⑥桑社枝津：当在今河北景县境内。

⑦柏梁口：当在今河北阜城一带。

【译文】

衡漳又往东北流，右边汇合了柏梁溠，这条水上游承接李聪涣，往东北流叫柏梁溠，往东流经蒲领县老城南面，汉武帝元朔三年，把这里封给广川惠王的儿子刘嘉，立为侯国。《地理风俗记》说：脩县西北八十里有蒲领乡，是个旧县。又往东北流，汇合了桑社沟的支流，又往东北流过弓高城北面，又往东注入衡漳，汇流处称为柏梁口。

衡漳又东北，右会桑社沟，沟上承从陂①，世称卢达从薄②，亦谓之摩诃河③。东南通清河，西北达衡水。春秋雨泛，观津城北方二十里④，尽为泽薮⑤，盖水所钟也。其渎迳观津县故城北⑥，乐毅自燕降赵⑦，封之于此邑，号望诸君⑧，王莽之朔定亭也。又南屈东迳窦氏青山南⑨，侧堤东出青山，即汉文帝窦后父少翁冢也⑩。少翁是县人，遭秦之乱，渔钓隐身，坠渊而死。景帝立⑪，后遣使者填以葬父，起大坟于观津城东南⑫，故民号曰青山也⑬。又东迳董仲舒庙南⑭。仲舒⑮，广川人也⑯，世犹谓之董府君祠⑰，春秋祷祭不辍⑱。旧沟又东迳脩市县故城北⑲，汉宣帝本始四年⑳，封清河纲王子刘寅为侯国㉑，王莽更之曰居宁也。俗谓之温城㉒，非也。《地理风俗记》曰：脩县西北二十里有脩市城，故县也。又东会从陂，陂水南北十里，东西六十步，子午潭涨㉓，渊而不流㉔，亦谓之桑社渊㉕。从陂南出，夹堤东派㉖，迳脩县故城北，东合清漳[27]。漳泛则北注,泽盛则南播,津流上下,互相迳通。从陂北出,东北分为二川,一川北迳弓高城西而北注柏梁溠[28],一川东迳弓高城南。又东北,杨津沟水出焉[29]。

【注释】

①从陂:《水经注疏》杨守敬按:"今景州(今河北景县)北有千顷诸洼,为沮洳之区,当即此《注》之从陂矣。"

②卢达:具体不详。从薄:即"从陂"的声转。

③摩诃河:赵一清认为,梵语谓大为摩诃,盖言大河也。

④观津城:战国赵邑。治所在今河北武邑东二十五里观津村。

⑤泽薮:大沼泽。

⑥观津县:西汉置,属信都国。治所在今河北武邑东二十五里观津村。东汉属安平国。北魏改名灌津县。

⑦乐毅:中山国灵寿(今河北灵寿)人。先为赵将,后适魏。为魏使至燕,燕昭王以为亚卿。乐毅为燕合诸侯伐齐,大破齐军。乐毅因功封昌国(今山东淄博东南),号昌国君。燕惠王即位,中田单反间计,就派骑劫代乐毅统兵,召回乐毅。乐毅害怕被惠王杀死,就向西投奔了赵国。乐毅在赵被封于观津,号曰望诸君。后卒于赵。

⑧望诸君:即乐毅。

⑨窦氏青山:在今河北武邑东二十八里青冢村。

⑩汉文帝:即西汉皇帝刘恒。即位后,专务以德化民,是以海内殷富,兴于礼义,几致刑措。为三代后贤主。其子景帝亦政治清明。历史上称为"文景之治"。窦后:孝文窦皇后,景帝母。吕太后时以良家子选入宫。景帝立,尊为皇太后。好黄帝、老子言。少翁:即窦少翁。西汉观津县(今河北武邑)人。汉文帝窦皇后之父。遭秦之乱,渔钓隐身,坠渊而死。被追封为安成侯,葬观津。

⑪景帝：西汉皇帝刘启。

⑫大坟：高大的坟冢。

⑬青山：在今河北武邑东二十八里青冢村。

⑭董仲舒庙：在今河北景县西南。

⑮仲舒：即董仲舒。西汉广川（今河北景县西南）人。哲学家、经学家。
专治《春秋公羊传》。景帝时为博士。武帝时以贤良对策，建议"罢
黜百家，独尊儒术"，开创此后两千多年以儒家为正统的局面。曾
任江都相和胶西王相。著有《春秋繁露》。

⑯广川：即广川县。西汉置，属信都国。治所在今河北景县西南广
川镇。

⑰董府君：董仲舒曾任江都王相和胶西王相，故称。府君，汉代对郡
相、太守的尊称。

⑱祷祭：向神祝告祈求福寿并祭祀。

⑲脩（tiáo）市县：西汉置，属渤海郡。治所在今河北景县西北。脩，
通"条"。

⑳本始四年　前70年。本始，西汉宣帝刘询的年号（前73—前70）。

㉑清河纲王：亦作清河刚王，指刘义。西汉刘姓诸侯王，代共王刘登
之子。武帝元鼎三年（前114）徙之于清河，是为刚王。刘寅：清
河纲王刘义之子。本始四年（前70）封脩市侯。辛谥原。

㉒温城：即脩（tiáo）市县。在今河北景县西北。

㉓子：假借为地支字。用于纪月，指农历十一月。午，假借为地支的
第五位，用于纪月，指农历五月。潭涨：深涨。

㉔渊而不流：水深而不流动。

㉕桑社渊：当在今河北景县一带。

㉖夹堤：两岸修堤。派：本指支流。这里指水别流。

㉗清漳：在今山西东南部。东源出昔阳西部，西源出和顺西八赋岭，
在左权浊城附近汇合后，东南流到河北涉县合漳镇，与浊漳水汇

　　合为漳河。

　　㉘柏梁淢（zhà）：当在今河北阜城境内。

　　㉙杨津沟水：在今河北阜城一带。

【译文】

　　衡漳又往东北流，在右边汇合桑社沟，沟水上游承接从陂，世人称之为卢达从薄，也叫摩诃河。东南与清河相通，西北到达衡水。春秋雨季涨水泛滥，观津城北面方圆二十里的地带，因为水流汇集，就都成为沼泽地了。水道通过观津县老城北面，乐毅离开燕国降赵国，封于此城，号称望诸君，王莽时叫朔定亭。水又向南转弯往东流经窦氏青山南面，沿堤边往东流出，这青山就是汉文帝窦后父亲窦少翁的坟墓。窦少翁是本县人，秦时天下大乱，他就隐居山林钓鱼，不幸跌入深潭淹死。景帝立，窦后派使者把深潭填掉，安葬她的父亲，在观津东南筑起一座大坟，百姓把它叫青山。水又往东流经董仲舒庙南。董仲舒是广川人，世人还把这座庙宇称为董府君祠，每年春秋两季到这里来祭祀祈祷，从未中断。旧沟又往东流经脩市县老城北面，汉宣帝本始四年，把这里封给清河纲王的儿子刘寅，立为侯国，王莽改名为居宁。俗称温城，其实不对。《地理风俗记》说：脩县西北二十里有脩市城，是个旧县城。又东流，汇入从陂，陂水南北十里，东西六十步，五月、十一月陂水升涨，水深不流，又称桑社渊。从陂往南流出，两岸筑堤，分支往东流经脩县旧城北面，往东与清漳水汇合。漳水泛滥时就北流注入陂泽，泽水盛涨时，就往南流泄，上下相通。从陂往北流出，向东北分成两条水，一条往北流经弓高城西面，往北注入柏梁淢；一条往东流经弓高城南面。又往东北流，杨津沟水在这里分出。

　　衡水东迳阜城县故城北、乐成县故城南[①]，河间郡治[②]。《地理志》曰：故赵也。汉文帝二年，别为国。应劭曰：在两河之间也。景帝九年，封子德为河间王[③]，是为献王。王莽更名,郡曰朔定,县曰陆信。褚先生曰④:汉宣帝地节三年⑤,封大将军霍光兄子山为侯国也⑥。章帝封子开于此⑦,桓帝追尊祖父孝王开为孝穆王⑧,以其邑奉山陵,故加陵曰乐成陵也⑨。今城口有故池,方八十步,旧引衡水北入城注池,池北对层台,基隍荒芜⑩,示存古意也。

【注释】

① 阜城县:东汉永平初改昌成侯国置,属安平国。治所在今河北衡水市冀州区西北五十里。乐成县:西汉为河间国治。治所在今河北献县东南十六里。

② 河间郡:西汉高帝置。治所在乐成县。文帝二年(前178)改为河间国。

③ 景帝九年,封子德为河间王:当为景帝二年。即前155年。德,即河间献王刘德。西汉景帝子。景帝前元二年(前155)立为河间王。刘德修礼乐,好儒术,山东诸儒多从之游。译文从之。

④ 褚先生:指褚少孙。西汉后期史学家、经学家。颍川(今河南禹州)人。寓居沛县(今江苏沛县)。西汉中后期时做过博士。据《汉书》的记载,司马迁死后,《史记》在流传过程中散失了十篇,仅存目录。褚少孙做了补充、修葺的工作。明代人辑有《褚先生集》。

⑤ 地节三年:前67年。地节,西汉宣帝刘询的年号(前69—前66)。

⑥ 霍光:字子孟。河东平阳(今山西临汾西南)人。西汉霍去病异母弟。以大将军大司马受遗诏辅佐幼主昭帝,后立昌邑王刘贺,又废之立宣帝。霍山:西汉河东平阳(今山西临汾)人。宣帝地节二年(前68),因光临终上书分予国邑户三千,得封乐平侯,以奉车都尉领尚书事。兄子:当为“兄孙”之讹。《汉书·霍光传》:“光上书谢恩曰:‘愿分国邑三千户,以封兄孙奉车都尉山为列侯,奉兄票骑将军去病祀。’”可知:霍山乃霍光兄霍去病孙,而非子。

⑦章帝：即东汉章帝刘烜（dá）。永平三年（60），被立为皇太子。开：
　即刘开，东汉章帝之子。永元二年（90），封河间王。延平元年
　（106）始就国。在国奉遵法度，吏民敬之。

⑧桓帝：即东汉皇帝刘志。

⑨乐成陵：在乐成县（今河北献县）。

⑩基隍：台基和城壕。

【译文】

　　衡水往东流经阜城县老城北面、乐成县老城南面——乐成是河间郡
的治所。《地理志》说：旧时是赵国地方。汉文帝二年，分地设立为国。
应劭说：地在两河之间。景帝二年封他的儿子刘德为河间王，就是献王。
王莽改名，郡称朔定，县叫陆信。褚先生说：汉宣帝地节三年，把这里封
给大将军霍光哥哥的儿子霍山，立为侯国。章帝把他儿子刘开封在这里，
桓帝追封他的祖父孝王刘开，加孝穆王的尊号，划出该县作为祭扫陵墓
之用，所以把陵称为乐成陵。现在城中还有一口古池，方圆八十步，从前
引了衡水北流入城，注入池中，池北面对一座高台，台基和城壕都已荒芜
了，只是留着表示保存古迹的意思罢了。

又东北过成平县南①，

　　衡漳又东迳建成县故城南②，按《地理志》：故属勃海
郡。褚先生曰③：汉昭帝元凤三年④，封丞相黄霸为侯国也⑤。
成平县故城在北，汉武帝元朔三年⑥，封河间献王子刘礼为
侯国⑦，王莽之泽亭也。城南北相直。

【注释】

①成平县：西汉置，属勃海郡。治所在今河北沧县西景城南二十里。

②建成县：西汉置，属勃海郡。治所在今河北泊头西北二十里齐桥
　镇。东汉废。

③褚先生：指褚少孙。

④元凤三年：前 78 年。元凤，西汉昭帝刘弗陵的年号（前 80—前 75）。

⑤黄霸：字次公。西汉淮阳阳夏（今河南太康）人。为政外宽内明，重视农桑。后官至御史大夫、丞相，封建成侯。

⑥元朔三年：前 126 年。

⑦河间献王：河间献王刘德。刘礼：西汉宗室诸侯。河间献王刘德子。汉武帝元朔三年（前 126）封成平侯。元狩三年（前 120），因罪免侯。

【译文】

衡漳又往东北流过成平县南边，

衡漳又往东流经建成县旧城南边，查考《地理志》：该县旧属勃海郡。褚先生说：汉昭帝元凤三年，把建成封给丞相黄霸，立为侯国。成平县旧城在北边，汉武帝元朔三年把成平封给河间献王的儿子刘礼，立为侯国，也就是王莽的泽亭。老城南北直对。

衡漳又东，右会杨津沟水①，水自陂东迳阜城南②，《地理志》：勃海有阜城县。王莽更名吾城者，非《经》所谓阜城也。建武十三年③，世祖更封大司马王梁为侯国。杨津沟水又东北迳建戌县，左入衡水，谓之杨津口④。

【注释】

①杨津沟水：在今河北阜城一带。

②阜城：属勃海郡。治所在今河北阜城东古城镇。

③建武十三年：39 年。建武，东汉光武帝刘秀的年号（25—56）。

④杨津口：当在今河北泊头一带。

【译文】

衡渣又东流，右边汇合了杨津沟水，沟水从陂塘往东流经阜城南面。

《地理志》说：勃海有阜城县。王莽改名为吾城的那个阜城，并不是《水经》中所说的阜城。建武十五年，世祖把这里改封给大司马王梁，立为侯国。杨津沟水又往东北流，经过建成县向左边注入衡水，汇流处叫杨津口。

衡漳又东，左会滹沱别河故渎，又东北入清河，谓之合口①。又迳南皮县之北皮亭②，而东北迳浮阳县西③，东北注也。

【注释】

①合口：当在今河北南皮一带。

②南皮县：秦置，属钜鹿郡。治所在今河北南皮东北八里。西汉属勃海郡。北皮亭：在今河北南皮一带。

③浮阳县：战国秦置，属钜鹿郡。西汉为勃海郡治。以在浮水之阳，故名。治所在今河北沧县东南四十里旧州镇。

【译文】

衡漳又东流，左边汇合滹沱河的旧河道，又往东北流入清河，汇流处叫合口。又流经南皮县的北皮亭，然后往东北经浮阳县西面，往东北流去。

又东北过章武县西①，又东北过平舒县南②，东入海。

清漳迳章武县故城西，故濊邑也③，枝渎出焉，谓之濊水④。东北迳参户亭⑤，分为二渎。应劭曰：平舒县西南五十里有参户亭，故县也。世谓之平虏城⑥。枝水又东注，谓之蔡伏沟⑦。又东积而为淀。一水迳亭北，又迳东平舒县故城南⑧。代郡有平舒城⑨，故加东。《地理志》：勃海之属县也。《魏土地记》曰⑩：章武郡治⑪。故世以为章武故城，非也。

又东北分为二水，一右出为淀，一水北注滹沱，谓之滺口^⑫。清漳乱流而东注于海。

【注释】

①章武县：西汉文帝后元七年（前157）封窦广国为章武侯，元狩元年（前122）改为县，属勃海郡。治所在今河北黄骅西南故县村。

②平舒县：此指东平舒县。西汉置，属勃海郡。治所在今河北大城。东汉属河间国。西晋为章武国治。北魏改为平舒县。

③滺（huì）邑：章武县故城（今河北黄骅西南故县村）。

④滺（huì）水：在章武县（今河北黄骅西南）一带。

⑤参户亭：亦称参户侯国。西汉置，属勃海郡。治所即今河北青县西南二十八里木门店镇。东汉废。

⑥平虏城：即参户亭。

⑦蔡伏沟：在今河北青县一带。

⑧东平舒县：西汉置，属勃海郡。治所即今河北大城。

⑨代郡：战国赵置，秦、西汉治所在代县（今河北蔚县西南）。东汉移治高柳县（今阳高西南）。西晋末废。平舒城：在今山西广灵西平水城。

⑩《魏土地记》：书名。具体不详。

⑪章武郡：北魏改章武国置。治所在成平县（今河北沧州西），后迁治平舒县（今河北大城）。

⑫滺口：当在今河北大城一带。

【译文】

衡漳又往东北流过章武县西边，又往东北流过平舒县南边，东流入海。

清漳流经章武县旧城西面，就是旧时的滺邑，在这里分出支流，叫滺水。往东北流经参户亭，分成两条。应劭说：平舒县西南五十里有参户亭，是个旧县城。世人称之为平虏城。支流又往东流,叫蔡伏沟。又东流积潴成为湖淀。一条流经亭北,又流经东平舒县旧城南面。代郡有平舒城,所以这里叫东平舒。《地理志》:这是勃海郡的属县。《魏土地记》说:这是章武郡的治所。所以世人以为这就是章武县的旧城,但实际并不是。又往东北流,分成两条水:一条向右边流出成为湖淀,一条往北注入滹沱河,汇流处称为滹口。清漳水往东乱流,注入大海。

清漳水

清漳水出上党沾县西北少山大要谷①,南过县西,又从县南屈,

《淮南子》曰:清漳出谒戾山②。高诱云③:山在沾县。今清漳出沾县故城东北,俗谓之沾山④。后汉分沾县为乐平郡⑤,治沾县。水出乐平郡沾县界。故《晋太康地记》曰⑥:乐平县旧名沾县⑦。汉之故县矣。其山亦曰鹿谷山⑧,水出大要谷,南流迳沾县故城东,不历其西也。又南迳昔阳城⑨。《左传·昭公十二年》⑩,晋荀吴伪会齐师者⑪,假道于鲜虞⑫,遂入昔阳⑬。杜预曰:乐平沾县东有昔阳城者是也。其水又南得梁榆水口⑭,水出梁榆城西大嶮山⑮,水有二源,北水东南流,迳其城东南,注于南水;南水亦出西山,东迳文当城北⑯,又东北迳梁榆城南,即阏与故城也⑰。秦伐赵阏与,惠文王使赵奢救之⑱,奢纳许历之说⑲,破秦于阏与,谓此也。司马彪、袁山松《郡国志》并言涅县有阏与聚⑳。卢谌《征艰赋》曰㉑:访梁榆之虚郭,吊阏与之旧都。阚骃亦云:阏与,今梁榆城是也。汉高帝八年㉒,封冯解散为侯国㉓。其水左合北水,北水又东南入于清漳。

【注释】

① 上党：即上党郡。战国韩、赵各置郡，因上党地区而得名。后入秦，合为一郡。西汉移治长子县（今山西长子西南）。东汉末移治壶关县（今长治上党区北故驿村）。沾县：西汉置，属上党郡。治所在今山西昔阳西南三十余里西寨乡附近。少山：在今山西昔阳西南二十五里。大要谷：今山西昔阳西南。

② 谒戾山：说法不一，一说即麓台山，在今山西平遥东南；一说又名羊头山，在今山西沁源东北。

③ 高诱：涿郡涿县（今河北涿州）人。东汉学者。曾注《战国策》《淮南子》《吕氏春秋》等。

④ 沾山：即沾岭。在今山西昔阳西。

⑤ 乐平郡：东汉末分上党郡置。治所在沾县（今山西昔阳西南）。

⑥ 《晋太康地记》：书名。又称《太康地记》等。撰者不详。晋太康三年（282）撰。记载晋初州、郡、县建制沿革、地名取义、山水、物产等。

⑦ 乐平县：东汉建安中置，属乐平郡。治所即今山西昔阳。

⑧ 鹿谷山：亦称发鸠山、发苞山、廉山。在今山西长子西五十里。

⑨ 昔阳城：在今河北晋州西。

⑩ 昭公十二年：前530年。

⑪ 荀吴：春秋时晋大夫，荀偃之子。

⑫ 鲜虞：春秋时白狄所建的国家，亦称中山国。在今河北正定东北新城铺。

⑬ 昔阳：春秋鼓国都。在今河北晋州西。

⑭ 梁榆水口：即今山西和顺南梁余河。源出山西和顺西北石猴岭，东南流入清漳水。

⑮ 梁榆城：在今山西和顺西北。大嵰（qiǎn）山：在今山西晋中榆次区东南。

⑯文当城:《水经注疏》熊会贞按:"城当在今和顺县(今山西和顺)西。"

⑰阏(yù)与:战国韩邑,后属赵。在今山西和顺西北。

⑱惠文王:即赵惠文王,战国时赵国国君,名何,赵武灵王之子。赵奢:战国时赵国名将,善用兵。赵惠文王二十九年(前270),秦攻阏与,奢奉命往救,大破秦军,遂解阏与之围而归。赵惠文王赐奢号为马服君。与廉颇、蔺相如同位。

⑲许历:战国末赵人,赵奢部下军士。秦军进攻阏与,他建议赵奢"必厚集其阵以待之",占领阏与山以待秦军。奢从之,遂大败秦师,因功封为国尉。

⑳袁山松《郡国志》:袁山松,即袁崧,字山松。陈郡阳夏(今河南太康)人。东晋史学家。撰《后汉书》,今存辑本。涅县:东汉改涅氏县置,属上党郡。治所在今山西武乡西北四十二里故城镇。

㉑卢谌(chén)《征艰赋》:今不传。卢谌,字子谅。范阳涿县(今河北涿州)人。东晋文学家。好老庄之学。

㉒汉高帝八年:前199年。

㉓冯解散:一作冯解敢。原为代国太尉,汉王三年(前204)降汉,为雁门守、将军,平定代地。汉高帝八年,封为阏氏侯。

【译文】

清漳水

清漳水发源于上党郡沾县西北的少山大要谷,往南流过县西,又从县南转弯,

《淮南子》说:清漳水发源于谒戾山。高诱说:山在沾县。现在清漳水发源于沾县旧城东北面,俗称沾山。后汉把沾县划给乐平郡,郡治在沾县。清漳水就发源于乐平郡的沾县境内。所以《晋太康地记》说:乐平县,旧名沾县。是汉时的旧县。那座山也叫鹿谷山,水从大要谷流出,往南流经沾县旧城东面,并不流经西面。又往南流经昔阳城。《左传·昭

公十二年》，晋朝荀吴假意说要去会见齐军，向鲜虞借路经过，于是就进入昔阳。杜预说：乐平沾县东面有昔阳城，就是此城。水又往南流，在梁榆水口汇合了一条水，此水发源于梁榆城西面的大嶮山，有两个源头：北面的水源往东南流经此城东南面，注入南面那条水源；南面的水源也从西山流出，往东沔经文当城北面，又往东北流经梁榆城南面，就是阏与旧城。秦军进攻赵国阏与，惠文王派赵奢去救援，赵奢采纳许历的意见在阏与打败了秦兵，指的就是这地方。司马彪、袁山松的《郡国志》都说涅县有阏与聚。卢谌《征艰赋》说：寻访梁榆空荒的城市，凭吊阏与旧时的都城。阚骃也说：阏与就是今天的梁榆城。汉高帝八年把这里封给冯解散，立为侯国。南水在左边汇合北水，北水又往东南流入清漳水。

清漳又东南与轑水相得①。轑水出轑阳县西北轑山②，南流迳轑阳县故城西南，东流至粟城③，注于清漳也。

【注释】

①轑水：又名辽水、潦水、潦阳水、西漳水。即今山西左权南清漳西源。源出山西和顺西北八赋岭，东南流入清漳水。

②轑阳县：西晋改轑阿县置，属乐平郡。治所即今山西左权。轑山：当在今山西左权。

③粟城：在今山西左权东南三十五里粟城村。

【译文】

清漳水又往东南流与轑水合流。轑水发源于轑阳县西北的轑山，往南流经轑阳县老城西南面，东流到粟城，注入清漳水。

东过涉县西①，屈从县南，

按《地理志》：魏郡之属县也②。漳水于此有涉河之称，盖名因地变也③。

【注释】

①涉县：西汉属魏郡。治所在今河北涉县西北二里。

②魏郡：西汉高帝十二年（前195）置。治所在邺县（今河北临漳西南邺镇）。

③名因地变：水名因地名变化而发生改变。

【译文】

清漳水往东流过涉县西面，又转向县南面，

查考《地理志》：涉县是魏郡的属县。漳水在这里又有涉河之称，水名又随地名而变了。

东至武安县南黍窖邑①，入于浊漳②。

【注释】

①武安县：秦置，属邯郸郡。西汉属魏郡。治所在今河北武安西南五里店子古城。黍窖邑：无考。

②浊漳：漳河上游。在今山西中部。有三源，南源出长子西发鸠山，西源出沁县西北漳源镇，北源出榆社北，至襄垣东与黎城交界处汇合，东南流至平顺西北，折而东流入河北涉县境，合于清漳河。

【译文】

清漳水往东流到武安县南边的黍窖邑，注入浊漳水。

卷十一

易水　滱水

【题解】

　　易水今仍名易水，发源后从今河北易县的安各庄水库东流，汇合南拒马河，然后注入大清河，成为海河水系的五大支流之一。滱水发源于今山西境内，《水经注疏》熊会贞按："今浑源州（今山西浑源）南七里有翠屏山，为恒岳西麓，唐河源出此，即古滱水。"所以滱水今名唐河，东流经白洋淀注入大清河。

　　赵一清在《水经注释》卷十一之末，又收辑佚文，增补了《溥沱水》《泒水》《滋水》三篇。他认为此三水在《水经注》没有散佚前都各自成篇。溥沱水在《浊漳水》中已经述及，而泒水和滋水，赵一清认为与滱水有关，或是滱水支流，但现在由于河道变迁，地名消亡，都已无法考实。谭其骧主编的《中国历史地图集》第四册50—51，北朝、魏《相、冀、幽、平等州图》中，绘有滋水和泒水，均是溥沱水的支流，可供参考。

易水
易水出涿郡故安县阎乡西山^①，

易水出西山宽中谷^②，东迳五大夫城南^③。昔北平侯王谭④，不从王莽之政，子兴生五子，并避时乱，隐居此山，故其旧居，世以为五大夫城，即此。岳《赞》云⑤：五王在中，庞葛连续者也。易水又东，左与子庄溪水合⑥。水北出子庄关⑦，南流迳五公城西⑧，屈迳其城南。五公，即王兴之五子也。光武即帝位，封为五侯：元才北平侯，益才安憙侯，显才蒲阴侯，仲才新市侯，季才为唐侯，所谓中山五王也。俗又以五公名居矣。二城并广一里许，俱在冈阜之上，上斜而下方。其水东南入于易水。

【注释】

①易水：此指南易水，源出易县西南，东流入保定徐水区、安新为瀑河（今瀑河）。涿郡：西汉高帝置。治所在涿县（今河北涿州）。故安县：西汉置，属涿郡。治所在今河北易县东南东贯城。阎乡：当在今河北易县西。西山：在今河北易县西。

②易水：此指中易水，源出河北易县西，东流至定兴西南合拒马河。即古武水。宽中谷：当在今河北易县西。

③五大夫城：在今河北易县西。

④北平侯：当为平阿侯之讹。王谭：字子元。西汉孝元皇后弟。以帝舅封平阿侯。

⑤岳《赞》：即潘岳《赞》。《水经注疏》杨守敬按："今存潘岳文，无可考，然六朝文士，少名岳者，全（祖望）增潘字，当是也。"

⑥子庄溪水：即紫荆关水。源于今河北易县西南，自紫荆关南流入白涧水。

⑦子庄关：即紫荆关。在今河北易县西八十里紫荆关镇。

⑧五公城：《水经注疏》杨守敬按："城在五大夫城东三十里，见上，亦在今易州（今河北易县）西。"

【译文】

易水

易水发源于涿郡故安县阎乡的西山，

易水发源于西山宽中谷，往东流经五大夫城南边。从前平阿侯王谭，不肯顺从王莽政权，他的儿子王兴生了五个儿子，也都跟他出来避乱，隐居这座山中，世人就把他们的旧居称为五大夫城，就是这里。潘岳《赞》说：五王在城中，裙带相连，是个大族。易水又东流，左边与子庄溪水汇合。子庄溪水发源于北方的子庄关，往南流经五公城西，拐弯流经城南。五公，就是王兴的五个儿子。光武帝即位后，封他们为五侯：元才为北平侯，益才为安憙侯，显才为蒲阴侯，仲才为新市侯，季才为唐侯——这就是所谓中山五王。民间又称他们的居地为五公城。五大夫城和五公城方圆都有一里左右，都坐落在小山冈上，上方倾斜，下端方正。溪水往东南注入易水。

易水又东，右会女思谷水[1]。水出西南女思涧[2]，东北流注于易，谓之三会口[3]。易水又东届关门城西南[4]，即燕之长城门也[5]，与樊石山水合[6]。水源西出广昌县之樊石山[7]，东流迳覆釜山下[8]，东流注于易水。

【注释】

①女思谷水：在今河北易县西南。为易水支流。

②女思涧：当在今河北易县一带。

③三会口：当在今河北易县一带。

④关门城：当在今河北易县一带。

⑤燕长城：战国燕昭王以前筑。此长城起自今河北易县西太行山西麓，东经易县、保定徐水区、雄县，至文安境内。秦毁。

⑥樊石山水：在今河北涿鹿东南。

⑦广昌县：西汉置，属代郡。治所在今河北涞源北七里。东汉属中
　　山国。晋仍属代郡。

⑧覆釜山：位于今雄安新区。

【译文】

　　易水又东流，右边与女思谷水汇合。女思谷水发源于西南的女思
涧，往东北流，注入易水，汇流处称为三会口。易水又往东流到关门城西
南——就是昔日燕国的长城门，与樊石山水汇合。樊石山水发源于西方
广昌县的樊石山，往东流经覆釜山下，东流注入易水。

　　易水又东历燕之长城，又东迳渐离城南①，盖太子丹馆
高渐离处也②。

【注释】

①渐离城：在今河北易县西南。

②太子丹：即燕国太子丹。战国燕王喜之子。阴养壮士，使荆轲刺
　　秦王未成，秦袭燕，燕王喜斩太子丹以献秦。馆：为……设馆安置。
　　高渐离：战国末年燕国人。善击筑，与荆轲为友。燕亡后，变姓名，
　　为人佣保。尝击筑而歌，闻者无不流涕而去。秦始皇闻而召之，
　　令击筑。高渐离以铅置筑中，举筑扑秦始皇，不中，被杀。

【译文】

　　易水又往东流经燕长城，又往东流经渐离城南，这是燕太子丹设馆
安顿高渐离的地方。

　　易水又东迳武阳城南①。盖易自宽中历武夫关东出②，
是兼武水之称③，故燕之下都④，擅武阳之名⑤。左得濡水枝
津故渎⑥。武阳大城东南小城⑦，即故安县之故城也，汉文帝

封丞相申屠嘉为侯国⑧。城东西二里,南北一里半。高诱云⑨:易水迳故安城南城外东流。即斯水也。诱是涿人⑩,事经明证。今水被城东南隅,世又谓易水为故安河。武阳,盖燕昭王之所城也⑪,东西二十里,南北十七里。故傅逮《述游赋》曰⑫:出北蓟⑬,历良乡⑭,登金台⑮,观武阳,两城辽廓,旧迹冥芒。盖谓是处也。易水东流而出于范阳⑯。

【注释】

①武阳城:战国燕昭王时建,为燕下都,后属赵。在今河北易县东南武阳台村。西汉置故安县。

②宽中:即上文的“宽中谷”。武夫关:当在今河北易县西南。

③武水:即中易水。源出河北易县西,东流至定兴西南合拒马河。

④下都:即陪都。战国时期燕都蓟(今北京西南),武阳为下都。

⑤擅:专有,拥有。

⑥濡水:即北濡水。今河北易县西北之北易水。

⑦武阳大城:《水经注疏》熊会贞按:“武阳大城即上武阳城,后文东西二十里,南北十七里二语,方实指之。”

⑧申屠嘉:梁(治所在今河南商丘)人。初从汉高祖击项羽、英布,为都尉。惠帝时,任淮阳守。文帝时迁为御史大夫,又任丞相,封故安侯。

⑨高诱:涿郡涿县(今河北涿州)人。汉末三国时儒家学者,为当时名儒卢植门人。曾注《战国策》《淮南子》《吕氏春秋》等。

⑩涿:即涿郡。

⑪燕昭王:名平。战国时燕国国君。燕王哙之子。

⑫傅逮《述游赋》:未详。

⑬北蓟(jì):即蓟县。战国秦置,为广阳郡治。治所在今北京西南隅。

西汉为广阳国治。东汉至北朝历为幽州、广阳郡、燕国、燕郡治所。

⑭良乡：即良乡县。西汉置，属涿郡。治所在今北京房山区西南窦店西古城。

⑮金台：又称黄金台、燕台。在今河北定兴西易水上。战国燕昭王所造，以招天下贤士。

⑯范阳：即范阳县。秦置，属广阳郡。治所在今河北定兴西南四十里固城镇。西汉属涿郡。三国魏属范阳郡。

【译文】

易水又往东流经武阳城南。因为易水从宽中经武夫关东流而出，于是就兼有武水之称，所以燕国下都也就得了武阳之名了。易水左边与濡水支流旧道汇合。武阳大城东南的小城，就是故安县的旧城，汉文帝把该县封给丞相申屠嘉，立为侯国。城东西二里，南北一里半。高诱说：易水经故安城南城外往东流。指的就是这支水。高诱是涿郡人，他的记载是经过明确的查证的。今天水漫到城的东南角，世人又称易水为故安河。武阳城是燕昭王所筑，东西二十里，南北十七里。因而傅逮《述游赋》说：出了北蓟，经过良乡，登上金台，眺望武阳，两座城空旷辽阔，旧迹渺渺茫茫。赋中写的就是这地方。易水往东流出范阳。

东过范阳县南，又东过容城县南①，

易水迳范阳县故城南。秦末，张耳、陈馀为陈胜略地燕、赵，命蒯通说之，范阳先下是也②。汉景帝中二年③，封匈奴降王代为侯国④，王莽之顺阴也。昔慕容垂之为范阳也⑤，戍之即斯⑥。意欲图还上京⑦，阻于行旅，造次不获，遂中⑧。

【注释】

①容城县：西汉置，属涿郡。治所在今河北容城北十五里城子村。

东汉废。

②"张耳、陈馀为陈胜略地燕、赵"几句：《水经注疏》："朱（谋㙔）命字在赵字上，《笺》曰：按《史记》当作略地燕赵，今倒一字。戴（震）、赵（一清）改命字于赵字下。守敬按：《大典》本、明抄本并作命，则改是也。但观《史记·陈馀传》是通自说范阳令，非张耳、陈馀命之，疑令为令之误，当作蒯通说范阳令，范阳先下为合。"译文据改。张耳，大梁（今河南开封）人。初为信陵君门客。陈胜起义后，与陈馀等据赵地，先后立武臣、赵歇为王，他自任丞相。后受项羽封为常山王。不久为陈馀所败，投奔刘邦，改封赵王。陈馀，大梁人。初与张耳为刎颈之交，后绝交。陈胜，亦称陈涉，秦末农民起义领袖。发动大泽乡起义。后入陈地，称王，号张楚。蒯（kuǎi）通，本名蒯彻，后因避武帝刘彻讳而改通。汉初齐辩士。范阳（今河北定兴）人。陈胜起义后，派武臣进取赵地，蒯通说范阳令徐公归降，武臣不战而得赵地三十余城。

③汉景帝中二年：即西汉景帝刘启中元二年，前148年。

④匈奴王代：原为匈奴王，降汉封范阳侯。

⑤慕容垂：字道明。昌黎棘城（今辽宁义县）人。前燕慕容皝之子。十六国后燕开国君主。

⑥戍之即斯：武英殿本《水经注》注："即斯下，当有脱文。"

⑦上京：《水经注疏》杨守敬按："是《注》文所谓上京者，指龙城（今辽宁朝阳）言也。"

⑧进次不获，遂中：武英殿本《水经注》注："上下当有脱文，未详。"进次，仓促之间。

【译文】

易水往东流过范阳县南边，又往东流过容城县南边，

易水流经范阳县旧城南边。秦朝末年，张耳、陈馀替陈胜攻占燕、赵的土地，蒯通去游说范阳令，范阳先归降。汉景帝中元二年，把范阳封给降于汉的匈奴王代，立为侯国，就是王莽时的顺阴。从前慕容垂逃奔到范阳，设兵驻守……他本来打算到上京去，因行军途中受阻，仓促间未能如愿……

易水又东与濡水合。水出故安县西北穷独山南谷①，东流与源泉水合②。水发北溪③，东南流注濡水。

【注释】

①穷独山：又名马头山。在今河北易县北二十里。

②源泉水：即安河。为易水支流。源于今河北易县西北白杨岭下，由西转东而南入易水。

③北溪：当在今河北易县一带。

【译文】

易水又东流，与濡水汇合。濡水发源于故安县西北穷独山的南谷，东流与源泉水汇合。源泉水发源于北溪，往东南流注入濡水。

濡水又东南迳樊於期馆西①，是其授首于荆轲处也。濡水又东南流迳荆轲馆北②，昔燕丹纳田生之言③，尊轲上卿④，馆之于此。二馆之城，涧曲泉清，山高林茂，风烟披薄⑤，触可栖情。方外之士，尚凭依旧居，取畅林木。

【注释】

①樊於期馆：故址在今河北易县西。樊於期，先为秦将，遭馋言离秦而往燕国。秦王嬴政灭其家，后又重金悬赏追捕。燕太子丹派荆轲刺杀秦王，樊於期自刎，令荆轲带上自己的头颅，前去刺杀秦王。

②荆轲馆：在今河北易县西荆轲山村。荆轲，战国卫人。好读书击剑。

仗剑游侠至燕，与燕之狗屠及善击筑者高渐离相友善。燕之处士
田光推荐荆轲于燕太子丹。丹尊荆轲为上卿，舍上舍。刺杀秦王
失败被杀。

③田生：指燕处士田光。为人智深而勇沉。与荆轲友善。见燕太子
丹荐荆轲，谋刺秦王。

④上卿：西周春秋时期，天子及诸侯皆有卿，分上中下三等，最尊贵
者谓上卿。

⑤披薄：弥漫缭绕。

【译文】

濡水又往东南流经樊於期馆西边，就是樊於期自刎，把头交给荆轲
的地方。濡水又往东南流经荆轲馆北边，昔日燕丹采纳田生的建议，尊
封荆轲为上卿，在此处修建馆舍安置他。两座馆舍所在的小城，溪涧曲
折，泉水澄清，山高林茂，烟雾缭绕，眺望这景色，真令人心旷神怡。方外
之士还栖身于旧地，在山林清静的环境中自得其乐。

濡水又东迳武阳城西北。旧碣濡水①，枝流南入城，迳
柏冢西②。冢垣城侧，即水塘也。四周茔域深广，有若城焉。
其水侧有数陵，坟高壮，望若青丘。询之古老，访之史籍，并
无文证。以私情求之③，当是燕都之前故坟也。或言燕之坟
茔，斯不然矣。

【注释】

①碣（è）：筑堰截水。

②柏冢：当在今河北易县一带。

③私情：私自的想法和判断。这里指郦道元自己的判断。

【译文】

濡水又往东流经武阳城西北。从前曾拦河筑坝，引出支流往南流入

城中，流经柏冢西边。墓园的围墙在城旁，有个水塘。四周是森严庞大的墓地，有如城邑。水旁有几座陵墓，高大壮观，望去好像青色的山丘。询问老人，查阅史籍，却都没有文字记载。但按情理推想起来，应当是燕都以前的旧坟。有人说是燕的坟地，想来大概不是。

其水之故渎南出，屈而东转，又分为二渎。一水迳故安城西，侧城南注易水，夹塘崇峻，邃岸高深。左右百步，有二钓台，参差交峙，迢递相望①，更为佳观矣。其一水东出注金台陂②，陂东西六七里，南北五里。侧陂西北有钓台高丈余，方可四十步，陂北十余步有金台，台上东西八十许步，南北如减。北有小金台，台北有兰马台，并悉高数丈，秀峙相对。翼台左右，水流径通，长庑广宇③，周旋被浦。栋堵咸沦④，柱础尚存⑤，是其基构⑥，可得而寻。访诸耆旧⑦，咸言：昭王礼宾，广延方士，至如郭隗、乐毅之徒⑧，邹衍、剧辛之俦⑨，宦游历说之民，自远而届者多矣。不欲令诸侯之客，伺隙燕邦，故修连下都⑩，馆之南垂。言燕昭创之于前，子丹踵之于后，故雕墙败馆，尚传镌刻之石，虽无经记可凭，察其古迹，似符宿传矣。

【注释】

①迢递：遥远貌。

②金台陂（bēi）：当在今河北易县东南。

③庑（wǔ）：堂下周围的走廊、廊屋。宇：屋檐。

④栋堵：栋梁与墙壁。堵，泛指墙壁。沦：崩落，崩塌。

⑤柱础：柱子下的石墩。

⑥基构:基址与构形。

⑦耆(qí)旧:老人。

⑧郭隗(wěi):战国时燕国谋士。燕昭王即位后,招贤者以强国。他让燕昭王"筑台而师之",为燕国招来许多奇人异士,终于使得燕国富强。乐毅:中山国灵寿(今河北灵寿)人。先为赵将,后适魏。为魏使至燕,燕昭王以为亚卿。乐毅为燕合诸侯伐齐,大破齐军。乐毅因功封昌国,号昌国君。燕惠王即位,中田单反间计,就派骑劫代乐毅统兵,召回乐毅。乐毅害怕被惠王杀死,就向西投奔了赵国。乐毅在赵被封于观津,号曰望诸君。后卒于赵。

⑨邹衍:齐国临淄(今山东淄博临淄区)人。战国时著名阴阳家,始倡五德(五行)之运。曾游历魏、赵、燕等国,皆受礼遇和尊重,一度为燕昭王师。剧辛:战国时赵人,与庞煖友善。燕昭王礼贤下士,剧辛自赵往。俦(chóu):辈,同类。

⑩修连:当为修建。下都:《水经注疏》杨守敬按:"上文云,武阳城,故燕之下都。《寰宇记》,武阳故城,即是燕之南鄙。"

【译文】

濡水旧道往南流出,转向东边分为两条。一条流经故安城西,沿城往南流入易水,两边堤高岸深。左右相隔百步,有两座钓台参差对峙,遥遥相望,风景更为秀丽。另一条往东流,注入金台陂,这片陂塘东西六七里,南北五里。挨着陂塘西北有钓台,高一丈余,方圆大约四十步,陂塘北岸十余步有个金台,台上东西八十多步,南北稍狭。北边有个小金台,台北又有个兰马台,都有几丈高,相对高耸并峙。台左右两边水流相通,有长庑阁檐,盘回曲折地披覆在水岸上。屋宇墙壁都已倒塌了,但柱础还在,所以建筑的基址和结构还可以看得出来。访问老人,都说昭王以礼厚待宾客,广泛招聘四方人才,如郭隗、乐毅、邹衍、剧辛之流,还有那些求官觅职,游说于诸侯之间的人们,都纷纷远道而来。但昭王为防备诸侯的门客到燕国来刺探虚实,所以又修建了下都,把他们安顿在南部边境的馆舍里。老人们还说，昭王开创于前，太子丹又续建于后，所以雕墙破馆之间，还留有镌刻过的残石，虽然没有经籍记载可相印证，但细察这里的古迹，似乎与历来相传的说法颇相符合。

濡水自堰又东迳紫池堡西①，屈而北流，又有浑塘沟水注之。水出遒县西白马山南溪中②，东南流入濡水。

【注释】

①紫池堡：当在今河北易县一带。具体不详。

②遒县：即逎县。西汉置，属涿郡。治所在今河北涞水县北。景帝封匈奴降王隆彊为逎侯。东汉仍为逎侯国，移治今涞水县。三国魏为县，属范阳郡。西晋属范阳国。北魏属范阳郡。

【译文】

濡水从堰坝又往东流经紫池堡西，转向北流，又有浑塘沟水注入。浑塘沟水发源于遒县西边白马山的南溪，往东南流注入濡水。

濡水又东至塞口①，古累石堰水处也②。濡水旧枝分南入城东大陂。陂方四里，今无水。陂内有泉，渊而不流，际池北侧③，俗谓圣女泉④。

【注释】

①塞口：当在今河北易县一带。具体不详。

②堰（yǎn）：筑堰堵塞。

③际：接近，靠近。

④圣女泉：《水经注疏》熊会贞按："今易州（今河北易县）北五里有圣女山，下有圣女泉，此泉在州东南也。"

【译文】

　　濡水又往东流到塞口，是古时修筑石堰拦水的地方。濡水旧分支南流，注入城东大陂。陂塘方圆四里，现在已经无水了。陂塘内有泉水，水深不流，紧邻着水池的北边，俗称圣女泉。

　　濡水又东得白杨水口。水出遒县西山白杨岭下①，东南流入濡水，时人谓之虎眼泉也。

【注释】

①白杨岭：在今河北易县西北四十里。

【译文】

　　濡水又东流，在白杨水口与白杨水汇合。白杨水发源于遒县西山的白杨岭下，往东南流入濡水，时人称为虎眼泉。

　　濡水东合檀水①。水出遒县西北，檀山西南②，南流与石泉水会③。水出石泉固东南隅④，水广二十许步，深三丈。固在众山之内，平川之中，四周绝涧阻水，八丈有余。石高五丈，石上赤土，又高一匹⑤，壁立直上，广四十五步。水之不周者⑥，路不容轨⑦，仅通人马，谓之石泉固。固上宿有白杨寺⑧，是白杨山神也。寺侧林木交荫，丛柯隐景。沙门释法澄建刹于其上⑨，更为思玄之胜处也。其水南流注于檀水，故俗有并沟之称焉。其水又东南流，历故安县北，而南注濡水。

【注释】

①檀水：一作檀山水。《水经注疏》熊会贞按："檀山在今涞水县（今河北涞水县）西北三十里，其南为乐平山，本檀山之支峰，有道栏

　　河出焉,即檀山水也。"

②檀山:在今河北涞水县西北。

③石泉水:在今河北涞水县西北。

④石泉固:在今河北涞水县西北。固,本指四塞无罅漏,后引申为地
　　名的专名,表示地形险要之所。

⑤匹:长度计量单位。

⑥不周:不周给,即水流流不到。

⑦轨:车子。

⑧宿:很久以来。白杨寺:在今河北涞水县西北。

⑨沙门:梵语的音译。佛教用以专指依照戒律出家修道的人。释法
　　澄:具体不详。刹:佛教的寺庙。

【译文】

　　濡水东流,与檀水汇合。檀水发源于道县西北、檀山西南,南流与石
泉水汇合。石泉水发源于石泉固东南角,水宽二十来步,深三丈。石泉
固坐落在群山深处的平川之间,四周绝涧阻水,八丈有余。岩石高五丈,
岩上又有一层红土,高一匹,陡峭直上,有如墙壁,宽四十五步。水流不
到的地方,路极狭窄,容不下一辆车子,只有单人独马可以通过,地名叫
石泉固。石泉固上古来就有一座白杨寺,寺庙里供奉的是白杨山神。寺
旁林木茂密,枝柯交错,连片的绿荫把阳光都遮住了。僧人法澄在上面
修建了一座佛寺,就更成为修道的胜地了。石泉水往南流,注入檀水,所
以民间有并沟之称。濡水又往东南流经故安县北边,往南注入濡水。

　　濡水又东南流,于容城县西北,大利亭东南,合易水而
注巨马水也①。故《地理志》曰:故安县阎乡,易水所出,至
范阳入濡水。阚骃亦言是矣。又曰:濡水合渠②。许慎曰:
濡水入涞。涞、渠二号,即巨马之异名。然二易俱出一乡③,
同入濡水。南濡、北易至涿郡范阳县会北濡④,又并乱流入

涞，是则易水与诸水互摄通称。东迳容城县故城北，浑涛东注，至勃海平舒县与易水合⑤。阚骃曰：涿郡西界代之易水⑥。而是水出代郡广昌县东南⑦，郎山东北⑧，燕王仙台东⑨。台有三峰，甚为崇峻，腾云冠峰，高霞翼岭，岫壑冲深，含烟罩雾。耆旧言燕昭王求仙处。其东谓之石虎冈⑩。范晔《汉书》云⑪：中山简王焉之窆也⑫。厚其葬，采涿郡山石以树坟茔。陵隧碑兽，并出此山，有所遗二石虎，后人因以名冈。山之东麓，即泉源所导也，《经》所谓阎乡西山。其水东流，有毖水南会⑬，浑波同注，俗谓之为雹河。司马彪《郡国志》曰⑭：雹水出故安县。世祖令耿况击故安西山贼吴耐蠡⑮，符雹上十余营，皆破之。即是水者也。

【注释】

①巨马水：又名涞水、渠水。即今河北拒马河。

②渠：即渠水。巨马河的别称。

③二易：北易水和南易水。一乡：指阎乡。

④南濡：今河北顺平南之方顺河，又名曲逆水。北易：源出河北易县北，东南流入定兴，与中易水合，即古濡水，又名沙河。北濡：北易水。

⑤勃海：即勃海郡，又作渤海郡。汉文帝十五年（前165）分河间国置，以地滨渤海而得名。治所在浮阳县（今河北沧县东南）。东汉属冀州，徙治南皮县（今河北南皮东北八里）。北魏初改为沧水郡。太和二十一年（497）复置，移治东光县（今河北东光东二十里）。平舒县：上指东平舒县。西汉置，属勃海郡。治所在今河北大城。东汉属河间国。西晋为章武国治。北魏改为平舒县。

⑥代：即代郡。战国赵置，秦、西汉治所在代县（今河北蔚县西南）。东汉移治高柳县（今山西阳高西南）。三国魏复治代县。西晋末废。

⑦是水：指南易水。广昌县：西汉置，属代郡。治所在今河北涞源北七里。

⑧郎山：在今河北易县西南九十里。

⑨燕王仙台：在今河北易县西南。燕王，指燕昭王。

⑩石虎冈：《水经注疏》杨守敬按："冈在今易州（今河北易县）西六十里。"

⑪范晔（yè）：字蔚宗。南阳顺阳（今河南淅川）人。南朝宋史学家，撰《后汉书》。该书保存了东汉一代的重要史料。与《史记》《汉书》《三国志》合称为"四史"。

⑫中山简王焉：光武帝刘秀之子，名焉。封中山王。窆（biǎn）：墓穴。

⑬瑟水：即今瀑河。亦名鲍河、雹河、南易水。

⑭司马彪：字绍统。河内温县（今河南温县）人。魏晋时期史学家。著作仅存《续汉书》八志，为后人补入范晔《后汉书》流传至今。《郡国志》：晋司马彪《续汉书》八志之一。记述东汉时期全国行政区划、人口以及《春秋》和"前三史"所载征伐、会盟所在的地名。

⑮耿况：字侠游。扶风茂陵（今陕西兴平）人。耿弇之父。曾任王莽朔调连率（上谷太守），后归附刘秀。吴耐蠡（lǐ）：具体不详。

【译文】

濡水又往东南流，在容城县西北、大利亭东南与易水汇合，注入巨马水。所以《地理志》说：故安县的阎乡，易水就发源于这里，到范阳注入濡水。阚骃也是这么说。又说：濡水与渠水汇合。许慎说：濡水注入涞水。涞水、渠水这两个称呼都是巨马水的别名。但两条易水都发源于一乡，一同注入濡水。南濡水、北易水流到涿郡范阳县与北濡水汇合，又一起乱流注入涞水，于是北易水与诸水就都可相互通称了。北易水往东流经容城县老城北边，波涛滚滚地往东流，到勃海郡平舒县与南易水汇合。阚骃说：涿郡西部与代郡以易水为分界。这条易水是南易水，发源于代郡广昌县东南、郎山东北、燕王仙台东边。仙台有三座山峰，十分高峻，峰顶上飘着云霞，深谷中笼着烟雾。老人们说这是燕昭王求仙的地方。仙台的东面称石虎冈。范晔《后汉书》说：这里是中山简王焉墓穴的所在地。葬物非常丰厚，采了涿郡的山石来修筑坟墓。墓道、墓碑和石兽都是用山上的岩石雕成的，还留下两只石虎，因此后人就称为石虎冈。山的东麓，就是泉源所出处，《水经》称为阎乡西山。水往东流，有恶水往南汇入，两条水混合同流，俗称雹河。司马彪《郡国志》说：雹水发源于故安县。世祖命令耿况去攻打故安西山的贼兵吴耐蠡，沿雹水而上十余营，全都击溃。指的就是这条水。

易水又东迳孔山北[①]。山下有钟乳穴，穴出佳乳。采者篝火寻沙[②]，入穴里许，渡一水，潜流通注，其深可涉。于中众穴奇分[③]，令出入者疑迷不知所趣，每于疑路，必有历记，返者乃寻孔以自达矣[④]。上又有大孔，豁达洞开，故以孔山为名也。其水又东迳西故安城南，即阎乡城也。历送荆陉北[⑤]。耆旧云：燕丹饯荆轲于此，因而名焉，世代已远，非所详也。遗名旧传，不容不诠[⑥]，庶广后人传闻之听。

【注释】

①孔山：即今河北易县西南五十里孔山。

②沙：《水经注疏》："汝澄曰：曰沙者，以其杂土石而言也。出穴而去土与石，即为乳矣。"

③奇分：多向分流。

④自达：自己返回原处。

⑤送荆陉（xíng）：《水经注疏》熊会贞按："送荆陉在易县（今河北易县）西南三十里，即荆轲入秦之路也。"

⑥诠：诠释，解释。

【译文】

易水又往东流经孔山北麓。山下有钟乳溶洞,洞中出产很美的石钟乳。采石钟乳的人举火去寻觅,入洞约一里,渡过一条潜流的地下河,不太深,人可涉水过去。洞中又分出许多石洞,使得出入的人迷失方向,不知该往哪里走,因此在容易迷路的地方,人们一定会留下标记,回来时才能找到出洞的通道。洞顶又有大孔,朝天敞开,所以叫孔山。易水又往东流经西故安城南,就是阎乡城。流过送荆陉北边。老人们说:燕丹就在这里为荆轲饯行,因而得名,但世代久远,也弄不大清楚了。不过对从前留下的地名和传闻,也不得不作此说明,以便让后人扩大见闻。

易水又东流,屈迳长城西,又东流,南迳武隧县南①,新城县北②。《史记》曰:赵将李牧伐燕③,取武隧、方城是也④。俗又谓是水为武隧津。津北对长城门,谓之汾门。《史记·赵世家》云:孝成王十九年⑤,赵与燕易土,以龙兑、汾门与燕⑥,燕以葛城、武阳与赵⑦。即此也。亦曰汾水门,又谓之梁门矣。易水东分为梁门陂⑧。易水又东,梁门陂水注之。水上承易水于梁门,东入长城,东北入陂。陂水北接范阳陂,陂在范阳城西十里,方十五里,俗亦谓之为盐台陂。陂水南通梁门淀⑨,方三里。淀水东南流,出长城注易,谓之范水⑩。易水自下,有范水通目⑪。又东迳范阳县故城南,即应劭所谓范水之阳也。

【注释】

①武隧县:西汉置,属河间国。治所在今河北武强(小范)西北田沙洼乡。东汉改名武遂县。

②新城县:北魏改北新城县置,属高阳郡。治所在今河北保定徐水

区西南二一里。

③李牧：战国后期赵国著名将领。居代雁门，备匈奴，数年不与之战，世人以为李牧怯。单于终以为怯，率大众来侵犯。李牧设奇阵，大败匈奴，击杀十余万骑。后十余年，匈奴不敢近赵边城。后李牧伐燕，攻下武遂、方城。

④方城：战国燕邑，后为赵地。在今河北固安西南方城村。

⑤孝成王十九年：前247年。孝成王，即赵孝成王，名丹。战国时赵国国君。赵惠文王子。

⑥龙兑：战国赵邑，后属燕。在今河北保定满城区东东北。

⑦葛城：战国燕邑，后入赵。即今河北安新西南安州镇。

⑧梁门陂：《水经注疏》熊会贞按："《地形志》，范阳（今河北定兴西南）有梁门陂。"

⑨梁门淀：即梁门陂。

⑩范水：《水经注疏》熊会贞按："《一统志》引旧志，有鸡爪河，亦在恒台，平地涌出，三五不一，分流形如鸡爪，缭恒台，经安肃，入霍河，盖即盐台陂水之南通梁门为范水者。"

⑪逦迆：通迤。

【译文】

易水又东流，转弯绕经长城西边，又东流，往南流经武隧县以南、新城县以北。《史记》说：赵国大将李牧攻打燕国，占领了武隧、方城。就指的是这两座城。民间又把这条水叫武隧津。水北朝着长城门，称为汾门。《史记·赵世家》说：孝成王十九年，赵国与燕国交换土地，把龙兑、汾门给燕，燕则把葛城、武阳给赵。就是这里。汾门也叫汾水门，又称梁门。易水往东分支流出，积成梁门陂。易水又东流，梁门陂水注入。这条水上口在梁门承接易水，往东流入长城，往东北流注入陂中。陂水在北方承接范阳陂，这片陂塘在范阳城西十里，方圆十五里，民间又称为盐台陂。陂水南通梁门淀，梁门淀方圆三里。淀水往东南流，出了长城，注入易水,称为范水。易水从这里起,下游通称为范水。又往东流经范阳县老城南边,就是应劭所说的范水之阳。

易水又东迳樊舆县故城北[1]。汉武帝元朔五年[2],封中山靖王子刘条为侯国[3],王莽更名握符矣。《地理风俗记》曰[4]:北新城县东二十里有樊舆亭[5],故县也。

【注释】

[1]樊舆县:西晋置,属高阳国。治所在今河北保定徐水区南。

[2]元朔五年:前124年。元朔,西汉武帝刘彻的年号(前128—前123)。

[3]中山靖王:即刘胜。汉景帝第七子,封中山王。刘条:亦作刘脩。

[4]《地理风俗记》:书名。东汉应劭撰。今仅存辑本。

[5]北新城县:即北魏之新城县。

【译文】

易水又往东流经樊舆县老城北边。汉武帝元朔五年,把樊舆封给中山靖王的儿子刘条,立为侯国。王莽时改名为握符。《地理风俗记》说:北新城县以东二十里有樊舆亭,是个旧县。

易水又东迳容城县故城南。汉高帝六年[1],封赵将夜于深泽[2]。景帝中三年[3],以封匈奴降王唯徐卢于容城[4]。皆为侯国,王莽更名深泽也。

【注释】

[1]汉高帝六年:前201年。

[2]赵将夜:一作赵将夕。深泽:即今河北深泽。

[3]景帝中三年:即西汉景帝刘启中元三年,前147年。

④唯徐卢：一作携侯徐卢。原为匈奴王，后降汉，封容城侯。

【译文】

易水又往东沇经容城县老城南。汉高帝六年，封赵将夜于深泽。景帝中元三年，把陉于汉的匈奴王唯徐卢封于容城。都是侯国，王莽时改名为深泽。

易水又东，塦水注之①。水上承二陂于容城县东南，谓之大塦淀、小塦淀。其水南流注易水，谓之塦洞口。水侧有浑塦城②，易水迳其南，东合滱水③。故桑钦曰④：易水出北新城西北，东入滱。自下滱、易互受通称矣。

【注释】

①塦水：久湮。当在今河北容城一带。《水经注疏》："赵（一清）云：《寰宇记》引作泥，下大泥淀、小泥淀并同，泥即塦之省。"

②浑塦城：《水经注疏》："赵（一清）云：当为浑泥城。守敬按：《寰宇记》，浑泥城在旧容城县（今河北容城）南四十里，汉景帝改为亚谷城，封东胡降王卢它之为亚谷侯，即此。为旧新安县（今河北新安）治。"

③滱（kòu）水：上游即今河北定州以上之唐河。自定州以下，故道东南流经今安国南，折东北经高阳西，又北流经安新安州镇西，东北流与易水合，此下易水亦通称滱水。

④桑钦：字君长。西汉成帝时洛阳（今河南洛阳）人。撰有《水经》三卷。

【译文】

易水又往东流，塦水注入。塦水上游，在容城县东南承接两个陂塘，称为大塦淀和小塦淀。水往南流，注入易水，汇流处叫塦洞口。水边有浑塦城，易水流经城南，往东与滱水汇合。所以桑钦说：易水发源于北新城西北，东流注入滱水。从此以下，滱水与易水都可通称了。

易水又东迳易京南①。汉末,公孙瓒害刘虞于蓟下②。时童谣云:燕南垂,赵北际,惟有此中可避世。瓒以易地当之,故自蓟徙临易水,谓之易京城,在易城西四五里③。赵建武四年④,石虎自辽西南达易京⑤,以京障至固,令二万人废坏之。今者,城壁夷平,其楼基尚存,犹高一匹余。基上有井,世名易京楼,即瓒所保也⑥。故瓒与子书云:袁氏之攻⑦,状若鬼神,冲梯舞于楼上⑧,鼓角鸣于地中⑨。即此楼也。

【注释】

①易京:在今河北雄县西北。

②公孙瓒(zàn):字伯珪。辽西令支(今河北迁安)人。东汉末割据势力。为袁绍所败,引火自焚。刘虞:字伯安。东海郡郯县(今山东郯城)人。东海王刘恭之后。初举孝廉,累迁至幽州牧。后与公孙瓒交恶,发兵攻之。兵败被杀。蓟(jì):故址在今北京西南,自西周至战国皆为燕国国都。秦置县。

③易城:在今河北雄县西北十五里古贤村。

④赵建武四年:338年。建武,后赵石虎的年号(335—348)。

⑤石虎:字季龙。羯族人。十六国时期后赵国主,有名的暴君。辽西:战国燕置。秦时治所在阳乐县(今辽宁义县西)。十六国时期前燕移治令支城(今河北迁安西南)。后燕又徙治肥如县(今河北卢龙东北),属平州。北齐废。

⑥保:依凭,依恃。

⑦袁氏:指袁绍。字本初。灵帝时为中军校尉,帝崩,绍与何进谋召董卓军共诛宦官。卓未至而事泄,进被杀,绍乃勒兵捕宦官尽杀之。卓至,议废立,绍不从,出奔冀州,起兵讨卓。卓拥帝入长安,死于王允之手。后绍据河北,与曹操战于官渡,大败。疾作而死。

⑧冲梯：云梯和冲车。指攻城之战具。

⑨鼓角：战鼓和号角，两种乐器。军队亦用以报时、警众或发出号令。

【译文】

易水又往东流经易京南。汉朝末年，公孙瓒在蓟下杀害了刘虞。当时童谣说：燕的南疆，赵的北地，唯有这里可避乱世。公孙瓒以为这地方就是易水一带，所以从蓟迁到易水边，把他所驻的城称为易京城，在易城以西四五里。后赵建武四年，石虎从辽西南下，到了易京，看到易京城墙极其坚固，就派了二万人把它破坏了。现在城墙已经毁为平地，但城楼基址还在，还高一匹余。废址上有一口井，世人称这座城楼为易京楼，城就是公孙瓒所据守的易京城。所以公孙瓒给他儿子写信说：袁氏攻城时，就像鬼神一样，冲梯在城楼上乱舞，鼓角在地上齐鸣。说的就是这里的城楼。

易水又东迳易县故城南①。昔燕文公徙易②，即此城也。阚骃称太子丹遣荆轲刺秦王，与宾客知谋者祖道于易水上③。《燕丹子》称④，荆轲入秦，太子与知谋者，皆素衣冠送之于易水之上。荆轲起为寿⑤，歌曰：风萧萧兮易水寒，壮士一去兮不复还！高渐离击筑⑥，宋如意和之⑦，为壮声，士发皆冲冠；为哀声，士皆流涕。疑于此也。余按遗传旧迹，多在武阳，似不践此也。汉景帝中三年，封匈奴降王仆黥为侯国也。

【注释】

①易县：秦置，属广阳郡。治所在今河北雄县西北十五里古贤村。西汉属涿郡。东汉属河间国。三国魏改名易城县，属河间郡。北魏复为易县，属高阳郡。移治今县西北三十五里。

②昔燕文公徙易：《水经注疏》熊会贞按："《史记·燕世家·集解》，
　《世本》曰，桓侯徙临易也。宋忠曰，今河间易县是也。《括地志》
　从之，与此异。"

③祖道：古代为出行者祭祀路神，并饮宴送行。

④《燕丹子》：撰者无考。记载燕太子丹事。

⑤为寿：为尊长敬酒并祝其长寿。

⑥筑：古代弦乐器，像琴，有十三根弦，用竹尺敲打。

⑦宋如意：一作宋意。具体不详。

【译文】

易水又往东流经易县老城南。从前燕文公迁到易县，就是这座城。
阚骃说：太子丹派荆轲去刺秦王，与知道这一密谋的宾客在易水上给他
饯行。《燕丹子》说：荆轲动身到秦国去时，太子和知道密谋的人都穿了
白衣，戴了白帽，在易水上给他送行。荆轲起身向他敬酒，唱道：风萧萧
兮易水寒，壮士一去兮不复还！高渐离击筑，宋如意伴唱，唱到悲壮时，
人们激动得头发直竖，把帽子都顶了起来；唱到凄哀时，人们都不禁涕泪
纷纷。壮行处可能就是这里。我根据传说和保留下来的古迹判断，它们
大多在武阳，饯行之处似乎不在这里。汉景帝中元三年，把易县封给降
于汉的匈奴王仆黖，立为侯国。

又东过安次县南①，

易水迳县南，鄚县故城北②，东至文安县与滹沱合③。
《史记》苏秦曰④：燕长城以北，易水以南。正谓此水也。是
以班固、阚骃之徒⑤，咸以斯水谓之南易⑥。

【注释】

①安次县：西汉置，属勃海郡。治所在今河北廊坊西北古县村。东
　汉属广阳郡。

②鄚（mào）县：西汉置，属涿郡。治所在今河北任丘北鄚州镇东北三里。东汉属河间国。

③文安县：西汉置，属勃海郡。治所在今河北文安东北二十五里大柳河镇。东汉属河间国。三国魏属河间郡。晋属章武国。北魏属章武郡。滹（hū）沱：即滹沱河。一名嘑沱、虖池。子牙河北源。在今河北西部。源出山西五台山东北泰戏山，西南流至忻州北折向东流，至孟州北穿割太行山进入河北平原。在献县与滏阳河汇合为子牙河。长五百四十公里。

④苏秦：字季子。洛阳（今河南洛阳）人。战国著名纵横家。

⑤班固：字孟坚。扶风安陵（今陕西咸阳）人。继父业编纂《汉书》，未成而死，所余"八表"由班昭完成，《天文志》由班昭和同郡马续共同完成。

【译文】

易水又往东流过安次县南边，

易水流经安次县南边、鄚县旧城北边，往东流到文安县与滹沱河汇合。《史记》载，苏秦说：燕长城以北，易水以南。指的就是这条水。所以班固、阚骃等人都把这条水叫南易水。

又东过泉州县南①，东入于海。

《经》书水之所历，沿次注海也。

【注释】

①泉州县：战国秦置，属渔阳郡。治所在今天津武清区（杨村镇）西南城上村。汉属渔阳郡。

【译文】

易水又往东流过泉州县南边，往东注入大海。

《水经》记载易水依次所经地方，一路流去，注入大海。

㶟水

㶟水出代郡灵丘县高氏山①，

即沤夷之水也，出县西北高氏山。《山海经》曰：高氏
之山，㶟水出焉，东流注于河者也。

【注释】

①灵丘县：西汉置，属代郡。治所在今山西灵丘东十里固城村。东
　　汉初废，末年复置。高氏山：即高是山。今山西浑源南七里翠屏山。

【译文】

㶟水

㶟水发源于代郡灵丘县高氏山，

㶟水就是沤夷之水，发源于灵丘县西北的高氏山。《山海经》说：高
氏之山，㶟水发源于这里，东流注入河水。

其水东南流，山上有石铭，题言：冀州北界①。故世谓
之石铭陉也②。其水又南迳候塘③，川名也。又东合温泉水④。
水出西北暄谷⑤，其水温热若汤，能愈百疾，故世谓之温泉
焉。东南流迳兴豆亭北⑥。亭在南原上，敧倾而不正⑦，故世
以敧城目之⑧。水自原东南注于㶟。㶟水又东，莎泉水注之⑨。
水导源莎泉，南流，水侧有莎泉亭⑩。东南入于㶟水。

【注释】

①冀州：汉武帝时置，为十三刺史部之一。东汉治所在高邑县（今河
　　北柏乡北）。后移治邺县（今河北临漳西南）。三国魏移治信都县
　　（今河北衡水冀州区），晋又移治房子县（今高邑西南）。北魏复治
　　信都县。

②石铭陉（xíng）：在今山西灵丘西。

③候塘：具体不详。

④温泉水：在今山西浑源东南，西南流入滱水。

⑤暄谷：在今山西浑源一带。

⑥兴豆亭：在今山西浑源东南。

⑦攲（qī）倾：倾斜。攲，歪斜。

⑧目：称呼，称名。

⑨莎泉水：当在今山西灵丘一带。

⑩莎泉亭：在今山西灵丘西。

【译文】

　　滱水往东南流，山上有摩崖石刻，题着冀州北界四字。因此人们称这里为石铭陉。滱水又往南流经候塘，这是个川名。又往东流，与温泉水汇合。温泉水发源于西北的暄谷，源头的水温热如汤，入水沐浴，能治愈百病，因此人们称之为温泉。温泉水往东南流经兴豆亭北面。兴豆亭在南原上，亭身倾斜不正，因此世人把它称为攲城。水从南原往东南流，注入滱水。滱水又东流，莎泉水注入。这条水发源于莎泉，往南流，水旁有莎泉亭。东南注入滱水。

　　滱水又东迳灵丘县故城南。应劭曰：赵武灵王葬其东南二十里①，故县氏之。县，古属代，汉灵帝光和元年②，中山相臧昊上请别属也③。瓒注《地理志》曰④：灵丘之号，在武灵王之前矣。又按司马迁《史记》：赵敬侯九年⑤，败齐于灵丘。则名不因武灵王事，如瓒《注》。

【注释】

①赵武灵王：名雍。战国时期赵国国君。提倡胡服骑射，实行军事改革，国力大盛。

②光和元年:178年。光和,东汉灵帝刘宏的年号(178—184)。

③中山相:中山国的国相。中山国,西汉景帝改中山郡置。治所在卢奴县(今河北定州)。臧旻:一作臧旻。广陵射阳(今江苏宝应)人。有干事才,达于从政。为汉良吏。

④瓒注《地理志》:《汉书》颜师古注中收录有"臣瓒"注《汉书》。但臣瓒姓氏,历来学者考辨,众说纷纭,莫衷一是。郦注屡作薛瓒,未知何据。

⑤赵敬侯九年:前378年。一作二年。《水经注疏》熊会贞按:"《史记·赵世家》,敬侯二年,败齐于灵邱。又云,九年伐齐至灵邱,即《六国表》所载也。是二年败齐,九年伐齐,明系两事。此《注》引《赵世家》二年事,不误。"译文用二年。赵敬侯,名章。战国时赵国国君,赵烈侯之子。

【译文】

滱水又往东流经灵丘县旧城南。应劭说:赵武灵王葬在旧城东南二十里,所以取名灵丘县。灵丘县古时属于代郡,汉灵帝光和元年,中山相臧旻上奏朝廷,请求把该县划归别郡。薛瓒注《地理志》说:灵丘县名称在赵武灵王前就有了。又据司马迁《史记》:赵敬侯二年,在灵丘打败了齐军。这样看来,灵丘这地名并不是由赵武灵王而来的,这与薛瓒《注》所说一致。

滱水自县南流入峡,谓之隘门①,设隘于峡,以讥禁行旅②。历南山③,高峰隐天,深溪埒谷④。其水沿涧西转,逕御射台南⑤。台在北阜上,台南有御射石碑⑥。南则秀嶂分霄,层崖刺天,积石之峻,壁立直上。车驾沿溯,每出是所游艺焉。滱水西流,又南转东屈,逕北海王详之石碣南、御射碑石柱北而南流也⑦。

【注释】

①隘门：在今山西灵丘东南。

②讥禁：盘问查禁。讥，稽查，盘问。

③南山：在今山西灵丘东南。

④埒（liè）：山上水流曰埒。

⑤御射台：在今山西灵丘东南。

⑥御射石碑：《水经注疏》："赵（一清）云：按《北史·魏文成帝本纪》：灵邱有山，高四百丈，乃诏群臣仰射山峰，无能逾者。帝弯弧发矢，出三十余丈，过山南二百二十步，遂刊石勒铭。和平二年事也。"

⑦北海王详：即元详，字季豫。北魏献文帝子。封北海王。石碣：圆顶的石碑。

【译文】

滱水从灵丘县往南流入山峡，峡口称为隘门，那里设了关隘，用来稽查过往行人。滱水流经南山，这里高峰耸天，深溪沿着峡谷流下。滱水沿着山涧向西转，流经御射台南边。台在北面的山冈上，台南有一块御射石碑。水南奇峰高入云霄，层崖峭壁，直刺蓝天。山石险峻，壁立直上。皇上的车驾常沿河来来往往，到这里游乐和习射。滱水往西流，又向南转，再折向东，流经北海王详石碣南、御射碑石柱北，然后往南流去。

东南过广昌县南，

滱水东迳嘉牙川①，有一水南来注之。水出恒山北麓②，稚川三合③，迳嘉牙亭东而北流，注于滱水。水之北，山行即广昌县界。

【注释】

①嘉牙川：当在今河北涞源境内。

②恒山：我国五岳之一的北岳。

③稚川：小溪流。三合：三条小溪汇合在一起。

【译文】

滱水往东南流过广昌县南边，

滱水往东流经嘉牙川，有一条水从南边流来注入。这条水发源于恒山北麓，由三条小水流汇合而成，流经嘉牙亭东，然后转向北流，注入滱水。滱水北岸从山路过去，就是广昌县界。

　　滱水又东迳倒马关①，关山险隘，最为深峭，势均诗人高冈之病良马②，傅险之困行轩③，故关受其名焉。关水出西南长溪下，东北历关注滱。滱水南山上，起御坐于松园，建祇洹于东圃④。东北二面，岫嶂高深，霞峰隐日，水望澄明，渊无潜甲⑤。行李所迳⑥，鲜不徘徊忘返矣。

【注释】

①倒马关：又名常山关、鸿上关、鸿山关、鸱塞。在今河北唐县西北倒马关乡。

②高冈之病良马：语见《诗经·周南·卷耳》："陟彼高冈，我马玄黄。"

③傅险之困行轩：《水经注疏》杨守敬按："考《河水注》叙傅岩，骐骥驾盐车，上于虞坂，迁延负辕，而不能进。此《注》即用其事，行轩疑是负辕之误。"

④祇洹：亦称祇园，"祇树给孤独园"的简称。相传释迦牟尼成道后，憍萨罗国的给孤独长者用大量黄金购置舍卫城南祇陀太子园地，建筑精舍，请释迦说法。祇陀太子也奉献了园内的树木，故以二人名字命名。后代指佛寺。

⑤潜甲：潜藏的鱼类。

⑥行李：行旅，行人。

【译文】

滱水又往东流经倒马关,关山险隘,极深极远,诗人咏叹高冈崔巍,使良马疲惫不堪;傅岩峻险,使行车受阻不前。这里的山势也与此相仿,因而就有倒马关之名了。关水发源于西南的长溪下,往东北流经此关,注入滱水。滱水南边山上的松园里,建有帝王的御座,在东圃造了一所佛寺。东北两面,高峰连绵不绝,高入云霞,蔽天遮日,山间流积的水潭清澈见底,深渊也藏不住鱼鳖。行旅途经此处,无不留连忘返。

又东南过中山上曲阳县北^①,恒水从西来注之^②。

滱水自倒马关南流,与大岭水合^③。水出山西南大岭下,东北流出峡,峡右山侧有祇洹精庐,飞陆陵山^④,丹盘虹梁,长津泛澜^⑤,萦带其下,东北流注于滱。

【注释】

①上曲阳县:西汉改曲阳县置,属常山郡。治所在今河北曲阳西四里。东汉属中山国。

②恒水:即今河北曲阳北通天河。

③大岭水:当在今河北曲阳一带。

④飞陆:当为飞陛之讹。谓阁道阶除,凌空直上,不着地,故称。

⑤长津:长河。

【译文】

滱水又往东南流过中山上曲阳县北边,恒水从西方流来注入。

滱水从倒马关南流,与大岭水汇合。大岭水发源于山西南的大岭下,往东北流出峡谷,峡谷右边的山侧有一座佛寺,飞阶凌峰,艳丽的彩画绘遍梁上,长溪泻着碧波,从寺院脚下蜿蜒流过,往东北流,注入滱水。

滱水又屈而东，合两岭溪水。水出恒山北阜，东北流历两岭间。北岭虽层陵云举，犹不若南峦峭秀。自水南步远峰，石隥逶迤①，沿途九曲。历睇诸山，咸为劣矣②，抑亦羊肠、邛崃之类者也③。齐、宋通和④，路出其间。其水东北流，注于滱水。

【注释】

①石隥（dèng）：石质阶梯。

②劣：不足。

③羊肠：一说羊肠坂，在今山西晋城南；一说羊肠山，在今山西太原西、古交东南。邛崃（qióng lái）：山名。在今四川邛崃西南。

④齐：此指萧道成建立的南齐（479—502）。建都建康（今江苏南京）。宋：此指刘裕建立的南朝宋（420—479）。建都建康。

【译文】

滱水又转弯往东流，与两岭溪水汇合。这条溪水发源于恒山北边的山冈，往东北流经两座山岭间。北岭虽然层峦高插云霄，但不如南岭峻峭高耸。从滱水南岸攀登高峰，石级逶迤而上，一路上七转八弯。遍览群山，都与这座高峰相形见绌，要说也是羊肠、邛崃那样的高山了。齐、宋与我朝交好期间，来往道路就是经过这里的。两岭溪水往东北流，注入滱水。

又东，左合悬水①。水出山原岫盘谷②，轻湍浚下，分石飞悬，一匹有余，直灌山际，白波奋流，自成潭渚③。其水东南流，扬湍注于滱。

【注释】

①悬水：当在今河北唐县一带。

②岫盘谷：当在今河北唐县一带。

③潭渚：深峭。渚，通"潴"。指陂塘之类。

【译文】

滱水又往东流，在左边与悬水汇合。悬水发源于山原岫盘谷，轻流急下，在悬崖间飞泻成一挂瀑布，高一匹余，水从山边直灌下来，白浪汹涌，积成深潭。悬水往东南流，扬起急流，注入滱水。

滱水又东流历鸿山①，世谓是处为鸿头，疑即《晋书地道记》所谓鸿上关者也②。关尉治北平而画塞于望都③，东北去北平不远，兼县土所极也。滱水于是左纳鸿上水④。水出西北近溪，东南流注于滱水也。

【注释】

①鸿山：在今河北唐县西北。

②《晋书地道记》：书名。又称《晋地道志》《晋地道记》《地道记》。东晋王隐撰。鸿上关：即倒马关。

③关尉：守卫关塞的官吏。北平：即北平县。西汉置，属中山国。治所在今河北保定满城区。画塞：划分边界。望都：即望都县。西汉置，属中山国。治所在今河北唐县东北十四里高昌店。北魏属北平郡。

④鸿上水：在今河北唐县西北，唐河支流。

【译文】

滱水又往东流经鸿山，世人把这里称为鸿头，可能就是《晋书地道记》所说的鸿上关。关尉的治所在北平，却把疆界划到望都，东北距北平不远，县境辖地也到这里为止了。滱水在此从左边接纳了鸿上水。这条水发源于西北近溪，往东南流注入滱水。

又东过唐县南^①，

滱水又东迳左人城南^②。应劭曰：左人城在唐县西北四十里。县有雹水，亦或谓之为唐水也。水出中山城之西如北^③，城内有小山，在城西，侧而锐上，若委粟焉，疑即《地道记》所云望都县有委粟关也。俗以山在邑中，故亦谓之中山城；以城中有唐水，因复谓之为广唐城也。《中山记》以为中人城^④，又以为鼓聚^⑤，殊为乖谬矣。言城中有山，故曰中山也，中山郡治^⑥。京相璠曰^⑦：今中山望都东二十里有故中人城。望都城东有一城名尧姑城^⑧，本无中人之传，璠或以为中人，所未详也。《中山记》所言中人者，城东去望都故城十余里，二十里则减^⑨，但苦其不东。观夫异说，咸为爽矣。今此城于卢奴城北如西六十里^⑩，城之西北，泉源所导，西迳郎山北^⑪，郎、唐音读近，宴兼唐水之传。西流历左人亭注滱水。

【注释】

①唐县：西汉置，属中山国。治所在今河北唐县东北二十里南固城。

②左人城：即左人邑。在今河北唐县西。

③中山城：在今河北唐县西北十三里峭岭上。西如北：西偏北。如，往。

④《中山记》：书名。晋张曜撰。记载中山国历史的专著。已散佚。
　中人城：春秋鲜虞邑。在今河北唐县西南。

⑤鼓聚：鼓人的聚落，即昔阳城。在今河北晋州西。

⑥中山郡：西汉高帝置。治所在卢奴县（今河北定州）。景帝改为中山国。北魏改为中山郡。

⑦京相璠：西晋地理学者裴秀的门客。撰有《春秋土地名》三卷。

⑧尧姑城：在今河北顺平西南。

⑨减：不足，不及。

⑩卢奴城：即卢奴县县城。在今河北定州。卢奴县，西汉置，为中山国治。北如西：北偏西。

⑪郎山：又名狼山。在今河北保定满城区西北五十里。

【译文】

滱水又往东流过唐县南边，

滱水又往东流经左人城南。应劭说：左人城在唐县西北四十里。县里有雹水，也有人称为唐水。唐水发源于中山城以西偏北处，城内有一座小山，坐落在城西侧，山形尖削耸立，有如一堆积粟，《地道记》所说的望都县有委粟关，可能就指的是这里。因为山在城中，所以民间又称此城为中山城；又因城中有唐水，所以又称城为广唐城。《中山记》称为中人城，又称鼓聚。这实在是极大的错误。又说城中有山，所以称为中山，是中山郡的治所。京相璠说：今天中山望都以东二十里有旧中人城。望都城东有一座城叫尧姑城，本来没有流传过中人城之名，京相璠却以为叫中人城，不知到底有何依据。《中山记》所说的中人城，城东距望都旧城十余里，二十里则不到，却不在望都以东。纵观各种不同说法，都有错误的地方。今天这座城在卢奴城北偏西六十里，城的西北是源头所出处，往西流经郎山以北，郎、唐读音相近，雹水兼有唐水之称，实际上就是由此而来的。唐水往西流经左人亭，注入滱水。

滱水又东，左会一水。水出中山城北郎阜下，亦谓之唐水也。然于减非在西，俗又名之为雹水，又兼二名焉。西南流入滱。并所未详，盖传疑耳。

【译文】

滱水又往东流，在左边汇合了一条水。这条水发源于中山城北边的郎阜下，也称唐水。但此水并不在城的西边，民间也称電水，这条水又兼有两个名称了。往西南流，注入滱水。这些情况都不大清楚，无非录以存疑罢了。

滱水又东，恒水从西来注之。自下滱水兼纳恒川之通称焉。即《禹贡》所谓恒、卫既从也①。

【注释】

①《禹贡》：即《尚书·禹贡》。详细记载了古代九州的划分、山川的方位、物产分布以及土壤性质等。恒：即恒水。卫：即卫河。在今河北灵寿东。

【译文】

滱水又往东流，恒水从西方流来注入。从这里开始到下游，滱水又兼有恒川的通称了。《禹贡》所说的恒水、卫水都已疏导入海，这里的恒水就指的是这条水。

滱水又东，右苞马溺水①。水出上曲阳城东北马溺山②，东北流迳伏亭③。《晋书地道记》曰：望都县有马溺关。《中山记》曰：八渡、马溺④，是山曲要害之地，二关势接，疑斯城即是关尉宿治，异目之来，非所详矣。马溺水又东流注于滱。

【注释】

①苞：汇聚，聚集。马溺水：在今河北唐县西，唐河支流。

②上曲阳城：上曲阳县县城。上曲阳县，西汉改曲阳县置，属常山郡。治所在今河北曲阳西。东汉属中山国。三国魏属常山郡。北魏太平真君七年（446）并入新市县。马溺山：在今河北唐县西北。

③伏亭：《水经注疏》杨守敬按："《一统志》谓符城在今唐县（今河北

唐县）西南四十里唐河西岸。符、伏音近，即此城也。"

④八渡：即八渡关。在今河北唐县西北五十里。

【译文】

滱水又往东流，在右边接纳了马溺水。马溺水发源于上曲阳城东北的马溺山，往东北流经伏亭。《晋书地道记》说：望都县有个马溺关。《中山记》说：八渡、马溺，都是山弯里的险要之处，两个关口地势相接，说不定此城就是当年关尉的治所，但异名的由来却不清楚。马溺水又往东流注入滱水。

滱水又东迳中人亭南①。《春秋左传·昭公十三年》②，晋荀吴率师侵鲜虞及中人③，大获而归者也。

【注释】

①中人亭：春秋鲜虞邑。在今河北唐县西南。

②昭公十三年：前529年。

③荀吴：姬姓，中行氏，名吴。因中行氏出自荀氏，故亦称荀吴，史称中行穆子。荀偃之子。春秋后期晋国名将，率军多与戎狄部落作战，扫平晋国周边的游牧部落。鲜虞：春秋白狄所建国。在今河北正定东北新城铺镇。

【译文】

滱水又往东流经中人亭南。《春秋左传·昭公十三年》记载，晋国的荀吴率军侵入鲜虞，到了中人，带回了很多战利品。

滱水又东迳京丘北①，世谓之京陵，南对汉中山顷王陵②。

【注释】

①京丘：当在今河北唐县一带。

②中山顷三陵：《水经注疏》杨守敬按："当在今定州（今河北定州）

西北。"中山顷王,即刘辅。

【译文】

滱水又往东流经京丘北边,民间称之为京陵,这里南与汉中山顷王陵相对。

滱水北对君子岸①,岸上有哀王子宪王陵②,坎下有泉源积水,亦曰泉上岸③。

【注释】

①君子岸:在今河北唐县西南。

②哀王子宪王陵:当为顷王子宪王陵。在今河北唐县西南。宪王即刘福。中山顷王刘辅之子。

③泉上岸:在今河北唐县西南。

【译文】

滱水北与君子岸相对,岸上有顷王的儿子宪王的陵墓,土坎下有泉源,积聚成水潭,因而又称泉上岸。

滱水又东迳白土北①,南即靖王子康王陵②。三坟并列者是。

【注释】

①白土:在今河北唐县西南。

②靖王子康王陵:当为哀王子康王陵。在今河北唐县西南。康王即刘昆侈。

【译文】

滱水又往东流经白土北,南边就是哀王儿子康王的陵墓。这三座坟墓并列在一起。

　　滱水又东迳乐羊城北①。《史记》称,魏文侯使乐羊灭中山②。盖其故城中山所造也③,故城得其名。

【注释】

①乐羊城:在今河北定州西。

②魏文侯:名都。战国时魏国第一位国君。任用李悝为相,实行变法,使魏国成为强大的国家。乐羊:魏国安邑(今山西夏县)人。战国时期魏国将领。中山:春秋狄人所建。又称鲜虞国。治所在今河北正定东北。战国初期建都于顾(今河北定州)。前406年,为魏所灭。

③盖其故城中山所造也:《水经注疏》熊会贞按:"当作盖其城攻中山所造也。"译文从之。

【译文】

　　滱水又往东流经乐羊城北边。《史记》说:魏文侯派乐羊灭了中山。乐羊城是在攻打中山时建造的,因而得名。

　　滱水又东迳唐县故城南。此二城俱在滱水之阳,故曰滱水迳其南①。城西又有一水,导源县之西北平地,泉涌而出,俗亦谓之为唐水也。东流至唐城西北隅,竭而为湖,俗谓之唐池。莲荷被水,嬉游多萃其上,信为胜处也。其水南入小沟,下注滱水。自上历下,通禅唐川之兼称焉②。应劭《地理风俗记》曰:唐县西四十里得中人亭。今于此城取中人乡③,则四十也。唐水在西北入滱,与应符合。又言尧山者在南④,则无山以拟之,为非也。阚骃《十三州志》曰:中山治卢奴,唐县故城在国北七十五里⑤。骃所说北则非也。《史记》曰:帝喾氏没,帝尧氏作,始封于唐⑥。望都县在南,今此城南对卢奴故城，自外无城以应之。考古知今，事义全违。俗名望都故城，则八十许里[⑦]，距中山城则七十里，验途推邑，宜为唐城。城北去尧山五里，与七十五里之说相符。然则俗谓之都山，即是尧山，在唐东北望都界。皇甫谧曰[⑧]：尧山一名豆山。今山于城北如东[⑨]，崭绝孤峙，虎牙桀立。山南有尧庙[⑩]，是即尧所登之山者也。《地理志》曰：尧山在南。今考此城之南，又无山以应之，是故先后论者，咸以《地理记》之说为失。又即俗说以唐城为望都城者，自北无城以拟之。假复有之[⑪]，途程纡远[⑫]，山河之状全乖古证。传为疏罔[⑬]。是城西北，豆山西足，有一泉源，东北流迳豆山下，合苏水[⑭]，乱流转注东入滱。是岂唐水乎？所未详也。

【注释】

①"滱水又东迳唐县故城南"几句：按《水经注疏》，应为：滱水又东迳唐县故城。南北二城俱在滱水之阳，故曰滱水迳其南。译文从之。

②通禅（shàn）：通传。禅，传。

③取：通"趣"。前往。

④尧山：又名都山、豆山。在今河北唐县东北。

⑤国：此指中山国。

⑥"《史记》曰"几句：《水经注疏》杨守敬按："《史记》无此文。《御览》八十引《帝王世纪》，帝尧氏作，始封于唐，今中山唐县是也，南有望都县云云。郦氏删削其文，而首有帝喾氏没句，则《御览》又删之也。"帝喾（kù）氏，传说中的远古帝王。号高辛氏。帝尧氏，传说中的远古帝王。名放勋。初封于陶，又封于唐。故有天下之号曰陶唐氏。作，兴起。

⑦俗名望都故城，则八十许里：武英殿本《水经注》注："此句之上当

有脱文。"《水经注疏》熊会贞按："此唐县北城也。后云俗说以唐城为望都城，知此本唐城矣。下城距中山七十里，是城则八一许里，故为北城。戴（震）云，案此句之上当有脱文。不知此句上无脱文，惟此句下脱此城二字耳。"译文据改。

⑧皇甫谧（mì）：字士安，自号玄晏先生。安定朝那（今宁夏固原）人。魏晋时隐士、散文家。著作丰富，撰有《帝王世纪》，起三皇，尽汉魏，专记帝王事迹。

⑨北如东：北偏东。

⑩尧庙：《水经注疏》杨守敬按："《地形志》望都有尧神祠。《元和志》《寰宇记》并云，尧祠在望都县南四十里，已非故处。今尧庙有二：一在望都县北郭，一在唐县治西，则又后人改建矣。"

⑪假复：即使，即便。

⑫纡（yū）远：曲折遥远。

⑬疏罔：虚妄不实。

⑭苏水：即今河北顺平西南曲逆河，为清水河南源。

【译文】

　　滱水又往东流经唐县旧城。南北二城都在滱水以北，所以《水经》说，滱水流过唐县南边。城西又有一条水，发源于县城西北平地上，泉水从地下涌出，民间也称为唐水。往东流到唐城西北角，筑堰拦河形成一个湖泊，俗称唐池。水面上盖满了红荷绿叶，人们常会聚在湖上嬉游，这的确是个风景佳胜之地。湖水往南流入小沟，往下注入滱水。这条水从上到下，又都兼有唐川之名了。应劭《地理风俗记》说：唐县西四十里有中人亭。现从此城去中人乡，正好是四十里。唐水在西北边注入滱水，也与应劭的记载相符。又有人说尧山在南，但南边却没有什么山可与之对应，可见是弄错了。阚骃的《十三州志》说：中山国都在卢奴，唐县旧城在国都北方七十五里。阚骃说在北方却不对。《史记》说：帝喾死后，帝尧兴起，开始时封于唐。望都县在南边，今天唐城南与卢奴旧城相对，除此之外，再也没有相应的城了。考古可以知今，记载与实际情况完全对不上。民间说的望都旧城距中山城八十多里，此城距中山城七十里，根据距离推测，应该是唐城。唐城北距尧山五里，与上文相距七十五里的说法相符。那么民间所谓都山，也就是尧山了，其坐落位置则在唐城东北的望都边界上。皇甫谧说：尧山又名豆山。今天这座山在唐城以北偏东，山势高峻，孤峰独上，如虎牙矗立。山南有尧庙，尧曾登过这座山。《地理志》说：尧山在城南。今天考察此城南边，却没有相应的山，所以先后许多记述山水的学者，都认为《地理志》的说法有误。另据民间相传，以为唐城就是望都城，但北边却没有相应的城。假如说有，也是相距遥远，山河之状与古人说的全然相反。民间流传的说法也是谬误的。此城西北，豆山西麓，有一条水源，往东北流经豆山下，与苏水汇合，乱流转注，往东流入滱水。这条水难道就是唐水吗？这也不大清楚。

　　又于是城之南如东十余里^①，有一城，俗谓之高昌县城^②，或望都之故城也。县在唐南。皇甫谧曰：相去五十里。稽诸城地^③，犹十五里，盖书误耳。此城之东，有山孤峙，世以山不连陵，名之曰孤山，孤、都声相近，疑即所谓都山也。《帝王世纪》曰^④：尧母庆都所居^⑤，故县目曰望都。张晏曰^⑥：尧山在北，尧母庆都山在南，登尧山见都山，故望都县以为名也。唐亦中山城也，为武公之国^⑦，周同姓。周之衰也，国有赤狄之难^⑧，齐桓霸诸侯^⑨，疆理邑土^⑩，遣管仲攘戎狄^⑪，筑城以固之。其后，桓公不恤国政，周王问太史馀曰^⑫：今之诸侯，孰先亡乎？对曰：天生民而令有别，所以异禽兽也。今中山淫昏康乐^⑬，逞欲无度，其先亡矣。后二年果灭。魏文侯以封太子击也，汉高祖立中山郡，景帝三年为王国^⑭，王莽之常山也。魏皇始二年^⑮，破中山，立安州^⑯，天兴三年^⑰，改曰定州^⑱，治水南卢奴县之故城。昔耿伯昭归世祖于此处也^⑲。

【注释】

①南如东：南偏东。

②高昌县城：《水经注疏》杨守敬按："县字疑衍。《地形志》望都有高昌城。今唐县东北十八里有高昌社。"

③稽：查考，考寻。

④《帝王世纪》：书名。晋皇甫谧撰。起自三皇，迄于汉魏，专记帝王事迹。

⑤庆都：尧的母亲。

⑥张晏：字子博。有《汉书》注，多存于今《汉书》颜师古注中。

⑦武公：中山国的国君武公。具体不详。

⑧赤狄：春秋时狄人的一支。大体分布于今山西长治一带，与晋人相杂居。或说因其俗尚赤衣而得名。

⑨齐桓：春秋时齐国国君。春秋五霸之一。

⑩疆理：划分，治理。邑土：国土。

⑪管仲：名夷吾。春秋时齐国政治家。相桓公九合诸侯，称霸天下。戎狄：古少数民族名。西方曰戎，北方曰狄。亦泛指少数民族。

⑫周王：《水经注疏》："《吕氏春秋》作周威公，非周王，威公乃周考烈王之弟。《说苑》亦作周威公。"太史儋：即屠儋。一作屠黍。战国时晋出公的太史。太史，官名。西周、春秋时太史掌记载史事、编写史书、起草文书，兼管国家典籍和天文历法等。秦、汉曰太史令，汉属太常，掌天时星历。魏晋以后，修史之职归著作郎，太史专掌历法。

⑬中山：指中山国的国君。

⑭景帝三年:指西汉景帝前元三年,前154年。

⑮皇始二年:397年。皇始,北魏道武帝拓跋珪的年号(396—398)。

⑯安州:治所在方城(今河北隆化伊逊河东岸)。

⑰天兴三年:400年。天兴,北魏道武帝拓跋珪的年号(398—404)。

⑱定州:治所在卢奴县(今河北定州)。

⑲耿伯昭:即耿弇,字伯昭。扶风茂陵(今陕西兴平)人。东汉初将领。

　世祖:即光武帝刘秀,其庙号为世祖。

【译文】

　　此外,此城南面偏东十余里,有座城,民间称之为高昌县城,也就是望都旧城吧。高昌县在唐县南边。皇甫谧说:两县相距五十里。现在经核实,两城相距只有十五里,那么书上的记载是错误的。此城东边,有一座山孤零零地耸立着,世人因为此山不与别的山相连,所以取名为孤山,孤、都读音相近,可能就是所谓都山了。《帝王世纪》说:尧的母亲庆都居住在这里,因此取县名为望都。张晏说:尧山在北,尧母庆都山在南,登上尧山就能望见都山,所以就以望都县为名。唐城就是中山城,是武公的国都,武公与周王同姓。周王朝衰落后,国家受到北方赤狄的侵扰,当时齐桓公称霸诸侯,确立封疆加以治理,他派管仲去抗击戎狄,筑城巩固边防。后来桓公不理朝政,周王问太史馀说:今天的诸侯,哪个将首先灭亡? 太史馀答道:上天生了人又使他们各有所别,就是为了使他们与禽兽不同。今天中山的君主昏庸淫乐,纵欲无度,中山也许会先亡。两年以后,中山果然被灭。魏文侯把中山旧地封给太子击,汉高祖则在此设立中山郡,景帝三年立为王国,王莽时改名为常山。北魏皇始二年,攻破中山,设立了安州,北魏天兴三年,改名为定州,州治设在滱水南的卢奴县旧城。从前耿伯昭就是在这里投奔世祖的。

　　滱水之右,卢水注之。水上承城内黑水池。《地理志》曰:卢水出北平①。疑为疏阔②。阚骃、应劭之徒,咸亦言是矣。余按卢奴城内西北隅有水，渊而不流，南北百步，东西百余步，水色正黑，俗名曰黑水池。或云水黑曰卢，不流曰奴，故此城藉水以取名矣。池水东北，际水有汉中山王故宫处③，台殿观榭，皆上国之制。简王尊贵，壮丽有加。始筑两宫，开四门，穿北城，累石为窦④，通池流于城中，造鱼池、钓台、戏马之观。岁久颓毁，遗基尚存，今悉加土，为利刹灵图。池之四周，居民骈比⑤，填褊秽陋⑥，而泉源不绝。暨赵石建武七年⑦，遣北中郎将始筑小城，兴起北榭，立宫造殿。后燕因其故宫⑧，建都中山，小城之南，更筑隔城，兴复宫观。今府榭犹传故制。自汉及燕，池水迳石窦，石窦既毁，池道亦绝，水潜流出城，潭积微涨，涓水东北注于滱。

【注释】

①北平：即北平县。西汉置，属中山国。治所在今河北保定满城区。

②疏阔：疏远。

③汉中山王：即东汉光武帝刘秀之子刘焉。建武三十年（54），徙封中山王。卒后谥为简王。

④窦：水道口，水沟。

⑤骈（pián）比：接连排列。

⑥填褊（biǎn）：拥塞狭窄。

⑦暨：至，到。赵石建武七年：341年。赵石，亦称石赵。即后赵。因是十六国时期羯族首领石勒建立的政权，故称。建武，后赵太祖石虎的年号（335—348）。

⑧后燕：十六国之一。慕容垂建立。

【译文】

滱水右边有卢水注入。卢水上源承接城内的黑水池。《地理志》说：

卢水发源于北平。我怀疑这太远了。阚骃、应劭也都这么说。我查考卢奴城内西北角有一洼积水，深而不流，南北一百步，东西百余步，水色乌黑，俗称黑水池。有人说水呈黑色叫卢，静止不流叫奴，卢奴城是因水而得名的。池水东北角，水边有汉中山王故宫，殿堂台榭都按皇朝国都的规格修建。简王尊贵，建筑得甚至更为壮丽。起初造了两座宫，开了四门，穿过北城，用石头砌成下水道，引水通入城中，又造了鱼池、钓台和观看骑术表演的楼阁。这些建筑因年代久远都已塌毁了，但遗基还在，今天都填土加高，建了佛寺。池的周围，是密集的居民区，房屋拥塞狭窄而破陋肮脏，泉流却仍未断绝。到了后赵石虎建武七年，派遣北中郎将修筑小城，兴建北榭，建造宫殿。后燕也沿用这座旧宫，在中山建都，在小城南面，又加建隔城，重修宫观。今天这些建筑还保留着旧时的规制。从汉代到燕，池水都是经下水道而流的，下水道塌毁以后，池水的通道也断了，水从地下潜流出城，积水稍稍上涨时，一缕细流就往东北注入滱水。

滱水又东迳汉哀王陵北[1]。冢有二坟，故世谓之两女陵，非也。哀王是靖王之孙[2]，康王之子也[3]。

【注释】

①汉哀王陵：《水经注疏》杨守敬按：“陵当在今定州（今河北定州）东。”

②哀王：即刘昌。靖王之孙：当为靖王之子。

③康王之子：当为康王之父。

【译文】

滱水又往东流经汉哀王陵北。共有两座坟，因此人们称之为两女陵，其实不是。哀王是靖王的儿子、康王的父亲。

滱水又东，右会长星沟[1]。沟出上曲阳县西北长星渚[2]。

渚水东流又合洛光水③。水出洛光沟④，东入长星水⑤，乱流东迳恒山下庙北⑥。汉末丧乱，山道不通，此旧有下阶神殿，中世以来⑦，岁书法族焉⑧。晋、魏改有东西二庙，庙前有碑阙，坛场列柏焉⑨。其水又东迳上曲阳县故城北，本岳牧朝宿之邑也⑩。古者，天子巡狩⑪，常以岁十一月至于北岳⑫，侯伯皆有汤沐邑⑬，以自斋洁⑭。周昭王南征不还⑮，巡狩礼废，邑郭仍存。秦罢井田⑯，因以立县。城在山曲之阳⑰，是曰曲阳；有下⑱，故此为上矣。王莽之常山亭也。又东南流，胡泉水注之⑲。水首受胡泉⑳，迳上曲阳县南，又东迳平乐亭北㉑，左会长星川㉒，东南迳卢奴城南，又东北。川渠之左有张氏墓，冢有汉上谷太守议郎张平仲碑㉓，光和中立㉔。川渠又东北合滱水，水有穷通㉕，不常津注㉖。

【注释】

①长星沟：又名狄水河、七星沟。在今河北曲阳西北，东南流经定州南合古滱水。

②长星渚：当在今河北曲阳西北。

③洛光水：当在今河北曲阳一带。

④洛光沟：当在今河北曲阳一带。

⑤长星水：当在今河北曲阳一带。

⑥恒山下庙：《水经注疏》杨守敬按："《元和志》恒岳下庙在恒阳县（今河北曲阳）西四十步。"

⑦中世：《水经注疏》杨守敬按："所称中世，即指孝宣（西汉宣帝刘询，前74—前49年在位）以下也。"

⑧岁书法族：疑有脱文。

⑨坛场：古代举行祭祀、盟会等大典的场所。

⑩岳牧：传说为尧、舜时四岳十二牧的省称。后世常用以称州牧、刺史、节度使、督抚等官。朝宿：供诸侯朝见天子时住宿。

⑪巡狩：谓天子视察邦国州郡。

⑫北岳：即五岳之一的恒山。

⑬侯伯：封建五等爵位公、侯、伯、子、男的第二等和第三等。汤沐邑：周代供诸侯朝见天子时住宿并沐浴斋戒的封地。

⑭斋洁：古人在祭祀或举行其他典礼前清心寡欲，净身洁食，以示恭敬。

⑮周昭王：名瑕。西周第四代王。周成王之孙，周康王之子，周穆王之父。南征不还：周昭王晚年德衰，荒于国政，向南征讨。据说到达汉水时，人们痛恨他，故意做了一条胶粘的船给他，昭王行至江心，胶船解体，昭王溺死。

⑯秦罢井田：秦始皇采纳李斯的建议，废井田，开阡陌。井田，相传古代的一种土地制度。以方九百亩为一里，划为九区，形如“井”字，故名。其中间一区为公田，外八区为私田，八家均私百亩，同养公田。公事毕，然后治私事。

⑰山曲之阳：恒山的南边。

⑱下：即指下曲阳县。西汉置，属钜鹿郡，为都尉治。治所在今河北晋州西鼓城村。西晋属赵国。北魏改名曲阳县。

⑲胡泉水：当在今河北曲阳一带。

⑳首受：上源承接。

㉑平乐亭：当在今河北曲阳一带。

㉒长星川：当在今河北曲阳一带。

㉓张平仲碑：《水经注疏》熊会贞按：“《天下碑录》，汉上谷太守张祊碑在定州安喜县东六里。《宝刻丛编》引《访碑录》同。考字书无祊字，岂即平仲二字之误欤？”

㉔光和：东汉灵帝刘宏的年号（178—184）。

㉕穷通：干涸与流通。穷，干涸。通，流通。

㉖津注：流泻。

【译文】

滱水又往东流，在右边与长星沟汇合。长星沟发源于上曲阳县西北的长星渚。渚水往东流，又与洛光水汇合。洛光水源出洛光沟，往东流入长星水，乱流往东经过恒山下庙北边。汉朝末年天下大乱，山路不通，从前这里有下阶神殿，中世以来……晋、魏时改建，有东西两庙，庙前立着石碑、石阙，坛场上柏树成行。洛光水又往东流经上曲阳县旧城北边，这里原是岳牧朝天见子时住宿的城邑。古时天子出来巡视，常在每年十一月到北岳，山下有随从诸侯的汤沐邑，以便他们戒斋沐浴，洁净身心。周昭王南征未归，巡狩的礼仪也废了，但城墙还在。秦时废井田，就在那里立县。县城在山曲南边，所以叫曲阳；因为有下曲阳，所以这里就叫上曲阳了。王莽时叫常山亭。洛光水又往东南流，胡泉水注入。胡泉水上源承接胡泉，流经上曲阳县南边，又往东流经平乐亭北边，在左边与长星川汇合，往东南流经卢奴城南，又往东北流。左岸有张氏墓，坟前有汉上谷太守议郎张平仲碑，光和年间立。长星川又往东北流，与滱水汇合。此渠有时无水，有时通水，不是长流不断的。

又东过安憙县南①，

县，故安险也。其地临险，有井、塗之难②。汉武帝元朔五年③，封中山靖王子刘应为侯国④。王莽更名宁险，汉章帝改曰安憙。《中山记》曰：县在唐水之曲⑤，山高岸险，故曰安险；邑丰民安，改曰安憙。秦氏建元中⑥，唐水泛涨，高岸崩颓，城角之下有大积木，交横如梁柱焉。后燕之初，此木尚在，未知所从。余考记稽疑，盖城地当初，山水浂荡⑦，漂沦巨筏，阜积于斯⑧，沙息壤加⑨，渐以成地，板筑既兴⑩，物固能久耳。

【注释】

①安憙(xǐ)县：东汉章帝改安险县置，属中山国。治所在今河北定
　州东南三十里。因邑丰民安得名。三国魏改为安喜县。

②井、塗之难：杨守敬以为指井陉和三塗的险要。井，即井陉。古代
　险塞。在今河北鹿泉西南。塗，即三塗。在今河南嵩县西南十里。

③元朔五年：前 124 年。元朔，西汉武帝刘彻的年号（前 128—前 123）。

④刘应：封安险侯。

⑤唐水：即滱水。

⑥秦氏：指苻坚，字永固。氏族人。十六国前秦君主。建元：苻坚的
　年号（365—385）。

⑦湃(bēn)荡：奔流激荡。

⑧阜积：堆积，累积。

⑨沙息：沙石淤滞。壤加：土壤累加。

⑩板筑：泛指土木营造之事。

【译文】

滱水又往东流过安憙县南边，

　　安憙县过去叫安险县。这里地势险恶，有如井陉、三塗那样的险道。
汉武帝元朔五年，把这地方封给中山靖王的儿子刘应，立为侯国。王莽
时改名为宁险，汉章帝时又改为安憙。《中山记》说：县在唐水的水湾上，
山高岸险，因而称为安险；以后城富民安，改为安憙。前秦建元年间，唐
水泛涨，高岸崩塌，城角下有成堆的大木材，纵横交错，有如梁柱。后燕
初年，这些木材还在，但不知是从哪里来的。我查阅过从前的记载，想弄
清这个问题，大概当初这里发过山洪，漂下大木筏，堆在这地方，后来沙
土淤积，变成了陆地，又兴工筑起城来，因为木材埋在地下，所以能经久
不腐。

滱水又东迳乡城北^①，旧卢奴之乡也。《中山记》曰：卢奴有三乡，斯其一焉，后隶安熹。城郭南有汉明帝时孝子王立碑^②。

【注释】

①乡城：当在今河北定州一带。

②汉明帝：刘庄。

【译文】

滱水又往东流经乡城北边，这里从前是卢奴县的一个乡。《中山记》说：卢奴县有三个乡，这是其中之一，后来又改属安熹县。外城南有汉明帝时孝子王立碑。

又东过安国县北^①，

滱水历县东分为二水，一水枝分，东南流迳解渎亭南^②。汉顺帝阳嘉元年^③，封河间孝王子淑于解渎亭为侯国^④，孙宏^⑤，即灵帝也。又东南迳任丘城南^⑥，又东南迳安郭亭南^⑦。汉武帝元朔五年，封中山靖王子刘传富为侯国^⑧。

【注释】

①安国县：西汉置，属中山国。治所在今河北安国东南六里安国城。

②解渎亭：在今河北安国东北。

③阳嘉元年：132年。阳嘉，东汉顺帝刘保的年号（132—135）。

④河间孝王：即刘开，东汉章帝之子。永元二年（90）封河间王。淑：即汉章帝之孙、河间孝王刘开之子刘淑。封解渎亭侯。

⑤宏：即东汉灵帝刘宏。

⑥任丘城：在今河北任丘南。

⑦安郭亭：在今河北安国东南。

⑧刘传富：中山靖王之子。封安郭侯。

【译文】

滱水又往东流过安国县北边，

滱水流经安国县东边，分为两条，一条支流往东南流经解渎亭南边。汉顺帝阳嘉元年，把河间孝王的儿子刘淑封于解渎亭，立为侯国。他的孙子刘宏就是后来的灵帝。这条支流又往东南流经任丘城南边，又往东南流经安郭亭南边。汉武帝元朔五年，把这地方封给中山靖王的儿子刘传富，立为侯国。

其水又东南流，入于滹沱。滱水又东北流迳解渎亭北而东北注。

【译文】

又往东南流，最后注入滹沱河。滱水又往东北流经解渎亭北边，然后往东北流去。

又东过博陵县南①，

滱水东北迳蠡吾县故城南②。《地理风俗记》曰：县，故饶阳之下乡者也③。自河间分属博陵④。汉安帝元初七年⑤，封河间王开子翼为都乡侯⑥，顺帝永建五年更为侯国也⑦。

【注释】

①博陵县：东汉置，为博陵郡治。治所在今河北蠡县南十五里。因桓帝父刘翼之陵为博陵，故名。三国魏改为博陆县。

②蠡吾县：西汉置，属涿郡。治所在今河北博野西南。东汉属中山国。

北齐废入博野县。

③饶阳：即饶阳县。西汉置，属涿郡。治所在今河北饶阳东南二十里。

④河间：即河间郡。西汉高帝置。治所在乐成县（今河北献县东南十六里）。文帝二年（前178）改为国。博陵：即博陵郡。东汉置。治所在博陵县。因桓帝父刘翼之陵为博陵，故名。

⑤元初七年：120年。元初，东汉安帝刘祜（hù）的年号（114—120）。

⑥河间王开：即刘开。翼：即刘翼。河间孝王刘开之子，桓帝父。曾被贬为都乡侯。

⑦永建五年：130年。永建，东汉顺帝刘保的年号（126—132）。

【译文】

滱水又往东流过博陵县南边，

滱水往东北流经蠡吾县旧城南边。《地理风俗记》说：蠡吾县是过去饶阳的下乡。从河间郡分出，属博陵郡。汉安帝元初七年，封河间王刘开的儿子刘翼为都乡侯，顺帝永建五年改为侯国。

又东北迳博陵县故城南，即古陆成①。汉武帝元朔二年，封中山靖王子刘贞为侯国者也②。《地理风俗记》曰：博陵县，《史记》蠡吾故县矣。汉质帝本初元年③，继孝冲为帝④，追尊父翼陵曰博陵⑤，因以为县，又置郡焉。汉末，罢还安平⑥。晋太始年复为郡⑦，今谓是城为野城⑧。

【注释】

①陆成：一作陆城。《水经注疏》杨守敬按："汉县属中山国。后汉废。在今蠡县（今河北蠡县）南十五里。"

②刘贞：封陆城侯。

③汉质帝：即刘缵（zuǎn）。汉章帝之玄孙、渤海孝王刘鸿之子。为

梁冀扶立,后被弑。本初元年:146 年。

④孝冲:即东汉冲帝刘炳,汉顺帝子。按,是桓帝继质帝,此处为郦
　氏误记。汉桓帝:东汉皇帝刘志。

⑤父翼:指汉桓帝的父亲蠡吾侯刘翼。

⑥安平:即安平国。东汉延光元年(122)改乐成国置。治所在信都
　县(今河北衡水冀州区)。

⑦太始:即泰始。西晋武帝司马炎的年号(265—274)。复为郡:当
　为复为国。

⑧野城:《水经注疏》杨守敬按:"后魏改县为博野,属高阳郡。《地形
　志》,饶阳有博陵城,博野有博陆城,是县城屡有迁徙,即今蠡县治。"

【译文】

　滱水又往东北流经博陵县旧城南边,就是古时的陆成。汉武帝元朔
二年,把这地方封给中山靖王的儿子刘贞,立为侯国。《地理风俗记》说:
博陵县就是《史记》的蠡吾旧县。汉质帝本初元年,因桓帝继承质帝为帝,
追尊父亲刘翼的陵为博陵,所以把博陵作为县名,后来又设郡。汉末,罢
郡并入安平。晋泰始年间复为国,现在称此城为野城。

　　滱水又东北迳侯世县故城南①,又东北迳陵阳亭东②,
又北,左会博水③。水出望都县,东南流迳其县故城南,王莽
更名曰顺调矣。又东南,潜入地下。博水又东南循渎,重源
涌发,东南迳三梁亭南④,疑即古勾梁也。《竹书纪年》曰⑤:
燕人伐赵,围浊鹿⑥,赵武灵王及代人救浊鹿⑦,败燕师于勾
梁者也。今广昌东岭之东有山⑧,俗名之曰浊鹿逻⑨。城地
不远,土势相邻,以此推之,或近是矣,所未详也。

【注释】

①侯世县:具体不详。

②陵阳亭：具体不详。

③博水：即今河北保定清苑区南九龙河。

④三梁亭：即古勾梁。战国赵地。在今河北望都东。

⑤《竹书纪年》：书名。因原本写于西晋时汲郡出土的竹简之上，故名。是一部编年体史书，记述夏商周及春秋晋国、战国魏国的史事，至魏襄王时止。今存辑本。

⑥浊鹿：战国赵邑。在今河北涞源北。

⑦代：春秋战国时诸侯国名。

⑧广昌东岭：《水经注疏》熊会贞按："广昌东岭，即后文所谓广昌岭也。"即王回山。在今河北易县西南，与满城接界。

⑨浊鹿逻：《水经注疏》熊会贞按："《汉书·武帝纪》，元封四年，历浊鹿鸣泽。服虔谓独鹿，山名，在遒县北界，正在广昌东岭之东。独与浊形声并近，独鹿即浊鹿也。"独鹿山在今北京房山区西南。

【译文】

滱水又往东北流经侯世县旧城南边，又往东北流经陵阳亭东边，又往北流，左边与博水汇合。博水发源于望都县，往东南流经旧城南边，王莽时改名为顺调。博水又往东南流，潜入地下。接着又往东南沿着水道重新冒出，往东南流经三梁亭南边，这地方可能就是古时的勾梁。《竹书纪年》说：燕军进攻赵国，把浊鹿围困起来，赵武灵王和代人去援救浊鹿，在勾梁击败燕军。现在广昌东岭以东有一座山，俗称浊鹿逻。山离浊鹿城不远，地势相邻，推想起来也许就是当年的勾梁，不知对否。

博水又东南迳縠梁亭南①，又东迳阳城县②，散为泽渚。渚水潴涨，方广数里，匪直蒲笋是丰③，寔亦偏饶菱藕④。至若变婉丱童⑤，及弱年崽子⑥，或单舟采菱，或叠舸折芰⑦，长歌阳春，爱深绿水，掇拾者不言疲，谣咏者自流响，于时行旅过瞩，亦有慰于羁望矣。世谓之为阳城淀也^⑧。阳城县故城近在西北，故陂得其名焉。《郡国志》曰：蒲阴县有阳城者也^⑨。今城在县东南三十里。其水又伏流循渎，届清梁亭西北^⑩，重源又发。

【注释】

①穀梁亭：具体不详。

②阳城县：《水经注疏》熊会贞按："据后文称阳城县故城，又引《郡国志》蒲阴有阳城，是当为前汉废县，而《汉志》不载。"即今河北保定清苑区西南四十里阳城镇。

③匪直：不仅仅，不只是。蒲：多年生草本植物。俗称蒲草。生长在水边或池沼内。

④寔：的确。

⑤娈婉（luán wǎn）：美貌。丱（guàn）童：幼童。丱，古时儿童束发成两角的样子。

⑥弱年：弱冠之年。古时以男子二十岁为成人，初加冠，因体犹未壮，故称弱冠。

⑦芰（jì）：菱角。

⑧阳城淀：在今河北望都东南七里。

⑨蒲阴县：东汉章帝元和三年（86）改曲逆县置，属中山国。治所在今河北顺平东南二十里子城村。

⑩清梁亭：即清凉城。在今河北保定清苑区东南清凉城村。

【译文】

博水又往东南流经穀梁亭南，又往东流经阳城县，散注为湖泽。湖水上涨时，方圆数里，不但盛产香蒲和竹笋，而且菱角和莲藕也特别多。那些扎着双丫角的可爱儿童和年少哥儿，有的独自划着小舟采菱，有的几只船一起折菱，他们向着这三月阳春而欢唱，深深地爱着这悠悠碧水，采菱的人们不感到疲倦，歌唱的人们吐出悠扬的清音，那时路过此处的行人，对着此情此景，他乡羁旅的心情，也会得到慰藉了。人们称此湖为阳城淀。阳城县旧城就在附近的西北方，湖也因而得名了。《郡国志》说：蒲阴县有阳城。而现在阳城在县城东南三十里。湖水又潜入地下沿水道而流，到清梁亭西北，重又涌出地面。

博水又东迳白堤亭南[①]，又东迳广望县故城北[②]。汉武帝元朔二年，封中山靖王子刘忠为侯国[③]。又东合堀沟[④]。沟上承清梁陂[⑤]。又北迳清凉城东，即将梁也。汉武帝元朔二年，封中山靖王子刘朝平为侯国[⑥]。其水东北入博水。

【注释】

①白堤亭：熊会贞以为即白城，在今河北保定清苑区西南二十里白城乡。

②广望县：据熊会贞，西汉置县，属涿郡。治所在今河北保定清苑区西南五十里。东汉废。

③刘忠：封广望侯。

④堀沟：当在今河北保定清苑区一带。

⑤清梁陂：当在今河北保定清苑区一带。

⑥刘朝平：封将梁侯。

【译文】

博水又往东流经白堤亭南边，又往东流经广望县旧城北边。汉武帝元朔二年，把这地方封给中山靖王的儿子刘忠，立为侯国。博水又往东流，与堀沟汇合。堀沟上源承接清梁陂。沟水又往北流经清凉城东边，也就是将梁。汉武帝元朔二年，把这地方封给中山靖王的儿子刘朝平，立为侯国。沟水往东北注入博水。

　　博水又东北，左则濡水注之①。水出蒲阴县西昌安郭南②。《中山记》曰：郭东有舜氏甘泉③，有舜及二妃祠。稽诸传记，无闻此处，世代云远，异说之来，于是乎在矣。其水自源东迳其县故城南，枉渚回湍，率多曲复，亦谓之为曲逆水也。张晏曰：濡水于城北曲而西流，是受此名，故县亦因水名而氏曲逆矣④。《春秋左传·哀公四年》⑤，齐国夏伐晋，取曲逆是也。汉高帝击韩王信⑥，自代过曲逆，上其城，望室宇甚多，曰壮哉！吾行天下，惟洛阳与是耳⑦。诏以封陈平为曲逆侯⑧。王莽更名顺平。

【注释】

①濡水：《水经注疏》："戴（震）云，按此南濡水，今名祁水（在今河北顺平南）。"

②昌安郭：《水经注疏》熊会贞按："《地形志》蒲阴有安国城，安国即安郭也。昌与亭形近，疑《注》本作安郭亭，传抄者误亭为昌，后人又移于安字上也。"西汉置安国县，属中山国。治所在今河北安国东南六里安国城。晋属博陵国。北魏太平真君七年（446）废。

③舜氏甘泉：《水经注疏》杨守敬按："《一统志》，今完县（今河北顺平）西北三里有甘城村。"舜氏，传说中上古五帝之一。姓姚，名重华。其先国于虞，号有虞氏。

④氏：取名，命名。

⑤哀公四年：前491年。

⑥韩王信：故韩襄王之庶孙。先从刘邦为将。后降楚。后又归刘邦。刘邦复立为韩王。后投降匈奴，使刘邦陷白登之围。后复与匈奴骑兵入居参合，被汉将军柴武所杀。

⑦是：此。指曲逆城。

⑧陈平：汉初丞相。

【译文】

博水又往东北流，濡水从左边注入。濡水发源于蒲阴县以西的昌安郭南边。《中山记》说：昌安郭东有舜氏甘泉，还有舜和二妃祠。查阅各种传记，都没有提到这地方，年代太久远了，于是各种传说也就产生了。濡水从源头往东流经旧县城南，奔腾曲折，急流卷着漩涡，弯曲回流处很多，因而也叫曲逆水。张晏说：濡水在城北拐弯向西流，因而得名，于是县也因水而名为曲逆县了。《春秋左传·哀公四年》记载，齐国在夏季攻打晋国，夺取了曲逆。就是这地方。汉高帝去打韩王信，从代出发途经曲逆，登上城头，望见城内房屋很多，说道：好大的城啊！我走遍天下，所见大城只有洛阳和这里了。于是下诏封陈平为曲逆侯。王莽时改名为顺平。

濡水又东与苏水合①。水出县西南近山，东北流迳尧姑亭南②，又东迳其县入濡。

【注释】

①苏水：即今河北顺平西南曲逆河，为清水河南源。

②尧姑亭：在今河北顺平西南。

【译文】

濡水又往东流与苏水汇合。苏水发源于县城西南近处山中，往东北流经尧姑亭南边，又往东流经该县，注入濡水。

濡水又东得蒲水口①。水出西北蒲阳山②，西南流，积水成渊，东西百步，南北百余步，深而不测。蒲水又东南流，水侧有古神祠③，世谓之为百祠，亦曰蒲上祠，所未详也。又南迳阳安亭东④。《晋书地道记》曰：蒲阴县有阳安关⑤，盖阳安关都尉治，世俗名斯川为阳安圹。蒲水又东南历圹，迳阳安关下，名关皋为唐头坂⑥。出关北流，又东流迳夏屋故城⑦，实中险绝。《竹书纪年》曰：魏殷臣、赵公孙哀伐燕⑧，还取夏屋，城曲逆者也。其城东侧，因阿仍墉筑一城⑨，世谓之寡妇城。贾复从光武追铜马、五幡于北平所作也⑩。世俗音转，故有是名矣。其水又东南流迳蒲阴县故城北，《地理志》曰：城在蒲水之阴。汉章帝章和二年⑪，行巡北岳，以曲逆名不善，因山水之名，改曰蒲阴焉。水右合鱼水⑫。水出北平县西南鱼山⑬，山石若巨鱼，水发其下，故世俗以物色名川⑭。又东流注于蒲水，又东入濡⑮。故《地理志》曰：蒲水、苏水，并从县东入濡水。又东北迳乐城南⑯，又东入博水⑰，自下博水亦兼濡水通称矣。《春秋·昭公七年》⑱，齐与燕盟于濡上⑲。杜预曰：濡水出高阳县东北⑳，至河间鄚县入易水。是濡水与滹沱、滱、易互举通称矣。

【注释】

①蒲水：即今河北顺平蒲阳水。

②蒲阳山：在今河北顺平西北。

③古神祠：《水经注疏》熊会贞按："《地形志》，蒲阴县有安阳赤泉神，疑赤为亭之误，谓下安阳亭，泉神，即此水侧神祠也。"

④阳安亭：一作安阳亭。在今河北顺平西北。

⑤阳安关：一作安阳关。在今河北顺平西北。

⑥关皋（gāo）：关前的高地。唐头坂（bǎn）：在今河北顺平西北。

⑦夏屋故城：在今河北唐县北。

⑧魏殷臣、赵公孙裒:具体未详。

⑨因阿(ē)仍墉:依凭着山势和城墙。因、仍,依凭,凭借。阿,山陵。墉,城墙。

⑩贾复:字君文。南阳冠军(今河南邓州)人。东汉初将领。光武:东汉光武帝刘秀。铜马:即铜马军,新莽末年的农民起义军。五幡(fān):新莽末年的农民起义军。

⑪章和二年:88年。章和,东汉章帝刘炟(dá)的年号(87—88)。

⑫鱼水:在今河北保定满城区西南。

⑬鱼山:即鱼条山。因山石像巨鱼而得名。在今河北保定满城区西北五里。

⑭物色:事物的形状。

⑮濡:此指南濡水。

⑯乐城:在今河北保定清苑区东南。

⑰塼水:即今河北保定清苑区南九龙河。

⑱昭公七年:前535年。

⑲齐与燕盟于濡上:事见《左传·昭公七年》。

⑳高阳县:战国秦置,属钜鹿郡。治所在今河北高阳东二十三旧城镇。西汉属涿郡。

【译文】

濡水又往东流,到蒲水口接纳了蒲水。蒲水发源于西北方的蒲阳山,往西南流,积成深潭,水潭东西一百步,南北百余步,深不可测。蒲水又往东南流,水旁有个古神祠,人们称之为百祠,也叫蒲上祠,具体不详。蒲水又往南流经阳安亭东边。《晋书地道记》说:蒲阴县有阳安关,是阳安关都尉的治所,民间称这一带的平川为阳安圹。蒲水又往东南流经阳安圹,经阳安关下,把关前的高地叫唐头坂。蒲水出关往北流,又往东流经夏屋旧城,城塌如丘,极其险要。《竹书纪年》说:魏国殷臣、赵国公孙裒讨伐燕国,回来时夺取了夏屋,修筑了曲逆城。旧城东侧,利用曲折的

地势和城墙又筑了一座城,世人称之为寡妇城。贾复在北平随从光武帝
追击铜马、五幡二军时筑了此城。世俗音讹,因而把贾复城说成寡妇城
了。蒲水又往东南流经蒲阴县旧城北边,《地理志》说:城在蒲水之南。
汉章帝章和二年巡视北岳,以为曲逆这地名不好,于是就因水改名为蒲
阴。蒲水在右边与鱼水汇合。鱼水发源于北平县西南的鱼山,山上有巨
石,形状像大鱼,水源从石下流出,因而民间就按物象来命名。鱼水又往
东流,注入蒲水,蒲水又往东注入濡水。因此《地理志》说:蒲水、苏水都
从县东注入濡水。濡水又往东北流经乐城南,又往东注入博水,自此以
下,博水也兼称濡水了。《春秋左传·昭公七年》记载,齐国与燕国在濡
上会盟。杜预说:濡水发源于高阳县东北,流到河间鄚县注入易水。于
是濡水与滹沱、浭、易诸水都可互相通称了。

　　博水又东北,徐水注之①。水西出广昌县东南大岭下,
世谓之广昌岭。岭高四十余里,二十里中委折五回,方得达
其上岭,故岭有五回之名。下望层山,盛若蚁蛭②,实兼孤山
之称,亦峻竦也。

【注释】

①徐水:即今河北保定徐水区南漕河。

②蚁蛭(dié):蚁穴。蛭,通"垤"。蚂蚁做窝时堆积在洞口周匝的
　　浮土。

【译文】

　　博水又往东北流,徐水注入。徐水发源于西方广昌县东南的大岭下,
民间称之为广昌岭。岭高四十余里,攀登到二十里时,曲曲折折,要转五
个弯才能到达岭上,因此又名五回岭。从岭上俯眺重山,重重叠叠就像
蚁穴一般,而这座峰岭却高高耸立,于是又兼有孤山之称。

徐水三淜奇发，齐泻一涧，东流北转，迳东山下。水西有御射碑①。徐水又北流，西屈迳南崖下。水阴又有一碑②。徐水又随山南转，迳东崖下。水际又有一碑。凡此三铭，皆翼对层峦③，岩障深高，壁立霞峙。石文云：皇帝以太延元年十二月④，车驾东巡⑤，迳五回之险邃⑥，览崇岸之竦峙，乃停驾路侧，援弓而射之，飞矢逾于岩山，刊石用赞元功⑦。夹碑并有层台二所，即御射处也。碑阴皆列树碑官名。

【注释】

①御射碑：记载北魏太武帝拓跋焘射箭的石碑。

②水阴：水的南面。古人称山南水北为阳，山北水南为阴。

③翼对：分散开来对着。翼，像鸟的双翅一样张开。

④太延元年：435年。太延，北魏太武帝拓跋焘的年号（435—440）。

⑤车驾：本指帝王所乘坐的车。后代指帝王。

⑥邃（suì）：深远。

⑦刊：刊刻。元功：丰功伟绩。元，大。

【译文】

徐水有三处源头，一齐泻入一条山涧，东流北转，流经东山下。水西有御射碑。徐水又北流，西曲流经南崖下。水南又有一座石碑。徐水又随着山势南转，流经东崖下。水边又有一座石碑。这三座石碑都对立在两侧重叠的山岭上，岩壁高耸，上接云霞。石碑上刻着：皇帝在太延元年十二月，车驾东巡，途经险峻深远的五回岭，看到崖岸巍然耸峙，于是停车路旁，弯弓搭箭向山崖射去，那箭高高地飞过山岩顶上，因而刻石称颂这一伟大事迹。三碑之间夹着两座层台，就是当年皇帝射箭的地方。石碑背面都刻着立碑者的官名。

　　徐水东北屈迳郎山①，又屈迳其山南，众岑竞举②，若竖鸟翅，立石嶻岩③，亦如剑杪，极地险之崇峭。汉武之世，戾太子以巫蛊出奔④，其子远遁斯山⑤，故世有郎山之名。山南有郎山君碑，事具其文。

【注释】

①郎山：在今河北易县西南九十里。

②众岑（cén）：群山。举：高耸。

③嶻：高峻。

④戾太子：亦称卫太子。即刘据。汉武帝之子，母卫皇后。巫蛊（gǔ）：古代称巫师使用邪术加害于人为巫蛊。出奔：出逃。

⑤遁：逃跑。

【译文】

　　徐水转向东北，流向郎山，又绕到山南。无数尖尖的山峰竞相高耸，就像鸟儿竖着翅膀，直立的巉岩仿佛出鞘的剑端，地势真是险峻高峭极了。汉武帝时期，戾太子因以巫术害人之罪逃跑，他的儿子远逃到这座山中，因此得了郎山之名。山南有郎山君碑，碑文记载了这件事。

　　徐水又迳郎山君中子触锋将军庙南①。庙前有碑，晋惠帝永康元年八月十四日壬寅②，发诏锡君父子③，法祠其碑④。刘曜光初七年⑤，前顿丘太守郎宣、北平太守阳平邑振等⑥，共修旧碑，刻石树颂焉。

【注释】

①中子：排行居中的儿子。触锋将军：具体不详。

②晋惠帝：即西晋皇帝司马衷。晋武帝司马炎之子。永康元年：300

年。永康，西晋惠帝司马衷的年号（300—301）。

③锡：赐予。

④法祠：按照礼法规定祭祀。

⑤刘曜：字永明。十六国时期前赵皇帝。光初七年：324年。光初，前赵刘曜的年号（318—329）。

⑥顿丘：即顿丘郡。西晋泰始二年（266）置，属司州。治所在顿丘县（今河南清丰西南）。北魏天兴四年（401）属相州。郎宣：具体不详。阳平：或是阳平郡。三国魏黄初二年（221）分魏郡治，属冀州。治所在馆陶县（今河北馆陶）。或是阳平县。西汉置，属东郡。治所在今山东莘县。东汉为侯国，三国魏属阴平郡。西晋永嘉后废。邑振：具体不详。

【译文】

徐水又流经郎山君中子触锋将军庙南。庙前有块石碑，晋惠帝永康元年八月十四日壬寅，下诏赐郎山君父子建祠，立了这块碑。刘曜光初七年，原顿丘太守郎宣、北平太守阳平的邑振等人，共同整修旧碑，刻石作颂。

徐水又迳北平县。县界有汉熹平四年幽、冀二州以戊子诏书①，遣冀州从事王球、幽州从事张昭②，郡县分境，立石标界，具揭石文矣③。

【注释】

①熹平四年：175年。熹平，东汉灵帝刘宏的年号（172—178）。幽：即幽州。汉武帝置十三州刺史部之一。东汉治所在蓟县（今北京西南）。冀：即冀州。汉武帝置十三刺史部之一。东汉治所在高邑县（今河北柏乡北）。后又移治邺县（今河北临漳西南）。戊子诏书：《水经注疏》："朱（谋㙔）戊讹作代，《笺》曰：……盖是二州

争竞,事闻于朝,故诏书令之立石标界耳。赵(一清)据《隶释》载
此文改戊子,云:盖诏书以是日下也。"

②从事:官名。汉以后三公及州郡长官皆自辟僚属,多以从事为称。
王球:具体不详。张昭:具体不详。

③揭:公布,刊出。

【译文】

徐水又流经北平县。县界有界碑,是汉熹平四年所立。幽、冀二州
遵照戊子日颁发的诏书,派了冀州从事王球、幽州从事张昭,去郡县分
境,于是立碑标界,将此事刻于碑上。

徐水又东南流历石门中①,世俗谓之龙门也。其山上合
下开,开处高六丈,飞水历其间,南出乘崖,倾涧泄注,七丈
有余,济荡之音,奇为壮猛,触石成井,水深不测,素波自激,
涛襄四陆②,瞰之者惊神,临之者骇魄矣。东南出山,迳其城
中,有故碑,是太白君碑,郎山君之元子也。

【注释】

①石门:亦称龙门。在今河北保定满城区一带。

②襄:冲上,漫上。

【译文】

徐水又往东南流经石门中,民间称之为龙门。这座山上合下开,开
口处高六丈,水流从石门间飞速地南流而出,循着山崖下倾泻七丈余,注
入山涧,狂涛冲击之声雄豪威猛,在岩石间冲蚀成潭,深不可测,激起一
片白浪,涌上了四岸。身临高岸俯视底下,不禁会胆战心惊,慄然生畏。
水往东南流出山间,流经城中,有一座古碑叫太白君碑——太白君是郎
山君的长子。

其水又东流，汉光武追铜马、五幡于北平，破之于顺水北，乘胜追北[.]为其所败。短兵相接，光武自投崖下，遇突骑王丰^①，于是授马退保范阳。顺水，盖徐州之别名也^②。

【注释】

①王丰：具本不详。

②徐州：当为徐水。

【译文】

水又往东流，汉光武帝在北平追击铜马军和五幡军，就在顺水以北打败了他们，于是乘胜追击，却反而被他们打败。两军短兵相接，光武帝慌忙跳到崖下，幸好碰到冲出敌阵的王丰，把马让给他骑，退回范阳坚守。顺水就是徐水的别名。

徐水又东迳蒲城北^①，又东迳清苑城^②，又东南与卢水合^③。水出肩城西，俗谓之泉头水也。《地理志》曰：北平县有卢水^④。即是水也。东迳其城，又东南，左入徐水。《地理志》曰：东至高阳入博。今不能也。

【注释】

①蒲城：在今河北保定满城区东北。

②清苑城：即清苑县县城。北魏置清苑县，属高阳郡。治所在今河北保定东北。

③卢水：一作沈水。《水经注疏》："朱（谋㙔）脱合字，赵（一清）据孙潜校增，戴（震）增同，据《汉书》改沈作卢。会贞按：前文叙卢水注滱水，谓卢水在卢奴，而驳《地理志》卢水出北平之说，岂又以此水为卢水乎？则原本作沈是，戴改非也，《寰宇记》，沈水在清苑

县北。《金·地理志》,清苑有沈水,乃此书沈水之确证。"熊会贞
按:"今清苑河源出清苑县(今河北保定清苑区)西三十里鸡拒泉,
即沈水。"译文用沈水。

④卢水:《水经注疏》:"朱(谋㙔)作沈水,下有东入河三字。赵(一
清)同。戴(震)改沈作卢,删三字。会贞按:《大典》本、明抄本并
作卢水。郦氏本以沈水驳《汉志》之卢水,故引此句为下文张本,
不必录全文,戴改、删皆是也。"

【译文】

徐水又往东流经蒲城以北,又往东流经清苑城,又往东南与沈水汇
合。沈水发源于蒲城以西,俗称泉头水。《地理志》说:北平县有卢水。
就是这条水。沈水往东流经城中,又往东南流,向左注入徐水。《地理志》
说:往东流到高阳注入博水。现在水却流不到高阳了。

　　徐水又东,左合曹水①。水出西北朔宁县曹河泽②,东
南流,左合岐山之水③。水出岐山,东迳邢安城北④,又东南
入曹河。曹水又东南迳北新城县故城南⑤,王莽之朔平县也。
曹水又东入于徐水。徐水又东南迳故城北,俗谓之祭隅城,
所未详也。徐水又东注博水。《地理志》曰:徐水出北平,
东至高阳,入于博。又东入滱。《地理志》曰:博水自望都
东至高阳,入于滱是也。

【注释】

①曹水:即今河北保定徐水区南漕河。

②朔宁县:具体不详。

③岐山之水:《水经注疏》杨守敬按:"岐山水无考,当在今安肃县(今
河北保定徐水区)西。"

④邢安城:《水经注疏》杨守敬按:"无考,亦当在今安肃县西。"

⑤北新城县:东汉改北新成县置,属涿郡。治所在今河北保定徐水
　区西南二十里。西晋属高阳国。北魏改名新城县。

【译文】

　徐水又往东流,左边与曹水汇合。曹水发源于西北方朔宁县的曹河泽,往东南流,左边与岐山之水汇合。岐山之水发源于岐山,往东流经邢安城北边,又往东南流入曹河。曹水又往东南流经北新城县老城南,就是王莽时的朔平县。曹水又往东注入徐水。徐水又往东南流经老城北边,俗称祭隅城,也不知城名是怎样来的。徐水又往东注入博水。《地理志》说:徐水发源于北平,往东流到高阳,注入博水。又往东流,注入滱水,《地理志》说:博水从望都往东流,到高阳注入滱水。

又东北入于易。

　滱水又东北迳依城北①,世谓之依城河②。《地说》无依城之名③,即言葛城也④。《郡国志》曰:高阳有葛城,燕以与赵者也。

【注释】

①依城:在今河北安新西南。

②依城河:在今河北安新南。自保定清苑区流入,东入白洋淀。又曰濡水、滱水之下游。

③《地说》:书名。具体不详。

④葛城:战国燕邑,后入赵。即今河北安新西南安州镇。

【译文】

滱水又往东北注入易水。

滱水又往东北流经依城北边,世人称之为依城河。《地说》中没有依

城的地名，其实就是古代的葛城。《郡国志》说：高阳有葛城，燕把此城让给赵国。

滱水又东北迳阿陵县故城东①，王莽之阿陆也。建武二年②，更封左将军任光为侯国③。滱水东北至长城，注于易水者也④。

【注释】

①阿陵县：西汉置，属涿郡。治所在今河北任丘东北二十里陵城村。东汉废。

②建武二年：26年。建武，东汉光武帝刘秀的年号（25—56）。

③左将军：官名。领军之将。与前、右、后将军并位上卿。任光：字伯卿。南阳宛（今河南南阳）人。从光武帝刘秀征战。后拜为左大将军，封武成侯。建武二年（26）更封阿陵侯，食邑万户。

④长城：指燕长城。

【译文】

滱水又往东北流经阿陵县老城东边，就是王莽时的阿陆。建武二年，改封给左将军任光，立为侯国。滱水往东北流，到长城注入易水。

卷十二

圣水　巨马水

【题解】

圣水是巨马水（今拒马河）北侧的一条支流，或许就是今白沟河。由于这个地区历史上河流交错，袭夺现象甚多，古今河流已有很大改变，所以不易论定。谭其骧主编的《中国历史地图集》第四册50—51，北朝、魏《相、冀、幽、平等州图》中，绘有圣水这条河流，其中有一段与今天定河重合，最后注入清河。谭图可供参考。

巨马水今名拒马河，发源于河北涞源，东流经郦道元的家乡涿州。在《经》文"又东南过容城县北"之下有一段《注》文说："巨马水又东，郦亭沟水注之。水上承督亢沟水于遒县东，东南流，历紫渊东。余六世祖乐浪府君，自涿之先贤乡爰宅其阴，西带巨川，东翼兹水，枝流津通，缠络墟圃，匪直田渔之赡可怀，信为游神之胜处也。"这是《水经注》全书中的一段非常珍贵的文字，因为它描写了郦道元家乡的自然风光。

圣水

圣水出上谷①，

故燕地，秦始皇二十三年置上谷郡②。王隐《晋书地道志》曰：郡在谷之头，故因以上谷名焉。王莽更名朔调也。水出郡之西南圣水谷，东南流迳大防岭之东首③。山下有石穴，东北洞开，高广四五丈，入穴转更崇深④，穴中有水。《耆旧传》言：昔有沙门释惠弥者⑤，好精物隐，尝篝火寻之，傍水入穴三里有余，穴分为二：一穴殊小，西北出，不知趣诣⑥；一穴西南出，入穴经五六日方还，又不测穷深。其水夏冷冬温，春秋有白鱼出穴，数日而返，人有采捕食者，美珍常味，盖亦丙穴嘉鱼之类也⑦。是水东北流入圣水。

【注释】

①上谷：即上谷郡。战国燕置。秦治所在沮阳县（今河北怀来东南官厅水库南岸之大古城）。

②秦始皇二十三年：前224年。

③大防岭：亦名大防山。即大房山。在今北京房山区西北。

④转更：表示渐渐。

⑤沙门：出家的佛教徒。释惠弥：僧人名。具体不详。

⑥趣诣：流向，到往。趣，趋向。

⑦丙穴嘉鱼：语见《文选·左思〈蜀都赋〉》：“嘉鱼出于丙穴，良木攒于褒谷。”李善引刘渊林注：“丙穴，在汉中沔阳县北，有鱼穴二所，常以三月取之。丙，地名也。”

【译文】

圣水

圣水发源于上谷，

上谷是旧时燕国的领土，秦始皇二十三年，在这里设置上谷郡。王隐《晋书地道志》说：郡治在河谷的上头，因此以上谷为郡名。王莽时改名朔调郡。圣水发源于该郡西南的圣水谷，往东南流经大防岭东端。山下有个石洞,洞口朝向东北,高、宽都有四五丈,进洞后变得更高了,直向纵深伸展,洞中有水。《耆旧传》记载,过去有个叫惠弥的和尚,对隐秘的事物喜欢寻根究底,曾举着火把去探寻,顺着水流走了三里多,洞穴一分为二:一个很小,向西北延伸,不知通到哪里;另一个通向西南,进去走了五六天还不见尽头,只好回来,也不知到底有多深。洞里的水冬暖夏凉,春秋季节洞内有白鱼游出,几天后又游回洞内,有人捕到这种鱼吃过,异常鲜美,大概也是丙穴嘉鱼一类。水往东北流,注入圣水。

圣水又东迳玉石山①,谓之玉石口,山多珉玉、燕石②,故以玉石名之。其水伏流里余,潜源东出。又东,颓波泻涧③,一丈有余,屈而南流也。

【注释】

①玉石山:具体不详。

②珉(mín)玉:像玉一样的石头。燕石:也是一种像玉的石头。

③颓波:跌落下来的波浪。颓,跌落。

【译文】

圣水又往东流经玉石山,那山口叫玉石口,因山上多珉玉、燕石,因以为名。圣水到了这里潜入地下流了一里多,又在东边流出地面。水继续向东流去,从一丈多高的山涧泻下,折向南流。

东过良乡县南①,

圣水南流,历县西转,又南迳良乡县故城西,王莽之广阳也。有防水注之②。水出县西北大防山南,而东南流迳羊头阜下③,俗谓之羊头溪。其水又东南流,至县东入圣水。

【注释】

①良乡县:西汉置,属涿郡。治所在今北京房山区西南窦店西古城。

②防水:又名龙泉河。源于今北京房山区西北老龙窝,流经大安村过教军场入大石河。

③羊头阜:《水经注疏》杨守敬按:"《房山县志》,羊头冈在县北六十里。"

【译文】

圣水往东流过良乡县南面,

圣水往南流经良乡县,折向西边,又南流,从良乡县旧城西面流过——良乡县就是王莽时的广阳县。有防水注入。防水发源于良乡县西北的大防山南麓,往东南从羊头阜下流过,俗称羊头溪。又往东南流,到了县城往东注入圣水。

圣水又南与乐水合①。水出县西北大防山南,东南流,历县西,而东南流注圣水。圣水又东迳其县故城南,又东迳圣聚南②,盖藉水而怀称也③。又东与侠河合④。水出良乡县西甘泉原东谷⑤,东迳西乡县故城北⑥,王莽之移风也,世谓之都乡城。按《地理志》:涿郡有西乡县而无都乡城⑦,盖世传之非也。又东迳良乡城南,又东北注圣水,世谓之侠活河,又名之曰非理之沟也⑧。

【注释】

①乐水:《水经注疏》熊会贞按:"今房山县(今北京房山区)南三里有凉水河,即乐水也。"

②圣聚:《水经注疏》杨守敬按:"聚当在今房山县东南。"

③藉水:凭借水名。怀称:纳称,拥有名称。

④侠河：亦作挟河。在今河北涿州西北。

⑤甘泉原：《水经注疏》杨守敬按："此甘原即下文甘泉水之原。甘泉
　　水出其西，挟河则出其东也。"

⑥西乡县：《水经注疏》杨守敬按："汉县属涿郡，后汉废，在今涿州
　　（今河北涿州）西北二十里。"

⑦涿郡：西汉高帝置。治所在涿县（今河北涿州）。

⑧非理之沟：《水经注疏》熊会贞按："盖此水变动无常，不由其道，
　　所以又有非理之称也。"

【译文】

　　圣水又往南流，与乐水汇合。乐水发源于良乡县西北的大防山南麓，往东南流经县西，流向东南注入圣水。圣水又往东流经旧县城南面，又往东流经圣聚南面。圣聚就是因圣水而得名的。圣水又东流，与侠河汇合。侠河发源于良乡县西部的甘泉原东谷，往东流经西乡县旧城北面，就是王莽时的移风，世人称为都乡城。据《地理志》，涿郡有个西乡县，却没有都乡城，这大概是代代相传造成的错误。侠河又往东流，经良乡城南，又往东北注入圣水，世人称之为侠活河，又叫非理之沟。

又东过阳乡县北①，

　　圣水自涿县东与桃水合②。水首受涞水③。于徐城东南④，良乡西，分垣水⑤，世谓之南沙沟，即桃水也。东迳遒县北⑥，又东迳涿县故城下与涿水合。世以为涿水，又亦谓之桃水，出涿县故城西南奇沟东八里大坎下⑦，数泉同发，东迳桃仁墟北⑧。或曰因水以名墟，则是桃水也。或曰终仁之故居⑨，非桃仁也。余按《地理志》：桃水上承涞水，此水所发，不与《志》同，谓终为是⑩。又东北与乐堆泉合⑪。水出堆东，东南流注于涿水。涿水又东北迳涿县故城西，注于桃。应劭

曰^⑫：涿郡，故燕，汉高帝六年置^⑬。其南有涿水，郡盖氏焉^⑭。阚骃亦言是矣^⑮。今于涿城南无水以应之，所有惟西南有是水矣。应劭又云：涿水出上谷涿鹿县。余按涿水自涿鹿东注㶟水^⑯。㶟水东南迳广阳郡与涿郡分水^⑰。汉高祖六年，分燕置涿郡。涿之为名，当受涿水通称矣，故郡、县氏之。但物理潜通^⑱，所在分发，故在匈奴为涿耶水。山川阻阔，并无沿注之理，所在受名者，皆是经隐显相关，遥情受用。以此推之，事或近矣，而非所安也。

【注释】

①阳乡县：西汉置，初为侯国，后改为县，属涿郡。治所在今河北涿州东五十里长安城。东汉废。

②涿县：秦置，属广阳郡。治所即今河北涿州。西汉为涿郡治。三国魏为范阳郡治。西晋为范阳国治。桃水：即涿水。今河北涿州北拒马河。

③涞（lái）水：即今河北拒马河。

④徐城：《水经注疏》杨守敬按："当在今涞水县（今河北涞水县）北。"

⑤垣（yuán）水：即今河北涿州北拒马河支流胡良河。

⑥逎（qiū）县：西汉置，属涿郡。治所在今河北涞水县北。景帝封匈奴降王隆彊为逎侯。东汉仍为逎侯国。移治今涞水县。三国魏为县，属范阳郡。西晋属范阳国。北魏属范阳郡。

⑦奇沟：又名祁沟。即今河北涿州西南三十里岐沟。大坎：今河北涿州西土山。

⑧桃仁墟：当在今河北涿州西。

⑨终仁：人名。具体不详。

⑩谓终为是：认为是终仁的故居。

⑪乐堆泉：当在今河北涿州一带。

⑫应劭：字仲远，一作仲瑗。汝南南顿（今河南项城）人。东汉末学者。撰有《风俗通义》《汉官仪》《地理风俗记》等。

⑬汉高帝六年：前201年。

⑭郡盖氏：涿郡大概以涿水为名。

⑮阚骃（kàn yīn）：字玄阴。敦煌（今甘肃敦煌）人。北凉至北魏学者。所撰《十三州志》为地理类著作。

⑯灅水：《水经注疏》杨守敬按："此即应劭所谓出上谷涿鹿之涿水，详《灅水注》。"

⑰广阳郡：秦始皇二十一年（前226）置。治所在蓟县（今北京西南）。西汉初改为燕国。元凤初复为广阳郡，本始初改为国。东汉初废入上谷郡，永元年间复置郡。三国魏太和年间改为燕国。

⑱物理：事物之间的内在联系。

【译文】

圣水又往东流过阳乡县北面，

圣水从涿县东流与桃水汇合。桃水上口承接涞水。涞水在徐城东南面、良乡西面分出一条垣水，世人称之为南沙沟，这就是桃水。桃水往东流经遒县北面，又往东流经涿县旧城下与涿水汇合。世人把它叫涿水，又称桃水，发源于涿县旧城西南奇沟东八里的大坎下，几处源泉一同涌出，往东流经桃仁墟北面。有人说桃仁墟是因水而得名，那么此水就是桃水了。也有人说这原是终仁的故居，不是桃仁。我查考《地理志》，桃水上承涞水，但这条水的发源地与《地理志》所说不同，说终仁才对。此水又往东北流，与乐堆泉汇合。乐堆泉发源于乐堆东面，往东南注入涿水。涿水又往东北经过涿县旧城西，注入桃水。应劭说：涿郡，原属燕国。汉高祖六年在此设置涿郡。郡南有涿水，涿郡就是按水来命名的。阚骃也这样说。现在涿城南面却没有相应的水，只有西南面这条水。应劭又说：涿水发源于上谷涿鹿县。我查过涿水是在涿鹿县东边注入灅水的，灢水往东南流经广阳郡，与涿郡以水为分界。汉高祖六年分出燕地另设涿郡。以涿字为郡名，应当是根据涿水，所以郡和县都是因水而得名的。但事物的联系往往是隐而不露却又暗中相通的，在有的地方显露出来，所以在匈奴境内就发而为涿耶水。但山川阻隔，地域辽阔，是不可能一路流注的，而在各地却得到同一个名称，这是因为隐伏的水和显露的水互有关联，所以相距虽远，却也得了同名。照此推断，也许出入不大，但究竟不是稳妥的说法。

桃水又东迳涿县故城北，王莽更名垣翰，晋太始元年①，改曰范阳郡②。今郡理涿县故城③。城内东北角有晋康王碑④，城东有范阳王司马虓庙碑⑤。桃水又东北与垣水会。水上承涞水，于良乡县分桃水，世谓之北沙沟。故应劭曰：垣水出良乡，东迳垣县故城北。《史记音义》曰：河间有武垣县，涿有垣县⑥。汉景帝中三年⑦，封匈奴降王赐为侯国，王莽之垣翰亭矣。世谓之顷城，非也。又东迳顷⑧，亦地名也。故有顷上言，世名之顷前河。又东，洛水注之⑨。水上承鸣泽渚⑩。渚方十五里，汉武帝元封四年⑪，行幸鸣泽者也。服虔曰：泽名，在遒县北界。即此泽矣。西则独树水注之⑫。水出遒县北山，东入渚。北有甘泉水注之⑬。水出良乡西山，东南迳西乡城西，而南注鸣泽渚。渚水东出为洛水，又东迳西乡城南，又东迳垣县而南入垣水。垣水又东迳涿县北，东流注于桃。故应劭曰：垣水东入桃。阚骃曰：至阳乡注之。今按经脉而不能届也。桃水东迳阳乡，东注圣水。

【注释】

①太始元年：即泰始元年，265 年。泰始，西晋武帝司马炎的年号

（265—274）。

②范阳郡：三国魏黄初七年（226）改涿郡置，属幽州。治所在涿县
　（今河北涿州）。西晋改为范阳国。十六国后赵复为范阳郡。

③郡理：即郡治。

④晋康王：范阳康王司马绥，字子都。初为谏议大夫，泰始元年受封
　范阳王。

⑤司马虓（xiāo）：范阳康王司马绥之子。字武会。

⑥"故应劭曰"几句：《水经注疏》："赵（一清）云：《汉志》，垣县属河
　东郡，武垣县属涿郡。《续志》河间国，武垣故属涿。今《注》所
　引《音义》云云，岂别有说乎？又《史表》，垣侯赐，《索隐》曰，县
　名，属河东，则非涿之武垣可知。善长又误。武垣城在河间府西
　南三十八里，去涿甚远，水道亦无相通之处，恐涿郡又自有垣县
　也。《一统志》，垣城在涿州北。守敬按：《史记·赵世家》，孝成王
　七年，武垣令傅豹反。徐广曰，河间有武垣县，本属涿郡。《续志》，
　河间国武垣，故属涿。是徐广、司马彪特以武垣初属涿郡，后度河
　间。此《注》河间有武垣，涿有垣县，则是有两县，与徐广说不相
　应。而《寰宇记》谓武垣在河间西南四十里，[段熙仲按：《寰宇记》
　六十六，东西武垣城在郡西南三十八里，有故城存。其上文云：故
　州乡城在郡东北四十里。《疏》误。]此良乡之垣水，安能迳之？
　疑《汉志》涿郡之武垣，本名垣县，传本或衍武字，徐广遂混河间
　之武垣为一。郦氏叙垣水于垣县自不误。河间之武垣是本《赵世
　家》之武垣，别自立县，与涿之垣县无涉。《一统志》谓垣城在涿
　州北，此必古方志说，疑郦氏原文当是。《史记音义》曰，河间有武
　垣，本属涿郡，非也。河间有武垣县，涿有垣县，盖武垣不得有垣
　水也。"垣县，西汉置，属河东郡。治所在今山西垣曲东南王茅镇。
　东汉改东垣县。《史记音义》，书名。晋、宋之间徐广所撰。裴骃
　《史记集解》采入，今存。《文选》注、《水经注》多有征引。河间，

即河间郡。西汉高帝置。治所在乐成县(今河北献县东南十六里)。武垣县,秦置,属钜鹿郡。治所在今河北肃宁东南十六里垣城南村。西汉属涿郡。

⑦汉景帝中三年:即西汉景帝刘启中元三年,前147年。

⑧顷:地名。具体不详。

⑨洛水:当在今河北涿州一带。

⑩鸣泽渚:在今河北涿州西。

⑪元封四年:前107年。元封,西汉武帝刘彻的年号(前110—前105)。

⑫独树水:《水经注疏》杨守敬按:"则山当即独鹿山(在今北京房山区西南),水亦即独鹿水,此作独树水,音随俗变耳。"

⑬甘泉水:《水经注疏》熊会贞按:"今房山县(在今北京房山区)大房山南,有东、西、南、北四甘池村,西村之北水从石壁出,注为池,盖即甘泉水也。"

【译文】

桃水又往东流经涿县老城北面,王莽时改名为垣翰,晋泰始元年,改涿郡为范阳郡。现在郡治就在涿县老城。城内东北角有晋康王碑,城东有范阳王司马虓庙碑。桃水又往东北流,与垣水汇合。垣水上游承接涞水,在良乡县分出桃水,世人称之为北沙沟。因此,应劭说:垣水从良乡流出,往东流经垣县老城北面。《史记音义》说:河间郡有武垣县,涿郡有垣县。汉景帝中元三年,把垣县封给降于汉的匈奴王赐,立为侯国,就是王莽时的垣翰亭。世人把它称为顷城,这是不对的。垣水又往东流经顷,顷也是地名。因此有顷上的称呼,于是人们又把垣水称顷前河。垣水又东流,洛水注入。洛水上口承接鸣泽渚。这片沼泽方圆十五里,汉武帝在元封四年出巡鸣泽。服虔说:这是个泽名,在遒县北部边界。指的就是这片沼泽。鸣泽西面又有独树水注入。独树水发源于遒县北山,东流注入泽中。北有甘泉水注入。甘泉水发源于良乡县的西山,往东南流经西乡城西面,往南注入鸣泽渚。从鸣泽渚往东流出的叫洛水,往东流经西乡城南面，又往东流经垣县，往南注入垣水。垣水又往东流经涿县北面，东流注入桃水。因此应劭说：垣水东流注入桃水。阚骃说：垣水流到阳乡注入桃水。现在按照典籍探寻水道，却不能到达阳乡。桃水往东流入阳乡，往东注入圣水。

圣水又东，广阳水注之①。水出小广阳西山②，东迳广阳县故城北③；又东，福禄水注焉④。水出西山，东南迳广阳县故城南，东入广阳水，乱流东南至阳乡县，右注圣水。

【注释】

①广阳水：即今北京房山区良乡镇东小清河。今自良乡镇东南流入拒马河。

②小广阳：《水经注疏》杨守敬按："小广阳亦见范书《耿弇传》，对广阳郡言，故以县为小广阳。"西山：在北京西。为西部诸山总称。系太行山支脉。

③广阳县：西汉置，属广阳国。治所在今北京房山区东北长阳镇（广阳城村）。东汉封刘良为侯邑，属广阳郡。西晋属范阳国。北魏属燕郡。

④福禄水：亦名盐沟河。即今北京房山区东北哑叭河。

【译文】

圣水又东流，汇合了广阳水。广阳水发源于小广阳西山，往东流经广阳县老城北面；又东流，福禄水注入。福禄水发源于西山，往东南流经广阳县老城南面，往东注入广阳水，乱流往东南到阳乡县，向右注入圣水。

圣水又东南迳阳乡城西，不迳其北矣。县，故涿之阳亭也①。《地理风俗记》曰②：涿县东五十里有阳乡亭，后分为

县。王莽时,更名章武,即长乡县也。按《太康地记》^③,涿
有长乡而无阳乡矣。

【注释】

①阳亭:《水经注疏》杨守敬按:"阳下疑脱乡字。"

②《地理风俗记》:书名。东汉应劭撰。

③《太康地记》:书名。又称《晋太康地记》等。撰者不详。成书于
　晋太康三年(282)。记载晋初州、郡、县建制沿革、地名取义、山
　水、物产等。

【译文】

圣水又往东南流经阳乡县城西面,并不经过城北。阳乡县,原是旧
时涿县的阳亭。《地理风俗记》说:涿县东边五十里有阳乡亭,后来划分
出来设置为县。王莽时改名为章武,就是长乡县。按照《太康地记》,涿
郡有个长乡县,却没有阳乡县。

　　圣水又东迳长兴城南^①,又东迳方城县故城北^②,李牧
伐燕取方城是也^③。魏封刘放为侯国^④。

【注释】

①长兴城:《水经注疏》:"沈氏曰:疑是长乡。"

②方城县:西汉置,属广阳国。治所在今河北固安西南方城村。东
　汉属涿郡。三国魏属范阳郡。晋属范阳国。北魏属范阳郡。

③李牧:战国后期赵国良将。

④刘放:字子弃。涿郡(治所在今河北涿州)人。三国魏大臣。魏明
　帝时封方城侯。

【译文】

圣水又往东流经长兴城南面,又往东流过方城县老城北面,这就是

李牧伐燕时夺取的方城。魏时把这地方封给刘放,立为侯国。

圣水又东,左会白祀沟①。沟水出广阳县之娄城东②,东南流,左合娄城水。水出平地,导源东南流,右注白祀水,乱流,东南迳常道城西③。故乡亭也。西去长乡城四十里,魏少帝璜甘露三年所封也④。又东南入圣水。

【注释】

①白祀沟:《水经注疏》熊会贞按:"白祀沟及下娄城水,在今永清县(今河北永清)西北。"

②娄城:当在今北京房山区。

③常道城:亦名苌道城。即今河北廊坊九州镇西北北常道村。

④魏少帝璜(huáng):即三国魏元帝曹奂,本名璜,字景明。魏武帝曹操之孙,燕王曹宇之子。甘露三年,高贵乡公曹髦封之为安次县常道乡公。甘露三年:258年。甘露,三国魏高贵乡公曹髦的年号(256—260)。

【译文】

圣水继续东流,在左边与白祀沟水汇合。白祀沟水从广阳县娄城东面流出,往东南流,在左边与娄城水汇合。娄城水从平地涌出,往东南流,从右边注入白祀水,乱流奔向东南,流经常道城西面。这就是原来的乡亭。常道城西距长乡城四十里。魏甘露三年,少帝曹璜被封在这里。白祀水又往东南流注入圣水。

圣水又东南迳韩城东。《诗·韩奕》章曰:溥彼韩城,燕师所完。王锡韩侯,其追其貊,奄受北国①。郑玄曰②:周封韩侯,居韩城为侯伯,言为猃夷所逼③,稍稍东迁也。王肃曰④：今涿郡方城县有韩侯城，世谓之寒号城，非也。

【注释】

①"溥（pǔ）彼韩城"几句：语见《诗经·大雅·韩奕》。《诗小序》："《韩奕》，尹吉甫美宣王也，能赐命诸侯。"韩城，韩国都城。在今河北固安东南大韩寨。溥，广大。燕师所完，燕国的百姓所建筑。王，周王。锡，赏赐。其追其貊，（周王赏赐给韩侯的）有追、貊等少数民族国家。追，我国古代北方族部名。貊（mò），我国古代东北部的一个民族。奄（yǎn）受北国，包括全部北方诸国。奄受，全部包括。

②郑玄：字康成。北海高密（今山东高密）人。东汉著名的经学家。遍注群经。

③猃夷：我国古代北方少数民族名。

④王肃：字子雍。东海郯（今山东郯城）人。三国魏经学家。善贾逵、马融之学而反郑玄。

【译文】

圣水又往东南流经韩城东面。《诗经·韩奕》一章说：那广大的韩城，是燕国民众所筑。周王封给韩侯，有追、貊等小国，拥有北方诸国领土。郑玄说：周朝分封韩侯，居留在韩城，称为侯伯，后为猃夷所逼，稍稍向东迁移。王肃说：现在涿郡方城县有韩侯城，世人称之为寒号城，这是弄错了。

圣水又东南流，右会清淀水①。水发西淀②，东流注圣水，谓之刘公口也③。

【注释】

①清淀水：当在今河北永清境内。

②西淀：当在今河北永清境内。

③刘公口：具体不详。

【译文】

　　圣水又往东南流，在右边与清淀水汇合。清淀水发源于西淀，东流注于圣水，汇流处叫刘公口。

又东过安次县南^①，东入于海。

　　圣水又东迳勃海安次县故城南^②。汉灵帝中平三年^③，封荆州刺史王敏为侯国^④。又东南流，注于巨马河^⑤，而不达于海也。

【注释】

①安次县：西汉置，属勃海郡。治所在今河北廊坊西北古县村。东汉属广阳郡。三国魏属燕国。

②勃海：即勃海郡。汉文帝十五年（前165）分河间国置。治所在浮阳县（今河北沧县东南）。东汉属冀州，徙治南皮县（今河北南皮东北）。北魏初改为沧水郡。

③中平三年：186年。中平，东汉灵帝刘宏的年号（184—189）。

④荆州：西汉武帝置，为十三刺史部之一。东汉治所在汉寿县（今湖南常德东北）。后治所屡有变迁。王敏：汉灵帝时任荆州刺史。曾与羊续共讨赵慈，斩之，获首五千余级。

⑤巨马河：亦名涞（lái）水。即今河北拒马河。源自河北涞源，东流经易县西北，至涞水县北分二支：一支向东经涿州会琉璃河，南流经高碑店为白沟河；另一支南流至定兴西会易水，为南拒马河，东南流至白沟镇南与白沟河会，东南经雄县入大清河。

【译文】

　　圣水又往东流过安次县南面，往东注入大海。

　　圣水往东流经勃海安次县老城南面。汉灵帝中平三年，把这里封给荆州刺史王敏,立为侯国。圣水又往东南流,注入巨马河,并不直接流入大海。

巨马水
巨马河出代郡广昌县涞山①,

即涞水也,有二源,俱发涞山。东迳广昌县故城南,王莽之广屏矣。魏封乐进为侯国②。

【注释】

①代郡:战国赵置。秦、西汉治所在代县(今河北蔚县西南)。东汉移治高柳县(今山西阳高西南)。三国魏复治代县。广昌县:西汉置,属代郡。治所在今河北涞源北七里。东汉属中山国。涞山:当在今河北涞源境内。

②魏:此指三国魏。乐进:字文谦。东汉末曹操部将。

【译文】

巨马水

巨马河发源于代郡广昌县的涞山,

巨马河就是涞水,有两个源头,都出自涞山。往东流经广昌县老城南面,这就是王莽时的广屏。魏时把这里封给乐进,立为侯国。

涞水又东北迳西射鱼城东南①,而东北流,又迳东射鱼城南,又屈迳其城东。《竹书纪年》曰:荀瑶伐中山②,取穷鱼之丘。穷、射字相类③,疑即此城也,所未详矣。

【注释】

①西射鱼城:与下文东射鱼城,《水经注疏》杨守敬按:"在今涞水县

（今河北涞水县）西。"

②荀瑶：即智伯。春秋时晋国卿。中山：即中山国。春秋狄人所建，

又称鲜虞国。治所在今河北正定东北。

③穷、射字柜类：穷的繁体字窮，与射字形相近。

【译文】

涞水又往东北流经西射鱼城东南，流向东北，又流经东射鱼城南面，又转弯流过城东。《竹书纪年》说：荀瑶讨伐中山，夺取穷鱼之丘。穷（窮）与射字形相似，可能就是此城，这也难说。

涞水又迳三女亭西①，又迳楼亭北②，左属白涧溪③。水有二源，合注一川，川石皓然，望同积雪，故以物色受名。其水又东北流，谓之石槽水，伏流地下，溢则通津委注，谓之白涧口。

【注释】

①三女亭：当在今河北涞水县西。

②楼亭：在今河北易县西北四十里奇峰庄。

③属：连缀，连接。

【译文】

涞水又流过三女亭西面，又流过楼亭北面，在左岸与白涧溪相通。溪水有两个源头，合流成为一溪，溪石呈白色，望去如同积雪一般，所以溪就以石色而得名了。水又向东北流，名叫石槽水，水到这里潜流到地下，只有水满时才能流通，注入涞水，汇流处叫白涧口。

涞水又东北，桑谷水注之①。水南发桑溪，北注涞水。涞水又北迳小黉东②，又东迳大黉南③，盖霍原隐居教授处也④。

徐广云⑤：原隐居广阳山，教授数千人，为王浚所害⑥，虽千古世悬，犹表二黉之称。既无碑颂，竟不知定谁居也。

【注释】

①桑谷水：当在今河北涞水县北。

②小黉（hóng）：当在今河北涞水县。黉，古代的学校。

③大黉：即今北京房山区之六聘山。

④霍原：字休明。燕国广阳（今北京）人。西晋处士。

⑤徐广：字野民。东莞姑幕（今山东诸城）人。晋、宋间史学家、辞赋家。著作有《史记音义》《晋纪》等。

⑥王浚：字彭祖。晋阳（今山西太原）人。王沈之子。西晋将领。

【译文】

涞水又往东北流，有桑谷水注入。桑谷水发源于南方的桑溪，往北注入涞水。涞水又往北流经小黉岭东面，又东转，流经大黉岭南面。这里大概是霍原隐居教学的地方。徐广说：霍原隐居广阳山，教授弟子数千人，后来被王浚所害。虽然时代已经很遥远，至今还留着大黉、小黉的名称。没有留下碑文颂辞，也就无从肯定到底是谁在这里隐居过了。

涞水又东北历紫石溪口与紫水合①。水北出圣人城北大亘下②，东南流，左会磊砢溪水③。盖山崩委涧，积石沦隍④，故溪涧受其名矣。水出东北，西南流注紫石溪水。紫石溪水又迳圣人城东，又东南，右会檐车水⑤。水出檐车硎⑥，东南流迳圣人城南，南流注紫石水。又南注于涞水。

【注释】

①紫水：即紫石溪水。在今河北涞水县西北。

②圣人城：在今河北涞水县西北。大亘（gèn）：即大亘山。在今河
　北涞水县西北。

③磊砢（luǒ）溪水：当在今河北涞水县一带。

④隍：壕沟。

⑤檐车水：当在今河北涞水县一带。

⑥檐车硎（xíng）：在今河北涞水县西北。

【译文】

　　涞水又往东北流到紫石溪口与紫水汇合。紫水发源于圣人城北边
的大亘山下，往东南流，在左岸汇合磊砢溪水。大概从前此处发生山崩，
塌下的乱石堆满溪涧，所以溪水也就因此而得名了。磊砢溪水发源于东
北，流向西南注入紫石溪水。紫石溪水又流经圣人城东，又往东南流，在
右边与檐车水汇合。檐车水发源于檐车硎，往东南流经圣人城南面，南
流注入紫石水。紫石水又南流注入涞水。

　　涞水又东南迳榆城南①，又屈迳其城东，谓之榆城河。
涞水又南迳藏刀山下②。层岩壁立，直上干霄，远望崖侧，有
若积刀，镮镮相比③，咸悉西首。

【注释】

①榆城：在今河北涞水县西。

②藏刀山：《水经注疏》熊会贞按："董恂《永宁祗谒笔记》，藏刀山似
　即今之铁锁崖。《畿辅通志》，龙湾山在涞水县北五十里，高峰卓
　立，一名铁裹寨，上有铁锁崖。"

③镮镮（huán）相比：刀环挨着刀环排列着。

【译文】

　　涞水又往东南流经榆城南，又转弯从城东绕过，叫榆城河。涞水又
往南流经藏刀山下。藏刀山层岩陡峭耸立，直插云霄，远望好像无数的

刀堆在一起,刀环挨着刀环一把把排列着,刀头都朝向西方。

　　涞水东迳徐城北①,故渎出焉,世谓之沙沟水。又东,督亢沟出焉②。一水东南流,即督亢沟也;一水西南出,即涞水之故渎矣。水盛则长津宏注,水耗则通波潜伏,重源显于遒县,则旧川矣。

【注释】
　　①徐城:当在今河北涞水县北。
　　②督亢沟:今河北拒马河支流。自北京房山区西南,经今河北涿州、
　　　固安、高碑店等地入白沟河。

【译文】
　　涞水往东流经徐城北面,有一条旧河道在这里分出,人们称之为沙沟水。又东流,分出督亢沟。一条往东南流,就是督亢沟;一条往西南流,就是涞水的旧河道。水量丰沛时就长流滚滚;水量少时就潜入地下,到遒县后又重新流出地面,这就是旧河道了。

东过遒县北,

　　涞水上承故渎于县北垂,重源再发,结为长潭,潭广百许步,长数百步,左右翼带涓流①,控引众水,自成渊渚。长川漫下十许里,东南流迳遒县故城东。汉景帝中三年,以封匈奴降王隆彊为侯国②。王莽更名遒屏也。谓之巨马河,亦曰渠水也。

【注释】
　　①翼带:左右引纳。翼,左右两边像翅膀一样。

②隆彊：即李隆彊。原匈奴王，降汉，封遒侯。

【译文】

巨马水往东流过遒县北面，

涞水在遒县北部边境承接旧河道，水源重新流出，积聚成为长潭，宽约一百步，长数三步，左右两边接纳了许多小支流，汇集成为深潭。潭水往下流十来里，往东南流经遒县老城东面。汉景帝中元三年，将这地方封给投降汉朝的匈奴王隆彊，立为侯国。王莽时改名为遒屏。这条水称为巨马河，又叫渠水。

又东南流，袁本初遣别将崔巨业攻固安不下，退还，公孙瓒追击之于巨马水，死者六七千人①，即此水也。又东南迳范阳县故城北②，易水注之③。

【注释】

①"袁本初遣别将崔巨业攻固安不下"几句：事见《后汉书·公孙瓒传》："绍遣将崔巨业将兵数万攻围故安不下，退军南还。瓒将步骑三万人追击于巨马水，大破其众，死者七八千人。"袁本初，即袁绍，字本初。东汉末群雄之一。崔巨业：东汉末袁绍部将。固安，北魏改故安县置，属范阳郡。治所在今河北易县东南西贯城。公孙瓒（zàn），字伯珪。辽西令支（今河北迁安）人。东汉末割据势力。

②范阳县：秦置，属广阳郡。治所在今河北定兴西南四十里固城镇。西汉属涿郡。三国魏属范阳郡。

③易水：即中易水，源出河北易县西，东流至定兴西南合拒马河。即古武水。

【译文】

涞水又往东南流，袁本初派遣别将崔巨业去攻打固安，但攻不下来。他退回时，公孙瓒追击到巨马水，死了六七千人，说的就是这条水。涞水又往东南流经范阳县老城北面,易水注入。

又东南过容城县北①,

　　巨马水又东,郦亭沟水注之②。水上承督亢沟水于遒县东,东南流,历紫渊东③。余六世祖乐浪府君④,自涿之先贤乡爰宅其阴⑤,西带巨川,东翼兹水,枝流津通,缠络墟圃⑥,匪直田渔之赡可怀,信为游神之胜处也。其水东南流,又名之为郦亭沟。其水又西南转,历大利亭南入巨马水⑦。

【注释】

①容城县:西汉置,属涿郡。治所在今河北容城北十五里城子村。东汉废。

②郦亭沟水:拒马河的支流。郦亭,在今河北涿州西南十八里。

③紫渊:当在今河北涿州西南,近河北涞水县界。

④六世祖:第六代祖先。乐浪:即乐浪郡。西汉元封三年(前108)置。治所在朝鲜县(今朝鲜平壤大同江南岸土城洞,一说即今平壤)。北魏延和元年(432)废。正光末复置,徙治连城(今辽宁义县),改名乐良郡。府君:汉代对郡相、太守的尊称。

⑤先贤乡:即郦亭。爰:变更,更换。

⑥墟圃:田园。

⑦大利亭:在巨马水之西,与郦亭沟水中隔巨马河。

【译文】

　　巨马水又往东南流过容城县北面,

　　巨马水又东流,郦亭沟水注入。郦亭沟上游在遒县东面承接督亢沟水,往东南流经紫渊东边。我的六世祖是乐浪太守,从涿县的先贤乡移到水南。住宅西边是巨马水,东面就是这条水,支流相通,弯弯曲曲地在田园间流过，不佁有鱼米之富令人怀想，也实在是游览的胜地。这条水往东南流，又叫郦亭沟。又转向西南，经过大利亭，往南注入巨马水。

又东迳容城县故城北。又东，督亢沟水注之。水上承涞水于涞谷[1]。引之则长津委注，遏之则微川辍流。水德含和，变通在我。东南流迳迺县北，又东迳涿县郦亭楼桑里南[2]，即刘备之旧里也[3]。又东迳督亢泽[4]。泽苞方城县，县故属广阳，后隶于涿。《郡国志》曰：县有督亢亭[5]。孙畅之《述画》有督亢地图[6]，言燕太子丹使荆轲赍入秦[7]，秦王杀轲，图亦绝灭。地理书《上古圣贤冢地记》曰[8]：督亢地在涿郡。今故安县南有督亢陌[9]，幽州南界也[10]。《风俗通》曰[11]：沆[12]，漭也[13]。言乎淫淫漭漭，无崖际也。沆泽之无水，斥卤之谓也[14]。其水自泽枝分，东迳涿县故城南，又东迳汉侍中卢植墓南[15]，又东，散为泽渚，督亢泽也。北屈注于桃水。督亢水又南，谓之白沟水[16]，南迳广阳亭西[17]，而南合枝沟。沟水西受巨马河，东出为枝沟[18]，又东注白沟。白沟又南，入于巨马河。

【注释】

①涞谷：具体不详。当在今河北涞水县。

②楼桑里：在今河北涿州南二十里楼桑。

③刘备：字玄德。涿郡涿县（今河北涿州）人。西汉中山靖王刘胜的后代，三国时期蜀汉开国皇帝。

④督亢泽：古督亢（在今河北涿州东，跨涿州、固安、新城等地）中有泽陂，周五十余里，支渠四通，富灌溉之利。战国时为燕膏腴之地。

⑤督亢亭：在今河北涿州东南十五里。

⑥孙畅之：南朝宋奉朝请。著述家。《述画》：又称《画记》，是孙畅之所撰的我国较早的一部画品论著。已佚。督亢地图：孙畅之所撰《述画》中的内容，已佚。

⑦赍（lài）入：携带而送入。

⑧《上古圣贤冢地记》：书名。《水经注疏》杨守敬按："此《上古圣贤冢地记》，即《皇览》也。"

⑨督亢陌：当在今河北涿州东南。

⑩幽州：汉武帝置十三州刺史部之一。东汉治所在蓟县（今北京西南）。

⑪《风俗通》：书名。一名《风俗通义》。东汉应劭撰。主要收录有关古代历史、风俗礼仪、山河泽薮、怪异传闻等内容。

⑫沆（hàng）：水广大的样子。

⑬漭（mǎng）：水广大的样子。

⑭斥卤：盐碱地。

⑮卢植：字子干。涿郡涿县（今河北涿州）人。东汉经学家。

⑯白沟水：为巨马河一支流。自拒马河分出，历今河北涿州、高碑店等地，复与拒马河合流。

⑰广阳亭：《水经注疏》杨守敬按："此别一广阳亭，当在今新城县（今河北高碑店东南新城镇）东，非广阳县故城也。"

⑱枝沟：《水经注疏》熊会贞按："此枝沟在新城县境。"

【译文】

巨马水又往东流经容城县老城北面。又东流，督亢沟水注入。督亢沟水上游在涞谷承接涞水，打开水口放水，便长流直下，堵住水口，就成为一缕细流以至断水。水性和顺，如何加以改造和利用，全靠我们自己。督亢沟水往东南流经逎县北面，又往东流经涿县郦亭楼桑里南面，这就是刘备的故乡。又往东流经督亢泽。这片沼泽把方城县环抱在里面。

方城县原属广阳郡,后来划归涿郡。《郡国志》说:方城县有督亢亭。孙畅之的《述画》中记载有督亢地图,说到燕太子丹派荆轲到秦国献图,秦王杀了荆轲,图也从此亡佚了。地理书《上古圣贤冢地记》说:督亢在涿郡。现在的故安县南面有督亢陌,是幽州的南界。《风俗通》说:沆,就是浩森。有烟波浩淼无边无际的意思。无水的洼地叫沆,就是盐碱地。沟水从泽地分支流出,往东流经涿县老城南面,又往东流经汉侍中卢植墓南,又分散东流,形成沼泽,就是督亢泽。向北转弯注入桃水。督亢水又南流,叫白沟水,往南流经广阳亭西面,然后南流汇合了枝沟。沟水西头引入巨马河水,向东分出咸为枝沟,又东流注入白沟。白沟又南流,汇入巨马河。

巨马河又东南迳益昌县①,护淀水右注之②。水上承护陂于临乡县故城西③,东南迳临乡城南。汉封广阳顷王子云为侯国④。《地理风俗记》曰:方城南十里有临乡城,故县也。淀水又东南迳益昌县故城西南,入巨马水。

【注释】

①益昌县:即益昌侯国。西汉置,属涿郡。治所在今河北永清东南。东汉废。

②护淀水:当在今河北固安一带。

③护陂:当在今河北固安一带。临乡县:西汉置,初为侯国,后为县,属涿郡。治所在今河北固安西南。东汉废入方城县。

④广阳顷王子云:即刘云。封临乡侯。

【译文】

巨马河又往东南流经益昌县,护淀水从右边注入。护淀水上游在临乡县老城西面承接护陂,往东南流经临乡城南。汉时把这地方封给广阳顷王的儿子云,立为侯国。《地理风俗记》说:方城南面十里有临乡城,是一座旧县城。淀水又往东南流经益昌老城西南,流入巨马水。

巨马水东迳益昌县故城南。汉封广阳顷王子婴为侯国①。王莽之有秩也。《地理风俗记》曰：方城县东八十里有益昌城，故县也。

【注释】

①广阳顷王子婴：即刘婴。封益昌侯。

【译文】

巨马水往东流经益昌县老城南面。汉朝把这里封给广阳顷王的儿子婴，立为侯国。就是王莽时的有秩。《地理风俗记》说：方城县东八十里有益昌城，是旧时的县城。

又东，八丈沟水注之①。水出安次县东北平地②，东南迳安次城东，东南迳泉州县故城西③，又南，右合滹沱河枯沟。沟自安次西北，东迳常道城东，安次县故城西，晋司空刘琨所守以拒石勒也④。又东南至泉州县西南，东入八丈沟。又南入巨马河，乱流东注也。

【注释】

①八丈沟水：当在今河北廊坊一带。

②安次县：西汉置，属勃海郡。治所在今河北廊坊西北古县村。北魏属燕郡。

③泉州县：战国秦置，属渔阳郡。治所在今天津武清（杨村镇）西南城上村。汉属渔阳郡。西晋属燕国。北魏废。

④刘琨：字越石。中山魏昌（今河北定州）人。西晋大臣。石勒：字世龙。上党武乡（今山西榆社北）人。羯族。十六国时期后赵的建立者。

【译文】

巨马水又东流，八丈沟水注入。八丈沟水从安次县东北的平地上涌出，东南流，经过安次城东面，往东南流经泉州县老城西面，又南流，在右边汇合滹沱河的枯沟。枯沟从安次县西北往东流经常道城以东、安次县老城以西，晋时司空刘琨驻守这里抗击石勒。枯沟又往东南流，到了泉州县西南，往东注入八丈沟。八丈沟又往南注入巨马河，乱流往东奔去。

又东过勃海东平舒县北①，东入于海。

《地理志》曰：涞水东南至容城入于河。河，即濡水也。盖互以明会矣②。巨马水于平舒城北，南入于滹沱，而同归于海也。

【注释】

①东平舒县：西汉置，属勃海郡。治所即今河北大城。东汉属河间国。

②"河"几句：《水经注疏》："戴（震）云，按此谓南濡。会贞按：北濡入涞见《汉志》，则濡入涞，涞入濡，可云互以明会。而涞至容城入河，郦氏谓河即濡水，准以地望，明指南濡。古无南濡入涞之文，而郦氏云以明会，实属可疑。全（祖望）本有此句疑三字，而赵（一清）本不载，此非刻全本者所能伪为，当是七校真本。又按《汉志》灵邱下云：滱河东至文安入大河。洪颐煊云：滱亦名河，滱水入河即入滱也。较郦氏谓河即濡水为胜。"

【译文】

巨马水又往东流过勃海东平舒县北面，往东注入大海。

《地理志》说：涞水往东南流，到容城入河。这里所说的河就是濡水。两水相互汇合。巨马水从平舒城北面，往南注入滹沱河，合流奔向大海。

卷十三

漯水

【题解】

漯水在《水经注》的其他版本中也有作湿水的。它发源于今山西宁武以南的管涔山，即《注》文所称的累头山，发源处今名阴方口。从山西流入河北，上游今名桑乾河，经官厅水库，下游称为永定河，是海河的支流。不过《水经注》时代的漯水与今永定河河道并不完全一致。郦道元所记的河道在今永定河北面，东南流至渔阳郡雍奴县西（今天津武清区）注入潞河（《经》文称为笥沟，是潞河的别名），也就是今北运河。

漯水并非大河，但此篇不仅单独成为一卷，而且篇幅不小。在首句《经》文"漯水出雁门阴馆县，东北过代郡桑乾县南"之下的这篇《注》文，长达六千字左右，是《水经注》全书中的长篇之一。这是因为此水流经北魏旧都平城（今山西大同东北），附近有许多旧都文物，而且均为郦道元所亲见，所以记载特详。其中《注》文"又迳平城西郭内"以下一段，记载了许多平城及其近郊的自然和人文景观，是今天研究北魏政治、经济、文化等各方面的重要资料。

读者如需进一步研究《漯水》这一篇，可以参阅谢鸿喜《〈水经注〉山西资料辑释》一书（山西人民出版社 1990 年版）。

灅水

灅水出雁门阴馆县①，东北过代郡桑乾县南②，

灅水出㠠累头山③，一曰治水④。泉发于山侧，沿波历涧，东北流出山，迳阴馆县故城西。县，故楼烦乡也⑤。汉景帝后三年置⑥，王莽更名富臧矣。魏皇兴三年⑦，齐平，徙其民于县，立平齐郡⑧。

【注释】

①灅（lěi）水：海河的支流。源出山西宁武管涔（cén）山，从山西流入河北、北京境内。上游即今山西、河北境内的桑乾河及永定河，下游自今北京西南卢沟桥以下，故道在今永定河之北，东南流至今天津武清区入潞河（今北运河）。雁门：即雁门郡。战国赵武灵王置。秦、西汉治所在善无县（今山西右玉南）。东汉移治阴馆县。三国魏移治广武县（今山西代县西南十里古城）。阴馆县：西汉景帝后元三年（前141）置，属雁门郡。治所在今山西朔州东南五十五里夏关城村。三国魏废。

②代郡：战国赵武灵王置。秦、西汉治所在代县（今河北蔚县西南）。东汉移治高柳县（今山西阳高西南）。三国魏复治代县。西晋末废。桑乾县：西汉置，属代郡。治所在今河北蔚县东北。三国魏废。

③累头山：即管涔山。《水经注疏》杨守敬按："今代州（今山西代县）西北八十里有北斗山，即累头山，黄水河即灅水。"

④治水：上游即今山西、河北境内的桑乾河及永定河。自今北京西南卢沟桥以下，故道在今永定河以北。

⑤楼烦乡：在今山西宁武一带。

⑥汉景帝后三年：即西汉景帝刘启后元三年，前141年。

⑦皇兴三年：469年。皇兴，北魏献文帝拓跋弘的年号（467—471）。

⑧平齐郡：北魏皇兴三年（469）置，属司州。治所在今山西大同，后
　徙治今朔州东南，不久即废。

【译文】

漯水

漯水发源于雁门郡阴馆县，往东北流过代郡桑乾县南，

漯水发源于累头山，又名治水。泉水从山边涌出，扬着轻波流过山
涧，往东北流出山间，从阴馆县老城西面流过。阴馆县，就是旧时的楼烦
乡。汉景帝后元三年设置，王莽时改名为富臧。魏皇兴三年，平定齐国，
把齐国百姓迁到这里来，设置了平齐郡。

漯水又东北流，左会桑乾水①。县西北上平②，洪源七
轮③，谓之桑乾泉，即漯涫水者也④。耆老云⑤：其水潜通，承
太原汾阳县北燕京山之大池⑥。池在山原之上，世谓之天池，
方里余，澄渟镜净⑦，潭而不流⑧，若安定朝那之湫渊也⑨。
清水流潭，皎焉冲照，池中曾无片草。及其风籊有沦⑩，辄有
小鸟翠色，投渊衔出，若会稽之耘鸟也⑪。其水阳燠不耗⑫，
阴霖不滥，无能测其渊深也。古老相传言，尝有人乘车于池
侧，忽过大风，飘之于水，有人获其轮于桑乾泉，故知二水潜
流通注矣。池东隔阜又有一石池，方可五六十步，清深镜洁，
不异大池。

【注释】

①桑乾水：在今山西朔州东北。

②上平：一作上下。《水经注疏》杨守敬按："上平与'洪源七轮'不
　接，《大典》本作'上下'，是也。盖洪源七轮，所出不一地，如星宿
　海之类，故云上下。"译文从之。

③洪源七轮：如车轮大小的源头有七处。

④漅涫（suǒ guàn）水：在今山西朔州东北。

⑤耆老：老年人。

⑥太原：即太原郡。战国秦庄襄王四年（前246）置。治所在晋阳县（今山西太原西南）。汾阳县：西汉置，属太原郡。治所在今山西静乐西。燕京山：一名管涔山。在今山西宁武西南。

⑦澄渟（tíng）：水清澈平静貌。

⑧潭：深。

⑨安定：即安定郡。西汉元鼎三年（前114）分北地郡置。治所在高平县（今宁夏固原）。东汉属凉州，移治临泾县（今甘肃泾川北）。东晋又徙治安定县（今甘肃泾川北）。朝那：即朝那县。秦置，属北地郡。治所在今宁夏彭阳西三十三里古城镇。西汉属安定郡。湫（qiū）渊：一作朝那湫。在今宁夏固原西南。

⑩风箨（tuò）：风吹来的草叶。箨，本指竹笋皮。这里指草叶。沦：涟漪，小波纹。

⑪会稽之耘鸟：王充《论衡·书虚》：“传书言：舜葬于苍梧，象为之耕；禹葬会稽，鸟为之田。”会稽，即会稽山。在今浙江绍兴南。耘鸟，耘草的鸟。

⑫阳燠（hàn）：干旱。

【译文】

漯水又往东北流，左边汇合了桑乾水。在阴馆县西北一带，有七道流量很大的山泉，称为桑乾泉，也就是漅涫水。据老年人说：此水与太原汾阳县以北燕京山的大池有暗流相通。大池位于高山上，人们称之为天池，方圆一里余，池水清澈平静如明镜，深而不流，有如安定郡朝那县的湫渊。清泉流入潭中，皎洁照映，池中绝无片叶寸草。轻风吹来，偶有草叶沉入潭中，就有青色的水鸟潜入深渊把它衔出，和会稽的耘鸟有些相似。渊水久旱不干涸，洪涝不泛滥，无人能测出它的深度。老人相传，这去曾有人乘车经过池畔,忽然一阵狂风,把车卷入水中,后来有人在桑乾泉中捡到车轮,才知道两处的水是有暗流相通的。天池东面山后又有一口石池,方圆五六十步,池水很深,明净如镜,与天池没有两样。

　　桑乾水自源东南流,右会马邑川水①。水出马邑西川②,俗谓之磨川矣。盖狄语音讹,马、磨声相近故尔。其水东迳马邑县故城南③。干宝《搜神记》曰④:昔秦人筑城于武州塞内以备胡⑤,城将成而崩者数矣。有马驰走一地,周旋反复,父老异之,因依以筑城,城乃不崩,遂名之为马邑。或以为代之马城也⑥。诸记纷竞,未识所是。汉以斯邑封韩王信,后为匈奴所围,信遂降之⑦。王莽更名之曰章昭。其水东注桑乾水。

【注释】

①马邑川水:即灰河。在今山西宁武南。源出县西管涔山,东流经县南,折北入朔州界,至马邑故城南入桑乾河。

②马邑西川:即磨川。马邑川水之上源。

③马邑县:秦置,属雁门郡。在今山西朔州东北二十三里马邑村。

④干宝《搜神记》:干宝,字令升。东晋新蔡(今河南新蔡)人。有感于生死之事,多采集神话故事和民间传说,撰《搜神记》,为我国志怪小说的代表作。

⑤武州塞:又作武周塞。在今山西左云至大同以西一带。

⑥代:即代郡。马城:赵一清《水经注释》:"《方舆纪要》,马城在大同府东北境,汉县属代郡,东部都尉治此。"

⑦"汉以斯邑封韩王信"几句:事见《汉书·韩王信传》。韩王信,故韩襄王之庶孙。先从刘邦为将,因功封韩王。守荥阳,被楚攻下,

降楚。后逃归刘邦，刘邦复立为韩王。又投降匈奴，使刘邦陷白登之围。复与匈奴骑兵入居参合，被汉将柴武所杀。

【译文】

　　桑乾水自源头往东南流，右边汇合了马邑川水。马邑川水发源于马邑县的西川，俗称磨川。那是因为狄族语言马与磨读音相近，以致造成音讹的缘故。马邑川水往东流经马邑县老城南面。干宝《搜神记》说：过去秦国在武州边境内筑城，防备胡人进犯，城快要筑成时却崩塌了，接连好几次都是这样。后来有一匹马在一处奔跑，兜着圈儿跑了一圈又一圈，父老们很惊奇，就照马跑的路线筑城，城才不再崩塌，于是就把城叫马邑。也有人以为这是代郡的马城。众说纷纭，不知哪一种正确。汉朝将此城分封给韩王信，后来他被匈奴围困，就投降了。王莽时将此城改名为章昭。马邑川水往东流注入桑乾水。

　　桑乾水又东南流，水南有故城，东北临河。又东南，右合漯水，乱流枝水南分。桑乾水又东，左合武州塞水[1]，水出故城，东南流出山，迳日没城南[2]。盖夕阳西颓[3]，戎车所薄之城故也[4]。东有日中城[5]，城东又有早起城[6]，亦曰食时城，在黄瓜阜北曲中[7]。其水又东流，右注桑乾水。

【注释】

①武州塞水：《水经注疏》熊会贞按："今左云县（今山西左云）之南有一水，东南流入桑乾河，与古武周川水南北相望，当即武周塞水，水正出古武周城之南也。"

②日没城：又名黄昏城。即今山西山阴北二十五里永静城。

③颓：落下，坠落。

④戎车：兵车。薄：逼近，迫近。

⑤日中城：即今山西怀仁西南日中城。

⑥早起城：又称鸡鸣城、食时城。在今山西怀仁南三十里。

⑦黄瓜阜：即黄瓜堆。在今山西山阴北四十里永静城（又称黄花城）。

【译文】

桑乾水又往东南流，南岸有老城，东北边临河。又往东南流，右边汇合了漯水，乱流，又向南分出支流。桑乾水又东流，左边汇合了武州塞水。这条水从老城流出，往东南流出山间，流过日没城南。军队车马行近此城时，就已日落西山，城就因此得名。东有日中城，日中城东又有早起城，也叫食时城，在黄瓜阜北面的山弯里。武州塞水又东流，向右注入桑乾水。

桑乾水又东南迳黄瓜阜曲西，又屈迳其堆南。徐广曰[1]：猗卢废嫡子曰利孙于黄瓜堆者也[2]。又东，右合枝津。枝津上承桑乾河，东南流迳桑乾郡北[3]。大魏因水以立[4]，郡受厥称焉。又东北，左合夏屋山水。水南出夏屋山之东溪[5]，西北流迳故城北，所未详也。又西北入桑乾枝水[6]。桑乾枝水又东流，长津委浪，通结两湖。东湖西浦[7]，渊潭相接，水至清深。晨凫夕雁[8]，泛滥其上[9]，黛甲素鳞[10]，潜跃其下。俯仰池潭，意深鱼鸟[11]，所寡惟良木耳。俗谓之南池，池北对汪陶县之故城[12]，故曰南池也。南池水又东北注桑乾水，为漯水，自下并受通称矣。

【注释】

①徐广：字野民。东莞姑幕（今山东诸城北）人。晋、宋间学者。著作有《史记音义》《晋纪》等。

②猗卢：即拓跋猗卢。西晋时鲜卑拓跋部首领。北魏政权建立者的先祖之一。利孙：具体不详。

③桑乾郡：北魏置。治所在桑乾县（今山西山阴东南）。

④大魏：此指北魏，亦称后魏。

⑤夏屋山：又名夏壶山、贾屋山、贾母山。即今山西代县东北五十里草垛山。

⑥桑乾枝水：今称黄水河。发源于山西朔州东南部。东北流，经山阴东南，至应县西北入桑乾河。

⑦浦（pǔ）：这里指湖泊。

⑧晨凫（fú）：早晨的野鸭。夕雁：晚上的大雁。这里为互文，指早晚的野鸭和大雁。

⑨泛滥其上：此指浮游于水上。

⑩黛甲素鳞：此指鱼、鳖等水族。黛，青黑色。素，白色。

⑪意深鱼鸟：指寄深意于鱼鸟，物我交融。

⑫汪陶县：西汉置，属雁门郡。治所在今山西应县西。西晋永嘉后废。

【译文】

　　桑乾水又往东南流经黄瓜阜突出地段的西面，又折向这座土丘的南面。徐广说：猗卢废黜了嫡子利孙，把他贬谪到黄瓜堆。桑乾水又往东流，右边汇合了一条支流。这条支流上游承接桑乾河，往东南流经桑乾郡北边。大魏依水立郡，郡就因水得名。支水又往东北流，左边汇合了夏屋山水。夏屋山水发源于南方夏屋山的东溪，往西北流经老城北面，情况不太清楚。夏屋山水又往西北流，注入桑乾支水。桑乾支水又往东流长流卷着细浪，把两个湖泊联结在一起。东湖与西浦相通，深潭与深潭相接，水质极清，也深极了。每天早晨和黄昏，野鸭和大雁在湖面上游来游去，鱼鳖在水下跳跃。徘徊在湖畔，仰望蓝天，俯瞰碧水，仿佛与鱼鸟交融在一起，所少的只些荫荫绿树而已。此湖俗称南池，因为池北是汪陶县老城，因此叫南池。南池水又往东北流，注入桑乾水。从这里起，下游就叫漯水，并且都可用通称。

　　漯水又东北迳石亭西①。盖皇魏天赐三年之所经建也②。

【注释】

①石亭：在今山西应县北。

②天赐三年：406 年。天赐，北魏道武帝拓跋珪的年号（404—409）。

【译文】

漯水又往东北流经石亭西面。亭是魏天赐三年所建。

　　漯水又东北迳白狼堆南①。魏烈祖道武皇帝于是遇白狼之瑞②，故斯阜纳称焉。阜上有故宫庙，楼榭基雉尚崇③，每至鹰隼之秋，羽猎之日，肆阅清野，为升眺之逸地矣。

【注释】

①白狼堆：在今山西应县西北。

②魏烈祖道武皇帝于是遇白狼之瑞：事见《魏书·穆崇传》：“初，太祖避窟咄之难，遣崇还察人心。崇……宿于大泽，有白狼向崇而号，崇乃觉悟，驰马随狼而走。适去，贼党追者已至，遂得免难。太祖异之，命崇立祀，子孙世奉焉。”道武皇帝，北魏开国皇帝拓跋珪。鲜卑拓跋部。

③榭：建在高台上的木屋。基雉（zhì）：台基和雉堞（dié）。雉，雉堞。古代在城墙上面修筑的矮而短的墙，守城的人可借以掩护自己。

【译文】

　　漯水又往东北流经白狼堆南。魏烈祖道武皇帝在这里遇到白狼，认为是吉兆，所以就称这里为白狼堆。堆上有一座旧宫庙，楼榭的台基和墙垣还相当高，到秋天带了鹰隼去打猎，放眼眺望空旷的原野，这里真是登高望远的胜地。

漯水又东流四十九里，东迳巨魏亭北①，又东，崞川水注之②。水南出崞县故城南③，王莽之崞张也。县南面玄岳④，右背崞山⑤，处二山之中，故以崞张为名矣。其水又西出山，谓之崞口⑥，北流迳繁畤县故城东⑦，王莽之当要也。又北迳巨魏亭东，又北迳剧阳县故城西⑧，王莽之善阳也。按《十三州志》曰⑨：在阴馆县东北一百三里⑩。其水又东注于漯水。

【注释】

①巨魏亭：在今山西应县北。

②崞〈guō〉川水：即今山西浑源西北之浑河。

③崞县：西汉置，属雁门郡。治所在今山西浑源西十五里麻庄。因崞山而得名。东汉末废。西晋初复置，永嘉后入魏，改名崞山县。

④玄岳：即恒山。在今山西浑源东南七里。《水经注疏》杨守敬按："玄岳即今浑源州之北岳，盖古书皆以北岳在上曲阳，郦氏作《注》时，尚无以浑源之山为北岳者，然北方为玄色，是亦有北岳之渐也。"

⑤崞山：在今山西浑源西北二十里。

⑥崞口：在今山西浑源西北。

⑦繁畤（zhì）县：西汉置，属雁门郡。治所在今山西应县东八里东张寨东北。

⑧剧阳县：西汉置，属雁门郡。治所在今山西应县东北二十里。

⑨《十三州志》：应劭有《十三州记》，黄义仲有《十三州记》，阚骃有《十三州志》。《水经注》引用时"志""记"互出，此不知究竟为何家《十三州志》。

⑩阴馆县：西汉景帝后元三年（前141）置，属雁门郡。治所在今山西朔州东南夏关城村，三国魏废。

【译文】

漯水又往东流了四十九里，东经巨魏亭北边，又东流，有崞川水注入。崞川水发源于崞县老城南边，这就是王莽时的崞张。县城南面朝向玄岳山，右边靠着崞山，位于两山之间，因此以崞张为名。崞川水又西流出山——山口叫崞口——往北流经繁畤县老城东，这就是王莽时的当要。又往北流经巨魏亭东面，又往北流经剧阳县老城西面，这就是王莽时的善阳。查考《十三州志》说：剧阳县在阴馆县东北一百零三里。崞川水又往东流注入漯水。

　　漯水又东迳班氏县南①，如浑水注之②。水出凉城旋鸿县西南五十余里③，东流迳故城南，北俗谓之独谷孤城，水亦即名焉。东合旋鸿池水④。水出旋鸿县东山下，水积成池。北引鱼水。水出鱼溪，南流注池。池水吐纳川流，以成巨沼，东西二里，南北四里，北对凉川城之南池⑤。池方五十里，俗名乞伏袁池。虽隔越山阜，鸟道不远，云霞之间，常有⑥……西南流迳旋鸿县南，右合如浑水，是总二水之名矣。

【注释】

①班氏县：秦置，属代郡。治所在今山西大同东南五十五里。东汉末废。

②如浑水：桑乾河支流。即今山西大同东北之御河。

③凉城：即凉城郡。又名梁城郡。北魏置，属恒州。治所在今内蒙古凉城东北岱海北。旋鸿县：北魏置，属凉城郡。治所在今内蒙古丰镇市东北。

④旋鸿池水：在今内蒙古丰镇市东北东、西海子村一带。

⑤凉川城：在今内蒙古凉城东北。南池：亦名乞伏袁池。即今内蒙古察哈尔右翼前旗东北之黄旗海。

⑥常有：武英殿本《水经注》：“案此下有脱文。”

【译文】

　　漯水又往东流经班氏县城南，如浑水注入。如浑水发源于凉城郡旋鸿县西南五十多里，往东流经老城南，北方人俗称独谷孤城，水也以此为名。如浑水往东流与旋鸿池水汇合。旋鸿池水发源于旋鸿县东山下，积水成池。从北边接纳了鱼水。鱼水发源于鱼溪，南流注入池中。池水接纳了溪流，成为很大的池沼，东西宽二里，南北长四里，北面与凉川城的南池相对。南池方圆五十里，俗名乞伏袅池。两池虽然有山相隔，但直线距离也并不远。在云霞之间，常有……水往西南流经旋鸿县南面，在右边与如浑水汇合，两条水都可称为如浑水。

　　如浑水又东南流迳永固县①。县以太和中②，因山堂之目以氏县也③。右会羊水④。水出平城县之西苑外武州塞⑤，北出东转，迳燕昌城南⑥。按《燕书》⑦，建兴十年⑧，慕容垂自河西还⑨，军败于参合⑩，死者六万人。十一年，垂众北至参合，见积骸如山，设祭吊之礼。死者父兄皆号泣，六军哀恸⑪。垂惭愤呕血，因而寝疾焉⑫。舆过平城北四十里⑬，疾笃⑭，筑燕昌城而还。即此城也，北俗谓之老公城。羊水又东注于如浑水，乱流迳方山南⑮。岭上有文明太皇太后陵⑯，陵之东北有高祖陵⑰，二陵之南有永固堂，堂之四周隅雉列榭，阶、栏、槛及扉、户、梁、壁、椽、瓦，悉文石也。檐前四柱，采洛阳之八风谷黑石为之⑱，雕镂隐起，以金银间云矩⑲，有若锦焉。堂之内外，四侧结两石趺⑳，张青石屏风，以文石为缘，并隐起忠孝之容，题刻贞顺之名。庙前镌石为碑兽，碑石至佳。左右列柏，四周迷禽暗日㉑。院外西侧，有思远灵图㉒，图之西有斋堂㉓，南门表二石阙㉔，阙下斩山㉕，累结御路。下望灵泉宫池㉖,皎若圆镜矣。

【注释】

①永固县:北魏太和中置。治所在今山西大同北红寺堡一带。

②太和:北魏高祖孝文帝元宏的年号(477—499)。

③山堂:此指永固堂。属于北魏文成帝文明皇后冯氏的陵墓永固陵
　的一部分。在今山西大同东北镇川堡一带。目:名称。氏县:给
　县命名。

④羊水:当在今山西大同。

⑤平城县:战国秦置,属雁门郡。治所在今山西大同东北八里古城
　村。武州塞:又作武周塞。在今山西左云至大同以西一带。

⑥燕昌城:在今山西大同西北四十五里。

⑦《燕书》:书名。十六国时期前燕尚书范亨撰。二十卷,纪传体。
　记前燕慕容儁时史事。

⑧建兴十年:395年。建兴,十六国时期后燕世祖慕容垂的年号
　(386—396)。

⑨慕容垂:字道明。昌黎棘城(今辽宁义县)人。前燕慕容皝之子。
　后自称燕王,建元曰燕元,史称后燕。河西:泛指黄河以西之地。
　不同历史时期包括的区域不同,北朝时泛指今山西吕梁山以西的
　黄河东西两岸。

⑩参合:即参合县。北魏置,属凉城郡。治所在今内蒙古凉城西南,
　双古城乡东北。

⑪六军:指天子所统领的军队。

⑫寝疾:卧病不起。

⑬轝(yú):同“舆”。车子。

⑭疾笃:病重。笃,厚重,指程度加重。

⑮方山:一名方岭。在今山西大同北。

⑯文明太皇天后：即北魏文成帝拓跋濬皇后。姓冯，名不详。长乐信都（今河北衡水市冀州区）人。孝文帝即位后，尊其为太皇太后。

⑰高祖：北魏孝文帝元宏。原名拓跋宏，因改汉姓为元，故称元宏。献文帝拓跋弘之长子。

⑱八风谷：当在今河南洛阳。

⑲以金银间云矩：这里指用黄金、白银混合来雕饰云彩形状。

⑳石趺（fū）：石制的碑下石座。

㉑迷禽：遍布的飞禽。迷，通"弥"。布满，遍布。

㉒思远灵图：即思远佛寺。在今山西大同北方山上。北魏太和三年（479）建。为北魏皇家寺院。灵图，指佛寺。

㉓斋堂：寺院的殿堂，为僧尼设斋诵经的地方。或指寺院的食堂。

㉔石阙：用石头建筑的阙。多立于官庙陵墓之前，作铭记官爵、功绩或装饰用。

㉕斩山：劈开山岭。

㉖灵泉宫池：池名。北魏开凿，在灵泉宫（今山西大同城北五十里方山脚下）旁。

【译文】

如浑水又往东南流经永固县。永固县是太和年间按照一所山堂的名字来命名的。如浑水在右边汇合了羊水。羊水发源于平城县西苑外的武州塞，北流曰塞，再向东转，流经燕昌城南面。据《燕书》载，建兴十年，慕容垂从河西回来，全军在参合大败，死亡六万人。建兴十一年，慕容垂的部队北上到参合，看到堆积如山的尸骨，于是设礼祭吊。死者的父兄都哀号哭泣，全军十分悲痛。慕容垂惭愧悲愤得口吐鲜血，因此就病倒了。车驾过了平城以北四十里，慕容垂病重，于是筑了燕昌城就回来了。当时筑的就是此城，北方人俗称老公城。羊水又东流，注入如浑水，乱流经过方山南面。岭上有文明太皇太后的陵墓，陵墓东北面有高祖的陵墓，这两座陵墓的南面是永固堂，堂的四周雉堞、台榭排列整齐，台阶、栏杆、门槛以及门窗、梁、壁、椽、瓦等等,全都是用有花纹的石块建成的。檐前的四根柱子,是用洛阳八风谷的黑石制作,柱上雕镂的图案隐约凸起,用金银装饰云纹图案,像锦缎一样灿烂夺目。堂的里外四周,安放了两个石座,张着青石屏风,屏风用有花纹的石块镶边,上面雕着忠臣孝子的图像,题刻着节妇淑女的姓名。庙前有石碑、石兽,用的都是优质石料。左右两侧翠柏成行,周围的鸟群多得把阳光都遮住了。院外西侧有思远佛寺,寺西有斋堂,南门外建有两座石阙,石阙下面劈山修筑了御路。下望是灵泉宫池,池水明亮得像一面圆圆的镜子。

　　如浑水又南至灵泉池①,枝津东南注池。池东西百步,南北二百步。池渚旧名白杨泉,泉上有白杨树,因以名焉,其犹长杨、五柞之流称矣②。南面旧京③,北背方岭④,左右山原,亭观绣峙,方湖反景⑤,若三山之倒水下⑥。如浑水又南迳北宫下,旧宫人作薄所在⑦。

【注释】

①灵泉池:即上文之"灵泉宫池"。

②长杨:即长杨宫。战国秦昭王时筑。在今陕西周至东三十里。宫中有垂杨数亩,因以为名。五柞(zuò):即五柞宫。在今陕西周至东南三十八里。宫中有五柞树,因以为名。

③旧京:即平城(今山西大同东北)。《水经注疏》杨守敬按:"魏太和十七年,自此迁都洛阳,故称旧京。"

④方岭:即上文之"方山"。在今山西大同北。

⑤反景:倒影。景,同"影"。

⑥三山:传说中的蓬莱、方丈、瀛洲等三座神山。

⑦作薄:从事织作染练之官署。《水经注疏》:"此云作薄,与《穀水》

篇《注》薄隶诸徒咸敬之文,皆即薄室之薄,或又讹作簿字者,误也。"

【译文】

如浑水又往西流到灵泉池,分出一条支流,往东南注入池内。灵泉池东西宽一百步,南北长二百步。此池原名白杨泉,泉旁有白杨树,因此得名,正如长杨、五柞二宫都是因树木而得名一样。池塘南朝旧都,北靠方岭,左右是山峦高地,亭阁楼观高耸如画,映入湖中,犹如三神山的倒影一般。如浑水又往南流经北宫下,过去这里原是宫人从事染织的地方。

如浑水又南,分为二水。一水西出南屈,入北苑中①,历诸池沼,又南迳虎圈东,魏太平真君五年②,成之以牢虎也。季秋之月③,圣上亲御圈,上敕虎士效力于其下④,事同奔戎⑤,生制猛兽。即《诗》所谓"袒裼暴虎,献于公所"也⑥。故魏有《捍虎图》也⑦。又迳平城西郭内⑧,魏太常七年所城也⑨。城周西郭外有郊天坛⑩,坛之东侧有郊天碑,建兴四年立⑪。其水又南屈,迳平城县故城南。《史记》曰:高帝先至平城。《史记音义》曰⑫:在雁门⑬。即此县矣。王莽之平顺也。

【注释】

①北苑:《水经注疏》熊会贞按:"北苑在今平城县(今山西大同东北)北。"

②太平真君五年:444年。太平真君,北魏太武帝拓跋焘的年号(440—451)。

③季秋之月:秋季的最后一个月,即农历九月。

④敕(chì):特指皇帝的诏书、命令。虎士:周代官名。属虎贲氏。担任王出行时护卫之职。此指勇士。

⑤事同奔戎：《水经注疏》："朱（谋㙔）《笺》曰：按《穆天子传》云，有虎在乎葭中，七萃之士高奔戎，请生捕虎，必全之。"

⑥袒裼（tǎn xī）暴虎，献于公所：语见《诗经·郑风·太叔于田》。袒裼，脱衣露体，赤膊。暴虎，不持兵器，空手打虎。暴，空手搏击。公所，官府。

⑦《捍虎图》：《水经注疏》："《厄林》曰：《后魏书》曰，王叡字洛诚，晋阳人，姿貌伟丽，文明太后临朝，叡见幸……太和二年，高祖及太后率百僚临虎圈，有逸虎登门阁道，几至御座，侍御惊靡，叡执戟御之，虎乃退……叡薨……又诏褒叡，图其捍虎状于诸殿，高允为赞，京师士女，造新声而弦歌之，名曰《中山王乐》。"

⑧平城：即平城县。战国秦置，属雁门郡。治所在今山西大同东北八里古城村。

⑨太常七年：422年。太常，亦作泰常。北魏明元帝拓跋嗣的年号（416—423）。

⑩郊天：祭祀上天。

⑪建兴四年：当为"延兴四年"，474年。延兴，北魏孝文帝元宏的年号（471—476）。

⑫《史记音义》：书名。晋、宋之间徐广撰。裴骃《史记集解》采入，今存。该书对《史记》随文释义，兼述训解，多有发明。

⑬雁门：即雁门郡。战国赵武灵王置，秦、西汉治所在善无县（今山西右玉西北）。

【译文】

如浑水又南流，分为两条。一条往西分出，转向南方，流进北苑，穿过几个池沼，又往南流经虎圈东面，虎圈是魏太平真君五年为关虎而建的。九月间皇上亲临虎圈之上，命令勇士在下面圈中奋力制伏猛虎，就同勇士高奔戎的事迹相仿。正如《诗经》所描写的：赤膊徒手把猛虎捉住，把它进献于公的住处。因此魏时有《捍虎图》。如浑水又流经平城西侧城内，此城为魏泰常七年所建。西边城郭外有郊天坛，天坛东边有郊天碑，是延兴四年所立。如浑水又往南转弯流经平城县旧城南面。《史记》说：汉高祖先到平城。《史记音义》说：平城县属雁门郡，就指此县。王莽时称为平顺。

    魏天兴二年[①]，迁都于此[②]。太和十六年[③]，破安昌诸殿[④]，造太极殿，东、西堂及朝堂，夹建象魏、乾元、中阳、端门、东西二掖门、云龙、神虎、中华诸门[⑤]，皆饰以观阁[⑥]。东堂东接太和殿[⑦]，殿之东阶下有一碑，太和中立，石是洛阳八风谷之缁石也[⑧]。太和殿之东北，接紫宫寺，南对承贤门，门南即皇信堂[⑨]。堂之四周，图古圣、忠臣、烈士之容，刊题其侧，是辩章郎彭城张僧达、乐安蒋少游笔[⑩]。堂南对白台[⑪]，台甚高广，台基四周列壁，阁道自内而升[⑫]，国之图篆秘籍[⑬]，悉积其下。台西即朱明阁[⑭]，直侍之官，出入所由也。

【注释】

①天兴二年：399 年。天兴，北魏道武帝拓跋珪的年号（398—404）。

②迁都于此：指迁都平城（今山西大同东北）。

③太和十六年：492 年。太和，北魏孝文帝元宏的年号（477—499）。

④安昌诸殿：北魏孝文帝太和元年（477）所建造的宫殿，为内寝殿。

⑤象魏：古代天子、诸侯宫门外的一对高建筑，亦称阙或观。掖（yè）门：宫殿正门两旁的边门。

⑥观（guàn）阁：望楼。观，古代宫门外的双阙。

⑦太和殿：宫殿名。孝文帝太和元年（477）正月，起太和、安昌二殿。七月，太和、安昌二殿成。

⑧缁（zī）石：黑石。

⑨皇信堂：堂名。孝文帝太和七年（483）十月，皇信堂成。十五年（491）正月，开始在皇信堂东室听政。

⑩张僧达：具体不详。蒋少游：乐安博昌（今山东寿光）人。性机巧，颇能画刻。

⑪白台：北魏明元帝拓跋嗣泰常二年（417），作白台于平城城南，高二十丈。

⑫阁道：用木头构架于空中而成的道路。

⑬图箓（lù）：图谶符命之书。

⑭朱明阁：即朱明门。孝文帝太和元年（477）七月，起朱明、思贤门。

【译文】

魏天兴二年，迁都到平城这里。太和十六年，拆掉安昌等几座宫殿，兴建太极殿、东西堂以及朝堂，两边建象魏、乾元、中阳、端门、东西二掖门、云龙、神虎、中华等门，门上都配置了望楼。东堂东边与太和殿相连接，殿东的石阶下有一块石碑，是太和年间所立，以洛阳八风谷的黑石琢成。太和殿东北面和紫宫寺相接，南对承贤门，门南就是皇信堂。皇信堂四周，绘有古代圣人、忠臣、烈士的肖像，旁边有题记，是辩章郎彭城张僧达、乐安蒋少游的手笔。皇信堂南面与白台相对，这座台又高又大，台基四周砌了墙壁，有阁道从里面上升，国家的图册和秘藏典籍，都存放在下面。白台的西面就是朱明阁，是值班的官员出入所经过的地方。

其水夹御路，南流迳蓬台西①。魏神瑞三年②，又建白楼③，楼甚高竦，加观榭于其上，表里饰以石粉，皓曜建素④，赭白绮分⑤，故世谓之白楼也。后置大鼓于其上，晨昏伐以千椎，为城里诸门启闭之候，谓之戒晨鼓也⑥。又南迳皇舅寺西⑦，是太师昌黎王冯晋国所造⑧，有五层浮图⑨，其神图像皆合青石为之，加以金银火齐⑩，众彩之上，炜炜有精光⑪。

又南迳永宁七级浮图西^⑫，其制甚妙，工在寡双。

【注释】

①蓬台：在今山西大同东北。北魏明元帝拓跋嗣神瑞三年（416），毁之建白楼。同年十一月另筑蓬台于北苑。

②神瑞三年：416年。神瑞，北魏明元帝拓跋嗣的年号（414—416）。

③白楼：内外用白石粉粉刷而成，洁白亮丽，故名。

④皓曜（yào）：洁白。

⑤赭（zhě）白：红白。绮（qǐ）分：鲜亮分明。

⑥戒晨鼓：旧时报晨昏的鼓，也用以告知人们城门的开闭。

⑦皇舅寺：在今山西大同东北平城故城东南。

⑧冯晋国：即冯熙，字晋国（一字晋昌）。长乐信都（今河北衡水冀州区）人。北魏高宗文成帝之文明太后兄，笃信佛法，至诸镇辄建浮图精舍。因转运工料不便，每至伤杀人畜，动以百计。

⑨浮图：指佛塔。

⑩火齐：一种宝珠名。

⑪炜炜（wěi）：光彩明亮貌。

⑫永宁七级浮图：即永宁寺。故址在今山西大同。

【译文】

如浑水从御街两侧往南流经蓬台西面。魏神瑞三年又建白楼，这座楼很高，上面还建有观榭，里外都涮着白石粉，在阳光的照耀下，赤白分明，因此世人叫它白楼。后来在楼上放置大鼓，早晚定时击鼓，作为城门和街坊诸门开关的信号，叫戒晨鼓。这条水又往南流经皇舅寺西面，这是太师昌黎王冯晋国所建，寺旁有五层佛塔，塔上佛像都用青石雕成，再用金银宝石装饰，色彩绚丽，闪闪发光。又往南流经永宁七层宝塔西面，宝塔建造得十分精美，工艺天下无双。

　　又南，远出郊郭，弱柳荫街，丝杨被浦，公私引裂^①，用周园溉，长塘曲池，所在布濩^②，故不可得而论也^③。一水南迳白登山西^④。服虔曰^⑤：白登，台名也，去平城七里^⑥。如淳曰^⑦：平城旁之高城若丘陵矣。今平城东十七里有台，即白登台也。台南对冈阜，即白登山也。故《汉书》称上遂至平城^⑧，上白登者也。为匈奴所围处。孙畅之《述画》曰^⑨：汉高祖被围七日^⑩，陈平使能画作美女^⑪，送与冒顿^⑫。阏氏恐冒顿胜汉^⑬，其宠必衰，说冒顿解围于此矣。

【注释】

① 引裂：疏引，引导。

② 布濩（huò）：遍布。

③ 不可得而论：这里指多得不可胜数。

④ 白登山：在今山西大同东北二十里马铺山。

⑤ 服虔：字子慎，初名重，又名祇。河南荥阳（今河南荥阳）人。东汉经学家。

⑥ 去：距离。

⑦ 如淳：三国魏冯翊（今陕西大荔）人。曾任陈郡丞。注《汉书》，多保留在《汉书》颜师古注中。

⑧ 上：此指汉高祖刘邦。

⑨ 孙畅之《述画》：孙畅之，乐安（今山东博兴）人。南北朝时学者。所著《述画》，又称《述画记》《画记》，是一部较早的画品论著。已佚。

⑩ 汉高祖被围七日：韩王信投降匈奴，匈奴得信后，攻占太原，至晋阳城下。汉高祖刘邦亲自带兵去攻打。当时冬天大雪，极其寒冷，十之二三的汉兵手指冻掉。匈奴冒顿发诱兵引汉军深入，将汉高

祖等人围困在平城七日。

⑪陈平：阳武（今河南原阳）人。先后事魏王咎、项羽，降汉王刘邦后屡出奇计。建议刘邦用金钱施反间计除掉了项羽谋士范增，设计劝刘邦逮捕楚王韩信，又献计解白登之围，因功封曲逆侯。

⑫冒顿（mò dú）：西汉初年匈奴单于名，姓挛鞮。秦二世元年（前209）弑父自立，东灭东胡，西逐月氏，北服丁零，南服楼烦、白羊。西汉初期经常侵扰汉朝边地。

⑬阏氏（yān zhī）：汉时匈奴单于、诸王妻的统称。

【译文】

如浑水又往南流出郊外很远，路旁绿柳成荫，渠旁柔枝拂水，官家和私人竞相开渠引水，灌注园林，到处布满了长塘曲池，真是说也说不完。另一条往南流经白登山西面。服虔说：白登是台名，距平城七里。如淳说：白登是平城旁边的高城，高大有如丘陵。现在平城东十七里有台，就是白登台。白登台南面与一座山冈相望，就是白登山。所以《汉书》说，高祖到了平城，登上白登山，这就是他被匈奴围困的地方。孙畅之《述画》说：汉高祖被围七天，陈平派画工画了美女像，送给冒顿的皇后。皇后怕冒顿战胜了汉，自己必然失宠，因此劝说冒顿，解了平城之围。

其水又迳宁先宫东①。献文帝之为太上皇②，所居故宫矣。宫之东次，下有两石柱，是石虎邺城东门石桥柱也③。按柱勒，赵建武中造④，以其石作工妙，徙之于此。余为尚书祠部⑤，与宜都王穆罴同拜北郊⑥，亲所迳见。柱侧悉褛云矩，上作蟠螭⑦，甚有形势，信为工巧，去《子丹碑》则远矣⑧。

【注释】

①宁先宫：当为“宁光宫”之讹。在今山西大同城北白马城村、马站

村一带。

②献文帝之为太上皇：北魏献文帝拓跋弘禅位于太子拓跋宏，群臣上尊号太上皇帝。徙御宁光宫。

③石虎：字季龙。羯族。十六国时期后赵皇帝。石勒从子，是有名的暴君。邺（yè）城：古地名。在今河北临漳。

④建武：后赵皇帝石虎的年号（335—348）。

⑤尚书祠部：官名。三国魏尚书有祠部曹，掌礼制，历代因之。

⑥穆罴（pí）：北魏人。与郦道元同时。袭兄爵为宜都王。

⑦蟠螭（pán chī）：盘绕的螭龙。

⑧《子丹碑》：曹真，字子丹。沛国谯（今安徽亳州）人。曹操族子。历事曹操、曹丕、曹叡三代。忠节佐命，持盈守位，劳谦其德。《水经注疏》杨守敬按：“邺书不载《子丹碑》所在。《（北堂）书钞》二百二引《述征记》云：曹真祠堂在北邙山，刊石既精，书亦甚工。”

【译文】

如浑水又流经宁光宫东面。这是献文帝做了太上皇时居住的故宫。故宫东边，下面有两根石柱，是后赵石虎邺城东门的石桥柱。查考柱上刻的字，这是后赵建武年间所造，因石柱制作精致美妙，才搬移到这里来的。我任职尚书祠部时，与宜都王穆罴在北郊祭拜，曾亲眼看到过。柱侧都雕刻云朵，上有蟠龙，气势磅礴，确实精巧，但与《子丹碑》相比却差得远了。

其水又南迳平城县故城东，司州代尹治①。皇都洛阳，以为恒州②。水左有大道坛庙③，始光二年④，少室道士寇谦之所议建也⑤。兼诸岳庙碑，亦多所署立。其庙阶三成⑥，四周栏槛，上阶之上，以木为圆基，令互相枝梧，以版砌其上，栏陛承阿⑦。上圆制如明堂⑧，而专室四户⑨，室内有神坐，坐右列玉磬⑩。皇舆亲降，受箓灵坛⑪，号曰天师。宣扬道式，暂重当时⑫。云之东北，旧有静轮宫，魏神䴥四年造⑬，抑亦柏梁之沇也⑭。台榭高广，超出云间，欲令上延霄客，下绝嚣浮。太平真君十一年⑮，又毁之。物不停固，白登亦继褫矣⑯。水右有三层浮图，真容鹫架⑰，悉结石也。装制丽质，亦尽美善也。东郭外，太和中阉人宕昌公钳耳庆时⑱，立祇洹舍于东皋⑲，椽瓦梁栋，台壁棍陛⑳，尊容圣像，及床坐轩帐㉑，悉青石也。图制可观，所恨惟列壁合石㉒，疏而不密。

【注释】

①司州：北魏天兴中置。治所在平城县（今山西大同东北）。代：即代郡。北魏太和十七年（493）改万年尹置。治所在平城县。

②恒州：北魏太和十七年（493）改司州置。治所在平城县（今山西大同东北）。北魏本置司州于平城，后迁都洛阳，改洛州为司州，改司州为恒州。

③大道坛庙：又名天师道场。在今山西大同东御河东的曹夫楼一带。

④始光二年：425 年。始光，北魏太武帝拓跋焘的年号（424—428）。

⑤少室：即少室山。在今河南登封西北，为嵩山的西部。寇谦之：字辅真。上谷昌平（今北京昌平区南）人。好仙道，曾入嵩山学道，精专不懈。后托言太上老君授以"天师"之位，清整道教。太武帝拓跋焘雅重之。

⑥三成：三层。成，层。

⑦栏陛：栏杆和陛阶。承阿：承对着屋之弯曲处。阿，屋角。

⑧明堂：古代帝王宣明政教之地。凡朝会、祭祀、赏庆、选士等大典都在此举行。

⑨户：单扇的门。

⑩玉磬：三制的磬。磬，古代打击乐器。状如曲尺，用玉、石或金属制成。悬挂于架上，击之而鸣。

⑪受箓（lù）：接受上天传授的神秘文书。

⑫暂重：突然显贵。暂，突然。表时间之迅速。

⑬神䴥（jiā）四年：431年。神䴥，北魏太武帝拓跋焘的年号（428—431）。

⑭抑：或者。柏梁：即柏梁台。汉武帝元鼎年间修建。在今陕西西安西北未央乡卢家口村。

⑮太平真君十一年：450年。

⑯褫（chǐ）：毁坏。

⑰真容：指佛像。鹫架：指建有鹫鸟形状的神座。

⑱太和：北魏孝文帝元宏的年号（477—499）。钳耳庆时：指王遇，字庆时，本名他恶。冯翊（píng yì，治今陕西西安高陵区）人。羌族。后改氏钳耳。赐爵宕昌公。

⑲祇洹舍：佛寺，寺院。

⑳棂（líng）：旧式窗户的窗格。陛：台阶。

㉑轩帐：高车与帷幔。

㉒恨：遗憾。

【译文】

如浑水又往南流经平城县老城东面，这是司州代尹的治所。迁都洛阳后，把司州改为恒州。左岸有大道坛庙，这是始光二年，少室道士寇谦之倡议修建的。还有其他诸岳的庙碑，也都是他所立，并亲笔题字。大道坛庙石阶有三层，四周围以栏槛，上层石阶之上，用木头做成圆形底基，一根根相抵支撑着，上面用木板铺砌，四角栏槛与石阶相连。上呈圆形，格式与明堂相似，小室有四门，室内有神座，神座的右边陈设玉磬。皇帝亲自来到灵坛上接受天书，尊寇谦之为天师。寇谦之宣扬道教，举行仪式，当时很受尊重。坛的东北面，从前有静轮宫，是魏神䴥四年建造的，可与柏梁台媲美。台榭十分高大宽广，高耸云霄，就像要招引天上的神仙，远离尘世的纷扰。到太平真君十一年，又把它拆毁了。事物就是不停地变化着的，白登山上的宫殿接着也废圮了。右岸有三层佛塔，佛像及佛座都由石头雕刻而成。装饰制作极为富丽，也是尽美尽善的。东边城外，太和年间，太监宕昌公钳耳庆时在东郊水滨建造佛寺，佛寺的椽瓦栋梁，台基石壁、栏杆石阶，庄严的神像，以及坐椅门帐等物，全用青石雕成。雕饰的图案相当精美，所遗憾的是四壁石块拼合得很草率，不够紧密。

　　庭中有祇洹碑，碑题大篆①，非佳耳。然京邑帝里，佛法丰盛，神图妙塔，桀跱相望②，法轮东转③，兹为上矣。其水自北苑南出，历京城内，河干两湄④。太和十年⑤，累石结岸。夹塘之上，杂树交荫。郭南结两石桥，横水为梁。又南迳藉田及药圃西、明堂东⑥。明堂上圆下方，四周十二堂九室⑦，而不为重隅也⑧。室外柱内，绮井之下⑨，施机轮，饰缥碧⑩，仰象天状，画北道之宿焉，盖天也⑪。每月随斗所建之辰，转应天道，此之异古也。加灵台于其上⑫，下则引水为辟雍⑬。水侧结石为塘，事准古制，是太和中之所经建也。

【注释】

①大篆（zhuàn）：字体名。亦称籀文或籀书。秦朝创制小篆以后把它叫大篆。笔画较繁复，与当时通行的而字体经过"省改"的小篆相区别。

②桀跱（jié zhì）：高耸，耸立。

③法轮：佛教比喻佛的语言。谓佛说法，圆通无碍，运转不息，能摧破众生的烦恼。这里指代佛教。东转：指佛教在东方传播。

④干（gān）：岸边。湄（méi）：岸边，水草相接之处。

⑤太和十年：486年。

⑥藉（jiè）田：古代天子、诸侯借用民力耕种的田地。药圃：种植草药的苗圃。

⑦堂：古人房屋内部，前面叫堂，堂后以墙隔开。后部中央叫室，室的东西两侧叫房。

⑧重隅：角屋。

⑨绮（qǐ）井：亦称藻井。指饰以彩色图案的天花板。形状似井口的围栏，故称。

⑩缥（piǎo）碧：浅青色的碧玉。

⑪盖天：似有脱文。

⑫灵台：古时帝王观察天文星象、妖祥灾异的建筑。

⑬辟雍（bì yōng）：本为西周天子所设大学，校址圆形，围以水池，前门外有便桥。东汉以后，历代皆有辟雍，多为行乡饮、大射或祭祀之礼的地方。

【译文】

庭院中有祇洹碑，碑题用大篆书写，写得也不好。但京城帝都，佛法盛行，壮丽的宝塔，笋峙相望，佛法东传，这样的建筑也是上流的了。如浑水从北苑南流而出，从京城内穿过。太和十年，两岸水滨都砌了石块。两边堤塘上的杂树，枝叶交错。城南筑了两座石桥，横跨在河上。水又往南从御田和药圃西面、明堂东面流过。明堂上圆下方，四周有十二堂九室，不再在四角建造角屋。室外柱内的天花板下，装有旋转的机轮，装饰成淡青色，仰望就像天空一样，上面画着北道的星座，以象征天空。每月随着北斗星斗柄所指的位置而旋转，与天象相对应，这与古制不同。明堂上面高筑灵台，下面引水建成天子所设的大学——辟雍。水边用石块砌成堤塘，这些都是太和时期所建，是以古代的规制为依据的。

如浑水又南与武州川水会①。水出县西南山下，二源翼导②，俱发一山，东北流，合成一川，北流迳武州县故城西③，王莽之桓州也。又东北，右合黄水。水西出黄阜下，东北流，圣山之水注焉④。水出西山，东流注于黄水。黄水又东注武州川。

【注释】

①武州川水：又作武周川水。即今山西左云北之十里河，东流至大同南入御河。

②翼导：像鸟的两翼一样左右发源。

③武州县：西汉置，属雁门郡。治所在今山西左云东北五里古城村北。东汉移治今山西偏关县东北八十四里贾堡村。东汉末废。

④圣山之水：《水经注疏》熊会贞按："此水当在今左云县（今山西左云）之东北。"

【译文】

如浑水又南流，与武州川水汇合。武州川水发源于武州县西南的山下，两个源头从玛边流来，都是出于一山，流向东北，汇合成一条河，往北流经武州县老城西，就是王莽时的桓州。又往东北流，右边汇合黄水。黄水发源于西面的黄阜山下，往东北流，有圣山之水注入。圣山之水发源于西山，东流注入黄水。黄水又往东流，注入武州川水。

又东历牧亭北①，右合火山西溪水②。水导源火山，西北流，山上有火井，南北六七十步，广减尺许③，源深不见底，炎势上升，常若微雷发响，以草爨之④，则烟腾火发。东方朔《神异传》云⑤：南方有火山焉，长四十里，广四五里，其中皆生不烬之木，昼夜火燃，得雨猛风不灭。火中有鼠，重百斤，毛长二尺余，细如丝，色白。时时出外，以水逐而沃之则死。取其毛绩以为布⑥，谓之火浣布。是山亦其类也，但卉物则不能然⑦。其山以火从地中出，故亦名荧台矣。火井东五六尺，又东有汤井，广轮与火井相状，热势又同，以草内之⑧，则不燃，皆沾濡露结⑨，故俗以汤井为目。井东有火井祠，以时祀祭焉。

【注释】

①故亭：即故城，此处承接上文可知，似为武周县故城。在今山西左云东北五里古城村北。

②火山：在今山西大同西五里。

③减：不足，约略。

④爨（cuàn）：焚烧。

⑤东方朔《神异传》：东方朔，字曼倩。西汉平原厌次（今山东德州陵城区）人。善诙谐滑稽。其《神异传》，又名《神异经》，实为后人伪托之作。

⑥绩：本指缉麻。后泛指纺织。

⑦然：同"燃"。燃烧。

⑧内：同"纳"。放进，放入。

⑨沾濡（rú）：沾湿。濡，浸渍，沾湿。

【译文】

武州川水又往东流经故亭北面，在右边与火山西溪水汇合。西溪水发源于火山，往西北流，山上有火井，南北长六七十步，宽度在小一尺左右，源头深不见底，热气腾腾，经常发出隐隐的轻雷声，将草放进去烧，即刻就会冒烟起火。东方朔《神异传》说：南方有火山，长四十里，宽四五里，山中长遍不会烧成灰的树木，昼夜燃烧不息，即使刮大风下大雨，也不熄灭。火中有一种鼠，重百斤，毛呈白色，长二尺余，如丝一般细。这种鼠经常出外，如果追上去用水浇它，即刻就会死掉。用鼠毛织成布，叫火浣布。这座山也是这一类吧，但草木却不会燃烧。这座山因为火从地中喷出，因此又名荧台，火井以东五六尺有汤井，大小与火井相似，热势也相同，将草放进去，却不会燃烧，只是全都湿漉漉的沾满了露珠，因此民间取名为汤井。井东有火井祠，每年要按时到那里去祭祀。

　　井北百会步有东西谷，广十许步。南崖下有风穴，厥大容人，其深不测，而穴中肃肃，常有微风，虽三伏盛暑，犹须袭裘①，寒吹凌人，不可暂停。而其山出雏乌，形类雅乌②，纯黑而姣好，音与之同，缋采绀发③，觜若丹砂④。性驯良而易附，卝童幼子⑤，捕而执之。赤觜乌亦曰阿雏乌。按《小尔雅》⑥，纯黑反哺⑦，谓之慈乌⑧；小而腹下白，不反哺者谓之雅乌；白脰而群飞者⑨，谓之燕乌⑩；大而白脰者，谓之苍乌⑪。《尔雅》曰⑫：鸒斯⑬，卑居也。孙炎曰⑭：卑居，楚乌。犍为舍人以为壁居⑮。《说文》谓之雅。雅，楚乌。《庄子》曰：雅，贾矣⑯。马融亦曰：贾，乌也。又按《瑞应图》⑰，有三足乌、赤乌、白乌之名⑱，而无记于此乌。故书其异耳。自恒山已北，并有此矣。其水又东北流注武州川水。

【注释】

①袭裘：穿上皮衣。袭，加穿衣服。

②雅乌：鸟名。乌鸦的一种。相传此鸟不能反哺其母。

③缋（huì）采：彩色的花纹。绀（gàn）发：绀青的毛色。

④觜（zuǐ）：同"嘴"。丹砂：即朱砂，亦叫辰砂。无机化合物，红色或棕红色，无毒。是炼汞的主要矿物，也用作颜料，可入药。

⑤卝（guàn）童：幼童。卝，古时儿童束发成两角的样子。

⑥《小尔雅》：书名。《汉书·艺文志》著录《小尔雅》一卷，无撰者姓名。现在看到的十三章《小尔雅》是从《孔丛子》中抄录出来的，

应该是曹魏时期所作。

⑦反哺（bǔ）：传说雏乌长大后，衔食喂母乌。比喻子女长大奉养父母。

⑧慈乌：鸟名。乌鸦的一种。相传此鸟能反哺其母，故称。

⑨白脰（dòu）：白色的脖颈。脰，脖子，颈。

⑩燕乌：鸟名。即白颈鸦。

⑪苍乌：鸟名。体大颈白的乌鸦。传说中的瑞鸟。

⑫《尔雅》：书名。撰者不详。成书于西汉初年。是我国现存最早的一部解释词义的词典。全书按词条义类分篇，共有《释诂》《释言》《释训》《释鸟》《释兽》等十九篇（今本）。

⑬鸒（yù）斯：鸟名。乌鸦的一种。体形较小，腹下白，喜群飞齐鸣。又名鸦乌、鹎鶋、卑居。

⑭孙炎：字叔然。三国魏乐安（今山东博兴）人。受学郑玄之门，时称东州大儒。作《春秋例》《尔雅音义》等，均已佚。

⑮犍为（qián wéi）舍人：最早给《尔雅》作注释者。唐陆德明《经典释文叙录》称其汉武帝时曾任犍为文学卒史，后内迁舍人，故又称犍为文学。其他不详。壁居：即卑居。

⑯雅，贾矣：《水经注疏》杨守敬按："今《庄子》无'雅贾'之文，亦不似庄子语，疑是《齐物论》鸲鸦者鼠下，司马彪注说。"

⑰《瑞应图》：书名。《隋书·经籍志》："《瑞图赞》二卷。梁有孙柔之《瑞应图记》《孙氏瑞应图赞》各三卷，亡。"

⑱三足乌、赤乌、白乌：俱为鸟名。传说中的瑞鸟。

【译文】

汤井以北一百多步，有东西谷，宽十几步。南面的悬崖下，有一个风洞，洞口的大小仅容一人进出，深不可测，洞中常有瑟瑟的微风，即使在三伏盛暑，也要穿上皮袄，寒气逼人，片刻也不能停留。山上有小鸦，形状很像乌鸦，叫声也与乌鸦相同，绀青的毛色，闪闪有光，嘴红如丹砂，非常可爱。这种小鸟生性驯良，人很容易接近，常被小孩捉住。这种小鸦叫红嘴乌，又叫阿雏乌。查考《小尔雅》，毛色纯黑能够反哺的，叫慈乌；体小、腹下白色、不会反哺的，叫雅乌；白颈而群飞的，叫燕乌；大而白颈的，叫苍乌。《尔雅》说：鸒斯，就是鸟居。孙炎说：鸟居，是楚国境内的乌鸦。犍为舍人则把它叫壁居。《说文解字》叫雅。雅是楚国的乌鸦。《庄子》说：雅就是贾。马融也说：贾，就是乌鸦。又据《瑞应图》，有三足乌、赤乌、白乌等名，却没有记载这种乌鸦。因此我特地记下这种特别的乌鸦。在恒山以北一带，才有这种乌鸦。西溪水又往东北流，注入武州川水。

武州川水又东南流，水侧有石祇洹舍并诸窟室①，比丘尼所居也②。其水又东转迳灵岩南③。凿石开山，因岩结构，真容巨壮，世法所希。山堂水殿，烟寺相望。林渊锦镜，缀目新眺。川水又东南流出山。《魏土地记》曰④：平城西三十里武州塞口者也⑤。自山口枝渠东出入苑，溉诸园池苑。有洛阳殿⑥，殿北有宫馆。一水自枝渠南流东南出，火山水注之。水发火山东溪，东北流出山，山有石炭⑦，火之热同樵炭也⑧。又东注武州川。迳平城县南，东流注如浑水。

【注释】

①石祇洹舍：《水经注疏》熊会贞按："《山西通志》，石窟十寺，在大同府治（今山西大同）西三十里。元魏建，始神瑞，终正光，历百年而工始完。其寺：一、同升，二、灵光，三、镇国，四、护国，五、崇福，六、童子，七、能仁，八、华严，九、天宫，十、兜率。内有元载所修十二龛。"

②比丘尼：指已受具足戒的女性，俗称尼姑。

③灵岩：在今山西大同西三十二里云冈镇。北魏建石窟寺于此。

④《魏土地记》：书名。具体不详。

⑤武州塞：又作武周塞。在今山西左云至大同以西一带。秦筑以备
　　匈奴。以在武州置障塞，故名。

⑥洛阳殿：又作乐阳殿。在北魏平城西苑内，今山西大同西北下皇
　　庄一带。

⑦石炭：即煤炭。

⑧樵炭：即木炭，用木柴烧制的炭。

【译文】

武州川水又往东南流，水边有石砌的精舍和几个石窟，是尼姑居住的地方。武州川水又向东转弯，流经灵岩南面。那里开山凿石，依着岩壁建造石室，凿成的佛像庄严高大，为世间所少见。又依山临水建起一座座殿堂，和寺院相望。林中的水潭，明净如镜，满眼是一片清新的景象。武州川水又往东南流出山间。《魏土地记》说：平城以西三十里，有武州塞口。川水从山口分支往东流入林苑，注入园内的水池中。苑内有洛阳殿，殿北有宫馆。有一条水从支渠南流，往东南流出，火山水注入。火山水发源于火山东溪，往东北流出山间，山上有石炭，烧着后和木炭一样热。火山水又东流，注入武州川。川水流经平城县南面，东流注入如浑水。

又南流迳班氏县故城东①，王莽之班副也。阚骃《十三州志》曰②：班氏县在郡西南百里，北俗谓之去留城也。如浑水又东南流注于㶟水。

【注释】

①班氏县：秦置，属代郡。治所在今山西大同东南五十五里。

②阚骃《十三州志》：阚骃，字玄阴。北魏敦煌（今甘肃敦煌）人。所
　　撰《十三州志》为地理类著作。

【译文】

　　如浑水又往南流经班氏县老城东面，就是王莽时的班副。阚骃《十三州志》说：班氏县在郡治西南一百里，北方人俗称去留城。如浑水又往东南流，注入漯水。

　　漯水又东迳平邑县故城南①。赵献侯十三年②，城平邑。《地理志》③：属代，王莽所谓平胡也。《十三州志》曰：城在高柳南百八十里④，北俗谓之丑寅城⑤。

【注释】

　　①平邑县：战国赵置。后入秦，属代郡。治所在今山西大同东。东汉废。

　　②赵献侯一三年：前411年。赵献侯，战国时赵国的国君赵毂子。名浣。

　　③《地理志》：即《汉书·地理志》。概述先秦至汉地理沿革、西汉行政区划、山川名胜、户口物产及中外交通等。

　　④高柳：战国赵邑。即今山西阳高。

　　⑤丑寅城：北方当地称平邑城。在今山西大同东。

【译文】

　　漯水又往东流经平邑县老城南面。赵献侯十三年在平邑筑城。《地理志》以为平邑属代郡，王莽时称为平胡。《十三州志》说：县城在高柳以南一百八十里，北方人俗称丑寅城。

　　漯水又东迳沙陵南①。魏金田之地也，事同曹武邺中定矣②。

【注释】

①沙陵:在今山西阳高南。

②曹武:即曹操。邺中定:陈桥驿按,武英殿本《水经注》:"案此语
　有脱误,裴松之注《三国志》引《魏略》云:河北始开,以王脩为司
　佚金中郎将,《续汉书·百官志》本注云:曹公始置司金中郎将,
　利权悉归于上矣。"赵一清《水经注释》认为:"金田即银矿,《禹
　贡》扬州贡金三品,叔治黄白异议,盖舍铜而专言金银也。"邺中,
　即邺城。在今河北临漳西南邺镇。

【译文】

漯水又往东流经沙陵南面。沙陵是魏时的银矿,同曹操在邺都所
定……

漯水又东迳狋氏县故城北①,王莽更名之曰狋聚也。
《十三州志》曰:县在高柳南百三十里,俗谓之苦力干城矣。

【注释】

①狋(quán)氏县:西汉置,属代郡。治所在今山西阳高东南百里。

【译文】

漯水又往东流经狋氏县老城北面,王莽时更名狋聚。《十三州志》说:
狋氏县在高柳以南一百三十里,俗称苦力干城。

漯水又东迳道人县故城南①。《地理志》:王莽之道仁
也。《地理风俗记》曰②:初筑此城,有仙人游其地,故因以
为城名矣。今城北有渊,潭而不流③,故俗谓之为平湖也。
《十三州志》曰:道人城在高柳东北八十里,所未详也。

【注释】

①道人县：西汉置，属代郡。治所在今山西阳高东南六十里古城镇。

②《地理风俗记》：书名。东汉应劭撰。风俗志类著作。今仅存辑本。

③潭：深。

【译文】

漯水又往东流经道人县老城南面。《地理志》说：道人就是王莽时的道仁。《地理风俗记》说：开始筑城时，有仙人来这里嬉游，城就因此得名。现在城北有个深潭，潭水渊深而不流，因此俗称平湖。《十三州志》说：道人城在高柳东北八十里，不知是否如此。

漯水又东迳阳原县故城南①。《地理志》：代郡之属县也。北俗谓之比郍州城。

【注释】

①阳原县：西汉置，属代郡。治所在今河北阳原西南桑乾河北。

【译文】

漯水又往东流经阳原县老城南面。《地理志》说：阳原县是代郡的属县。北方人俗称比郍州城。

漯水又东，安阳水注之①。水出县东北潭中，北俗谓之太拔回水，自潭东南流注于漯水。又东迳东安阳县故城北②。赵惠文王三年③，主父封长子章为代安阳君④，此即章封邑。王莽之竟安也。《地理风俗记》曰：五原有西安阳⑤。故此加东也。

【注释】

①安阳水：《水经注疏》熊会贞按："据《注》文，阳泉县在此水之西，

则水在县东,如水以县得名,则当作阳原水为合,审矣。"译文从之。阳原水,当在今河北阳原一带。

②东安阳县:西汉置,属代郡。治所在今河北阳原东南。

③赵惠文王三年:前296年。赵惠文王,名何。战国时赵国国君。赵武灵王之子。

④主父:即赵武灵王,名雍。赵肃侯之子。是赵国第一个称王的国君。长子章:即赵武灵王之长子,名章。强壮而志骄。

⑤五原:即五原郡。西汉元朔二年(前127)改九原郡置。治所在九原县(今内蒙古乌拉特前旗东南)。西安阳:即西安阳县。西汉置,属五原郡。治所在今内蒙古乌拉特前旗东南公庙沟口汉代城堡。

【译文】

瀺水又往东流,阳原水注入。阳原水发源于阳原县东北的一个水潭,北方人俗称太拔回水,水从潭中往东南流,注入瀺水。瀺水又往东流经东安阳县老城北面。赵惠文王三年,主父武灵王封长子章为代郡安阳君,东安阳就是章的封邑,王莽时叫竟安。《地理风俗记》说:五原郡有西安阳。因此,这里加东字叫东安阳。

瀺水又东迳昌平县①,温水注之②。水出南坟下③,三源俱导,合而南流,东北注瀺水。

【注释】

①昌平县:北魏置,属昌平郡。治所在今河北阳原东南。

②温水:具体不详。

③南坟:具体不详。

【译文】

瀺水又往东流经昌平县,温水注入。温水发源于南坟下,三个源头齐发,汇合南流,往东北注入瀺水。

　　㶟水又东迳昌平县故城北，王莽之长昌也。昔牵招为魏鲜卑校尉[1]，屯此[2]。

【注释】

①牵招：字子经。安平观津（今河北武邑东南）人。三国魏文帝时曾任护鲜卑校尉。有治边之才。鲜卑校尉：实为"护鲜卑校尉"，掌管鲜卑事务的军职官名。

②屯：戍守，驻扎。

【译文】

　　㶟水又往东流经昌平县老城北面，就是王莽时的长昌。从前牵招任魏护鲜卑校尉时，就屯驻在这里。

　　㶟水又东北迳桑乾县故城西[1]，又屈迳其城北。王莽更名之曰安德也。《魏土地记》曰：代城北九十里有桑乾城，城西渡桑乾水，去城十里，有温汤[2]，疗疾有验[3]。《经》言出南，非也，盖误证矣。魏任城王彰以建安二十三年伐乌丸[4]，入涿郡[5]，逐北遂至桑乾，正于此也。

【注释】

①桑乾县：西汉置，属代郡。治所在今河北蔚县东北。三国魏废。

②温汤：温泉。

③验：效果，效验。

④魏任城王彰：即曹操之子曹彰，字子文。沛国谯（今安徽亳州）人。少善射御，膂力过人，手格猛兽，数从征伐，不好读书。封鄢陵侯。曾统兵征讨代郡乌丸，获胜。曹操大喜，持彰须曰："黄须儿竟大奇也！"文帝时，立为任城王。建安二十三年：218年。建安，东

汉献帝刘协的年号（196—220）。乌丸：亦作"乌桓"。古时北方
少数民族名。原是东胡族的一支，西汉初被匈奴击败，迁移到乌
桓山，因以为名。汉建安十二年（207）曹操破乌桓，徙万余落至
中原，其势遂衰。

⑤涿郡：西汉高帝置。治所在涿县（今河北涿州）。

【译文】

　　漯水又往东北流，经桑乾县老城西面，又转弯流过城北。王莽时改
名为安德。《魏土地记》说：代城以北九十里，有桑乾城，从城西渡过桑乾
水，离城十里有温泉，治病很有功效。《水经》说漯水流过桑乾县南，不对，
这里弄错了。魏任城王曹彰在建安二十三年讨伐乌丸，进入涿郡，向北
追击到桑乾，就是这个地方。

　　漯水又东流，祁夷水注之①。水出平舒县②，东迳平舒
县之故城南泽中。《史记》：赵孝成王十九年③，以汾门予燕
易平舒④。徐广曰：平舒在代⑤。王莽更名之曰平葆。后汉
世祖建武七年⑥，封扬武将军马成为侯国⑦。其水控引众泉，
以成一川。《魏土地记》曰：代城西九十里有平舒城，西南五
里，代水所出，东北流。言代水非也。祁夷水又东北迳兰亭
南，又东北迳石门关北⑧，旧道出中山故关也⑨。又东北流，
水侧有故池。按《魏土地记》曰：代城西南三十里有代王鱼
池⑩，池西北有代王台，东去代城四十里。

【注释】

①祁夷水：即今山西广·灵南之壶流河。

②平舒县：西汉置，属代郡。治所在今山西广灵西十里作疃乡平城
南堡村。

③赵孝成王十九年：前 247 年。赵孝成王，名丹。战国时赵国国君。
　赵惠文王之子。

④汾门：亦称梁门。战国赵地。在今河北保定徐水区西易水之北。按，
　以上事见《史记·赵世家》。

⑤代：即代郡。战国赵武灵王置。秦、西汉治所在代县（今河北蔚县
　西南）。

⑥建武七年：31 年。建武，东汉光武帝刘秀的年号（25—56）。

⑦马成：字君迁。南阳棘阳（今河南南阳南）人。东汉初刘秀即位，
　为护军都尉、扬武将军。后封平舒侯。

⑧石门关：当在今河北蔚县西南。

⑨中山故关：当在今河北蔚县西南。

⑩代王鱼泡：当在今河北蔚县西南。

【译文】

漯水又东流，有祁夷水注入。祁夷水发源于平舒县，往东流经平舒县老城南面的沼泽中。《史记》载：赵孝成王十九年，以汾门来交换燕国的平舒。徐广说：平舒县在代郡。王莽改名为平葆。东汉世祖建武七年，把这地方封给扬武将军马成，立为侯国。祁夷水接纳了许多泉水，汇合成一条水。《魏土地记》说：代城以西九十里有平舒城，西南五里是代水的发源地，往东北流。其实这就是祁夷水，说它代水是不对的。祁夷水又往东北流经兰亭南面，又往东北流经石门关北面，水的故道是从中山老关通过的。祁夷水又往东北流，水边有旧池。查考《魏土地记》说：代城西南三十里有代王鱼池，池的西北面有代王台，东距代城四十里。

祁夷水又东北得飞狐谷①，即广野君所谓杜飞狐之口也②。苏林据郦公之说③，言在上党④，即实非也。如淳言在代⑤，是矣。晋建兴中⑥，刘琨自代出飞狐口⑦，奔于安次⑧，即于此道也。《魏土地记》曰：代城南四十里有飞狐关，关水

西北流迳南舍亭西^⑨，又迳句琐亭西，西北注祁夷水。

【注释】

①飞狐谷：在今河北蔚县东南恒山峡谷。

②广野君：即郦食其（yì jī）。陈留高阳（今河南杞县西）人。汉初谋臣。好读书，家贫落魄，无以为衣食业，为里监门吏。后投刘邦。因游说刘邦袭击陈留，而得秦朝粮粟，于是刘邦封其为广野君。杜飞狐之口：《史记·郦生陆贾列传》："愿足下急复进兵，收取荥阳，据敖仓之粟，塞成皋之险，杜大行之道，距蜚狐之口，守白马之津。"杜，堵塞，封闭。飞狐之口，即飞狐口、蜚狐口。在今河北蔚县东南恒山峡谷口之北口。为古代河北平原通向北方边陲地区的咽喉。

③苏林：字孝友。汉、魏间陈留外黄（今河南民权西北）人。与邯郸淳等为当时儒宗。郦公：即上文的广野君郦食其。

④上党：山西东南部古地名，主要指今天的长治。《释名·释州国》："党，所也，在山上其所最高，故曰上党也。"

⑤如淳：三国魏冯翊（今陕西大荔）人。曾任陈郡丞。注《汉书》，多保留在《汉书》颜师古注中。代：即代县。战国赵置，后属秦，为代郡治。治所在今河北蔚县东北代王城。西晋永嘉后废。

⑥建兴：西晋愍帝司马邺的年号（313—317）。

⑦刘琨：字越石。中山魏昌（今河北定州南）人。晋惠帝时，以功封广武侯。晋愍帝时拜都督并州诸军事。忠于晋室，素有重望。

⑧奔：出奔，出逃。安次：即安次县。西汉置，属勃海郡。治所在今河北廊坊西北古县村。

⑨关水：即飞狐关水。《水经注疏》杨守敬按："关水在今蔚州（河北蔚县）西南，已湮。"

【译文】

祁夷水又往东北流，汇合了飞狐谷水，广野君说堵住飞狐口，指的就是这里。苏林根据郦食其的说法,以为飞狐谷在上党,其实不对。如淳说飞狐谷在代县,这才是正确的。晋建兴年间,刘琨从代城经飞狐口,出奔安次,走的就是这条路线。《魏土地记》说:代城以南四十里有飞狐关,关水往西北流经南舍亭西面,又流经句琐亭西面,往西北注入祁夷水。

祁夷水又东北流迳代城西。卢植言[①]:初筑此城,板幹一夜自移于此[②],故代西南五十里大泽中营城自护,结苇为九门,于是就以为治[③]。城圆匝而不方[④],周四十七里,开九门,更名其故城曰东城。赵灭代[⑤]。汉封孝文为代王[⑥]。梅福上事曰[⑦]:代谷者,恒山在其南,北塞在其北[⑧],谷中之地,上谷在东[⑨],代郡在西。是其地也。王莽更之曰厌狄亭。《魏土地记》曰:城内有二泉,一泉流出城西门,一泉流出城北门,二泉皆北注代水[⑩]。

【注释】

①卢植:字子干。涿郡涿县(今河北涿州)人。东汉经学家。少与郑玄同事马融为师,学贵博通而不喜章句。撰《尚书章句》《三礼解诂》等。

②板幹:古代筑城或筑墙的用具。板,筑墙的夹板。幹,同"榦",夹板两旁支撑的木柱。

③治:城池,治所。

④圆匝(zā):圆形环绕。匝,绕,环绕。

⑤赵灭代:朱谋㙔按,武英殿本《水经注》:"案此下有脱文。"赵一清《水经注释》亦作此说。全祖望《五校》《七校水经注》删"赵灭代。汉封孝文为代王"十字,以为是衍文,又于后"旧代郡治"下增"赵灭代"三字。《水经注疏》杨守敬按:"不当删此增彼,赵灭代,详《史记·赵世家》。"

⑥孝文：即汉文帝刘恒。

⑦梅福：字子真。九江寿春（今安徽寿县）人。西汉成帝时任南昌县
　　尉，后避世隐居。

⑧北塞：《水经注疏》杨守敬按："《史记·蒙恬传》，筑长城，因地形
　　用制险塞，起临洮，至辽东。此北塞盖谓长城也。"

⑨上谷：即上谷郡。战国燕置。秦治所在沮阳县（今河北怀来东南
　　官厅水库南岸之大古城）。

⑩代水：当在今河北蔚县。

【译文】

祁夷水又往东北流经代城西面。卢植说：当初筑代城时，筑城的夹
板和横木一夜之间竟自动移到旧代城西南五十里的大泽中，形成城墙自
卫，并以芦苇结成九座城门，于是就在这里营建治所。新城呈圆形，不像
一般的城那样方正，绕城一周四十七里，开了九座城门，将老城改名为东
城。赵国灭了代国。汉时封孝文帝为代王。梅福在启奏皇帝议事时说：
代谷这地方，南有恒山，北有长城，可说是谷中之地，东是上谷，西是代
郡。说的就是这地方。王莽时改名为厌狄亭。《魏土地记》说：城内有两
道泉水，一道流出西门，一道流出北门，两道泉水都往北注入代水。

祁夷水又东北，热水注之①。水出绫罗泽②，泽际有热
水亭。其水东北流，注祁夷水。祁夷水又东北，谷水注之③，
水出昌平县故城南④，又东北入祁夷水。祁夷水右会逆水⑤。
水导源将城东⑥，西北流迳将城北。在代城东北十五里，疑
即东代矣⑦，而尚传将城之名。卢植曰：此城方就而板幹自
移⑧。应劭曰⑨：城徙西南，去故代五十里，故名代曰东城⑩。
或传书倒错，情用疑焉，而无以辨之。逆水又西，注于祁夷
之水。逆之为名，以西流故也。祁夷水东北迳青牛渊⑪，水

自渊东注之。耆彦云[12]：有潜龙出于兹浦，形类青牛焉[13]，故渊潭受名矣。潭深不测，而水周多莲藕生焉。祁夷水又北迳一故城西，西去代城五十里，又疑是代之东城，而非所详也。又迳昌平郡东[14]，魏太和中置[15]，西南去故城六十里。

【注释】

① 热水：在今河北蔚县西。

② 绫罗泽：《水经注疏》："今名暖泉，在蔚州（今河北蔚县）西三十里绫罗里，三水夏凉冬暖。"

③ 谷水：当在今河北阳原境内。

④ 昌平县：北魏置，属昌平郡。治所在今河北阳原东南。

⑤ 逆水：当在今河北蔚县一带。

⑥ 将城：当在今河北蔚县一带。

⑦ 东代：即汉时的代县。治所在今河北蔚县东北代王城。《水经注疏》："赵（一清）云：盖太和迁洛以后，以平城为代郡，故以汉代郡之代县为东代。"

⑧ 卢植曰：此城方就而板幹自移：《水经注疏》："此下各本有'卢植曰：此城方就而板幹自移'十二字，系重文，全氏删之，是也。赵（一清）、戴（震）存此十二字，非也。"译文从之。

⑨ 应劭：字仲远，一作仲瑗。汝南南顿（今河南项城）人。东汉末学者。撰有《风俗通义》《汉官仪》《地理风俗记》等。

⑩ 故名代曰东城：《水经注疏》杨守敬按："当作'故名曰东代城'，上文'疑即东代'，谓此也。"译文从之。

⑪ 青牛渊：即今河北蔚县东北五十里莲花池。《水经注疏》熊会贞按："今名莲花池，在蔚州（今河北蔚县）东北六十里，周一百五十步，中栽荷莲，与《注》言水多莲藕相应。"

⑫ 耆彦：德高望重的老者。

⑬青牛：黑牛。青，黑色。

⑭昌平郡：北魏置，属燕州。治所在今河北阳原东南。

⑮太和：北魏孝文帝元宏的年号（477—499）。

【译文】

祁夷水又往东北流，有热水注入。热水发源于绫罗泽，泽旁有热水亭。热水往东北流，注入祁夷水。祁夷水又往东北流，有谷水注入。谷水发源于昌平县老城南面，又往东北注入祁夷水。祁夷水在右边汇合了逆水。逆水发源于将城东面，往西北流经将城北面。将城在代城东北十五里，可能就是东代，但还流传着将城的名称。应劭说：此城移向西南，离老代城五十里，因此称为东代城。这或许是传抄时写颠倒了的缘故，令人怀疑，但却无法辨明。逆水又西流，注入祁夷水。水以逆为名，是因为它西流的缘故。祁夷水往东北流经青牛渊，水从青牛渊的东面注入。老年人说：有一条潜伏在渊中的龙，曾在这里水边出现过，形状类似青牛，水潭就因此得名。潭水深不可测，四周长有许多荷藕。祁夷水又北流，从一座老城西南流过，往西五十里就是代城，这又使人怀疑就是代郡的东城了，但也搞不清楚。祁夷水又流经昌平郡东面，昌平郡在魏太和年间设置，西南离老城六十里。

又北，连水入焉①。水出雊瞀县东②，西北流，迳雊瞀县故城南，又西迳广昌城南③。《魏土地记》曰：代南二百里有广昌城，南通大岭。即实非也。《十三州记》曰：平舒城东九十里有广平城④，疑是城也。寻其名状，忖理为非⑤。又西迳王莽城南⑥，又西，到刺山水注之⑦。水出到刺山西山⑧，甚层峻，未有升其巅者。《魏土地记》曰：代城东五十里有到刺山，山上有佳大黄也⑨。其水北流迳一故亭东，城北有石人，故世谓之石人城⑩。西北注连水。连水又北迳当城县故城西⑪。高祖十二年⑫，周勃定代斩陈豨于当城⑬，即此处也。应劭曰：当桓都山作城⑭，故曰当城也。又迳故代东而西北流注祁夷水。祁夷水西有随山⑮，山上有神庙，谓之女郎祠，方俗所祠也。祁夷水又北迳桑乾故城东⑯，而北流注于漯水。《地理志》曰：祁夷水出平舒县，北至桑乾入漯是也。

【注释】

①连水：当在今河北蔚县。

②雊瞀（gòu mào）县：西汉置，属上谷郡。治所在今河北蔚县东北。

③广昌城：在今河北涞源北。

④平舒城：在今山西广灵西。

⑤忖（cùn）理：忖度实际情理。

⑥王莽城：具体不详。

⑦到剌山水：又名金河。在今河北蔚县东。

⑧到剌西山：又作倒剌山。在今河北蔚县东。

⑨大黄：药草名。也叫川军。多年生草本。根茎可入药。

⑩石人城：当在今河北蔚县一带。

⑪当城县：战国秦置，属代郡。治所在今河北蔚县东北。

⑫高祖十二年：前195年。

⑬周勃定代斩陈豨于当城：事见《汉书·周勃传》："因复击豨灵丘，破之，斩豨丞相程纵、将军陈武、都尉高肆。定代郡九县。"周勃，沛（今江苏沛县）人。从刘邦征伐，屡建功勋，赐爵列侯。陈豨（xī）：宛朐（今山东东明南）人。从刘邦征战。因功封阳夏侯。以相国守代，因门客众多遭疑忌，遂举兵叛汉，自立为代王，后被斩于当城。

⑭桓都山：《水经注疏》熊会贞按："'桓'为'恒'之误，恒山即常山，'都'字衍。此《注》文同，亦衍'都'字，'应劭'当'阚骃'之误。

或应劭本有此说而阚氏本之。《大典》本原无'都'字。"译文从之。

⑮随山：具体不详。

⑯桑乾故城：在今河北蔚县东北。

【译文】

祁夷水又北流，有连水注入。连水发源于雊瞀县东部，往西北流经雊瞀县老城南面，又往西流经广昌城南面。《魏土地记》说：代城以南二百里有广昌城，南通大岭。其实不是这样的。《十三州记》说：平舒城东面九十里有广平城，可能就是此城。但从地名及实地情况来看，又似乎不像。祁夷水又往西流，经王莽城南面，又西流，有到剌山水注入。到剌山水发源于到剌山西面，山势高峻，没有人能攀上山顶。《魏土地记》说：代城东五十里有到剌山，山上生有优质大黄。到剌山水往北流经一个老亭东面，城北有石人，因此俗称石人城。到剌山水往西北流注入连水。连水又往北流经当城县老城西面。汉高祖十二年，周勃平定代国，在当城杀了陈豨，指的就是这里。应劭说：当着恒山筑城，因此叫当城。连水又流经老代城东面，往西北流注入祁夷水。祁夷水西岸有随山，山上有神庙，叫女郎祠，是当地民间所奉的祠庙。祁夷水又往北流经桑乾老城东面，北流注入漯水。《地理志》说：祁夷水发源于平舒县，往北流到桑乾县注入漯水。

漯水又东北迳石山水口①。水出南山，北流迳空侯城东②。《魏土地记》曰：代城东北九十里有空侯城者也。其水又东北流注漯水。

【注释】

①石山水口：当在今河北涿鹿西南。

②空侯城：在今河北涿鹿西南。

【译文】

漯水又往东北流经石山水口。石山水发源于南山，往北流经空侯城东面。《魏土地记》说：代城东北九十里有空侯城。石山水又往东北流，注入漯水。

漯水又东迳潘县故城北①，东合协阳关水②。水出协溪。《魏土地记》曰：下洛城西南九十里有协阳关③，关道西通代郡。其水东北流，历笄头山④。阚骃曰：笄头山在潘城南⑤，即是山也。又北迳潘县故城，左会潘泉故渎⑥，渎旧上承潘泉于潘城中。或云，舜所都也。《魏土地记》曰：下洛城西南四十里有潘城，城西北三里，有历山⑦，山上有虞舜庙。《十三州记》曰：广平城东北百一十里有潘县⑧。《地理志》曰：王莽更名树武。其泉从广十数步，东出城，注协阳关水。雨盛则通注，阳旱则不流⑨，惟洴泉而已⑩。关水又东北流，注于漯水。

【注释】

①潘县：西汉置，属上谷郡。治所在今河北涿鹿西南堡垒镇。

②协阳关水：在今河北涿鹿西南。

③下洛城、协阳关：在今河北涿鹿西南。

④笄（jī）头山：在今河北涿鹿西南。

⑤潘城：即潘县治。在今河北涿鹿西南堡垒镇。

⑥潘泉：在今河北涿鹿西南。

⑦历山：在今河北涿鹿西南桑乾河南岸。

⑧广平城：当在今河北西北部涞源与涿鹿之间。

⑨阳旱：干旱，大旱。阳，干旱。

⑩泘（píng）泉：用以漂洗的水流。泘，漂洗。

【译文】

漯水又往东流经潘县老城北面，东流汇合协阳关水。协阳关水发源于协溪。《魏土地记》说：下洛城西南九十里有协阳关，关道西通代郡。协阳关水往东北流经笄头山。阚骃说：笄头山在潘城南面，指的就是此山。协阳关水又往北流经潘县老城，向左流汇合潘泉旧水道，旧水道从前在潘城内与潘泉相接。有人说，潘城就是舜时的京都。《魏土地记》说：下洛城西南四十里有潘城，潘城西北三里有历山，山上有虞舜庙。《十三州记》说：广平城东北一百一十里有潘县。《地理志》说：王莽时改名为树武。潘泉宽十几步，东流出城，然后注入协阳关水。雨大就流通，旱天就断流，只留一洼可以洗涤的泉水而已。协阳关水又向东北流，注入漯水。

漯水又东迳雍洛城南①。《魏土地记》曰：下洛城西南二十里有雍洛城，桑乾水在城南东流者也。

【注释】

①雍洛城：在今河北涿鹿西南。

【译文】

漯水又往东流经雍洛城南面。《魏土地记》说：下洛城西南二十里，有雍洛城，桑乾水在城南往东流。

漯水又东迳下洛县故城南①，王莽之下忠也，魏燕州广宁县②，广宁郡治③。《魏土地记》曰：去平城五十里，城南二百步有尧庙。

【注释】

①下洛县：西晋改下落县置，属广宁郡。治所在今河北涿鹿。

②燕州：北魏太和中分恒州东部置，治所在广宁郡（今河北涿鹿）。

　广宁县：北魏改下洛县置，为广宁郡治。治所在今河北涿鹿。

③广宁郡：西晋太康中置，属幽州。治所在下洛县（北魏改名广宁县，在今河北涿鹿）。

【译文】

　漯水又往东流经下洛县老城南面，下洛就是王莽时的下忠，也是魏时燕州的广宁县 广宁郡治所就设在这里。《魏土地记》说：离平城五十里，城南二百步有尧庙。

　漯水又东迳高邑亭北①，又东迳三台北，漯水又东迳无乡城北②。《地理风俗记》曰③：燕语呼毛为无。今改宜乡也④。

【注释】

①高邑亭：当在今河北涿鹿南。

②无乡城：当在今河北涿鹿南。

③《地理风俗记》：书名。东汉应劭撰。今仅存辑本。

④宜乡：在今河北涿鹿南。

【译文】

　漯水又往东流经高邑亭北面，又往东流经三台北面，又往东流经无乡城北面。《地理风俗记》说：燕语称毛为无。现在已改为宜乡了。

　漯水又东，温泉水注之①。水上承温泉于桥山下②。《魏土地记》曰：下洛城东南四十里有桥山，山下有温泉，泉上有祭堂。雕檐华宇，被于浦上。石池吐泉，汤汤其下③。炎凉代序，是水灼焉无改，能治百疾，是使赴者若流。池水北流，入于漯水。

【注释】

①温泉水：当在今河北涿鹿东南。

②桥山：在今河北涿鹿东南。

③汤汤（shāng）：水流盛大貌。

【译文】

灅水又东流，有温泉水注入。温泉水上源在桥山下承接温泉。《魏土地记》说：下洛城东南四十里有桥山，山下有温泉，泉上有祭堂。华丽的屋宇，伸出飞檐荫蔽着水滨。石池中的泉水，不停地翻滚。无论炎夏寒冬，泉水温热不变，能治百病，因此，到这里来的人川流不息。池水北流，注入灅水。

灅水又东，左得于延水口①。水出塞外柔玄镇西长川城南小山②。《山海经》曰：梁渠之山，无草木，多金玉，脩水出焉③。东南流迳且如县故城南④。应劭曰：当城西北四十里有且如城⑤，故县也。代称不拘，名号变改，校其城郭，相去远矣。《地理志》曰：中部都尉治⑥。于延水出县北塞外，即脩水也。

【注释】

①于延水口：又名脩水。即今河北西北部之洋河。源出内蒙古兴和西，南流经河北尚义、怀安、张家口万全区、宣化等地，至涿鹿东入桑乾河。

②柔玄镇：北魏北境六镇之一。在今内蒙古兴和西北。长川城：北魏建，约在今内蒙古兴和西北。长川是北魏先世居地之一，位于石漠（今内蒙古兴和西）东北，濡源（今滦河源）之西，北魏前期诸帝常巡幸其地。

③"梁渠之山"几句：语见《山海经·北次二经》。梁渠之山，具体不详。

④且如县：西汉置，属代郡，为中部都尉治。治所在今内蒙古兴和西北土城子。

⑤当城："当城"应为"马城"之讹。《水经注疏》熊会贞按："《注》言㶟水东南迳且如县故城南，又东南迳马城县故城北，则且如在马城之西北，应说当是马城西北四十里有且如城，传抄者误为当城。"译文从之。且如城：且如县治。

⑥中部都尉：官名。都尉为汉时一郡内掌武事备盗贼的最高长官。汉武帝为加强对新辟少数民族的统治，往往分部设置都尉。一部中设二、三部不等，每部都尉前多冠以东、南、西、北、中等方位词。中部都尉即分部设置的都尉之一。

【译文】

漯水又东流，向左流到于延水口。于延水发源于塞外柔玄镇以西、长川城以南的小山。《山海经》说：梁渠之山，山上不长草木，但有许多金玉，脩水发源于这里。脩水往东南流经且如县老城南面。应劭说：马城西北四十有且如城，是个老县城。姑且不去管城的别称和地名的变更，但考察城郭的地理位置，距离却太远了。《地理志》说：这是中部都尉治。于延水发源于该县以北的塞外，就是脩水。

脩水又东南迳马城县故城北①。《地理志》曰：东部都尉治。《十三州志》曰：马城在高柳东二百四十里②。俗谓是水为河头③，河头出戎方④，土俗变名耳。又东迳零丁城南⑤，右合延乡水⑥。水出县西山，东迳延陵县故城北⑦。《地理风俗记》曰：当城西北有延陵乡⑧，故县也。俗指为琦城。又东迳罗亭，又东迳马城南，又东注脩水。又东南于大宁郡北⑨，右注雁门水。《山海经》曰：雁门之水，出于雁门之山⑩。雁出其门，在高柳北，高柳在代中。其山重峦叠巘⑪，霞举云高⑫，连山隐隐，东出辽塞⑬。其水东南流迳高柳县故城北，旧代郡治。秦始皇二十三年虏赵王，迁以国为郡⑭。王莽之所谓厌狄也。建武十九年⑮，世祖封代相堪为侯国⑯。昔牵招斩韩忠于此处⑰。城在平城东南六七十里，于代为西北也。

【注释】

①马城县：西汉置，属代郡，为东部都尉治。治所在今河北怀安西。

②高柳：即高柳县。西汉置，属代郡。治所在今山西阳高西北。

③河头：似作"阿头"。《水经注疏》杨守敬按："《寰宇记》蓟县下引《隋图经》，于延水俗谓为阿头河。赵（一清）改'河头'作'阿头'，是也。"译文从之。

④戎方：西、北少数民族地方。

⑤零丁城：在今河北张家口万全区北。

⑥延乡水：即今河北怀安北之西洋河。源于内蒙古兴和南，流至河北怀安东与东洋河合。

⑦延陵县：西汉置，属代郡。治所在今山西天镇县北新平堡。

⑧当城：《水经注疏》熊会贞按："此'当城'亦'马城'之误。"

⑨大宁郡：北魏太和中置。治所在今河北怀安东南。

⑩雁门之山：按，以上语见《山海经·北山经》。雁门水，即今河北西北境之南洋河。雁门之山，即雁门山。在今山西阳高西北。

⑪重峦叠巘（yǎn）：重重叠叠的山峦。巘，山。

⑫霞举云高：像云霞一样高。举，高。

⑬东出辽塞：《水经注疏》杨守敬按："《史记·秦始皇本纪》，北据河为塞，并阴山，至辽东。"

⑭秦始皇二十三年虏赵王，迁以国为郡：事见《史记·赵世家》："太史公曰……秦既虏迁，赵之亡大夫共立嘉为王，王代六岁，秦进兵

破嘉，遂灭赵以为郡。"秦始皇二十三年，前224年。赵王，即赵王嘉，赵恒襄王偃之嫡子。

⑮建武十九年：43年。建武，东汉光武帝刘秀的年号（25—56）。

⑯代相堪：即闵堪。代郡（今山西阳高西北）人。东汉初豪强卢芳部属。建武十六年（40），卢芳遣使降汉，光武帝封卢芳为代王，闵堪为代相。后又封闵堪为侯。

⑰牵招斩韩忠于此处：《三国志·魏书·牵招传》："太祖以招尝领乌丸，遣诣柳城……又辽东太守公孙康自称平州牧，遣使韩忠赍单于印绶往假峭王。峭王大会群长，忠亦在坐……（牵招）便捉忠头顿筑，拔刀欲斩之。峭王惊怖，徒跣抱招，以救请忠，左右失色。"由此可知，牵招与韩忠之事发生在柳城，而非高柳。牵招，字子经。安平观津（今河北武邑东南）人。魏文帝时曾任护鲜卑校尉。

【译文】

　　脩水又往东南流经马城县老城北面。《地理志》说：这是东部都尉治。《十三州志》说：马城在高柳以东二百四十里。俗称脩水为阿头，阿头发源于戎人地区，不过是地方上的变名罢了。脩水又往东流经零丁城南，在右边汇合廷乡水。廷乡水发源于该县西山，往东流经延陵县老城北面。《地理风俗记》说：马城西北有延陵乡，是老县治。民间称之为琦城。延乡水又往东流经罗亭，又往东流经马城南面，又往东流注入脩水。脩水又往东南流，在大宁郡北，向右流注入雁门水。《山海经》说：雁门之水，发源于雁门之山。雁群就从山门飞出，雁门在高柳北面，高柳在代中。雁门山重峦叠嶂，高入云霞，连绵的山脉隐隐约约，向东延伸到塞外的辽东。雁门水往东南流经高柳县老城北边，这就是从前代郡的郡治。秦始皇二十三年俘虏了赵王，就把赵国改设为郡。王莽时称厌狄。建武十九年，世祖把这地方封给代相闵堪，立为侯国。过去牵招就是在这里杀掉韩忠。此城在平城东南六七十里，对代城来说是在西北面。

雁门水又东南流，屈迳一故城，背山面泽，北俗谓之叱险城[1]。雁门水又东南流，屈而东北，积而为潭。其陂斜长而不方[2]，东北可二十余里，广十五里，兼葭藂生焉[3]。敦水注之[4]。其水导源西北少咸山之南麓[5]，东流迳参合县故城南[6]。《地理风俗记》曰：道人城北五十里有参合乡[7]，故县也。敦水又东，㵎水注之[8]。水出东阜下，西北流迳故城北，俗谓之和堆城。又北合敦水，乱流东北注雁门水。故《山海经》曰：少咸之山，敦水出焉，东流注于雁门之水[9]。郭景纯曰：水出雁门山。谓斯水也。

【注释】

①叱险城：具体不详。

②陂（bēi）：堤岸。

③兼：还没有长穗的芦苇。葭：初生的芦苇。藂（cóng）生：草木聚集在一起生长。藂，聚集，丛生。

④敦水：在今山西阳高南。

⑤少咸山：《水经注疏》杨守敬按："少咸山当在今阳高县（今山西阳高）之西。"

⑥参合县：西汉置，属代郡。治所在今山西阳高南大白登镇。

⑦道人城：道人县治所。在今山西阳高东南六十里古城镇。

⑧㵎水：当在今山西阳高一带。

⑨"少咸之山"几句：语见《山海经·北山经》。

【译文】

雁门水又往东南流，转弯流过一座老城，老城背靠山冈，面对沼泽，北方人俗称叱险城。雁门水又往东南流，折向东北，积成一片湖荡。湖形斜长而不方正，东北向长二十多里，宽十五里，芦苇丛生。有敦水注入。

敦水发源于西北少咸山南麓，往东流经参合县老城南。《地理风俗记》说：道人城以北五十里有参合乡，从前是县。敦水又东流，有滤水注入。滤水发源于东阜山下，往西北流经老城北面，民间称之为和堆城。又北流，汇合敦水，往东乱流，注入雁门水。因此《山海经》说：敦水发源于少咸之山，东流注入雁门之水。郭景纯说：雁门水发源于雁门山。说的就是这条水。

　　雁门水又东北入阳门山，谓之阳门水，与神泉水合。水出苇壁北①，水有灵焉。及其密云不雨，阳旱愆期②，多祷请焉。水有二流，世谓之比连泉③。一水东北迳一故城东，世谓之石虎城④，而东北流注阳门水。又东迳三会亭北⑤，又东迳西伺道城北⑥，又东，托台谷水注之。水上承神泉于苇壁北，东迳阳门山南托台谷，谓之托台水⑦。汲引泉溪，浑涛东注⑧，行者间十余渡。东迳三会城南⑨，又东迳托台亭北，又东北迳马头亭北，东北注雁门水。

【注释】

①阳门山、阳门水、神泉水、苇壁：具体不详，大致在今山西天镇县一带。

②愆（qiān）期：违期，失期。这里指不能按季节下雨。

③比连泉：具体不详。

④石虎城：具体不详。

⑤三会亭：《水经注疏》杨守敬按："《魏书·明元帝纪》，泰常八年七月，幸三会屋侯泉。侯泉盖即此神泉，三会屋亦即此三会亭也。"

⑥西伺道城：具体不详。

⑦托台水：《水经注疏》熊会贞按："此托台水在今天镇县（今山西天

镇县）西南。"

⑧浑：大水涌流声。

⑨三会城：及下文"托台亭""马头亭"，当在今山西天镇县境。

【译文】

雁门水又往东北流进阳门山，称为阳门水，与神泉水汇合。神泉水发源于苇壁山北麓，水很灵验。碰到浓云密布却不降雨，或是久旱无雨的时候，人们常来求雨。神泉水有两条，人们称之为比连泉。一条往东北流经一座老城东面，人们称之为石虎城，往东北流，注入阳门水。又往东流经三会亭北面，又往东流，经西伺道城北面，又往东流，托台谷水注入。托台谷水上游在苇壁北面承接神泉，往东流经阳门山南的托台谷，称为托台水。这条水汇合了山泉小溪，波涛滚滚地向东流去，行人要交迭经过十多个渡口。往东流经三会亭南面，又往东流经托台亭北面，又往东北流，经马头亭北面，往东北注入雁门水。

雁门水又东迳大宁郡[①]，北魏太和中置[②]，有脩水注之。即《山海经》所谓脩水东流注于雁门水也[③]。《地理志》有于延水而无雁门、脩水之名[④]。《山海经》有雁门之目，而无说于延河。自下亦通谓之于延水矣。水侧有桑林，故时人亦谓是水为蘽桑河也。斯乃北土寡桑，至此见之，因以名焉。

【注释】

①大宁郡：北魏太和中置。治所在今河北怀安东南。

②太和：北魏孝文帝元宏的年号（477—499）。

③脩水东流注于雁门水：语见《山海经·北次二经》。

④于延水：即脩水。今河北西北部之洋河。

【译文】

雁门水又往东流，经大宁郡北面，大宁郡是魏太和年间所置，有脩水注入。《山海经》所说的脩水东流注入雁门水，就指的是这条水。《地理志》有于延水，而没有雁门水、脩水等名。《山海经》有雁门水的名目，而没有述及于延河。自大宁郡以下，这条水也就通称于延水了。水边有桑林，因此，当时人们也把它称为藂桑河。这是因为北方很少有桑，看到这里有这么多的桑树，因而就以藂桑为水名了。

于延水又东迳冈城南①。按《史记》，蔡泽②，燕人也，谢病归相，秦号冈成君③。疑即泽所邑也，世名武冈城。于延水又东，左与宁川水合④。水出西北，东南流迳小宁县故城西⑤，东南流注于延水。于延水又东，迳小宁县故城南，《地理志》宁县也⑥，西部都尉治，王莽之博康也。《魏土地记》曰：大宁城西二一里有小宁城⑦。昔邑人班丘仲居水侧⑧，卖药于宁百余年，人以为寿。后地动宅坏⑨，仲与里中数十家皆死。民人取仲尸弃于延水中，收其药卖之。仲被裘从而诘之，此人失怖，叩头求哀。仲曰：不恨汝，故使人知我耳，去矣！后为夫馀王驿使来宁⑩，此方人谓之谪仙也。

【注释】

①冈城：在今河北怀安东。

②蔡泽：战国燕人。长于辩议。游说多年，不被重用。后入秦，献计东收周室，为昭襄王采纳。相秦数月，遭谗言中伤，谢病归相印。

③冈成君：《史记·蔡泽列传》作"纲成君"。

④宁川水：即今河北张家口崇礼区及张家口市境之清水河。

⑤小宁县：北魏太和中置，属大宁郡。治所即今河北张家口万全区。后废。

⑥宁县：西汉置，为上谷郡西部都尉治。治所在今河北张家口万全

区。三国时废。

⑦大宁城：即下文广宁县城，在今河北张家口。小宁城：在今河北张
　家口万全区。

⑧班丘仲：《水经注疏》："赵（一清）云：按乐史曰，班或作瑕。守敬按：
　《列仙传》作瑕邱，本复姓。"

⑨地动：地震。

⑩夫馀王：夫馀国国君。夫馀，古国名。亦称扶馀、凫臾。故地在今
　松花江中游平原上。从事农业、牧业。驿使：这里指外族通译的
　信使。驿，通"译"。

【译文】

　　于延水又往东流经冈城南面。据《史记》载，蔡泽是燕国人，因病辞
去相位，被秦国封为冈成君。这里可能就是蔡泽的封邑，人们称之为武
冈城。于延水又东流，左边与宁川水汇合。宁川水发源于西北，往东南
流经小宁县老城西面，往东南流，注入于延水。于延水又往东流经小宁
县老城南面，这就是《地理志》所说的宁县，是西部都尉治所，王莽时称
为博康。《魏土地记》说：大宁城以西二十里有小宁城。过去本城人班丘
仲家住水滨，在宁城一带卖药一百多年，人们都以为他很长寿。后来在
一次地震中房屋倒塌，班丘仲和邻居几十家都被压死了。有个乡民将他
的尸体丢到于延水中，拿了他的药去卖。班丘仲穿着皮衣跟上来责问他，
那人吓坏了，叩头哀求宽恕。班丘仲说：我并不怨恨你，只是故意要让人
们知道我罢了，我去了！后来他做了夫馀王的使者来到宁城，这一带人
称他为谪仙。

　　于延水又东，黑城川水注之①。水有三源，出黑土城西
北②，奇源合注③，总为一川，东南迳黑土城西，又东南流迳
大宁县西而南入延河④。延河又东迳大宁县故城南。《地理
志》云：广宁也⑤。王莽曰广康矣。《魏土地记》曰：下洛城

西北百三十里有大宁城⑥。于延水又东南迳茹县故城北⑦。王莽之谷武也，世谓之如口城。《魏土地记》曰：城在鸣鸡山西十里⑧，南通大道，西达宁川。

【注释】

①黑城川水：即今河北张家口东南宣化区东十五里泥河。流入今洋河。

②黑土城：具体不详。

③奇源合注：不同的源头合为一流。

④大宁县：北魏太和中置，属大宁郡。治所在今河北张家口。

⑤广宁：即广宁县。西汉置。治所在今河北张家口。

⑥下洛城：在今河北涿鹿。

⑦茹县：西汉置，属上谷郡。治所在今河北张家口东南下花园区。

⑧鸣鸡山：又名鸡鸣山。在今河北怀来（沙城）西北鸡鸣驿。

【译文】

于延水又东流，有黑城川水注入。这条水有三个源头，发源于黑土城的西北，三源合为一流，往东南流经黑土城西面，又往东南流经大宁县西边，往南注入延河。延河又往东流，经大宁县老城南面。《地理志》说：大宁就是广宁。王莽时叫广康。《魏土地记》说：下洛城西北一百三十里有大宁城。于延水又往东南流经茹县老城北面。就是王莽时的谷武，世人称之为如口城。《魏土地记》说：如口城在鸣鸡山以西十里，南面有一条大路，西面直达宁川。

于延水又东南迳鸣鸡山西。《魏土地记》曰：下洛城东北三十里有延河东流，北有鸣鸡山。《史记》曰：赵襄子杀代王于夏屋而并其土①。襄子迎其姊于代。其姊，代之夫人也,至此曰:代已亡矣,吾将何归乎？遂磨笄于山而自杀[2]。代人怜之,为立祠焉。因名其山为磨笄山。每夜有野鸡,群鸣于祠屋上,故亦谓之为鸣鸡山。《魏土地记》云:代城东南二十五里有马头山[3],其侧有钟乳穴[4]。赵襄子既害代王,迎姊。姊代夫人,夫人曰:以弟慢夫,非仁也;以夫怨弟,非义也。磨笄自刺而死,使者自杀,民怜之,为立神屋于山侧[5],因名之为磨笄之山。未详孰是。于延水又南迳且居县故城南[6],王莽之所谓久居也。其水东南流,注于灅水。《地理志》曰:于延水东至广宁入沽[7]。非矣。

【注释】

①赵襄子:赵简子之子,名毋卹。夏屋:战国燕地,后属魏。在今河北顺平西北。

②笄(jī):古代束发用的簪子。

③马头山:在今河北蔚县东四十五里。

④钟乳穴:有钟乳的洞穴。钟乳,溶洞中悬在洞顶上的像冰锥的物体,与石笋上下相对,由碳酸钙逐渐从水溶液中析出积聚而成。也叫石钟乳、钟乳石。

⑤神屋:祭祀用的庙宇。

⑥且居县:西汉置,属上谷郡。治所在今河北怀来(沙城)西北新安堡镇。

⑦沽:即沽水,又名沽河,今名白河、潮白河。东循北运河入海。

【译文】

于延水又往东南流经鸣鸡山西面。《魏土地记》说:下洛城东北三十里有延河,往东流,北有鸣鸡山。《史记》说:赵襄子在夏屋杀掉代王,吞并了他的国土。襄子派人到代城接回自己的姐姐。他姐姐是代王的夫人,到了这里，她说：代国已经灭亡了，我到哪里去呢？就拔下头上的簪子在山石上磨了磨自杀了。代国百姓同情她，在这里为她立祠，因此把这座山叫磨笄山。每天夜里有成群的野鸡在祠庙上鸣叫，所以山又称鸣鸡山。《魏土地记》说：代城东南二十五里有马头山，山边有钟乳石溶洞。赵襄子杀害了代王，派人接回姐姐。他姐姐是代王的夫人，夫人说：为了弟弟而怠慢丈夫，是不仁；为了丈夫而怨恨弟弟，是不义。于是就磨簪自杀了，派去的使者也自杀了，老百姓同情她，就在山边为她立庙，因此山名为磨笄之山。不知哪一种说法正确。于延水又往南流经且居县老城南面，就是王莽时的久居。于延水往东南流，注入漯水。《地理志》说：于延水东流到广宁才注入沽水。这是弄错了。

又东过涿鹿县北[①]，

涿水出涿鹿山[②]，世谓之张公泉，东北流迳涿鹿县故城南，王莽所谓抪陆也。黄帝与蚩尤战于涿鹿之野，留其民于涿鹿之阿[③]，即于是也。其水又东北与阪泉合[④]。水导源县之东泉。《魏土地记》曰：下洛城东南六十里有涿鹿城[⑤]，城东一里有阪泉，泉上有黄帝祠。《晋太康地理记》曰[⑥]：阪县亦地名也。泉水东北流与蚩尤泉会[⑦]。水出蚩尤城[⑧]，城无东面。《魏土地记》称：涿鹿城东南六里有蚩尤城。泉水渊而不流，霖雨并则流注阪泉[⑨]，乱流东北入涿水。涿水又东迳平原郡南[⑩]，魏徙平原之民置此[⑪]，故立侨郡[⑫]，以统流杂。涿水又东北迳祚亭北[⑬]，而东北入漯水。亦云涿水枝分入匈奴者，谓之涿邪水[⑭]。地理潜显，难以究昭，非所知也。

【注释】

①涿鹿县：西汉置，属上谷郡。治所在今河北涿鹿东南四十里矾山

　　镇附近古城。

②涿水：在今河北涿州西南。涿鹿山：又作浊鹿山。在今河北涿鹿东南四十里。

③阿：近旁。

④阪泉：在今河北涿鹿东南。《水经注疏》杨守敬按："今保安州（今河北涿鹿）礬山堡西南十里有七旗里泉，即阪泉也。"

⑤下洛城：在今河北涿鹿西南。涿鹿城：在今河北涿鹿东南四十里古城。

⑥《晋太康地理记》：书名。又称《太康地记》《晋太康地记》等。撰者不详。成书于晋太康三年（282）。记载晋初州、郡、县建制沿革、地名取义、山水、物产等。

⑦蚩尤泉：当在今河北涿鹿东南。

⑧蚩尤城：在今河北涿鹿东南。

⑨霖雨：久而大的雨。

⑩平原郡：北魏置，属燕州。在今河北涿鹿东南。

⑪平原：另一平原郡。西汉初置。治所在平原县（今山东平原县西南）。

⑫侨郡：侨置的郡县。侨置，六朝时期南北分裂，战争频仍，诸朝遇有州郡沦陷于敌手者，则往往暂借别地重置之，但仍用其旧名，因而称之为侨置。

⑬祚亭：具体不详。

⑭涿邪水：《水经注疏》杨守敬按："《寰宇记》引《十三州志》，（涿水）北至上谷为涿鹿河，其支流入匈奴谓之涿邪水。"

【译文】

漯水又往东流过涿鹿县北面，

涿水发源于涿鹿山，世人称之为张公泉，往东北流经涿鹿县老城南面，就是王莽时的扑陆。黄帝与蚩尤在涿鹿的郊野交战，黄帝战败蚩尤后，将他的百姓安置在涿鹿的山边，说的就是这里。涿水又往东北流，与阪泉汇合。这条水发源于县内的东泉。《魏土地记》说：下洛城东南六十里有涿鹿城，城东一里有阪泉，泉上有黄帝祠。《晋太康地理记》说：阪泉也是地名。泉水往东北流，与蚩尤泉汇合。蚩尤泉出自蚩尤城，东面没有城墙。《魏土地记》说：涿鹿城东南六里有蚩尤城。泉水很深，但不外流，大雨连绵，泉水满溢就注入阪泉，往东北乱流注入涿水。涿水又往东流经平原郡南面，魏时将平原郡的居民迁过来安顿在这里，所以设立侨郡，用来收留流民杂户。涿水又往东北流经祚亭北面，往东北注入㶟水。也有说涿水分支流入匈奴叫涿邪水的。但地理情况有隐有显，很难搞清楚，这就不知道了。

㶟水又东南，左会清夷水[1]，亦谓之沧河也。水出长亭南，西迳北城村故城北，又西北，平乡川水注之[2]。水出平乡亭西[3]，西北汜注清夷水。清夷水又西北迳阴莫亭[4]，在居庸县南十里[5]。清夷水又西会牧牛山水[6]。《魏土地记》曰：沮阳城东八十里有牧牛山[7]，下有九十九泉[8]，即沧河之上源也。山在县东北三十里，山上有道武皇帝庙[9]。耆旧云：山下亦有百泉竞发，有一神牛驳身，自山而降，下饮泉竭，故山得其名。今山下导九十九泉，积以成川，西南流，谷水与浮图沟水注之[10]。水出夷舆县故城西南[11]，王莽以为朔调亭也。其水俱西南流，注于沧水。

【注释】

①清夷水：亦称沧水、沧河。即今北京延庆区之妫（guī）河。

②长亭、北城村故城、平乡川水：具体皆不可考，均当在今北京延庆区。

③平乡亭：当在今北京延庆区。

④阴莫亭：当在今北京延庆区。

⑤居庸县：西汉置，属上谷郡。治所在今北京延庆区东。

⑥牧牛山水：当在今北京延庆区。

⑦沮阳城：在今北京昌平区东南。牧牛山：《水经注疏》杨守敬按："今
延庆州（今北京延庆区）东、永宁城西北十五里有独山。《一统志》
云，疑即牧牛山。"

⑧九十九泉：《水经注疏》杨守敬按："据后引《魏土地记》，则九十九
泉统名牧牛泉。"

⑨道武皇帝：即北魏开国皇帝拓跋珪。

⑩谷水、浮图沟水：当在今北京延庆区。

⑪夷舆县：西汉置，属上谷郡。治所在今北京延庆区东北二十里旧
县镇西古城。

【译文】

　　灅水又往东南流，在左边汇合清夷水，清夷水又称沧河。清夷水发
源于长亭南面，往西流经北城村老城北面，又往西北流，有平乡川水注
入。平乡川水发源于平乡亭西面，往西北流，注入清夷水。清夷水又往
西北流经阴莫亭，亭在居庸县以南十里。清夷水又往西流，汇合了牧牛
山水。《魏土地记》说：在沮阳城东面八十里有牧牛山，山下有九十九泉，
这就是沧河的源头。牧牛山在居庸县城东北三十里，山上有道武皇帝庙。
老年人说：山下也有许多泉眼同时并涌而出，有一头毛色斑驳的神牛，下
山喝干了泉水，山也因此得名。现在山下流出的九十九泉汇成一溪，往
西南流，有谷水与浮图沟水注入。这两条水都发源于夷舆县老城的西南
面，王莽时称为朔调亭。两水都往西南流，注入沧水。

　　沧水又西南，右合地裂沟①。古老云：晋世地裂，分此界
间成沟壑。有小水，俗谓之分界水，南流入沧河。沧河又西
迳居庸县故城南，魏上谷郡治②。昔刘虞攻公孙瓒不克，北

保此城，为瓒所擒③。有粟水入焉④。水出县下，城西枕水⑤，又屈迳其县南，南注沧河。沧河又西，右与阳沟水合⑥。水出县东北，西南流迳居庸县故城北，西迳大翮、小翮山南⑦。高峦截云，层陵断雾。双阜共秀⑧，竞举群峰之上。郡人王次仲⑨，少有异志，年及弱冠⑩，变苍颉旧文为今隶书⑪。秦始皇时官务烦多，以次仲所易文简，便于事要，奇而召之，三征而辄不至⑫。次仲履真怀道，穷数术之美⑬。始皇怒其不恭，令槛车送之⑭。次仲首发于道⑮，化为大鸟，出在车外，翻飞而去，落二翮于斯山，故其峰峦有大翮、小翮之名矣。《魏土地记》曰：沮阳城东北六十里有大翮、小翮山，山上神名大翮神，山屋东有温汤水口⑯。其山在县西北二十里，峰举四十里，上庙则次仲庙也。右出温汤，疗治万病。泉所发之麓，俗谓之土亭山⑰。此水炎热，倍甚诸汤，下足便烂人体。疗疾者要须别引，消息用之耳⑱。不得言大翮山东。其水东南流，左会阳沟水，乱流南注沧河。

【注释】

①地裂沟：在今北京延庆区。

②上谷郡：战国燕置。秦时治所在沮阳县（今河北怀来东南）。北魏时治所在居庸县，即今北京延庆区。《水经注疏》杨守敬按："《地形志》，上谷郡，天平中置，居庸县，孝昌中陷，天平中置。事在郦氏后。揅此《注》则郡先治居庸，盖后魏省沮阳，即移郡于居庸（互见下沮句）。至孝昌中陷，郡县并废，天平中复置郡县也。"

③"昔刘虞攻公孙瓒不克"几句：事见《后汉书·刘虞传》。刘虞，字伯安。东海郯（今山东郯城北）人。初举孝廉，累迁至幽州牧。后

与公孙瓒交恶,发兵攻之。兵败,被杀。公孙瓒,字伯珪。辽西令
支(今河北迁安)人。东汉末地方割据势力。与袁绍连年交战。
建安四年(199),兵败,引火自焚。保,依凭,依恃。

④粟水:《水经注疏》杨守敬按:"水在今延庆州(今北京延庆区)西。"

⑤枕:临近,靠近。

⑥阳沟水:《水经注疏》杨守敬按:"水今名板桥河,在延庆州西北
十五里。"

⑦大翮(hé):即大翮山。在今北京延庆区西北,相连者为小翮山。

⑧双阜:指大翮、小翮两座山峦。秀:高出,高耸。

⑨王次仲:秦上谷(今河北怀来)人。创八分体。《法书要录》"张怀
瓘书断":"八分,案:八分者,秦羽人上谷王次仲所作也。"一说为
东汉人。

⑩弱冠:古代男子二十岁行冠礼,表示已经成人,因为还没有达到壮
年,所以叫弱冠。后来泛指男子二十岁左右的年纪。

⑪苍颉(jié):又作仓颉。相传为黄帝的史官、汉字的创造者,实则
为古代整理汉字的代表者。隶书:字体名。由篆书简化演变而成,
笔画比较简单,是汉朝通行的字体。

⑫三征:多次征召。三,言其多。

⑬数术:即术数。古代关于天文、历法、占卜等的学问。

⑭槛车:用栅栏封闭的囚车。用于囚禁犯人或装载猛兽。

⑮首发:刚刚出发。

⑯温汤水口:当在今北京延庆区西北。

⑰土亭山:《水经注疏》杨守敬按:"今温泉河在延庆州(今北京延庆
区)西北三十里,源出佛峪山,即土亭山也。"

⑱消息:本指停止。这里指等待水温降低到合适时为止。

【译文】

沧水又往西南流,在右边汇合于地裂沟。据老人说:晋时发生地裂,

这里就形成了沟壑。有一条小溪，俗称分界水，往南流入沧河。沧河又往西流经居庸县老城南面，那就是魏时的上谷郡治。从前刘虞攻打公孙瓒不能取胜，向北撤退坚守此城，为公孙瓒所擒。沧河到这里又汇合了粟水。粟水发源于居庸县境，县城西面濒水，又转弯流经县南，往南注入沧河。沧河又西流，向右流与阳沟水汇合。阳沟水发源于居庸县东北面，往西南流经居庸县老城北面，往西流经大翮山和小翮山南面。高耸的峰峦拦住飞云，层沓的丘陵隔断朝雾。这两座高峰同样高耸，凌驾于群峰之上。郡人王次仲，年少时就胸怀大志，到了二十多岁，将苍颉的古文字改为现今的隶书。秦始皇时政务繁忙，因为王次仲所改的文字简易，便于书写，以为他是个奇才，下令召他入朝，然而接连召了多次他都不去。王次仲遵循着真性，怀藏着道心，研究数术到了最完美的境地。秦始皇对次仲的不恭非常恼怒，下令用囚车押送他前来。囚车刚刚上路，王次仲便化作一只大鸟奋飞而去，他掉下两片羽毛，落在这座山上，所以山峰就有大翮、小翮的名字了。《魏土地记》说：沮阳城东北六十里有大翮山和小翮山，山上的神祇叫大翮神，神庙以东有温汤水口。这座山在居庸县西北二十里，山峰高达四十里，山上的庙就是王次仲庙。山的右面有温泉，可治百病。涌出温泉的山麓，俗称土亭山。这里要比其他各地的温泉加倍烫热，把脚踏进去便会烫烂。治病的人必须先把泉水引到别处，待稍凉后再用。说温泉在大翮山以东是弄错了。温泉水往东南流，在左边汇合了阳沟水，往南乱流注入沧河。

沧河又左得清夷水口。《魏土地记》曰：牧牛泉西流，与清夷水合者也。自下二水互受通称矣。

【译文】

沧河的左边有清夷水口。《魏土地记》说：牧牛泉往西流，与清夷水汇合。自此以下两水可以互相通称。

　　清夷水又西,灵亭水注之。水出马兰西泽中^①,众泉泻溜归于泽^②,泽水所钟^③,以成沟渎。渎水又左与马兰溪水会^④。水导源马兰城,城北负山势^⑤,因阿仍溪^⑥,民居所给,惟仗此水。南流出城,东南入泽水。泽水又南迳灵亭北^⑦,又屈迳灵亭东,次仲落鸟翮于此,故是亭有灵亭之称矣。其水又南流,注于清夷水。

【注释】

①马兰:即马兰城。在今北京延庆区西。

②泻溜:流水。溜,水流。

③钟:聚集,汇集。

④马兰溪水:具体不详。

⑤负:依靠。

⑥因阿:依靠着大山。阿,大山。仍:因,就着。

⑦灵亭:《水经注疏》熊会贞按:"亭在今延庆州(今北京延庆区)西。"

【译文】

　　清夷水又西流,灵亭水注入。灵亭水来自马兰西泽,许多山泉汇集到西泽中来,泽中的水形成沟渠流出。渠水又在左边与马兰溪水汇合。这条水发源于马兰城,城北背山,依着山弯,靠近小溪,城内居民饮用的水全是来自溪中。溪水从城南流出,往东南注入泽水。泽水又往南流经灵亭北面,又转弯流经灵亭东面,王次仲就在这里落下鸟毛,所以这座亭有灵亭之称。马兰溪水又南流,注入清夷水。

　　清夷水又西与泉沟水会。水导源川南平地,北注清夷水。清夷水又西南得桓公泉^①。盖齐桓公霸世^②,北征山戎^③,过孤竹西征^④,束马悬车^⑤,上卑耳之西极^⑥,故水受斯名也。

水源出沮阳县东^⑦，而西北流入清夷水。

【注释】

①桓公泉：在今河北怀来（沙城）东南。《水经注疏》熊会贞按："今
　怀来县（今河北怀来东南）南七里有水泉，一名镜泉，可溉田，即
　桓公泉也。"

②齐桓公：姜姓，名小白。春秋时齐国国君。任用管仲实行改革，以
　"尊王攘夷"为号召，多次大会诸侯订立盟约。是春秋第一个霸主。

③山戎：亦名北戎。春秋时夷国之一，分布在今河北北部。前 7 世
　纪颇为强大，常为郑、齐、燕之患。

④孤竹：商弋国名。在今河北卢龙南。

⑤束马悬车：包裹马足，挂牢车子，以防滑跌倾覆。形容路险难行。

⑥卑耳：即辟耳山。在今山西平陆西北。

⑦沮阳县：战国燕置，为上谷郡治。治所在今河北怀来东南官厅水
　库南岸之大古城。

【译文】

清夷水又西流，与泉沟水汇合。泉沟水来自川南平地，往北注入清
夷水。清夷水又往西南流，汇合了桓公泉。齐桓公称霸时，曾北伐山戎，
西征时又途经孤竹，停车从崎岖险阻的山径登上卑耳山最西的山峰，所
以水就得到桓公泉这个名字。桓公泉发源于沮阳县以东，往西北流入清
夷水。

清夷水又西迳沮阳县故城北，秦上谷郡治此。王莽改
郡曰朔调，县曰沮阴。阚骃曰：涿鹿东北至上谷城六十里^①。
《魏土地记》曰：城北有清夷水西流也。其水又屈迳其城西，
南流注于漯水。漯水南至马陉山^②，谓之落马洪。

【注释】

①上谷城：在今北京延庆区。

②马陉山：当在今河北怀来东南或北京延庆区。

【译文】

清夷水又往西流经沮阳县老城北面，秦时的上谷郡治所就设在这里。王莽时改郡名为朔调，县名为沮阴。阚骃说：涿鹿县东北到上谷城六十里。《魏土地记》说：城北有清夷水，往西流。这条水又绕到该城西面，往南流注入漯水。漯水南流到马陉山，又叫落马洪。

又东南出山，

漯水又南出山，瀑布飞梁，悬河注壑，溃湍十许丈①，谓之落马洪，抑亦孟门之流也②。漯水自南出山，谓之清泉河③，俗亦谓之曰千水，非也。

【注释】

①溃湍（pēng tuān）：指瀑布飞湍溃溅貌。

②孟门：即孟门津，今名壶口瀑布。

③清泉河：在今北京西南。

【译文】

漯水又往东南流出山间，

漯水又南流出山，瀑布从高崖飞流直下，注入深壑，轰鸣的急流下泻十几丈，称为落马洪，也和孟门这样的险流差不多。漯水从南边出山后，叫清泉河，民间也称千水，其实不对。

漯水又东南迳良乡县之北界①，历梁山南②，高梁水出焉③。

【注释】

①良乡县：西汉置，属涿郡。治所在今北京房山区西南窦店西土城。

②梁山：《水经注疏》熊会贞按："山在今宛平县（今北京卢沟桥丆宛平城）西北。"

③高粱水：又称高良河、高粱水、皂河。源出今北京城西紫竹院公园，东流经西直门外高梁桥，至德胜门水关转而东南，沿什刹海，折而东南斜穿今北京内、外城，过天坛、龙潭湖，由东南十里河村注入古灢水（今永定河）。

【译文】

灢水又往东南流经良乡县北面，流过梁山南面，高粱水就从这里流出。

过广阳蓟县北①，

灢水又东迳广阳县故城北②。谢承《后汉书》曰③：世祖与铫期出蓟至广阳④，欲南行。即此城也，谓之小广阳⑤。

【注释】

①广阳：即广阳郡。秦始皇二十一年（前226）置。治所在蓟县（今北京西南隅）。蓟（jì）县：秦置，属上谷郡。

②广阳县：西汉置，属广阳国。治所在今北京房山区东北长阳镇（广阳城村）。

③谢承《后汉书》：谢承，字伟平。会稽山阴（今浙江绍兴）人。三国吴史学家。所撰《后汉书》为一部纪传体史书，记载东汉历史。今亡佚。

④世祖：即汉世祖刘秀。铫（yáo）期：字次况。颖川郏（今河南郏县）人。初从刘秀在河北击破王郎军，任虎牙大将军，又镇压铜马、青犊等起义军。刘秀即位后，封其为安成侯，任卫尉。

⑤小广阳：即广阳县。《水经注疏》杨守敬按："小广阳亦见范书《耿
　弇传》，对广阳郡言，故以县为小广阳。"

【译文】

灅水流过广阳郡蓟县北面，

灅水又往东流经广阳县老城北面。谢承《后汉书》说：光武帝与铫
期从蓟县出发到广阳县，想往南边去。指的就是此城，叫小广阳。

　　灅水又东北迳蓟县故城南。《魏土地记》曰：蓟城南七
里有清泉河，而不迳其北。盖《经》误证矣。昔周武王封尧
后于蓟，今城内西北隅有蓟丘①，因丘以名邑也。犹鲁之曲
阜、齐之营丘矣②。武王封召公之故国也③。秦始皇二十三
年灭燕④，以为广阳郡。汉高帝以封卢绾为燕王⑤，更名燕
国。王莽改曰广有，县曰伐戎。城有万载宫、光明殿。东掖
门下⑥，旧慕容儁立铜马像处⑦。昔慕容廆有骏马⑧，赭
白有奇相，逸力至俊。光寿元年⑨，齿四十九矣⑩，而骏逸不亏。
儁奇之，比鲍氏骢⑪，命铸铜以图其像⑫，亲为铭赞⑬，镌颂其
傍，像成而马死矣。大城东门内道左，有魏征北将军建成
乡景侯刘靖碑⑭。晋司隶校尉王密表靖⑮，功加于民，宜在
祀典⑯。以元康四年九月二十日刊石建碑⑰，扬于后叶矣。

【注释】

①蓟丘：在今北京西南隅。

②曲阜：西周及春秋战国时期鲁国国都。在今山东曲阜东北古城村。
　营丘：亦名营城。在今山东淄博临淄区西北临淄故城。周武王封
　吕尚于齐，建都于此。后改名临淄。

③召（shào）公：姓姬名奭（shì）。周朝初年的贤人。周武王灭商纣

王，封召公于北燕。召公治政，甚得兆民和。巡行乡邑，在棠树下决狱政事。召公卒，百姓有《甘棠》之思。

④秦始皇二十三年：前224年。

⑤卢绾（wǎn）：丰（今江苏丰县）人。刘邦旧臣。汉五年（前202），因功封为燕王。

⑥掖（yè）门：宫殿正门两旁的边门。

⑦慕容儁（jùn）：字宣英，一名儁。昌黎棘城（今辽宁义县）人。鲜卑族。十六国时期前燕皇帝。文明帝慕容皝第二子。

⑧慕容廆（wěi）：字奕洛瓌。昌黎棘城（今辽宁义县）人。鲜卑族。幼而魁岸，雄杰有大度。永嘉初，廆自称鲜卑大单于，在辽东建立地方政权。

⑨光寿元年：357年。光寿，十六国时期前燕慕容儁的年号（357—360）。

⑩齿：牛马的岁数。

⑪鲍氏骢（cōng）：《太平御览》：《列异记》曰，故司隶校尉上党鲍子都，少时举上计，于道路遇一书生，卒得心痛。子都下车为按摩，奄忽而卒。不知姓字，有素书一卷，银十饼。即卖一饼，以资殡殓，其余以枕之，素书著腹上，埋之。谓曰："子若魂灵有知，当令子家知子在此。"未至京师，有骢马随之，唯子都得近。子都归行失道，遇一关内侯家住宿。侯曰："君何以致此马？"子都因说之。侯乃惊愕，曰："此吾儿也。"侯迎丧开棺，视银、书如言。侯乃举送诣阙，上荐子都，辟公府侍御史、豫州牧、司隶校尉。至子永、孙昱俱为司隶，其在公，皆复乘骢马。故京师歌之曰："鲍氏骢，三入司隶，再入公，马虽疲，行步工。"鲍子都，即鲍宣，字子都。渤海高城（今河北盐山县）人。汉哀帝时，征为谏大夫。常上书谏争，其言少文多实。

⑫图：图画，描绘。

⑬铭、赞：均为文体名。铭是在器物、碑碣等上面记述事实、功德等的文字。赞的内容是称赞人或物的。

⑭刘靖：沛国相（今安徽宿州）人。三国魏官吏。刘馥子。卒后追赠征北将军，晋封建成乡侯爵。征北将军：官名。三国魏置。与征东、征西、征南统称为四征将军，掌专征事务。

⑮司隶校尉：官名。汉武帝置。掌持节率中都官徒以捕巫蛊、督京师奸猾。王密：具体不详。表：这里指进表上奏。

⑯祀典：本指记载祭祀仪礼的典籍。这里指祭祀之列。

⑰元康四年：294年。元康，西晋惠帝司马衷的年号（291—299）。

【译文】

瀑水又往东北流经蓟县老城南面。《魏土地记》说：蓟城以南七里有清泉河，河水并不流过城北。《水经》弄错了。从前周武王将蓟分封给尧的后裔，现在城内西北角有蓟丘，就是按丘名来取城名的。正像鲁国的曲阜、齐国的营丘一样。这里就是周武王封给召公的诸侯国。秦始皇二十三年灭了燕国，设立广阳郡。汉高祖把这地方封给卢绾，号为燕王，改名为燕国。王莽时改为广有，县名叫代戎。城内有万载宫、光明殿。东掖门下面，是从前慕容儁设立铜马像的地方。过去慕容廆有一匹骏马，毛色红白相间，相貌奇特有神力。到光寿元年，已有四十九岁了，但奔跑起来仍不减当年。慕容儁把它看成奇物，比作鲍宣的骢马，下令为它铸造铜像，并亲自写了赞词，刻在旁边，可是铜像铸成，马却死了。大城东门内道路左边，有魏征北将军建成乡景侯刘靖碑。晋时司隶校尉王密上表，称颂刘靖有功于民，应立祠供奉。于是在元康四年九月二十日刻石立碑，扬名于后世。

瀑水又东与洗马沟水合①。水上承蓟水，西注大湖。湖有二源，水俱出县西北，平地导源，流结西湖。湖东西二里，南北三里，盖燕之旧池也。绿水澄澹②，川亭望远，亦为游瞩之胜所也。湖水东流为洗马沟，侧城南门东注，昔铫期奋戟处也③。其水又东入漯水。

【注释】

①洗马沟水：具体不详。

②澄澹（dàn）：净澈平静。

③铫（yáo）期奋戟：事见《后汉书·铫期传》："光武略地颍川，闻期志义，召署贼曹掾。从徇蓟，时王郎檄书到蓟，蓟中起兵应郎，光武趣驾出，百姓聚观，喧呼满道，遮路不得行。期骑马奋戟，瞋目大呼，左右曰趣，众皆披靡。"

【译文】

漯水又东流，与洗马沟水汇合。洗马沟水上游承接蓟水，往西注入大湖。大湖有两条水源，都出自蓟县西北面的平地，泉水流积形成西湖。湖东西宽二里，南北长三里，是燕国的古池。湖中绿水澄碧，轻波荡漾，登亭望远，也是游览观光的好去处。湖水往东流出称洗马沟，沿着南门城边往东流注，从前铫期骑马奋戟驱赶聚观的百姓，就在这地方。洗马沟水又往东流，注入漯水。

漯水又东迳燕王陵南。陵有伏道，西北出蓟城中。景明中造浮图建刹①，穷泉掘得此道。王府所禁，莫有寻者。通城西北大陵，而是二坟。基趾磐固②，犹自高壮，竟不知何王陵也？

【注释】

①景明：北魏宣武帝元恪（kè）的年号（500—503）。

②基趾：地基，根基。磐固：如磐石般坚固。

【译文】

瀌水又往东流经燕王陵南面。陵墓有条暗道,向西北通到蓟城外。景明年间,建造佛寺及佛塔,挖地基时发现了这条暗道。这里是王府的禁地,没人会找过来。暗道通向蓟城西北的大陵,这是两座坟墓。墓基庞大坚固,至今还很高大,竟不知是哪一位帝王的陵墓?

瀌水又东南,高梁之水注焉[1]。水出蓟城西北平地,泉流东注,迳燕王陵北,又东迳蓟城北,又东南流。《魏土地记》曰:蓟东十里有高梁之水者也。其水又东南入瀌水。

【注释】

[1]高梁之水:即上文之高梁水。《水经注疏》杨守敬按:"高梁水今为玉河(又名御河,即今北京城内、外金水河),在都城西直门外半里,上有高梁桥。"

【译文】

瀌水又往东南流,有高梁水注入。高梁水发源于蓟城西北平地,泉水往东流经燕王陵北面,又往东流经蓟城北面,又往东南流。《魏土地记》说:蓟城东面十里有高梁水。高梁水又往东南流,注入瀌水。

又东至渔阳雍奴县西[1],入笥沟[2]。

汉光武建武二年[3],封颍川太守寇恂为雍奴侯[4]。魏遣张合、乐进围雍奴[5],即此城矣。笥沟,潞水之别名也。《魏土地记》曰:清泉河上承桑乾河,东流与潞河合。瀌水东入渔阳,所在枝分,故俗谚云:高梁无上源,清泉无下尾。盖以高梁微涓浅薄,裁足津通,凭借涓流,方成川甽[6]。清泉至潞,所在枝分,更为微津,散漫难寻故也。

【注释】

①渔阳：即𤞤阳郡。战国燕置。治所在渔阳县（今北京密云区西南三十里）。雍奴县：西汉置，属渔阳郡。治所在今天津武清区（杨村）西北土门楼村。

②笥（sì）次：即潞河，又名白河。今北京通州区以下的北运河。

③建武二年：26 年。建武，东汉光武帝刘秀的年号（25—56）。

④寇恂：字子翼。上谷昌平（今北京昌平区）人。初为郡功曹。说太守耿况，坚拒王郎而南迎光武。曾拜颍川太守。封雍奴侯。

⑤张合：即张郃（hé），字俊乂。河间鄚（今河北任丘）人。三国时魏将。先从袁绍，后归曹操，封都亭侯。曹丕即位，以之为左将军，进爵都乡侯，称帝后，进封张郃为鄚侯。乐进：字文谦。阳平卫国（今河北大名）人。三国时魏将。从曹操，因功封广昌亭侯。后以数有功，分五百户，封一子列侯。

⑥川𤱶（quǎn）：水沟。

【译文】

漯水又往东流到渔阳郡雍奴县西面，注入笥沟。

汉光武帝建武二年，封颍川太守寇恂为雍奴侯。魏国派遣张郃、乐进围攻雍奴，指的就是此城。笥沟是潞水的别名。《魏土地记》说：清泉河上游承接桑乾河，往东流与潞河汇合。漯水往东流入渔阳，到处分流四散，因此俗谚说：高粱水没有上源，清泉河没有下游。因为高粱水流小浅，水流刚刚没过脚，凭着涓涓的细流才形成田间的沟渠。清泉水流到潞县，分流四散，水流更细，以至于都找不到主流了。

卷十四

湿馀水　沽河　鲍丘水　濡水
大辽水　小辽水　浿水

【题解】

　　卷十四记载了湿馀水、沽河、鲍丘水、濡水、大辽水、小辽水、浿水七条河流。其中湿馀水、沽河、鲍丘水三水，均是今潮白河及蓟运河的上游。濡水即今滦河。大辽水就是今辽河，小辽水就是今浑河。浿水今在朝鲜境内。

　　湿馀水在《水经注》的不同版本中作灅馀水。谭其骧主编《中国历史地图集》及《郑德坤重绘水经注图》也均作灅馀水。在我国其他古籍中，此水也有作温水、温馀水、温榆河等名称的。现在的潮白河在密云水库以北，支流众多，如潮河、汤河、黑河、白河等，都是《水经注》所记载的。其中最清楚的是湿馀水，在比例尺较大的地图上，仍然绘有此河。例如侯仁之主编的《北京历史地图集》（北京出版社，1988 年版）第 17 页，绘在北朝《北魏》的 1∶80 万图上。作为一条现代河流，湿馀水今名温榆河，其上游有北沙河、关沟等支流，南流东折，在北京通州以东汇合潮白河。

　　鲍丘水：上游即今潮河。潮河发源于今河北丰宁，流经滦平，经古北口进入北京密云区。据《水经注》载，北魏时鲍丘河在密云以南与白河大致平行南流，在古潞县西面（今通州区东）汇流，然后大致循北运河河道行水。两河汇流后称潞水、潞河。北魏时鲍丘水的行水河道从北京密云区向南，经今顺义区东部、经河北三河县的夏垫、再经天津蓟州、宝坻区，大致循蓟运河入海。宋代以后，潮河与白河的汇流地点从今北京通州区附近逐渐向北移，最后移到密云区西南、顺义区牛栏山北面，合流后称潞河，又称潮白河。清代通州以下河段也称潞河，又称北运河。1960年以后，潮河为密云水库的两条主要水源河流之一。

沽河即今白河，因为《注》文说："沽河出御夷镇西北九十里丹花岭下。"北魏御夷镇，在今河北沽源以南、赤城以北，正是今白河上游之处。

濡水今名滦河，与上述湿馀水系诸河无关，是一条独流入海的河流。《水经注》记载的濡水，其中有不少错误，清乾隆帝曾为此派人实地考察，并自己动手写了《热河考》《乐河濡水源考证》等文字，以纠正《水经注》的错误。戴震在武英殿本《水经注》的《校上案语》中特别指出："至塞外群流，汇南诸派，道元足迹皆所未经，故于滦河之正源，三藏水之次序，白檀、要阳之建置，俱不免附会乖错。……自我皇上命使履视，尽得脉络曲折之详。"所以殿本在卷首附载了乾隆撰写的这些考证文章。

大辽水就是今辽河，小辽水就是今浑河。现在，辽河从盘山以南入海，而浑河则从营口附近入海，各不相干，而在古代，大、小辽水汇合以后，从今浑河下游河道入海。古今水道变化，特别是河流的下游，变化更为频繁，这是常见的事。

浿水是《水经注》记载的当时的域外河流。在中国古籍中记载的浿水是当今朝鲜何水，历来曾有不同见解。但《水经》所说"浿水出乐浪镂方县，东南过临浿县，东入于海"，这肯定是错误的。中国大陆的主要河流，都是西东流向而东入于海。但朝鲜恰恰相反，主要大河都是东西流向而西入于海。《水经》的作者按中国的情况想当然地看待朝鲜河沅，所以铸成大错。郦道元在《注》文中驳斥了《经》文的错误。为了弄清事实，他特地访问了当时朝鲜到北魏聘问的使节。《注》文说："余访蕃使，言城在浿水之阳。"从这一句中可以断定，此浿水即今大同江。

湿馀水

湿馀水出上谷居庸关东①，

关在沮阳城东南六十里居庸界②，故关名矣。更始使者入上谷③，耿况迎之于居庸关④，即是关也。其水导源关山⑤，南流历故关下。溪之东岸有石室三层，其户牖扇扉⑥，悉石也，盖故关之候台矣⑦。南则绝谷，累石为关垣⑧，崇墉峻壁，非轻功可举⑨。山岫层深⑩，侧道褊狭⑪，林障邃险，路才容轨⑫。晓禽暮兽⑰，寒鸣相和，羁官游子⑬，聆之者莫不伤思矣。其水历山南迳军都县界⑭，又谓之军都关⑮。《续汉书》曰⑯：尚书卢植隐上谷军都山是也⑰。其水南流出关，谓之下口⑱，水流潜伏十许里也。

【注释】

①湿馀水：即古灅馀水。亦名榆河。即今北京东北温榆河。源自居庸关，南流经北京昌平区西至沙河镇为其上游北沙河，东南经顺义区至通州区北入北运河。上谷：此指北魏上谷郡，治居庸县，即今北京延庆区东。居庸关：又名军都关、太行第八陉、蓟门关、纳款关。在今北京昌平区西北三十里。关门南北相距四十里，两山夹峙，下有巨涧，悬崖峭壁，称为绝险。

②沮阳城：在今北京昌平区东南。居庸：即居庸县。西汉置，属上谷郡。治所在今北京延庆区东。三国魏为上谷郡治。北魏孝昌中废。

③更始：此指西汉皇帝刘玄。字圣公，光武帝刘秀族兄。南阳蔡阳（今湖北枣阳西南）人。23年，被绿林军拥立为帝，年号更始。后兵败被杀。

④耿况：字侠游。扶风茂陵（今陕西兴平）人。耿弇之父。曾任王莽朔调连率（上谷太守），后归附刘秀。东汉建武四年（28）被封为隃糜侯。

⑤关山:在今北京昌平区西北。

⑥户牖(yǒu):门窗。牖,窗户。扉(fēi):门扇。

⑦候台:即烽火台。古代边境要地为守望报警而筑的高台。

⑧关垣(yuán):居庸关的关墙。垣,城墙。

⑨轻功:轻易简单的劳作。举:成功,完成。

⑩山岫(xiù):山峦,山峰。层深:高而深。

⑪褊(biǎn)狭:狭窄。褊,狭小,狭窄。

⑫路才容轨:山道狭窄,仅容得下一辆车。轨,本指两车轮之间的距离。此代指车子。

⑬羁(jī)官:久宦异乡的人。

⑭军都县:西汉置,属上谷郡。治所在今北京昌平区西南十七里古城。

⑮军都关:即居庸关。在今北京昌平区西北。

⑯《续汉书》:此当为晋司马彪《续汉书》。该书记载东汉一代史实,为纪、志、传三体。《续汉书》后唯存八志,南朝宋时为后人补入范晔《后汉书》中而流传至今。南朝梁刘昭为之作注。

⑰卢植:字子干。东汉涿郡涿县(今河北涿州)人。经学家。少与郑玄事马融为师,通古今学,为当时大儒。军都山:又名居庸山。在今北京昌平区西北。

⑱下口:即南口。在今北京昌平区西北二十五里南口镇。

【译文】

湿馀水

湿馀水发源于上谷郡居庸关东面,

居庸关位于沮阳城东南六十里的居庸县界,所以叫居庸关。更始帝派使者来到上谷,耿况到居庸关去迎接他,说的就是此关。湿馀水源于关山,往南流经居庸关下。溪水东岸有一座三层石室,石室的门窗、框架全是岩石做的,这就是古关的瞭望台。瞭望台南面是深谷,关隘的城墙都用石块砌成,墙高壁峭,可不是一项轻而易举的工程。这里峰峦层叠,绝谷渊深,山道狭窄,仅容得下一辆车,又有深林的阻障,地形极其险要。早晨的山鸟,黄昏的野兽,在寒风中哀鸣,互相应和,旅人听了无不感到伤怀,思乡之情油然而生。湿馀水流过山南,流经军都县界,这里也有个关,叫军都关。《续汉书》说:尚书卢植隐居于上谷军都山,就是这里。湿馀水南流出关,那地方叫下口,水流潜入地下十余里。

东流过军都县南,又东流过蓟县北[①],

湿馀水故渎东迳军都县故城南[②],又东,重源潜发,积而为潭,谓之湿馀潭。又东流,易荆水注之[③],其水导源西北千蓼泉[④],亦曰丁蓼水,东南流迳郁山西[⑤],谓之易荆水。公孙瓒之败于鲍丘也[⑥],走保易荆[⑦],疑阻此水也。易荆水又东,左合虎眼泉水[⑧],出平川,东南流入易荆水。又东南与孤山之水合[⑨],水发川左,导源孤山,东南流入易荆水,谓之塔界水[⑩]。又东迳蓟城[⑪],又东迳昌平县故城南[⑫],又谓之昌平水。《魏土地记》曰:蓟城东北百四十里有昌平城,城西有昌平河,又东流注湿馀水。湿馀水又东南流,左合芹城水[⑬],水出北山,南迳芹城[⑭],东南流注湿馀水。湿馀水又东南流迳安乐故城西[⑮],更始使谒者韩鸿北徇[⑯],承制拜吴汉为安乐令[⑰],即此城也。

【注释】

①蓟(jì)县:战国秦置,为广阳郡治。治所在今北京西南隅。
②军都县故城:在今北京昌平区西北十七里古城。
③易荆水:在今北京昌平区。
④千蓼泉:在今北京昌平区。
⑤郁山:在今北京昌平区。

⑥公孙瓒（zàn）之败于鲍丘也：《后汉书·孝献帝纪》："是岁，袁绍
　遣将麹义与公孙瓒战于鲍丘，瓒军大败。"公孙瓒，字伯珪。东汉
　灵帝时辽西令支（今河北迁安）人。从涿郡卢植学。官拜奋武将军，
　封蓟侯。后为袁绍所败，引火自焚。鲍丘，李贤注："水名，出北塞
　中，南流经九庄岭东，俗谓之大榆河。又东南经渔阳县（今北京密
　云区）故城东，是瓒之战处。见《水经注》。"

⑦走：逃跑。保：依凭，依恃。

⑧虎眼泉水：在今北京昌平区西八里旧县。

⑨孤山：在今北京昌平区。

⑩塔界水：《水经注疏》杨守敬按："水在今昌平州（今北京昌平区）西。"

⑪蓟（jì）城：即蓟县。

⑫昌平县：西汉置，属上谷郡。治所在今北京昌平区东南。东汉属广阳郡。

⑬芹城水：在今北京昌平区东北。

⑭芹城：在今北京昌平区东。

⑮安乐：即安乐县。西汉置，属渔阳郡。治所在今北京顺义区西南。

⑯谒者韩鸿：王莽新朝末更始帝刘玄部属。南阳宛（今河南南阳）人，更
　始元年（23），以谒者持节使幽、并等州，招抚官吏。谒者，秦官。守宫
　殿门户，掌传达，接待宾客以及临时差遣等职务。徇（xùn）：巡视，巡行。

⑰承制：谓秉承皇帝旨意而便宜行事。吴汉：字子颜。东汉南阳宛（今
　河南南阳）人。更始初，为安乐令。后归光武帝刘秀，拜偏将军，
　勇鸷有智谋。伐蜀与公孙述战，灭公孙述。位至大司马，封广平侯。

【译文】

湿馀水往东流过军都县南面，又往东流过蓟县北面，

　湿馀水旧道东经军都县老城南面，又往东，水流又从地下冒出来，积
成水潭，称为湿馀潭。湿馀水又东流，易荆水注入，易荆水发源于西北的
千蓼泉，又称丁蓼水，往东南流经郁山西面，才称易荆水。公孙瓒在鲍丘
打了败仗，想退回易荆固守，可能就被这条水所阻挡。易荆水又东流，在

左边汇合了虎眼泉，虎眼泉源出平川，往东南流入易荆水。易荆水又往东南流，与孤山水汇合，孤山水发源于平川的东边，从孤山流出，往东南流入易荆水，又称塔界水。塔界水又往东流经蓟城，又往东流经昌平县老城南面，又称昌平水。《魏土地记》说：蓟城东北一百四十里有昌平城，城西有昌平河，昌平河又往东流，注入湿馀水。湿馀水又往东南流，在左边汇合芹城水，芹城水发源于北山，往南流经芹城，往东南流，注入湿馀水。湿馀水又往东南流经安乐老城西面，更始帝派谒者韩鸿去北方巡视，奉命授吴汉为安乐令，说的就是此城。

又北屈东南至狐奴县西[①]，入于沽河[②]。

昔彭宠使狐奴令王梁南助光武[③]，起兵自是县矣。湿馀水于县西南东入沽河。故《地理志》曰：湿馀水自军都县东至潞南入沽是也[④]。

【注释】

①狐奴县：西汉置，属渔阳郡。治所在今北京顺义区东北呼奴山麓。

②沽河：又称沽水。进入下游平原地区古代又称潞水、潞河，上游今称白河。白河为今密云水库两条主要水源河之一。

③彭宠：字伯通。南阳宛（今河南南阳）人。随光武帝刘秀，被封为建忠侯，赐号大将军。因意望没能得到满足，而常怀不平。后将兵反叛，被诛。狐奴：即狐奴县。王梁：字君严。渔阳要阳（今河北丰宁东）人。刘秀时，擢拜为大司空，封武强侯。官历山阳太守、河南尹、济南太守，定封阜成侯。

④潞：即潞县。东汉改路县置，属渔阳郡。古县城遗址在今北京通州区东部。

【译文】

湿馀水又向北转弯，往东南流到狐奴县西面，注入沽河。

从前彭宠派孤奴县令王梁往南帮助光武帝起兵，就是从该县前去的。湿馀水从该县西南往东注入沽河。因此《地理志》说：湿馀水自军都县东面流到潞县，往南注入沽水。

沽河
沽河从塞外来，

沽河出御夷镇西北九十里丹花岭下，东南流，大谷水注之①。水发镇北大谷溪，西南流，迳独石北界②，石孤生，不因阿而自峙③。又南，九源水注之④。水导北川，左右翼注⑤，八川共成一水，故有九源之称。其水南流，至独石注大谷水。大谷水又南迳独石西，又南迳御夷镇城西，魏太和中⑥，置以捍北狄也。又东南，尖谷水注之。水源出镇城东北尖溪，西南流迳镇城东，西南流注大谷水，乱流南注沽水。

【注释】

①大谷水：当在今河北赤城境内。
②独石：在今河北赤城北独石口。
③因：依凭，依傍。阿：山体，大山。峙：耸立，高峙。
④九源水：当在今河北赤城境内。
⑤翼注：从左右两侧汇注。
⑥太和：北魏孝文帝元宏的年号（477—499）。

【译文】

沽河

沽河从塞外流过来，

沽河发源于御夷镇西北九十里的丹花岭下，往东南流，大谷水注入。大谷水发源于镇北大谷溪，往西南流经独石北界，这块巨石四面没有山峦依附,孤零零地矗立于平地上。大谷水又南流,九源水注入。九源水来自北川,左右两边有八条小溪汇入,合成一条,因此有九源之称。水往南流,到独石注入大谷水。大谷水又往南流经独石西面,又往南流经御夷镇西面,御夷镇是魏太和时为防北狄而设。大谷水又往东南流,尖谷水注入。尖谷水源出御夷镇东北的尖溪,往西南流经镇城东面,往西南流,注入大谷水,乱流往南注入沽水。

又南出峡,夹岸有二城,世谓之独固门①。以其藉险凭固,易为依据,岩壁升耸②,疏通若门,故得是名也。

【注释】

①独固门:即龙门山。在今河北赤城北云州乡东北五里。

②升耸:疑为"斗耸"之讹。斗耸,陡峭高耸。

【译文】

沽水又往南流出峡谷,这里有两座城夹岸对峙,人们称之为独固门。因为这里有险要难攻的地形可以依靠,易于固守,两旁岩石壁立高耸,而中间则可以通过,犹如门户,因而得名。

沽水又南,左合乾溪水,引北川西南迳一故亭东,又西南注沽水。

【译文】

沽水又往南流,在左边汇合乾溪水,乾溪水引北川往西南流,经一个老亭东面,又往西南注入沽水。

沽水又西南迳赤城东①,赵建武年②,并州刺史王霸为燕所败^③，退保此城。城在山阜之上，下枕深隍^④，溪水之名，藉以变称，故河有赤城之号矣。

【注释】

①赤城：《水经注疏》杨守敬按："今赤城县（今河北赤城）东二里有赤城山，石多赤，古赤城在其上。"

②建武：后赵石虎的年号（335—348）。

③并州：西汉武帝置，为十三刺史部之一。东汉治所在太原郡（今山西太原西南晋源镇）。

④枕：临近、靠近。深隍：深而无水的壕沟。

【译文】

沽水又往西南流经赤城东面，赵建武年间，并州刺史王霸被燕国打败，退回此城坚守。赤城位于山丘上，城下便是深壕，溪名也因城名而改变，因此又有赤城河之称。

沽水又东南与鹊谷水合，水有二源，南即阳乐水也^①，出且居县^②。《地理志》曰：水出县东，南流迳大翩山、小翩山北^③，历女祁县故城南^④。《地理志》曰：东部都尉治^⑤，王莽之祁县也。世谓之横水，又谓之阳田河。又东南迳一故亭。又东，左与候卤水合^⑥，水出西北山，东南流迳候卤城北，城在居庸县西北二百里^⑦，故名云候卤，太和中，更名御夷镇。又东南流注阳乐水。阳乐水又东南傍狼山南^⑧，山石白色特上，亭亭孤立，超出群山之表。又东南迳温泉东^⑨，泉在山曲之中。又迳赤城西，屈迳其城南，东南入赤城河。河水又东南，右合高峰水，水出高峰戍东南^⑩，城在山上，其水西南流，又屈而东南，入沽水。

【注释】

①阳乐水：又名横水、龙门水。即今河北赤城南红河。

②且居县：西汉置，属上谷郡。治所在今河北怀来（沙城）西北新安
　堡镇。

③大翮（hé）山：在今北京延庆区西北二十五里，相连者为小翮山。

④女祁县：西汉置，为上谷郡东部都尉治。治所在今河北赤城南。

⑤东部都尉：官名。东汉以后，大郡有时一郡设二三都尉分部治之，
　称东部都尉、西部都尉等。

⑥候卤水：具体不详。

⑦居庸县：西汉置，属上谷郡。治所在今北京延庆区东。

⑧狼山：在今河北张家口赤城区北。

⑨温泉：在今河北张家口赤城区西。

⑩高峰戍：在今河北丰宁满族自治县（大阁镇）西南四十里。北魏曾
　于此筑城。

【译文】

　　沽水又往东南流，与鹊谷水汇合，鹊谷水有两个源头，南面是阳乐
水，发源于且居县。《地理志》说：阳乐水发源于县东，往南流经大翮山、
小翮山以北，流过女祁县老城南面。《地理志》说：这是东部都尉治，也
就是王莽时的祁县。阳乐水世人称之为横水，又称阳田河。阳乐水又往
东南流经一个古亭，又东流，在左与候卤水汇合，候卤水发源于西北山，
往东南流经候卤城北面，城在居庸县西北二百里，因此名叫候卤，太和年
间改名为御夷镇。候卤水又往东南流，注入阳乐水。阳乐水又往东南沿
着狼山南麓流过，山上的岩石呈白色，孤峰亭亭耸峙，高出众山之上。阳
乐水又往东南流经温泉东面，温泉位于一处山坳里，又流经赤城西面，又
绕到城南，往东南流入赤城河。赤城河又往东南流，向右流汇合高峰水，
高峰水发源于高峰戍东南面，这座城堡位于山上，水往西南流，又折向东
南，注入沽水。

　　沽水又西南流出山，迳渔阳县故城西[1]，而南合七度水[2]。水出北山黄颁谷[3]，故亦谓之黄颁水，东南流注于沽水。

【注释】

①渔阳县：战国燕置，为渔阳郡治。治所在今北京密云区西南三一里。

②七度水：在今北京怀柔区北部。

③黄颁谷：当在今河北三河市西北一带。

【译文】

　　沽水又往西南流出山间，流经渔阳县老城西面，南流汇合了七度水。七度水发源于北山黄颁谷，因此又称黄颁水，往东南流，注入沽水。

　　沽水又南，渔水注之[1]。水出县东南平地，泉流西迳渔阳县故城南。应劭曰：在渔水之阳也[2]。考诸地说[3]，则无闻；脉水寻川[4]，则有自。今城在斯水之阳，有符应说，渔阳之名当属此，秦发闾左戍渔阳[5]，即是城也。渔水又西南入沽水。

【注释】

①渔水：在今北京密云区西南，南流入白河。

②渔水之阳：渔水的北边。阳，山南水北为阳。

③地说：关于地理的著作。

④脉：通"派"。审观，察视。

⑤闾（lú）左：居住于闾巷左侧的人民。一说秦时贫贱者居闾左，后因借指庶民。

【译文】

　　沽水又往南流，渔水注入。渔水发源于渔阳县东南的平地上，泉水往西流经渔阳县老城南面，应劭说：渔阳县在渔水之阳。查阅其他地理著作，都没有这个说法；但沿着河流探寻，却又确实从那里流过。如今渔阳在渔水之阳,与应劭说法相符,渔阳的地名应是由此而来的,秦调派乡里贫民驻守渔阳,指的就是此城。渔水又往西南流,注入沽水。

沽水又南与螺山之水合^①,水出渔阳城南小山。《魏土地记》曰:城南五里有螺山^②,其水西南入沽水。

【注释】

①螺山之水:在今北京怀柔区一带。

②螺山:即今北京怀柔区北二十里红螺山。

【译文】

沽水又南流,与螺山水汇合,此水发源于渔阳城以南的小山。《魏土地记》说:城南五里有螺山,水往西南流注入沽水。

沽水又南迳安乐县故城东^①,《晋书地道记》曰^②:晋封刘禅为公国^③。俗谓之西潞水也^④。

【注释】

①安乐县:西汉置,属渔阳郡。治所在今北京顺义区西南。

②《晋书地道记》:书名。又称《晋地道志》《晋地道记》《地道记》。东晋王隐撰。今存清人辑本。

③刘禅(shàn):字公嗣。涿郡涿县(今河北涿州)人。刘备之子。昏庸无谋,后用光禄大夫谯周之计策,投降邓艾。举家东迁至洛阳,被魏朝封为安乐县公。公国:三国魏在县与侯国之外,另增县王国与公国两种相当于县的政区。受封者的地位及身份低于和郡平行的王国的王,故其封国仅相当于县一级政区,受统于郡。

④西潞水:在今北京顺义区西部。大致相当于今潮白河河道的一段。

【译文】

沽水又往南流经安乐县老城东面，《晋书地道记》说：晋把这里封给刘禅，立为公国。沽水，俗称西潞水。

南过渔阳狐奴县北①，西南与湿馀水合，为潞河②；

沽水西南流迳狐奴山西③，又南迳狐奴县故城西。渔阳太守张堪④，于县开稻田，教民种殖，百姓得以殷富。童谣歌曰：桑无附枝，麦秀两岐⑤，张君为政，乐不可支。视事八年，匈奴不敢犯塞。

【注释】

①渔阳：即渔阳郡。战国燕置。秦汉治渔阳县（今北京密云区西南三十里）。

②潞河：又名白河。在今北京顺义区西部。大致相当于今潮白河河道的一段。

③沽水：上游即今河北白河，下游故道自今北京顺义区东南李遂镇西南流迳通州区东北，会温榆河，此下即今北运河。狐奴山：即呼奴山。在今北京顺义区东北二十五里。

④张堪：字君游。东汉初南阳宛（今河南南阳）人。初任郎中，迁谒者。从吴汉伐公孙述，拜蜀郡太守。视事二年，征为骑都尉，转渔阳太守。在郡八年，捕击奸猾，劝民耕种，并大破匈奴，使其不敢犯塞。

⑤麦秀两岐：一麦两穗。这在古代是吉瑞。麦秀，本指麦子秀发而未实，这里指麦穗。

【译文】

沽水往南流过渔阳郡狐奴县北面，往西南与湿馀水汇合，称为潞河；

沽水往西南流经狐奴山西面，又往南流经狐奴县老城西面。渔阳太守张堪，带领狐奴县百姓开垦农田，并指导他们种植水稻，百姓从此才富裕起来。有童谣唱道：桑树没有弱枝，双穗的麦子旺长，张太守爱民施政，老百姓喜气洋洋。张堪在渔阳任职八年，匈奴不敢进犯边塞。

沽水又南，阳重沟水注之。水出狐奴山，南转迳狐奴城西，王莽之所谓举符也。侧城南注，右会沽水。

【译文】

沽水又南流，阳重沟水注入。阳重沟水发源于狐奴山，转弯往南流经狐奴城西面，这就是王莽时的举符。阳重沟水傍着城边南流，在右边与沽水汇合。

沽水又南，湿馀水注之。

【译文】

沽水又往南流，湿馀水注入。

沽水又南，左会鲍丘水①，世所谓东潞也②。

【注释】

①鲍丘水：在今天津蓟州区、宝坻区境内，东南流汇窦头河，入蓟运河。古鲍丘水上游即今潮河，下游略与今白河平行南流，折东南循今蓟运河下游入海。

②东潞：即鲍丘水。相对于上文的"西潞水"而言，称为"东潞"。

【译文】

沽水又往南流，在左边与鲍丘水汇合，世人称之为东潞水。

沽水又南迳潞县为潞河。《魏土地记》曰：城西三十里有潞河是也。

【译文】

沽水又往南流经潞县，称为潞河。《魏土地记》说：城西三十里有潞河。

又东南至雍奴县西①，为笥沟②；

漯水入焉③，俗谓之合口也。又东，鲍丘水于县西北而东出。

【注释】

①雍奴县：西汉置，属渔阳郡。治所在今天津武清区（杨村镇）西北土门楼村。

②笥（sì）沟：在今天津武清区西。

③漯（lěi）水：在今山西北部及河北、北京境内。上游即今山西、河北境内桑乾河及永定河，下游自今北京西南卢沟桥以下，故道在今永定河之北，东南流至今天津武清区入潞河（北运河）。

【译文】

沽水又往东南流到雍奴县西面，称为笥沟；

漯水在这里注入，汇流处俗称合口。沽水又东流，鲍丘水在雍奴县西北往东流出。

又东南至泉州县①，与清河合②，东入于海。清河者，派河尾也③。

沽河又东南迳泉州县故城东④，王莽之泉调也。沽水又东南合清河，今无水。清、淇、漳、洹、滱、易、涞、濡、沽、滹沱^⑤，同归于海。故《经》曰派河尾也。

【注释】

①泉州县：战国秦置，属渔阳郡。治所在今天津武清区（杨村）西南城上村。

②清河：上游即今河南卫辉以上的卫河。《水经·清水》："出河内脩武县（今河南获嘉）之北。"汉、魏前在今淇县（朝歌镇）南入黄河。西晋后改道东会淇水入白沟。随后自今新乡以下成为永济渠的一部分，清水之名渐废。

③派河尾：各派水流的下游。《水经注疏》杨守敬按："盖《经》言派河尾者，谓众河之尾也。众河发源不同，至此同流归于海，故总括之曰派河尾矣。"派，水分道而流。

④沽河：又作沽水。即今白河、潮白河，东循北运河入海。

⑤淇：即淇水，古黄河支流。即今河南淇河，南流至今卫辉东北淇门镇南入河。漳：即漳水。有清漳水、浊漳水二源，均发源于山西东南部，与河北南部边境汇合后称漳河，其河道古今变迁很大。古漳河初为黄河中、下游最大的支流。洹：即洹河。今河南北部卫河支流安阳河，发源于河南林州林虑山。滱（kòu）：即滱水。上游即今河北定州以上之唐河。自定州以下，故道东南流经今安国南，折东北经高阳西，又北流经安新安州镇西，东北流与易水合，此下易水亦通称滱水。易：即易水。有三：一曰中易水，源出河北易县西，东流至定兴西南合拒马河。即古武水。一曰北易水，源出易县北，东南流入定兴界，与中易水合，即古濡水，又名沙河。一曰南易水，源出易县西南，东流入徐水、安新为𪄙河（今瀑河）。涞：涞水，又名巨马河，即今河北拒马河。濡：有南、北濡水之分。北濡水，即今河北易县西北之北易水；南濡水，即今河北顺平南之方顺河，又名曲逆水。源出山西五台山东北泰戏山，西南流至忻

州北折向东流，至盂县北穿割太行山进入河北平原，在献县与滹
阳河汇合为子牙河，全长五百四十公里。

【译文】

沽水又往东南流到泉州县，与清河汇合，往东流入大海。清
河是众河的末尾。

沽水又往东南流经泉州县老城东面，泉州就是王莽时的泉调。沽水
又往东南流，汇合了清河，现在已经无水了。沽水又汇合清、淇、漳、洹、
滱、易、漆、濡、沽、滹沱等水，一同归入大海。因此《水经》说：清河是众
河的末尾。

鲍丘水

鲍丘水从塞外来，南过渔阳县东，

鲍丘水出御夷北塞中，南流迳九庄岭东[1]，俗谓之大榆
河[2]。又南迳镇东南九十里西密云戍西，又南，左合道人溪
水[3]。水出北川，南流迳孔山西[4]，又历密云戍东，左合孟广
峒水[5]。水出峒下[6]，峒甚层峻，峨峨冠众山之表[7]。其水西
迳孔山南，上有洞穴开明，故土俗以孔山流称。峒水又西南
至密云戍东，西注道人水，乱流西南迳密云戍城南，右会大
榆河，有东密云[8]，故是城言西矣。大榆河又东南流，白杨泉
水注之[9]。北发白杨溪、望离[10]，右注大榆河。又东南，龙刍
溪水自坎注之[11]。大榆河又东南出峡，迳安州旧渔阳郡之滑
盐县南[12]，左合县之北溪水。水出县北广长堑南[13]，太和中，
掘此以防北狄。其水南流迳滑盐县故城东，王莽更名匡德
也，汉明帝改曰盐田[14]，右承治[15]，世谓之斛盐城[16]，西北去御
夷镇二百里。南注鲍丘水。

【注释】

①九庄岭：在今北京密云区北三十里。

②大榆河：鲍丘水流经九庄岭段的名称。当在今北京密云区北一带。

③道人溪水：在今北京密云区东北。

④孔山：《水经注疏》杨守敬按："《河水注》有孔山，上有穴，如车轮三所。《易水注》有孔山，下有钟乳穴，上又有大穴，豁达洞开，此山亦其类也。"

⑤孟广峋（xíng）水：在河北。

⑥峋：山名。

⑦峨峨：高耸的样子。

⑧东密云：《水经注疏》杨守敬按："三藏水详《濡水注》，在今承德府（今河北承德）东，正在此密云戍之东，盖即所谓东密云也。"

⑨白杨泉水：具体不详。

⑩望离：具体不详。

⑪龙刍溪水：具体不详。坎：《周易》八卦之一，为北方之卦。代指北方。

⑫安州：北魏皇兴二年（468）置，治方城（今河北隆化伊逊河东岸）。
　　滑盐县：西汉置，属渔阳郡。治所在今河北滦平南。东汉废。

⑬广长堑：当在今河北滦平一带。

⑭汉明帝：东汉明帝刘庄。

⑮右承：即尚书右丞。盐官。

⑯斛（hú）盐城：在今河北滦平南。

【译文】

鲍丘水

鲍丘水从塞外流来，往南流过渔阳县东面，

鲍丘水发源于御夷镇北塞，往南流经九庄岭东面，俗称大榆河。又往南流，从御夷镇东南九十里的西密云戍以西流过，又往南流，在左边汇合道人溪水。道人溪水发源于北川，往南流经孔山西面，又流经密云戍东面,在左边汇合孟广峋水。孟广峋水发源于峋下,山极峭峻,高高地超出众山之上。这条水往西流经孔山南面,山上有石洞,洞顶开口透光,因此,当地民间称之为孔山。峋水又往西南流到了密云戍以东,往西注入道人水,往西南乱流,经过密云戍城南,在右边汇合大榆河,因为有个东密云,所以称此城为西密云。大榆河又往东南流,有白杨泉水注入。白杨泉水发源北方的白杨溪、望离,在右边注入大榆河。大榆河又往东南流,有龙刍溪水从北方流来注入。大榆河又往东南流出峡谷,流经安州旧渔阳郡的滑盐县南面,向左流汇合了该县的北溪水。北溪水发源于县北的广长堑南面,太和年间挖掘此堑,目的在于防御北狄。溪水往南流经滑盐县老城东面,王莽时改名为匡德,汉明帝又改为盐田,是盐官右丞的治所,世人称之为斛盐城,西北离御夷镇二百里。溪水南流注入鲍丘水。

又南迳傂奚县故城东[1],王莽更之曰敦德也。

【注释】

[1]傂(tí)奚县:东汉改虒奚县置,属渔阳郡。治所在今北京密云区东北古北口内潮河西岸。

【译文】

鲍丘水又往南流经傂奚县老城东,王莽时更名为敦德。

鲍丘水又西南迳犷平县故城东[1],王莽之所谓平犷也。又南合三城水[2],水出臼里山[3],西迳三城[4],谓之三城水。又迳香陉山[5],山上悉生榼本香[6],世故名焉。又西迳石窟南,窟内宽广,行者依焉。窟内有水,渊而不流,栖薄者取给焉[7]。又西北迳伏凌山南[8],与石门水合,水出伏凌山,山高峻,岩障寒深,阴崖积雪,凝冰夏结,事同《离骚》峨峨之咏[9],

故世人因以名山也。一水西南流注之，是水有桑谷之名⑩，盖沿出桑溪故也。又西南迳犷平城东南，而右注鲍丘水。

【注释】

①犷平县：西汉置，属渔阳郡。治所在今北京密云区东北石匣一带。

②三城水：《水经注疏》熊会贞按："三城水在鲍丘水之左，当增左字。"

③白里山：当在今北京密云区一带。

④三城：《水经注疏》杨守敬按："此必有三城之目，今脱。"

⑤香陉山：当在今北京密云区一带。

⑥槁本香：具体不详。

⑦栖薄者：栖息休止之人。栖，栖息。薄，通"泊"。停止，停泊。这里亦有休止义。

⑧伏凌山：亦称雾灵山。在今河北兴隆西北。

⑨《离骚》：《楚辞》篇名。屈原的代表作。表现了诗人忧国忧民、不肯与世沉浮的高尚精神，以及自己的政治理想不能实现的苦闷。

⑩桑谷：《水经注疏》熊会贞按："灅水注于延水，侧有桑林，时人亦谓为藂桑河。北土寡桑，至此见之，因以名焉。是水有桑谷之名，当亦然。《辽志》檀州有桑溪，即此也。"

【译文】

　　鲍丘水又往西南流经犷平县老城东面，就是王莽时的平犷。又往南流，汇合了三城水，三城水发源于白里山，往西流经三城，称为三城水。又流经香陉山，山上遍长槁本香，因而得名。又往西流经石窟南面，窟内很宽广，过往行人常在此歇息。窟里面有个深潭，但不外流，留宿的人就靠潭水饮用。溪水又往西北流经伏凌山南面，与石门水汇合，石门水发源于伏凌山，山很高峻，岩壑间很冷，背阴一面的山崖积雪不消，夏天也还结冰，正如《离骚》所吟诵的一样，因此世人就称为伏凌山。有一条水往西南流，注入石门水，称为桑谷水，因为溪水从桑林旁流过，才有此名。又往西南流经犷平城东南，向右注入鲍丘水。

鲍丘水又东南迳渔阳县故城南，渔阳郡治也。秦始皇二十二年置①，王莽更名通潞，县曰得渔。

【注释】

①秦始皇二十二年：前225年。

【译文】

鲍丘水又往东南流经渔阳县老城南面，渔阳郡的治所就在这里。渔阳郡是秦始皇二十二年所置，王莽时改郡名为通潞，县名为得渔。

鲍丘水又西南流，公孙瓒既害刘虞①，乌丸思刘氏之德②，迎其子和，合众十万，破瓒于是水之上，斩首一万③。

【注释】

①刘虞：字伯安。东海郡郯县（今山东郯城北）人。东海王刘恭之后。初举孝廉，累迁至幽州刺史。劝课农桑，开渔盐之利。后与公孙瓒交恶，发兵攻之。兵败，被杀。

②乌丸：亦作乌桓。古时北方少数民族名。原是东胡族的一支，西汉初被匈奴击败，迁移到乌桓山，因以为名。汉建安十二年（207）曹操破乌桓，徙万余落至中原，逐渐与汉族和其他族人融合。

③斩首一万：事见《后汉书·公孙瓒传》："乌桓峭王感虞恩德，率种人及鲜卑七千余骑，共辅南迎虞子和，与袁绍将麹义合兵十万，共攻瓒。兴平二年，破瓒于鲍丘，斩首二万余级。"

【译文】

鲍丘水又往西南流，公孙瓒杀害了刘虞，乌丸王感念刘虞的恩德，就去迎他的儿子刘和，合兵十万，在这条水上大败公孙瓒，斩首一万。

鲍丘水又西南历狐奴城东，又西南流注于沽河，乱流而南。

【译文】

鲍丘水又往西南流经狐奴城东面，又往西南流，注入沽河，往南乱流而去。

又南过潞县西^①，

鲍丘水入潞，通得潞河之称矣，高梁水注之^②。水首受灅水于戾陵堰^③，水北有梁山^④，山有燕剌王旦之陵^⑤，故以戾陵名堰。水自堰枝分，东迳梁山南，又东北迳刘靖碑北^⑥。其词云：魏使持节、都督河北道诸军事、征北将军、建成乡侯、沛国刘靖^⑦，字文恭，登梁山以观源流，相灅水以度形势，嘉武安之通渠^⑧，羡秦民之殷富。乃使帐下丁鸿^⑨，督军士千人，以嘉平二年^⑩，立遏于水^⑪，导高梁河，造戾陵遏^⑫，开车箱渠^⑬。

【注释】

①潞县：东汉改路县置，属渔阳郡。古县城遗址位于今北京通州区东部。

②高梁水：三国魏时开车箱渠，导灅水自今石景山南东接高梁水上源，又自今德胜门外分流东至北京通州东注入潞河。亦称高梁河。

③首受：源头接纳。戾（lì）陵堰：三国魏嘉平二年（250）刘靖主持修建。在今北京西石景山区永定河上，引水入车箱渠东注高梁河。

④梁山：在今北京石景山区。

⑤燕刺王旦：即刘旦。汉武帝之子。元狩六年（前117）封燕王。元凤元年（前80）以谋反罪下狱，自杀，谥刺。

⑥刘靖：字文恭。三国时沛国相（今安徽宿州）人。魏初为黄门侍郎，历迁庐江太守、尚书、河南尹。后为镇北将军、督河北诸军事，兴农事，修水利，边民惠之。卒后追赠征北将军，晋封建成乡侯爵。

⑦魏：此指三国魏。使持节：魏晋南北时朝，都督掌地方军政，为加强事权，朝廷常加给使持节的称号，授予诛杀二千石以下官吏的特权。征北将军：三国魏明帝太和中设置。与征东、征西、征南统称为四征将军，掌专征事务。沛国：东汉建武二十年（44）改沛郡置。治所在相县（今安徽淮北市相山区）。

⑧武安：即武安君白起，秦朝名将。郿（今陕西眉县）人。善用兵，以功封武安君。后击赵于长平，前后坑杀赵俘四十五万。通渠：开通水渠。此处郦道元认识可能有误。《水经注疏》杨守敬按："《汉书·沟洫志》，太始二年，赵中大夫白公，奏穿渠引泾水，首起谷口，尾入栎阳，名曰白渠。若武安乃白起封号，此岂误以白渠为武安君所开乎？"

⑨□鸿：字孝公。东汉颍川定陵（今河南郾城西）人。从桓荣受《欧阳尚书》，善辩论诘难。明帝时袭封为列侯。

⑩嘉平二年：250年。嘉平，三国魏齐王曹芳的年号（249—254）。

⑪遏（è）：通"堨"。堤坝，堰坝。

⑫戾陵遏：即上文的戾陵堰。

⑬车箱渠：在今北京西部。

【译文】

鲍丘水又往南流过潞县西面，

鲍丘水进入潞县境内，统称潞河，有高梁水注入。高梁水上溯在戾陵堰从灅水分流而出，北岸有梁山，山上有燕刺王刘旦的陵墓，因此称堰为戾陵堰。这条水从戾陵堰分出后，往东流经梁山南面，又往东北流经刘靖碑北面。碑文道：魏使持节、都督河北道诸军事、征北将军、建成乡侯、沛国刘靖，字文恭，登上梁山观望灅水河道勘察地形地势，他赞扬武安君凿通水渠，美慕秦国人民的富裕。于是派部下丁鸿率领一千多士兵，于嘉平二年拦河筑坝，疏通了高梁河，建造了戾陵堰，开凿了车箱渠。

其遏表云[1]：高梁河水者，出自并州[2]，潞河之别源也。长岸峻固，直截中流[3]，积石笼以为主遏[4]，高一丈，东西长三十丈，南北广七十余步。依北岸立水门，门广四丈，立水十丈。山水暴发，则乘遏东下[5]；平流守常[6]，则自门北入。灌田岁二千顷，凡所封地百余万田。至景元三年辛酉[7]，诏书以民食转广，陆废不赡[8]，遣谒者樊晨更制水门[9]，限田千顷，刻地四千三百一十六顷[10]，出给郡县，改定田五千九百三十顷。水流乘车箱渠，自蓟西北迳昌平，东尽渔阳潞县，凡所润含，四五百里，所灌田万有余顷。高下孔齐[11]，原隰底平[12]，疏之斯溉，决之斯散。导渠口以为涛门，洒滮池以为甘泽[13]，施加于当时，敷被于后世[14]。晋元康四年[15]，君少子骁骑将军、平乡侯弘[16]，受命使持节监幽州诸军事[17]，领护乌丸校尉、宁朔将军[18]。遏立积三十六载，至五年夏六月，洪水暴出，毁损四分之三，剩北岸七十余丈。上渠车箱，所在漫溢。追惟前立遏之勋，亲临山川，指授规略，命司马关内侯逢恽内外将士二千人[19]，起长岸，立石渠，修主遏，治水门，门广四丈，立水五尺，兴复载利，通塞之宜，准遵旧制，凡用功四万有余焉[20]。诸部王侯，不召而自至，襁负而事者[21]，盖数千人。《诗》载经始勿亟[22]，《易》称民忘其劳[23]，斯之谓乎。于是二府文武之士[24]，感秦国思郑渠之绩，魏人置豹祀之义，乃遐慕仁政，追述成功。元康五年十月十一日,刊石立表,以纪勋烈㉕,并记遏制度㉖,氶为后式焉。事见其碑辞。又东南流,迳蓟县北,又东至潞县,注于鲍丘水。

【注释】

①遏表:堤坝的石碑。表,刻有文字或图案的石柱或石碑。

②并州:古州名,虞舜分冀东恒山之地为并州。

③直截:径直横断。

④石笼:元代王祯《王氏农书》中记载:用藤萝或木条编成,圈眼,大笼长二三丈,高四五尺,内装石块,用木桩钉住,接连绵延可用来抵御洪水奔浪。《水经注·济水一》亦载"以竹笼石葺土而为堨"之法。按:1998年长江抗洪,则更以铁笼装石头以塞决口。主遏:主堤坝。

⑤乘:凌越,漫过。

⑥平流守常:水流稳定时。

⑦景元三年:262年。景元,三国魏元帝曹奂的年号(260—264)。

⑧陆废:当为陆费,陆地出产的供消费的物品。赡(shàn):丰足。

⑨谒者樊晨:具体未详。

⑩刻:通"刻"。限定,限制。

⑪孔齐:极其一致。孔,甚,很。

⑫厎隰(xí):广平与低湿之地。底平:致功而平,言可耕种。

⑬洒:水分流。滮(biāo)池:蓄水池。滮,蓄水,停水。

⑭敷被:(恩惠)流布覆盖。

⑮元康四年:294年。元康,西晋惠帝司马衷的年号(291—299)。

⑯君:此指刘靖。少子:小儿子。骁骑将军、平乡侯:刘弘的官名。

⑰幽州:汉武帝置十三州刺史部之一。东汉治所在蓟县(今北京西南)。

⑱领:汉代以后,以地位较高的官员兼理较低的职务,谓之"领"。也

称"录"。护乌丸校尉：简称乌丸校尉。汉武帝时置，掌管乌桓、鲜卑少数民族事务的官员。宁朔将军：杂号将军。三国时魏置，两晋、南北朝、隋均沿置。

⑲司马：官名。掌军旅之事。关内侯：秦汉爵制。秦商鞅定二十等爵，以赏军功，第十九级为关内侯，地位次于列侯。因仅有侯爵，不予封邑，又因寄食于京畿关中地区，故称关内侯。逄恽（páng yùn）：人名。具体不详。

⑳功：一个劳力一天的工作。

㉑襁（qiǎng）负：用襁褓背负。事：劳作。这里指修造水利工程。

㉒《诗》载经始勿亟：《诗经·大雅·灵台》："经始勿亟，庶民子来。"经始勿亟，朱熹《诗集传》："虽文王心恐烦民，戒令勿亟，而民心乐之，如子趋父事，不召自来也。"经始，经营。勿亟，不要着急。

㉓《易》称民忘其劳：《周易·兑卦》象辞："说以先民，民忘其劳。"民忘其劳，老百姓忘记了劳累。

㉔二府：丞相与御史二官署。

㉕纪：通"记"。记载，记录。勋烈：功绩，业绩。

㉖制度：规模，样式。

【译文】

修堰所立石碑的碑文说：高梁水出自并州，是潞河的分支。一条牢固的长堤，截断水流，以石笼为主坝，高一丈，东西长三十丈，南北宽七十多步。在北岸建了一道水门，宽四丈，又筑了一条长十丈的堰坝。山洪暴发时，水就漫过水坝东流而去；平常流量稳定时，就从北门流来。每年可灌溉农田二千顷，全部封地有一百多万亩。到了景元三年辛酉日，诏书中说，人民所需粮食增多，陆路运粮供应不上，派遣谒者樊晨改建水闸，把每年的农田限制在一千顷，从封地中划出四千三百一十六顷转交给郡县，改定封地为五千九百三十顷。水流沿着车箱渠，自蓟县西北流经昌平县，东至渔阳潞县为止，其间渠道所经四五百里，溉农田一万多项。无论高处低处,都受其利,引水导流就可以灌溉,开口放水就会流散。打开渠口就涌进水浪,放出水流就成为甘泽,不但受益于当时,而且造福于后世。晋元康四年,刘君少子骠骑将军、平乡侯刘弘,被任命持节,监幽州诸军事的职务,领有护乌丸校尉、宁朔将军的职衔。筑堰后的三十六年,即元贶五年六月,洪水暴发,堰坝被冲毁四分之三,只留下北岸的七十多丈。上段的车箱渠,到处水流横溢。刘弘追思先人筑堰的功绩,于是亲临现场,指导制订规划,命令司马关内侯逄恽率领内外将士二千人,砌造堤垾,建立石渠,修筑主堰,安装水闸,闸门宽四丈,高五尺,兴修这项水利工程时,凡有关疏导壅塞,便利灌溉的办法,都以原来的制度为准,整个工程耗费了四万多工。各部王侯,不召自来,连背着婴儿的妇女也来参加,人数多达几千。《诗经·大雅·灵台》说:动工了莫急躁,《周易·兑卦》说:人民忘记了劳累,指的就是这种情况吧。于是丞相、御史官署里的文武官员,联想到秦国人民追思郑国开渠的功绩,魏国人民感念西门豹立祠的义举,因而也十分钦仰这件利民的善政,觉得应当追述这项工程的成就。于是,在元康五年十月十一日,刻石立表,记述这件重大的功绩,并记载护堰的制度,作为后人遵守的准则。详情见碑文。高粱水又往东南流经蓟县北面,又往东流到潞县,注入鲍丘水。

　　又南迳潞县故城西,王莽之通潞亭也。汉光武遣吴汉、耿弇等破铜马、五幡于潞东[①],谓是县也。屈而东南流,迳潞城南,世祖拜彭宠为渔阳太守,治此。宠叛,光武遣游击将军邓隆伐之[②],军于是水之南。光武策其必败[③],果为宠所破[④],遗壁故垒存焉。

【注释】

①耿弇(yǎn):字伯昭。扶风茂陵(今陕西兴平)人。光武即立,拜
　　弇为建威大将军。铜马:即铜马军,新莽末年河北的农民起义军,

当时河北起义军有铜马、大肜、高湖等，共数万人，以东山荒秃、上
淮况等领导的铜马军为最强大。后被刘秀陆续击破。五幡（fān）：
西汉末年一支农民起义军的称号。后为光武帝刘秀所破。

②游击将军邓隆：东汉将领。建武二年（26），为游击将军。时幽州
渔阳、涿郡二郡举兵反，隆率军救援幽州刺史朱浮，败绩。

③策：揣度，卜测。

④果为宠所破：事见《后汉书·彭宠传》："秋，帝使游击将军邓隆救
蓟。隆军潞南，浮军雍奴，遣吏奏状。帝读檄，怒谓使吏曰：'营相
去百里，其势岂可得相及？比若还，北军必败矣。'宠果盛兵临河
以拒隆，又别发轻骑三千袭其后，大破隆军。"

【译文】

　　鲍丘水又往南流经潞县老城西面，就是王莽时的通潞亭。汉光武帝
派吴汉、耿弇等在潞县东部大败铜马、五幡等部，说的就是此县。鲍丘水
又折向东南，流经潞城南面，世祖任彭宠为渔阳太守，郡治就设在这里。
彭宠反叛，光武帝派游击将军邓隆去讨伐，他的军队就驻扎在这条水的
南岸。光武帝占卜得知邓隆一定要失败，果然被彭宠打垮，那里还留有
营垒的遗迹。

　　鲍丘水又东南入夏泽①，泽南纡曲渚十余里，北佩谦
泽②，眇望无垠也。

【注释】

①夏泽：即夏谦泽。在今河北大厂回族自治县西北十五里夏垫镇附近。

②佩：古代指系于衣带的装饰品。从地图上可以看出，有些水域在
地图上的位置就好像是装饰品一样，点缀在一些主干河道上。这
里郦道元采用了比喻的手法，把这些点缀在主干河道上的水域看
作是装饰品，用"佩"显得非常形象。谦泽：在今河北三河市境内。

【译文】

鲍丘水又往东南注入夏泽，夏泽南岸弯弯曲曲长达十余里，北面是谦泽，水面辽阔，一眼望去无边无际。

又南至雍奴县北，屈东入于海。

鲍丘水自雍奴县故城西北，旧分笥沟水东出，今笥沟水断，众川东注，混同一渎。东迳其县北，又东与泃河合①。水出右北平无终县西山白杨谷②，西北流迳平谷县③，屈西南流，独乐水入焉④。水出北抱犊固南⑤，迳平谷县故城东。后汉建武元年⑥，光武遣十二将⑦，追大枪、五幡及平谷⑧，大破之于是县也。其水南流入于泃，泃水又左合盘山水⑨。水出山上，其山峻险，人迹罕交，去山三十许里，望山上水，可高二十余里，素湍皓然，颓波历溪⑩，沿流而下，自西北转注于泃水。泃水又东南迳平谷县故城，东南与洳河会⑪。水出北山，山在傂奚县故城东南⑫，东南流迳博陆故城北⑬，又屈迳其城东，世谓之平陆城，非也。汉武帝玺书，封大司马霍光为侯国⑭。文颖曰⑮：博大陆平，取其嘉名而无其县，食邑北海、河东⑯。薛瓒曰⑰：按渔阳有博陆城，谓此也。今城在且居山之阳⑱，处平陆之上，匝带川流，面据四水，文氏所谓无县目，嘉美名也。洳水又东南流迳平谷县故城西⑲，而东南流注于泃河。泃河又南迳峡城东⑳，而南合五百沟水㉑。水出七山北，东迳平谷县之峡城南，东入于泃河。泃河又东南迳临泃城北㉒，屈而历其城东，侧城南出。《竹书纪年》：梁惠成王十六年㉓，齐师及燕战于泃水，齐师遁，即是水也。泃水又南入鲍丘水㉔。

【注释】

① 洵(jū)河：俗名错河。源于今河北兴隆南之北三岔口，南流折而向西，经北京平谷区、河北三河市，至天津宝坻区入蓟运河。

② 右北平：战国燕置。秦治所在无终县（今天津蓟州区）。无终县：战国燕置。后入秦，为右北平郡治。治所即今天津蓟州区。白杨谷：在今天津蓟州区一带。

③ 平谷县：西汉置，属渔阳郡。治所在今北京平谷区西北十二里城子庄。

④ 独乐水：即独乐河。在今北京平谷区东北二十里，西南流然后转东南流为洵河。

⑤ 北抱犊固：当在今北京平谷区一带。

⑥ 建武元年：25 年。建武，东汉光武帝刘秀的年号（25—56）。

⑦ 光武遣十二将：《水经注疏》熊会贞按："范书《耿弇传》作十三，且明指十三人，并弇为十四。然《光武纪》作十二将，袁宏《后汉纪》同。"

⑧ 大枪：西汉末年的一支农民起义军。后为光武帝所破。

⑨ 盘山水：在今天津蓟州区西北盘山。

⑩ 颓波：向下流的水势。

⑪ 洳河：即今北京平谷区西北错河。

⑫ 傂(tí)奚县：东汉改虒奚县置，属渔阳郡。治所在今北京密云区东北古北口内潮河西岸。

⑬ 博陆故城：在今北京密云区东南。

⑭ 霍光：字子孟。河东平阳（今山西临汾西南）人。西汉霍去病异母弟。以大将军大司马受遗诏辅佐幼主昭帝，昭帝崩，立昌邑王刘贺，以之淫乱，废之立宣帝。

⑮ 文颖：字叔良。南阳（今河南南阳）人。后汉末荆州从事，魏建安中为甘陵府丞。曾注《汉书》。

⑯ 食邑：指古代君主赐给臣下作为世禄的封地。北海：即北海郡。

西汉景帝二年(前155)分齐郡置。治所在营陵县(今山东昌乐东南五十里古城)。河东：即河东郡。战国魏置，后属秦。治所在安邑县(今山西夏县西北十五里禹王城)。

⑰薛瓒：《汉书》颜师古注中收录有"臣瓒"注《汉书》。但臣瓒姓氏，历来学者考辨，众说纷纭，莫衷一是。郦注屡作薛瓒，未知何据。

⑱今城在且居山之阳：《水经注疏》熊会贞按："且居县为阳乐水所出，于延水所迳，去此甚远……作'今城居山之阳'则合矣。"阳，山南水北为阳。

⑲泃水：即泃河。今北京平谷区西北错河。

⑳緤(yǎng)城：即今北京平谷区西南英城乡。

㉑五百沟水：在今北京平谷区一带。

㉒临泃城：又名临渠城。石赵所置，因临泃水而名。在今河北三河市东南。

㉓梁惠成王十六年：前354年。梁惠成王，即魏惠王。

㉔洳(jū)水：即洳河。

【译文】

鲍丘水又往南流到雍奴县北，折向东，注入大海。

鲍丘水从前在雍奴县老城西北从笥沟分出往东流，如今笥沟水已断流，许多东流的水就都合成一条了。鲍丘水又往东流经雍奴县北面，又往东流，与泃河汇合。泃河发源于右北平无终县西山的白杨谷，往西北流经平谷县，折向西南流，有独乐水注入。独乐水发源于北抱犊固南，沅经平谷县老城东面。后汉建武元年，光武帝派出十二位大将，追击大枪、五幡诸部，直到平谷县，就在该县把他们打得大败。独乐水往南流注入泃水，泃水又在左边汇合了盘山水。盘山水发源于盘山上，山势险峻，人迹罕至。离山三十多里，远远望去，从二十多里高的山上，泻下一道白练般的飞瀑，山泉沿着溪涧顺流而下，从西北注入泃水。泃水又往东南流经平谷县老城，往东南与泃河汇合。泃河发源于北山，山在傂奚县老城东南，往东南流经博陆老城北面，又折向城东，有人称为平陆城，这是不对的。汉武帝下了诏书，把博陆封给大司马霍光，立为侯国。文颖说：博大而高平，取个美好的名字，但没有这么一个县，霍光的封地在北海、河东。薛瓒说：渔阳有博陆城，说的就是此城。现在城在且居山以南平坦的高地上，四面环水，文颖所说的，只取美称，实无县名，就指的是这个地方。洳水又往东南流经平谷县老城西面，往东南流，注入洵河。洵河又往南流经峡城以东，往南汇合了五百沟水。五百沟水发源于七山北麓，往东流经平谷县的峡城南面，往东注入洵河。洵河又往东南流经临洵城北面，转弯流过城东，沿着城边往南流去。《竹书纪年》载：梁惠成王十六年，齐军和燕军在洵水开战，齐军战败逃遁，说的就是这条水。洵水又往南流，注入鲍丘水。

鲍丘水又东合泉州渠口[1]，故渎上承滹沱水于泉州县[2]，故以泉州为名。北迳泉州县东，又北迳雍奴县东，西去雍奴故城百二十里。自滹沱北入其下，历水泽百八十里，入鲍丘河，谓之泉州口。陈寿《魏志》曰[3]：曹太祖以蹋顿扰边[4]，将征之，从洵口凿渠迳雍奴、泉州以通河海者也[5]。今无水。

【注释】

①泉州渠：在今天津东北。三国曹操为沟通潞河和洵河而凿。渠因在泉州县而名。

②泉州县：战国秦置，属渔阳郡。治所在今天津武清区（杨村镇）西南城上村。汉属渔阳郡。

③陈寿：字承祚。巴西郡安汉县（今四川南充东北）人。有良史才，撰《三国志》，创三国并立之体例。

④曹太祖：即曹操。蹋顿：东汉时乌桓部落的首领。汉献帝时，丘力居死，从子蹋顿有武略，代立为王。后为曹操击败于柳城，斩之。

⑤沟(jū)口：沟河河口。

【译文】

鲍丘水又东流，汇合了泉州渠，泉州渠的旧道上游在泉州县承接滹沱水，因此以泉州来命名。渠水往北流经泉州县东面，又往北流经雍奴县东面，这里西距雍奴老城一百二十里。渠水从滹沱河分出往北流，经过一百八十里的水泽，注入鲍丘河，汇流处叫泉州口。陈寿《魏志》说：曹太祖因为蹋顿侵扰边境，准备出兵讨伐，于是以沟口为起点开渠，经过雍奴、泉州直通河海。现在这条渠道已经无水了。

鲍丘水又东，庚水注之①。水出右北平徐无县北塞中②，而南流历徐无山得黑牛谷水③，又得沙谷水，并西出山，东流注庚水。昔田子泰避难居之④，众至五千家。《开山图》曰⑤：山出不灰之木⑥，生火之石⑦。按《注》云⑧：其木色黑似炭而无叶，有石赤色如丹⑨，以二石相磨，则火发，以然无灰之木，可以终身，今则无之。其水又迳徐无县故城东，王莽之北顺亭也。《魏土地记》曰：右北平城东北百一十里有徐无城⑩。其水又西南与周卢溪水合⑪。水出徐无山，东南流注庚水。庚水又西南流，灅水注之⑫。

【注释】

①庚水：又名浭水。即今河北遵化、天津蓟州区之州河、潦河。

②徐无县：战国秦置，属右北平郡。治所在今河北遵化东。塞中：边塞之中。

③徐无山：在今河北遵化东。

④田子泰：即田畴，字子泰。右北平无终（今天津蓟州区）人。汉末董卓之乱，率宗族及附从者数百人入徐无山中。数年间聚众至

五千余家。曹操北征,率众为向导。

⑤《开山图》:书名。又作《遁甲开山图》。是书所记皆天下名山及洪古帝王发迹之处。今存黄奭《汉学堂》辑本。

⑥不灰之木:燃烧后不会变成灰的树木。

⑦生火之石:相互摩擦会生火花的石头。

⑧《注》:《水经注疏》杨守敬按:"《开山图》有荣氏注。"

⑨丹:丹砂,朱砂。

⑩右北平城:即右北平郡的郡治。在今天津蓟州区。徐无城:徐无县的治所。在今河北遵化东。

⑪周卢溪水:在今河北遵化东。

⑫灅(lěi)水:即今河北遵化西沙河。

【译文】

鲍丘水又东流,有庚水注入。庚水发源于右北平徐无县北方的边塞,往南流经徐无山,接纳了黑牛谷水,又接纳了沙谷水,这两条水都发源于西方的山谷,往东流注入庚水。从前田子泰来这里避难,人数逐渐增至五千户。《开山图》说:山上长有一种树木,燃烧后无灰;山上有一种石头,可以打火。查考《开山图》的荣氏注说:这种树木呈黑色,样子像炭,没有树叶,石头红色如朱砂,两块石头相摩擦,就能发出火花,把无灰的木头点着,可以终日燃烧不灭,现在这种树木早已绝迹了。庚水又流过徐无县老城东面,徐无县就是王莽时的北顺亭。《魏土地记》说:右北平城东北一百一十里有徐无城。庚水又往西南流,与周卢溪水汇合。周卢溪水发源于徐无山,往东南流,注入庚水。庚水又往西南流,有灅水注入。

水出右北平俊靡县①,王莽之俊麻也。东南流,世谓之车辇水②。又东南流与温泉水合。水出北山温溪③,即温源也。养疾者不能澡其炎漂,以其过灼故也。《魏土地记》曰:徐无城东有温汤,即此也。其水南流百步,便伏流入于地下,水盛则通注。

【注释】

①俊靡县：西汉置，属右北平郡。在今河北遵化西北。

②车耎（fàr）水：今河北遵化一带。

③温溪：又名温源、温汤。《水经注疏》杨守敬按："温泉今名汤河，源出遵化州（治今河北遵化）西北口外。"

【译文】

灅水发源于右北平俊靡县，就是王莽时的俊麻。水往东南流，人们称之为车耎水。灅水又往东南流，与温泉水汇合。温泉水发源于北山温溪，就是温泉的水源。但治病的人不能在泉水涌出处洗澡，因为太热的缘故。《魏土地记》说：徐无城东面有温汤，指的就是此泉。温泉水往南流了百步，就潜入地下，水大时就畅流注入灅水。

灅水又东南迳石门峡①，山高崭绝，壁立洞开，俗谓之石门口②。汉中平四年③，渔阳张纯反④，杀右北平太守刘政、辽东太守阳纮⑤。中平五年，诏中郎将孟益率公孙瓒讨纯⑥，战于石门，大破之⑦。

【注释】

①石门峡：在今河北遵化西四十五里石门镇。

②石门口：即上文之石门峡。

③中平四年：187 年。中平，东汉灵帝刘宏的年号（184—189）。

④张纯：东汉末渔阳（今北京密云区西南）人。与同郡张举举兵叛，举称天子，纯称弥天将军、安定王。寇略青、徐、幽、冀四州，杀掠吏民，所至残破。灵帝末，幽州牧刘虞募胡人斩纯首，北州乃定。

⑤刘政：东汉灵帝时右北平太守，被张纯等人所杀。其余不详。辽东：即辽东郡。战国燕置，治所在襄平县（今辽宁辽阳老城）。阳

　　绖（hóng）：东汉灵帝时辽东太守，被张纯等人所杀。其余不详。

⑥中郎将孟益：东汉灵帝时为中郎将，中平五年（188）率部讨渔阳
　　叛臣张纯，大破之。

⑦大破之：事见《后汉书·孝灵帝纪》。

【译文】

　　灅水又往东南流经石门峡，这里山极险峻，山峡两边陡峭如壁，中间
开了个口，俗称石门口。汉中平四年，渔阳张纯谋反，杀了右北平太守刘
政、辽东太守阳绖。中平五年，下诏命中郎将孟益率领公孙瓒讨伐张纯，
两军在石门交战，大败张纯。

　　灅水又东南流，谓之北黄水，又屈而为南黄水。又西南
迳无终山①，即帛仲理所合神丹处也②，又于是山作金五千斤
以救百姓③。山有阳翁伯玉田④，在县西北有阳公坛社，即
阳公之故居也。《搜神记》曰⑤：雍伯⑥，洛阳人，至性笃孝，
父母终殁⑦，葬之于无终山，山高八十里，而上无水，雍伯置
饮焉，有人就饮，与石一斗，令种之，玉生其田。北平徐氏有
女⑧，雍伯求之，要以白璧一双，媒者致命，伯至玉田求得五
双，徐氏妻之，遂即家。《阳氏谱叙》言⑨：翁伯是周景王之
孙⑩，食采阳樊⑪，春秋之末，爰宅无终⑫，因阳樊而易氏焉。
爰人博施，天祚玉田⑬，其碑文云：居于县北六十里翁同之
山⑭，后潞徙于西山之下⑮，阳公又迁居焉，而受玉田之赐，
情不好宝，玉田自去，今犹谓之为玉田阳。干宝曰⑯：于种石
处，四角作大石柱，各一丈，中央一顷之地，名曰玉田，至今
相传云。玉田之揭⑰，起于此矣，而今不知所在，同于《谱叙》
自去文矣。

【注释】

①无终山：又名翁同山、阴山。在今天津蓟州区北，接玉田界。

②帛仲理：即帛和，字仲理。三国时人。师董奉学行气、辟谷术。传作神丹，服半剂，延年无极。以半剂作黄金五十斤，救惠贫病。

③作金五千斤以救百姓：《太平御览》："《神仙传》云：仙人白仲理者，辽东人也，隐居无终山中，合神丹。又于山中作金五千斤，以救百姓。即此山也。"

④阳翁伯：专说中的神仙，会种玉。玉田：传说中产玉之田。

⑤《搜神记》：书名。晋干宝搜集古今怪异非常之事会聚成书。是我国志怪小说的代表作。

⑥雍伯：即阳翁伯。

⑦终殁（mò）：去世。

⑧北平：即北平郡。西晋改右北平郡置，属幽州。治所在徐无县（今河北遵化东）。北魏太平真君七年（446）废。

⑨《阳氏谱叙》：具体不详。

⑩周景王：姬姓，名贵。周灵王之子。

⑪食采：享用封邑的租赋。阳樊：一名樊，春秋周邑，后属晋。在今河南济源西南。

⑫爰宅：迁居。爰，变易。无终：即无终山。

⑬祚（zuò）：福。

⑭翁同之山：即上文之"无终山"。

⑮潞：西周时赤狄国。在今山西黎城南古城。战国时改置为潞县。

⑯干宝：字令升。东晋新蔡（今河南新蔡）人。官至著作郎。撰《搜神记》。

⑰揭：标志。

【译文】

灅水又往东南流，叫北黄水，又折向南流，称为南黄水。又往西南流经无终山，就是帛仲理配制神丹的地方，他又在这座山上炼制出五千斤黄金救济百姓。山上有阳翁伯的玉田，在县城西北，有阳公坛社，就是阳公的故居。《搜神记》说：雍伯，洛阳人，性孝顺，父母死后，埋葬在无终山，山高八十里，山上无水，雍伯常常在坟前放上水，有一个过路人喝了他的水，送了他一斗石头，叫他种到田里，不久，田里长出许多玉来。北平徐家有一个女儿，雍伯请媒人去求婚，徐家要他送一双白璧来定亲，媒人将徐家的要求告诉雍伯，雍伯到玉田收来五双白璧送去，徐家就把女儿嫁给他，从此雍伯就在无终山安家。《阳氏谱叙》说：翁伯是周景王的孙子，封于阳樊，春秋末年，迁居到无终山，因阳樊而改姓为阳。他怀着仁爱之心，普施众人，天帝因而将玉田赐给他，碑文说：阳公原来居住在县北六十里的翁同山，后来潞人迁居到西山下，阳公又迁居到这里，得到天帝所赐的玉田，阳公生性不贪财宝，玉田也就自然消失了，这地方如今仍叫玉田阳。干宝说：在种石的地方，四角竖着四根大石柱，各长一丈，石柱中央那块地广一顷，名叫玉田，至今还流传着这个称呼。玉田的标志，就是从此时开始的，但如今已不知所在了，干宝的记载与《谱叙》玉田自然消失的说法相同。

　　蓝水注之[①]。水出北山，东流屈而南，迳无终县故城东[②]，故城，无终子国也[③]。《春秋·襄公四年》[④]，无终子嘉父使孟乐如晋[⑤]，因魏绛纳虎豹之皮[⑥]，请和诸戎是也，故燕地矣。秦始皇二十二年灭燕[⑦]，置右北平郡，治此，王莽之所谓北顺也。汉世李广为郡，出遇伏石，谓虎也，射之饮羽[⑧]，即此处矣。《魏土地记》曰：右北平城西北百三十里有无终城。其水又南入灅水。灅水又西南入于庚水。《地理志》曰：灅水出俊靡县南，至无终东入庚水。庚水，世亦谓之为柘水也。南迳燕山下[⑨]，悬岩之侧有石鼓，去地百余丈，望若数百石囷[⑩]，有石梁贯之[⑪]。鼓之东南，有石援枹[⑫]，状同击势。

耆旧言[13]，燕山石鼓，鸣则土有兵。庚水又南迳北平城西，而南入鲍丘水，谓之柘口。

【注释】

①蓝水：又名采亭桥河。即今河北玉田西兰泉河。

②无终县：战国燕置。后入秦，为右北平郡治。治所即今天津蓟州区。

③无终子国：即无终国。春秋山戎所建，初在今山西太原东，后迁今天津蓟州区。子国，无终国为子爵，故称。

④襄公四年：前569年。

⑤无终子嘉父：无终（山戎）国之君，名嘉父。孟乐：嘉父的大臣。

⑥魏绛：即魏庄子。春秋时晋国大夫。主张和戎，晋悼公采纳他的建议，派他与诸戎结盟。纳：进献。

⑦秦始皇二十二年：前225年。

⑧"汉世李广为郡"几句：《汉书·李广传》记载："广出猎，见草中石，以为虎而射之，中石没矢，视之，石也。他日射之，终不能入矣。"李广，陇西成纪（今甘肃秦安）人。西汉抗击匈奴之名将。饮羽，箭深入所射物体，中箭。羽，箭尾上的羽毛。

⑨燕山：即今河北东北部燕山山脉。自潮白河河谷以东，历今玉田、唐山丰润区东至山海关入海。东西走向，蜿蜒数百里，海拔400—1000米。山中多隘口，历来为南北交通要孔。

⑩石囷（qūn）：圆形谷仓。

⑪石梁：石桥。

⑫石援桴（fú）："石"后脱"人"字，当为"石人"。援，持，拿。桴，槌。

⑬耆（qí）旧：老人。

【译文】

灅水到了这里，有蓝水注入。蓝水发源于北山，往东流，又转弯往南流经无终县老城东面，老城原属无终子国。《春秋·襄公四年》记载，无终国君嘉父派孟乐出使晋国,通过魏绛献上虎豹皮,请求晋侯与戎族各部议和,这一带原属燕国领地。秦始皇二十二年,灭了燕国,设置右北平郡,郡治就在这里,王莽时称为北顺。汉时李广任郡守,一次出行,看到一块半隐半现的岩石,误以为虎,一箭射去,羽箭深深地穿进岩石中,就是在这地方。《魏土地记》说:右北平城西北面一百三十里有无终城。蓝水又南流,注入灅水。灅水又往西南流,注入庚水。《地理志》说:灅水发源于俊靡县以南,到无终县往东注入庚水。庚水,世人又称柘水。庚水往南流经燕山下,一处悬崖旁有石鼓,离地一百多丈,望去有如可装数百石粮食的圆形大粮仓,底下横搁着一根石梁。石鼓东南面有块岩石如人举着鼓槌击鼓的样子。老人传说,燕山上的石鼓响起来,就有兵灾。庚水又往南流经北平城以西,往南注入鲍丘水,汇流处叫柘口。

鲍丘水又东迳右北平郡故城南,《魏土地记》曰:蓟城东北三百里有右北平城①。

【注释】

①蓟城:即蓟县。秦置,属上谷郡。治所在今北京西南隅。

【译文】

鲍丘水又往东流,经右北平郡老城南,《魏土地记》说:蓟城东北三百里有右北平城。

鲍丘水又东,巨梁水注之①。水出土垠县北陈宫山②,西南流迳观鸡山③,谓之观鸡水④。水东有观鸡寺⑤,寺内起大堂,甚高广,可容千僧,下悉结石为之,上加涂墍⑥,基内疏通,枝经脉散,基侧室外,四出爨火⑦,炎势内流,一堂尽温。盖以此土寒严,霜气肃猛,出家沙门⑧,率皆贫薄,施主虑阙道业⑨,故崇斯构,是以志道者多栖托焉。其水又西南流,右合区落水⑩。水出县北山,东南流入巨梁水。巨梁水又南迳土垠县故城西,左会寒渡水⑪。水出县东北,西南流至县,右注梁河⑫。梁河又南,涧于水注之⑬。水出东北山,西南流迳土垠县故城东,西南流入巨梁水。巨梁水又东南,右合五里水⑭。水发北平城东北五里山⑮,故世以五里名沟,一名田继泉⑯。西流南屈,迳北平城东,东南流注巨梁河,乱流入于鲍丘水。自是水之南,南极滹沱,西至泉州、雍奴⑰,东极于海,谓之雍奴薮⑱。其泽野有九十九淀⑲,枝流条分,往往迳通,非惟梁河、鲍丘归海者也。

【注释】

①巨梁水:即今河北玉田东南之还乡河,为蓟运河支流。

②土垠县:西汉置,属右北平郡。治所在今河北唐山北丰润区银城铺。陈宫山:即今河北遵化东南四十五里华山。

③观鸡山:在今河北唐山丰润区北。

④观鸡水:在今河北唐山丰润区北。

⑤观鸡寺:在今河北唐山丰润区北四十里。

⑥涂塈(jì):用泥涂抹屋顶或墙壁。亦泛指涂饰修缮。塈,以泥涂屋顶。

⑦爨(cuàn)火:灶火。

⑧沙门:佛教僧侣。

⑨施主:和尚或道士称施舍财物给佛寺或道观的人。阙:缺失,耽误。

⑩区落水:在今河北唐山丰润区北。

⑪寒渡水:在今河北唐山丰润区东北,为还乡河支流。

⑫梁河:古巨梁水。即今河北唐山丰润区、玉田二地间之还乡河。

⑬涧于水:在今河北唐山丰润区东北,为还乡河支流。

⑭五里水：即今河北玉田东沙流河。

⑮五里山：今河北玉田东北。

⑯田继泉：五里水的别名。

⑰泉州：即泉州县。战国秦置，属渔阳郡。治所在今天津武清区（杨村镇）西南城上村。雍奴：即雍奴县。西汉置，属渔阳郡。治所在今天津武清区（杨村）西北土门楼村。

⑱雍奴薮（sǒu）：在今天津武清区内。薮，湖泽。亦指水少而草木丰茂的沼泽。

⑲泽野：水泽原野。淀：浅的湖泊。

【译文】

鲍丘水又东流，有巨梁水注入。巨梁水发源于土垠县以北的陈宫山，往西南流经观鸡山下，称为观鸡水。观鸡水的东面有观鸡寺，寺内的殿堂高大宽敞，可以容纳一千名僧人，地面全由石板铺成，屋顶的缝隙都涂了泥，地基下面布满通道，犹如经脉分布于四面八方，室外殿基四面有灶口可烧火，热气从灶口流进通道，整个堂内就都暖和了。因为这一带气候寒冷，霜气逼人，出家的僧人大都贫穷，施主怕影响他们修道，所以把这座殿堂造得特别高大，因而有心修道的人很多都到这里来栖身。观鸡水又往西南流，向右流汇合了区落水。区落水发源于土垠县北山，往东南流入巨梁水。巨梁水又往南流经土垠县老城西面，在左边汇合了寒渡水。寒渡水发源于土垠县东北，往西南流到县城，在右边注入梁河。梁河又往南流，有涧于水注入。涧于水发源于东北山，往西南流经土垠县老城东面，往西南流，注入巨梁水。巨梁水又往东南流，在右边汇合了五里水。五里水发源于北平城东北面的五里山，因此世人就称为五里水，又名田继泉。五里水往西流，又转弯往南流经北平城东面，往东南注入巨梁河，乱流注入鲍丘水。自鲍丘水以南，南到滹沱河，西至泉州、雍奴，东到大海，叫雍奴薮。原野间沼泽相连，有九十九个湖荡，支流纵横交错，处处相通，流到大海的，并非只有梁河和鲍丘水。

濡水

濡水从塞外来[1]，东南过辽西令支县北[2]，

濡水出御夷镇东南，其水二源双引，夹山西北流，出山
合成一川。又西北迳御夷故城东，镇北百四十里北流，左则
连渊水注之[3]。水出故城东，西北流迳故城南，又西北迳绿
水池南，池水渊而不流。其水又西屈而北流，又东迳故城北，
连接两沼，谓之连渊浦[4]。又东北注难河[5]，难河右则汗水入
焉。水出东坞南，西北流迳沙野南，北人名之曰沙野[6]。镇
东北二百三十里，西北入难河，濡、难声相近[7]，狄俗语讹耳。

【注释】

①濡水：即今河北东北部滦河。

②辽西：即辽西郡。战国燕置。秦时治所在阳乐县（今辽宁义县西）。
　三国魏时与阳乐县同移治今河北卢龙东南。令支县：战国燕置，
　属辽西郡。治所在今河北迁安西。

③连渊水：在今河北沽源境内。

④连渊浦：当在今河北沽源境内。

⑤难河：具体不详。

⑥沙野：一本作"沙"。《水经注疏》熊会贞按："上文云'迳沙野南'，
　则北人名必与'沙野'异，故郦氏著之。若亦名'沙野'，何庸赘言，
　此当阙疑。"

⑦濡（nuǎn）、难（nán）声相近：濡、难两字读音相近。

【译文】

濡水

濡水从塞外流来，往东南流过辽西郡令支县北面，

濡水发源于御夷镇东南，有两个源头在山的两边往西北并流，出山

后合成一流。濡水又往西北流经御夷老城以东、御夷镇以北一百四十里，又往北流，左侧有连渊水注入。连渊水发源于老城以东，往西北流经老城南面，又往西北流经绿水池南，池水渊深不流。连渊水又往西，然后折转向北流，又往东流经老城北面，把两个池沼连结在一起，叫作连渊浦。又往东北注入难河，难河右岸有汙水注入。汙水发源于东坞以南，往西北流经沙野南面，北方人叫沙野。汙水在镇东北二百三十里，往西北注入难河，濡、难二字读音相近，是北狄语讹所致。

濡水又北迳沙野西，又北迳箕安山东①，屈而东北流，迳沙野北，东北流迳林山北，水北有池，潭而不流②。

【注释】

①箕安山：《水经注疏》熊会贞按："当即今之特门兀术山。"特门兀术山，具体不详。

②潭：深，深邃。

【译文】

濡水又往北流经沙野以西，又往北流经箕安山以东，折向东北，流经沙野北面，又往东北流经林山北麓，濡水北面有个水池，池水静止不流。

濡水又东北流迳孤山南①，东北流，吕泉水注之②。水出吕泉坞西，东南流，屈而东，迳坞南东北流，三泉水注之。其源三泉雁次③，合为一水，镇东北四百里，东南注吕泉水。吕泉水又东迳孤山北，又东北，逆流水注之。水出东南，导泉西流，右屈而东北注，木林山水会之。水出山南，东注逆水，乱流东北注濡河。

【注释】

①孤山：在今北京房山区西南。

②吕泉水：《水经注疏》熊会贞按："吕泉水当即今多伦诺尔（今内蒙古多伦）西之水。"

③雁次：像群雁飞行的次序一样。

【译文】

濡水又往东北流经孤山以南，往东北流，有吕泉水注入。吕泉水发源于吕泉坞西侧，往东南流，又折转向东，流过该坞南侧，又向东北流，有三泉水注入。三泉水有三个源头，依次汇合为一条水流，在御夷镇东北四百里，往东南注入吕泉水。吕泉水又往东流经孤山北面，又往东北流，有逆流水注入。逆流水发源于东南方，源出泉水向西流，向右转弯然后往东北流，与木林山水汇合。木林山水发源于山南，往东流注入逆水，乱流往东北注入濡河。

濡河又东，盘泉入焉①。水自西北、东南流，注濡河。

【注释】

①盘泉：在今内蒙古多伦境内。

【译文】

濡河又往东流，有盘泉注入，盘泉水来自西北方，往东南流，注入濡河。

濡河又东南，水流回曲，谓之曲河①。镇东北三百里，又东出峡入安州界②，东南流迳渔阳白檀县故城③。《地理志》曰：濡水出县北蛮中。汉景帝诏李广曰④：将军其帅师东辕⑤，弭节白檀者也⑥。

【注释】

①曲河：在今内蒙古多伦境内。

②安州：北魏皇兴二年（468）置，治方城（今河北隆化伊逊河东岸）。
　　东魏元象中寄治幽州北界。在今北京密云区东北七十里。

③白檀县：西汉置，属渔阳郡。治所在今河北滦平东北小城子。县
　　因白檀山而名。

④汉景帝：此当为"汉武帝"之讹。《水经注疏》杨守敬按："《李广传》
　　是广为右北平时事，在武帝元朔二年，非景帝也，今订。"译文从之。

⑤帅：统率，率领。东辕：谓领兵东出或驻守东境。辕，军营的辕门。

⑥弭节：驻节，停车。弭，止。节，车行的节度。

【译文】

濡河又往东南流，河道迂曲回环，称为曲河。在御夷镇东北三百里，
东流出峡，进入安州境内，往东南流经渔阳郡白檀县老城。《地理志》说：
濡水发源于白檀县北方的蛮族地区。汉武帝给李广的诏书说：命令将军
率军东进，在白檀县歇息。

又东南流，右与要水合①。水出塞外，三川并导，谓之大
要水也②。东南流迳要阳县故城东③，本都尉治，王莽更之曰
要术矣。要水又东南流，迳白檀县而东南流，入于濡。

【注释】

①要水：在今河北承德域内。

②大要水：在今河北承德域内。

③要阳县：西汉置，为渔阳都尉治。治所在今河北丰宁东兴州河西。

【译文】

濡水又往东南流，在右侧有要水注入。要水发源于塞外，三条河水
并流，称为大要水。往东南流经要阳县老城东面，老城原是都尉治，王莽
时改名为要术。要水又往东南流经白檀县，再往东南流入濡水。

　　濡水又东南，索头水注之①。水北出索头川②，南流迳广阳侨郡西③，魏分右北平④，置今安州治。又南流，注于濡。

【注释】

①索头水：即今河北围场满族蒙古族自治县、隆化县境之伊逊河。

②索头川：在今河北隆化县境内。

③广阳侨郡：北魏太平真君二年（441）改益州置，与安州同治方城（今河北隆化伊逊河东）。

④魏：此指北魏，亦称后魏。

【译文】

　　濡水又往东南流，有索头水注入。索头水源出索头川，往南流经广阳侨郡西面，这个侨郡是魏时从右北平郡分出，郡治也就是今天安州的州治。索头水又往南流，注入濡水。

　　濡水又东南流，武列水入焉①。其水三川派合②，西源右为溪水，亦曰西藏水③，东南流出溪，与蟠泉水合④。泉发州东十五里，东流九十里，东注西藏水。西藏水又西南流，东藏水注之⑤。水出东溪⑥，一曰东藏水，西南流出谷，与中藏水合⑦。水导中溪，南流出谷，南注东藏水。故目其川曰三藏川⑧，水曰三藏水⑨。东藏水又南，右入西藏水，乱流右会龙泉水⑩。水出东山下，渊深不测，其水西南流，注于三藏水。三藏水又东南流，与龙刍水合。西出于龙刍之溪，东流入三藏水。又东南流迳武列溪，谓之武列水，东南历石挺下⑪。挺在层峦之上，孤石云举，临崖危峻，可高百余仞。牧守所经⑫，命选练之士⑬，弯张弧矢⑭，无能届其崇标者⑮。其水东合流入濡。

【注释】

①武列水：又名热河。即今河北承德北武烈河。

②派合：指水流汇合。派，支流。

③西藏水：《水经注疏》："戴（震）云：西藏水即今之固都尔呼河（今河北承德武烈河之西源鹦鹉河）。"

④蟠泉水：具体不详。

⑤东藏水：即今河北承德北武烈河东源玉带河。

⑥东溪：东藏水别名。

⑦中藏水：即今河北承德北武烈河之北源。

⑧三藏川：当在河北承德一带。

⑨三藏水：即今河北承德北武烈河。

⑩龙泉水：《水经注疏》熊会贞按："龙泉水今名汤泉，出承德府（今河北承德）东北八十里之汤山，温暖适宜。"

⑪石挺：即石挺峰。也即今河北承德东北十六里的磬锤峰。

⑫牧守：州郡的长官。州官称牧，郡官称守。

⑬选练之士：挑选的士兵。练，通"拣"。选择，挑选。

⑭弯张：先弯曲后张射。弧矢：弓箭。

⑮届：达到。崇标：高高的顶巅。

【译文】

濡水又往东南流，有武列水注入。武列水三源合流，西源的右边是一条溪水，又称西藏水，往东南流出溪，与蟠泉水汇合。蟠泉水发源于安州城以东十五里，东流九十里，注入西藏水。西藏水又往西南流，有东藏水注入。这条水出自东溪，又称东藏水，往西南流出谷，与中藏水汇合。中藏水出自中溪，南流出谷，往南注入东藏水。因此把这三条溪流称为三藏川，汇合后就叫三藏水。东藏水又往南流，向右注入西藏水，乱流，在右侧有龙泉水注入。龙泉水发源于东山下，深不可测，往西南流，注入三藏水。三藏水又往东南流，与龙刍水汇合。龙刍水出自西方的龙刍溪，往东流入三藏水。三藏水又往东南流经武列溪,称为武列水,往东南流经石挺峰下。石挺峰高居于群山之上,孤峰直插云霄,陡崖极其险峻,高达百余仞。州牧、太守经过这里时,常叫选拔出来的弓箭手张弓射箭,但没有一个人能射到石挺峰巅的。水往东流注入濡水。

濡水又东南,五渡水注之①。水北出安乐县丁原山②,南流迳其县故城西,本三会城也③。其水南入五渡塘④,于其川也,流纡曲⑤,溯涉者频济⑥,故川塘取名矣。又南流注于濡。

【注释】

①五渡水:即今老牛河。源于今河北承德北,西南流至下板城北入滦河。

②安乐县:西汉置,属渔阳郡。治所在今北京顺义区西北。北魏太平真君七年(446)并入潞县。东魏元象中寄治今北京密云区东北五十里。

③三会城:《水经注疏》熊会贞按:"《地形志》无此县,而营州建德郡阳武有三合城,即此三会城也。则县本属建德郡,后并入阳武矣。"守敬按:"据安乐故城,则当为北燕所置,而魏收略之。当在今平泉州(今河北平泉)西。"

④五渡塘:当在今河北承德一带。

⑤纡(yū)曲:迂回曲折。

⑥溯涉者:逆流涉水之人。溯,逆水而上。涉,徒步渡河。济:渡河。

【译文】

濡水又往东南流,有五渡水注入。五渡水发源于北方的安乐县丁原山,往南流经该县老城西面,就是原来的三会城。五渡水往南注入五渡塘,这条水萦纡曲折,行人要接二连三地过渡,溪和塘都因此得名。水又南流,注入濡水。

濡水又与高石水合①。水东出安乐县东山,西流历三会城南,西入五渡川,下注濡水。

【注释】

①高石水:即瀑河。位于今河北平泉东北境。

【译文】

濡水又与高石水汇合。高石水发源于东方的安乐县东山,往西流经三会城南面,往西注入五渡川,接着往下流注入濡水。

濡水又东南迳卢龙塞①,塞道自无终县东出渡濡水,向林兰陉②,东至清陉③。卢龙之险,峻坂萦折,故有九陉之名矣。燕景昭元玺二年④,遣将军步浑治卢龙塞道⑤,焚山刊石⑥,令通方轨⑦,刻石岭上,以记事功,其铭尚存。而庾杲之注《扬都赋》⑧,言卢龙山在平冈城北⑨,殊为孟浪⑩,远失事实。余按卢龙东越清陉,至凡城二百许里⑪。自凡城东北出,趣平冈故城可百八十里,向黄龙则五百里⑫。故陈寿《魏志》⑬:田畴引军出卢龙塞,堑山堙谷⑭,五百余里迳白檀,历平冈,登白狼⑭,望柳城⑯。平冈在卢龙东北远矣,而仲初言在南⑰,非也。

【注释】

①卢龙塞:在今河北迁西北喜峰口一带。古有塞道,自今天津冀州区东北经河北遵化,循滦河河谷出塞,折东趋大凌河流域,为河北平原通向东北的交通要道。

②林兰陉(xíng):在今河北迁西北喜峰口西。

③清陉：在今河北迁安东北。

④燕景昭元玺二年：353 年。景昭，即十六国时期前燕景昭帝慕容
儁(jùn)，字宣英。昌黎棘城(今辽宁义县)人。鲜卑族，十六国
时期前燕皇帝。元玺，前燕慕容儁的年号(352—357)。

⑤步浑：人名。具体不详。

⑥刊：砍矿，削除。

⑦方轨：两车并行。

⑧庾杲之：当为"庾仲初"之讹。《水经注疏》杨守敬按："……《晋
书·文苑传》，庾阐字仲初，作《扬都赋》，为世所重，不言有《注》。
据《沔水》篇称庾仲初《扬都赋》注云云，知《赋》有《注》。据此
篇称仲初注《扬都赋》云云，又申之曰仲初言在南，知《赋》是仲
初自注，与南齐之庾杲之无涉也。"《扬都赋》：东晋庾阐著。

⑨卢龙山：自今河北围场满族蒙古族自治县东南七老图山岭起，蜿
蜒于长城内外，直至山海关北，卢龙塞道在其地。平冈城：即平刚
县。在今辽宁凌源西南。

⑩孟浪：荒诞不着边际。

⑪凡城：即凡城县治。在今河北平泉南。

⑫黄龙：边塞名。在今辽宁开原西北。

⑬陈寿《魏志》：即《三国志·魏书·武帝纪》中的文字。

⑭堑(qiàn)山堙(yīn)谷：开高山，填深谷。堑，挖掘。堙，填，堵塞。

⑮白狼：即白狼县。战国秦置，属右北平郡。治所在今辽宁喀喇沁
左翼蒙古族自治县西南黄道营子。

⑯柳城：即柳城县。西汉置，属辽西郡，为西部都尉治。治所在今辽
宁朝阳西南十二台营子。

⑰仲初：庾阐，字仲初。颍川鄢陵(今河南鄢陵)人。好学，九岁能
属文。州举秀才，皆不行。累迁尚书郎、彭城内史、散骑侍郎等。
有《吊贾谊辞》《扬都赋》存世。

【译文】

濡水又往东南流经卢龙塞,其道路从无终县向东渡过濡水,经过林兰陉,往东直达清陉。卢龙地势峻险,陡坡七转八弯,因此有九绊之名。燕景昭元玺二年,派遣将军步浑修筑卢龙塞道,他焚山劈石,拓宽山道,可容两车并行,并在岭上刻石,记述筑路的工程,石碑至今还在。但庾仲初注《扬都赋》,却说卢龙山在平冈城以北,实在太粗忽,与事实相去太远了。我查考:从卢龙往东越过清陉,到凡城约二百里。从凡城往东北走,去平冈老城约一百八十里,去向黄龙则有五百里。所以陈寿《魏志》说:田畴率军取道卢龙塞,劈山填谷五百余里,经白檀,过平冈,登上白狼山,直指柳城。平冈在卢龙东北很远,而庾仲初却说在南面,是不对的。

濡水又东南迳卢龙故城东,汉建安十二年①,魏武征蹋顿所筑也②。

【注释】

①建安十二年:207 年。建安,东汉献帝刘协的年号(196—220)。

②魏武:即曹操。蹋顿:东汉时乌桓部落的首领。汉献帝时,丘力居死,从子蹋顿有武略,代立为王。后为曹操击败于柳城,斩之。

【译文】

濡水又往东南流经卢龙老城东面,老城是汉建安十二年魏武帝出征蹋顿时所建。

濡水又南,黄洛水注之①。水北出卢龙山,南流入于濡。

【注释】

①黄洛水:《水经注疏》杨守敬按:"此黄洛水以黄洛城得名,当即今出董家口(今河北秦皇岛抚宁区东北)东北之水,下流至潘家口

（今河北迁西北潘家口）北入滦河者也。"

【译文】

濡水又南流，有黄洛水注入。黄洛水发源于北面的卢龙山，往南流入濡水。

濡水又东南，洛水合焉①。水出卢龙塞，西南流注濡水。

【注释】

①洛水：《水经注疏》杨守敬按："今迁安县（今河北迁安）西北有长河，即洛水，源出董家口外。"

【译文】

濡水又往东南流，与洛水汇合。洛水发源于卢龙塞，往西南流注入濡水。

濡水又屈而流，左得去润水，又合敖水，二水并自卢龙西注濡水①。

【注释】

①"濡水又屈而流"几句：《水经注疏》熊会贞按："今迁安县（今河北迁安）匹北有清河、蛤螺河，并出口外，一自榆木岭流入，一自城子岭流入，合流南入滦河，即此二水也。"

【译文】

濡水又转弯继续奔流，左边接纳了去润水，又汇合了敖水，这两条水都从卢龙往西注入濡水。

濡水又东南流迳令支县故城东①，王莽之令氏亭也。秦始皇二十二年分燕置②，辽西郡令支隶焉③。《魏土地记》曰：

肥如城西十里有濡水④,南流迳孤竹城西⑤,右合玄水⑥,世谓之小濡水,非也。水出肥如县东北玄溪,西南流迳其县东,东屈南转,西回迳肥如县故城南,俗又谓之肥如水⑦。故城,肥子国⑧。应劭曰:晋灭肥,肥子奔燕⑨,燕封于此,故曰肥如也。汉高帝六年⑩,封蔡寅为侯国⑪。西南流,右会卢水⑫,水出县东北沮溪⑬,南流谓之大沮水;又南,左合阳乐水,水出东北阳乐县溪⑭。《地理风俗记》曰:阳乐,故燕地,辽西郡治,秦始皇二十二年置。《魏土地记》曰:海阳城西南有阳乐城⑮。其水又西南入于沮水,谓之阳口。沮水又西南,小沮水注之⑯。水发冷溪⑰,世谓之冷池。又南得温泉水口。水出东北温溪⑱,自溪西南流,入于小沮水。小沮水又南流与大沮水合,而为卢水也。桑钦说⑲,卢子之书言⑳:晋既灭肥,迁其族于卢水。卢水有二渠,号小沮、大沮,合而入于玄水。又南与温水合。水出肥如城北,西流注于玄水。《地理志》曰:卢水南入玄,玄水又西南迳孤竹城北,西入濡水。故《地理志》曰:玄水东入濡,盖自东而注也。《地理志》曰:令支有孤竹城,故孤竹国也。《史记》曰:孤竹君之二子伯夷、叔齐㉑,让国于此,而饿死于首阳㉒。汉灵帝时㉓,辽西太守廉翻梦人谓己曰㉔:余,孤竹君之子,伯夷之弟,辽海漂吾棺椁㉕,闻君仁善,愿见藏覆㉖。明日视之,水上有浮棺,吏嗤笑者皆无疾而死,于是改葬之。《晋书地道志》曰㉗:辽西人见辽水有浮棺,欲破之,语曰:我孤竹君也,汝破我何为? 因为立祠焉。祠在山上,城在山侧,肥如县南十二里,水之会也。

【注释】

①令支县：战国燕置，属辽西郡。治所在今河北迁安西。

②秦始皇二十二年：前225年。

③隶：隶属，归属。

④肥如：即肥如县。西汉置，属辽西郡。治所在今河北卢龙北潘庄镇沈庄一带。

⑤孤竹城：商、周时孤竹国。在今河北卢龙南。

⑥玄水：又名元水。即今河北卢龙东北青龙河。

⑦肥如水：即肥如河。滦河之支流玄水。在今河北卢龙东北。

⑧肥子国：在今河北藁城西南七里。

⑨肥子：即绵皋。春秋时白狄肥氏首领。奔：逃亡。

⑩汉高帝六年：前201年。

⑪蔡寅：西汉诸侯。秦末参加起义，为魏王豹之太仆。汉王三年（前204）降刘邦，任车骑都尉，击破秦将龙且。高祖六年（前201）封肥如侯。

⑫户水：即青龙河。滦河支流。在今河北东北部。源出辽宁凌源西南，西南流入河北宽城、青龙二满族自治县，经卢龙、迁安南入滦河。

⑬洈溪：《水经注疏》杨守敬按：“水出今迁安县（今河北迁安）边外，郡山东南。”

⑭阳乐县：战国燕置，为辽西郡治。治所在今辽宁义县西。西汉属辽西郡。三国魏移治今河北卢龙东南。北齐废。

⑮海阳城：西汉海阳县治所。在今河北滦州西南。北齐废。

⑯小沮水：即今河北迁安东北冷口沙河。

⑰冷溪：《水经注疏》杨守敬按：“今迁安县东北七十里，有冷口关，盖即冷溪所发之地。”

⑱温溪：《水经注疏》杨守敬按：“今日暖河，出迁安县（今河北迁安）东北六十里刘家关。”

⑲桑钦：字君长。西汉成帝时洛阳（今河南洛阳）人。撰有《水经》三卷。于地理沿革、山脉河流走向等有研究。

⑳卢子之书：《水经注疏》熊会贞按："《漯水注》代城下引卢植说，此卢子当即卢植。《御览》一百六十一引植《冀州风土记》，盖即《注》所指之书也。"

㉑伯夷、叔齐：商末孤竹君的两个儿子。相传孤竹君遗命让次子叔齐继承王位。孤竹君死后，叔齐让位于兄伯夷。伯夷不受，叔齐也不愿为君，先后逃亡到周国。周武王灭商后，二人耻食周粟，采薇而食，饿死于首阳山。古人把二人当作"义"的化身。

㉒首阳：又名阳山。即今河北卢龙东南二十五里阳山。

㉓汉灵帝：东汉皇帝刘宏。

㉔廉翻：具体不详。

㉕辽海：泛指辽河流域以东至海地区。棺椁（guǒ）：泛指棺材。

㉖藏覆：埋藏覆盖，这里指安葬。

㉗《晋书地道志》：书名。《又称晋地道志》《地道记》。东晋著作郎王隐所作。

【译文】

濡水又往东南流，经令支县老城东面，这就是王莽时的令氏亭。秦始皇二十二年，分燕国的部分土地设置辽西郡，令支县隶属于该郡。《魏土地记》说：肥如城以西十里，有濡水，往南流经孤竹城以西，右边流汇合了玄水，人们称之为小濡水，这不对。玄水源出肥如县东北方的玄溪，往西南流经县东，先转向东边，再转向南边，然后折回西边，从肥如县老城南面流过，民间又叫肥如水。老城原属肥子国。应劭说：晋灭了肥，肥子投奔到燕国，燕王将他分封在这里，所以叫肥如。汉高帝六年，把这地方封给蔡寅，立为侯国。玄水往西南流，右边汇合了卢水，卢水发源于肥如县东北的沮溪，往南流，称为大沮水；又往南流，左边汇合了阳乐水，阳乐水发源于东北方的阳乐县溪。《地理风俗记》说：阳乐原是燕地，秦始皇二十二年设辽西郡,郡治就在这里。《魏土地记》说:海阳城西南有阳乐城。阳乐水又往西南流,注入沮水,汇流处叫阳口。沮水又往西南流,有小沮水注入,小沮水发源于冷溪,人们称之为冷池。小沮水又往南流,汇合了温泉水。温泉水出自东北方的温溪,往西南流,注入小沮水。小沮水又南流,与大沮水汇合,称为卢水。桑钦提到卢子的书中说:晋灭肥后,把那一族人迁到卢水一带。卢水有两条渠道,称为小沮水和大沮水,二渠汇合注入玄水。卢水又往南流,与温水汇合。温水发源于肥如城以北,往西流,注入玄水。《地理志》说:卢水往南注入玄水,玄水又往西南流经孤竹城北面,往西注入濡水。因此《地理志》说:玄水东流注入濡水,是从东边流来的。《地理志》说:令支有孤竹城,就是旧时的孤竹国。《史记》说:孤竹君的两个儿子伯夷和叔齐,为了辞让王位,在首阳山饿死。汉灵帝时,辽西太守廉翻梦见有人对他说:我是孤竹君的儿子,伯夷的弟弟。我的棺椁在辽海漂浮,听说您是个行善的人,希望您替我掩埋一下。第二天果然看到海上有浮棺,那些嗤笑他的小吏都无疾而死,于是就改地安葬。《晋书地道志》说:辽西人看到辽水上有浮棺,想把它打开,却听到有声音说,我是孤竹君,你为什么要开我的棺椁呢?因此人们就为他立祠。祠在山上,城在山边,肥如县城南十二里,就是两水汇合的地方。

又东南过海阳县西,南入于海。

濡水自孤竹城东南迳西乡北,瓡沟水注之。水出城东南,东流注濡水。

【译文】

濡水又往东南流过海阳县西,往南注入大海。

濡水从孤竹城东南流经西乡北面,瓡沟水注入。瓡沟水发源于孤竹城东南方,往东流注入濡水。

濡水又迳故城南，分为二水，北水枝出，世谓之小濡水也①。东迳乐安亭北②，东南入海。

【注释】

①小濡水：在今河北乐亭东北。

②乐安亭：在今河北乐亭东北二十里。

【译文】

濡水又从老城南面流过，分为两条，北边分支流出的，人们称之为小濡水。往东流经乐安亭北面，往东南注入大海。

濡水东南流，迳乐安亭南，东与新河故渎合①。渎自雍奴县承鲍丘水东出，谓之盐关口。魏太祖征蹋顿，与沟口俱导也②，世谓之新河矣。陈寿《魏志》云：以通海也③。新河又东北绝庚水④，又东北出，迳右北平，绝沟渠之水⑤，又东北迳昌城县故城北⑥，王莽之淑武也。

【注释】

①新河：东汉建安十一年（206）曹操征乌桓蹋顿开凿的运河。大致经今天津宝坻区和河北玉田、丰南、唐山、滦南、滦县等市县地。与平虏、泉州两渠形成一条由北折东的运输渠道。

②沟（jū）口：即沟河口。

③以通海也：《三国志·魏书·武帝纪》：“辽西单于蹋顿尤强，为绍所厚，故尚兄弟归之，数入塞为害。公将征之，凿渠，自呼沱入泒水，名平虏渠；又从沟河口凿入潞河，名泉州渠，以通海。”

④绝：横渡。

⑤沟渠：即沟水。

⑥昌城县：西汉置，属右北平郡。治所在今河北唐山丰南区西北。

【译文】

濡水往东南流经乐安亭南面，往东与新河旧道汇合。旧河道在雍奴县承接鲍丘水，往东流出，称为盐关口。魏太祖征伐蹋顿时，同时疏导了沟河口，所开的渠道，人们称之为新河。陈寿《魏志》说：开新河通大海。新河又往东北穿过庚水，又往东北流出，经右北平穿过沟渠水，又往东北流经昌城县老城北面，就是王莽时的淑武。

新河又东分为二水，枝渎东南入海。新河自枝渠东出合封大水①，谓之交流口。水出新安平县②，西南流迳新安平县故城西，《地理志》：辽西之属县也。又东南流，龙鲜水注之③。水出县西北，世谓之马头水。二源俱导，南合一川，东流注封大水。《地理志》曰：龙鲜水，东入封大水者也。乱流南会新河，南注于海。《地理志》曰：封大水于海阳县南入海④。

【注释】

①封大水：即今河北东北部陡河。源出唐山丰润区北燕山山脉，南流经唐屲入海。

②新安平县：西汉置，属辽西郡。治所在今河北滦州西北。

③龙鲜水：源出今河北迁西南，西南流经唐山丰润区东。又东南流入封大水。相当于今河北陡河上游西源。

④海阳县：西汉置，属辽西郡。治所在今河北滦州西南。

【译文】

新河又往东流，分为两条，支流往东南注入大海。新河从支渠口往东流，汇合了封大水，汇流处叫交流口。水道从新安平县出来，往西南流经新安平县老城西面,《地理志》:这是辽西郡的属县。又往东南流,有龙鲜水注入。龙鲜水发源于新安平县的西北方,人们称之为马头水。马头水有两个源头,往南流汇合为一条,往东注入封大水。《地理志》说:龙鲜水往东注入封大水。乱流往南汇入新河,往南注入大海。《地理志》说:封大水从海阳县南面注入大海。

新河又东出海阳县与缓虚水会①。水出新平县东北②,世谓之大笼川,东南流迳令支城西③,西南流与新河合,南流注于海。《地理志》曰:缓虚水与封大水,皆南入海。新河又东与素河会④,谓之白水口。水出令支县之蓝山⑤,南合新河,又东南入海。

【注释】

①缓虚水:当在今河北滦州一带。

②新平县:当为"新安平县"之脱。译文从之。

③令支城:令支县治所。在今河北迁安西。

④素河:《水经注疏》熊会贞按:"(蓝)山在今迁安县(今河北迁安)西南三十里,又谓之岚山,素河水出焉,又名溯河,皆因声近而讹也。"

⑤令支县:战国燕置,属辽西郡。治所在今河北迁安西。蓝山:《水经注疏》熊会贞按:"其色蓝翠重叠,故名。山在今迁安县(今河北迁安)西南三十里,又谓之岚山。"

【译文】

新河又往东流出海阳县,与缓虚水汇合。缓虚水发源于新安平县东北方,世人称之为大笼川,往东南流经令支城以西,往西南流,与新河汇合,南流注入大海。《地理志》说:缓虚水与封大水都往南注入大海。新河又东流,与素河汇合,汇流处称为白水口。素河发源于令支县的蓝山,南流汇入新河,又往东南注入大海。

新河又东至九溪口,枝分南注海①。新河又东迳海阳县故城南,汉高祖六年②,封摇毋馀为侯国③。《魏土地记》曰:令支城南六十里有海阳城者也。新河又东与清水会④,水出海阳县,东南流迳海阳城东,又南合新河,又南流十许里,西入九溪注海。新河东绝清水,又东,木究水出焉⑤,南入海。新河又东,左迤为北阳孤淀⑥,淀水右绝新河,南注海。新河又东会于濡。

【注释】

①枝分南注海:《水经注疏》熊会贞按:"此枝水在今滦州(今河北滦州)西丙,久湮。"

②汉高祖六年:前201年。

③摇毋馀:东越人。秦末以越队将从刘邦入关破秦。楚汉战争时,任都尉击项羽。汉高祖六年(前201)封海阳侯。

④清水:《水经注疏》熊会贞按:"《地形志》,海阳有清水。今清河出滦州(今河北滦州)西五子山东。"

⑤木究水:《水经注疏》熊会贞按:"《汉志》絫县,下官水南入海。钱坫曰:今曰馆水,在昌黎县南二十五里。《水经注》作木究水,以字形相乱。钱谓下官即木究,是也。但以昌黎南之馆水当之,则非……盖在今滦州之南。"

⑥迤(yǐ):斜行,水曲折而流。北阳孤淀:《水经注疏》杨守敬按:"今滦州南有大田泊,产苇蒿,当即此淀。"

【译文】

新河又往东流到九溪口,分支往南注入大海。新河又往东流经海阳县老城南面,汉高祖六年,把该县封给摇毋馀,立为侯国。《魏土地记》说:令支城以南六十里有海阳城。新河又东流,与清水汇合,清水发源于海阳县，往东南流经海阳城东面，又南流与新河汇合，又南流了十里左右，往西流入九㳽，注入大海。新河东流穿过清水，又东流，木究水流出，南流注入大海。新河又东流，从左边曲折流出，成为北阳孤淀，淀水向右穿过新河，往南注入大海。新河又东流，与濡水汇合。

　　濡水又东南至絫县碣石山①，文颖曰：碣石在辽西絫县，王莽之选武也。絫县并属临渝②，王莽更临渝为冯德。《地理志》曰：大碣石山在右北平骊成县西南③，王莽改曰揭石也。汉武帝亦尝登之以望巨海，而勒其石于此。今枕海有石如甬道数十里④，当山顶有大石如柱形，往往而见，立于巨海之中。潮水大至则隐，及潮波退，不动不没，不知深浅，世名之天桥柱也。状若人造，要亦非人力所就，韦昭亦指此以为碣石也⑤。《三齐略记》曰⑥：始皇于海中作石桥，海神为之竖柱。始皇求与相见，神曰：我形丑，莫图我形，当与帝相见。乃入海四十里，见海神，左右莫动手，工人潜以脚画其状。神怒曰：帝负约，速去。始皇转马还，前脚犹立，后脚随崩，仅得登岸，画者溺死于海，众山之石皆倾注，今犹岌岌东趣⑦，疑即是也。濡水于此南入海，而不迳海阳县西也。盖《经》误证耳。又按《管子》⑧：齐桓公二十年⑨，征孤竹⑩，未至卑耳之溪十里⑪，阘然止⑫，瞠然视⑬，援弓将射，引而未发，谓左右曰：见前乎？左右对曰：不见。公曰：寡人见长尺而人物具焉，冠，右袪衣⑭，走马前，岂有人若此乎？管仲对曰⑮：臣闻岂山之神有偷儿⑯，长尺人物具，霸王之君兴，则岂山之神见。且走马前，走，导也⑰；袪衣，示前有水；右袪衣，示从右方涉也。至卑耳之溪，有赞水者⑱，从左方涉，其深及冠；右方涉，其深至膝。已涉大济，桓公拜曰：仲父之圣至此，寡人之抵罪也久矣[19]。今自孤竹南出，则巨海矣，而沧海之中，山望多矣，然卑耳之川若赞溪者，亦不知所在也。昔在汉世，海水波襄[20]，吞食地广，当同碣石，苞沦洪波也[21]。

【注释】

①絫（lěi）县：西汉置，属辽西郡。在今河北昌黎南。碣石山：在今河北昌黎西北仙台山。

②临渝：即临渝县。西汉置，属辽西郡。治所在今辽宁朝阳东北。

③骊成县：西汉置，属右北平郡。治所在今河北乐亭西南三十里。

④枕：临近，靠近。甬道：两旁有墙或其他障蔽物的驰道或通道。

⑤韦昭：字弘嗣。吴郡云阳（今江苏丹阳）人。三国吴史学家。后因避司马昭之讳，改为韦曜。曾依刘向所作，校定群书。著有《国语注》《汉书音义》。

⑥《三齐略记》：书名。晋人伏琛（chēn）撰。

⑦岌岌（jí）：高貌。东趣：向东倾斜。趣，趋向。

⑧《管子》：书名。相传为春秋时期齐国管仲撰，实系后人托名于他的著作，约成书于战国至秦汉时期。内容庞杂，包含有道、名、法等家的思想以及天文、历数、舆地、经济和农业等知识。

⑨齐桓公二十年：前666年。

⑩孤竹：古代国名。在今河北卢龙南。

⑪卑耳之溪：当今山西平陆西北。

⑫闠（xì）然：住立貌。

⑬瞠（chēng）然：惊视貌。

⑭袪（qū）衣：撩起衣服。

⑮管仲：亦称管子。名夷吾。颍上（今安徽颍水之滨）人。本为公子纠的臣子。公子纠死后，由于鲍叔牙的推荐，相齐桓公九合诸侯，

　　称霸天下。齐桓公时任命为卿,尊称仲父。

⑯偷兒:《管子·小问》篇作俞兒,山神的名字。

⑰走,导也:此指引路。

⑱赞水:引导涉水。赞,引导。

⑲抵罪:这里指齐桓公因不知管子之聪慧而心怀愧疚,故自认为有罪而该受到惩罚。

⑳襄:冲上,漫上。

㉑苞沦:这里指被包裹而沉没。

【译文】

　　濡水又往东南流到絫县碣石山,文颍说:碣石在辽西絫县,王莽时称为选武。絫县隶属于临渝,王莽时把临渝改为冯德。《地理志》说:大碣石山在右北平骊成县西南,王莽时改名为揭石。汉武帝也曾登山观望大海,并在这里刻石题字。如今海滨有一座岩石,样子很像甬道,长数十里,在山顶有大石如柱形,常常露出水面,立在大海之中。潮水大涨时就淹没,退潮时,不动不没,不知深浅,世人称之为天桥柱。石柱的样子仿佛是人所建造,但实际上却不是人力造成的,韦昭也认为这就是碣石。《三齐略记》说:秦始皇在海中建造石桥,海神替他竖起石柱。秦始皇请求海神出来相见,海神说:我生得丑陋,不要把我的样子画下来,才可以和您相见。于是秦始皇入海四十里,见到了海神,随从没人动手,但有个画工却偷偷用脚来画海神的长相。海神怒道:您不守约,赶快给我走! 秦始皇掉转马头回岸,前脚刚站立,后脚地就崩了,侥幸脱身登岸,画工就被淹死在海里,周围群山的岩石都泻入海里,至今还向东倾斜,可能就是这地方。濡水从这里南流入海,并不经过海阳县以西。《水经》是搞错了。又据《管子》:齐桓公二十年,出征孤竹国,离卑耳溪还有十里,停了下来,吃惊地瞪着两眼,拉弓准备射箭了,但没有射出,对随从们说:看到前面那东西吗? 随从们回答说:没看到。齐桓公说:我看到那东西,只有一尺长,但却完全是人的样子,戴着帽,撩起右边衣襟,走在马前,哪有像这种样子的人？管仲回答说：我听说岂山有个山神叫偷兒，只有一尺长，形状像人，称霸天下的国君兴起时，岂山之神就会显现。而且他走在马前，就是引路；撩起衣襟，就是告诉前面有水；右边撩起，就是告诉你从右面渡水。到了卑耳溪，向导从左边过水，水深与帽相平；从右面过水，水深只到膝盖。军队全都过河后，齐桓公拱手说：仲父，您真是无所不晓啊！失敬得很，我是早该受罚的了。如今从孤竹往南，就是大海了，在苍茫的大海中，辨认得出的山多得很，但涉水向导领渡的那条卑耳溪却不知又在哪里。早在汉朝时，大海的波浪就吞没了大片陆地，想来也同碣石一起沉没在大海里了。

大辽水

大辽水出塞外卫白平山①，东南入塞，过辽东襄平县西②。

辽水亦言出砥石山③，自塞外东流，直辽东之望平县西④，王莽之长说也。屈而西南流，迳襄平县故城西，秦始皇二十二年⑤，灭燕置辽东郡，治此。汉高帝八年⑥，封纪通为侯国⑦，王莽之昌平也，故平州治⑧。

【注释】

①大辽水：即今辽河，亦名枸柳河，又名巨流河。在今辽宁西部。卫白平山：一作卫皋山。具体不详。

②辽东：即辽东郡。战国燕置。治所在襄平县（今辽宁辽阳老城）。襄平县：战国燕置，为辽东郡治。后属秦。

③辽水：即今西辽河。发源于今内蒙古赤峰克什克腾旗，自西向东流，在通辽折转向南，进入辽宁省。

④望平县：西汉置，属辽东郡。治所在今辽宁新民东南大古城子。

⑤秦始皇二十二年：前225年。

⑥汉高帝八年：前199年。

⑦封纪通为侯国：郦道元此处有误。纪通为襄平侯，纪通所封之襄
　　平，不在辽东，在临淮郡襄平县。纪通，纪成之子。又名嘉。沛（今
　　江苏沛县）人。父纪成为刘邦将领，后因攻章邯阵亡。纪通以父
　　功于高祖八年（前199）得封为襄平侯。

⑧平州：东汉初平元年（190）公孙度据辽东，自号平州牧。三国魏
　　分幽州东部地区置，属幽州。治所在襄平县（今辽宁辽阳老城）。

【译文】

大辽水

大辽水发源于塞外卫白平山，往东南流入塞，流过辽东郡襄
平县西面。

也有人说辽水发源于砥石山，从塞外往东流，直到辽东望平县以西，
就是王莽时的长说。折向西南，流经襄平县老城西面，秦始皇二十二年，
灭燕国设置辽东郡，郡治就设在这里。汉高帝八年，将这地方封给纪通，
立为侯国，王莽时称为昌平，是旧时平州的治所。

又南迳辽队县故城西①，王莽更名之曰顺睦也。公孙渊
遣将军毕衍拒司马懿于辽队②，即是处也。

【注释】

①辽队县：西汉置，属辽东郡。治所在今辽宁海城西北高坨子附近。

②公孙渊遣将军毕衍拒司马懿于辽队：事见《三国志·魏书·公孙
　　度传》："（景初）二年春，遣太尉司马宣王征渊。六月，军至辽东。
　　渊遣将军卑衍、杨祚等步骑数万屯辽隧，围堑二十余里。宣王军
　　至，令衍逆战。宣王遣将军胡遵等击破之。"公孙渊，三国魏辽东
　　襄平（今辽宁辽阳）人。公孙度之孙、公孙康之子。明帝即位，拜
　　辽东太守。又拜大司马，封乐浪公。后叛魏，战败被杀。毕衍，《三

国志·魏书·公孙渊传》作卑衍。公孙渊部将,为司马懿所败。司马懿,字仲达。河内温县(今河南温县)人。三国魏权臣。其孙司马炎代魏称帝,建立晋朝,追尊他为宣帝。

【译文】

辽水又往南流经辽队县老城西面,王莽时改名为顺睦。公孙渊派将军毕衍在辽队抵御司马懿,说的就是这里。

又东南过房县西①,

《地理志》:房,故辽东之属县也。辽水右会白狼水②,水出右北平白狼县东南,北流西北屈,迳广成县故城南③,王莽之平虏也,俗谓之广都城④。

【注释】

①房县:西汉置,属辽东郡。治所在今辽宁盘山县东南古城子镇附近。

②白狼水:亦作狼水。在今辽宁喀喇沁左翼蒙古族自治县西南,关大凌河上游。

③广成县:战国秦置,属右北平郡。治所即今辽宁建昌。

④广都城:《水经注疏》杨守敬按:"《后燕录》,慕容宝还龙城,次于广都,盖沿俗称置县,而后魏因之。故《地形志》建德郡有广都县。"

【译文】

大辽水又往东南流过房县西面,

《地理志》:房县原是辽东郡的属县。辽水在右汇合白狼水,白狼水发源于右北平白狼县东南,往北流,再折向西北,流经广成县老城南面,就是王莽时的平虏,俗称广都城。

又西北,石城川水注之①。水出西南石城山②,东流迳石城县故城南③,《地理志》:右北平有石城县。北屈迳白鹿

山西④，即白狼山也。《魏书·国志》曰⑤：辽西单于蹋顿尤强，为袁氏所厚⑥，故袁尚归之⑦，数入为害。公出卢龙⑧，堑山堙谷五百余里，未至柳城二百里，尚与蹋顿将数万骑逆战。公登白狼山望柳城，卒与虏遇⑨，乘其不整，纵兵击之，虏众大崩，斩蹋顿，胡、汉降者二十万口⑩。《英雄记》曰⑪：曹操于是击马鞍⑫，于马上作十片⑬，即于此也。《博物志》曰⑭：魏武于马上逢狮子，使格之⑮，杀伤甚众，王乃自率常从健儿数百人击之，狮子吼呼奋越，左右咸惊。王忽见一物从林中出，如狸，超上王车轭上⑯。狮子将至，此兽便跳上狮子头上，狮子即伏不敢起。于是遂杀之，得狮子而还。未至洛阳四十里⑰，洛中鸡狗皆无鸣吠者也。其水又东北入广成县，东注白狼水。

【注释】

①石城川水：发源于辽宁凌源，经喀喇沁左翼蒙古族自治县流入大凌河。

②石城山：在今辽宁灯塔东南。

③石城县：十六国时期后燕置，为石城郡治。治所在今辽宁建昌西。

④白鹿山：古白狼山。即今辽宁喀喇沁左翼蒙古族自治县南六十里大阳山。

⑤《魏书·国志》：即《三国志·魏书·武帝纪》。

⑥袁氏：即袁绍。字本初。

⑦袁尚：字显甫。东汉汝南汝阳（今河南商水县西北）人。袁绍子。后投奔辽西乌桓，被公孙康诱斩。

⑧公：即曹操。卢龙：即卢龙塞。在今河北迁西北喜峰口一带。

⑨卒：同“猝”。仓促之间。

⑩胡、汉降者二十万口：事见《三国志·魏书·田畴传》。

⑪《英雄记》：书名。又称《汉末英雄记》《英雄交争记》。三国魏王粲撰，述汉魏之际史事。已散佚。

⑫马鞍：放在骡马背上供骑坐的器具，两头高，中间低。

⑬十片：当为"忼舞"之讹。《水经注疏》杨守敬按："'十片'二字不可解。《御览》五百七十四引《英雄记》，建安十二年，曹操攻乌桓蹋顿，一战斩蹋顿首，击马鞍，于马上忼舞。则'十片'为'忼舞'之误。"

⑭《博物志》：书名。西晋张华撰。多取材古籍，分类记载异物、奇境、琐闻等，多神仙方术故事，为笔记体志怪小说。

⑮格：搏杀，击杀。

⑯超上：跳跃到。轭（è）：牛马等拉东西时架在脖子上的器具。

⑰洛阳：九朝古都。今位于河南西部、黄河南岸。因处于古洛水之北岸而得名。

【译文】

白狼水又往西北流，石城川水注入。石城川水发源于西南方的石城山，往东流经石城县老城南面，《地理志》：右北平有石城县。水折向北方，流经白鹿山西面，就是白狼山。《魏书·国志》说：辽西单于蹋顿尤其强盛，受到袁氏的优遇，所以袁尚去投靠他，这个部族屡次入关骚扰。曹公取道卢龙，劈山填谷五百余里，离柳城还有二百里时，袁尚与蹋顿率领数万军队前来迎战。曹公登上白狼山，遥望柳城，突然与敌兵相遇，趁着他们队伍不整，向他们发起进攻，敌军被击溃了，杀了蹋顿，胡人和汉人投降的达二十万人。《英雄记》说：曹操于是拍着马鞍，在马上乐得手舞足蹈起来，就是在这地方。《博物志》说：魏武帝在马上遇到狮子，叫部下去打死它，但被狮子伤了许多人，武帝于是亲自率领数百亲兵去打它，狮子怒吼着猛跳起来，随从的人都吓坏了。忽然看见有个东西从树林中冲出来，样子像只狸，跳到曹操的车轭上。狮子快到时，怪兽便跳到狮子的头上，狮子即刻伏下不敢起来。于是才把它杀掉，抬着死狮子回来。离洛阳还有四十里，这个地区的鸡狗都不鸣不吠。石城川水又往东北流入广成县，往东注入白狼水。

白狼水北迳白狼县故城东，王莽更名伏狄。

【译文】

白狼水往北流经白狼县老城东面，王莽时改名伏狄。

白狼水又东，方城川水注之。水发源西南山下，东流北屈，迳一故城西，世谓之雀目城。东屈迳方城北①，东入白狼水。

【注释】

①方城：战国燕邑，后为赵地。在今河北固安西南十七里方城村。

【译文】

白狼水又往东流，方城川水注入。方城川水发源于西南山下，往东流，再折向北方，流经一座老城西面，人们叫它雀目城。又折转向东流经方城北面，往东注入白狼水。

白狼水又东北迳昌黎县故城西①，《地理志》曰：交黎也②，东部都尉治，王莽之禽虏也。应劭曰：今昌黎也。高平川水注之。水出西北平川，东流迳倭城北③，盖倭地人徙之④。又东南迳乳楼城北⑤，盖迳戎乡⑥，邑兼夷称也。又东南注白狼水。

【注释】

①昌黎县：亦作昌辽县。东汉改交黎县置，为辽东属国治。治所即今辽宁义县。

②交黎：即交黎县。西汉置，属辽西郡，为东部都尉治。治所即今辽宁义县。

③倭城：具体不详。

④倭地人：很可能是指来自今东北地区东部或朝鲜半岛的居民。

⑤乳楼城：具体不详。

⑥戎乡：我国古代西部少数民族所居的地区。

【译文】

白狼水又往东北流经昌黎县老城西面，《地理志》说：交黎，是东部都尉治所，就是王莽时的禽虏。应劭说：交黎就是现在的昌黎。高平川水在这里注入白狼水。高平川水发源于西北方的平原上，往东流经倭城北面，是倭人移民所建。高平川水又往东南流经乳楼城北面，因为直接流经戎人地区，所以城也得了戎人的地名。高平川水又往东南流，注入白狼水。

白狼水又东北，自鲁水注之。水导西北远山，东南注白狼水。

【译文】

白狼水又往东北流，自鲁水注入。自鲁水从西北远山流来，往东南注入白狼水。

白狼水又东北迳龙山西①，燕慕容皝以柳城之北、龙山之南②，福地也，使阳裕筑龙城③，改柳城为龙城县。十二年④，黑龙、白龙见于龙山，皝亲观龙，去二百步，祭以太牢⑤，二龙

交首嬉翔,解角而去⑥。皝悦,大赦,号新宫曰和龙宫⑦,立
龙翔祠于山上⑧。

【注释】

①龙山:一名和龙山。在今辽宁朝阳东。

②慕容皝(huàng):字元真。昌黎棘城(今辽宁义县西北)人。鲜卑族。
十六国前燕国君。雄毅多权略,尚经学,善天文。败石虎,灭段辽,
袭扶馀,武功颇盛。

③阳裕:字士伦。十六国时期右北平无终(今天津蓟州区)人。先事
鲜卑单于,后被俘获,归慕容皝。慕容皝甚器重之,所制龙城城池
宫阁,皆阳裕所规划。

④十二年:345 年。

⑤太牢:古代祭祀时牛、羊、豕三牲并用,称为太牢。

⑥解角:脱落头角。

⑦和龙宫:宫名。东晋咸康七年(341)鲜卑慕容皝所筑。在今辽宁
朝阳。

⑧龙翔祠:《水经注疏》杨守敬按:"《晋书·载记》作立龙翔佛寺于
山上。《元一统志》,龙山庙在利州(治今辽宁喀喇沁左翼蒙古族
自治县)南二里,祀龙山神。"

【译文】

白狼水又往东北流经龙山西面,燕慕容皝认为柳城以北、龙山以南
是个福地,派阳裕去建筑龙城,把柳城县改名为龙城县。十二年,黑龙
与白龙在龙山显现,慕容皝亲自去观看,在离开龙二百步以外的地方,用
猪、牛、羊三牲致祭,两条龙头挨着头嬉闹飞翔,脱下龙角飞去。慕容皝
喜,就下诏大赦,把新宫改为和龙宫,并在山上建筑龙翔祠。

白狼水又北迳黄龙城东①,《十三州志》曰:辽东属国都

尉治②,昌辽道有黄龙亭者也③。魏营州刺史治④。《魏土地记》曰：黄龙城西南有白狼河，东北流，附城东北下，即是也。又东北，滥真水出西北塞外⑤，东南历重山，东南入白狼水。

【注释】

①黄龙城：又称和龙城、龙城、龙都。即今辽宁朝阳。

②属国都尉：官名。汉武帝时在边地内迁少数民族地区设置，掌管少数民族事务。

③昌辽道：即昌辽县、昌黎县。治所即今辽宁义县。

④魏：此指北魏，亦称后魏。营州：北魏太平真君五年（444）置。治所在龙戎县（今辽宁朝阳）。

⑤滥真水：具体不详。

【译文】

白狼水又往北流经黄龙城东面，《十三州志》说：这是辽东属国都尉治，昌辽道有黄龙亭，就指的是这地方。也是魏时营州刺史的治所。《魏土地记》说：黄龙城西南有白狼河，沿着城东北边往东北流，指的就是白狼水。又往东北流，滥真水发源于西北方的塞外，往东南流经重山，往东南注入白狼水。

白狼水又东北出，东流分为二水，右水疑即渝水也①。《地理志》曰：渝水首受白狼水，西南循山，迳一故城西，世以为河连城②，疑是临渝县之故城③，王莽曰冯德者矣。渝水南流东屈，与一水会，世名之曰搀伦水，盖戎方之变名耳，疑即《地理志》所谓侯水北入渝者也④。《十三州志》曰：侯水南入渝。《地理志》盖言自北而南也。又西南流注于渝。渝水又东南迳一故城东，俗曰女罗城⑤。又南迳营丘城西⑥，营丘在齐而名之于辽、燕之间者⑦,盖燕、齐辽迥,侨分所在⑧。其水东南入海。《地理志》曰:渝水自塞外南入海。一水东北出塞为白狼水,又东南流至房县注于辽⑨。《魏土地记》曰:白狼水下入辽也。

【注释】

①渝水:即今辽宁大凌河。

②河连城:《水经注疏》杨守敬按:"《地形志》乐良郡治连城(今辽宁义县),疑即河连城也。"

③临渝县:一作临榆县。西汉置,属辽西郡。治所在今辽宁朝阳东北。

④侯水北入渝:《汉书·地理志》"辽西郡·临渝"条:"渝水首受白狼,东入塞外。又有侯水,北入渝。"侯水,即今辽宁北票东北牤牛河。大凌河支流。

⑤女罗城:在今辽宁义县境内。

⑥营丘城:西晋末慕容廆以青州人置。治所在武宁县(今辽宁凌海东大凌河东岸)。

⑦营丘:亦名营城。在今山东淄博市临淄区西北临淄故城。

⑧侨分:犹侨置。六朝时期南北分裂,战争频仍,诸朝遇有州郡沦陷敌手,则往往暂借别地重置,仍用其旧名,因而称之为"侨置"。

⑨房县:西汉置,属辽东郡。治所在今辽宁盘山县东南古城子乡附近。辽:辽水。即今辽宁境内浑河。

【译文】

白狼水又往东北流出,又往东分为两条,右边那条可能就是渝水。《地理志》说:渝水上游承接白狼水,往西南沿着山边流经一座老城西面,世人认为这是河连城,可能就是临渝县的老城,王莽时叫冯德。渝水往南流,折向东边,与一条水汇合,人们称之为橤伦水,那是戎人地区的变名,可能就是《地理志》所说的北入渝水的侯水。《十三州志》说:侯水往南注入渝水。《地理志》大概是说自北而南的意思。又往西南流，注入渝水。渝水又往东南流经一座老城东面，俗称女罗城。渝水又往南流经营丘城西面，营丘在齐国，却把它的名字挂到辽、燕之间，原因就在于燕、齐两地相隔遥远，齐人侨居在这里的缘故。渝水往东南注入大海。《地理志》说：渝水从塞外往南注入大海。一条水往东北流出塞外，就是白狼水，又往东南流到房县，注入辽水。《魏土地记》说：白狼水下游注入辽水。

又东过安市县西南①，入于海。

《十三州志》曰：大辽水自塞外，西南至安市入于海。

【注释】

①安市县：西汉置，属辽东郡。治所在今辽宁海城东南十五里营城子。

【译文】

大辽水又往东流过安市县西南，注入大海。

《十三州志》说：大辽水从塞外往西南流，到安市注入大海。

小辽水

又玄菟高句丽县有辽山①，小辽水所出②，

县，故高句丽③，胡之国也。汉武帝元封二年④，平右渠⑤，置玄菟郡于此，王莽之下句丽。水出辽山，西南流迳辽阳县与大梁水会⑥。水出北塞外，西南流至辽阳入小辽水。故《地理志》曰：大梁水西南至辽阳入辽。《郡国志》曰⑦：县，故属辽东，后入玄菟。其水西南流，故谓之为梁水也⑧。小辽水又西南迳襄平县为淡渊，晋永嘉三年涸⑨。小辽水又迳辽队县入大辽水。司马宣王之平辽东也⑩，斩公孙渊于斯水之上者也。

【注释】

①玄菟:即玄菟郡。西汉元封三年(前108)置。治所在沃沮县(今朝鲜咸镜南道咸兴)。始元五年(前82)移治高句骊县(今辽宁新宾满族自治县兴京老城附近)。高句(gōu)丽县:西汉置,为玄菟郡治。治所在今辽宁新宾满族自治县西三十里永陵镇城附近。辽山:一名龙岗山。即今辽宁清原满族自治县东北三通背岭。

②小辽水:又名辽水。即今辽宁浑河。

③高句丽:又称高句骊、句骊、高丽。其先出自扶馀,汉时避难居于卒本水,因称卒本扶馀。地为汉之玄菟郡,高句丽为其三县之一,因以为国号。

④元封二年:前109年。元封,西汉武帝刘彻的年号(前110—前105)。

⑤右渠:人名。西汉时朝鲜国王卫满之孙,亦为朝鲜国王。武帝元封二年(前109),伐朝鲜,杀右渠,分其地为四郡。

⑥辽阳县:西汉置,属辽东郡。治所在今辽宁沈阳辽中区东北茨榆坨镇偏堡子。东汉属玄菟郡。大梁水:一名东梁河。即今辽宁浑河支流太子河。

⑦《郡国志》:晋司马彪《续汉书》篇名。记述东汉时期全国行政区划、人口以及《春秋》和"前三史"所载征伐、会盟所在的地名。

⑧梁水:即上文的大梁水。

⑨晋永嘉三年:309年。永嘉,西晋怀帝司马炽的年号(307—312)。

⑩司马宣王:即司马懿(yì)。字仲达。河内温县(今河南温县)人。三国魏权臣。其孙司马炎代魏称帝,建立晋朝,追尊他为宣帝。

【译文】

小辽水

又玄菟高句丽县有辽山,是小辽水的发源地,

高句丽县就是旧时的高句丽,是个胡人的国家。汉武帝元封二年,平定右渠,在这里设置玄菟郡,就是王莽时的下句丽。小辽水发源于辽

山,往西南流经辽阳县,与大梁水汇合。大梁水发源于塞外,往西南流到辽阳,注入小辽水。因此《地理志》说:大梁水往西南流到辽阳,注入辽水。《郡国志》说:辽阳县旧属辽东郡,后来划入玄菟郡。水往西南流,因此称为梁水。小辽水又往西南流经襄平县,形成一个湖泊,称淡渊,晋永嘉三年干涸。小辽水又流经辽队县,注入大辽水。司马宣王平定辽东时,就在这条水上杀了公孙渊。

西南至辽队县,入于大辽水也。

【译文】

小辽水往西南流到辽队县,注入大辽水。

浿水

浿水出乐浪镂方县^①,东南过临浿县^②,东入于海。

许慎云:浿水出镂方,东入海。一曰出浿水县^③。《十三州志》曰:浿水县在乐浪东北,镂方县在郡东。盖出其县南迳镂方也。昔燕人卫满自浿水西至朝鲜^④。朝鲜,故箕子国也^⑤。箕子教民以义,田织信厚,约以八法,而下知禁,遂成礼俗。战国时,满乃王之^⑥,都王险城^⑦,地方数千里,至其孙右渠。汉武帝元封二年,遣楼船将军杨仆、左将军荀彘讨右渠^⑧,破渠于浿水,遂灭之。若浿水东流,无渡浿之理,其地今高句丽之国治。余访蕃使^⑨,言城在浿水之阳^⑩。其水西流迳故乐浪朝鲜县,即乐浪郡治,汉武帝置,而西北流。故《地理志》曰:浿水西至增地县入海^⑪。又汉兴,以朝鲜为远,循辽东故塞至浿水为界。考之今古,于事差谬,盖《经》误证也。

【注释】

①浿（pèi）水：即今朝鲜大同江。乐（luò）浪：即乐浪郡。西汉元封三年（前108）置。治所在朝鲜县（今朝鲜平壤大同江南岸土城洞，一说即今平壤）。镂方县：西汉置，属乐浪郡。治所在今朝鲜平安南道成川、阳德之间。陈桥驿按，中国古籍记及浿水的不少，但因水在域外，所以多互不相同。浿水当今朝鲜半岛上的河水，历来也有不同见解。所以郦氏如以上"题解"中所述，他得请教当年朝鲜来中国的使节。而从这使节所告，可以肯定此浿水即是今大同江。当年，杭州大学建有"韩国研究所"这样一个科研机构，实际上是研究整个朝鲜半岛的。他们邀我写稿，我就写了《〈水经·浿水篇〉笺校》一文，发表在《韩国研究》（杭州大学出版社，1995年版），此文并加有一个副标题：《兼考中国古籍记载的朝鲜河流》，将今朝鲜半岛较大河流，均写入文中，全文今已收入拙著《水经注研究》四集（杭州出版社，2003年版）中。

②临浿县：《水经注疏》杨守敬按："《水经》，三国时人作，临浿县当是曹魏所置，旋废，故郦氏《注》亦不详临浿。"

③浿水县：西汉置，属乐浪郡。治所在今朝鲜清川江上游慈江道熙川以东院站一带，因浿水而得名。

④卫满：西汉初燕国人。燕王卢绾叛入匈奴后，卫满率千余人东走出塞，渡过浿水入朝鲜，自立为王，建都于王险城。朝鲜：即朝鲜县。西汉置，为乐浪郡治。治所在今朝鲜平壤西南大同江南岸土城洞，一说在今平壤。

⑤箕（jī）子：纣之叔父。官至太师，受封于箕（今山西晋中太谷区东北）。纣暴虐，箕子屡谏而不听，后见王子比干被杀，箕子惧，披发佯狂为奴，为纣所囚。周武王灭商，释放箕子。相传武王曾访箕子，所对答之论见《尚书·洪范》。

⑥王（wàng）：称王。

⑦三险城：西汉初卫满朝鲜都城。在今朝鲜平壤西南大同江南岸。一说即今平壤。

⑧杨仆：宜阳（今河南宜阳西）人。西汉将领。以敢击称。南越反，武帝拜为楼船将军，击破南越，以功封梁侯。后与荀彘俱击朝鲜，坐罪免为庶人。荀彘（zhì）：西汉太原广武（今山西代县西）人，元封三年（前126）为左将军击朝鲜。击朝鲜无功，以捕楼船将军杨仆坐法死。

⑨番（fān）使：向中央王朝纳贡的藩属国使者。

⑩浿水之阳：浿水的北边。阳，山南水北为阳。

⑪增地县：西汉置，属乐浪郡。治所在今朝鲜平安南道清川江下游新安州附近。

【译文】

浿水

浿水发源于乐浪郡镂方县，往东南流过临浿县，东流入海。

许慎说：浿水发源于镂方县，东流注入大海。还有个说法，以为发源于浿水县。《十三州志》说：浿水县在乐浪郡东北，镂方县在郡东。大概浿水是发源于县南而流经镂方县的。从前燕国有个人叫卫满，从浿水往西去朝鲜。朝鲜，就是旧时箕子的封国。箕子教老百姓要好好做人，他们耕田织布，风俗淳厚，他立了八条约法，下民也都知道禁令，于是就形成礼俗。战国时，卫满在朝鲜称王，建都在王险城，国土几千里，王位传到他的孙子右渠。汉武帝元封二年，派遣楼船将军杨仆、左将军荀彘前去讨伐，在浿水大败右渠，灭了它。假如浿水往东流，就不会去横渡浿水了，那地方现在是高句丽的国都。我曾询访过番国的使者，说此城在浿水北岸。浿水往西流经旧乐浪郡朝鲜县，往西北流去，朝鲜县是乐浪郡的治所，汉武帝时设置。所以《地理志》说：浿水往西流到增地县，注入大海。汉朝兴起后，因朝鲜太远，就沿着辽东原来的边疆通到浿水，定为国界。考查今天和古代的情况，与所叙的事相差很大，那是《水经》搞错了。

卷十五

洛水　伊水　瀍水　涧水

【题解】

　　卷十五记载的四条河流,洛水是黄河的支流,而伊、瀍、涧三水都是洛水的支流。

　　洛水今称洛河。由于渭水有一条支流在古代也称洛水,故习惯上把渭水支流洛水冠以"北"字,以示与此洛水的区别。武英殿本《水经注》卷首按语称:"故《元和郡县志》《太平寰宇记》所引溏沱水、泾水、洛水,皆不见于今书。"文中"洛水"即北洛水,确已不见于今书。

　　此洛河发源于今陕西,流经河南西部,在今巩义以北注入黄河。

　　伊水是洛水的最大支流,今称伊河,它发源于豫西伏牛山地,东北流至偃师南与洛河汇合。洛、伊二河汇合后到入黄这一段,现在常称伊洛河。

　　涧水今称涧河,发源于渑池以西,东流在洛阳附近入洛。

　　瀍水今称瀍河,是洛水的一条小支流。因为它流经洛阳城注入洛水,所以显得重要。

洛水
洛水出京兆上洛县讙举山①,

　　《地理志》曰：洛出冢岭山②。《山海经》曰：出上洛西山。又曰：讙举之山，洛水出焉，东与丹水合③。水出西北竹山④，东南流注于洛。洛水又东，尸水注之⑤。水北发尸山⑥，南流入洛。

【注释】

①京兆：即京兆郡。三国魏改京兆尹置，为雍州治。治所在长安县（今陕西西安）。上洛县：三国魏改上洛侯国置，属京兆郡。治所在今陕西商洛。讙（huān）举山：传说中的山名。

②冢岭山：在今陕西洛南西北，与商洛、蓝田交界处。

③丹水：《水经注疏》杨守敬按："水在今洛南县（今陕西洛南）西北。"

④竹山：在今陕西渭南市东南四十里。

⑤尸水：《水经注疏》杨守敬按："水在今洛南县西北。"

⑥尸山：当在今陕西洛南西北。

【译文】

洛水

洛水发源于京兆郡上洛县的讙举山，

《地理志》说：洛水发源于冢岭山。《山海经》说：发源于上洛西山。还有一说：洛水发源于讙举之山，东流与丹水汇合。丹水发源于西北方竹山，往东南流注入洛水。洛水又东流，尸水注入。尸水发源于北方的尸山，南流注入洛水。

　　洛水又东得乳水①。水北出良馀山②，南流注于洛。洛水又东会于龙馀之水。水出蛊尾之山③，东流入洛。

【注释】

①乳水：即古楚水。在今陕西商洛南。

②良馀山：在今陕西华阴西南。

③蛊尾之山：传说中的山名。

【译文】

洛水又东流，汇合了乳水。乳水发源于北方的良馀山，南流注入洛水。洛水又东流，汇合了龙馀之水。这条水发源于蛊尾之山，东流注入洛水。

洛水又东至阳虚山①，合玄扈之水②。《山海经》曰：洛水东北流，注于玄扈之水是也。又曰：自鹿蹄之山以至玄扈之山③，凡九山。玄扈亦山名也，而通与谨举为九山之次焉。故《山海经》曰：此二山者，洛间也。是知玄扈之水，出于玄扈之山，盖山水兼受其目矣。其水迳于阳虚之下。《山海经》又曰：阳虚之山，临于玄扈之水，是为洛汭也④。《河图·玉版》曰⑤：仓颉为帝南巡⑥，登阳虚之山，临于玄扈、洛汭之水。灵龟负书，丹甲青文以授之。即于此水也。

【注释】

①阳虚山：在今陕西洛南县西。

②玄扈之水：即玄扈水。在今陕西洛南县西。

③鹿蹄之山：即鹿蹄山。在今河南宜阳东南。玄扈山：在今陕西洛南西洛水之南，与阳虚山相对。

④洛汭（ruì）：在今河南巩义东北。汭，河流汇合或弯曲的地方。

⑤《河图·玉版》：《水经注疏》杨守敬按："《中次五经》郭《注》，引《河图》，无玉版二字，以后文《河图·视萌篇》例之，《玉版》当是《河图》篇名。"《河图》，儒家关于《周易》卦形来源的传说。《尚书·顾命》："大玉、夷玉、天球、河图，在东序。"汉孔安国传："伏羲王天下，龙马出河，遂则其文以画八卦，谓之河图。"闻一多说：

"河图则取义于河马负图,伏羲得之演为八卦,作为文字,更进而
为绘画等等,所以代表中华文化之所由始也。"

⑥仓颉(jié):相传为黄帝的史官、汉字的创造者,实则为古代整理
汉字的代表者。

【译文】

洛水又往东流,到阳虚山汇合玄扈水。《山海经》说:洛水往东北流,
注入玄扈水。又说:从鹿蹄山到玄扈山,共有九座山。玄扈也是山名,
与讙举山一同构成九山的序列。因此《山海经》说:这两座山夹着洛水。
可知玄扈水发源于玄扈山,山和水就都得了这个名称了。玄扈水流经阳
虚山下。《山海经》又说:阳虚山俯临玄扈水,这就是洛汭。《河图·玉版》
说:仓颉为黄帝南巡时,登上阳虚山,来到了玄扈和洛汭的水滨。一只灵
龟背着宝书交给他,在红甲上以青文写成。就是在这条水上。

洛水又东历清池山①,东合武里水②。水南出武里山③,
东北流注于洛。

【注释】

①清池山:当在今陕西商洛一带。

②武里水:即今陕西洛南县南县河。

③武里山:即今陕西洛南县南五十里中干山。

【译文】

洛水又往东流经清池山旁,往东流汇合了武里水。武里水发源于南
方的武里山,往东北流,注入洛水。

洛水又东,门水出焉①。《尔雅》所谓洛别为波也②。

【注释】

①门水:一名弘农涧。即今河南灵宝东宏农涧河或涧河。

②《尔雅》:书名。撰者不详。是我国现存最早解释词义的词典。全书按词条义类分篇,共有《释诂》《释言》《释训》《释鸟》《释兽》等十九篇。洛别为波:洛水的支流为波水。波水,《水经注疏》:"全(祖望)云:波水见《榖水注》,道元以门水当之,恐非。"

【译文】

洛水又东流,门水分支流出。《尔雅》所说的从洛水分出成为波水,就指此水。

洛水又东,要水入焉①。水南出三要山,东北迳拒阳城西②,而东北流入于洛。

【注释】

①要水:《水经注疏》熊会贞按:"今山在洛南县(今陕西洛南)东南一百里,故县川出此,盖即要水矣。"

②拒阳城:即拒阳县县城。拒阳县,西晋太和三年(368)置,属上洛郡。治所在今陕西洛南东南八十里古城镇。

【译文】

洛水又东流,要水注入。要水发源于南方的三要山,往东北流经拒阳城西面,然后往东北流入洛水。

洛水又东与获水合①。水南出获舆山②,俗谓之备水也。东北迳获舆川,世名之为卻川,东北流,注于洛。

【注释】

①获水:当在今河南卢氏一带。

②获舆山:《水经注疏》熊会贞按:"山当在今卢氏县(今河南卢氏)
　西南。"

【译文】

　　洛水又东流,与获水汇合。获水发源于南方的获舆山,俗称备水。
获水往东北流经获舆川,世人称之为卻川,往东北流,注入洛水。

　　洛水又东迳熊耳山北①。《禹贡》所谓导洛自熊耳。《博
物志》曰:洛出熊耳,盖开其源者是也。

【注释】

①熊耳山:在今陕西商洛西。

【译文】

　　洛水又往东流经熊耳山北面。《禹贡》说,从熊耳山疏导洛水。《博
物志》说:洛水发源于熊耳山,是指开通它的源头。

　　东北过卢氏县南①,

　　洛水迳陽渠关北②。陽渠水南出陽渠山,即荀渠山也。
其水一源两分,川流半解③,一水西北流,屈而东北,入于
洛。《山海经》曰:熊耳之山,浮豪之水出焉,西北流,注于洛。
疑即是水也。荀渠,盖熊耳之殊称,若太行之归山也④。故
《地说》曰⑤:熊耳之山,地门也⑥。洛水出其间,是亦总名矣。
其一水东北迳陽渠城西,故关城也。其水东北流,注于洛。

【注释】

①卢氏县:战国时韩置。后入秦,属三川郡。治所即今河南卢氏。
　西汉属弘农郡。

②鸬渠关:当在今河南卢氏一带。

③解:分开,分流。

④太行:即太行山,在山西高原与河北平原间。北起拒马河谷,南至晋、豫边境黄河北岸,呈东北—西南走向。归山:太行山的首端。

⑤《地说》:书名。具体不详。

⑥地门:古人谓大地的门户。

【译文】

洛水往东北流过卢氏县南面,

洛水流经鸬渠关北面。鸬渠水发源于南方的鸬渠山,也就是荀渠山。鸬渠水一个源头分为两条,一条往西北流,折向东北,注入洛水。《山海经》说:浮豪之水发源于熊耳之山,往西北流,注入洛水。说的可能就是此水。荀渠山就是熊耳山的别名,正如太行山也叫归山一样。因此《地说》说:熊耳之山是地门。洛水从这里流出,所以也是个总名。另一条往东北流经鸬渠城西面,这是个老关城。此水往东北流,注入洛水。

洛水又东迳卢氏县故城南。《竹书纪年》:晋出公十九年①,晋韩龙取卢氏城②。王莽之昌富也。有卢氏川水注之。水北出卢氏山③,东南流迳卢氏城东,东南流注于洛。

【注释】

①晋出公十九年:前456年。

②晋韩龙取卢氏城:《水经注疏》熊会贞按:"《史记·秦本纪》,康公二年,秦伐晋,取武城。共公二十一年,晋取武城。《六国表》,秦共公二十一年,当晋出公十九年,则作取秦武城适合。此条盖后人以误本《竹书》羼入,今本《竹书》不误,则已经校者订正。"

③卢氏山:在今河南卢氏西北。

【译文】

洛水又往东流经卢氏县老城南面。《竹书纪年》记载：晋出公十九年，晋韩龙夺取卢氏城。就是王莽时的昌富。卢氏川水在这里注入。川水发源于北面的卢氏山，往东南流经卢氏城东面，往东南注入洛水。

洛水又东，翼合三川①，并出县之南山，东北注洛。《开山图》曰②：卢氏山宜五谷，可避水灾，亦通谓之石城山。山在宜阳山西南③，千名之山④，咸处其内，陵阜原隰⑤，易以度身者也。又有葛蔓谷水，自南山流注洛水。

【注释】

①翼合：在两侧汇合。

②《开山图》：书名。又作《遁甲开山图》。撰者不详。

③宜阳山：在今河南宜阳。

④千名之山：指山特别多。

⑤陵阜：丘陵。原隰（xí）：广平与低湿之地。

【译文】

洛水又东流，两边汇合三条小溪，这些小溪都发源于卢氏县的南山，往东北注入洛水。《开山图》说：卢氏山也通称石城山，适宜种五谷，可免遭水灾。此山位于宜阳山西南，其中包括着许许多多的山。丘陵高地和广平的低地，是可以安身宜居的地方。又有葛蔓谷水从南山流来，注入洛水。

洛水又东迳高门城南①，即《宋书》所谓后军外兵庞季明入卢氏，进达高门木城者也②。

【注释】

①高门城：在今河南卢氏东。

②后军外兵庞季明入卢氏，进达高门木城：事见《宋书·柳元景传》：
"后军外兵参军庞季明年巳七十三，秦之冠族，羌人多附之，求入
长安，招怀关、陕。……季明进达高门木城，值永昌王入弘农，乃
回，还卢氏，据险自固。"

【译文】

洛水又往东流经高门城南面，《宋书》所说后军外兵庞季明入卢氏
县，进抵高门木城，指的就是这地方。

　　洛水东与高门水合①。水出北山，东南流，合洛水枝津。
水上承洛水，东北流，迳石勒城北②，又东迳高门城北，东入
高门水，乱流南注洛。

【注释】

①高门水：在今河南卢氏东。

②石勒城：在今河南洛宁西洛水北岸，西接卢氏界。

【译文】

洛水又东流，与高门水汇合。高门水发源于北山，往东南流，汇合了
洛水的支流。这条支流的上游承接洛水，往东北流，经过石勒城北面，又
往东流经高门城北面，往东注入高门水，乱流往南注入洛水。

　　洛水又东，松阳溪水注之①。水出松阳山②，北流注于洛。

【注释】

①松阳溪水：当在今河南洛宁西南。

②松阳山：当在今河南洛宁西南。

【译文】

洛水又东沇，有松阳溪水注入。溪水发源于松阳山，北流注入洛水。

　　洛水又东迳黄亭南，又东合黄亭溪水。水出鹈鹕山[1]，山有二峰，峻极于天，高崖云举，亢石无阶，猿徒丧其捷巧，鼯族谢其轻工[2]，及其长霄冒岭，层霞冠峰，方乃就辨优劣耳。故有大、小鹈鹕之名矣。溪水东南流历亭下，谓之黄亭溪水，又东南入于洛水。

【注释】

①鹈鹕（tí hú）山：在今河南洛宁西八十里。

②鼯（wú）族：鼯鼠之类。

【译文】

洛水又往东流经黄亭南面，又往东流，汇合了黄亭溪水。这条溪水发源于鹈鹕山，山上有两座险峰，陡峻地耸入天际，高崖直上云霄，无法攀登，即使矫捷如猿猴，轻巧如鼯鼠，也难以施展它们飞腾跳跃的本领。到了云气蒸腾，升上山巅，缤纷的彩霞笼罩着峰顶的时候，才能见出它们的高低。因此有大鹈鹕和小鹈鹕之称。溪水往东南流过亭下，称为黄亭溪水，又往东南流，注入洛水。

　　洛水又东得荀公溪口。水出南山荀公涧[1]，即庞季明所入荀公谷者也[2]。其水历谷东北流，注于洛水。

【注释】

①荀公涧：当在今河南洛宁西南。

②庞季明所入荀公谷：事见《宋书·柳元景传》："季明进达高门木

城，值永昌王入弘农，乃回，还卢氏，据险自固。顷之，招卢氏少年进入宜阳苟公谷，以扇动义心。"苟公谷，一作苟公谷。在今河南洛宁西南。

【译文】

洛水又东流，在苟公溪口与苟公溪汇合。溪水发源于南山苟公涧，就是庞季明进入的苟公谷。溪水穿过峡谷往东北流，注入洛水。

　　洛水又东迳檀山南①。其山四绝孤峙，山上有坞聚②，俗谓之檀山坞。义熙中③，刘公西入长安④，舟师所届，次于洛阳，命参军戴延之与府舍人虞道元即舟遡流⑤，穷览洛川，欲知水军可至之处。延之届此而返，竟不达其源也。

【注释】

①檀山：在今河南洛宁西四十五里。

②坞聚：这里指城堡式的村落。坞，防卫用的小城堡，一般置屯兵。

③义熙：东晋安帝司马德宗的年号（405—418）。

④刘公西入长安：事见《宋书·武帝本纪》："二月，冠军将军檀道济等次潼关。三月庚辰，大军入河。索虏步骑十万营据河津。公命诸军济河击破之。公至洛阳。七月至陕城。龙骧将军王镇恶伐木为舟，自河浮渭。八月，扶风太守沈田子大破姚泓于蓝田。王镇恶克长安，生擒泓。九月，公至长安。"刘公，即南朝宋的建立者刘裕，字德舆，小名寄奴。彭城县（今江苏徐州）人。长安，战国秦长安君的封邑。在今陕西西安。西汉于此置长安县。

⑤戴延之：即戴祚，字延之。江东人。官西戎主簿。曾从刘裕西征姚秦。著有《西征记》《甄异传》等。府舍人：某府之舍人。虞道元：未详。即舟：乘船。

【译文】

洛水又往东流经檀山南面。这座山四周没有丘陵相连,独自耸立着,山上有个村庄,俗称檀山坞。义熙年间,刘裕西入长安,率领水军驻扎在洛阳,命令参军戴延之与府舍人虞道元乘船溯流而上,考察洛水的上下游,想查明水军船只能到达的地方。戴延之到了这里就回去了,竟没有到达源头。

洛水又东,库谷水注之^①。水自宜阳山南,三川并发,合为一溪,东北流注于洛。

【注释】

①库谷水:当在今河南洛宁西南。

【译文】

洛水又东流,库谷水注入。库谷水出自宜阳山南麓,三条溪涧同流而出,汇合成一条,往东北流,注入洛水。

洛水又东,得鹈鹕水口^①。水北发鹈鹕涧,东南流入于洛。

【注释】

①鹈鹕水口:在今河南洛宁西。

【译文】

洛水又东流,在鹈鹕水口与鹈鹕水汇合。鹈鹕水发源于北面的鹈鹕涧,往东南流,注入洛水。

洛水又迳仆谷亭北^①,左合北水^②。水出北山,东南流注于洛。

【注释】

①仆谷亭:《水经注疏》杨守敬按:"下侯谷水当径此亭,亭自以水得
　名,而下作侯谷,此作仆谷,侯仆形近,必有一误。"

②北水:当在今河南洛宁西。

【译文】

洛水又流经仆谷亭北面,左边汇合北水。北水发源于北山,往东南
流,注入洛水。

洛水又东,侯谷水出南山①,北流入于洛。

【注释】

①侯谷水:当在今河南洛宁西南。

【译文】

洛水又东流,侯谷水出自南山,北流注入洛水。

洛水又东迳龙骧城北①。龙骧将军王镇恶②,从刘公西
入长安,陆行所由,故城得其名。

【注释】

①龙骧城:在今河南洛宁西南四十里洛水南岸。

②龙骧将军:杂号将军。西晋始置。王镇恶:北海剧(今山东寿光)人。
　东晋将领。

【译文】

洛水又往东流经龙骧城北面。龙骧将军王镇恶,跟随刘裕西入长安,
从陆路经过这里,城因而得名。

洛水又东,左合宜阳北山水①。水自北溪,南流注洛。

【注释】

①宜阳北山水：当在今河南洛宁西。

【译文】

洛水又东流，左边汇合宜阳北山水。这条水发源于北溪，南流注入洛水。

　　洛水又东，广由涧水注之①。水出南山由溪，北流迳龙骧城东，而北流入于洛。

【注释】

①广由涧水：当在今河南洛宁西南。

【译文】

洛水又东流，广由涧水注入。涧水发源于南山由溪，往北流经龙骧城东面，北流注入洛水。

　　洛水又东，右得直谷水①。水出南山，北迳屯城西②，北流注于洛水。

【注释】

①直谷水：当在今河南洛宁西南。

②屯城：当在今河南洛宁西南。

【译文】

洛水又东流，右边汇合了直谷水。直谷水发源于南山，往北流经屯城西面，北流注入洛水。

　　又东北过蠡城邑之南①，

城西有坞水②，出北四里山上，原高二十五丈。故鼋池县治③,南对金门坞④。水南五里,旧宜阳县治也⑤。洛水右会金门溪水⑥。水南出金门山⑦,北迳金门坞西,北流入于洛。

【注释】

①蠡城邑:在今河南洛宁西二里王范回族镇。

②坞水:在今河南洛宁一带。

③黾池县:即渑池县。

④金门坞:在今河南洛宁西洛水南。

⑤宜阳县:战国韩置。治所在今河南宜阳西四十八里韩城镇。秦属三川郡。西汉属弘农郡。北魏为宜阳郡治。

⑥金门溪水:即金门水。在今河南洛宁南。

⑦金门山:在今河南洛宁南。

【译文】

洛水又往东北流经蠡城邑南面,

蠡城西面有坞水,发源于北面四里的山上,山高二十五丈。旧时黾池县治就设在蠡城,南面与金门坞相望。坞水以南五里是旧宜阳县治所。洛水右边汇合金门溪。溪水发源于南面的金门山,往北流经金门坞西面,北流注入洛水。

洛水又东合款水①。其水二源并发,两川迳引,谓之大款水也,合而东南,入于洛。

【注释】

①款水:《水经注疏》杨守敬按:"盖即今大宋川,在永宁县(今河南洛宁)东北二十里,源出横塘山。"

【译文】

洛水又东流,汇合了款水。款水有两个源头一齐流出,称为大款水,汇合后往东南流，注入洛水。

洛水又东，黍良谷水入焉^①。水南出金门山。《开山图》曰：山多重，固在韩^②。建武二年^③，强弩大将军陈俊转击金门、白马^④，皆破之，即此也。而东北流，注于洛。

【注释】

①黍良谷水：当在今河南洛宁东南。

②山多重，固在韩：《水经注疏》熊会贞按："此条有讹文……是故书雅记，载金门山，皆指竹为律管言……此多从两夕，与竹从两个形近。重与管，固与可，在与为，韩与律亦形近。其言竹可为律管无疑。窃意当作山出竹，可为律管。"译文从之。

③建武二年：即 26 年。建武，东汉光武帝刘秀的年号（25—56）。

④强弩大将军：东汉杂号将军，光武帝建武二年设置。陈俊：字子昭。南阳西鄂（今河南南阳）人。东汉初将领。金门：指金门山。白马：指白马山。《后汉书·陈俊传》李贤注："金门、白马并山名，在今洛州福昌县（今河南宜阳）。"

【译文】

洛水又东流，黍良谷水汇入。这条水发源于南面的金门山。《开山图》说：山上多竹，可制箫笛。建武二年，强弩大将军陈俊回军攻打金门、白马，都攻下了，说的就是这地方。水往东北流，注入洛水。

洛水又东，左合北溪^①，南流入于洛也。

【注释】

①北溪：当在今河南洛宁东。

【译文】

洛水又东流,左边汇合北溪,南流注入洛水。

又东过阳市邑南①,又东北,过于父邑之南②, 太阴谷水南出太阴溪③,北流注于洛。

【注释】

①阳市邑:在今河南宜阳西。

②于父邑:具体不详。

③太阴谷水:当在今河南洛宁东。

【译文】

洛水又往东流过阳市邑南面,又往东北流,经过于父邑南面,太阴谷水发源于南方的太阴溪,北流注入洛水。

洛水又东合白马溪水①。水出宜阳山,涧有大石,厥状似马,故溪涧以物色受名也。溪水东北流,注于洛。

【注释】

①白马溪水:当在今河南洛宁东。

【译文】

洛水又东流,与白马溪水汇合。白马溪水发源于宜阳山,溪中有一块大石,形状像马,所以这条溪涧是因了岩石的形状和颜色而得名的。溪水往东北流,注入洛水。

洛水又东,有昌涧水注之①。水出西北宜阳山,而东南流,迳宜阳故郡南②,旧阳市邑也。故洛阳都典农治此③,后改为郡。其水又南,注于洛。

【注释】

①昌涧水：即昌谷。今河南洛宁东北、宜阳西之连昌河。

②宜阳故郡：《水经注疏》杨守敬按："《魏志·少帝纪》，咸熙元年，罢屯田官，诸典农皆为太守。《晋书·魏舒传》，魏时为宜阳太守，是此典农改为郡之证。《晋志》无宜阳郡，盖晋初即废，故称为故郡，在今宜阳县西。至后魏孝昌初，复置宜阳郡，当治宜阳县，非故郡城矣。"北魏宜阳郡属司州。治所在今河南宜阳西四一八里韩城镇。

③洛阳都典农：当为洛阳典农。典农，典农中郎将或典农都尉。典农中郎将，三国魏时农官。秩二千石，其地位略与郡守相当。属官有典农都尉和屯司马等，掌管屯田生产、民政和田租。典农都尉，三国魏、吴屯田区农官。魏时属典农中郎将之下，秩六百石或四百石，其地位和县令相等。掌管屯田生产、民政和田租。

【译文】

洛水又东流，有昌涧水注入。昌涧水发源于西北方的宜阳山，东南流，经过旧时的宜阳郡南面，就是旧阳市邑。从前洛阳典农的治所就设在这里，后来才改为郡。水又南流，注入洛水。

洛水又东迳一合坞南①。城在川北原上，高二十丈，南、北、东三箱②，天险峭绝，惟筑西面即为固③，一合之名，起于是矣。刘曜之将攻河南也④，晋将军魏该奔于此⑤，故于父邑也。

【注释】

①一合坞：即一全坞之讹。在今河南宜阳西五十四里福昌村。

②三箱：三面。

③为固：一作全固。即形成全面的险固。

④刘曜：字永明。新兴（今山西忻州）人。十六国时期前赵皇帝。河

南：即河南郡。汉高祖二年（前205）改河南国置。治所在洛阳县
（今河南洛阳东北汉魏故城）。

⑤魏该：东晋官员。官平北将军、雍州刺史。

【译文】

洛水又往东流经一全坞南面。这座城堡位于洛水北岸的高地上，高
二十丈，是一处天险，南、北、东三面都是极陡峻的峭壁，只要在西面筑一
道城墙，就是坚不可摧的堡垒了，一全之名就是这样来的。刘曜将要攻
打河南时，晋朝将军魏该赶到这里，这座城就是旧时的于父邑。

洛水又东，合杜阳涧水。水出西北杜阳溪^①，东南迳一
合坞，东与槃谷水合^②，乱流东南入洛。

【注释】

①杜阳溪：《水经注疏》杨守敬按："《金志》，永宁县（今河南洛宁）有
杜阳水。今曰渡羊河，出永宁县东北。"

②槃谷水：《水经注疏》杨守敬按："水在今宜阳县（今河南宜阳西）
西。"

【译文】

洛水又东流，汇合了杜阳涧水。杜阳涧水发源于西北方的杜阳溪，
往东南流经一全坞，东流与槃谷水汇合，往东南乱流注入洛水。

洛水又东，渠谷水出宜阳县南女几山^①，东北流，迳云
中坞^②。左上迢遰层峻^③，流烟半垂，缨带山阜，故坞受其名。
渠谷水又东北入洛水。臧荣绪《晋书》称^④，孙登尝经宜阳
山^⑤，作炭人见之与语，登不应。作炭者觉其情神非常，咸共
传说。太祖闻之^⑥，使阮籍往观与语^⑦，亦不应。籍因大啸。

登笑曰：复作向声。又为啸，求与俱出，登不肯。籍因别去。登上峰行且啸，如箫韶笙簧之音⑧，声振山谷。籍怪而问作炭人，作炭人曰：故是向人声。籍更求之，不知所止，推问久之，乃知姓名。余按孙绰之叙《高士传》⑨，言在苏门山⑩。又别作《登传》。孙盛《魏春秋》亦言在苏门山⑪，又不列姓名。阮嗣宗感之，著《大人先生论》⑫，言吾不知其人。既神游自得，不与物交，阮氏尚不能动其英操，复不识何人而能得其姓名。

【注释】

①女几山：俗名石鸡山。在今河南宜阳西南。

②云中坞：《水经注疏》杨守敬按："坞在今宜阳县西南。"

③迢邅（dí）：同"迢递"。高耸的样子。层峻：高耸险峻。

④臧荣绪：南朝齐时东莞莒（今山东莒县）人。纯笃好学，撰《晋书》纪、录、志、传百一十卷，成为唐代房玄龄等人编撰《晋书》的重要参考。

⑤孙登：字公和。三国魏时隐士。

⑥太祖：此指司马昭。

⑦阮籍：字嗣宗。陈留尉氏（今河南尉氏）人。三国魏文学家、玄学家。竹林七贤之一。

⑧箫韶：本指舜时的乐名。后泛指美妙的仙乐。笙簧：指笙的乐音。

⑨孙绰：字兴公。太原中都（今山西平遥）人。《高士传》：《水经注疏》杨守敬按："《隋志》，《至人高士传赞》二卷，晋廷尉卿孙绰撰。"

⑩苏门山：又名百门山。在今河南辉县西北七里。

⑪孙盛：字安国。太原中都（今山西平遥）人。孙绰从兄。著《魏氏春秋》《晋阳秋》。

⑫《大人先生论》：阮籍对孙登的行为深有感触而写此文，以为阮籍

之胸臆。

【译文】

洛水又东流,有渠谷水发源于宜阳县南面的女几山,往东北流,经过云中坞。这里左上地势高峻,山腰烟雾缭绕,因此有云中坞之称。渠谷水又往东北注入洛水。臧荣绪《晋书》说:孙登曾经过宜阳山,烧炭人见了他,想和他说话,孙登却不答话。烧炭人觉得他神态不同常人,就纷纷传开了。晋太祖听到后,派阮籍前去看个究竟。阮籍向他打招呼,他也不答话。阮籍于是高声长啸起来。孙登笑着说:再啸一下看看。阮籍又长啸起来,并请他一起出山,但孙登不肯。阮籍于是和他作别而去。孙登向山顶走去,边走边长啸,有如箫管笙簧齐奏,响声震荡着山谷。阮籍很惊奇,去问烧炭人,烧炭人说:那人先前也是发出这样的声音的。阮籍再去寻他,却不知去向了,四处打听,才知道他的姓名。我查考孙绰写作《高士传》,说孙登隐于苏门山。又另有一篇《孙登传》。孙盛《魏春秋》也说是在苏门山,但没有举出姓名。阮嗣宗心有所感,就撰写了《大人先生论》,说我不知道那人是谁。他既神游自得,不与人交往,连阮籍也不能动摇他超拔绝俗的情操,不知道还有谁能得知他的姓名。

又东北过宜阳县南,

洛水之北有熊耳山[①],双峦竞举,状同熊耳。此自别山,不与《禹贡》导洛自熊耳同也。昔汉光武破赤眉樊崇[②],积甲仗与熊耳平,即是山也。山际有池[③],池水东南流,水侧有一池,世谓之渑池矣[④]。又东南迳宜阳县故城西,谓之西度水[⑤]。又东南流,入于洛。

【注释】

①熊耳山:在今河南卢氏东南。

②汉光武：东汉光武帝刘秀。赤眉：新莽末年农民起义军名。因以
　　赤色涂眉为标志，故称。樊崇：字细君。新莽末年赤眉起义军领袖。

③山际：山边。

④渑（miǎn）池：池名。在今河南渑池北。

⑤百度水：《水经注疏》熊会贞按："《明一统志》云，有宜水在宜阳县
　　（今河南宜阳西）西五十里，名西渡。"

【译文】

洛水又往东北流过宜阳县南面，

洛水的北岸有熊耳山，双峰并起，样子像熊的耳朵。这与《禹贡》所
说从熊耳山疏导洛水的那座山不同，而是另一座山。从前汉光武帝大败
樊崇的赤眉军，缴获的铠甲兵器堆得与熊耳山一样高，讲的就是这座山。
山边有池，池水往东南流，旁边还有一个水池，人们称之为渑池。又往东
南流经宜阳县老城西，叫西度水。又往东南流，注入洛水。

　　洛水又东迳宜阳县故城南。秦武王以甘茂为左丞相①，
曰：寡人欲通三川②，窥周室，死不朽矣。茂请约魏以攻韩，
斩首六万，遂拔宜阳城。故韩地也，后乃县之。汉哀帝封息
夫躬为侯国③。城之西门，赤眉樊崇与盆子及大将等④，奉玺
绶剑璧处。世祖不即见，明日，陈兵于洛水见盆子等。谓
盆子丞相徐宣曰⑤：不悔乎？宣曰：不悔。上叹曰：卿庸中
皦皦⑥，铁中铮铮也。

【注释】

①秦武王：名荡。战国时秦国国君。初置丞相，以甘茂、樗里子为左
　　右相。命甘茂等率兵攻克韩地宜阳。后举鼎时绝膑而死。甘茂：
　　下蔡（今安徽凤台）人。战国时秦国大臣。

②三川：战国时以河、洛、伊为三川。为韩地，介于秦、楚之间。东接东、西二周。

③汉哀帝：即西汉皇帝刘欣。息夫躬：字子微。河内河阳（今河南孟州）人。封宜陵侯。

④盆子：即刘盆子。城阳景王刘章之后。更始三年（25），赤眉军首领樊崇等拥立刘盆子为帝。后降刘秀。

⑤徐宣：字骄稚。东海临沂（今山东临沂）人。为刘盆子丞相，后降刘秀。

⑥庸：普通。皦皦（jiǎo）：通"佼佼"。美好出众。

【译文】

洛水又往东流经宜阳县老城南面。秦武王以甘茂为左丞相，说：我想打通三川，窥伺周朝王室，这样死了也会不朽了。甘茂请他联合魏国攻打韩国，一战杀敌六万，就攻下了宜阳城。宜阳原属韩国，后来才设县。汉哀帝将这地方封给息夫躬，立为侯国。城的西门，就是赤眉军首领樊崇与刘盆子以及各大将军等，捧着王印、兵器、玉璧来投降的地方。光武帝不立即见他们，第二天，集合兵士，列队于洛水之滨，才来接见刘盆子等人。他对刘盆子的丞相徐宣说：你不后悔吗？徐宣说：不后悔。光武帝感叹地说：你真是庸夫中的佼佼者，硬汉中的铮铮者。

洛水又东与厌染之水合①。水出县北傅山大陂②。山无草木，其水自陂北流，屈而东南注，世谓之五延水。又东南流，迳宜阳县故城东，东南流，注于洛。

【注释】

①厌染之水：《水经注疏》熊会贞按："水在今宜阳县（今河南宜阳西）西，旧志称横流涧水，在韩城东西两关间，疑即此水。"

②陂（bēi）：池塘湖泊。

【译文】

　　洛水又东流，与厌染之水汇合。这条水发源于县北傅山一个很大的陂湖中。山上不生草木，水自湖中往北流，然后折向东南流去，世人称之为五延水。又往东南流，经过宜阳县老城东面，往东南注入洛水。

　　洛水又东南，黄中涧水出北阜①，二源奇发，总成一川，东流注于洛。

【注释】

①黄中涧水：《水经注疏》熊会贞按："水在今宜阳县西，有黄涧村。"

【译文】

　　洛水又往东南流，黄中涧水发源于北阜，两个源头合成一流，往东注入洛水。

　　洛水又东，禄泉水注之①。其水北出近溪。

【注释】

①禄泉水：《水经注疏》熊会贞按："水在今宜阳县西。"

【译文】

　　洛水又东流，禄泉水注入。禄泉水发源于北面附近的小溪。

　　洛水又东，共水入焉。水北出长石之山①，山无草木，其西有谷焉，厥名共谷，共水出焉。南流得尹溪口。水出西北尹谷，东南注之。共水又西南与左涧水会。水东出近川，西流注于共水。共水又南与李谷水合。水出西北李溪，东南注蓁水。蓁水发源蓁谷，西南流与李谷水合，而西南流，入共水。共水，世谓之石头泉，而南流，注于洛。

【注释】

①长石之山：《水经注疏》熊会贞按："《新唐志》《金志》并云新安县有长石山。在今宜阳县西。"

【译文】

洛水又东流，共水注入。共水发源于北面的长石山，山上不长草木，西边有个山谷，名叫共谷，共水就发源于这里。共水往南流，在尹溪口与尹溪水汇合。溪水发源于西北的尹谷，往东南注入共水。共水又往西南流，和左涧水汇合。左涧水发源于东边附近的小溪，西流注入共水。共水又南流，与李谷水汇合。李谷水发源于西北方的李溪，往东南注入蓁水。蓁水发源于蓁谷，往西南流，与李谷水汇合，然后往西南流入共水。共水，人们也叫石头泉，往南流，注入洛水。

洛水又东，黑涧水南出陆浑西山①，历于黑涧，西北入洛。

【注释】

①陆浑西山：即陆浑山。在今河南嵩县东北。

【译文】

洛水又东流，黑涧水发源于南方的陆浑西山，流经黑涧，往西北注入洛水。

洛水又东，临亭川水注之①。水出西北近溪，东南与长涧水会。水出北山，南入临亭水，又东南历九曲西②，而南入洛水也。

【注释】

①临亭川水:《水经注疏》熊会贞按:"水在今宜阳县西。"

②九曲:即九曲城。在今河南宜阳西北八里甘棠寨。

【译文】

洛水又东流,临亭川水注入。临亭川水发源于西北附近的小溪,往东南流,与长涧水汇合。长涧水发源于北山,往南注入临亭水,又往东南流经九曲西面,南流注入洛水。

又东北出散关南①,

洛水东迳九曲南,其地十里,有坂九曲②。《穆天子传》所谓天子西征③,升于九阿。此是也。

【注释】

①散关:当在今河南宜阳东北。

②坂:山坡,斜坡。九:言其多。

③《穆天子传》:书名。撰者不详。约为春秋末到战国初时作。晋咸宁间在今河南汲县战国魏襄王墓中出土的汲冢书之一。主要记录的是周穆王西征西方诸国和巡游中原的故事。天子:指周穆王。

【译文】

洛水又往东北流,从散关南面流出,

洛水往东流经九曲南面,那地方十里之间有一条山坡,曲曲折折有很多道弯子。《穆天子传》说,天子西行时登上九阿。指的就是这地方。

洛水又东与豪水会①。水出新安县密山②,南流历九曲东,而南流入于洛。

【注释】

①豪水：在今河南宜阳东北。

②新安县：战国秦置，属三川郡。治所在今河南义马西石河村。西
汉属弘农郡。西晋属河南郡。北魏太和十二年（488）升为新安
郡。十九年仍降为新安县，属河南郡。密山：《水经注疏》杨守敬
按："《山海经·中次六经》，豪水出密山，今山在今新安县（今河南
新安）南十五里。"

【译文】

洛水又东流，与豪水汇合。豪水发源于新安县密山，往南流经九曲
东，又往南注入洛水。

洛水之侧有石墨山①，山石尽黑，可以书疏②，故以石墨
名山矣。

【注释】

①石墨山：在今河南宜阳西南二里。

②书疏：书写，写字。

【译文】

洛水旁有石墨山，山上岩石都是黑的，可以当墨写字，因此称山为石
墨山。

洛水又东，枝渎左出焉①。东出关，绝惠水②，又迳清女
冢南③，冢在北山上。《耆旧传》云④：斯女清贞秀古，迹表来
今矣⑤。枝渎又东，迳周山⑥，上有周灵王冢⑦。《皇览》曰⑧：
周灵王葬于河南城西南周山上⑨。盖以王生而神，故谥曰
灵。其冢，人祠之不绝。又东北迳柏亭南⑩。《皇览》曰：周

山在柏亭西北。谓斯亭也。又东北迳三王陵[11]，东北出。三王，或言周景王、悼王、定王也[12]。魏司徒公崔浩注《西征赋》云[13]：定当为敬[14]。子朝作难[15]，西周政弱人荒，悼、敬二王，与景王俱葬于此，故世以三王名陵。《帝王世纪》曰[16]：景王葬于翟泉[17]，今洛阳太仓中大冢是也[18]。而复传言在此，所未详矣。又悼、敬二王，稽诸史传，复无葬处。今陵东有石碑，录赧王以上世王名号[19]，考之碑记，周墓明矣。枝渎东北历制乡[20]，迳河南县王城西[21]，历郏鄏陌[22]。杜预《释地》曰[23]：县西有郏鄏陌。谓此也。枝渎又北入穀，盖经始周启，渎久废不修矣。

【注释】

①戎渎左出：《水经注疏》熊会贞按："枝渎出处，当在今宜阳县东北。"

②惠水：下文有"惠水出白石山之阳"，《水经注疏》熊会贞按："山在今新安县南五里。"知惠水当在今河南新安一带。

③清女冢：《水经注疏》："冢在今洛阳县（今河南洛阳东北汉魏故城）西南。"

④《耆旧传》：书名。一说为晋王嘉撰。

⑤迹表来今：其事迹显扬于当今和后世。表，显扬，显赫。

⑥周山：一名小亭山。在今河南洛阳西南。

⑦周灵王：周朝国君。名泄心。

⑧《皇览》：书名。三国魏文帝时，王象、刘劭、桓范等奉敕所编纂的一部类书，供皇帝阅览。

⑨河南城：原为王城，战国时加以扩建，称河南城。在今河南洛阳西涧水东岸。

⑩柏亭：《水经注疏》熊会贞按："亭在今洛阳县（今河南洛阳东北汉

⑪三王陵：在今河南洛阳西南秦山之巅。

⑫周景王：名贵。周灵王之子。东周国君。悼王：名猛。周景王之
　　嫡长子，被国人立为国王。后被景王庶子子朝所攻杀。定王：名瑜。
　　周匡王班的弟弟。

⑬魏：此指北魏，亦称后魏。司徒：官名。掌教化之官。崔浩：字伯渊。
　　《西征赋》：晋潘岳所作。因行役之感而作此赋。潘岳家在东，故
　　言西征。

⑭敬：即周敬王。周景王之子，周悼王之弟。

⑮子朝：周景王之庶子。

⑯《帝王世纪》：书名。晋皇甫谧撰。起自三皇，迄于汉魏，专记帝
　　王事迹。

⑰翟泉：一作狄泉。在今河南洛阳东北汉魏故城北隅。

⑱太仓：古代京师储谷的大仓库。

⑲赧（nǎn）王：名延。战国时东周末代国君。

⑳制乡：一作蒯乡。在河南洛阳西南。

㉑河南县：战国秦置，属三川郡。治所在今河南洛阳西涧水东岸。
　　西汉属河南郡。西晋末废。东晋义熙末复置，北魏太和中属河南
　　尹。王城：即周公所营城周。因王都在此，后亦称王城。

㉒郏鄏（jiá rǔ）陌：在今河南洛阳西北。

㉓杜预《释地》：即杜预《春秋释地》。杜预，字元凯。京兆杜陵（今
　　陕西西安）人。西晋经学家。《隋书·经籍志》只记载其有《春秋
　　释例》十五卷。

【译文】

　　洛水又东流，左边分出一条支渠。东流出关，穿过惠水，又流经清女
墓南面，墓在北山上。《耆旧传》说：这个女子坚贞纯洁，为古代的精英，
她的事迹可作当今和后世的表率。支渠又往东流经周山，山上有周灵王

墓。《皇览》说：周灵王葬在河南城西南的周山上。因为这位君王生来就有点神异，所以用灵字作为谥号。到他的坟前来祭祀的人络绎不绝。支渠又往东北流经柏亭南面。《皇览》说：周山在柏亭西北。说的就是此亭。又往东北流经三王陵，往东北流去。三王，有人说是指周朝的景王、悼王、定王。魏司徒公崔浩注《西征赋》说：定王应为敬王。子朝作乱时，西周政权衰落，人才短缺，悼王、敬王与景王都葬在这里，因此世人称之为三王陵。《帝王世纪》说：景王葬于翟泉，现在洛阳太仓中的大坟就是景王冢。可是又有传说以为陵在这里，那就不清楚了。此外，关于悼王和敬王，查考史籍和传记都没有提到所葬何处。现在王陵东面有石碑，载有报王以上各代君主的名号，考证碑记，很清楚，那是周朝的坟墓。支渠往东北流经制乡，流过河南县王城西面，流过郏鄏陌。杜预《释地》说：县城西面有郏鄏陌。说的就是这里。支渠又往北注入穀水，但自周朝开始开凿这条渠道以来，久已废弃，没有浚治过了。

洛水自枝渎又东出关，惠水右注之，世谓之八关水[1]。戴延之《西征记》谓之八关泽，即《经》所谓散关。障自南山[2]，横洛水，北属于河[3]，皆关塞也，即杨仆家僮所筑矣[4]。惠水出白石山之阳[5]，东南流与瞻水合。水东出娄涿之山[6]，而南流，入惠水。惠水又东南，谢水北出瞻诸之山[7]，东南流，又有交觞之水北出庲山[8]，南流，俱合惠水。惠水又南流，迳关城北[9]，二十里者也[10]。其城西阻塞垣[11]，东枕惠水[12]。灵帝中平元年[13]，以河南尹何进为大将军[14]，率五营士屯都亭[15]，置函谷、广城、伊阙、大谷、辗辕、旋门、小平津、孟津等八关[16]，都尉官治此[17]。函谷为之首，在八关之限，故世人总其统目，有八关之名矣。其水又南流，入于洛水。《山海经》曰：白石之山，惠水出其阳，而南流注于洛。谓是水也。

【注释】

①八关水:在今河南宜阳一带。

②障:古代边塞上作防御用的城堡。

③属:连缀,连接。

④杨仆:宜阳(今河南宜阳)人。西汉武帝时,初为御史,督盗贼关东,因果敢,迁主爵都尉。南越贵族反叛,拜为楼船将军率兵平叛,以功封将梁侯。

⑤白石山:《水经注疏》熊会贞按:"山在今新安县(今河南新安)南五里。"

⑥娄涿之山:《水经注疏》熊会贞按:"《中次六经》,瞻水出娄涿山之阳,今曰镂脚山,在新安县东南二十里。"

⑦谢水北出瞻诸之山:《水经注疏》:"朱(谋㙔)《笺》曰:孙云,《山海经》作澥水。会贞按:《中次六经》,澥水出瞻诸之山。山在今新安县东南五十二里。"

⑧㟪(guī)山:一名谷口山。在今河南洛阳西南。

⑨关城:即八关故城。《水经注疏》杨守敬按:"《通典》寿安下,后汉八关城在县东北,函谷关都尉所理。《元和志》,八关故城在寿安县东北三十里。唐寿安即今宜阳县治。"

⑩二十里者也:武英殿本《水经注》注:"此有脱误。"

⑪塞垣:关塞的围墙。垣,城墙,围墙。

⑫枕:临近,靠近。

⑬中平元年:184年。中平,东汉灵帝刘宏的年号(184—189)。

⑭何进:字遂高。南阳宛(今河南南阳)人。东汉大臣。

⑮五营士:即五营的士兵。五营,亦称五校(即屯骑、越骑、步兵、长水、射声五校尉所领部队)。都亭:在洛阳。《后汉书·灵帝纪》:"中平元年……三月戊申,以河南尹何进为大将军,将兵屯都亭,置八关都尉官。"李贤注:"都亭在洛阳。"

⑯函谷：即函谷关。在今河南灵宝东北三十里。广城：一作广成关。在今河南汝州西。伊阙：即伊阙关。在今河南洛阳南二十五里。大谷：即大谷关。在今河南洛阳东南大谷口。辗辕：即辗辕关。在今河南偃师东南辗辕山上。以山为名。旋门：即旋门关。在今河南荥阳西北汜水镇西南。小平津：即小平津关。在今河南洛阳孟津区东北。孟津：即孟津关。在今河南洛阳孟津区东北、孟州西南。

⑰都尉官：这里指关都尉。关都尉，驻守险要关隘的都尉。

【译文】

　　洛水从支渠分出处又东流出关，惠水从右边注入，世人称之为八关水。戴延之《西征记》叫八关泽，就是《水经》所说的散关。城墙从南山横跨洛水，往北直到黄河，这一带都是关隘要塞，是杨仆家的僮仆所筑。惠水发源于白石山南麓，往东南流，与瞻水汇合。瞻水发源于东面的娄涿山，往南流，注入惠水。惠水又往东南流，谢水发源于北方的瞻诸山，往东南流；又有交触之水发源于北方的庱山，往南流，这两条水一齐汇入惠水。惠水又往南流经关城以北……关城西面有关塞城墙的阻隔，东边临近惠水。灵帝中平元年，以河南尹何进为大将军，率领五营部队驻扎在都亭，设置函谷、广城、伊阙、大谷、辗辕、旋门、小平津及孟津八关，关都尉的治所就设在这里。函谷关是第一关，在八关之列，因此人们就将它作为八关的总称。惠水又南流注入洛水。《山海经》说：惠水发源于白石山的南麓，南流注入洛水。说的就是此水。

　　洛水又与虢水会①。水出扶猪之山②，北流注于洛水。之南则鹿蹄之山也，世谓之非山。其山阴则峻绝百仞，阳则原阜隆平。甘水发于东麓，北流注于洛水也。

【注释】

①虢水：当在今河南宜阳一带。

②扶猪之山:《水经注疏》杨守敬按:"在今宜阳县东北。"

【译文】

洛水又与虢水汇合。虢水发源于扶猪山,北流注入洛水。南边就是鹿蹄山,世人称之为非山。山的北坡异常险峻,绝壁百仞,南坡则是平缓的高地丘陵。甘水发源于东麓,北流注入洛水。

又东北过河南县南,

《周书》称周公将致政①,乃作大邑成周于中土②,南系于洛水,北因于郏山③,以为天下之大凑。《孝经援神契》曰④:八方之广,周洛为中,谓之洛邑⑤。《竹书纪年》:晋定公二十年⑥,洛绝于周。魏襄王九年⑦,洛入成周,山水大出。南有甘洛城⑧,《郡国志》所谓甘城也。《地记》曰⑨:洛水东北过五零陪尾北⑩,与涧、瀍合⑪。是二水,东入千金渠⑫,故渎存焉。

【注释】

①《周书》:书名。即《逸周书》。先秦典籍,主要记载从周文王、武王,至景王年间的历史。内容庞杂,体例不一,是研究周代历史的重要资料。致政:官吏将执政的权柄归还给君主。

②成周:西周初周公平定武庚叛乱后营建。在今河南洛阳旧城至王城公园一带。中土:指中原地区。

③因:依傍,依凭。郏山:即北邙山。在今河南洛阳北。

④《孝经援神契》:书名。汉代谶纬类著作。

⑤洛邑:即周公在平定武庚叛乱后营建的成周。

⑥晋定公二十年:前492年。

⑦魏襄王九年:前310年。

⑧甘洛城：即甘城。聚邑名。在今河南洛阳南洛水南岸。

⑨《地记》：书名。《水经注疏》杨守敬按："《地说》，郑康成屡引之。郦氏于《沔水》《江水》篇亦采其文，所著地名，多不经见，此五零陪尾亦然，盖纬书也。"

⑩五零陪尾：具体不详。

⑪涧、瀍（chán）：即涧水、瀍水。

⑫千金渠：东汉时所开引榖水东流之人工渠。在今河南洛阳东北。

【译文】

洛水又往东北流过河南县南面，

《周书》说：周公将把政权交还成王的时候，就在中原地区建立了大城成周，南临洛水，北接郏山，作为天下的中枢。《孝经援神契》说：天下八方极其广大，周洛则是中心点，称为洛邑。《竹书纪年》记载：晋定公二十年，洛水在周境断流。魏襄王九年，山洪暴发，洛水漫入成周城。南面有甘洛城，就是《郡国志》所说的甘城。《地记》说：洛水往东北流经五零陪尾北面，与涧水及瀍水汇合。这两条水往东注入千金渠，旧河道至今仍在。

又东过洛阳县南①，伊水从西来注之。

洛阳，周公所营洛邑也。故《洛诰》曰②：我卜瀍水东③，亦惟洛食④。其城方七百二十丈，南系于洛水，北因于郏山，以为天下之凑。方六百里⑤，因西八百里，为千里。《春秋·昭公三十二年》⑥，晋合诸侯大夫戍成周之城⑦，故亦曰成周也。司马迁《自序》云⑧：太史公留滞周南⑨。挚仲治曰⑩：古之周南，今之洛阳。汉高祖始欲都之，感娄敬之言⑪，不日而驾行矣⑫。属光武中兴⑬，宸居洛邑⑭，逮于魏、晋，咸两宅焉。故《魏略》曰⑮：汉火行忌水⑯，故去其水而加隹。魏为土德⑰，土,水之牡也^⑱,水得土而流^⑲,土得水而柔^⑳,除隹加水。《长沙耆旧传》云^㉑:祝良,字召卿,为洛阳令,岁时亢旱,天子祈雨不得,良乃曝身阶庭,告诚引罪,自晨至中,紫云水起^㉒,甘雨登降。人为歌曰:天久不雨,烝人失所^㉓,天王自出^㉔,祝令特苦^㉕,精符感应^㉖,滂沱下雨。县则司及河南尹治^㉗。司隶^㉘,周官也,汉武帝使领徒隶,董督京畿^㉙,后因名司州焉。《地记》曰:洛水东入于中提山间^㉚,东流会于伊是也。昔黄帝之时,天大雾三日,帝游洛水之上,见大鱼,杀五牲以醮之^㉛,天乃甚雨,七日七夜,鱼流,始得图书,今《河图·视萌篇》是也^㉜。昔王子晋好吹凤笙^㉝,招延道士,与浮丘同游伊、洛之浦^㉞,含始又受玉鸡之瑞于此水^㉟,亦洛神宓妃之所在也^㊱。

【注释】

①洛阳县:秦庄襄王元年(前249)置,为三川郡治。治所在今河南洛阳东北三十里汉魏故城。西汉为河南郡治。东汉、三国魏、西晋、北魏建都于此,并为河南尹治。

②《洛诰》:今文《尚书·周书》中的一篇。孔颖达疏:"周公摄政七年三月,经营洛邑,既成洛邑,又归向西都。其年冬,将致政成王,告以居洛之义,故名之曰《洛诰》,言以居洛之事告王也。"

③我:此指周公旦。

④洛食:原指周公营东都,先卜地,洛得吉兆。引申为定都。周秉钧《尚书易解》:"食,谓吉兆。"

⑤方六百里:《水经注疏》杨守敬按:"《逸周书》方上有制郊甸三字,此脱。"

⑥昭公三十二年:前510年。

⑦晋合诸侯大夫戍成周之城:事见《春秋·昭公三十二年》:"冬,仲

孙何忌会晋韩不信、齐高张、宋仲几、卫世叔申、郑国参、曹人、莒人、薛人、杞人、小邾人，城成周。”

⑧司马迁《自序》：《史记》的最后一篇。内容由三部分组成：第一部分叙述太史公世系和家学渊源，以及作者前半生的经历；第二部分申明了撰写《史记》的目的；第三部分是《史记》一百三十篇之各篇小序。是研究司马迁及其《史记》的重要资料。

⑨太史公：指司马迁的父亲司马谈，官至太史公。留滞：停留，滞留。周南：指今河南洛阳一带。

⑩挚仲治：即挚虞，字仲治。京兆长安（今陕西西安）人。撰《族姓昭穆》《三辅决录注》《文章志》等，均亡佚。

⑪娄敬之言：指娄敬建议高祖迁都关中。娄敬，齐（今山东淄博）人。本姓娄，高祖在洛阳，敬献都关中之策。赐姓刘氏，拜为郎中，号奉春君。寻封敬二千户，为关内侯，号建信侯。

⑫驾行：离开。驾，指帝王乘坐的车马轿舆。

⑬属：正逢，正遇。光武中兴：东汉皇帝刘秀统治时期出现的太平盛世。中兴，指国家由衰微而复兴。

⑭宸（chén）居：指帝王居住。

⑮《魏略》：书名。三国魏鱼豢撰。记曹魏史事。

⑯火行：犹火德。谓于五行中属火，故称。忌水：因火与水相克，故忌水。

⑰土德：五德之一。古以五行相生相克附会王朝命运，谓土胜者为得土德。

⑱牡：阳，阳性。

⑲水得土而流：水依赖土才可以流动。

⑳土得水而柔：土依赖水而变得柔软。

㉑《长沙耆旧传》：书名。亦称《长沙耆旧传赞》。晋刘彧撰。记晋以前长沙历史人物。

㉒水起：当为沓起之讹。沓起，纷起，指云多。

㉓烝人失所：天下百姓没处住。烝人，民众，百姓。

㉔天王：天子，国君。

㉕祝令：洛阳令祝良。特苦：极其辛劳。

㉖精符感应：精诚感动众神灵。精符，犹精诚，真诚，真心。感应，感动应验。

㉗县则司及河南尹治：《水经注疏》熊会贞按："司下脱州字耳。秦置县，为三川郡治。前汉为河南郡治，后汉、魏、晋为河南尹治。宋曰河南郡，后魏复曰河南尹。"译文从之。

㉘司隶：官名。《周礼》秋官司寇之属官。主管罪隶、蛮隶、闽隶、夷隶、貉隶。掌管以上五隶的政令，率领所属隶民追捕盗贼，拘执罪人或使之服各种贱役。汉武帝时置司隶校尉，领徒隶，董督京畿，省称司隶。魏晋沿置，以京辅所部定名置司州。

㉙董督：统率，监督。京畿：国都，京城。

㉚中提山：具体不详。

㉛五牲：古代用作祭品的牛、羊、豕、犬、鸡五种动物。醮（jiào）：祭神。

㉜《河图·视萌篇》：《河图》中的一篇。

㉝王子晋：亦作王子乔、王乔。名晋。相传为春秋周灵王太子。以直谏被废。好吹笙作凤凰鸣。有道士浮丘生接以上嵩高山。三十余年后，预言于七月七日见于缑氏山巅。至期，晋果乘白鹤至山头，举手以谢时人，数日而去。凤笙：指作凤凰鸣的笙曲。

㉞浮丘：即浮丘公。传说中的神仙，一说黄帝时人，一说周灵王时人。王子晋好吹笙，游于伊、洛之间，遇浮丘公，乃接引王子晋上嵩山修道。浦：水边。

㉟含始受玉鸡之瑞：事见《宋书·符瑞志》："汉高帝父曰刘执嘉。……母名含始，是为昭灵后。昭灵后游于洛池，有玉鸡衔赤珠，刻曰玉英，吞此者王。昭灵后取而吞之。又寝于大泽，梦与神遇，

是时雷旦晦冥，太上皇视之，见蛟龙在其上，遂有身而生季，是为高帝。"含始，西汉高帝刘邦之母。

㊱宓（fú）妃：传说中的洛水女神。

【译文】

洛水又往东流过洛阳县南面，伊水从西面流来注入。

洛阳就是周公时所建的洛邑。因此《洛诰》说：我占卜了在洛水东面营建都邑，是为吉兆。洛邑城方七百二十丈，南临洛水，北连邙山，是天下的中枢。制郊甸方圆六百里，连西部八百里，则是千里。《春秋·昭公三十二年》记载，晋联合诸侯大夫防守成周城，因此又称成周。司马迁《自序》说：太史公滞留在周南。挚仲治说：古代的周南，就是今天的洛阳。汉高祖开始想在这里建都，听了娄敬的话，不久就动身走了。光武中兴时，才定都洛邑，直到魏、晋也都建都洛阳。因此《魏略》说：汉在五行中属火忌水，因此将洛字去掉水旁而加隹旁。魏朝属土，土是水的依托，水有了土才会流动，土有了水才会变柔，于是又去掉隹旁而加水旁。《长沙耆旧传》说：祝良字召卿，他当洛阳令时，有一年大旱，天子去求雨却没求到，祝良顶着烈日，赤膊站在阶下的庭院里，诚心诚意地向天公请罪，从早晨直到中午。于是紫云团团涌起，顷刻降下甘霖。有人编了一首歌谣：天公久晴不雨，百姓流离失所，天子亲自出马，祝令更是辛苦，精诚感应上天，降下滂沱大雨。洛阳县是司州和河南尹的治所。司隶是周时的官职，汉武帝时，以司隶统领役夫囚犯，巡察京城，后世称司州。《地记》说：洛水往东流进申提山里，东流汇合伊水。古代黄帝时，连续三天大雾，黄帝在洛水上游览，看到一条大鱼，于是杀了五牲来祭祀，天就连下七天七夜大雨，大鱼能游动了才得到图书，这就是今天的《河图·视萌篇》。从前王子晋喜欢吹凤笙，招纳道士，与浮丘公一起在伊水、洛水之滨同游；汉高帝的母亲含始也在洛水上接受了玉鸡衔来的吉祥物；同时这也是洛神宓妃所在的地方。

洛水又东。合水南出半石之山①,北迳合水坞②,而东北流,注于公路涧③,但世俗音讹,号之曰光禄涧,非也。上有袁术固④,四周绝涧,迢递百仞,广四五里。有一水,渊而不流,故溪涧即其名也。合水北与刘水合。水出半石东山,西北流,迳刘聚⑤。三面临涧,在缑氏西南⑥,周畿内刘子国⑦,故谓之刘涧。其水西北流,注于合水。合水又北流,注于洛水也。

【注释】

①半石之山:即半石山。在今河南偃师西南。

②合水坞:《水经注疏》熊会贞按:"坞在今偃师县(今河南偃师)西南。"

③公路涧:在今河南偃师一带。袁术字公路,故溪涧受名。

④袁术固:又称袁公坞。在今河南偃师西南。

⑤刘聚:在今河南偃师西南。

⑥缑(gōu)氏:在今河南偃师东南。

⑦畿(jī)内:古称王都及其周围千里以内的地区。一指京城管辖之地。刘子国:刘国国君的爵位为子爵,故称刘子国。刘,春秋郑邑。后为周大夫刘子采邑。在今河南偃师西南。

【译文】

洛水又东流。合水发源于南方的半石山,往北流经合水坞,然后往东北流,注入公路涧,但民间口传音讹,称为光禄涧,其实不对。上面有个堡垒,叫袁术固,堡垒四周围绕着深涧,地势险峻,高达百仞,方圆四五里。有一条水,积聚不流,因此溪涧也因这座堡垒而得名了。合水北流与刘水汇合。刘水发源于半石东山,往西北流,经过刘聚。刘聚三面临涧,在缑氏西南面,是周时王畿以内的刘子国,因此叫刘涧。水往西北流,注入合水。合水又往北流,注入洛水。

又东过偃师县南[①]，

洛水东迳计素渚[②]。中朝时[③]，百国贡计所顿[④]，故渚得其名。又直偃师故县南，与缑氏分水[⑤]。

【注释】

①偃师县：战国时周置。后入秦，属三川郡。治所即今河南偃师。汉属河南郡。

②计素渚：当在今河南偃师一带。

③中朝：东晋称建都于中原的西晋为中朝。

④百国：许多国家。贡计：本指贡物的登记簿，这里指各国进京朝贡的上计吏。顿：停留，休止。

⑤分水：指以此水为分界。

【译文】

洛水又往东流过偃师县南面，

洛水又往东流经计素渚。中朝时，各国计官进京朝贡，途中都要在这里留宿，因而得名。又流经偃师老县城南面，偃师与缑氏二县就以此水为分界。

又东，休水自南注之[①]。其水导源少室山[②]，西流迳穴山南，而北与少室山水合[③]。水出少室北溪，西南流，注休水。休水又左会南溪水[④]。水发大穴南山，北流入休水。休水又西南北屈，潜流地下，其故渎北屈出峡，谓之大穴口。北历覆釜堆东[⑤]，盖以物象受名矣。又东届零星坞[⑥]，水流潜通，重源又发，侧缑氏原[⑦]。《开山图》谓之缑氏山也，亦云仙者升焉。言王子晋控鹄斯阜[⑧]，灵王望而不得近[⑨]，举手谢而去[⑩]，其家得遗屣[⑪]。俗亦谓之为抚父堆，堆上有子晋祠。或言在九山^⑫，非此。世代已远，莫能辨之。刘向《列仙传》云^⑬：世有箫管之声焉。休水又迳延寿城南^⑭，缑氏县治；故滑费^⑮，《春秋》滑国所都也。王莽更名中亭，即缑氏城也。城有仙人祠，谓之仙人观。休水又西转北屈，迳其城西。水之西南有司空密陵元侯郑袤庙碑^⑯，文缺不可复识。又有晋城门校尉昌原恭侯郑仲林碑^⑰，晋泰始六年立^⑱。休水又北流，注于洛水。

【注释】

①休水：《水经注疏》杨守敬按："水在今偃师县东南六十里。"

②少室山：在今河南登封西北。

③少室山水：《水经注疏》杨守敬按："水在今偃师县东南。"

④南溪水：《水经注疏》杨守敬按："水在今偃师县东南。"

⑤覆釜堆：即缑氏山，又名抚父堆。在今河南偃师南。

⑥零星坞：一名延寿城。在今河南偃师南。

⑦侧：临近，毗邻。缑氏原：在今河南偃师东南。

⑧控鹄：驾驭着仙鹤。鹄，通"鹤"。仙鹤。

⑨灵王：王子晋的父亲周灵王。

⑩谢：辞别，告别。

⑪遗屣（xǐ）：遗留下来的鞋子。

⑫九山：《水经注疏》杨守敬按："《隋志》，巩县（今河南巩义）有九山。《寰宇记》，九山在县西南五十五里。"

⑬刘向：字子政，本名更生。沛（今江苏沛县）人。西汉经学家、辞赋家、目录学家。曾整理编订《战国策》等。另著有《列女传》《说苑》《新序》等。

⑭延寿城：在今河南偃师南。

⑮滑费：滑国的都城费。在今河南偃师东南。

⑯郑袤：字林叔。荥阳开封（今河南开封）人。西晋大臣。封密。

⑰昌原恭侯郑仲林：《水经注疏》杨守敬按："郑仲林，《晋书》无传。昌原，亦无此县名。据称仲林当是郑袤之兄。"

⑱泰始六年：270 年。泰始，西晋武帝司马炎的年号（265—274）。

【译文】

　　洛水又东流，休水从南方流来注入。休水发源于少室山，往西流经穴山南面，北流与少室山水汇合。少室山水源出少室北溪，往西南流，注入休水。休水又在左边汇合南溪水。南溪水发源于大穴南山，北流注入休水。休水又往西南流，转向北方，潜入地下，旧河道向北转弯出峡，出口处称为大穴口。往北流经覆釜堆东，这地方是因岩石形状而得名的。又往东流到零星坞，地下水流到缑氏原的旁边，又重新冒出地面。缑氏原，《开山图》称为缑氏山，又说有仙人在这里升天。说是王子晋乘鹤停驻在这座山顶。灵王遥望着他却不能接近，他向灵王挥手告别飞升而去，他的家人拾到了他留下的一双鞋子。民间又把这地方叫抚父堆，堆上有子晋祠。有人说祠在九山，不在这里。但因年代久远，已搞不清了。刘向《列仙传》说：这里时常有箫管的声音。休水又流经延寿城南，缑氏县的治所就在这里，也是古时的滑费，《春秋》里的滑国在这里建都。王莽时改名为中亭，就是缑氏城。城内有仙人祠，称仙人观。休水又向西转，向北弯，流经城西。休水的西南面有司空密陵元侯郑袤庙碑，但碑文已残缺，无法辨认了。又有晋城门校尉昌原恭侯郑仲林碑，是晋泰始六年所立。休水又北流，注入洛水。

　　洛水又东迳百谷坞北①。戴延之《西征记》曰：坞在川南，因高为坞，高十余丈。刘武王西入长安，舟师所保也。

【注释】

①百谷坞：即柏谷坞。在今河南偃师东南四十里。

【译文】

洛水又往东流经百谷坞北面。戴延之《西征记》说：这座城堡在水南，是利用这块高地的地势而筑的，高十余丈。刘武王西入长安时，水军就驻守在这里。

洛水又北，阳渠水注之①。《竹书纪年》：晋襄公六年②，洛绝于洞③。即此处也。

【注释】

①阳渠水：即阳渠，又名千金渠。见前注。

②晋襄公六年：前 622 年。

③洛绝于洞：洛水在洞断绝。洞，洞水。当在今河南巩义一带。

【译文】

洛水又北流，阳渠水注入。《竹书纪年》记载：晋襄公六年，洛水至洞断流。指的就是这地方。

洛水又北迳偃师城东，东北历鄩中①，水南谓之南鄩，亦曰上鄩也。迳訾城西②，司马彪所谓訾聚也③，而鄩水注之④。水出北山鄩溪，其水南流，世谓之温泉水。水侧有僵人穴，穴中有僵尸。戴延之从刘武王《西征记》曰：有此尸，尸今犹在。夫物无不化之理，魄无不迁之道，而此尸无神识，事同木偶之状，喻其推移，未若正形之速迁矣⑤。鄩水又东南，于訾城西北东入洛水。故京相璠曰⑥：今巩洛渡北⑦，有鄩谷水东入洛⑧，谓之下鄩，故有上鄩、下鄩之名；亦谓之北鄩，于是有南鄩、北鄩之称矣。又有鄩城⑨，盖周大夫鄩肸之旧邑⑩。

【注释】

①郹（xún）：春秋周邑。在今河南巩义西南。

②訾（zī）城：在今河南巩义西南。

③司马彪：字绍统。河内温县（今河南温县）人。魏晋时期史学家。
　　著作仅存《续汉书》八志，为后人补入范晔《后汉书》流传至今。

④郹水：在今河南偃师东北，与巩义接界。

⑤正形：指活人的形体。速迁：迅速变化。

⑥京相璠（fán）：西晋时人。撰有《春秋土地名》。

⑦巩洛：巩和洛二古地名的并称，地在今河南洛阳一带。

⑧郹谷水：在今河南巩义西南。亦名什谷。

⑨郹城：在今河南巩义西南。

⑩郹肸（xī）：周景王长庶子子朝的同党。旧邑：旧县城。

【译文】

　　洛水又往北流经偃师城东面，往东北流过郹中，洛水南岸称南郹，又叫上郹。流经訾城西——就是司马彪所说的訾聚，郹水在这里注入。郹水发源于北山的郹溪，水往南流，世人称之为温泉水。水边有僵人洞，洞中有僵尸。戴延之跟随刘武王，作《西征记》说：洞中确有僵尸，至今仍在。事物没有不灭的道理，魂魄没有不散的理由，然而这具僵尸并无精神和知觉，情况就同木偶差不多，它的变化也不像正常的躯体那样迅速腐朽了。郹水又往东南流，到了訾城西北，往东注入洛水。因此京相璠说：现在从巩洛渡水向北去，有郹谷水，东流注入洛水，那地方称为下郹，于是就有了上郹、下郹的地名；这里又叫北郹，于是又有了南郹、北郹的名称。又有郹城，是从前周朝大夫郹肸的封邑。

　　洛水又东迳訾城北，又东，罗水注之①。水出方山罗川②，西北流，蒲池水注之。水南出蒲陂③，西北流合罗水，谓之长罗川，亦曰罗中也。盖肸子郹罗之宿居，故川得其名耳。罗水又西北，白马溪水注之。水出嵩山北麓④，迳白马坞东⑤，而北入罗水。西北流，白桐涧水注之。水出嵩麓桐溪，北流迳九山东，又北，九山溪水入焉⑥。水出百称山东谷⑦，其山孤峰秀出，嶕峣分立⑧。仲长统曰⑨：昔密有卜成者⑩，身游九山之上，放心不拘之境。谓是山也。山际有九山庙，庙前有碑云：九显灵府君者⑪，太华之元子⑫，阳九列名⑬，号曰九山府君也。南据嵩岳，北带洛瀯⑭。晋元康二年九月⑮，太岁在戌⑯，帝遣殿中中郎将关内侯樊广、猴氏令王与、主簿傅演⑰，奉宣诏命，兴立庙殿焉。又有百虫将军显灵碑，碑云：将军姓伊氏，讳益，字隤敳，帝高阳之第二子伯益者也⑱。晋元康五年七月七日，顺人吴义等建立堂庙⑲。永平元年二月二十日刻石立颂⑳，赞示后贤矣。其水东北流入白桐涧。又北迳袁公坞东，盖公路始固有此也㉑，故有袁公之名矣。北流注于罗水。罗水又西北迳袁公坞北，又西北迳潘岳父子墓前㉒。有碑。岳父茈，琅琊太守㉓。碑石破落，文字缺败。岳碑题云：给事黄门侍郎潘君之碑㉔。碑云：君遇孙秀之难㉕，阖门受祸。故门生感覆醢以增恸㉖，乃树碑以记事。太常潘尼之辞也㉗。罗水又于訾城东北入于洛水也。

【注释】

①罗水：即今河南巩义西南坞罗水。

②方山：一名浮戏山。在今河南荥阳西南。

③蒲陂：当在今河南巩义西南。

④嵩山：在今河南登封北。

⑤白马坞：当在今河南巩义西南。

⑥九山溪水：当在今河南巩义西南。

⑦百称山：当在今河南巩义西南。

⑧嶣峣（jiāo yáo）：高峻耸立的样子。

⑨仲长统：字公理。东汉末政论家、哲学家。

⑩窑：在今河南新密东南。卜成：汉代成仙者。

⑪九显灵庐君：《水经注疏》："朱（谋㙔）无山字、府字，《笺》曰：宋本有府字。赵（一清）增山字、府字，戴（震）增府字。守敬按：《寰宇记》引此，称九山府居。"显灵，封建迷信者认为，鬼神能显现出灵验。庐君，旧时对神灵的称呼。

⑫大华：又称华岳、华山。在今陕西华阴南十里。这里指掌管华山的山神。元子：长子。

⑬阳九：道家称天厄为阳九，地亏为百六。这里似指华山神的长子遭受天厄而亡故。列名：这里似指把名字雕刻在墓碑上。

⑭苟：缠绕。洛澨（shì）：即洛水。澨，水滨。

⑮元康二年：292年。元康，西晋惠帝司马衷的年号（291—299）。

⑯太岁在戌：武英殿本《水经注》注："此有脱误，近刻作太岁庚午。考元康二年乃壬子也。"朱谋㙔《水经注笺》云："《世谱》：晋元康二年，太岁在壬子，而用《历经》推之，是年九月乙亥朔，无庚午日也。"《本经注疏》熊会贞按："《寰宇记》引此，元康作永康。《御览》引《阳城记》同。然考《惠帝纪》，永康二年四月，改为永宁。此言九月，不得仍称永康。且太岁为辛酉，非庚午。而元康二年，太岁为壬子，非庚午，并不合。惟宁康二年为甲戌，与谢（兆申？）云一作太岁在戌合。岂永康、元康皆宁康之误欤。"

⑰殿中中郎将：主更直、执戟宿卫诸殿门。关内侯：秦汉爵制。秦商鞅定二十等爵，以赏军功，第十九级为关内侯。地位次于列侯。因仅有侯爵，不予封邑，又因寄食于京畿关中地区，故称关内侯。樊广：具体不详。王与：具体不详。傅演：具体不详。

⑱帝高阳：即颛顼。"五帝"之一，号高阳氏。相传为黄帝之孙、昌意之子。伯益：又称伯翳。擅长畜牧和狩猎，被舜任为虞官。相传助禹治水有功，禹欲让位于益。禹死，禹子启继承王位，伯益避居箕山之北。

⑲顺：未详。吴义：具体不详。

⑳永平元年：此处似乎有误。《水经注疏》："赵（一清）云：沈氏曰：惠帝纪年，先永平，后永康，如何后建庙，先立石？若云元魏之永平，相去又远，后有永康、永宁、永兴三元，皆以永纪，莫能定也。"

㉑公路：即袁术，字公路。

㉒潘岳：字安仁。荥阳中牟（今河南中牟）人。晋诗人、辞赋家。工诗善文，为西晋一代作手，与陆机合称潘陆。

㉓琅玡（láng yá）：即琅邪郡。秦置。治所在琅邪县（在今山东青岛黄岛区）。西汉移治东武县（今山东诸城）。东汉改琅邪国，移治开阳（今临沂北）。

㉔给事黄门侍郎：秦汉有给事黄门之职，为加官。东汉始置给事黄门侍郎，与侍中俱管门下众事。

㉕君遇孙秀之难：事见《晋书·潘岳传》："初，岳为琅邪内史，孙秀为小史给岳，而狡黠自喜。岳恶其为人，数挞辱之，秀常衔怨。及赵王伦辅政，秀为中书令。……俄而，秀遂诬岳及石崇、欧阳建谋奉淮南王允、齐王冏为乱，诛之，夷三族。"孙秀，初为琅邪内史潘岳小吏。后为赵王司马伦的心腹。设计使惠帝后贾氏杀愍怀太子。拥司马伦废惠帝自立。齐王司马冏、成都王司马颖等起兵讨司马伦及秀，晋室诸王遂在洛阳城内外发生大混战。孙秀被杀。

㉖覆醢（hǎi）：倒去肉酱。语见《礼记·檀弓上》："孔子哭子路于中庭，有人吊者，而夫子拜之。既哭，进使者而问故。使者曰：'醢之矣。'遂命覆醢。"谓孔子痛子路被醢于卫，不忍食其相似之物，故命弃之。后用以表示师生间的深厚情谊。

㉗太常：秦置奉常，掌管宗庙礼乐及文化教育。汉景帝时更名太常。

潘尼：字王叔。潘岳从侄。少有清才，与岳俱以文章见知。

【译文】

洛水又往东流经訾城北面，又东流，罗水注入。罗水发源于方山罗川，往西北流，有蒲池水注入。蒲池水发源于南方的蒲陂，往西北流，与罗水汇合，叫长罗川，又名罗中。那是胖子郭罗的故居，水也因他而得名了。罗水又往西北流，白马溪水注入。白马溪水发源于嵩山北麓，流经白马坞东面，往北注入罗水。罗水又往西北流，白桐涧水注入。白桐涧水发源于嵩麓桐溪，往北流经九山东，又往北流，九山溪水注入。九山溪水发源于百称山东谷，这座山孤峰挺秀，高峭峻险，不与众山相连。仲长统说：古代密地有个叫卜成的人，他身在九山上游览，精神则在无拘无束的境界里驰骋。说的就是这座山。山边有九山庙，庙前有一块石碑，碑文说：九显灵府君，是太华山的长子，阳九列名，号称九山府君。南方凭依着嵩岳，北方环绕着洛濄。晋元康二年九月，太岁在戌，皇上派遣殿中中郎将关内侯樊广、緱氏令王与、主簿傅演，奉命颁布诏令，建造祠庙殿宇。又有百虫将军显灵碑，碑文说：将军姓伊，名益，字隤敳，是高阳帝的二子伯益。晋元康五年七月七日，顺人吴义等建立庙堂。永平元年二月二十日，刻碑立颂，以示后世贤者。溪水往东北流，注入白桐涧。白桐涧水又往北流经袁公坞东，因为袁公路开始筑堡时占有这地方，所以有袁公坞之名。涧水北流，注入罗水。罗水又往西北流经袁公坞北面，又往西北流经潘岳父子墓前。墓前有石碑。潘岳的父亲名茈，做过琅琊太守。但碑石破败，文字已残缺了。潘岳碑的标题是：给事黄门侍郎潘君之碑。碑文说：先生惨遭孙秀陷害，以致全家被杀。门下学生追思惨祸，倍加悲痛，因而立碑记述这一事件。碑文是太常潘尼所写。罗水又在訾城东北注入洛水。

又东北过巩县东①，又北入于河。

　　洛水又东,明乐泉水注之②。水出南原下,五泉并导,故世谓之五道泉,即古明溪泉也。《春秋·昭公二十二年》③,师次于明溪者也④。

①巩县:战国时周置。后入秦,属三川郡。治所在今河南巩义西南。西汉属河南郡。

②明乐泉:在今河南巩义西南。

③昭公二十二年:前520年。

④明溪:《水经注疏》杨守敬按:"《左传·昭公二十二年》庚戌,晋籍谈、荀跞、贾辛、司马督,帅师军于阴,于缑氏,于谿泉。不作明溪。杜《注》,巩县西南有明谿泉。司马彪亦云,巩有明谿泉。郦氏谓此水即古明溪泉,而引《春秋》作明溪,盖本杜及司马说,钞变经文也。"

【译文】

洛水又往东北流过巩县东面,又北流注入河水。

洛水又东流,明乐泉水注入。泉水发源于南原下,五道山泉并流,因此世人称之为五道泉,就是古时的明溪泉。《春秋左传·昭公二十二年》记载,军队驻扎在明溪。

　　洛水又东迳巩县故城南,东周所居也,本周之畿内巩伯国也①。《春秋左传》所谓尹文父涉于巩②。即于此也。

【注释】

①畿(jī)内:古称王都及其周围千里以内的地区。一指京城管辖之地。巩伯国:在今河南巩义西南。

②尹文父涉于巩：事见《左传·昭公二十五年》："壬申，尹文公涉于
　　巩，焚东訾，弗克。"杜预注："文公，子朝党也，于巩县涉洛水也。"
　　尹文父，《左传》作"尹文公"，周景王长庶子子朝一党。

【译文】

　　洛水又往东流经巩县老城南面，此城为东周王室所居的地方，原是
周时王畿以内的巩伯国。《春秋左传》说，尹文父在巩涉水。指的就是这里。

　　洛水又东，浊水注之①，即古黄水也②。水出南原。京
相璠曰：訾城北三里有黄亭③。即此亭也。《春秋》所谓次
于黄者也④。

【注释】

①浊水：在今河南巩义西。

②黄水：一作湟水、皇水。

③黄亭：即春秋时周皇邑。在今河南巩义西南。

④次于黄：事见《左传·昭公二十二年》："单子欲告急于晋。秋七
　　月戊寅，以王如平畤，遂如圃车，次于皇。""皇"即指黄亭。

【译文】

　　洛水又东流，浊水注入，这就是古时的黄水。黄水发源于南原。京
相璠说：訾城以北三里有黄亭。指的就是此亭。《春秋左传》说在黄屯宿，
就指这地方。

　　洛水又东北。洞水发南溪石泉，世亦名之为石泉水也。
京相璠曰：巩东地名坎𣝣①，在洞水东。疑即此水也。又迳
盘谷坞东②，亡又名之曰盘谷水。司马彪《郡国志》：巩有坎
𣝣聚。《春秋·僖公二十四年》③，王出，及坎𣝣④。服虔亦

以为巩东邑名也。今考厥文若状焉,而不能精辨耳。《晋太康地记》《晋书地道记》,并言在巩西,非也。其水又北入洛。

【注释】

①坎欿(dàn):春秋周邑。在今河南巩义东。

②盘谷坞:当在今河南巩义东南。

③僖公二十四年:前636年。

④王出,及坎欿:事见《左传·僖公二十四年》。

【译文】

洛水又往东北流。洞水发源于南溪石泉,世人也把它叫石泉水。京相璠说:巩东有个地方名叫坎欿,位于洞水以东。可能就指此水。洞水又流经盘谷坞以东,世人又称为盘谷水。司马彪《郡国志》记载:巩有坎欿聚。《春秋左传·僖公二十四年》记载:襄王出走,到了坎欿。服虔也以为巩东是城名。如今考证这条记载,情况倒有点相符,但还不能精确地分辨清楚。《晋太康地记》《晋书地道记》都说在巩西,这是不对的。洞水又往北注入洛水。

洛水又东北流,入于河。《山海经》曰:洛水成皋,西入河,是也。谓之洛汭,即什谷也①。故张仪说秦曰②:下兵三川③,塞什谷之口。谓此川也。《史记音义》曰④:巩县有郖谷水者也。黄帝东巡河,过洛,修坛沉璧⑤,受《龙图》于河⑥,《龟书》于洛⑦,赤文绿字。尧帝又修坛河、洛,择良即沉,荣光出河⑧,休气四塞⑨,白云起,回风逝,赤文绿色,广袤九尺⑩,负理平上⑪,有列星之分,七政之度⑫,帝王录记兴亡之数⑬,以授之尧。又东沉书于日稷,赤光起,玄龟负书,背甲赤文成字,遂禅于舜⑭。舜又习尧礼,沉书于日稷,赤光起，玄龟负书至于稷下^⑮，荣光休至，黄龙卷甲，舒图坛畔，赤文绿错，以授舜。舜以禅禹。殷汤东观于洛，习礼尧坛，降璧三沉^⑯，荣光不起，黄鱼双跃，出济于坛，黑乌以浴，随鱼亦上，化为黑玉赤勒之书^⑰，黑龟赤文之题也。汤以伐桀^⑱。故《春秋说题辞》曰^⑲：河以道坤出天苞^⑳，洛以流川吐地符^㉑。王者沉礼焉^㉒。《竹书纪年》曰：洛伯用与河伯冯夷斗^㉓。盖洛水之神也。昔夏太康失政^㉔，为羿所逐^㉕，其昆弟五人^㉖，须于洛汭^㉗，作《五子之歌》于是地矣^㉘。

【注释】

①仟谷：即郭谷。在今河南巩义西南。

②张仪：战国时魏国人。纵横家。

③三川：战国时以河、洛、伊为三川。为韩地，介于秦、楚之间。东接东、西二周。

④《史记音义》：书名。晋、宋之间徐广所撰。裴骃《史记集解》采入，今存。该书对《史记》随文释义，兼述训解，多有发明。

⑤修坛沉璧：指修筑祭坛，沉璧入水致祭。

⑥《龙图》：即《河图》。儒家关于《周易》卦形来源的传说，又为图谶书名。相传伏羲时，有龙马从黄河出，背负"河图"，伏羲据以画八卦。

⑦《龟书》：儒家关于《尚书·洪范》"九畴"创作过程的传说。据说大禹治水时有神龟出于洛水，背上有裂纹，纹如文字，禹取法而作《尚书·洪范》"九畴"。九畴，传说中天帝赐给大禹治理天下的九类方法。

⑧荣光：五色云气。古时迷信以为吉祥之兆。

⑨休：美善，祥庆。

⑩广袤：东西长叫"广"，南北长叫"袤"。泛指面积。

⑪负理：《艺文类聚》作"圆理"，圆形的纹理。

⑫七政：古天文术语。其说法不一，一种说法是指金、木、水、火、土五星加上日、月称为七政。度：分界，分野。

⑬帝王录记：关于帝王事情的记录。兴亡之数：兴盛和灭亡的定数。

⑭"又东沉书于日稷"几句：《水经注疏》杨守敬按："《御览》八十引《中候·运行》（即《运衡》）曰，帝尧刻璧，率群臣东沉于洛。书曰，天子臣放勋，德薄施行不元。又引《帝王世纪》，尧刻璧为书沉洛，言天命当传舜之意，今《中候·运衡》之篇是也。则此自东沉书至遂禅于舜，皆《运衡》之文也。《初学记》六引《尚书中候》，尧率群臣，东沉璧于洛，退候至于下稷，赤光起，玄龟负书出，赤文成字。"日稷，日偏西之时，大致在晡时（十五时至十七时）。

⑮稷下：当为下稷，即日暮时。

⑯降璧三沉：把璧玉投入水中多次。

⑰勒：镌刻，雕刻。

⑱桀：夏朝国君。是历史上有名的暴君。汤率军讨伐，桀逃于鸣条，遂流放而死。

⑲《春秋说题辞》：书名。又作《说题辞》。汉代谶纬类著作。撰者不详。

⑳道坤：一作通乾，与上天相通。译文从通乾。天苞：指《河图》。

㉑流川：当作流坤，与下地相应。地符：大地的符瑞。这里指《洛书》。

㉒王者沉礼：帝王沉璧以作祭礼。

㉓洛伯：洛水之神。河伯冯夷：传说中的黄河水神。

㉔夏太康：夏朝国君。夏启长子。失政：夏太康自幼跟随其父启享乐，即位后生活比启还要腐败，只顾饮酒射猎，不理朝政，后被后羿夺取国家，史称太康失邦。

㉕羿：即有穷国的国君后羿。善射。

㉖昆弟：兄弟。

㉗须：停留。

㉘作《五子之歌》于是地：事见《尚书·夏书》："太康失邦，昆弟五人须于河汭，作《五子之歌》。"孔颖达疏："启子太康，以游畋弃民，为羿所逐，失其邦国。其未失国之前，畋于洛水之表。太康之弟，更有昆弟五人，从太康畋猎，与其母待太康于洛水之北。太康为羿所距，不得反国。其弟五人，即启之五子，并怨太康，各自作歌。史叙其事，作《五子之歌》。"

【译文】

　　洛水又往东北流，注入河水。《山海经》说：洛水从成皋以西流入河水。汇流处称为洛汭，就是什谷。因此张仪游说秦王说：向三川进兵，把什谷之口封锁起来。就指此川。《史记音义》说：巩县有郭谷水。黄帝到大河一带东巡，经过洛水，他修筑祭坛，沉璧入水致祭，在河上得到《龙图》，在洛水得到《龟书》，有红色的纹理，绿色的文字。尧帝又在河水、洛水修筑祭坛，选了个吉日，沉璧致祭。那天河中现出一派五色祥光，四周瑞气弥漫，白云升起，旋风上扬，龙马衔神卷从河中出来，红的纹理，绿的颜色，里圆上平，大小九尺，上有各星座的分布、七政的分界，以及关于帝王的记载和兴亡的定数，龙马就把这件神物交给尧。尧帝又往东，到日西之时，将刻了字的玉璧沉入洛水中，于是水中升起一道红光，一只黑龟背着图出来，甲上红色纹理组合成字，于是就将帝位禅让给舜。后来，舜又遵照尧的礼仪，在日西之时沉下刻字的玉璧，于是红光升起，黑龟背着图卷出来，五色祥光灿烂夺目，黄龙卷甲，在坛畔把图展开，上有红的字，绿的花纹，把它交给舜。于是舜又将帝位禅让给禹。殷汤往东去洛水视察，仿效尧设坛祭祀的礼仪，连续将三块璧玉沉入水中，但没有五色祥光升起，只见一对黄色的鱼，出水跳到坛前，还有一只黑乌鸦入水沐浴，也随着那鱼飞上来，化作一块刻着红字的黑玉和题着红文的黑龟甲。于是汤就凭着这些讨伐夏桀。因此《春秋说题辞》说：河因与乾相通而推出《河图》，洛因在坤流动而吐出《洛书》。所以帝王沉璧为祭礼。《竹书纪年》说：洛伯用以与河伯冯夷相斗。这洛伯就是洛水的神灵。古时夏朝太康不理朝政，为羿所驱逐，他的五个兄弟来到洛汭等着，在这里作了《五子之歌》。

伊水
伊水出南阳鲁阳县西蔓渠山①，

《山海经》曰：蔓渠之山，伊水出焉。《淮南子》曰：伊水出上魏山。《地理志》曰：出熊耳山。即麓大同②，陵峦互别耳。伊水自熊耳东北迳鸾川亭北③。菱水出菱山④，北流，际其城东，而北入伊水。世人谓伊水为鸾水，菱水为交水，故名斯川为鸾川也。又东为渊潭，潭浑若沸⑤，亦不测其深浅也。伊水又东北迳东亭城南⑥，又屈迳其亭东，东北流者也。

【注释】

①南阳：即南阳郡。战国秦昭襄王三十五年（前272）置。治所在宛县（今河南南阳）。鲁阳县：战国魏置。后入秦，属南阳郡。治所即今河南鲁山县。蔓渠山：为熊耳山之殊称。

②即麓：依山麓而言。

③鸾川亭：在今河南栾川县东，伊水南岸。

④菱（jiān）水：《水经注疏》杨守敬按："《中次二经》，菱山，菱水出焉。当在今嵩县（今河南嵩县）西。"

⑤浑（gǔn）：滚滚，大水流动貌。

⑥东亭城：在今河南嵩县西南。

【译文】

伊水

伊水发源于南阳郡鲁阳县西面的蔓渠山，

　　《山海经》说：蔓渠之山是伊水的发源地。《淮南子》说：伊水溠出上魏山。《地理志》说：出自熊耳山。这两座山的山麓是相连在一起的，只不过两山的山峰差别而已。伊水从熊耳山东北流经鸾川亭以北。蔂水发源于蔂山，往北流，沿着城东往北注入伊水。世人称伊水为鸾水，蔂水为交水，因此将这条川流称为鸾川。伊水又东流，积成深潭，潭水喷涌如沸，也不知道深浅。伊水又往东北流经东亭城南，又转弯流经亭东，往东北流去。

东北迳郭落山[1]，

阳水出阳山阳溪[2]，世人谓之太阳谷，水亦取名焉。东流入伊水。

【注释】

①郭落山：《水经注疏》杨守敬按："郭落山无考，郦《注》已不能详其处。"

②阳水出阳山：《水经注疏》杨守敬按："《中次二经》，阳山，阳水出焉。陆浑县有阳山。在今嵩县（今河南嵩县）西南。"

【译文】

伊水往东北流过郭落山，

阳水发源于阳山的阳溪，世人称之为太阳谷，水也依此取名。东流注入伊水。

伊水又东北，鲜水入焉。水出鲜山[1]，北流注于伊。

【注释】

①水出鲜山：《水经注疏》杨守敬按："《中次二经》，鲜山，鲜水出焉。在今嵩县西南。"

【译文】

伊水又往东北流,鲜水注入。鲜水发源于鲜山,北流注入伊水。

伊水又与蛮水合。水出卢氏县之蛮谷①,东流入于伊。

【注释】

①蛮谷:《水经注疏》熊会贞按:"《周书·魏玄传》,保定元年,移镇蛮谷,即此。今蛮谷岭在嵩县西。"

【译文】

伊水又与蛮水汇合。蛮水发源于卢氏县的蛮谷,东流注入伊水。

又东北过陆浑县南①,

《山海经》曰:潕潕之水②,出于鳌山③,南流注于伊水。今水出陆浑县之西南王母涧,涧北山上有王母祠,故世因以名溪。东流注于伊水,即潕潕之水也。

【注释】

①陆浑县:西汉置,属弘农郡。治所在今河南嵩县东北陆浑北二十余里。

②潕潕(yōng yōng)之水:亦名王母涧。在今河南嵩县西。

③鳌山:当在今河南嵩县西。

【译文】

伊水又往东北流过陆浑县南面,

《山海经》说:潕潕水发源于鳌山,南流注入伊水。如今这条水出自陆浑县西南的王母涧,涧北山上有王母祠,因此人们就把这条溪叫王母涧。水往东流,注入伊水,就是潕潕水。

伊水历崖口，山峡也。翼崖深高，壁立若阙。崖上有坞^①，伊水迳其下，历峡北流，即古三塗山也^②。杜预《释地》曰：山在县南。阚骃《十三州志》云：山在东南。今是山在陆浑故城东南八十许里。《周书》^③：武王问太公曰：吾将因有夏之居^④，南望过于三塗，北瞻望于有河。《春秋·昭公四年》^⑤，司马侯曰：四岳、三塗、阳城、太室、荆山、中南，九州之险也^⑥。服虔曰：三塗、大行、轘辕、崤、渑^⑦，非南望也。京相璠著《春秋土地名》亦云^⑧：山名也。以服氏之说，塗，道也。准《周书》南望之文，或言宜为轘辕、大谷、伊阙^⑨，皆为非也。《春秋》，晋伐陆浑^⑩，请有事于三塗^⑪。知是山明矣。有七谷水注之^⑫。水西出女几山之南七溪山^⑬，上有西王母祠。东南流注于伊水。又北，蚤谷水注之^⑭。水出女几山之东谷，东迳故亭南^⑮，东流入于伊水。

【注释】

①坞：防卫用的小城堡，一般置屯兵。

②三塗山：在今河南嵩县西南。

③《周书》：即《逸周书》。记载周代史事。

④因：沿用，承袭。有夏：即夏朝。

⑤昭公四年：前538年。

⑥"司马侯曰"几句：事见《左传·昭公四年》。司马侯，晋国大夫。四岳，东岳泰山（在今山东泰安北）、西岳华山（在今陕西华阴南）、南岳衡山（在今湖南衡山县西）、北岳恒山（在今山西浑源西）。阳城，山名。在今河南登封东北。太室，为嵩山之东部。在今河南登封北。荆山，山名。在今湖北南漳西。中南，又名终南山。今陕西秦岭山脉。九州，古代分中国为九州。说法不一。一说为冀州、

　　兖州、青州、徐州、扬州、荆州、豫州、梁州、雍州。

⑦大行：即太行山，亦名五行山、皇母山。在今河南、山西、河北三省
　　交界处。镮（huán）辕：即镮辕山。在今河南偃师南缑氏东南，接
　　巩义和登封界。崤（xiáo）：即崤山。在今河南洛宁西北。渑（miǎn）：
　　即渑池山。在今河南渑池东北。

⑧《春秋土地名》：书名。晋人京相璠（fán）撰。

⑨大谷：一作太谷。在今河南偃师西南。伊阙：在今河南洛阳南二
　　十五里。

⑩晋伐陆浑：事见《春秋·昭公十七年》："八月，晋荀吴帅师灭陆浑
　　之戎。"

⑪请有事于三涂：事见《左传·昭公十七年》："晋侯使屠蒯如周，请
　　有事于洛与三涂。"有事，指祭祀。

⑫七谷水：当在今河南嵩县西。

⑬女几山：俗名石鸡山。在今河南宜阳西南。

⑭蚤谷水：当在今河南嵩县西。

⑮故亭：当在今河南嵩县西北。

【译文】

　　伊水流经崖口，这里是个山峡。山峡两侧是很高的削壁，就像门户
一般。崖上有一座城堡，伊水从下面流过，穿过山峡往北流——这就是
古时的三涂山。杜预《释地》说：三涂山在县南。阚骃《十三州志》说：
山在县城东南。但实际上三涂山位于陆浑县老城东南八十多里。《周书》
载，武王问太公道：我将承袭夏朝的旧都，朝南可祭三涂山，朝北可祭大
河。《春秋左传·昭公四年》记载，司马侯说：四岳、三涂、阳城、太室、荆
山、中南，这些都是九州险要的地方。服虔说：三涂、太行、镮辕、崤、渑，
并不都能朝南望祭。京相璠著的《春秋土地名》也说三涂是山名。根据
服虔的说法，涂就是道路。照《周书》朝南望祭的话看，有人就说应当是
镮辕、大谷、伊阙，其实这都不对。《春秋》及《春秋左传》记载，晋攻打陆

浑时，先在三涂致祭。可见分明是山了。有七谷水在这里注入伊水。七谷水发源于西方女几山以南的七溪山，山上有西王母祠。水往东南流，注入伊水。伊水又北流，蚤谷水注入。蚤谷水发源于女几山东谷，往东流经故亭南面，东流注入伊水。

伊水又东北迳伏流岭东①，岭上有昆仑祠，民犹祈焉。刘澄之《永初记》称②，陆浑县西有伏流坂者也。今山在县南崖口北三十里许，西则非也。北与温泉水合。水出新城县之狼皋山西南皋下③，西南流，会于伊水。

【注释】

①伏流岭：当在今河南嵩县东北。

②刘澄之：南朝宋宗室。《永初记》：又作《永初山川古今记》，记南朝宋时的诸郡之山川。

③新城县：战国秦置。治所在今河南伊川县西南。汉属河南郡，作新成县。东汉复改新城县，属河南尹。西晋属河南郡。

【译文】

伊水又往东北流经伏流岭东面，岭上有昆仑祠，人们至今还到这里来祈祷。刘澄之《永初记》说：陆浑县以西有伏流坂。但实际上这座山却在县南崖口以北三十里左右，说在县西那就不对了。伊水又北流，与温泉水汇合。温泉水发源于新城县狼皋山西南的山下，往西南流，与伊水汇合。

伊水又东北迳伏睹岭①，左纳焦涧水②。水西出鹿髀山，东流迳孤山南③，其山介立丰上，单秀孤峙，故世谓之方山，即刘中书澄之所谓县有孤山者也。东历伏睹岭南，东流注于伊。

【注释】

①伏睹岭：《水经注疏》杨守敬按："岭当在今嵩县（今河南嵩县）东北。"

②焦涧水：《水经注疏》杨守敬按："今曰樊水，出嵩县北六十里之露宝山，露宝与鹿髀音近。"

③孤山：在今河南嵩县东北。

【译文】

伊水又往东北流经伏睹岭，左边接纳了焦涧水。焦涧水发源于西面的鹿髀山，往东流经孤山南，此山顶上很宽广，孤峰秀丽而独立耸峙，因此世人称它为方山，就是中书刘澄之所讲的县内有孤山。涧水往东流经伏睹岭南麓，东流注入伊水。

伊水又东北，涓水注之。水出陆浑西山①，即陆浑都也②。寻郭文之故居③，访胡昭之遗像④，世去不停，莫识所在。其水有二源俱导，而东注虢略⑤，在陆浑县西九十里也。司马彪《郡国志》曰：县西虢略地，《春秋》所谓东尽虢略者也⑥。北水东流，合侯涧水⑦。水出西北侯溪，东南流，注于涓水。涓水又东迳陆浑县故城北。平王东迁⑧，辛有适伊川⑨，见有被发而祭于野者，曰：不及百年，此其戎乎？鲁僖公二十二年⑩，秦、晋迁陆浑之戎于伊川⑪，故县氏之也。涓水东南流，左合南水。水出西山七谷，亦谓之七谷水。阻涧东逝，历其县南。又东南，左会北水，乱流左合禅渚水⑫。水上承陆浑县东禅渚，渚在原上，陂方十里，佳饶鱼苇，即《山海经》所谓南望禅渚，禹父之所化⑬。郭景纯注云：禅，一音暖，鲧化羽渊而复在此⑭，然已变怪，亦无往而不化矣⑮。世谓此泽为慎望陂。陂水南流，注于涓水。涓水又东南注于伊水。昔有莘氏女采桑于伊川⑯,得婴儿于空桑中,言其母孕于伊水之滨,梦神告之曰:臼水出而东走。母明视而见臼水出焉⑰,告其邻居而走,顾望其邑,咸为水矣。其母化为空桑,子在其中矣。莘女取而献之,命养于庖,长而有贤德,殷以为尹,曰伊尹也⑱。

【注释】

①陆浑西山:在今河南嵩县西北。

②陆浑都:一作陆浑山。《水经注疏》熊会贞按:"上言陆浑西山,谓陆浑县西之山,此句正言山即古之陆浑山,故下举郭文、胡昭二人居陆浑山为证。此条专就山为说。至下叙陆浑县,方指《春秋》迁陆浑戎事,词旨分明,毫不相混。"译文用陆浑山。

③郭文:字文举。河内轵县(今河南济源)人。两晋之际处士。

④胡昭:字孔明。颍川(治所在今河南禹州)人。三国魏时隐士。

⑤虢(guó)略:在今河南嵩县西北。

⑥《春秋》所谓东尽虢略者:事见《左传·僖公十五年》:"赂秦伯以河外列城五,东尽虢略……"

⑦奚涧水:当在今河南宜阳西南。

⑧平王东迁:周平王(姬宜臼)把都城由镐京迁到洛邑。

⑨辛有:周大夫。伊川:即伊河。

⑩鲁僖公二十二年:前638年。

⑪陆浑之戎:亦称阴戎。古族名。

⑫禅渚水:当在今河南嵩县东北。

⑬禹父:六禹的父亲鲧(gǔn),传说中的部落首领。尧时洪水泛滥,四岳举他治水,九年尚未成功,后被尧杀死于羽山,其神魄变化为黄熊,入于羽渊。

⑭羽渊:池潭名。传说鲧死后化黄熊处。

⑮无往而不化:没有不可以变化的。言外之意是说:世间万物的变
化无奇不有。以上为郭璞注文,郦道元稍变其辞。

⑯有莘氏女:有莘国之女。有莘,古国名。在今陕西合阳东南,姒姓。
夏禹母、周文王妃太姒即此国之女。

⑰明视:一作明日视。第二天看见(水从白中漫溢)。

⑱伊尹:商汤大臣,名伊,尹是官名。相传生于伊水空桑之中。是汤
妻陪嫁的奴隶,后助汤伐夏桀,被尊为阿衡。商汤去世后历佐卜
丙(即外丙)、仲壬二王。后太甲即位,因荒淫失度,被伊尹放逐到
桐官,三年后迎之复位。

【译文】

伊水又往东北流,有涓水注入。涓水发源于陆浑西山,就是陆浑山。
寻觅郭文的故居,探访胡昭的遗迹,但都因年代久远,不知究竟在什么地
方了。涓水有两个源头并流,往东流到虢略,虢略位于陆浑县以西九十
里。司马彪《郡国志》说:县西有虢略地区,《春秋左传》所说的东到虢
略为止,就指的是这地方。涓水北支往东流,汇合侯涧水。侯涧水发源
于西北的侯溪,往东南流,注入涓水。涓水又往东流经陆浑县老城北面。
周平王东迁时,辛有到了伊川,看见一个人披头散发在郊野祭祀,于是
说:不到一百年,这里将是戎人的地方了吧? 鲁僖公二十二年,秦国和晋
国把陆浑一带的戎人迁到伊川,因此县也就以陆浑为名了。涓水往东南
流,左边汇合南水。南水源出西山七谷,又称七谷水。由于水流受阻,因
而往东流经县城南面。又往东南流,左边汇合北水,乱流左边汇合禅渚
水。禅渚水上游承接陆浑县以东的禅渚,这是一片沼泽,位于高地上,方
圆十里,鱼类和芦苇很多。《山海经》说,南望禅渚,就是禹的父亲变化的
地方。郭景纯注文说:禅,一音暖,鲧是在羽渊化为黄熊的,可是又说是
在这里,但既已变成精怪,那就不论到哪里都会变化了。世人把这片沼
泽称为慎望陂。陂水南流,注入涓水。涓水又往东南流,注入伊水。古

代有莘氏的姑娘,在伊川采桑,在空心桑树洞中捡到一个婴儿。传说婴儿的母亲在伊水之滨怀了孕,梦见神告诉她说:看见石臼里漫出水来,你就向东走。第二天母亲果然见到石臼里漫出水来,告诉邻居后就跑了,回头一看,自己原来的家园已成为一片汪洋了。母亲也就化为一棵空心桑树,婴儿就在树洞中。姑娘将婴儿抱回献给国王,国王把他交给厨师抚养,孩子长大后很贤德,殷汤就任命他为尹,名叫伊尹。

又东北过新城县南,

马怀桥长水出新城西山①,东迳晋使持节征南将军宗均碑南②。均字文平,县人也。其碑,太始三年十二月立③。其水又东流入于伊。

【注释】

①马怀桥长水:《水经注疏》杨守敬按:"今曰马回水,出嵩县东北青岭。"

②使持节:魏晋南北朝时,都督掌地方军政,为加强权力,朝廷常加给使持节的称号,授予诛杀二千石以下官吏的特权。次一等的称持节,可诛杀无官位的人,若有军事行动,其权与使持节同。再次一等的称假节,得杀犯军令的人。征南将军:汉魏以来所设置的四征将军之一。《通典》四征将军:"皆汉魏以来置。加大者始曰方面。征东将军,汉献帝初平三年,以马腾为之,或云以张辽为之。征西将军,汉光武建武中,以冯异为大将军。征南将军,汉光武建武二年置,以冯异为之,亦以岑彭为大将军。征北将军,魏明帝太和中置,刘靖为之,许允亦为之。各一人。魏黄初中,位次三公。后魏加大则次卫将军。大唐无。"宗均:一作宋均。《水经注疏》杨守敬按:"后汉宗均,字叔庠,南阳安众(今河南邓州)人。《后

汉书》讹宗为宋,辨见惠栋《后汉书补注》。……又有注《纬书》
之宋均,《隋志》称为魏博士。此为河南新城(今河南伊川)人,与
后汉初之宗均,时代、籍贯不同,而与注《纬书》之宋均时代相近。
或在魏为博士,至晋为征南将军乎?”

③太始三年:267年。太始,即泰始,西晋武帝司马炎的年号(265—
274)。

【译文】

伊水又往东北流过新城县南面,

马怀桥长水发源于新城县西山,往东流经晋使持节征南将军宗均碑
南面。宗均字文平,新城县人。碑是泰始三年十二月所立。长水又东流,
注入伊水。

又有明水出梁县西狼皋山①,俗谓之石涧水也,西北流,
迳杨亮垒南②,西北合康水③。水亦出狼皋山,东北流,迳范
坞北与明水合。又西南流,入于伊。《山海经》曰:放皋之山,
明水出焉,南流注于伊水是也。

【注释】

①明水:《水经注疏》杨守敬按:“《地形志》,汝北郡南汝原有石涧水。
在今伊阳县(今河南汝阳)北。”梁县:战国时周置。后入秦,属三
川郡。治所在今河南汝州西四十里汝水南岸石台村。西汉属河
南郡。北魏孝昌三年(527)属汝北郡。

②杨亮垒:《水经注疏》杨守敬按:“此当是亮为姚襄将军时所筑。在
今伊阳县东北。”杨亮,弘农华阴(今陕西华阴)人。东晋将领。

③康水:《水经注疏》杨守敬按:“水在今伊阳县北。”

【译文】

又有一条明水发源于梁县西的狼皋山,俗称石涧水,往西北流经杨

亮垒以南，又往西北流，汇合了康水。康水也发源于狼皋山，往东北流经范坞以北，与明水汇合。明水又往西南流，注入伊水。《山海经》说：放皋之山是明水的发源地，南流注入伊水。

伊水又与大戟水会①。水出梁县西，有二源：北水出广成泽②，西南迳杨志坞北③，与南水合。水源南出广成泽，西流迳陆浑县南。《河南十二县境簿》曰④：广成泽在新城县界黄阜。西北流，屈而东，迳杨志坞南，又北屈迳其坞东，又迳坞北，同注老倒涧，俗谓之老倒涧水，西流入于伊。

【注释】

①大戟水：《水经注疏》杨守敬按："水在今伊阳县北。"

②广成泾：即广成泽水。在今河南汝州西。

③杨志坞：《水经注疏》杨守敬按："当在今伊阳县北。"

④《河南十二县境簿》：书名。撰者不详。

【译文】

伊水又与大戟水汇合。大戟水发源于梁县西面，有两个源头：北边一条源出广成泽，往西南流经杨志坞北侧，与南水汇合。南支源出广成泽的南面，往西流经陆浑县南面。《河南十二县境簿》说：广成泽位于新城县界黄阜。往西北流，转弯往东流经杨志坞南面，又向北转弯流经坞东，又流经坞北，一同注入老倒涧，俗称老倒涧水，西流注入伊水。

伊水又北迳新城东，与吴涧水会。水出县之西山，东流，南屈迳其县故城西，又东转，迳其县南，故蛮子国也①。县有鄤聚，今名蛮中是也。汉惠帝四年置县②。其水又东北流，注于伊水。

【注释】

①蛮子国：春秋时戎蛮居地。在今河南伊川。

②汉惠帝四年：前191年。

【译文】

　　伊水又往北流经新城东，和吴涧水汇合。吴涧水发源于新城县的西山，往东流，折向南方流经新城县老城西面，又向东转弯，流经县城南。这里原是旧时的蛮子国。县内有鄤聚，现在叫蛮中的就是那地方。汉惠帝四年设县。吴涧水又往东北流，注入伊水。

　　伊水又北迳当阶城西①，大狂水入焉②。水东出阳城县之大善山③。《山海经》曰：大善之山多璅琈之玉④，其阳，狂水出焉，西南流，其中多三足龟，人食之者无大疾，可以已肿⑤。狂水又西迳纶氏县故城南⑥。《竹书纪年》曰：楚吾得帅师及秦伐郑围纶氏者也。左与倚薄山水合。水北出倚薄之山⑦，南迳黄城西⑧，又南迳纶氏县故城东，而南流，注于狂水。狂水又西，八风溪水注之。水北出八风山⑨，南流，迳纶氏县故城西，西南流入于狂水。狂水又西得三交水口⑩。水有三源，各导一溪，并出山南流合舍，故世有三交之名也。石上菖蒲⑪，一寸九节，为药最妙，服久化仙。其水西南流，注于狂水。狂水又西迳缶高山北⑫，西南与滍水合⑬。水出东北滍谷⑭，西南流迳武林亭东北⑮，又屈迳其亭南。其水又西南迳滍阳亭东⑯，盖藉水以名亭也。又东南流，入于狂。狂水又西迳滍阳城南⑰，又西迳当阶城南，而西流注于伊。

【注释】

①当阶城：《水经注疏》杨守敬按：“城在今洛阳县（今河南洛阳东北

汉魏故城）南。"

② 大狂水：《水经注疏》："孙星衍云：狂，枉也，水独西流失其性，故为枉。"

③ 阳城县：秦置，属颍川郡。治所即今河南登封东南告成镇。西晋属河南郡。后废。北魏正光中复置，属河南尹。大箬山：当在今河南登封一带。箬，古"苦"字。

④ 璖珸（tū fú）之玉：玉名。璖，同"璖"。

⑤ 已：治愈，消除。

⑥ 纶氏县：战国秦置。后入秦，属颍川郡。治所在今河南登封西五十四里颍阳镇。东汉建初四年（79）改为轮氏县。

⑦ 倚薄之山：亦作倚箔山。在今河南登封西。

⑧ 黄城：当在今河南登封西南。

⑨ 八风山：当在今河南登封西。

⑩ 三交水口：当在今河南登封西。

⑪ 菖蒲（chāng pú）：多年生草本植物，生长在水边，叶子形状像剑，肉穗花序，花黄绿色，地下根状茎淡红色。根状茎可做香料，也可入药。

⑫ 缶（fǒu）高山：当在今河南洛阳东南。

⑬ 湮水：当在今河南登封西。

⑭ 湮谷：在今河南登封西。

⑮ 武林亭：当在今河南登封西。

⑯ 湮阳亭：在今河南登封西。

⑰ 湮阳城：即湮阳亭。《水经注疏》熊会贞按："湮阳城与湮阳亭为一。"

【译文】

伊水又往北流经当阶城西，大狂水注入。大狂水发源于东方阳城县的大箬山。《山海经》说：大箬之山多产璖珸之玉，狂水发源于山的南麓，往西南流，水中有很多三足龟，人吃了就不会生大病，也可以消肿。狂水又往西流经纶氏县老城南面。《竹书纪年》说：楚国吾得率领军队和秦军一起攻打郑国，包围了纶氏。狂水向左流与倚薄山水汇合。这条水发源于北方的倚薄之山，往南流经黄城西面，又往南流经纶氏县老城东面，然后南流注入狂水。狂水又西流，八风溪水注入。这条水发源于北方的八风山，往南流经纶氏县老城西面，往西南注入狂水。狂水又西流，在三交水口与三交水汇合。这条水有三个源头，各自从一条溪涧流过，出山后南流合为一条，因此有三交之名。这一带有一种生长在岩石上的菖蒲，一寸有九节，有很好的药用价值，长期服用可以成仙。水往西南流，注入狂水。狂水又往西流经岳高山以北，往西南流与湮水汇合。湮水发源于东北方的湮谷，往西南流经武林亭东北，又转弯流过亭南。湮水又往西南流经湮阳亭东，亭是因水而得名的。湮水又往东南流，注入狂水。狂水又往西流经湮阳城南，又往西流经当阶城南，然后西流注入伊水。

伊水又北。土沟水出玄望山西[1]，东迳玄望山南，又东迳新城县故城北，东流注于伊水。

【注释】

①土沟水：当在今河南洛阳西南。

【译文】

伊水又北流。土沟水源出玄望山以西，往东流经玄望山南面，又往东流经新城县老城北面，东流注入伊水。

伊水又北，板桥水入焉[1]。水出西山，东流入于伊水。

【注释】

①板桥水：当在今河南洛阳西南。

【译文】

伊水又北流，板桥水注入。板桥水发源于西山，东流注入伊水。

伊水又北会厌涧水①。水出西山，东流迳郏垂亭南②。《春秋左传·文公十七年》③，秋，周甘歜败戎于郏垂者也④。服虔曰：郏垂在高都南⑤。杜预《释地》曰：河南新城县北有郏垂亭。司马彪《郡国志》曰：新城有高都城。今亭在城南七里，遗基存焉。京相璠曰：旧说言郏垂在高都南，今上党有高都县⑥。余谓京论疏远⑦，未足以证，无如虔说之指密矣。其水又东注于伊水。

【注释】

①厌涧水：当在今河南洛阳西南。

②郏（shěn）垂亭：春秋周地名。在今河南伊川西北。

③文公十七年：前610年。

④甘歜：周大夫。

⑤高都：战国周邑，后为韩邑。在今河南伊川县东北、伊河西岸。

⑥上党：即上党郡。战国韩、赵各置郡。后入秦，合为一郡。治所在壶关县（今山西长治上党区北故驿村）。西汉移治长子县（今山西长子西南）。东汉末移治壶县（今长治北故驿村）。西晋移治潞县（今长治潞城区东北古城村）。高都县：战国魏置。后入秦，属上党郡。治所即今山西晋城。

⑦京：此指京相璠。

【译文】

伊水又北流，汇合了厌涧水。厌涧水发源于西山，往东流经郏垂亭南面。《春秋左传·文公十七年》记载，秋，周甘歜在郏垂大败戎人。服虔说：邬垂在高都以南。杜预《释地》说：河南新城县北面，有个邬垂亭。司马彪《郡国志》说：新城县有个高都城。现在此亭在城南七里，遗址还在。京相璠说：照旧的说法，邬垂在高都南面，而现在上党却有个高都县。我认为京说不够缜密，不能引以为证，不如服虔的说法贴近。厌涧水又东流，注入伊水。

伊水又北迳高都城东。徐广《史记音义》曰：今河南新城县有高都城。《竹书纪年》：梁惠成王十七年，东周与郑高都利者也[1]。又来儒之水出于半石之山[2]，西南流迳斌轮城北，西历艾涧，以其水西流，又谓之小狂水也。其水又西南迳大石岭南[3]，《开山图》所谓大石山也。山下有大石岭碑。河南隐士通明[4]，以汉灵帝中平六年八月戊辰[5]，于山堂立碑，文字浅鄙，殆不可寻。魏文帝猎于此山，虎超乘舆，孙礼拔剑投虎于是山[6]。山在洛阳南，而刘澄之言在洛东北，非也。山阿有魏明帝高平陵[7]。王隐《晋书》曰[8]：惠帝使校尉陈总仲元诣洛阳山请雨[9]，总尽除小祀，惟存大石而祈之，七日大雨。即是山也。来儒之水又西南迳赤眉城南[10]，又西至高都城东，西入伊水，谓之曲水也。

【注释】

①梁惠成王十七年，东周与郑高都利者：《水经注疏》杨守敬按："今本《竹书》在周显王十五年，《竹书》无利字，疑衍。"

②来儒之水：《水经注疏》杨守敬按："水在今偃师县（今河南偃师）西南。"半石之山：即半石山。在今河南偃师西南。

③大石岭：在今河南偃师西南。

④通明：人名。具体不详。

⑤中平六年：189年。中平，东汉灵帝刘宏的年号（184—189）。

⑥"魏文帝猎于此山"几句：事见《三国志·魏书·孙礼传》："帝猎于大石山，虎趋乘舆，礼便投鞭下马，欲奋剑斫虎，诏令礼上马。"孙礼，字德达。涿郡容城（今河北容城）人。

⑦山阿：山的曲折处。魏明帝：即三国魏帝曹叡（ruì），字元仲。高平陵：三国魏明帝曹叡陵。在今河南汝阳东北茹店村东南霸陵山下。

⑧王隐：字处叔。陈郡陈（今河南周口淮阳区）人。东晋史学家。撰《晋书》，今佚。

⑨惠帝：即西晋皇帝司马衷。陈总仲元：具体不详。

⑩赤眉坞：即今河南伊川县东北许营村。

【译文】

伊水又往北流经高都城东面。徐广《史记音义》说：现在河南新城县有高都城。《竹书纪年》记载，梁惠成王十七年，东周把高都给予郑国。又有来儒水发源于半石之山，往西南流经斌轮城以北，西经艾涧，因为这条水往西流，又称小狂水。来儒水又往西南流经大石岭南面，就是《开山图》所说的大石山。山下有大石岭碑。河南隐士通明于汉灵帝中平六年八月戊辰日在山堂立碑，碑文肤浅粗俗，已模糊不可辨认了。魏文帝在山上打猎，一只老虎跳上文帝的乘车，孙礼拔剑刺虎，就在这座山上。山在洛阳以南，但刘澄之却说在洛阳东北，他搞错了。山弯里有魏明帝的高平陵。王隐《晋书》说：惠帝派了校尉陈总仲元到洛阳山求雨，陈总把山上所有的小神庙一概废除，只留下一块大石，向它祈祷，七天以后果然下起大雨。说的就是此山。来儒之水又往西南流经赤眉城南面，又往西流到高都城东面，西流注入伊水，称为曲水。

又东北过伊阙中，

伊水迳前亭西①。《左传·昭公二十二年》②，晋箕遗、乐徵、右行诡济师③，取前城者也。京相璠曰：今洛阳西南五十里，伊阙外前亭矣。服虔曰：前读为泉，周地也。

【注释】

①前亭：当在今河南洛阳西南。

②昭公二十二年：前520年。

③箕遗、乐徵、右行诡：皆晋大夫。济师：率领军队渡过洛水、伊水。

【译文】

伊水又往东北流过伊阙中间，

伊水流经前亭西面。《春秋左传·昭公二十二年》记载，晋国的箕遗、乐徵、右行诡渡过伊水，夺取了前城。京相璠说：现在洛阳西南五十里，伊阙外面的前亭，就是前城。服虔说：前，读作泉，是周的领地。

伊水又北入伊阙。昔大禹疏以通水。两山相对，望之若阙，伊水历其间北流，故谓之伊阙矣。《春秋》之阙塞也。昭公二十六年①，赵鞅使女宽守阙塞是也②。陆机云③：洛有四阙④，斯其一焉。东岩西岭，并镌石开轩⑤，高甍架峰⑥。西侧灵岩下，泉流东注，入于伊水。傅毅《反都赋》曰⑦：因龙门以畅化，开伊阙以达聪也。阙左壁有石铭云：黄初四年六月二十四日辛巳⑧，大出水，举高四丈五尺，齐此已下⑨。盖记水之涨减也。右壁又有石铭云：元康五年⑩，河南府君循大禹之轨，部督邮辛曜、新城令王琨⑪，部监作掾董猗、李褒⑫，斩岸开石，平通伊阙。石文尚存也。

【注释】

①昭公二十六年：前516年。

②赵鞅：即赵简子、赵孟。春秋末晋国正卿。在内乱中灭范氏、中

行氏，使私门势力日益强大，为赵国的建立奠定了基础。女宽：
晋大夫。

③陆机：字士衡。吴郡吴县（今江苏苏州）人。西晋诗人、文学家。
三国吴陆抗之子。与弟陆云并称二陆。工诗、善赋、佳文、美书。
著述宏富，最为人所称道者为《文赋》，存留至今。

④洛有四阙：《水经注疏》杨守敬按："《初学记》七引《洛阳记》，汉洛
阳四关：东成皋关、南伊阙关、北孟津关、西函谷关。是机说本作
四关，此作四阙，盖涉上文而误。"译文据改。

⑤轩：窗户。

⑥高甍（méng）：高耸的屋脊。架峰：构建在山峰之上。《水经注疏》
杨守敬按："后魏景明初，诏大长秋卿白整于洛南伊阙山为高祖及
文昭高后营石窟二所，永平中，中尹刘腾复为世宗造石窟一。即
《注》所指也。"

⑦傅毅：字武仲。扶风茂陵（今陕西兴平）人。东汉辞赋家、诗人。《反
都赋》：今不传。仅见下文二句。

⑧黄初四年：223年。黄初，三国魏文帝曹丕的年号（220—226）。

⑨齐此已下：《水经注疏》杨守敬按："此四字疑有讹。"段熙仲点校、
陈桥驿复校《水经注疏》："四字不误。石铭原刻有水志，作横线。
齐此已下者大水之高峰到此线止也。此当为世界最早之水志文
字记录也。"

⑩元康五年：295年。元康，西晋惠帝司马衷的年号（291—299）。

⑪部：率领，带领。督邮：郡佐吏。辛曜：具体不详。新城令：新城县
令。王琨：具体不详。

⑫监作豫：监作官署的副官或属员。监作，官名。负有监督制作之
责的官吏。董猗、李褒：具体皆不详。

【译文】

伊水又北流入伊阙。古时大禹在这里疏浚河道通水。两侧山体

相对而立，望去就像门阙一般，伊水通过两山之间往北流，因此称为伊阙。这就是《春秋》所说的阙塞。昭公二十六年，赵鞅派女宽防守阙塞，就指的是这里。陆机说：洛阳有四关，伊阙是其中之一。东侧的岩壁和西侧的山岭，被开凿出石窟，石窟的高檐构架在山峰之上。西侧灵岩下，有一条泉水往东注入伊水。傅毅《反都赋》说：通过龙门来发扬教化，开启伊阙来通达听闻。伊阙左边石壁上刻着：黄初四年六月二十四日辛巳，涨大水，水位升高了四丈五尺，与此线相平。这是水位涨退的记录。右边石壁上也刻着：元康五年，河南府尹遵从大禹治水的法度，率领督邮辛曜、新城县令王琨，和监作掾董猗、李褒，开凿两岸岩石，使伊阙水流畅通无阻。石上的文字都还在。

又东北至洛阳县南，北入于洛。

伊水自阙东北流，枝津右出焉，东北引溉，东会合水，同注公路涧，入于洛，今无水。《战国策》曰：东周欲为田[①]，西周不下水[②]。苏子见西周君曰[③]：今不下水，所以富东周也，民皆种他种[④]。欲贫之，不如下水以病之。东周必复种稻，种稻而复夺之，是东周受命于君矣。西周遂下水，即是水之故渠也。

【注释】

①东周：名班。周惠公之少子，被封于巩，袭父号曰东周惠公。《史记·周本纪》："桓公卒，子威公代立。威公卒，子惠公代立，乃封其少子于巩，以奉王，号东周惠公。"欲为田：《水经注疏》杨守敬按："原书田作稻，当是稻田，各脱一字。"译文据改。

②西周：名揭。周惠公之长子，居河南。司马贞《史记索隐》："（威公）卒，子惠公立。长子曰西周公。又封少子于巩，仍袭父号曰东周

惠公。于是有东、西二周也。按:《系本》'西周桓公名揭,居河南;
东周惠公名班,居洛阳'是也。"

③苏子:苏国的国君,子爵,故称。苏国在今河北临漳西南。

④民皆秏他种:《战国策·东周策》记载为:"今其民皆种麦,无他种
矣。"

【译文】

伊水又往东北流,到了洛阳县南面,往北注入洛水。

伊水出了伊阙往东北流,右岸分出一条支渠,引水流向东北灌溉农
田,东流与合水汇合,一同注入公路涧,流进洛水。现在这条支渠已经
断水了。《战国策》说:东周想种稻,西周不肯给下游放水。苏子去见西
周国君说:现在不给下游放水,正好富了东周,那里的农民就都种麦,不
种别的东西了。若要叫他们贫穷,不如放下水去进行破坏。这一来东周
必定又会种稻,待他们种了稻,我们又不给他们水,那东周就会听您摆布
了。于是西周就放水。水就是经过这条水的旧渠放的。

伊水又东北,枝渠左出焉。水积成湖,北流注于洛。今
无水。

【译文】

伊水又往东北流,一条支渠从左岸分出。水积成湖,北流注入洛水。
现在已断水了。

伊水又东北,至洛阳县南,迳圜丘东①。大魏郊天之所②,
准汉故事建之③。《后汉书·郊祀志》曰:建武二年④,初制
郊兆于洛阳城南七里⑤。为圜坛八陛⑥,中又为重坛,天地位
其上,皆南向。其外坛,上为五帝位⑦。其外为壝⑧,重营皆

紫,以像紫宫^⑨。按礼,天子大裘而冕^⑩,祭皞天上帝于此^⑪。今衮冕也^⑫,坛壝无复紫矣。

【注释】

①圜(yuán)丘:古代帝王冬至祭天的地方。

②大魏:此指北魏,亦称后魏。郊天:祭拜天帝。

③故事:以前的典章制度。

④建武二年:26年。建武,东汉光武帝刘秀的年号(25—56)。

⑤郊兆:祭坛外所围的土界。亦泛指祭坛。

⑥圜坛:圆形的祭坛。八陛:八道台阶。古代天子祭祀天地的祭坛有八陛。陛,台阶。

⑦五帝:指古代所谓五方天帝。

⑧壝(wēi):古代祭坛四周的矮墙。

⑨紫宫:神话中天帝的居室。

⑩大裘:天子祀天时所着之大皮衣。为黑色羊皮制成,无纹饰以示质朴。冕:礼帽。

⑪皞天:亦作昊天,上天。

⑫衮冕(gǔn miǎn):衮衣和冕。古代帝王与上公的礼服和礼冠。

【译文】

伊水又往东北流,到洛阳县南,流经圜丘东面。这是大魏祭天的地方,是依照汉朝的旧例建造的。《后汉书·郊祀志》说:建武二年,开始在洛阳城南七里划定郊坛界址。修筑成一座圆形祭坛,共八道台阶,中央又建了双层祭坛,上面安放着天地的神位,都是坐北朝南。外层坛上是五帝的神位。坛外是围墙,围墙共两层,都涂成紫色,象征紫宫。按照礼制:天子身穿大皮衣,头戴冠冕,在这里祭祀皞天上帝。如今穿戴的是衮衣和冠冕,祭坛的围墙也不再是紫色的了。

伊水又东北流，注于洛水。《广志》曰[①]：鲵鱼声如小儿啼[②]，有四足，形如鲮鲤[③]，可以治牛，出伊水也。司马迁谓之人鱼，故其著《史记》曰：始皇帝之葬也，以人鱼膏为烛。徐广曰[④]：人鱼似鲇而四足，即鲵鱼也。

【注释】

①《广志》：书名。晋郭义恭撰。博物志类著作。内容博杂，涉及农业物产、动植物、地理气候、民俗等。

②鲵（ní）鱼：俗称娃娃鱼。

③鲮鲤（ íng lǐ）：俗称穿山甲。

④徐广：字野民。东莞姑幕（今山东诸城北）人。晋、宋间史学家、辞赋家。著作有《史记音义》《晋纪》等。

【译文】

伊水又往东北流，注入洛水。《广志》说：鲵鱼的声音很像小儿啼哭，有四足，形状像穿山甲，可以医治牛的瘟疫，这种鱼产于伊水。司马迁称它为人鱼，因此他撰著《史记》时说：秦始皇下葬时，用人鱼膏做蜡烛。徐广说：人鱼像鲇鱼，有四足，就是鲵鱼。

瀍水

瀍水出河南穀城县北山[①]，

县北有酆亭，瀍水出其北梓泽中[②]。梓泽，地名也。泽北对原阜，即裴氏墓茔所在，碑阙存焉。其水历泽东南流，水西有一原，其上平敞，古酆亭之处也。即潘安仁《西征赋》所谓越街邮者也。

【注释】

①穀城县：战国时周置。后入秦，属三川郡。治所在今河南洛阳东北。西汉属河南郡，作穀成县。

②梓泽：在今河南洛阳孟津区。

【译文】

瀍水

瀍水发源于河南郡穀城县北山，

县北有个瞫亭，瀍水发源于亭北的梓泽。梓泽是地名。梓泽北面为一顶部平坦的土丘，裴氏的坟墓就在那里，墓碑和墓阙都还在。瀍水经过梓泽往东南流，西岸有一片高地，上面开阔平坦，就是古时瞫亭所在的地方。潘安仁《西征赋》中所说的走过街邮，就指瞫亭。

东与千金渠合。

《周书》曰：我卜瀍水西。谓斯水也。东南流，水西南有帛仲理墓①，墓前有碑，题云：真人帛君之表。仲理名护，益州巴郡人②。晋永宁二年十一月立③。瀍水又东南流，注于穀。穀水自千金碣东注④，谓之千金渠也。

【注释】

①帛仲理：即帛和，字仲理。三国时人。

②益州：西汉元封五年（前106）置，为十三州刺史部之一。王莽改为庸部。公孙述改为司隶校尉。东汉复为益州。治所屡有迁移。巴郡：东汉兴平元年（194）刘璋分巴郡为三郡，以垫江以上置巴郡，属益州。治所在安汉县（今四川南充北）。

③永宁二年：302年。永宁，西晋惠帝司马衷的年号（301—302）。

④穀水：即今河南渑池南渑水及其下游涧水。东流至洛阳西注入洛河。

【译文】

瀍水东流与千金渠汇合。

《尚书·周书》说：我占卜了瀍水西岸。说的就是这条水。往东南流，水的西南面有帛仲理墓，墓前有一块石碑，题着：真人帛君墓表。仲理名护，益州巴郡人。晋永宁二年十一月立。瀍水又往东南流，注入穀水。穀水自千金堨东流，称为千金渠。

又东过洛阳县南，又东过偃师县，又东入于洛。

【译文】

瀍水又往东流过洛阳县南面，又往东流经偃师县，又往东注入洛水。

涧水

涧水出新安县南白石山，

《山海经》曰：白石之山，惠水出于其阳[1]，东南注于洛；涧水出于其阴，北流注于穀。世谓是山曰广阳山，水曰赤崖水，亦曰石子涧。《地理志》曰：涧水在新安县，东南入洛。是为密矣。东北流历函谷东坂东，谓之八特坂[2]。

【注释】

①惠水：当在今河南新安一带。

②八特坂：在今河南新安东。

【译文】

涧水

涧水发源于新安县以南的白石山，

　　《山海经》说：白石之山，惠水发源于它的南坡，往东南注入洛水；涧水发源于北坡，北流注入穀水。世人称山为广阳山，称水为赤岸水，又叫石子涧。《地理志》说：涧水在新安县，往东南注入洛水。说得更贴近。涧水往东北流经函谷关东坂的东面，这道山坡称为八特坂。

东南入于洛。

　　孔安国曰[①]：涧水出渑池山。今新安县西北有一水，北出渑池界，东南流迳新安县，而东南流入于穀水。安国所言当斯水也。然穀水出渑池，下合涧水，得其通称，或亦指之为涧水也。并未之详耳。今孝水东十里有水[②]，世谓之慈涧，又谓之涧水。按《山海经》则少水也，而非涧水，盖习俗之误耳。

【注释】

①孔安国：字子国。鲁（今山东曲阜）人。西汉经学家。相传他曾得
　　孔壁所藏古文《尚书》，开古文《尚书》学派。

②孝水：在今河南洛阳西。

【译文】

　　涧水往东南注入洛水。

　　孔安国说：涧水发源于渑池山。现在新安县西北有一条水，发源于北方的渑池县界，往东南流经新安县，往东南流入穀水。孔安国所说的应当就是这条水。然而穀水发源于渑池，下游与涧水汇合，可以通称，于是有的人也就把它叫涧水了。却没有搞清楚。现在孝水以东十里有一条水，人们称之为慈涧，又叫涧水。照《山海经》，那么应是少水，而不是涧水了，那是习俗的误称。

又按河南有离山水①,谓之为洄水。水西北出离山,东南流,历郏山于穀城东②,而南流注于穀。旧与穀水乱流,南入于洛。今穀水东入千金渠,洄水与之俱东入洛矣。或以是水并为周公之所相卜也。吕忱曰③:今河南死水,疑其是此水也。然意所未详,故并书存之耳。

【注释】

①离山水:《水经注疏》杨守敬按:"水当在今新安县(今河南新安)东北。"

②郏(jiá)山:即北邙山。在今河南洛阳北。穀城:在今河南洛阳西北。

③吕忱:字伯雍。晋代文字学家,撰《字林》。

【译文】

又按河南有离山水,也称为洄水。这条水发源于西北的离山,往东南流,在穀城东面流经郏山,然后南流注入穀水。从前与穀水乱流,往南注入洛水。现在穀水往东流入千金渠,洄水就和它一起注入洛水。有人认为这条水已是周公来考察和占卜过的。吕忱说:现在河南的死水,可能就是这条水。然而到底没有搞清楚,所以这里都记下来存查罢了。